漢字の使い分けときあかし辞典

円満字 二郎

著

研究社

この辞典を手にとってくださった方へ

現代は、漢字を"書く"ことについては、とても便利な時代です。どんな複雑な漢字でも、キーボードをほんの数回、簡単に操作するだけで、"書く"ことができます。昔は一本一本の線を手書きしなくてはいけなかったことを思うと、ほんとうに便利になったものです。

でも、便利すぎて、かえってとまどってしまうことはありませんか？

たとえば、「みる」と入力して、漢字に変換しようとしたとしましょう。すると、デジタル機器はとても物知りで、「見る」なのか「観る」なのか「看る」なのか「診る」なのか、いっぱい候補を挙げて、どれにするか、尋ねてきます。ときには、それとも「視る」にする？「覧る」なんてのもあるよ！　とまで教えてくれることもあります。

そんなに矢継ぎ早に候補を示されると、迷うなという方が無理というもの。そもそも、この六つの「みる」は、どこがどう違うのでしょうか？

「みる」だけではありません。「聞く」と「聴く」と「訊く」だとか、「温かい」と「暖かい」、「探す」と「捜す」などなど、同じ訓読みをする漢字が複数ある例は、めずらしくありません。「さす」「とる」「ひく」のように、漢字の数が一〇を超える訓読みもあるのです。

このように、同じ訓読みをする漢字のグループのことを、「同訓異字（異字同訓）」といいます。本書の目的は、その使い分け方を、できる限りていねいに"ときあかす"ことにあります。そのために、次のような点に留意して、執筆・編集しました。

1 四〇九項目、のべ一一六三字の漢字の同訓異字を取り上げて解説。

現在、一般の社会生活で使われる漢字の目安としては、文化審議会が定めた『常用漢字表』があります。この表に含まれる漢字の中で同訓異字が問題になるのは、約一三〇項目、のべ三〇〇字程度。本書では、『常用漢字表』の範囲を大幅に越えて、現在でも使われる可能性がありそうな漢字やその訓読みを、できる限り広く取り上げました。

2 各項目の最初に、使い分けのポイントをまとめて表示。

同訓異字の使い分けには、大きく分けると、漢字の意味がかなり異なるので"原則として使い分けなければならないもの"と、意味の違いが微妙だとかそのほかの理由で"場合によっては使い分けるとよいもの"という二つのレベルがあります。本書では、各項目の見出しの下に、それぞれを「基本」と「発展」に区別して、短くまとめて掲げました。

3 一つ一つの漢字の意味から説き起こした、読みものとしても読めるていねいな解説。

同訓異字の使い分けを理解するカギは、一つ一つの漢字の意味です。本書では、音読みの熟語やほかの訓読み、部首、成り立ちなどを駆使して、それぞれの漢字の意味を説明し、"なぜそのように使い分けるのか"という理由が明らかになるように心がけました。

4 理解を深めるための、約七七〇〇個の豊富な用例。

使い分けの理由がわかったら、次の段階は、具体的な実例を、ゴシック体にして収録しています。本書では、短い中でも文脈が感じられるような数多くの用例を、ゴシック体で確認することです。本書では、どのような場面で、どのような意味で、どのようなニュアンスでその漢字を用いればよいのか、より深く理解することができます。

5 理解を助けるため、各項目に図表を掲載。

漢字の意味の違いには、文章で読むよりも、図や表で見る方が理解しやすい側面があります。本書では、各項目に最低一つは図表を掲載し、同訓異字の使い分けを直感的に理解できるように工夫しました。使い分けについて手っ取り早く知りたい方は、各項目の見出しの下のポイントと、ゴシック体の用例と、この図表とを合わせ見るだけでも、だいたいのところを把握することができるでしょう。

6 判断に迷いやすい場面についても、積極的に言及。

考え方は理解できても、実際に使おうとすると迷ってしまう。同訓異字の使い分けでは、そんなことがよくあります。本書では、そんな悩ましい場面についても積極的に取り上げました。それらでは、漢字を使い分けることで微妙なニュアンスの表現が可能になることもありますし、結局はどちらを使ってもかまわないこともあります。

7 振りがなの必要性やかな書きの推奨についても、注意を喚起。

いくら適切に同訓異字を使い分けることができても、その漢字を読み手が読めないので

は、意味がありません。本書では、一般的な立場から見るとむずかしく感じられる漢字や訓読みについて、適宜、振りがなを付けるなどの配慮をする必要があることや、また、かな書きにする方が落ち着く、といった注意を加えました。

同訓異字の使い分けを理解することは、一つ一つの漢字について深く理解することにつながります。と同時に、自分の書きしたいことを、より適切に表現するための基礎知識ともなります。むずかしい漢字でも簡単に入力できるようになったこの時代、ご自分の文章表現を磨きたいと考えていらっしゃるみなさんに、本書が少しでも役に立つことを願っています。

なお、本書は、『漢字ときあかし辞典』『部首ときあかし辞典』に続く、「ときあかし」シリーズの三冊目になります。前の二冊と同様、出版にあたっては、研究社編集部の高橋麻古さんにたいへんお世話になりました。

また、今回も、金子泰明さんがすてきなデザインでご協力くださいました。そのほか、いつものことですが、印刷・製本・流通・販売・宣伝などなど、本書に関わってくださったすべての方々と、本書を手に取ってくださった読者のみなさんに、心よりお礼を申し上げます。

二〇一六年二月

円満字　二郎

「同訓異字」について　——本文をお読みになる前に

漢字の世界では、いくつもの漢字について同じ訓読みをすることがあります。これは、逆に言えば、あることばを漢字で書き表したいときに、使える可能性のある漢字がいくつもある、ということです。

それでは、私たちが実際に漢字を使うとき、そのうちの一つをどうやって選べばいいのでしょうか？

この問いにできる限りていねいにお答えするのが、この辞典の役割です。個別の具体的な事例についてはもちろん本文をお読みいただくわけですが、ここでは、それに先だって、同訓異字の背景や、適切な漢字を選ぶ際の基本的な考え方について、解説しておきます。

音読みと訓読みの違い

同訓異字について考える際、漢字がそもそもは中国語を書き表すために中国で生み出された文字であることは、とても重要です。中国では、今から三三〇〇年くらい前には、すでに文章を書き表すために漢字を用いていました。それが日本列島に伝わったのは、紀元三〜五世紀ごろ、今からだいたい千数百年前のことだと考えられています。

当たり前のことですが、当時の漢字には、中国語としての読み方しかありませんでした。そこで、日本列島で暮らしていた人々も、中国語の発音をまねながら、漢字を読んでいたわけです。そこから誕生したのが、「音読み」です。

その経緯をやや単純化して申し上げるならば、たとえば、

《訪》という漢字を中国の人が発音するのを聴くと、「ホウ」と聞こえた。そこで、《訪》は日本語では「ホウ」と読むことになった、という次第です。

それは、現代にたとえると、visit という英語を「ビジット」とカタカナ読みするのと似ています。音読みとは、基本的には、ある漢字の中国語としての発音が、日本語風になまって生まれたものなのです。

この方法は、文明の発展した中国からさまざまなことばを外来語として取り入れるには、とても役に立ちました。「訪問」「来訪」「歴訪」「探訪」といった音読みの熟語の多くは、中国語に由来しています。

しかし、この方法では、もともと日本語として存在していることばを書き表すのには、難がありました。そこで考え出されたのが、漢字を「訓読み」することでした。

漢字は、一文字一文字が意味を表しています。その意味を日本語で表現するとすれば、どういうことばになるでしょうか?

たとえば、《訪》という漢字が中国語として表している意味は、日本語では「たずねる」と表現できます。——ならば、《訪》をそのまま「たずねる」と読んでしまおう。——そうやって生まれたのが、訓読みなのです。

以上をまとめると、訓読みとは、ある漢字が中国語として表している意味を、日本語に置き換えて読む読み方であるということになります。訓読みとは、いわば「翻訳読み」なのです。

同訓異字が生じるわけ

しかし、ここで大きな問題に突き当たります。それは、ある言語のある単語と別の言語のある単語とは、一対一で対応しているような単純な関係ではない、という問題です。

日本語の「たずねる」は、確かに、英語の visit に相当する意味を持っています。それは、詳しく説明すれば、"よそを見るためにある場所に行く"ということです。

しかし、日本語「たずねる」は、"答えを得るために何かを問いかける"場合にも使われます。この意味は、英語ならば ask で表されます。つまり、日本語「たずねる」の意味は、英語ならば visit と ask の両方の意味に対

となると、日本語「たずねる」を英語に翻訳する際には、少なくとも visit か ask のどちらかから一つを選ばなくてはならないことになります。

同じようなことが、漢字の訓読みでも起こります。漢字《訪》は、英語の visit とよく似ていて、"ようすを見るためにある場所に行く"ことを表します。これに対して、英語の ask に近い、"答えを得るために何かを問いかける"ことを表す漢字には、《尋》があります。そこで、《訪》も《尋》も、「たずねる」と訓読みできることになるのです。

同訓異字とは、このようにして生じるものです。その背景には、中国語と日本語の違いがあります。中国語では、《訪》と《尋》という別のことばで表す行動を、日本語ではどちらもひっくるめて「たずねる」と表現することができる。そういうものごとのとらえ方の違いが、同訓異字となって現れているわけです。

そこで、同訓異字を使い分けるためには、まず、それぞれの漢字が表している中国語としての意味を、きちんと理解する必要があります。その上で、自分が使おうとしている日本語が、どんな意味内容を持っているかを考えて、それに合う漢字を選べばいいわけです。

漢字の本来の意味をつかむために

それでは、それぞれの漢字が表している中国語としての意味をきちんと理解するには、どうすればよいのでしょうか。それには、いくつかの方法があります。

① その漢字を含む音読みの熟語を思い浮かべる。

先に申し上げたように、音読みとは元をたどれば中国語の発音であり、音読みの熟語の多くは中国語に由来しています。ですから、音読みの熟語に現れている意味は、その漢字が中国語として持っている意味だ、と考えてもよいわけです。

《訪》ならば、先に挙げた「訪問」「来訪」「歴訪」「探訪」など。これらの全体に共通する意味を考えれば、漢字《訪》の基本的な意味は"ようすを見るためにある場所に行く"ことだ、と見えてきます。その際、思い浮かべる熟語が多い方が、"証拠"が増えて、意味をより明確につかめることになります。

② その漢字の別の訓読みを探してみる。

《訪》は、「おとずれる」と訓読みすることもあります。漢字《訪》が表している意味は、日本語では「たずねる」にも「おとずれる」にも翻訳可能だという可能性があります。

「同訓異字」について　8

そこで、「たずねる」の中でも「おとずれる」と重なるような意味合いを考えることで、《訪》の意味を考えることもできます。このように、ほかの訓読みを持つ漢字の場合には、それを参考にすることで、意味をより明確にとらえることができる場合があります。

③その漢字の成り立ちを調べる。

一方、《尋》については、よく使われる音読みの熟語は「尋問」くらいしかありませんし、ほかの訓読みもないので、これらの方法は役に立ちません。そういう場合には、漢字の成り立ちから意味に迫る方法があります。

《尋》は、成り立ちとしては「左」と「右」を組み合わせた形が変化したもので、字の形の中に「左」と「エ」と「口」が含まれているのが、その名残です。そこで、左手と右手を広げるところから、本来は"長さを測る"という意味だったと考えられています。

これが変化して"答えを得るために何かを問いかける"という意味になった、と筋道を付けて理解すれば、《尋》の基本的な意味がすっきりと頭の中に入るでしょう。

④その漢字の部首に着目する。

とはいえ、漢字の成り立ちを知るためには、漢和辞典を調べなくてはなりません。しかし、そこまでしなくても、

同訓異字の中には、部首に着目するだけで使い分けが格段にわかりやすくなるものもあります。

たとえば、《送》と《贈》は、どちらも「おくる」と訓読みします。このうち、《送》の部首は「辶（しんにょう、しんにゅう）」。これは、《進》や《退》にも含まれているように、"移動"を表します。一方、《贈》の部首は「貝（かいへん）」。こちらは、《財》《買》《費》などの部首でもあり、"金品"を指しています。

ここから、《送》の意味の中心は"何かを相手のところまで移動させる"ことにある、と判断できます。それに対して、《贈》は、"貴重なものを相手にプレゼントする"ところに重点がある漢字だと、導き出すことができます。

同訓異字の二つのレベル

この辞典では、以上のようなさまざまなアプローチを用いて、それぞれの漢字が持つ基本的な意味を明らかにし、同訓異字の使い分けを説明していきます。ただ、「たずねる」と訓読みする《訪》《尋》や、「おくる」と訓読みする《送》《贈》のように、比較的はっきりと意味が区別できるものは、実際は少数派です。

たとえば、「あお」と訓読みする漢字には、《青》のほか、《蒼》《碧》もあります。《蒼》と《碧》はそれぞれ独特の色合い

を指しますが、それらも「あお」の一種であり、《青》と書き表しても、的外れではありません。

また、《始》と《創》は、どちらも「はじめる」と訓読みします。しかし、《始》は広く一般的に使われるのに対して、《創》は、"新しいものごとを"という意味合いを含む場合にだけ用いられます。つまり、《創》が表す意味は、《始》の意味の中に含まれます。

ということは、《創》の代わりに《始》を使っても、間違いにはならないわけです。ただ、"新しいものごとを"というニュアンスをはっきりと表現したい場合だけ、《創》を用いればよいのです。

このように、同訓異字の使い分けの中には、少なくとも二つのレベルがあります。一つは、《訪》《尋》や《送》《贈》のように、原則として使い分けなければならない、というレベル。もう一つは、《青》に対する《蒼》《碧》、《始》に対する《創》のように、場合によっては使い分けた方がよい、というレベルです。

"使い分けなければならないもの"は、きちんと理解して、注意して使い分ける必要があります。しかし、"場合によっては使い分けた方がよいもの"については、無理をする必要はありません。ただ、"場合によっては使い分けた方が

よいもの"をうまく使うと、微妙なニュアンスの表現が可能になり、自分の表現したいことをより適切に伝えることができるようになります。

本書では、各項目の見出しのすぐ下に、使い分けのポイントを短くまとめてあります。その際、"使い分けなければならないもの"を「基本」として、"場合によっては使い分けた方がよいもの"を「発展」として示しておきました。

この違いを意識していただければ、同訓異字の使い分けがさらにわかりやすくなることでしょう。

◆◇◆◇この辞書のきまり◇◆◇◆

1 使い分けがまぎらわしくなりやすい同訓異字のうち、現在でも使われているものや、使ってみるとよさそうなものを選び、五十音順に配列しました。

2 見出しは、「あう」と「あわせる」は別にするが「あがる」と「あげる」はひとまとめにするなど、説明のしやすさを優先して立ててあります。

3 「あがる／あげる」のように、複数の語を一つの見出しにまとめた場合は、適宜、最初に挙げたもの以外の形も参照見出しとして掲げ、探しやすいようにしました。

4 記述の中で漢字そのものを取り上げる場合には、《 》を使って表示しています。

5 《 》の漢字が各項目で最初に出て来る際には、音読みを振りがなとして示しました。ただし、日本で作られた漢字には音読みがないので、訓読みをカッコに入れて示してあります。

漢字の使い分けときあかし辞典

あ

あ・う
遇逢遭会合

基本1 一致する場合、調和する場合、一緒に何かをする場合は、《合》を用いる。
基本2 面と向かって話などをする場合は、《会》を使う。
基本3 事件や災難を経験する場合は、《遭》を書く。
発展1 《会》の代わりに《逢》を使うと、貴重さを表現することができる。
発展2 たまたま出くわす場合には、《遇》を使ってもよい。

ものと人と災難と…

「あう」と訓読みする漢字はたくさんあるが、中心となるのは、《合》《会》《遭》。基本的には、この三つを使い分ければよい。

まず、《合》は、"容器"を表す四角形の上に、"ふた"を表す「人」を組み合わせた漢字。容器とふたがぴったりと一つになるところから、"一つになる"ことを表す。「合同」「合体」「総合」「連合」などがその例である。

転じて、「合格」「適合」「整合性」のように、"一致する"ことや、"調和する"という意味をも表す。さらには、「合唱」「合奏」「合議」など、"一緒に何かをする"ことを指す場合もある。

ここから、「あう」と訓読みして、"一致する""調和する"という意味で使われる。「気が合う」「答えが合う」「服のサイズが合う」「壁紙に合うカーテンを探す」「条件に合う物件が見つかる」「薬が体質に合わない」などなどが、その例である。

また、日本語「あう」には、「○○しあう」の形で"お互いに○○する"ことを表す用法もある。この場合も、"一緒に何かをする"という意味を生かして、漢字では《合》を使って書き表す。例を挙げれば、「愛し合う」「認め合う」「殴り合う」「向かい合う」といった具合となる。

次に、《会》の中心となる意味は、"人と人とが面と向かって話などをする"こと。「会議」「会合」「集会」「宴会」など、《会》の「人」が集まって話などをする「のように、"人と人とが面と向かって話などをする"場合に用いられる。ここから、「友達に会う」「専門家に会って話を聞く」「その人とは会ったともない」のように、"人が集まって話などをする"場合に用いられる。

三つ目の《遭》は、"移動"を意味する部首「辶(しんにょう、しんにゅう)」の漢字で、本来は"移動している途中に予定外

のものに出くわす"ことを表す。ただし、「遭難」といっ熟語があるように、《遭》の本来の意味との違いはほとんどない。ただし、「沖に出たところでイルカの群れに遇った」のように、事件や災難ではないものに"偶然でくわす"場合に適度な訓読みなので、振りがなを付けるなどの配慮をしておく方が、親切である。

その瞬間から別れが始まる…

《逢》は、漢詩では、旅の途中でたまたま一緒になってまた別れる、というような使い方が多く、"一緒にいる時間が貴重である"というニュアンスを持つ。日本語でも、「逢い引き」「逢瀬」のように、恋人たちが一時的に「あう」場合によく用いられる。

そこで、「あう」ことの"貴重さ"に重点を置きたい場合に用いるのがふさわしい。たとえば、「初恋の人に逢う」「二〇年ぶりに旧友に逢う」「旅先で逢った人を思い出す」といった具合である。

一方、《遇》は、「偶」と形が

○○が	○○に	あう	備考
人間以外	人間以外	合	
人間	人間（時に動植物などを含む）	会	
		逢	貴重さ
		遇	偶然性
人間	事件・災難	遭	

のものに出くわす"ことを表す。ただし、「遭難」というイメージが強く、実際には、「ひどい目に遭う」「暴風雨に遭う」「詐欺の被害に遭う」など、"事件や災難などにみまわれる"ことを意味する「あう」を書き表すのに用いられる。

《合》《会》《遭》のほか、「あう」と訓読みする漢字としては、《逢》と《遇》もある。この二つは、《会》の代わりに特別なニュアンスを表したい場合に使われる。

[あう] ● 14

似ていて、"偶然でくわす"という意味がある。「遭遇」という熟語があるように、《遭》の本来の意味との違いはほとんどない。ただし、《遭》のようにマイナスのイメージが強くはないので、「沖に出たところでイルカの群れに遇った」のように、事件や災難ではないものに"偶然でくわす"場合に適していている。とはいえ、やや特殊な訓読みなので、振りがなを付けるなどの配慮をしておく方が、親切である。

さまざまな「であい」がある

「あう」の使い分けとして、悩ましいケースに「であう」がある。このことばは、"お互いに出る"という意味で「出合う」と書くのが本来の形。「国道と県道が出合う場所」のような場合には、人と人との関係ではないので、この書き方がぴったりくる。

しかし、人と人とが「であう」場合は、「彼に出会ったのは学生時代のことだった」と書く方がしっくりくる。これを、《会》を用いて「彼に出遇ったのは学生時代のことだった」と書くと、その書き方が「彼が厄介な人物だったことの事情を想像させるし、「彼に出遇ったのが偶然だったことが強調されることになる。

もちろん、《逢》や《遇》を用いることも可能。「彼に出逢ったのは学生時代のことだった」とすれば、その後の恋愛や友情を想像させるし、「彼に出遇ったのが偶然だったことが強調されることになる。

あお

碧蒼青

基本 色の一つを指す日本語「あお」を書き表す場合に、最も一般的に使われる漢字は《青》。「青空」「青い海」「隣の芝生は青い」「水銀灯が青くゆらめく」「青筋を立てて怒る」などはもちろん、「財布を落として青くなる」「これくらいで怖じ気づくとは、君もまだまだ青いな」のような比喩的な用法でも、《青》を書いておけばまず問題はない。

ただし、色の「あお」を指す漢字には《蒼》《碧》もあり、ニュアンスに応じて使い分けることもできる。ただし、どちらも現在ではあまり使われない漢字なので、振りがなを付けるなどの配慮をしておくと、丁寧である。

《蒼》のイメージは、「木々が鬱蒼と茂る」という例を思い浮かべるとつかみやすい。"植物"を表す部首「艹（くさかんむり）」が付いているように、本来は、分厚く生い茂った植物の暗い「あお」を指す。ここから、《蒼》は、「顔面蒼白」のように生気のない「あお」をも表す。そこで、「病気で蒼白い顔をしている」「幽霊が出ると聞いて蒼ざめる」などでは、《青》に代わってよく用いられる。

また、《蒼》には「蒼海」「蒼天」のように大自然を指す熟語もあり、見る者を厳粛な気分にさせたり、不安にさせたりする「あお」だといえる。それを生かして、「砂漠の真ん中で蒼い空を見上げる」「嵐のあとには、何ごともなかったかのように蒼い海が広がっていた」「その山には蒼い月がかかっていた」といったふうに用いると、厳粛さや不安、神秘的といったイメージが伝わって、効果的である。

一方、《碧》は、部首「石（いし）」にも現れているように、もともとは"あおみどり色の宝石"を表す漢字。「みどり」と訓読みすることもある（p.531）。そこで、「春になって草原が碧く染まる」のように、緑がかった「あお」を指して使われる。

また、《碧》は、宝石のような硬質な輝きや透明感を重視して

発展1 生気のない「あお」、厳粛さや不安、神秘性を出したい場合には、《蒼》を使ってもよい。

発展2 緑がかった「あお」、硬質な輝きや透明感を表したいときには、《碧》を書いてもよい。

いつも同じじゃつまらない！

青
碧 — あおみどり／硬質な輝き／透明感
蒼 — 生気がない／不安／厳粛さ／神秘的

なお、「あわせる」と訓読みする場合も、考え方は「あう」と同じ。ただし、「あわせる」とだけ訓読みする漢字に《併》があり、これと《合》との使い分けが問題になる（p.48）。

[あお][あか] ● 16

「あお」を表現するのに適している。「丘の上から碧い湖が見える」「雨に洗われたような碧い空が広がる」「彼女の指には碧いサファイヤが輝いていた」などが、その例となる。

このように、《蒼》と《碧》は、同じ「あお」でも方向性がかなり異なる。使い分けに悩むとすれば、たとえば、透明でかつ神秘的な"あお"を表現したい場合。「彼の謎めいた碧い瞳に惹かれる」と書けば、澄んだ瞳の魅力に重点が置かれ、「彼の謎めいた蒼い瞳に惹かれる」だと、謎めいた雰囲気が強調された表現になる。

とはいえ、この違いはかなり微妙なので、こだわりすぎないように注意したい。

あか

赭朱紅赤

基本 一般的には《赤》を用いる。

発展1 華やかさやあでやかさを強調したいときには、《紅》を使うと効果的。

発展2 目立たせたい場合には、《朱》を用いると効果的。

発展3 特に、くすんで赤い顔色を指す場合には、《赭》を使うこともできる。

万能選手と派手好みの女性

色の一つを指す日本語「あか」を漢字で書き表すには、《赤》を用いるのが基本。「赤い花」「赤い屋根の家」「恥ずかしくて顔が赤くなる」「夕日で山が赤く染まる」「鉄が赤く錆びる」などはもちろん、「赤の他人」「赤っ恥をかく」のような比喩的な用法も含めて、どのような「あか」でも、《赤》を書いておけば問題はない。

しかし、「あか」と訓読みする漢字は、ほかにもある。それらは、表現したい内容に応じて使い分けることになる。

中でも、比較的よく使われるのが《紅》。部首「糸(いとへん)」が付いている通り、本来は糸を染めるのに使う染料の濃い「あか」を指し、転じて、「口紅」「頬紅」など、「べに」と訓読みしても使われる。衣服や化粧などと関係の深い漢字であり、「あか」と訓読みする場合でも、華やかさやあでやかさを強調したい場合に使うと、効果が高い。

具体的には、「ゴージャスな紅い絨毯」「ネオンが紅く輝く」「バラの紅い花」「秋が深まり山全体が紅く色づく」「紅い振袖」「紅いマニキュア」「女性ファンが紅い涙をしぼる」など、女性と結び付いて使われることも多い。

《紅》ほど多くはないが、《朱》も、「あか」と訓読みして使われることがある。この漢字は、本来は、黄色がかった「あか」の「朱色」を表す。そこで、「神社の朱い鳥居」のように、黄色がかった「あか」を指す場合に使うことができる。ただ、やや特殊な読み方に指す場合に使うことができる。ただ、やや特殊な読み方になるので、振りがなを付けるなどの配慮をしておくと、親切である。

まわりと比べてくださいな

[あか]

赤
- 紅 — 華やか・女性的
- 朱 — 目立つ・黄色味
- 赭 — 顔色・茶色味

また、「朱筆を入れる」「朱印を押す」など、朱色は何かを目立たせるために使われる。ここから、《紅》がそれ自身の色を強調するのに対して、《朱》は、他のものの色と比べて「あか」を目立たせるはたらきをすることが多い。

そこで、たとえば唇のあでやかさそのものを表現したい場合には、「彼女の紅い唇が忘れられない」と書くと雰囲気が出る。肌や歯の白さと対比して唇を描き出したい場合には、「病み上がりの肌に、朱い唇が浮き立って見える」とするのがふさわしい。

最後に、《赭》は、本来は塗料に使う土の色で、茶色に近い「あか」を表す。「代赭」とは、いわゆる「あかつち」のことをいう。

転じて、現在では、主に顔色について用いられる。「酔って顔が赭くなる」などがその例。ただし、むずかしい漢字なので、振りがなを振るなどの配慮を忘れないようにしたい。

なお、漢字本来の意味からすると、《赭》が表すのはくすんだ「あか」。ピンク色の顔を表したい場合には、「湯上がりの紅い顔」のように、《紅》を使う方がしっくりくる。

[あがなう]

贖 購

お金だけでは解決できない！

基本 一般的には《購》を用いる。
発展1 努力や犠牲を払う場合には、《購》を使ってもよいが、かな書きの方が落ち着く。
発展2 罪の許しを得る場合には、《贖》を書くと、意味合いがはっきりする。

日本語「あがなう」は、"何かと引き換えに貴重なものを手に入れる"ことを指すことば。このことばを漢字で書き表す場合には、《購》を用いるのがふつうである。

《購》は、"金品"を表す部首「貝（かいへん）」の漢字で、「購入」「購買」のように、"お金を払って手に入れる"ことを表す。そこで、「あがなう」と訓読みして、「食費を削って子もの薬を購う」「大金を投じて豪邸を購う」「愛はお金では購えない」などと使われる。

「今日の平和は先人たちの血と涙によって購われたものだ」のように、"努力や犠牲と引き換えに貴重なものを手に入れる"場合も、比喩的な表現として、《購》を書いてかまわない。

しかし、こういう場面で"お金"のイメージが強い《購》を用いるのには、抵抗もある。そこで、「今日の平和は先人たちの血と涙によってあがなわれたものだ」とかな書きにしておくのも、おすすめの方法である。

[あがなう][あからむ] ● 18

あからむ
赭紅明赤

朝夕だけがちょっと問題?

贖
貴重なものを手に入れる

贖
罪の許しを得る

ところで、「あがなう」と訓読みできる漢字には、もう一つ、《贖》《明》の意味とがある。これらを漢字で書き表す際には、《赤》と《明》の意味に従って使い分ける。色の場合は「熱が出て顔が赤らむ」「リンゴの実が赤らむ」、日光の場合は「日の出が近づき空が白々と明らむ」となる。この使い分けは、さほどむずかしくはない。

悩むとすれば、夕焼けや朝焼けで空が"あかくなる"場合。「夕日で西の空が赤らむ」とすると色合いが強調され、「夕日で西の空が明らむ」と書けば、暮れなずむ中に西の空だけが輝きを残していることになる。

このほか、色の場合には、「あか」(p16)の使い分けに準じて、《赤》の代わりに《紅》や《赭》を用いることもできる。

「恥ずかしさで顔がぽっと紅らむ」「春が近づきイチゴの実が紅らむ」など、華やかさを強調したい場合には《紅》を使うのが効果的。《赭》は、顔色がくすんだ"あか"になる場合に用い、「お酒の飲み過ぎで顔が赭らむ」「日に焼けて赭らんだ顔」などがその例となる。

なお、同様に考えて《朱》を用いることもできるはずだが、実際の用例はほとんどみかけない。また、《赭》はむずかしい漢字なので、振りがなを付けるなどの配慮が必要となる。

を得る"ことをいう。

ここから、特に"何かと引き換えに罪の許しを得る"場合には、《贖》を使うと、"罪"のニュアンスを強調することもできる。例としては、「賠償金を支払って被害を贖う」「まじめに刑期を勤めて罪を贖う」など。もっとも、これらの場合に《購》を書いても、もちろん問題はない。

基本1 色が"あか"になる場合は、《赤》を用いる。
基本2 日光が差す場合は、《明》を使う。
発展1 華やかさを強調したいときには、《紅》を用いると効果的。
発展2 顔色がくすんだ"あか"になる場合には、《赭》を使ってもよい。

日本語「あからむ」には、色が"あかくなる"場合と、日光が差して"あかるくなる"

色の場合
赤
紅
赭

日光の場合
明
朝焼け
夕焼け

できる漢字には、もう一つ、《贖》もある。こちらも、部首「貝」の漢字で、本来は"保釈金を払って釈放してもらう"という意味。「贖罪」とは、"お金を払って罪の許し

あかり

灯 明

基本1 ほとんどの場合は《明》を用いる。

基本2 特に、人工的な照明であることをはっきりさせたい場合は、《灯》を使う。

自然の光と人工の光

《明》は、言うまでもなく、"光がたくさん差している"ことを表す漢字。ふつうは「あかるい」と訓読みする。そこで、"差してくる光"という意味で、「あかり」とも訓読みして、広く用いられる。

「庭に月明かりが差す」「雪明かりの夜道を歩く」などがその例。「明るいランプ」のような使い方があることを考えれば、「ランプの明かり」に対して《明》を用いても、おかしくはない。

一方、《灯》は、「灯台」「灯籠」「街灯」「提灯」など、"人工的な照明器具"を指す。そこで、「部屋の灯りをつける」「夕暮れになって家々の灯りがともり始めた」のようにこの漢字を使うと、人工的な「あかり」であることがはっきりする。

逆に言えば、自然の「あかり」に対しては《灯》は使えない。意地悪な例を挙げれば、「明かりが一つもない真っ暗な夜」では、人工的な照明がないだけでなく、月や星も出ていないわけだから、《明》を用いないとおかしいことになる。

あがる／あげる

騰 揚 挙 上

基本1 ほとんどの場合は《上》を用いる。

基本2 選び出す場合、すべて一緒に何かを行う場合、行事を行う場合には、《挙》を使う。

発展1 注意を引く場合、目立たせる場合には、《挙》を書くと意味合いがはっきりする。

発展2 ふわふわ「あがる」場合、引っ張り「あげる」場合には、《揚》を用いることもできる。

基本3 油で「あげる」場合には、《揚》を書く。

発展3 値段が高くなる場合には、《騰》を使ってもよい。

高い方なら何でもござれ！

《上》は、横線を引いてその高い側に印を付け、何かの"高い方"を表す漢字。転じて、"高い方に移動する"という意味にもなり、日本語「あがる／あげる」を書き表す漢字として、最も一般的に用いられる。

例としては、「階段を上がる」「給料が上がる」「気温が上がる」「評判」「すだれを上げる」「順位を上げる」「値段を上げる」など。

が上がる」「お迎えに上がる」「雨が上がる」「お線香を上げる」「すごろくの上がり」「今日一日の商いの上がり」などなど、"高い方への移動"だと感じられることであれば、何に対しても用いることができる、すこぶる便利な漢字である。

「宿題を仕上げる」「銀行員として勤め上げる」などでは、相手に対する敬意を表すはたらきは薄れているので、かなで書きにすることが多い。

それに対して、《挙》は、以前は「擧」と書くのが正式で、「與」と「手」を組み合わせた漢字。「與」は「与」の以前の正式な書き方で、「与党」「関与」のように"一緒に"という意味合いを持っている。

そこで、《挙》は、"両手を一緒に使って持ちあげる"という意味になる。ここから、"わざわざ持ちあげる"というニュアンスが生じ、"選び出して示す"という意味で使われるようになった。

たとえば、「例を挙げる」「根拠を挙げる」「芥川賞の候補に挙がる」といった具合。これらの場合、"高い方への"一種だ

「差し上げる」「存じ上げる」などでは、"最後までやり遂げる"という意味。

「あげる」も、"高い方への移動"から転じたものとして、《上》を使って書してかまわない。ただ、「プレゼントをあげる」のように"与える"ことを表す場合は、"高い方へ"という意識が薄れているので、かなを使って書き表してかまわない。

と考えて《上》を使っても間違いとは言い切れないが、"選び出して示す"という意味をはっきりさせるため、《挙》を用いるのがふつうである。

また、《挙》は、"わざわざ持ちあげる"ところから、"注意を引く"という意味合いも持つ。ただ、この場合には、《上》との使い分けが微妙となる。

たとえば、《上》を使って「手を上げる」と書けば、単に手を上の方に伸ばすこと。これが、「手を挙げる」のように《挙》を用いると、"こちらに注意を向けてください"という意味合いで、手を上の方に伸ばしていることになる。

また、「先制点を上げる」のように《上》を書くのは、ふつうの表現。それに対して、《挙》を使って「先制点を挙げる」とすると、"貴重な得点"に対する注目を高める効果がある。

そこで、そのものに注意を引きたいという気持ちをはっきりさせたい場合には、《挙》を用いるのがふさわしい。それ以外の場合や、判断に迷った時には、《上》を使っておけばよい。

なお、《挙》には、「挙国一致」「ご家族で挙ってお出かけください」のように、"すべてが一緒に"という意味もある。ここから、「あげる」のやや特殊な使い方として、「犯人逮捕に総力を挙げる」「町を挙げて歓迎する」のように、"すべて

ねえねえ！
こっちを見てよ

が一緒になって何かをすることを指す用法が生じた。

また、「結婚式を挙げる」に代表されるように、《挙》は、"一緒に持ちあげる"ところから転じて、"行事などを行う"という意味でも使われる。

という意味でも使われる。これらの場合には、"高い方への移動"という意識は薄いので、《上》は用いられない。

次に、《揚》は、音読みでは「飛行船が浮揚する」「国旗掲揚」のように、訓読みでは「気球を揚げる」「国旗掲揚」のように用いる漢字で、"ふわふわと高い方へ移動すること"を表すのが基本。そこで、"ふわふわと高い方へ移動する"ことを大空に揚がる」「旗を揚げる」のように使われる。

> 支えもないのにあら不思議！

ただし、「あがる／あげる」の世界には万能選手《上》がいるので、「気球を上げる」「凧が大空に上がる」「荷物を陸に上げる」などと書くこともできる。そこで、この場合も、"ふわふわと""引っ張って"といったニュアンスを強調したい場合には、《揚》を用いると考えるとよい。

ちなみに、「花火を上げる」の場合は、下から火薬の勢いで力強く「あげる」ので、《上》を使うのがふつう。そのため、「花火が上がる」も一般的には《上》を用いる。

このほか、「抑揚を付けて朗読する」のように、《揚》には"声の調子を高くする"という意味がある。が、この場合は、《挙》との使い分けが微妙になる。「喜びに思わず声を揚げる」と書けば、うわずった声を出すこと。「不満の声を挙げる」のように、"注意を引きたくて声を出す"という気持ちが強い場合には《挙》を用いる。もちろん、特別なニュアンスを込めたくない場合には、《上》を使って「声を上げる」と書くこともできる。

なお、《揚》を使って書き表す「あがる／あげる」としては、「天麩羅が揚がる」「鶏肉を油で揚げる」といった例もある。なるほど、天麩羅や唐揚げは、火が通ると油の中で浮いてくる。この用法については《揚》で書き表す習慣が定着しており、さすがの万能選手《上》も、おいそれとは手が出せない。

最後に、特に"価格が高くなる"場合に、《騰》を用いる

	上	挙	揚	騰
すべて一緒に何かをする	△	◎		
行事などを行う	○	◎		
その他一般	◎			
価格が高くなる	○			◎
油で「あげる」	○		◎	
ふわふわと高い方へ	○		◎	
引っ張り「あげる」	○		◎	
声を高くする	○	○	○	
注意を引く	○	◎		
選び出して示す	○	◎		

[あがる／あげる] [あきる] ● 22

いることがある。この漢字の部首は「馬(うまへん)」で、本来は、"馬が力強く跳ねる"という意味。「沸騰(ふっとう)」のように用いられ、《揚》とは対照的に、下から力強く"押す"というニュアンスが強い。そこから、"価格が高くなる"という意味になったと思われる。

この場合も、《上》を使って「物価が上がる」「値段が上がる」と書いてもよい。しかし、「物価が騰(あ)がる」「値段が騰(あ)がる」と書くと、押さえようのない力で高くなっていくという意味合いを込めることができる。ただし、現在ではあまり使われない訓読みなので、振りがなを付けるなどの配慮をしておくことが望ましい。

あきる

倦厭飽

基本 一般的には《飽》を用いる。

発展1 投げ出したい気持ちや、遠ざけたい気持ちが強いときには、《厭》を使ってもよい。

発展2 疲れた、困ったという気持ちが強いときには、《倦(けん)》を書くこともできる。

《飽(ほう)》は、部首「食(しょくへん)」の漢字で、"お腹いっぱいに食べる"ことを表す。転じて、"満足してそれ以上欲しくなくなる"という意味となる。そこで、「あきる」と訓読みして、「中華料理ばかり続くとさすがに飽きる」「勉強に飽きたので散歩に出る」「こ

の映画は何回見ても飽きない」のように用いられる。

日本語「あきる」を漢字で書き表すときには、《飽》一つで用は足りる。しかし、「あきる」と訓読みする漢字には《厭》と《倦》もあり、微妙な意味合いを生かして使い分けることもできる。ただし、どちらもむずかしい漢字なので、振りがなを付けるなどの配慮をしたい。

《厭》では、"投げ出したい"とか"遠ざけたい"といったニュアンスを含むのが特徴。"世間から離れたい"気持ちを表す「厭世」や、"戦争をしたくない"ことを意味する「厭戦(えんせん)」に、そのニュアンスがよく現れている。

ここから、たとえば、「言い訳を聞くのはもう飽きた」だと単純な表現だが、「言い訳を聞くのはもう厭(あ)きた」と書くと、言い訳している相手に対する強い嫌悪までが表される。また、「職場の人間関係に飽きた」ならば、たとえば"転職したい"という思いが想像されるが、「職場の人間関係に飽きがきた」では、そこまでの強い表現にはならない。

一方、《倦(けん)》では、「あきた」結果として、本人が疲れたり困ったりするところに重点がある。「倦怠(けんたい)」とは、

```
それ以上     →  飽
欲しくない

投げ出す     →  厭
遠ざける

疲れる       →  倦
困る
```

あく／あける
明 開 空

中へ入りたくならない？

心理的に"疲れてだるくなる"こと。「考え倦ねる」のように、「あぐねる」と訓読みして、"困ってしまう"ことを表す場合もある。

そこで、「言い訳を聞くのはもう倦きた」と書くと、言い訳ばかり聞かされて"疲れたり困ったりしている"という意味合いとなる。「職場の人間関係に倦きがきた」では、"転職先を探そう"などという行動的な気分よりは、"疲れや困惑"が強調されることになる。

このように、《厭》と《倦》の意味の違いは微妙である。使い分けに際しては、自分の表現したいことをしっかりと検討したい。そして、どちらとも決めがたい場合には、《飽》を使っておくのが無難であろう。

基本1 中身がなくなる場合、すきまができる場合は、《空》を用いる。

基本2 出入りや出し入れができるようになる場合、中が見られるようになる場合は、《開》。

基本3 ある期間が終わる場合、目が見えるようになる場合は、《明》を使う。

《空》は、部首「宀（あなかんむり）」の漢字で、穴のように"中身がない"ことを表す。そこで、"中身がなくなる／中身をなくす"という意味で、「あ

く／あける」と訓読みして用いられる。たとえば、「グラスを空ける」「空き缶を捨てる」「空いた席に座る」「クリスマスは予定が空いている」「旅行でしばらく家を空ける」といった具合である。

また、転じて、"すきまができる／車スペースが空く」「行間を空ける」などがその例。全体として見ると、ある場所に"何もない"ことに注目する漢字だといえる。

通れる　　何もない
開　　　　空

一方、《開》の部首は「門（もんがまえ）」で、本来は"門が通れる状態になる"という意味。ある場所が"通れる状態になる"ところに関心がある。そこで、訓読み「あく／あける」では、広く"出入りや出し入れができるようにする"ことや、"中が見られるようになる／中身を見られるようにする"という意味で使われる。

例としては、「ドアが開く」「雨戸を開ける」「財布の口を開ける」「ファスナーが開きっぱなしだ」など。「鍵を開ける」では、鍵そのものを通り抜けられるはずはないが、結果として、ドアなどが"出入りや出し入れができるようになる"状態に

なることを指す。「そろそろ銀行が開く時間だ」のように、店舗や事務所などに"出入りできるようになる"ことを表す場合もある。

《開》を使って書き表す「あく／あける」には、"出入り口そのもの"は省略してしまう用法もある。「金庫が開いた」「缶詰めを開ける」では、実際に「あく」のは、金庫の扉であり、缶詰めのふた。この用法の場合、《空》を使って「金庫が空いた」「缶詰めを空ける」と書くと、"中身がなくなる／中身をなくす"という意味になるので、注意が必要である。

役に立つ穴 立たない穴

それよりもややこしいのは、"穴"に関するケース。「ボールが当たって窓ガラスに穴が空いた」のように、なにもない"穴"そのものを指す場合には、《空》を用いる。それに対して、「壁に穴を開けて配線を通す」のように、何かが出入りする"穴"の場合は、《開》を使うことになる。

また、「開いた口がふさがらない」も、考え出すと悩ましい。口にできた"すきま"を重視すると《空》を使いたくなるが、口からことばが"出て来ない"という観点から、《開》を用いるのが習慣となっている。

「背中が開いたドレス」も、似たような例。《開》を使うと"中が見える"というニュアンスになるので、セクシーさが強調される。一方、《空》を用いて「背中が空いたドレス」にす

ると、単に"背中の部分に何もない"という事実だけを指すことになる。

《空》《開》とは別に、「あく／あける」と訓読みする漢字として、《明》もある。こちらは、夜が終わって「明るく」なるところから、"ある時期が終わって、新しい時期が始まる"という意味で用いるのが、代表的な使い方。「明けましておめでとう」「喪が明ける」「休み明けで調子が出ない」などが、その例となる。

《明》を用いる特別な例として、「目が明く」の形で、"見えなかった目が見えるようになる"ことを表す場合がある。この場合に「目が開く」と書くと、"降ろしていたまぶたが上がる"という動きそのものを指すことになる。

なお、「空く」は「すく」とも訓読みできるし、「開く」は「ひらく」とも訓読みできる。つまり、思った通りに確実に読んでもらうためには、振りがなが必要。それを避けるために「あく」とかな書きするのも、選択肢の一つであろう。

あける

明開空

→あく／あける（前項）

あげる

騰揚挙上

→あがる／あげる(p19)

あし

肢脚足

大地を踏みしめ体を支える

基本1 くるぶしから先を指す場合、短い支えを指す場合は、《足》を用いる。

基本2 特に股下からくるぶしまでに意識がある場合や、長い支えを指す場合は、《脚》を使う。

基本3 股下より下の全体を指す場合や、慣用的な表現では、《足》を書くことが多い。

発展 動物の場合には、やや専門的な表現として《肢》を用いることがある。

《足》と《脚》の使い分けは、日本語と中国語ではかなり異なる。そのため、漢字の意味そのものから説明を付けるのはむずかしい。

ただ、《足》は、古代文字では「囗ㄡ」と書き、"あしあと"の絵「ㄣ」を含むところから、"地面に接する部分"という意識があるものと思われる。対する《脚》は、「立脚」「失脚」といった熟語に現れているように、"胴体を支える部分"という意味合いが強い。

そこで、日本語では、《足》は主に"くるぶしから先"を、《脚》は"股下からくるぶしまで"を指す漢字として、使い分ける。例を挙げれば、「足の指」「足の裏」「足で石ころを蹴る」に対して、「脚を組む」「脚を広げる」「すらりと伸びた脚」といった具合である。

「足の汚れを落とす」のように《足》を使うと、主に"くるぶしから先"を洗うことになる。一方、太ももやふくらはぎを中心に洗う場合には、「脚の汚れを落とす」のように《脚》を用いる。

ここから、《足》は短く、《脚》は長いというイメージが生まれる。同じ動物でも、カメには《足》が、キリンには《脚》が似合う。「ワイングラスの脚」と書くと、すらりと長くておしゃれなイメージがする。その一方で、「電子レンジの底面に付いているゴムの足」では、《足》を使うといかにも短い突起を想像させて、落ち着きがよい。

ただし、これらはあくまでイメージの上での話。長さを特に意識しない表現

脚 足

胴体を支える
股下から
くるぶしまで
長いイメージ

主にくるぶし
より先
短いイメージ
地面に接する

つべこべ言わずに足を使いな！

[あし][あずかる] ● 26

では、《脚》を使っても問題はないものの、習慣的に《足》を用いることが多い。

同様に、慣用的な表現でも、《足》の方が人気がある。「浮き足立つ」「足を向けて寝られない」「足代を支給する」「遺留品から足が付いて逮捕された」といった比喩的な表現でも、もちろんのこと。「二の足を踏む」「足が速い」などは、もちろんのこと。さらには、「足を引っ張る」「足が棒になる」などのような、意味の上からは《脚》がふさわしそうなものでも、《足》を書くのが習慣になっている。

なお、現代の中国語では、《足》はあまり用いず、《脚》が主流。しかも、《脚》が"くるぶしより先"を指す。"股下からくるぶしまで"をいう場合には、「腿」などを用いる。

ちなみに、「雨脚が強い」の「雨脚」は、本来は「ウキャク」と音読みする、中国語に由来する熟語。《脚》を使う方が正式だが、慣用句の一種として、《足》を使って「雨脚」と書かれることも多い。それが「裸足」になると、日本語独自の慣用的な表現なので、《足》を書く。

《足》《脚》のほか、「あし」と訓読みする漢字として《肢》がある。この漢字は、「枝」と形が似ていて、"体のうち、胴体から枝分かれした部分"を表す。「四肢」とは、人間で言えば"て"と"あし"のことを指す。

ここから、"て"と"あし"を区別しない動物の"あし"を指す漢字として重宝され、やや専門的な文章で、「猫の前肢」「昆虫には肢が六本ある」などと用いられることがある。とはいえ、かなり特殊な読み方なので、振りがなを付けるなどの配慮が必要である。

あずかる

与 預

責任者ですか、参加者ですか？

基本1 一時的に保管する場合、責任を持って引き受ける場合は、《預》を用いる。

基本2 参加・関係する場合、影響を受ける場合は《与》を使うが、かな書きの方が一般的。

日本語「あずかる」の代表的な意味は、"一時的に保管する"こと。そこで、漢字で書き表す場合は、「預金」の《預》を用いる。「荷物を預かる」「機長は乗客の命を預かっている」などが、その例。転じて、"責任を持って引き受ける"という意味にもなり、「事務所の経理を預かる」のように用いられる。

一方、日本語「あずかる」には"参加する""関係する"といった意味もある。この場合には、現在ではかな書きにするのが一般的。ただし、漢字《与》に、「関与」「与党」のように同じ意味があるので、これを使うこともできる。たとえば、「国会議員となって国政に与る」「ご招待に与って光栄です」といった具合。「恩恵に与る」「お褒めに与る」など、意味がやや変化して"好ましい影響を受ける"ことを表

[あずかる］［あだ］

徒 寇 仇 あだ

基本1 仕返しをしたい相手や、はたらきかけに対して受ける危害を指す場合は、《仇》を用いる。

基本2 一方的に悪い結果をもたらすものの場合は、《寇》を使う。

基本3 成果が出ない場合は、《徒》を書く。

《仇》は、「仇敵」のように用いる漢字で、"仕返しをしたい相手"を指す。また、"仕返しをしたいという気持ち"を意味する場合もある。そこで、「あだ」と訓読みして、「仇討ちをする」「友だちの忠告を仇に感じる」のように用いられる。

"仕返し"とは、危害を加えてきた相手に対して、危害を加え返すこと。日本語では、ここから転じて、"相手のためを思って何かをした結果、相手から加えられる危害"も、《仇》を使って書き表す。「恩を仇で返す」「善意がかえって仇となる」などが、その例となる。

このように、日本語「あだ」の根本にあるのは、"危害を加えられる"こと。ただ、現在ではあまり使われないが、「無法者があだをなす」のように、向こうから一方的に"危害を加えてくるもの"を表すこともある。この場合に《仇》を用いると、"仕返し"という漢字の意味にはそぐわない。

そんなときに役立つのが《寇》。この漢字は、歴史で出て来る「倭寇」「元寇」など、"外敵"を表す。これを使って、「無法者が寇をなす」と書くと、落ち着きがよい。もっとも、むずかしい漢字なので、振りがなを付けるなどの配慮を忘れないようにしたい。

ところで、日本語「あだ」には、"はたらきかけた相手から加えられる危害"という意味が弱まって、"はたらきかけたが成果が出ない"ことを指す場合もある。この意味の「あだ」を書き表す際に使われるのが、《徒》である。

《徒》は、「徒歩」に代表されるように、もともとは"乗

☓ ← 責任 → ○

	保管する	責任を持つ	参加する	関係する	影響を受ける
与			○	○	○
預	○	○			

す場合もある。

この使い分けでは、微妙な判断を迫られることがある。たとえば、「社長として経営を預かる」ならば、ふつうは文句はない。しかし、たとえば管理職の場合に《預》を使うと、どこまで経営上の責任を負っているのかと、異論が出るかもしれない。「管理職として経営に与る」としておいた方が、波風は立たない。

なお、「○○をあずかる」場合は《与》を書くと考えておけば、おおむね間違いはない。

そんなつもりはなかったのに…

で、「あだ」と訓読みして、「仇討ちをする」「友だちの忠告を仇

[あだ][あたい] ● 28

仇 寇 徒

|本人| ←危害を加える— |対象|
|本人| —仕返しする→ |対象|
|本人| ⇄はたらきかける⇄ |対象|
|本人| ←危害を加える— |対象|
|本人| —はたらきかける→（成果が出ない） |対象|

ものに乗らない"という意味。転じて、"何も持たない"ことをも表す。「徒手空拳(としゅくうけん)」とは、"握り拳(こぶし)以外に武器を持たない"こと。ここから、《徒》は、"成果が出ない"という意味でも用いられる。

例としては、「勉強したが徒(あだ)であった」「試合終了直前の得点も徒花(あだばな)だった」「徒(あだ)な恋に涙する」など。意味がやや広がり、「徒な浮気心に振り回される」のように、"実質がない"ことを表す場合もある。

《仇》と《徒》は、微妙な使い分けが必要になる場合がある。

《徒》を用いて「あのときの努力も徒となった」と書くと、努力が実を結ばなかったことに重点を置く表現。一方、「あのときの努力も仇(あだ)となった」のように《仇》を使うと、がんばりすぎて体を壊すなど、"悪い結果をもたらした"という意味になる。

なお、「あだ」は意味の広い日本語で、「あだな雰囲気のおかみさん」のように、"女性が色っぽい"ことをも指す。この場合は、漢字で書くとすると『婀娜(あだ)』だが、かな書きにするのが一般的である。

あたい

価 値

基本1 ほとんどの場合は《値(ち)》を用いる。
基本2 特に、金額を指す場合は、《価(か)》を使う。

根が商売人なものですから…

《値》は、「直(ちょく)」から派生した漢字で、もともとは"あるものと真っ直ぐに向き合う"、"対応する"という意味合いを持つ。そこから、"あるものの程度を数量で表したもの"を表すようになり、「あたい」と訓読みして、「温度計の値を読み取る」「検査の値は正常だ」「xの値を求める問題」などと使われる。

一方、《価》は、以前は「價」と書くのが正式で、"商売"を意味する「賈(か)」から派生した漢字。「賈」には、"金品"を意味する部首「貝(かい)」が含まれている。

そこで、《価》は、"商品としての程度を金銭的に表したもの"を指す。「食料品の価が上がる」「古本に価を付ける」「株式の価に注目する」などが、その例となる。

このように、《価》が金銭についてしか用いられないのに対して、《値》は広く使われる。そこで、「食料品の値(あたい)が上がる」「古本に値を付ける」「株式の値に注目する」と書いても、間違いではない。ただし、この場合には、振りがなないしだと「ね」と訓読みする方が自然である。

29 ◉ [あたい] [あたたかい/あたたまる]

価 値

価《金銭で示すもの》
値《数えるもの／機器ではかるもの／計算して求めるもの etc.》

ところで、"○○するのにふさわしい"ことを表す、「○○にあたいする」という表現がある。この「あたい」を漢字で書き表す場合には、"ある ものと同じ程度である"という意味合いから、《値》を使うのがふつう。例を挙げれば、「一見に値する映画」「賞賛に値する行い」「この失敗は非難に値する」といった具合である。

ただし、特殊な例として、"金銭的にはいくらになる"ことを意味する「あたいする」も、考えられなくはない。この場合には、「一〇〇万円に価する珍しい切手」のように《価》を書いても、漢字の意味の上では問題はない。

あたたかい/あたたまる

暖 温

基本1 液体や固体、人柄や雰囲気の場合は、《温》を用いる。

基本2 日差しや空気、色、衣服や寝具などの場合は、《暖》を使う。

触って感じてみてください！

日本語「あたたかい」の基本的な意味は、"熱量が多い"こと。「あたたまる／あたためる」の形になると、"熱量が多くなる／熱量を多くする"

という意味になる。このことばを書き表す漢字には、《温》と《暖》がある。

《温》は、"水"を表す部首「氵（さんずい）」の漢字。触って感じることのできる液体や固体について用いるのが基本である。例としては、「温かいお風呂」「温かい食事」「お湯にひたしてお皿を温めておく」など。「体の芯から温まる」でも、体は固体だから《温》を用いる。

一方、《暖》は、部首「日（ひへん）」の漢字で、本来は、日が差して"熱量が多い"ことを表す。そこで、日差しや空気について用いられることが多い。「暖かい日差し」「春の暖かい風」「南の島の暖かな気候」「エアコンで室内を暖める」などがその例。転じて、「暖かい色合い」のように、色について使われることもある。

このように、《暖》は、直接的に触って感じることができない「あたたかさ」を表す。例外は、「暖かいセーター」「暖かな布団」のように、衣服や寝具などに使われる場合。

ただし、これも、セーターや布団が空気の「あたたかさ」を保っている、と考えることができる。

以上のように、《温》と《暖》の使い分けは、「あたたかい」ものが液体や固体であるかそうでないかが、判断基準となる。そこで、「ストーブで部屋を暖める」のように、部屋の空気について言う場合は《暖》となるが、「ストーブで体を温め

る」のように、体に対しては《温》を用いることになる。ちなみに、「給料が入って懐が温かい」も、比喩ではあるが、文字通りには体を対象にしているので、《温》を書く。

その伝でいけば、人柄や雰囲気が「あたたかい」ケースでは、液体や固体ではないから《暖》を使いたくなる。ところが、辞書的には「友情のこもった温かい手紙」「温かな声援を受ける」「前座の人が笑いを取って、観客を温めておく」など、《温》を用いるのが正しいとされている。

その理由は、《温》には、「温和」「温厚」など、人柄の「あたたかさ」を表す用法があるから。この用法は、その人柄に実際に"触れて"感じる「あたたかさ」だと理解すると、わかりやすい。

とはいえ、現実には、人柄や雰囲気について《暖》を用いる例も見受けられる。特に、手紙や声援といった具体的なものごとではなく、抽象性が高い場合に《暖》を書くのは、「暖かい家庭に憧れる」のように、漢字の意味にもよくマッチする。

ちなみに、《温》と《暖》の使い分けには、手っ取り早い判別法もある。

実際に人に接してわかること

暖 触ることのできないもの — 人柄や雰囲気

温 触ることのできる液体・固体 — 衣服や寝具

それは、「冷たい」の反対は《温》を使い、「寒い」の反対は《暖》を使うというもの。だいたいにおいては、これに従っておいて間違いはない。

あたる／あてる

宛充中当

何にでも対応できます！

基本 一般的には《当》を用いる。

発展1 ねらい通りになる場合、毒に「あたる」場合には、《中》を使ってもよい。

発展2 ある目的に振り向ける場合には、《充》を書くと効果的。

発展3 届け先を示す場合には、《宛》を用いることが多い。

《当》の基本的な意味は、「相当」「適当」など、"AがBにぴったり対応する"こと。

そこで、"ぶつかる""ねらった通りになる""ある仕事に取り組む""同等のものである"など、広く用いられる。

例を挙げれば、「ボールが頭に当たる」「天気予報が当たる」「警部が捜査の指揮に当たる」「当てが外れる」「彼の言動は失礼に当たる」「闇の奥に光を当てる」「たずね人を捜し当てる」「辞書に当たって調べる」「忙しくてつい子どもに当たってしまう」なども含めて、日本語「あたる／あてる」を漢字で書き表す場合には、《当》さえ使っておけば、

[あたる／あてる]

間違いにはならない。

ただし、「あたる/あてる」と訓読みする漢字には、《中》《当》《充》《宛》がある。

この漢字が使えるケースは二つある。

一つは「命中」「的中」のような、"ねらい通りになる"場合。「矢が的に中たる」「競馬の予想を中てる」のように用いる。

もう一つは、「中毒」のように、"毒によって体調を崩す"場合。「生牡蠣に中たっておなかを壊す」がその例となる。

とはいえ、現在では、《中》を「あたる/あてる」と訓読みするのはあまり一般的ではないので、振りがなを付けるなどの配慮が必要。ふつうは、「矢が的に当たる」「競馬の予想を当てる」「生牡蠣に当たっておなかを壊す」のように、《当》を使う。

なお、「新婚の二人に当てられる」は、本来ならば、"二人の雰囲気に毒される"という意味合いだから、《中》を用いるのは、"真ん中""それそのもの"といったニュアンスを強調したい場合に限る方が、無難だろう。

以上の二つのほか、「あてる」とだけ訓読みする漢字として、《充》と《宛》がある。

《充》は、「充実」「充満」「充当」など、"足りないものを足して、いっぱいにする"という意味。「みちる/みたす」(p530)とも訓読みする。転じて、"ある目的に振り向

足りないものを足しましょう！

その他一般	ねらい通りになる	届け先を示す	ある目的に振り向ける	毒が「あたる」
当	◎	◎	○	○	◎
中	△				△
充				○	
宛			◎		

ける"という意味となり、その場合に「あてる」と訓読みする。「利益を設備投資に充てる」「裏庭を駐車場に充てる」「空き時間を勉強に充てる」などが、その例となる。

この場合も、「割り当資に当てる」「裏庭を駐車場に当てる」「空き時間を勉強に当てる」ということばがあるように、「利益を設備投資に当てる」「空き時間を勉強に当てる」と書くことも可能。ただ、設備投資や駐車場、勉強時間などが不足している文脈では、それを「充実」させるという意味も含めて《充》を使うと、効果的である。

最後に、《宛》は、「恩師に宛てて手紙を出す」のように、"届け先を示す"場合に使われる。これは、元は《充》が使われていたものが、そのくずしが変化して《宛》と書かれるようになったものだという。そのため、これまた《当》を使って「恩師に当てて手紙を出す」と書くこともある。

なお、「本人宛の手紙」「宛名を間違える」など、「あて」とだけ訓読みする場合には、送りがなを送らないことも多い。

あつい

篤厚暑熱

基本1 温度一般が高い場合、感情が高ぶる場合は、《熱》を用いる。

基本2 特に、気温や室温が高い場合は《暑》。

基本3 高さや深さ、幅がある場合、中が詰まっている場合、心がこもっている場合は、《厚》。

基本4 病気が重い場合や、ひたむきな場合は、《篤》を使う。

不快なときには気を付けて！

日本語「あつい」は意味の広いことばで、書き表す際に用いられる漢字も多い。その中で、まず、温度が高い場合に用いられるものとしては、《熱》と《暑》がある。

《熱》の部首「灬（れっか、れんが）」は、古代文字では「火」と同じ形。そこで、《熱》も、もともとは"火"に関係が深く、温度がとても高い"場合全般に用いられる。「フライパンが熱くてやけどした」「熱いお茶をいただく」「南から熱い風が吹く」など、固体・液体・気体の区別にかかわらず、使うことができる。

また、「風邪をひいたのか、おでこが熱い」「湯上がりの熱くほてった体」のように、"体温が高い"ことをも表す。ここから転じて、"感情が高ぶる"場合も、《熱》を用いて書き表す。「友情について熱く語る」「感情が高ぶる」「胸に熱いものがこみあげる」「ヒロインに熱いまなざしが注がれる」などが、その例である。

一方、《暑》は部首「日（ひ）」の漢字で、本来は"日差しが強い"という意味。やや意味が広がって、「真夏の暑い昼下がり」「暑いサウナに入ってすっきりする」のように、"気温や室温がとても高い"場合に用いられる。

このように、《熱》と《暑》の使い分けは、気温や室温がとても高い"場合、気温や室温かどうかで判断することができる。ただもう一つ、《暑》の特徴として、気温や室温がとても高いことを、たいていは不快に感じていることが挙げられる。

そこで、「彼は暑苦しい男だ」のように"不快さ"に重点がある場合は、気温や室温ではなくても、《暑》を用いるのがふつう。「彼は熱い男だ」のように"感情が高ぶりやすい"ことをいう場合には、《熱》を使う。

見た目だけではないんです！

次に、《厚》は、部首「厂（がんだれ）」が"がけ"を意味するところから、本来は、がけのように"土が高く積もっている"ことを表していたと考えられている。そこから、広く"高さや深さ、幅がある"ことを指す日本語「あつい」を書き表すのに用いられる。例を挙げれば、「厚紙」「分厚いステーキ」「肉厚の万年筆」「おしろいを厚く塗る」などとなる。

また、「濃厚」「重厚」など、《厚》には、"中が詰まっている"という意味もある。そこで、「選手層が厚い」「避難民を手

[あつい] [あつまる／あつめる]

心情を表す「あつい」

- 熱 感情が高ぶる（活動的・突発的）
- 篤 ひたむきな（持続的）
- 厚 ゆるぎない（安定的）

「厚く保護する」などとも用いられる。「厚く御礼申し上げます」のように、"心がこもっている"場合に使われるのは、ここから転じたものである。

「あつい」と訓読みする漢字には、もう一つ、《篤》もある。この漢字は「馬」を含み、馬が進むように、"力強く事態が進行する"という意味合いを持つ。代表的な意味は、"病状が重い"ことで、「危篤」がその例。そこで、「篤い病の床に臥す」のように使われる。

また、《篤》は、心がのめり込むところから、"ひたむきな"ことをも表す。「篤志家」は、何かに"ひたむきな気持ちで取り組む人"。「仏様を篤く信仰する」は、この意味で《篤》を使った例である。

ただし、この場合には、"心がこもっている"ことを表す《厚》を使って、「仏様を厚く信仰する」と書くこともできる。

さらに、「熱狂的」な信仰であれば「仏様を熱く信仰する」と書いてもかまわない。というわけで、心情を表す「あつい」の使い分けには、いろいろと悩まされることになる。

考え方としては、まず、比較的短い間の"感情の高ぶり"に重点がある場合には、たとえば「熱い友情」のように《熱》を使う。次に、《厚》には"中が詰まっている"という安定感があるので、長く安定した"ゆるぎなさ"を出したい場合に「厚い友情」と書く。最後に、時とともに深まっていく《篤》の"ひたむきさ"を表現したい場合には、「篤い友情」のように《篤》を用いる。

なお、《篤》を「あつい」と訓読みするのは、現在ではやや特殊。振りがなを付けるなどの配慮をしておく方が、丁寧である。

あつまる／あつめる

聚 蒐 集

パーティーと コレクション

- 基本　一般的には《集》を用いる。
- 発展1　見つけ出して「あつめる」場合には、《蒐》を使うこともできるが、やや古風。
- 発展2　多くの人やものが「あつまる」場合には、《聚》を書いてもよいが、やや特殊。

《集》は、"一か所にまとまる／まとめる"ことを表す漢字。「集会」「集中」「新人の募集」「昆虫採集」のように人間に対しても用いるし、ものごとに関しても使われる。ここから、「あつまる／あつめる」と訓読みして、広く用いることができる。例としては、「夢を抱いた若者が集まる」「ご近所を回って町

[あつまる／あつめる][あてる][あと] ● 34

集

1か所にまとまる／まとめる ← 見つけ出す ← 蒐
多くの ← 聚

会費を集める」「世間の注目が彼女に集まった」「落ち葉を集めて焚き火をする」「市役所前にはバスの路線が集まっている」など。

日本語「あつまる／あつめる」を漢字で書き表す際には、どんな場合でも《集》を使うことができる。

ただし、「あつまる／あつめる」と訓読みする漢字には、ほかにも《蒐》《聚》などがあり、それぞれの意味に応じて用いることもできる。とはいえ、どちらもむずかしい漢字なので、振りがなを付けるなどの配慮が必要となる。

《蒐》は、古い時代の漢文では"狩りをする"ことを指して使われた例が多く、獲物を"見つけ出して"あつめる"という意味。現在でも、切手などの「収集」を、「蒐集」と書くことがある。

この意味の上から、訓読みでは「あつめる」を「蒐める」などがその例。「あつまる」の形は、たとえば「あの図書館には貴重な書籍が蒐まっている」のように、「あつめられている」という意味で使われることがある。

一方、《聚》は、「人」を三つ組み合わせた「众」が変形した「乑」を含んでいて、本来は"多くの人々があつまる"こ

とを表す。「集落」と同じ意味の「聚落」が、その例。また、「聚楽」とは、"人々が「あつまって」楽しむ"ことをいう。
そこで、訓読みに用いるのが、"人々が「あつまる／あつめる」"場合に用いるのが、漢字本来の意味にはよく合う。「コンサートに人が聚まる」「イベントを開いてお客を聚める」などが、その例である。
また、《聚》は、転じて、"多くのものを「あつめる」"という意味でも使われる。ここから、「膨大な資料を聚める」のように用いることもできる。

あてる

宛 充 中 当

→あたる／あてる〈p 30〉

あと

址 痕 跡 後

基本1 順序が遅い方の場合は、《後》を用いる。

基本2 何かが存在した印の場合は、《跡》を使う。

発展1 災難や不幸が残した印の場合は、《痕》を書くと効果的。

発展2 建造物の「あと」の場合は、《址》を使うこともできる。

あと

> ここにはもう
> いないんですね…

《後(ごこう)》の部首「彳(ぎょうにんべん)」は、"移動"を表す記号。そこで、移動していく"順序が遅い方"を表すのが《後》の基本的な意味となる。場所的にも時間的にも使われる。「行列の後の方に並ぶ」「東京を後にして名古屋へ向かう」「先輩の後に付いていく」「めんどくさいので後回しにする」「飲み会には後から行きます」「嵐の後の静けさ」「後で泣べそかくなよ」などなど、例を挙げればきりがない。

一方、《跡》は部首「足(あしへん)」が残したくぼみ"のこと。転じて、広く"何かが存在した印"を指す。例としては、「争った跡がある」「工場の跡地にマンションが建つ」「跡形もなく消え去る」などとなる。

このように、《後》が基本的に"順序"を表すのに対して、《跡》は、"場所"そのものや、そこに今は"存在しない"ことに重点がある。迷った場合は、その点に着目するとよい。

たとえば、イベントが終われば、その順序として「あと」を片付ける。そこで、ふつうは《跡》を用いて「イベントの跡片付けをする」と書く。それに対して、《後》を用いて「イベントの後片付けをする」と書くと、イベントが行われて今は終わっている"その場所"を片付けるという意味合いになる。

また、「父の後を継ぐ」ならば、単に順序として「あと」を継ぐことだが、《跡》を使って「父の跡を継ぐ」と書くと、父がかつて占めていた"地位を継ぐ"という意味合いになる。社長だとか家元だとかを世襲する場合に、用いられる。

やや特殊なケースとして、「犯人の後を追う」がある。一般的には《後》を使っておけばよいが、犯人が残した手がかりを頼りに追いかける場面には、「犯人の跡を追う」と書くこともできる。逆に、逃げる姿が見えている場合は、"存在しない"というイメージが強い《跡》は用いない方が穏当だろう。

《痕》は、"病気"を表す部首「疒(やまいだれ)」の漢字で、もともとは、"病気や怪我によって体に残った印"を表す。転じて、「やけどの痕が残る」「洪水の爪痕(つめあと)をカメラに収める」「白髪に苦悩の痕がうかがわれる」のように、広く"災難や不幸が残した印"という意味で使われる。ただし、これらを"何かが存在した印"という意味だと考

> いろんなことが
> ありました

日本語「あと」を書き表す漢字としては、《後》と《跡》を使っておけば十分。しかし、場面によっては、《跡》の代わりに《痕》や《址(し)》を用いること

後
順序の遅い方

跡
ある場所にいた印

[あと][あな] ● 36

えて、「やけどの跡」「洪水の爪跡」「苦悩の跡」などと《跡》を使って書き表しても、意味は通じる。そこで、特に"災難や不幸"というニュアンスを出したい場合に《痕》を用いるのが、効果的である。

もう一つの《址》は、部首「土(つちへん)」の漢字で、もとは、土を盛り上げて作った"建物の土台"を指す。転じて、"土台だけが残っている建物"という意味で使われる。

ここから、「平城京の址を訪ねる」「あの山には戦国時代の城の址がある」など、建造物があった"あと"を指して《址》を使うこともできる。ただし、"土台だけが残っている"ところから、《址》には"廃墟"のイメージがあるので、そこに別の建物が建っているような場合には、《跡》を使っておく方が無難であろう。

なお、《址》を「あと」と訓読みする場合には、現在ではあまり一般的ではない。振りがなを付けるなどの配慮を忘れないようにしたい。

あな

坑孔穴

基本 一般的には《穴(けつ)》を用いる。
発展1 何かが通る「あな」の場合は、《孔(こう)》を使うこともできる。
発展2 資源を掘り出すための「あな」の場合は、《坑(こう)》を書いてもよい。

通り抜けてもいいですか？

日本語「あな」を漢字で書き表す際に、最も一般的に使われるのは《穴(けつ)》。「洞穴(どうけつ)」「墓穴(ぼけつ)」「虎穴(こけつ)に入らずんば虎児を得ず」など、広く"ものの、くぼみや、突き抜けている部分"を指す。そこで、「地面に穴を掘る」「壁に穴を開ける」「岩穴の中で暮らす」「耳の穴(いちあな)をかっぽじってよく聴け」「穴があったら入りたい」などど、どんな「あな」に対しても用いることができる。

しかし、「あな」と訓読みする漢字には、《孔(こう)》《坑(こう)》もある。現在ではどちらもあまり一般的には使われないが、それぞれ、特別な意味合いを表現したい場合に使われることがある。ただし、振りがなを付けるなどの配慮をしておく方が、親切である。

《孔》は、成り立ちのはっきりしない漢字で、古くは"非常に""大きい""空っぽの""通り抜けできる"など、さまざまな意味があった。現在では、何かが"通る"ための「あな」を指して使われる。光が通る"出入りする"ための「あな」を指して使われる。「瞳孔(どうこう)」や、息が出入りする「鼻孔(びこう)」がその例。「通気孔(つうきこう)」「排気孔(はいきこう)」といった熟語もある。

そこで、《孔》を使って、ふつうは「針の孔(あな)に糸を通す」とすると、糸がその中を"通る"ことが強調される。また、「パンチカードに孔を空ける」のように、器具で"打ち抜く"場合にも、《孔》を使うことが

[あな] [あぶら]

あぶら
膏 脂 油

孔 人間以外が通る 比較的小さい

坑 資源を取り出す 比較的大きい

くぼみや突き抜けている部分
穴

ある。

用例から見る限り、《孔》を"通る"ものは、光や水、空気のほか、比較的小さなもので、人間は含まれない。人間が"通る"ための"あな"を、《穴》以外の漢字で書き表したい場合の選択肢としては、《坑》がある。

《坑》は、「炭坑」「坑道」のように、「地下道」を指すのがふつうで、「坑を掘って鉱脈を探す」「石炭を坑から運び出す」のように用いられる。

以上のように、《穴》が漠然と"あな"一般を指すのに対して、《孔》と《坑》は、何かが"通る"ところとしての"あな"を表すのが違いである。

現在では、資源を掘り出すための、比較的大きな"あな"を表す。

[基本1] ほとんどの場合は《穴》を使う。
[基本2] 特に、動物の体内の「あぶら」の場合は、《脂》を使う。
[発展] 生命力の象徴という意味合いを込めたい場合には、《膏》を書くこともできる。

体にあるとちょっと厄介？

《油》は、"水"を表す部首「氵(さんずい)」の漢字で、燃える液体「あぶら」を指す。「ストーブに油を足す」「フライパンに油をひく」「車輪に油を差す」「菜種から油を絞る」「火に油を注ぐ」などなど、「あぶら」を漢字で書き表す場合は、たいていはこの字を使う。バターやマーガリン、ピーナッツバターなどは、通常は液体ではないが、溶けて燃えるので、「ピーナッツバターは油の一種である」のように、これも《油》を用いて書き表す。

ただ、日本語「あぶら」は、人間も含め、動物の体内に蓄えられる「あぶら」をも指す。漢字でこの意味を表すのは《脂》。この漢字の部首「月(にくづき)」は、"肉体"を指す。

そこで、動物の体内の「あぶら」を表す場合だけは、特別に《脂》を用いる。例を挙げれば、「脂身の乗った肉」「おなかに少し脂が付いたかな」など、「脂汗を流す」「鼻に脂が浮かぶ」「脂ぎった顔」のように、液体であっても、動物の体内からしみ出てくる場合は《脂》を用いる。「脂ぎった性格」のような比喩表現でも、同じである。

ややこしい例としては、「あぶらっこい」がある。厳密に考えると、焼き肉が「あぶらっこい」のは、肉の"あぶら"のせいだから「脂っこい焼き肉」。天ぷらの場合は、天ぷら油のせいだから「油っこい天ぷら」。とはいえ、容易に判別できる料理ばかりではない。迷ったら、適当にどちらかを選

[あぶら][あや] ● 38

ぶか、かな書きしておくのがおすすめである。

なお、「あぶら」と訓読みする漢字には、《膏》もある。これも部首は「月(にくづき)」で、意味は《脂》とほぼ同じ。現在では《脂》はほとんど用いられない。

ただ、《膏》には、"生命を育むもの"という意味合いもある。「膏雨」といえば"肥えた土地"、「膏土」とは、植物を育てる"恵みの雨"。そこで、この漢字には、"生命力の象徴"というニュアンスが込められることもある。「庶民の血と膏を絞り取る」「肌の膏が少なくなって、水をはじかなくなった」などが、その例である。

```
燃える液体 ──→ 油
動物の体内にある ──→ 脂
生命力の象徴 ──→ 膏
```

文絢綾彩 あや

基本1 美しさに重点がある場合は、《彩》を使う。
基本2 織物の種類の「あや」の場合、複雑さに重点がある場合は《綾》を用いる。
発展1 きらびやかさを強調したい場合は、《絢(けん)》を使ってもよい。
発展2 「あやめもわかぬ」「あやめもしらぬ」は、《文(もんもじぶん)》を書く。

美しさと複雑さ

日本語「あや」は、基本的には、線や色からできている"模様"を指すことば。特に、"美しい模様"や"複雑な模様"をいう。そこで、"美しさ"と"複雑さ"のどちらに重点があるかによって、漢字を使い分けることになる。

《彩》は、「いろどる」とも訓読みするところからもわかるように、"美しい色合い"を表す漢字。そこで、"美しさ"という側面から「あや」を書き表したい場合に、用いられる。例としては、「目にも彩な料理」「緑が彩なす春の山々」などである。

《綾》は、部首「糸(いとへん)」の漢字で、"糸を複雑に織り上げた美しい織物の一種"を指す漢字。「綾織り」「綾絹」「綾衣(こもの)」「唐綾(からあや)」などなど、織物の種類の「あや」は、すべてこの字を使う。

その"複雑さ"から転じると、"注意しないと理解できない複雑なもの"を指すことになる。「ことばの綾がわからない」「人間の心理の綾をときほぐす」「そこに勝負の綾があった」などが、その例となる。

また、《綾》には"美しい"という意味合いもあるので、「緑が綾なす春の山々」のように使っても、間違いではない。しかし、こう書くと、緑の"美しさ"とともに、木々の枝が入り組んでいるといった"複雑さ"も表現することになる。"美

39 ● ［あや］［あやしい］

"しさ"だけに重点を置きたいたい場合には、《彩》を使っておくのがおすすめである。

「あや」を書き表す漢字としては、《絢》もある。この漢字も部首は「糸」なので、本来"織物"に関する意味を持っていたと思われる。転じて、「豪華絢爛」のように、"きらびやかな"という意味になった。

"きらびやかさ"とは、色の"美しさ"とともに模様の"複雑さ"も伴うもの。そこで、《絢》は、その両面から「あや」を書き表す漢字だといえる。「目にも絢な料理」と書くと、《彩》を用いるよりゴージャスな雰囲気となる。

最後に、《文》も「あや」と訓読みすることがある。この漢字の基本となるのは、「文様」のような"模様"という意味。「文字」のように単純な線だけで構成されるものもあり、"美しさ"や"複雑さ"というニュアンスは弱い。そこで、単純に"模様"という意味で「あや」を書き表したい場合に使うのがふさわしい。

例は少ないが、何も見えないことをいう「あやめもわかぬ」という表現では、"美しいもの"や"複雑なもの"だけでなく、すべてのものが見えないわけだから、《文》を

使って「文目も分かぬ夜の闇」のように書き表す。「文目も知らぬ恋の路」も、同様である。

あやしい

奇 妖 怪

日本語「あやしい」は、"正体がはっきりしない"ことを表すことば。ただ、"正体がはっきりしない"ものに対する反応には、さまざまなものがある。漢字にはその反応の違いを表現するものがあるので、それによって使い分けることになる。

まず、《怪》は、「怪物」「怪談」「物の怪」のように使われ、"正体がはっきりしない"ものに対する疑惑や不安を表す。日本語「あやしい」を書き表す漢字の中では最もよく用いられるもので、「怪しい物音がする」「彼が東京の生まれだというのは怪しい」「締め切りに間に合うか怪しくなってきた」などがその例である。

だが、人は、"正体がはっきりしない"ものに対して、時に強い魅力を感じることもある。その心理を表す漢字が、

[基本1] 正体がはっきりしないものに疑惑や不安を感じる場合には、《怪》を用いる。
[基本2] 魅力を感じる場合には、《妖》を使う。
[発展] 驚きを感じる場合には、《奇》を書くこともできる。

理解不能！
では、どうするか？

《妖》である。

[あやしい] [あやまる／あやまつ] ● 40

《妖》は、部首「女(おんなへん)」の漢字で、本来は"女性として人を迷わせるような魅力がある"という意味。転じて、"理性を失わせて惹きつける"ことを表す。「あやしい」と訓読みして、「彼女の瞳が妖しく光る」「宝石の妖しい輝きに目がくらむ」などと使われる。

"正体がはっきりしないもの"に対する反応としては、ほかに、単純に驚く場合がある。日本語「あやしい」にはこのニュアンスは乏しいが、あえてそれを表現したい場合には、《奇》を使うことができる。

《奇》の基本的な意味は、「奇妙」のように、"ふつうとは異なっている"こと。ただ、「奇跡」「奇抜」「猟奇的」のように、"人を驚かせる"というニュアンスがある。

そこで、「UFOが奇しい光を放つ」「二人は奇しい因縁で結ばれている」のように用いると、UFOなり因縁なりに対して、驚嘆していることを表すことができる。

もっとも、《奇》を「あやしい」と訓読みするのは、あまり一般的ではない。あえて用いる場合には、振りがなを付けるなどの配慮をしておきたい。

怪

疑惑 — 不安

正体のわからないもの

魅力 ← → 驚嘆

妖　　奇

あやまる／あやまつ

謬過謝誤

おわびのしかたを間違える?

基本1 間違えることを表す「あやまる」は、一般的には《誤》を用いる。

基本2 おわびをすることを表す《謝》を使う。

発展3 《誤》の代わりに《謬》を用いると、「あやまる」ことを強い調子で表現できる。

《誤》は、"間違える"ことを意味する漢字。「誤解」「誤答」「誤算」「錯誤」など、"間違える"場合に使われることが多く、理性的・客観的な意味合いが強い。"ことば"を表す部首「言(ごんべん)」が付いているのは、「あやまる」と訓読みして、「見通しを誤る」「選択を誤る」「漢字を書き誤る」「操作を誤ってデータがすべて消えた」のように用いられる。

一方、《謝》は、これも部首は「言」で、"お礼のことばやおわびのことばを言う"ことが基本的な意味。「謝礼」「感謝」のように"お礼をする"ことや、「謝罪」「陳謝」など"おわびをする"ことを表す。

「あやまる」と訓読みするのは"おわびをする"場合。「うそをついたことを謝る」「期待に応えられなくて謝る」「迷惑をか

[あやまる／あやまつ]

けた人に謝りの手紙を書く」などが、その例である。

このように、《誤》と《謝》は、"間違える"と"おわびをする"という、かなり異なる意味を持っている。「対応を誤る」ならば"間違った対応をする"こと、「対応を謝る」ならば"不手際な対応などをわびる"こと。文脈をきちんと考えれば、使い分けがまぎらわしくて困ることはあまりない。

時には見分けがつかなくなる!

ところが、《誤》と似た意味で使われることがある漢字に《過 (か)》があり、こちらは、使い分けに悩まされる。

《過》は、「過ぎる」という訓読みの印象が強いが、「過失 (かしつ)」「大過 (たいか) ない」のように、"間違える"という意味合いが強い。"間違える"という意味にもなる。これは、"何かをしているうちに限度を「過ぎて」しまう"ところから転じたもので、"ものの勢いによって"というニュアンスがある。

そこで、《誤》と比べると、理性のはたらきよりも、なりゆきで、"間違える"という意味合いが強い。また、"ものの勢い"で人の道を外れるところから、客観的というよりは、道徳的な"間違い"という色彩が濃くなる。そのため、現在では、「あやまる」よりも古めかしい「あやまつ」という日本語を書き表すための漢字として使われている。

つまり、《誤》は「誤る／誤り」のように使い、《過》は「過つ／過ち」のように用いるわけで、使い分けに悩む必要は

	原因	内容
誤	判断・選択など 理性のはたらき	客観的に おかしい
過	なりゆき	道徳的に 問題がある

なさそうに見える。しかし、ここで問題になるのは、「あやまる」と「あやまつ」は、「あやまった」「あやまって」の形になると見分けが付かなくなる、という事実である。

この場合の使い分けの一つのポイントは、なりゆきで"間違えてしまう"のかどうか、という点。「過ってはしごから落ちる」は、ふつうはなりゆきで生じる事故だから、《過》を書く。しかし、足を乗せる場所の"判断を間違えた"というようなニュアンスを強調したい場合には、「誤ってはしごから落ちる」と書くこともできる。

もう一つのポイントは、客観的か道徳的かという点。「彼は道を誤った」ならば、客観的に見て目的地にたどりつけない道を選んだ、ということ。移動ルートを間違える場合や、目標を達成できなくなるような選択をした場合は、こちらとなる。一方、「彼は道を過った」ならば、道徳的に見て問題のある選択をした、というニュアンスになる。

なお、「あやまる」と訓読みする漢字には、《謬 (びゅう)》もある。この漢字は、「誤謬 (ごびゅう)」という熟語で使われ、"間違える"という意味。「迷」や「妄」と結び付いた「迷謬 (めいびゅう)」「謬妄 (びゅうもう)」という熟語もあり、"混

あらい

粗 荒

基本1 乱暴な場合、変化が激しい場合は、《荒》を用いる。

基本2 むらがある場合、おおざっぱな場合は、《粗》を用いる。

《荒》は、"植物"を表す部首「艹（くさかんむり）」の漢字で、本来の意味は、「荒野」のように、雑草が茂って、穀物が育たないこと。田畑をそういう状態にするところから転じて、"乱れた状態になる／乱れた状態にする"という意味で用いられる。この場合には、「あれる／あらす」と訓読みする。

日本語では、やや転じて、"乱暴な""変化が激しい"という意味でも使う。「あらい」と訓読みするのは、この場合。例としては、「今日の海は波風が荒い」「あの人は車の運転が荒い」「急いで来たから呼吸が荒くなった」「怒ると言葉遣いが荒くなる」「大事な商品を手荒く取り扱うな！」などで、「手紙を荒々しく破り捨てる」のように、「荒々しい」の形で使われることもある。

一方、《粗》は、部首「米（こめへん）」の漢字で、本来は"精米していない米"のこと。変化して、「粗雑」「粗略」「粗暴」など、広く"むらがある""おおざっぱな"という意味で用いられる。「この砂は粒が粗い」「魚の身を粗くほぐす」「計画の粗さが露呈する」などがその例。「粗々の見積もりを出す」のように、「粗々の」という形になることもある。

乱暴に何かをすれば、結果はむらがある状態になるもの。そこで、この二つは使い分けがまぎらわしくなることが多い。そんな場合は、何かのやり方に関しては《荒》を使い、その結果の状態については《粗》を用いると考えるのが、判断の一つの目安になる。

たとえば、「彼の仕事っぷりはいかにも荒い」のように《荒》を使えば、仕事の進め方が暴力的だというイメージになる。一方、《粗》を用いて「彼の仕事っぷりはいかにも粗い」と書けば、仕事の出来がおおざっぱであることになる。

また、材木などの削り方が激しい場合には、《荒》を使って「荒削り」と書き、削り終わった状態にむらがある場合には、「粗削り」のように《粗》を用いる。要は、やり方と結果

雑草と玄米の違い

乱している。"根拠がない"といった意味合いを含む。そこで、《誤》よりも強い調子で"間違い"を指したい場合に、使うことができる。

例を挙げれば、「そんな考え方にはとうてい賛成できない」「その説はまったく謬っている」など。とはいえ、むずかしい漢字なので、あえて用いる際には、振りがなを付けるなどの配慮が必要となる。

荒	粗
乱暴な 変化が激しい	むらがある おおざっぱな
やり方	⇔ 結果の状態

のどちらに重点を置くかということで、判断がつかない場合は、適当にどちらかを選んでかまわない。

以上のように、《荒》と《粗》の違いは微妙であるため、慣習的に両方が使われていることばもある。たとえば、「映画の粗筋を紹介する」は「映画の荒筋を紹介する」とも書く。「ゆでた芋の荒熱を取る」も、「ゆでた芋の粗熱を取る」とも書く。「ゆでた芋の粗熱を取る」は"ゆでた芋の荒い熱を取る"という本来の意味からすれば、漢字本来の意味からすれば、《粗》を書く方がふさわしい。

あらためる／あらたまる

改検更革

調べるときは落ち着かない？

基本 一般的には《改》を用いる。

発展1 きちんと調べる場合には、《検》を使うこともできるが、やや特殊。

発展2 気持ちまで新しくする場合には、《更》を書いてもよい。

発展3 古いものを捨てることを強調したい場合には、《革》を用いてもよいが、古風。

《改》は、「改良工事」「改正」「ダイヤ改正」のように、"新しい適切な状態にする／新しい適切な状態になる"ことを表す漢字。訓読みでは、「朝寝坊の生活習慣を改める」「来年度から関係法令が改まります」「先生に叱られて悔い改める」などと用いられる。「改まった面持ちで仕事に臨む」「病気をして改めて健康の大切さがわかった」では、"気持ちを新しくする"という意味。「日を改めてお伺いします」「気持ちが新しくなる"という意味にもなる。《改》は、日本語「あらためる／あらたまる」を書き表す漢字として、広く一般的に使うことができる。

また、「あらためる」は、"きちんとやり直す"というところから、"きちんと調べる"という意味になることもある。「お手元の切符を改めさせていただきます」がその例。ただし、これは本来の意味からはかなり遠いため、《改》を使うのは落ち着かない、と感じる向きもある。

その点を気にするなら、「検査」「検討」「点検」のように"細かく調べる"という意味を持つ漢字《検》を使って、「お手元の切符を検めさせていただきます」と書き表すこともできる。ただし、《検》は、この意味の性質上、「あらたまる」とは訓読みしない。

このほか、「あらためる」と訓読みする漢字には、《更》《革》もある。《更》は、「契約を更新する」「衣更え」のように使われ、"新しいものに交換する"という意味。単に"新しくなる"のではなく、"新しくなって再出発する"という

ニュアンスを含んでいる。

そこで、特に"気持ちまで新しくなる"ことを表現したい場合に、《改》の代わりに使われることが多い。たとえば、「事件をきっかけに、二人の絆は更めて深まった」「服装を更めて記者会見に臨む」といった具合である。

一方、《革》は、"古いものを捨て去る"ところに重きをおいて"新しくする"ことを表現することが多い。そこで、「革新」「革命」など、政治的な文脈で使われることが多い。そこで、「日本の財政を抜本的に革める」「政治家は意識を根本から革める必要がある」のように用いられることがある。

ちなみに、《革》は"新しくする"という意欲に重点があるので、自然とそうなることを表す「あらたまる」にはなじまない。例外的に、「病が革まる」の形で、"病気が急に重くなる"ことを意味する場合がある程度である。

なお、《検》《更》《革》を「あらためる／あらたまる」と訓読みするのは、現在ではやや特殊。振りがなを付けるなどの配慮を忘れないようにしたい。

古いもの	改	新しいもの
古い気持ち	更	新しい気持ち
~~古いもの~~	革	新しいもの

あらわす／あらわれる

顕著現表

基本1 気持ちや考えの場合、抽象的なものが具体的な形になる場合は、《表》を使う。

基本2 姿が見えるようになる場合、抽象的なものの存在が確認できるようになる場合は《現》。

基本3 出版物としてまとめる場合は《著》。

発展 世間に広く知らせる場合には、《顕》を用いることもできる。

毛皮のコートに心をこめて

日本語「あらわす／あらわれる」を漢字で書き表す際に、よく使われるのは《表》と《現》。「表現」という熟語があるように、この二つは意味の重なりが大きく、使い分けに悩まされることが多い。

《表》は、大昔は「裏」と書かれた漢字で、"毛皮の上着"を指すのが本来の意味。一番上に着ることから、訓読み「おもて」のような意味となった。

訓読み「あらわす／あらわれる」では、"中身をおもてに出す"ところから、気持ちや考えについて"ことばや態度に出す／出る"ことを指す。「喜びを態度に表す」「首を横に振って拒絶の意志を表す」「緊張が声の震えに表れる」「この詩には深い悲しみが表れている」などが、その例である。

さらに転じると、意味や性質、状況などについて、"具体的な形にする／具体的な形になる"ことを意味するよう

[あらわす／あらわれる]

例を挙げれば、「矢印は順路を表す」「調査結果をグラフに表す」「方言には出身地が表れる」「勉強不足がテストの結果に表れた」といった具合となる。

一方、《現》は、字の形に「見」が含まれているように、もともとは"ものの姿形が見えるようになる"という意味。そこで、「主役が舞台に姿を現す」「地下から古代の神殿の遺跡が現れる」「北の夜空にオーロラが現れた」のように、"隠れていた姿形"や"新たに生じた姿形"について使うのが、基本となる。

これが発展すると、「幼いころから天賦の才能を現す」「喧嘩をきっかけに本性を現す」「汚職事件の一端が現れる」のように、"隠れていた能力や性質、事態などの存在が、確認できるようになる"という意味になる。「薬が効き目を現す」「台風の影響が現れる」のように、"効力や影響などが新たに生じる"場合も、《現》を使って書き表す。

以上のように、《現》は、あるもの自体の"存在"を問題にする。それに対して、《表》は、あるものの内容が具体的な形で外側に出て来ることを指す。しかし、特に抽象的なものに関しては、この二つの使い分けはまぎらわしくなることが多い。

たとえば、「爆発の激しさがこの壁の傷に表れている」のように《表》を書くと、爆発の激しさが傷という"具体的な形"になっているという意味になる。これを《現》に置き換えると、傷によって激しい爆発の"存在が確認できる"というニュアンスが強くなる。そこで、「爆発の激しさは、特にこの壁の傷によく現れている」のような場合は、《現》を使う方が、漢字そのものの意味にはよく合う。

また、「風邪の症状が現れる」では、症状によって風邪の"存在が確認できるようになる"のだから、ふつうは《現》を書く。だが、風邪が"具体的な形になる"という意味合いを持たせたい場合には、「風邪が咳という症状として表れる」のように、《表》を使う方がしっくりくる。

要は、興味の中心が"存在確認"にあるのかどうか、ということ。とはいえ、この使い分けは、考えれるほど、こんぐらがってくることが多い。そんな場合には、あまりこだわらずにどちらかを使うか、あきらめてかな書きにしてしまうのが、おすすめである。

このほか、日本語「あらわす」には、"出版物としてまとめる"という意味もある。

あるのかないのか　それが問題だ！

内部　抽象的な内容　→　表　→　外部　具体的な形

隠れている　これから生じる　現　存在が確認できる

本になるときは特別な漢字で！

[あらわす/あらわれる][ある] ● 46

これは、"気持ちや考えを文章にする"ことだから、本来ならば《表》の守備範囲。しかし、特別扱いして、「著作」「著書」のように使われる《著》を「その作家は膨大な小説を著した」「共同で研究論文を著す」のように書く。

なお、《著》は、その意味の性質上、「あらわれる」と訓読みして使うことはない。

また、《顕》も、「あらわす／あらわれる」と訓読みすることがある。この漢字は、「顕微鏡」「顕在化する」などと、"はっきりと見えるようにする／なる"という意味。転じて、"だれでも知っている"という意味にもなる。「貴顕紳士」といえば、"身分が高く有名な紳士"のことをいう。

そこで、"隠れていた行いを世の中に広く知らせる"ことを指すときに《顕》を使うと、その意味を強調することができる。「無名の人々の努力を世に顕す」「彼の悪事がついに顕れた」などがその例。ただし、これは"抽象的なものの存在が確認できるようになる"ことの一種なので、《現》を用いても問題はない。

なお、《顕》を「あらわす／あらわれる」と訓読みするのは、現在ではやや特殊。振りがなを付けるなどの配慮をしておく方が、丁寧である。

ある

或在有

お肉は
ここですよ！

基本 日本語「ある」を書き表す漢字としては、《有》と《在》の二つが一般的。しかし、この使い分けは判断がむずかしいこともあり、現在ではかな書きにするのがふつう。以下、あえて漢字で書きたい場合のために、それぞれの意味と用法を説明する。

《有》は、古代文字では「🍖」と書き、"手"を表す「✋」と、《肉》を指す「🥩」を組み合わせた漢字。肉を手に持つところから、"持っている"ことを表す。訓読み「ある」では、「多額の借金が有る」「プロになるだけの実力が有る」「彼女に対して負い目が有る」「有り金をはたいてマイホームを買う」などが、その例となる。

発展1 持っている場合や存在する場所に関心がある場合には、《有》を用いてもよい。

発展2 ゆるぎなく存在する場合、存在する場所を指す場合は、《在》を使う。

発展3 不特定のものを指す場合、別のものを指す場合は、《或》を書くこともできる。

一方、《在》は部首「土（つち）」の漢字で、もともとは"地上のある場所から動かないでいる"という意味。転じて、「所有」「保有」などが代表的。

［ある］

"ある場所を占めている"ことを表す。音読みの熟語では、「存在」が代表。となれば、"存在する"ことを表す「ある」は《在》で書き表す、と考えればよさそうなもの。ところが、《有》も"存在する"という意味で使われることが多いから、話がややこしくなる。

音読みの熟語でいえば、「有料」「有給」「有能」「有限」などと、「無」と対になって使われる《有》は、"存在する"という意味。これは、"何かを手に持って示す"ところから、"何かの存在を示す"という意味に転じたものと思われる。

そこで、訓読みでも、"存在する"という意味に転じたものと示す"という意味の《有》が広く用いられる。

あるのは当然！ 問題はその場所だ

「打算のない愛なんて在りはしない」も《有》を使いたくなる例。「在りし日の姿をしのぶ」「大会運営の在り方が問われる」なども、同様に考えられる。とはいえ、この《在》の適用範囲はあまり広くはなく、「正義は我々に有る」になると、"所有"

方から連絡が有りました」「この記事には事実誤認が有る」「駅前で交通事故が有った」といった具合に、何かの"存在"を話題として示す際には、《有》が広く用いられる。

このように、"存在する"という意味の「ある」も、《有》で書き表されることが多い。ただし、たとえば「神は在る」のように"ゆるぎなく存在する"ことを表したい場合は、さすがに《在》と書く方が落ち着く。

「午後二時から記者会見が有る」「先

たとえば、「彼は長らく病床に存在する」ことを指すケースがある。ではなく、"ある場所に存在する"ことを指すケースがある。たとえば、「彼は長らく病床に存在していたことに主眼があるから、《在》を書く。

「わが社は繁栄の絶頂に在る」でも、わが社の"存在"は当たり前のことで、それが繁栄の絶頂に"存在して"いることを伝えたいわけだから、《在》を用いる。

「在り合わせの材料で夕食を作る」も、《在》を使うと、材料が"その場に存在していた"ことが強調される。が、"手持ちの材料で"というような意味合いで、「有り合わせの材料で夕食を作る」のように《有》を書くこともできる。

また、"ある場所に存在する"ことを表す場面でも、文脈によって《有》と《在》のどちらを使うかが分かれることもある。たとえば、ケーキがあることを知っている相手に対して、それを冷蔵庫にしまったことを知らせるのならば、「ケーキは冷蔵庫に在ります」と書くことができる。しかし、相手はケーキがあることさえ知らないのであれば、その"存在"を知らせるために、「ケーキが冷蔵庫に有ります」のように、《有》を使うことになる。

やっぱり めんどくさいねえ

以上をまとめると、《在》を用いるのは、"ゆるぎなく存在する"ことを強調した

ある

有 手に持つ → 所有する
有／在 存在を示す
在 ある場所を占めている → ゆるぎなく存在する／ある場所に存在する（存在する）

考えるだに悩ましい。

そこで、迷ったら《有》を書いておくのが逃げ道にはなるが、すでに述べたように、《在》でないとどうしても落ち着きの悪い場面だってある。というわけで、「ある」ははかな書きにしておくにこしたことはない、ということになる。

《有》《在》のほか、「ある」と訓読する漢字には、《或》もある。この漢字は、もともと、"不特定のものを指し示したり、すでに話題になっているものとは別のものを取り上げたりする"はたらきを持つ。そこで、「或る日のことだった」「或る男が訪ねて来た」「今夜は雨が降るだろう」「或いはその通りかもしれない」のように用いられる。

なお、「或の日」のように次に名詞が続く場合は、「いは」と送るのが習りがなとするが、「或いは」の場合は、「る」を送るのが習

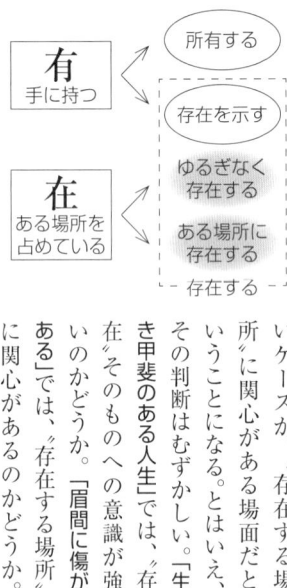

いケースか、"存在する場所"に関心がある場面だということになる。とはいえ、その判断はむずかしい。「生き甲斐のある人生」では、"存在"そのものへの意識が強いのかどうか。「眉間に傷がある」では、"存在する場所"に関心があるのかどうか。

慣。ただし、これらの「ある」も、現在ではかな書きにするのが一般的となっている。

あわせる

併合

基本1 一致させる場合、調和させる場合、一つにまとめる場合には、《合》を用いる。

基本2 いくつかのものごとをまとめて行う場合には、《併》を使う。

「あわせる」とは、"一つにする／させる"こと。そこで、基本的には、「あう」の使い分け（p13）と同じように考えればよい。ただ、「あわせる」とだけ訓読みする漢字に《併》があり、これは、《合》との間で使い分けが問題となる。

《合》の下半分の四角形は入れものの形で、「人」はふたの形。容器とふたがぴったりと一つになるところから、"一つになる"ことや、"一緒に何かをする"ことを表す。

そこから、訓読み「あう」では広く、"一致する""調和する"という意味で使われ、「あわせる」では、"一致させる""調和させる"ことを指して用いられる。「両手を合わせて拝む」「タイミングを合わせる」「目と目を合わせる」「背広にネクタイを合わせる」「顧客の好みに合わせる」「ピントを合わせる」などなどが、その例である。

また、"一致させる""調和させる"から転じて、"一つに

49 ◉ [あわせる] [あわれ／あわれむ]

まとめる"という意味にもなる。例としては、「一」と「一」を合わせると四になる」「みんなの所持金を合わせても足りない」「醤油と味醂を合わせてたれを作る」などが挙げられる。

> 一緒にいるのは今だけよ

一方、《併》は、以前は「并」と書くのが正式。右側の「并」は、成り立ちにはいくつかの説があるが、似た形を二つ並べてあるところから、"並べて一組にする"ことを表す。そこから派生した「併」も、基本的には同じ意味。そこで《併》は、"いくつかのものを一組にまとめる"ことを表し、"いくつかのものをまとめて行う"という意味でも用いられる。

音読みの熟語では、「併記」「併発」「併用」などがその例。訓読み「あわせる」でも、"いくつかのものごとをまとめて行う"場合に用いられる。例としては、「体育祭と文化祭を併せて行う」「道路を清掃し、併せて補修もする」「商売繁盛と併せて、世界の平和を祈願する」などといった具合である。

このように、《併》は、別々のものごとを"まとめて行う"ところに特色があり、まとめられた後でも、それぞれは独立している。それに対して、"一つにまとめる"ことを表す《合》は、まとめられた後のそれぞれの独立性は重要ではない。ここから、意識の持ちようによって、《合》と《併》の微妙な使い分けが必要になるケースも生じる。

たとえば、ガス代と電気代と水道代を同時に支払う場合、

ふつうは、《合》を用いて「ガス代と電気代と水道代を合わせて支払う」と書く。しかし、家計簿を付けるなどの事情でそれぞれの費目ごとの金額を強く意識している場合は、「ガス代と電気代と水道代を併せて支払う」のように《併》を用いることもできる。

なお、「市内の三つの店舗を一つに併せる」のように、「合併」のイメージで《併》を使うこともある。しかし、"一つにまとめる"という意味で《併》を使って「市内の三つの店舗を一つに合わせる」と書く方が、使い分けとしてはすっきりする。例外的な用法。《合》を使って「市内の三つの店舗を一つに合わせる」と書く方が、使い分けとしてはすっきりする。

合 一つにまとめる
併 一組にまとめる

あわれ／あわれむ

憐 哀

> かわいそうだ！
> 気の毒だ！

基本1 嘆きや悲しみを強く感じる場合には、《哀》を用いる。
基本2 同情する場合には、《憐》を使う。

《哀》は、「かなしい」とも訓読みし（p157）、"嘆き悲しむ"ことを表す漢字。部首は「口（くち）」で、"嘆きや悲しみが思わず口をついて出る"とか"溜

[あわれ／あわれむ] ● 50

息をついてしまう」といったニュアンスがある。そこで、訓読み「あわれ／あわれむ」は、何かに対して"嘆きや悲しみ"を強く感じる際に使われる。

「捨てられた子猫が哀れな声で鳴く」「哀れを誘う子役の演技にもらい泣きする」「左遷された友人の境遇を哀れむ」などがその例。また、その感情の深さから、「秋の夕暮れに哀れを感じる」のように、"趣をしみじみと感じる"場合にも用いられる。

一方の《憐》は、漢詩によく出て来る漢字で、基本的には、何かを思いやって"深く感動する"という意味。特に、相手を思いやって"同情する"ことを指す。「同病相憐む」とは、"同じ病気の者同士が同情し合う"こと。そのほか、「憐れみを乞う」「憐れっぽい目で見つめる」「施設の子どもたちを憐んで寄付をする」のように使われる。

以上のように、《哀》は、何かに対して"嘆きや悲しみ"を強く感じる場合に、《憐》は"同情する"場合にと、一応の区別はできる。しかし、実際には、この二つは意味合いがよく似ていて、ここまでに挙げた例文のような場合でも、実は、どちらを書いてもたいした違いはない。

哀	死を嘆き悲しむ 嘆き悲しむ 同情する
憐	冷ややかに 同情する

ただし、《哀》には、「哀悼」「哀惜」のように"死を嘆き悲しむ"という意味合いがあるので、"死"が関係する文脈では、《哀》を用いる方が落ち着く。例を挙げれば、「一世を風靡したその歌手も、末路は哀れだった」「志半ばで病に倒れた彼が哀れでならない」のようになる。

また、やや冷ややかに"同情する"場合には、感情の深さや激しさを伴う《哀》はそぐわない。「人情が理解できないとは憐れな男だ」「かつては尊敬していた先輩を、今では憐れむような目つきで見る」のように、《憐》を用いることになる。

い

いい

佳 好 善 良

→よい／いい（p577）

いう

云 謂 言

受け手の立場をどう考えるか？

基本1 ほとんどの場合は《言》を用いる。

基本2 ことばで表現することとは関係が薄い場合は、かな書きの方が落ち着く。

発展1 世間での呼び名を示す場合には、《謂》を使うこともできるが、古風。

発展2 引用を示す場合には、《云》を用いてもよいが、古風。

《言》は、広く"ことばで表現する"という意味。日本語「いう」を漢字で書き表すときには、基本的にはこの漢字を用いる。「いう」と訓読みする漢字はほかにもあるが、それらを使うのはごく特殊な場合。ただし、「いう」については、漢字で書くかかなで書くかという使いケースもあるので、漢字で書くかかなで書くかという使い分けが問題となる。

「彼女は『キャッ』と言って気を失った」「たまにはおれの言うことも聞いてくれ」「そんなことは言わなくてもわかる」「つべこべ言わずに家に帰れ」などなど、"声に出す"場合は、《言》を使って問題ない。また、《言》は"文章に書く"ことも表すので、「芭蕉は『おくのほそ道』の中で次のように言っている」のようにも用いられる。

「彼は、あの洞窟には財宝が眠っていると言う」も、違和感なく《言》が使える例。ところが、「彼によれば、あの洞窟には財宝が眠っているという」になると、直接的に声に出したり文章に書いたりした感じが薄まるので、《言》は使いにくいと感じる人もいる。話のでどころを示さないで「あの洞窟には財宝が眠っているという」だけにすると、その感触はますます強まる。

このように、「○○という」には、"だれかが声に出した／文章に書いた"ことを紹介する、伝聞や引用の用法がある。その場合に漢字を使うかかな書きをするかは、人によって判断が分かれることになる。

また、「○○という」には、呼び名を示す用法もある。「小林一茶は本名を弥太郎という」「森林太郎は雅号を鷗外といった」などがその例。これも人によって判断が分かれるケースで、呼び名は一般的な"ことば"とは異なると考えればかな書きにし、呼び名も"ことば"の一種だと割り切れば漢字を使うことになる。

ただし、他人が勝手に付けるニックネームなどの場合は、"ことば"の一種としての性格が強く、漢字を使うことが多い。例を挙げれば、「ルイ一四世は太陽王と言われる」「仲間うちでは彼のことをトラちゃんと言っている」などだが、中には、これらもかな書きする人もいる。

同じ内容でも、「ルイ一四世には太陽王という別名がある」のように「AというB」の形になると、かな書きにするのが一般的。その理由は、「看護師という職業に憧れる」「三億円という大金に目がくらむ」などと同様、これは"AはBである"ことを意味する表現だから。Aを"ことば"だと捉える意識は薄く、かな書きの方がなじみやすい。

以上のほか、日本語「いう」には、ほかのことばと結び付いたさまざまな慣用表現がある。

たとえば、「こういう経験は初めてだ」の「こういう」は、語源としてはともかく、現在では「このような」と同じ意味。

"ことば"の世界のことですから…

《言》を使うのは落ち着かない。

「辞書編集者とはいえ知らない漢字もあります」の「とはいえ」は、「ではあるものの」に置き換えることができ、"ことば"を指す意識は薄い。しかし、「私は辞書編集者です。とは言え知らない漢字もあります」になると、直前の"ことば"を受けている感じが強く、《言》を使っても違和感はない。

このほかにも、「彼が嫌いだからといって、冷たく当たるな」「単身赴任のわびしさといったら、たとえようがない」「大阪の名物といえば、たこ焼きだ」「そういえば、明日は彼女の誕生日だったな」などど、「いう」を使った接続詞的な表現は多い。これらは、文脈によって、あるいは人によって判断が分かれることになる。

「何という寒さだろう!」も、判断がむずかしい例。感動を表す慣用表現だと考えればかな書きになる。が、「何とも言えない寒気を感じる」と同じように、"ことばで何と表現すればいいかわからない"ことだと解釈することもできるから、「何と言う寒さだろう!」のように《言》を使っても、十分に筋は通る。

以上のように、「いう」を漢字で書くかかなで書くかの要は、それが"声に出したり文字に書いたりする"ことかどうか、という問題。しかし、そもそもが"ことば"のやりとりから生じてくる話である以上、たいていのことは"声に

[いう]

```
言 ─┬─ 声に出す場合、文章に書く場合
    ├─ 伝聞・引用の場合
    ├─ 接続詞的な表現
    ├─ 呼び名を示す場合
    ├─ 「何という/言う」
    ├─ 「AというB」
    ├─ 「こういう」「そういう」
    └─ 「ああいう」「どういう」
         ↓
       かな書き
```

たまには使ってみますかねえ

わせる」のように、人間の"ことば"ではない音を表すためにも使われる。この場合もかな書きの方がふさわしいことになるが、もちろん、擬人法的に《言》を使うこともある。

最後に、「いう」と訓読みする《言》以外の漢字について、簡単に触れておく。

《謂》は、もともとは《言》と似た意味を持つが、現在の日本語での代表的な使用例は、「所謂」。これは、漢文によく登場する"そう呼ばれている"ことを意味する漢字二文字「所謂」に、同じような意味を持つ日本語「いわゆる」を当て出したり文字に書いたりすることと関係づけられないことはない。となると、考えれば考えるほど暮らしをする」「俗に謂う屁の河童というやつだ」などが、その例である。

を用いて書き表すことがある。「世間で謂うセレブのようなとと関係づけられないことはない。となると、考えれば考えるほど暮らしをする」「俗に謂う屁の河童というやつだ」などが、その例である。

い、迷路に入り込んでしまうことになる。

そこでおすすめなのが、迷ったらかな書きにすること。これを実践すると、《言》を使う場面がどんどん少なくなってしまうが、それはそれでしかたあるまい。

なお、日本語「いう」は、「猫がニャーニャーいう」「エンジンをブイブイいう」「風がピューピューいう」

一方、《云》は、漢文では、ほかの書物や他人の発言を引用する場合によく使われる漢字。それを踏まえると、「ハムレットの『生きるべきか死ぬべきか』と云うセリフ」「『かわいそうね』と云う一言に傷つく」のように用いるのが、漢字の意味にはふさわしい。

ただし、以上はどうしても《言》以外の漢字を使いたい場合の話。これらの場合に《言》を書いたり、かな書きにしたりしても、何の問題もない。あえて《謂》《云》を用いると、古めかしい雰囲気になるので注意。また、振りがなを付けるなどの配慮をしておく方が、親切である。

いきる／いかす／いける

活 生

実感はありますか？

基本 一般的には《生》を用いる。

発展 命が躍動する場合、能力を存分に発揮する場合には、《活》を使うと効果的。

《生》は、古代文字では「㞢」と書き、"地面から芽を出したばかりの植物"

［いきる／いかす／いける］● 54

の絵から生まれた漢字。"命を与える／与えられる"ことや"命を保つ／保たせる"ことを表す。そこで、日本語「いきる／いかす」を書き表す漢字として、広く用いることができる。「森の中で生きる」「戦乱の世を生き抜く」「おれは俳優として生きるんだ」「恋に生き、恋に死す」「あいつを生かしてはおけない」などが、その例となる。

「百年前の契約が今でも生きている」「生きたことばで語りかける」のように、"存在意義や内容がある"という意味で使われるのは、比喩的に用いられた例。そこから転じて、"役に立つ／立たせる"という意味にもなり、「この経験はきっと将来に生きるはずだ」「事件の教訓を後世に生かす」などと使われる。

一方、《活》も、「生活」という熟語があるように、本来は"命を保つ／保たせる"ことを表す漢字。《生》と同じように、「いきる／いかす」と訓読することができる。ただし、「活発」「活力」「活動」「快活」などなど、躍動感を伴うところが、《生》とは異なる。

そこで、《活》は、特に"命が躍動する／命を躍動させる"というニュアンスを出したい場合に用いると、効果が高い。例を挙げれば、「この肖像画はまるで活きているかのようだ」「港から魚を活きたまま運んでくる」「久しぶりにまとまった雨が降っ

て、畑の作物が活き返った」「子どもたちが活き活きと遊んでいる」といった具合である。

また、"能力を存分に発揮する／させる"場合にも、《活》を使うのがおすすめ。たとえば、「彼女の才能が生きる職場を探すべきだ」のように《生》を書くと、ふつうの表現。これを、《活》を使って「彼女の才能が活きる職場を探すべきだ」とすると、いかにも才能がのびのびと発揮できる雰囲気が出る。

「税金をもっと生かした街づくりを考える」と「税金をもっと活かした街づくりを考える」も同じ。《活》を書く方が、税金の使い道を真剣に考えるイメージが強くなる。

「いきる／いかす」のほか、《生》《活》に共通する訓読みとして、「いける」がある。

このことばには大きく二つの用法がある。

一つは、"命を保っている"ことを表す古語で、代表的な例は、「彼は生ける 屍 のようになってしまった」。この表現は"命を保っている"という実感がないことを意味しているから、躍動感にポイントがある《活》を使うのは、なじま

生
命を保つ
命を保たせる
存在意義や
内容がある
役に立つ
役に立たせる

活 躍動感
命が躍動する
命を躍動させる
能力を存分に
発揮する／させる

古めかしいけど
使ってますよ

[いきる／いかす／いける]［いく／ゆく］

い。このほか、"命あるものすべて"という意味の「生きとし生けるもの」ということばもあるが、こちらも、"命がある"ことを広く一般的に指しているので、《生》を用いる。

「いける」のもう一つの用法は、"命を保たせる"ことを表す古語。「生け捕り」「生け花」「生け垣」などの「生け」は、この例である。この場合も、一般的には《生》を用いるが、特に"命を保たせる"ことを実感を込めて表現したい場合には、「活け魚を料理する」「床の間に花を活ける」のように、《活》を用いることもできる。

いく／ゆく

往逝行

移動だけではないのです！

基本1 ほとんどの場合は《行》を用いる。

基本2 特に、死去する場合には、《逝》を使う。

発展1 帰って来ないことへの嘆きや悲しみを表したい場合には、《逝》を書くこともある。

発展2 戻ることとペアになっている場合には、《往》を使うこともできる。

日本語「いく」は、基準となる場所から"移動する"ことを表すことば。「ゆく」も意味は同じだが、やや古風な表現として用いられる。

一方、《行》は、古代文字では「𠁼」と書かれ、十字路の絵から生まれた漢字。道を移動するところから、"ある場所から移動する"という意味になった。そこで、「いく／ゆく」と訓読みして用いられる。

なお、以下の例文では、「ゆく」と読むのが習慣となっているものにだけ振りがなを付け、そのほかは特に読み方は示さない。「いく／ゆく」どちらで読んでも、大丈夫である。

「郵便局に行く」「買い物に行く」「砂漠の中をキャラバンが行く」「駅前を人々が行き交う」「数日後に結果を知らせるメールが行きます」などがその例。日本語では、ここから転じて、"時が流れる"という意味にもなり、「行く春を惜しむ」のように用いられる。

ところで、日本語「いく／ゆく」には、"事態が進展する／進展してある状態になる"ことを表す用法もある。その場合でも、「計画した通りに行く」「準決勝まで行ったが敗退した」「納得が行きましたか？」のように、《行》を使うのが習慣である。

ただし、「夕焼け空が暮れていく」「物価が下がっていく」のように、「○○していく」の形になる場合は、かな書きすることも多い。もっとも、「本社ビルから出て行く」「列車が駅を離れて行く」など、はっきりと"移動"を指している場合は、《行》を使っても問題はない。

このように、日本語「いく／ゆく」を漢字で書き表す場合には、一般的には《行》を使

もう帰っては来ないのね…

用いる。ただ、"死ぬ"ことを意味する場合だけは《逝》を使

[いく/ゆく] [いける] [いだく] ● 56

うので、注意が必要となる。

《逝》は、"移動"を表す部首「辶(しんにょう、しんにゅう)」の漢字で、もともとは"過ぎ去る"という意味。『論語』で、孔子が川の流れを見ながら「逝く者は斯くのごときか」と嘆いたように、過ぎ去って戻らないものへの嘆きや悲しみを感じさせる。

そこで、この世から"立ち去る"という意味合いで、「逝去」「急逝」のように、"死ぬ"ことを指して用いられる。訓読みでは、「若くして逝ってしまう天才を惜しむ」「彼は幼い子どもを残して逝ってしまった」などが、その例となる。

とはいえ、《逝》を本来の意味で用いることも、ないわけではない。「愛しい人ははるか異国へ逝ってしまった」のように使うと、帰って来ないものに対する悲しみや嘆きを表すことができる。

帰りのことも考えてる?

「いく/ゆく」と訓読みする漢字には、ほかに《往》もある。この漢字は《行》とよく似た意味だが、《行》は出発点から"違う場所へ移動する"ことを広く表すのに対して、《往》は出発点から"目的地へと移動する"ことを指す点が異なる。

そこで、《往》は、目的地から出発点へと"移動する"場合に用いることはできない。たとえば「帰り道をとぼとぼと行く」のような例では、《行》の代わりに《往》を用いるのは、

出発点 — 行 → 違う場所
出発点 — 往 → 目的地
出発点 — 逝 → 戻って来ない

漢字の意味の上でふさわしくない。また、「あてどない旅路を行く」のように目的地がはっきりしない場合にも、《往》を使うのは避けた方が無難である。

《往》のニュアンスが生きるのは、"戻る"こととペアになった「いく/ゆく」の場合。例としては、「学校への行き帰りにその川を渡る」「怪しい人物が家の前を往きつ戻りつしている」らの場合に《行》を使っても、問題はない。

「往きの飛行機ではよく眠れなかった」など。もっとも、これ

いける

活生

→いきる/いかす/いける(p53)

いだく

懐抱

基本 一般的には《抱》を用いる。

発展 心や頭の中で大切に温める場合には、《懐》を使うと効果的。

心の中で大活躍!

《抱》は、"手"を表す部首「扌(てへん)」に、「包」を組み合わせた漢字。"両腕

で包み込む〃ことを表す。訓読みでは「だく」「かかえる」とも読むが、「母親が赤子を胸にしっかり抱く」のように、「いだく」と読んでも使われる。

「いだく」は、やや古風な響きがするおくゆかしい読み方だが、振りがななしでは「だく」と区別が付かないのが困ったところ。どうしても「いだく」と読んで欲しい場合には、振りがなを振っておくなどの配慮をしたい。

現在では、「いだく」よりも「だく」の方が一般的。しかし、実は「いだく」が活躍する場面はほかにある。その一つは、「森に抱かれた静かな温泉宿」のように、比喩的に〃包み込む〃ことを表す場合。この場合には、ふつうは「だく」とは訓読みしない。

もう一つは、〃両腕で包み込む〃ところから転じて、〃心の中で思う〃ことや〃頭の中で考える〃ことを意味するケース。「夢を抱いて上京する」「芸能界に憧れを抱く」「罵倒されて殺意を抱く」「新しい論文の構想を抱く」などがその例で、これらも、「だく」とは読むことはない。

いつまでも大事な思い出

以上のように、「いだく」を漢字で書き表す場合には、基本的には《抱》を用いる。

しかし、「いだく」と訓読みする漢字には、《懐》もある。《懐》も、〃心の中で思う〃ことや〃頭の中で考える〃ことを表す点では、《抱》と同じ。ただ、「懐古」「懐旧」「懐かしい」のように、〃昔を思い出す〃場合に使われることが多い。

また、「本懐を遂げる」とは、〃大切に思っていたことを実現する〃こと。そのほか、「ふところ」と訓読みしたり、「懐妊」のように〃子どもを宿す〃場合に使われたりと、〃大切に温める〃というイメージが強い。

懐
大切に温める
心の中で思う
頭の中で考える
抱

そこで、「いだく」を書き表す場合も、〃心や頭の中で大切に温める〃場面で用いるのがふさわしい。たとえば、「同級生に恋心を抱く」ならば、その恋はすぐに終わったかもしれない。が、《懐》を使って「同級生に恋心を懐く」と書けば、その恋は比較的長く続いた大切な恋だった、というイメージになる。

なお、怒りや嫉妬、軽蔑の念など、相手を傷つけるような感情については、それがいかに長く続き、本人にとって大切なものであろうと、《懐》の持つ〃温かみ〃のイメージにはそぐわない。「世の不条理に怒りを抱く」「後輩に対して抱いた嫉妬心が、彼の努力の糧となった」のように、《抱》を使っておくことをおすすめする。

いただく

戴 頂

基本 一般的には《頂》を用いる。

発展 古風な雰囲気や丁寧さを表現したい場合には、《戴》を使ってもよい。

《頂》は、"頭部"を表す部首「頁(おおがい)」の漢字。本来は"頭の上"という意味で、「頂上」「山の頂」のように、広く"最も高い所"を指すようになった。

そこから、"頭の上や最も高い所にのせる"という意味にもなり、「いただく」と訓読みして使われる。「祖父は頭に豊かな白髪を頂く老人だ」「雪を頂く山並みが美しい」「有名な俳優を名誉会長として頂く」などが、その例である。

一方、日本語「いただく」は、"頭の上にのせる"ところから"ありがたく受け取る"という意味にもなる。そこで、「受け取る/もらう」『食べる』『飲む』のへりくだった表現としても使われる。

この用法の場合も、「九八〇円頂きます」「部長の許可を頂く」「夕食をおいしく頂きました」のように《頂》を使って書き表すのが習慣。とはいえ、"頭の上にのせる"という意味からは離れているので、「九八〇円いただきます」「部長の許可をいただく」「夕食をおいしくいただきました」のように、かな書きにする人も多い。

「いただく」はさらに、"もらう"という意味から変化して、「○○してもらう」のへりくだりにもなる。例として、「ここで待たせていただきます」「ご協力していただきます」「持ち帰って検討させていただきます」「ありがとうございます」など。

この場合は、《頂》という漢字本来の意味はほとんどなくなっているので、かな書きする方が落ち着く。

> 頭の上からありがたく…

> ちょうじょう

> いただき

「不倶戴天(ふぐたいてん)」のように使われる漢字で、"頭の上にのせる"という意味。《頂》と同じように、"ありがたく受け取る"ところから、「受け取る/もらう」『食べる』『飲む』のへりくだった表現としても使われる。

> こっちの方が古いんだぜ!

「いただく」と訓読みする漢字には、もう一つ、《戴(たい)》もある。こちらは、「戴冠式(たいかんしき)」

《戴》には"最も高い所にのせる"という意味はない点。そこで、「頭に白髪を戴(いただ)く」ような場合には、《戴》は用いない方が無難。《戴》は、山が雪を「いただく」は問題ないが、山を「いただく」ような場合には、《戴》は用いない方が無難。

「会長として戴(いただ)く」は、比喩的な用法として許容でき

	頂	戴	かな書き
頭の上にのせる	◎	◎	○
最も高い所にのせる	◎		○
「受け取る」「食べる」「飲む」	○	○	○
「○○してもらう」	○		◎

いたましい

傷惨痛

同情をはるかに超えて

一般的には、《頂》を使っておけば問題はない。その一方で、字の形としては《戴》の方が複雑なこともあって、《戴》には、《頂》よりも由緒正しいイメージがある。それを踏まえて、「社長の決裁を戴く」「おいしいワインを戴く」のように用いると、古風で丁寧な雰囲気が出る。とはいえ、むずかしい漢字なので、振りがなを付けるなどの配慮をしておく方が、親切である。

基本 一般的には《痛》を用いる。

発展1 より強く「いたましさ」を表現したい場合には、《惨》を書くと効果的。

発展2 自分のことのように深い悲しみを感じる場合には、《傷》を使ってもよい。

《痛》は、「苦痛」「悲痛」「痛恨」など、現在で らさを感じる / つらさを感じる状態になる"ことを表す漢字。「いたむ / いためる」(次項)とも訓読みするが、"かわいそうだと感じる"という意味合いで、「いたましい」と訓読みすることもできる。「痛ましい事故が起きた」「彼の最期は痛ましいものだった」「その物語の痛ましさに、みなが涙した」などが、その例となる。

日本語「いたましい」を漢字で書き表す場合には、《痛》を使うだけで十分に用は足りる。しかし、「いたましい」を

読みする漢字には《惨》や《傷》もあり、独特のニュアンスを生かして使い分けることもできる。

まず、《惨》は、「惨状」「悲惨」「大惨事」のように使われ、"非常にかわいそうな"という意味。「むごい」(p539)とも訓読みするが、"非常にかわいそうだと感じさせる"という意味合いで、「いたましい」と訓読みすることもできる。

そこで、《惨》は、《痛》を強調したい場合に用いることができる。「事故の痛ましい現場に足を踏み入れて、愕然とする」を《惨》を「いたましい」と訓読みするのは、「彼の置かれた境遇の惨ましさには、ことばが出ない」とすると、「いたましさ」をより強く表現することができる。

ただし、《惨》を「いたましい」と訓読みするのは、現在ではあまり使われない読み方。振りがなを付けるなどの配慮をしておく方が、親切である。

もう一つの《傷》は、「負傷」「重傷」「傷害」など、"怪我をする"ことを表す漢字。精神的に用いられると、"深く悲しむ"という意味になる。「傷心」「感傷」「愁傷」などが、音読みの例。この意味の場合、訓読みでは「いたむ / いためる」と読む。

ここから変化して、「いたましい」と訓読みして、"深い

[いたましい] [いたむ／いためる] ● 60

いたむ／いためる

傷悼痛

亡くなった方と
だめになったもの

傷	痛	惨
怪我をする ▼ 深く悲しむ	つらさを感じる ▼	非常にかわいそうな ▼
深い悲しみを感じさせる	かわいそうだと感じさせる	非常にかわいそうだと感じさせる

いたましい

基本1 肉体的・精神的につらさを感じる場合は、ほとんどの場合は《痛》を用いる。

基本2 特に、死を悲しむ場合は、《悼》を使う。

基本3 ものがだめになる場合は、《傷》を書く。

発展 深く悲しむ場合、肉体を損なう場合には、《傷》を用いることもできる。

《痛》は、「苦痛」「悲痛」「痛恨」など、"つらさを感じる／つらさを感じる状態に

はいられない」といった具合である。

悲しみを感じさせる"という意味を表すこともある。そこで、《痛》の代わりに用いると、"悲しみ"を強調することができる。

"深い悲しみ"を表す《傷》は、「いたましい」できごとを自分自身のものとして受け止めるようなイメージを持つ。たとえば、「苦しんでいる我が子の姿を見ていると、彼女は傷ましくてしかたなかった」「被害者の現状の傷ましさを目にすると、怒りを覚えずにはいられない」といった具合である。

ただし、"死を悲しんでつらさを感じる"場合だけは、《悼》を書く。この漢字は、「哀悼」「追悼」という熟語がある。訓読みでは、「恩師の死を悼む」「戦没者を悼んで花を捧げる」のように使われる。

ところで、日本語「いたむ／いためる」には、"ものがだめになる"という意味もある。この場合には、「傷がつく」という意味合いを生かして、《傷》を用いる。例としては、「冷蔵庫に入れ忘れた魚が傷む」「ブロック塀にぶつけて車を傷めてしまった」などが挙げられる。

お肌にはちょっと気を付けて

以上のように、《痛》《悼》《傷》の三つは、それぞれ意味がかなり異なる。とはいえ、《痛》と《傷》の間では、使い分けに迷うケースがないわけではない。

その一つは、精神的に"つらさを感じる"のに《傷》を用いる場合。これは、「感傷」「傷心」といった熟語に現れている《傷》の意味に基づく。文字通りには"心が「傷つく」"とい

い

[いたむ／いためる][いたる]

う意味なので、"深く悲しむ"というニュアンスになる。そこで、《痛》を用いて「事故のニュースに心を痛める」と書くと、ふつうの表現。これを、《傷》を使って「事故のニュースに心を傷める」とすると、その事故に知り合いが巻き込まれているなどの事情があって、"深く悲しんでいる"という意味合いになる。

	精神	肉体	もの
痛	つらい気持ちになる	つらい感覚がある	
傷	深く悲しむ	肉体を損なう	だめになる
悼	死を悲しむ		

《痛》と《傷》の使い分けに迷うもう一つのケースは、たとえば、「冬場の洗い物は手肌を傷める」のような例。肉体に関する「いたむ／いためる」は、先に挙げた「胃が痛む」「腰を痛める」のようにふつうは《痛》を書くが、肌の場合はそれほどの「痛み」を伴わず、むしろ「傷がつく」ことに重点があるので、《傷》を用いる。

このように、肉体的なことであっても、「痛み」よりも"肉体を損なう"ことそのものに重点がある場合には、《傷》を用いる。「そんなにお酒を飲むと肝臓を傷めるよ」はそれが顕著な例で、肝臓の病気は自覚症状が出ないので、「痛」は使えない。

しかし、肉体を損なうと、たいていは"つらさを感じる"もの。そこで、

実際には、「サッカーの試合で選手が膝を痛めた」のように《痛》を用いることが多い。とはいえ、たとえば怪我をしてプレーに支障が出ることに重きを置いて表現したい場合には、《傷》を使って「サッカーの試合で選手が膝を傷めた」と書く方が、漢字の意味合いにはふさわしい。

いたる

到 至

紆余曲折のその果てに…

基本 一般的には《至》を用いる。

発展 そこまでの過程を踏まえている場合には、《到》を使うこともできる。

《至》は、古代文字では「ᕗ」と書き、"地面に突き刺さった矢"の絵から生まれた漢字。ある場所に矢が届くところから、"ある場所に着く"ことを表し、転じて、"ある時間や状態になる"という意味でも使われる。

そこで、「いたる」と訓読みして、「右へ曲がると、展望台に至る道に出る」「交渉は夜明けに至るまで続いた」「悩んだ末、ついに結論に至る」「二人は三年の交際を経て、結婚に至った」のように用いられる。日本語「いたる」には、「先輩でもダメなのだから、ぼくに至っては論外です」「あの先生は至って温厚な人物だ」「至らぬ点はお詫びします」「若気の至り」「至れり尽くせり」などなど、さまざまな用法があるが、すべて《至》を

いたる

ある場所に着く／ある状態になる **至**

過程を踏まえる **到**

一方、《到》は、《至》から派生した漢字だが、成り立ちにはいくつかの説があって、本来の意味ははっきりしない。ただ、「到着」「到達」「殺到」などでは、"目指すところへ"という意識が強く、「到底」「到頭」「用意周到」などでは、"進めるところまで進む"という意味合いを含む。そこで、「いたる」と訓読みした場合でも、ある状態になるまでの過程を踏まえた場面で用いると、《到》の持つニュアンスを生かすことができる。

たとえば、「登山隊は山頂に至った」のように《至》を使うと一般的な表現だが、《到》を用いて「登山隊は山頂に到った」と書くと、"山頂を目指してきた"という意味合いがはっきりする。「二人の英雄はとうとう対決するに到った」も同様で、"さまざまな経緯の末に"というニュアンスが強く出る。

逆に、過程への意識があまり感じられない場合は、《到》を使うのは避けた方が無難。「店の中には至るところにネコの絵が飾ってある」「気がついたら抜き差しならぬ事態に至っていた」などが、その例である。

書いておいて、問題はない。

いつわる

詐偽

悪意がないこともあるみたいよ

基本 一般的には《偽》を用いる。

発展 うそを言ってだますことを強調したい場合には、《詐》を使うと効果的。

《偽》は、「偽物」「偽善者」のように使われる漢字で、"真実のように見せかける"という意味。日本語「いつわる」を表す部首「言（ごんべん）」が付いていて、"うそを言ってだます"という意味合い。訓読み「いつわる」では、「絶対もうかると詐って株を買わせる」「裏切らないという誓いは、詐りだったのか」「これ以上、世間を詐って暮らしていくのは心苦しい」のように用いられる。

一方、《詐》は、"ことば"を表す部首「言（ごんべん）」が付いていて、"うそを言ってだます"という意味合い。音読みでは「詐欺」がその例。訓読み「いつわる」では、「職歴を偽って求人に応募する」「偽りの涙をこぼしてみせる」「逃げると偽って奇襲をかける」「ガラス玉をダイヤだと偽る」などなどが、その例である。

「いつわる」ことには、大きく分けて、"ことばでだます"ことと"行動でだます"ことがある。《偽》はその両方に使えるのに対して、《詐》は"ことばにしか使えない。また、《偽》は"真実のように見せかける"場合の"のが基本だから、"だます"という悪意は、必ずしも含まれない。

63 ◉ [いつわる] [いましめる]

```
        ことばでだます
            │
     偽   │  詐
            │         悪意あり
悪意なし ────┼────
            │
     偽   │  偽
            │
        行動でだます
```

そこで、"ことばでだます"場合であっても、悪意が乏しい場合には、《詐》は用いない方がよい。「まわりを気にして、本心を偽り『好きだ』と言う」「偽らない事実だけを話しなさい」などが、その例である。

とはいえ、どこまでが"悪意なし"なのかは、文脈によって異なる。ピュアな恋愛物語では「偽りのない愛を捧げる」であっても、結婚詐欺師が改心する話になれば「偽りのない愛を捧げる」となる。結局は、自分が何を表現したいかによって使い分けることが、大切である。

なお、《詐》の訓読み「いつわる」は、現在ではやや特殊。振りがなを付けるなどの配慮をしておく方が、親切である。

いましめる

警 縛 戒

基本1 注意する場合、禁止する場合には、一般的には《戒》を用いる。

基本2 動けなくする場合には、《縛》を用いる。

発展 命令して注意させる場合、命令して禁止する場合には、《警》を使うこともできる。

注意しすぎて身動きできない！

《戒》は、"武器"を表す部首「戈(ほこづくり)」に、"両手"を示す「廾」を組み合わせた漢字。武器を両手で持って敵に備えるところから、"不測の事態に備える"ことを表す。「厳戒態勢」のように"不測の事態に備える"という意味にもなり、「いましめる」と訓読みして使われる。例としては、「不用意な発言をしないように戒める」「部下を集め、仕事に集中するよう戒めた」「誤解されないよう、自らの行動を戒める」など。「ぜいたくを戒める」「医者の戒めを破って深酒をする」のように、やや強く、"禁止する"に近いニュアンスになることもある。

転じて、"失敗しないように注意する"という意味にもある。

ところで、日本語「いましめる」には、"縄やひもなどを使って、体を動かせないようにする"という意味もある。この意味の場合には、「しばる」とも訓読みする漢字《縛》を使って書き表す。

「犯人を捕まえて両手両脚を縛めた」「無実の罪とわかって縛めを解かれる」などがその例。"失敗しないように注意する"という意味とはかなり異なるので、《戒》との使い分けに悩むことは少ない。

まぎらわしい例をしいて挙げるとすれば、《縛》を比喩的に用いて"行動できないようにする"ことを表す場合がある。「浮気をしないように恋人を戒める」ならばふつうに怒っ

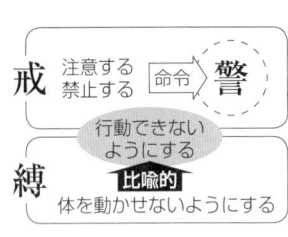

[いましめる] [いや] ● 64

い

戒 縛

注意する／禁止する →【命令】→ 警
行動できないようにする
【比喩的】体を動かせないようにする

ているだけという印象だが、GPSで居場所を監視するように、「浮気ができないように恋人の行動を縛める」のように、《縛》を使う方がしっくりくる。

以上のほか、「いましめる」と訓読みする漢字には、《警》もある。これは《戒》とほぼ同じ意味だが、"ことば"を表す部首「言(いう)」が付いていて、"不測の事態に備えるように呼びかける"という意味合い。そこから、「いましめる」と訓読みした場合には、"注意するよう命令する""命令して禁止する"というニュアンスになる。

たとえば、「政府は市民に対して、夜間の外出をしないように警めた」のように、従わないと大事に至るような状況で用いると効果的だが、現在ではあまり一般的ではない。《戒》を使う方が無難である。

なお、《縛》も《警》も、現在では「いましめる」と訓読みすることは少ない。振りがなを付けるなどの配慮を忘れないようにしたい。

いや

厭 否 嫌

基本1 ほとんどの場合は《嫌》を用いる。
基本2 打ち消しを表す場合は、かな書き。
基本3 特に、「いやおうなく」「いやでもおうでも」などの慣用句では、《否》を使う。
発展 強い拒絶感を表したい場合には、《厭》を書くこともできる。

心と頭は別のもの?

《嫌》は、「きらい」とも訓読みするように、"憎い""うとましい"という感情を表す漢字。「いや」と訓読みして、「あいつに頭を下げるなんて、「会社で嫌なことがあってやけ酒する」「嫌がる相手をなんとか説得する」などと用いられる。日本語「いや」を書き表す際は、ほとんどの場合、この漢字を使っておけば問題はない。

ただし、「いや」には、「あれは鳥か? いや、違う」のように、頭のはたらきで判断を打ち消す用法もある。この場合には、古くは「否定」の《否》を使って書き表したが、現在ではかな書きにするのが一般的である。

また、「いや、こっちへ来ないで!」の場合は、「嫌い」な相手を遠ざけたい場合であれば《嫌》だが、こっちに来ると危険があるなどと警告したい時には、《否》の方がなじむ。こういう感動詞的な「いや」は、かな書きをしておくにこしたことはない、

[いや][いやしい]

ことはない。

「否応なく連れてこられる」は、《否》を使って書き表す打ち消しの「いや」が現在まで残っている例。この場合の《否》は、"承諾しない"という意味。「否でも応でもやってもらう」「否が応でも認めさせるしかない」など、「否応なく」には表現のバリエーションが多い。

なお、類似した表現に「いやが上にも期待が集まる」があるが、この「いや」は、"次第に程度が高くなる"という意味の別のことば。「不信感がいや増す」の「いや」も同じ。漢字で書き表すとすれば、《弥》を用いるが、これも、"次第に程度が高くなる"という意味を持つ《弥》を用いるが、これも、現在ではかな書きするのがふつうである。

そいつはキョーレツ！

以上のほか、「いや」と訓読みする漢字には、《厭》がある。この漢字は「あきる」とも訓読みし(p.22)、"投げ出したい""遠ざけたい"という感情を表す。そこで、《嫌》の代わりに用いると、強い拒絶感を表現することができる。

たとえば、《嫌》を使って「学校に行くのが嫌になる」であれば、結局は学校に行くのかもしれない。しかし、「学校に行くのが厭になる」のように《厭》を書くと、本当に登校拒否になりかねないというニュアンスになる。

「嫌なお客さんがやって来る」と「厭なお客さんがやって来る」も同様。《嫌》ならば、結局は仕方なくその客の相手をするかもしれないが、《厭》を書くと、接客をだれかに代わってもらいたいという気持ちが込められた表現となる。

同じように、ふつうは「嫌味を言う」「嫌がらせをする」などとも、いかにもむずかしい漢字。《厭》を「いや」と訓読みするのは現在では特殊。振りがなを付けるなどの配慮が欲しい。

書き表すことばでも、言われている側や受けている側の拒絶感を強く表す場合には、《厭》を用いるのが効果的。「教頭先生からたっぷりと厭味を言われた」「これ以上彼女が厭がらせを受けるのは、見ていられない」といった具合である。

嫌 — 憎い・うとましい

厭 — 強い拒絶感

否 × 判断の打ち消し

いやしい

卑 賤

生活に余裕がないと…

基本1 身分や地位が低い場合は、《賤》を用いる。

基本2 人格が劣っている場合は、《卑》を使う。

《賤(せん)》は、"金銭"を表す部首「貝(かいへん)」の漢字。本来は"金銭的な価値が低い"こ

いやしい

卑	賤
人格が劣っている 欲にまみれた	身分や地位が低い 貧しい
精神的 道徳的	社会的 世間的 （差別意識）

「彼女は家柄は賤しいかもしれないが、心は清らかだ」「ぼろをまとった賤しそうな人物が訪ねてきた」などがその例。いわば、社会的・世間的に低い立場にあることを表す漢字であり、《貴》（p347）の反対だといえる。

一方、《卑》は、「卑劣」「卑怯」「卑屈」のように使われる漢字で、"人格が劣っている"という意味。「あいつは品性が卑しい」「彼は卑しい目つきで彼女を見つめた」「金銭に卑しいのがあの人の欠点だ」のように、たいていは、欲にまみれていることを指して用いられる。こちらは、精神的・道徳的にレベルが低いことをいう漢字であり、《尊》（p347）の反対だと考えることができる。

このように、《賤》と《卑》の意味は、ある程度、明確に区別できる。たとえば、「そんな賤しい行いはするな」と書けば、"身分が低い人間がするような行い"に対する注意になり、「そんな卑しい行いはするな」だと、"人格の劣った人間がするような行為"をやめよ、という意味になる。実際には、身分と人格はごちゃ混ぜにされがちで、この二つ

とを表し、転じて"身分や地位が低い"ことや"貧しい"ことを指して使われる。

「彼女は家柄は賤しいかもしれない（略）」などがその例。いわば、社会的・世間的に低い立場にあることを表す漢字であり…

の「行い」をきちんと区別することはむずかしい。さらに、社会的な身分を表す《賤》には、差別の感覚がつきまとう。そのためもあって、現在では、《卑》を用いる方が多いのが実状。判断に迷った場合は、こちらを使うか、かな書きにするのが無難である。

なお、《賤》も《卑》も、現在では「いやしい」と訓読みして使うのはやや特殊。あえて漢字で書く場合には、振りがなを付けるなどの配慮をしておく方が、丁寧である。

いれる

淹 容 入

とにかく中へ移動したい！

基本 一般的には《入》を用いる。

発展1 きちんと認める場合や、きちんと収まる場合は《容》を使ってもよい。

発展2 煮出して飲みものを作る場合には、《淹》を書くこともある。

《入》は、"建物の入り口"の絵から生まれたともいわれ、"中へ移動させる"ことを表す漢字。「雨が降り始めたので、洗濯物を部屋の中に入れる」「コーヒーに砂糖をいくつ入れますか？」「ステーキにナイフを入れる」などが、その例となる。

「十分間の休憩を入れる」「週末にデートの予定を入れておく」などは、時間に関して使われた例。また、「お父さんも入れてみんなで五人です」「断られる可能性も考慮に入れる」など、

"ある範囲の内側に置く"ことを指しても用いられる。「書類に必要事項を書き入れる」「プロレスラーが気合いを入れにやって来た」などでは、ほかから"中に付け加える"という意味合い。そのほか、「スマートフォンのスイッチを入れる」「取引先に連絡を入れる」などなど、広く"外からはたらきかけをする"という意味で、さまざまに使われる。

このように、《入》は、基本的に"外から中へ"という移動やはたらきかけに意識がある。そこで、日本語「いれる」を書き表す場合に一般的に用いることができる。

一方、《容》は、「容器」「容積」など、何かの"中の空間"を指すのが本来の意味。そこで、訓読み「いれる」では、"中のスペースに収める"というニュアンスになる。そこに"きちんと収める"だけの余地があるかどうかに関心がある漢字だといえる。

実際には、ここから転じて、要求などを"きちんと認める"という意味で使われることが多い。「先の提案を受け容れられなかった」などがその例。これらの場合に《入》を書いてもよいが、《容》は認める"余地"に関心がある漢字なので、認めるか認めないかが問題になっている場面では、《容》を使う方が落ち着く。

これを踏まえると、ものを"中へ移動させる"場合でも、《容》を

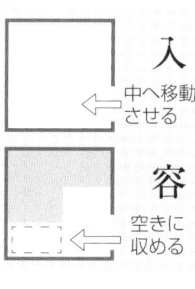

大丈夫かな？ 空きはある？

の"近隣の住民の要望を容れる」「彼の生き方はまわりには容れられない」などがその例。これらの場合に《入》を書いてもよいが、《容》は認める"余地"に関心がある漢字なので、認めるか認めないかが問題になっている場面では、《容》を使う方が落ち着く。

用いる方が効果的。「今日はとっておきの紅茶を淹れよう」の

新製品を容れるスペースを作る」といった具合となる。

さらには、「三百人を容れる宴会場」のようにも使えないわけではない。しかし、このように可能の意味合いが強い場合は、はっきりと可能の意味を表す「入れる」「三百人が入れる宴会場」とする方が自然。《容》は「はいる」とは訓読みはしないので、出番がない。

以上のほか、「いれる」と訓読みする漢字には、《淹》もある。この漢字は、"水"を表す部首「氵（さんずい）」を含み、もともとは"水にひたす"という意味。日本語では、「コーヒーを淹れる」のように、"煮出して飲みものを作る"ことを指して使われる。

この場合、最終的には飲みものをカップなどの"中に注ぐ"ことになるので、《入》を書いても間違いではない。が、飲みものに対するこだわりを表現したいときには、《淹》を

入 ← 中へ移動させる

容 ← 空きに収める

それが中に"きちんと収まる"かどうかが問題になっているような文脈では、《入》の代わりに《容》を使うことができる。例を挙げれば、「立ち見が出るのを覚悟で、お客さんを中に容れる」「倉庫を整理して、

い

ような場合に《入》を使うのは、ちょっと雰囲気が出ない。ちなみに、「グラスに麦茶を入れる」のように単純に"中に注ぐ"場合には、《入》しか使えないのは、もちろんである。

なお、《淹》は現在ではあまり使われない漢字。振りがなを付けるなどの配慮をしておく方が、親切である。

う

うかがう

伺 窺

基本1 こっそり見る場合、じっと観察する場合は、《窺》を用いる。

基本2 話を聞く場合、訪問する場合は、《伺》を使う。

《窺》は、部首「穴（あなかんむり）」の漢字。本来は"穴から中の様子をのぞいて見る"ことを表し、"こっそり見る"というニュアンスを持つ。「ドアを細く開けて中の様子を窺う」「人が来ないか木陰から窺う」などが、典型的な例である。

ここから意味が広がり、"じっと観察する"場合にも用いられる。例を挙げれば、「上司の顔色を窺う」「反撃のチャンスを窺う」「顔のしわから苦労の跡が窺われる」といった具合となる。

一方、《伺》はもともとは《窺》よりも指す範囲が広く、こっ

[うかがう] [うける]

そりとであれ堂々とであれ、"様子を見る"という意味。そこから変化して、「将軍に伺候する」のように"すぐ近くで直接、仕える"ことを指すようになった。

さらに日本語では、"直接、命令を聞く"ところから転じて、"話を聞く""訪問する"へりくだった表現として用いられる。

「お伺いを立てよう」「ごあいさつに伺っております」「教授にお伺いをかねがね伺っております」「電話で用件を伺う」などが、その例である。

	それとなく探る	それとなく聞き出す
	こっそり探る 観察する	直接、聞く 訪問する
	窺	伺

言いにくい事情がございまして…

以上のように、《窺》と《伺》は、意味合いがかなり異なる。しかし、実際には使い分けが微妙になる場面もある。

いい例は、直接、会って、相手の様子を観察する場合。たとえば、「おじさんの所へ行ってご機嫌を伺う」と書けばふつうの親族の会話だが、「おじさんの所へ行ってご機嫌を窺う」になると、親族のトラブルなりお金の無心なり、おじさんのご機嫌によって対処を変えなければならない事情があることになる。

そこで、迷った場合には、"はっきり質問して、返答をもらうかどうか"を判断の基準とするのがおすすめ。ことばできちんと聞きただす場合には"話を聞く"ことを意味する《伺》を使い、それとなく探る場合には"こっそり見る"というニュアンスのある《窺》を用いる。

なお、《覗》を「うかがう」と訓読みして用いることもあるが、この漢字は、「のぞく」という成り立ちの上では《窺》に近く、「司」を含むという意味の上では《伺》に近い。話がややこしくなるので、《覗》の訓読みは「のぞく」だけとしておく方が無難だろう。

うける

享承請受

どんな相手でもバッチリだ！

基本1 ほとんどの場合は《受》を用いる。

基本2 特に、はたらきかけでは、《請》を使う。

発展1 《請》を書くと、意味合いがはっきりする。「うけ止めた」結果をきちんと踏まえる場合には、《承》を用いると効果が高い。

発展2 「うけ負う」「うけ合う」「下うけ」「元うけ」などでは、《請》を使う。

発展3 与えられて「うけ取る」ことを強調したいときには、《享》を使うこともできる。

《受》は、古代文字では「受」と書き、上から伸びた手が渡そうとしているものを、下から伸びた手がもらおうとしている形。"渡されたものをもらう"ことを表し、日本語「うける」を漢字で書き

表す場合に、最も一般的に使われる。「こぼれる水をお皿で受ける」「ラブレターを受け取る」「先輩から激励を受ける」「応募を受け付ける」などがその例。やや発展して、「風を受けて旗がなびく」「応募を受け付ける」「六年生を受け持つ」「ただ者ではないとお見受けしました」のようにも用いられる。

また、《受》は、こちらから"もらおうとする"という意味合いも含むため、"相手からのはたらきかけに応じる"という意味で使うこともできる。「転勤の辞令を喜んで受ける」「ライバルの挑戦を受ける」「辞書の編集を引き受ける」などがその例。「彼のギャグは大阪では大受けだ」では、相手が"応じて"笑ってくれるということ。どんな「うける」であれ、《受》さえ書いておけば、ほとんどの場合は問題がない。

ただし、「うける」と訓読みする漢字はほかにもあり、それぞれ、独特のニュアンスを添えたい場合に用いることができる。

積極的になりたいなぁ…

まず、《請》は、「請」と訓読みした場合でも、「請求」「要請」のように、"何かを得ようとはたらきかける"ことを表す漢字。「うける」と訓読みした結果として「引きうける」らからはたらきかけた結果として《受》の意味になる。

「新規の得意先を開拓して、仕事を請ける」がその例で、《受》を使ってもよいが、それだと積極的な"はたらきかけ"のニュアンスは出ない。「質屋に預けておいた品物を請け出す」でも、《請》を使うと、お金を払った結果であることがはっきりする。

このように、《請》は、ともすると「受動的」になりがちな「うける」を、能動的に変えるはたらきかけをする。「駅ビルの改修工事を請け負う」「明日の朝までに納品すると請け合う」などでは、「うけおう」も「うけあう」も、本来は"はたらきかけた結果として引き受ける"という意味合いを含むことばだから、ふつうは《受》は使わない。

「下請け」も、もともとその仕事を取ってきた「元請け」があっての表現。「お茶請けの和菓子」はちょっと例外的だが、"お茶を飲む"というはたらきかけに対して、和菓子がある、という考え方なのだろう。

次に、《承》は、「承認」『承諾』「了承」のように使われる漢字で、"きちんと「うけたまわる」と訓読みでは「うけたまわる」と読むことが多いが、「うける」と読むこともできる。

例を挙げれば、「アンケート調査を承けて、今後の方針を話し合う」「前作のヒットを承けて、続編を企画する」「前任者の方針を承け継ぐ」などとなる。これらの場合に《受》を使ってもかまわないが、《承》を用いると、"「うけ止めた」結果をきちんと踏まえて次の行動に移る"というニュアンスを表現

[うける]［うしなう］

う

すること ができる。

以上のほか、《享》も「うける」と訓読することがある。

ただし、現在ではあまり用いられない読み方なので、振りがなを付けるなどの配慮をしておく方が、丁寧である。

この漢字は、本来は"天に捧げものをする"という意味で、転じて、"幸せなどを"天からもらう"ことを指す。「享年」とは、"天からもらった年数"つまり"亡くなった年齢"。「享楽」とは、"楽しみを天からもらう"という意味で、"迷いなく楽しむ"ことをいう。

承 うけ止めて 次の行動へ	享 与えられる
受 応じる	請 引きうける はたらきかけて

ここから、《享》は、努力して獲得するのではなく"与えられて「うけ取る」"ことを強調したい場合に、《受》の代わりに用いることができる。例としては、「この世に生を享ける」「芸術家の血を享けて生まれる」「母親から十分な愛情を享けて育つ」「思想信条の自由は、国民が天から享けた権利である」など。運命として与えられたものや、生まれながらにして持っているものについて用いると、落ち着きがよい。

うしなう

亡 喪 失

基本 一般的には《失》を用いる。

発展1 死に別れる場合や、悲しみや虚脱感を強調したいときには、《喪》を使うと効果的。

発展2 もう存在しないことの重みを表現したい場合には、《亡》を用いることもできる。

《失》は、「紛失」「失業」「失点」などと使われ、何かを"なくす"ことを表す漢字。

例としては、「株で損をして財産の半分を失う」「貴重な追加点のチャンスを失う」「いくらがんばっても評価されないのでやる気を失った」「うそを重ねて、恋人の信用を失う」「犯人は警官に包囲されて、逃げ場を失った」などなど。日本語「うしなう」を漢字で書き表す際には、《失》を使っておけば、十分に用は足りる。

ただし、「うしなう」と訓読みする漢字には、《喪》や《亡》もあり、それぞれのニュアンスを生かして使い分けることもできる。とはいえ、どちらの場合もやや特殊な訓読みになるので、振りがなを付けるなどの配慮をしておくと、親切である。

まず、《喪》は、ふつうは「も」と訓読みして「喪に服する」のように使われ、"死者を弔う"ことを表す。そこで、"死

> もうけっして取り戻せない…

[うしなう] [うた] ● 72

失

- 喪 — 悲しみ・虚脱感【感情】
- 亡 — もう存在しない【事実】

何かをなくす

に別れる」場合に、「最愛の母を喪う」「彼女は若いころ、恋人を戦争で喪った」のように《喪》を用いると、"悲しみ"のイメージをはっきりと表現することができる。

また、《喪》を比喩的に使って、"なくした"ことによる悲しみや虚脱感を強調することもできる。「災害で帰る家を喪う」「事故によって記憶を喪う」「不注意からすべてのデータを喪った」などが、その例となる。

もう一つの《亡》は、「死亡」「逃亡」「滅亡」など、"存在しなくなる"ことを意味する漢字。「ない」(p.378)「ほろびる/ほろぼす」(p.504)と訓読みすることもある。

「うしなう」と訓読みする場合も、人やものが"もはや存在しない"という事実の重みを表現したいときに使うのが、漢字の持つ意味にはふさわしい。たとえば、「主を亡った家の庭に、今年もバラが咲いた」「育ての親も他界して、彼は帰るべき家を亡った」のような具合である。

このように、《喪》は、「うしなう」ことによって生じる感情に重点を置く。それに対して、《亡》は、「うしなう」という事実そのものを強調する傾向が強い。

うた

唄 詩 歌

口を開けるか、手を用いるか

基本 一般的には《歌》を用いる。
発展1 物語的でロマンチックな雰囲気を出したいときには、《詩》を使うこともできる。
発展2 日常的で素朴な雰囲気を出したいときには、《唄》を書くと効果的。

《歌(か)》は、"メロディやリズムに乗せて発せられることば"を広く用いる漢字。日本語で"う た"を漢字で書き表す場合に、広く用いることができる。「最近、はやっている歌は何ですか?」「幼稚園から子どもたちの歌声が聞こえてくる」「カラオケで持ち歌を熱唱する」などが、その例となる。

いわゆる「和歌(わか)」も、もともとは朗唱されたもの。そこで、「百人一首の歌を暗唱する」「与謝野晶子の歌が好きだ」などと、「和歌」や「短歌(たんか)」を指す「うた」は、《歌》を使って書き表す。

ところで、《歌》の部首「欠(あくび)」は、"口を大きく開けた人"の絵から生まれた漢字。ここから、《歌》は、メロディやリズムに乗せて"口からことばを発する"という行動に意味の中心があると考えられる。そのことは「うたう」(次項)と訓読みしても用いられることにも現れている。

これに対して、《詩(し)》は、本来は、《歌》と同じように"メロディやリズムに乗せて発せられることば"を指していた

[うた]

と思われる。しかし、部首「言(ごんべん)」が示している通り、《歌》とは違って"ことば"に意味の中心がある。そこで、古くから、必ずしもメロディを伴わず、"響きやリズムを重視しながら、心情やできごとを描き出すことば"を指して用いられてきた。

つまり、《歌》はメロディの印象が強いのに対して、《詩》のイメージの中心は、そこに語られる心情やできごとにある。そのため、《詩》を使って「うた」を書き表すと、物語性が強調される効果がある。「彼女は自らの体験をもとに、一編の愛の詩を書き上げた」「この小説は、人々が織りなす哀しみの詩であふれている」などが、その例である。

「ある愛の詩」「風と木の詩」「しおさいの詩」などなど、ジャンルを問わず、芸術作品などのタイトルに好んで用いられるのも、《詩》には物語的でロマンチックな雰囲気があるから。ただし、振りがなしでは「し」と音読されてしまう可能性がある点にだけは、注意が必要である。

「うた」と訓読みする漢字には、もう一つ、《唄》もある。これは、紀元後一世紀ごろに仏教が中国に伝わって以降に、仏を賛美する「うた」を表す古代インド語を書き表すために、新たに作られた漢字。日本では、仏教が庶民の生活に深く入り込んでいったところから、庶民の生活に根ざした「うた」を書き表すのに使

暮らしの中で自然と生まれる《唄》

れるようになった。

大衆芸能として誕生した「端唄(はうた)」や「長唄(ながうた)」「小唄(こうた)」などが、その代表的な例。「田植え唄」「茶摘み唄」「臼ひき唄」「馬子唄(まごうた)」のような、庶民の生活の中でうたわれる「うた」も、《唄》を使って書き表すことが多い。

そこで、日常的で素朴な雰囲気を出したいときには、《唄》を用いる方がしっくりくる。たとえば「母が子守唄をうたってくれた」と書いても、もちろん問題はない。が、「母が子守唄をうたってくれた」とする方が、なつかしさをかき立てる効果がある。

「鼻唄まじりに仕事をする」と「鼻歌まじりに仕事をする」も同じ。《歌》を使うとふつうの表現だが、生活の中で何か楽しいことがあって働いている場合には、《唄》を使う方が、その雰囲気をよく表現できる。

また、芸術作品などのタイトルでも、『りんごの唄』『カチューシャの唄』『ゴンドラの唄』など、民謡風の味わいを出したい場合には、《唄》が用いられることが多い。

```
           メロディ・リズム
      唄    │    歌
            │
日常的 ──────┼────── 芸術的
            │
            │    詩
           ことば・内容
```

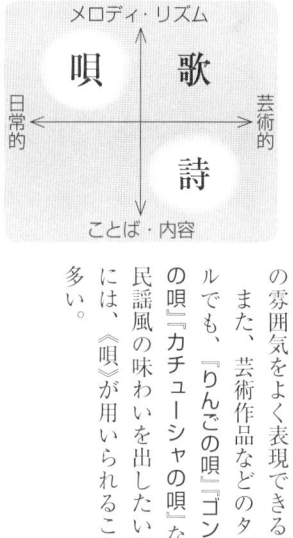

[うたう] ● 74

うたう
謳詠唱謡唄歌

場合によっては子分にお任せ

基本1 音楽として「うたう」場合には、一般的には《歌》を用いる。

基本2 詩を作る場合や、ほめたたえたり、はっきり示したりする場合は、かな書きが多い。

発展1 「長唄」「小唄」などの場合、日常的で素朴な雰囲気を出したい場合には、《唄》も使える。

発展2 能の「謡曲」の場合は、《謡》を用いることも多い。

発展3 音楽をはっきりと「うたう」場合には、《唱》を書いてもよいが、古風の意味がある。

発展4 詩を作る場合には、《詠》を用いてもよい。

発展5 ほめたたえる場合、はっきりと示す場合には、《謳》を使うこともできる。

日本語「うたう」には、大きく分けて三つの意味がある。一つ目は、言うまでもなく、"メロディやリズムに乗せてことばを発する"、つまり音楽として「うたう」こと。二つ目は、"詩を作る"こと。そして三つ目は、"ほめたたえたり、価値の高いものをはっきり示したりする"ことである。

このうちの一つ目、音楽として"うたう"場合に一般的に用いられる漢字は《歌》。「カラオケで好きな曲を歌う」

「『蝶々夫人』のアリアを歌う」「彼の歌う声には低音の魅力がある」「春の森で鳥が歌う」のような比喩表現で用いても、問題はない。

ただし、ジャンルによっては、《歌》の代わりに《唄》や《謡》を用いる方が、ふさわしく感じられることもある。

たとえば、「相撲甚句を唄う」「越後獅子を唄う」など、「端唄」や「長唄」「小唄」などの場合は、《唄》を使う方が落ち着く。また、《唄》は庶民の生活に根ざした「うた」を表すので（前項）、日常的で素朴な雰囲気を表現するのに適している。「小声で唄いながら夕食の用意をする」「夜道に酔っ払いの唄い声が響く」などが、その例となる。

一方、《謡》は、意味の上では《唄》に近いが、本来は"自然発生的な「うた」"を指す。「民謡」「童謡」のように使われ、現在の日本語では、能の「謡曲」をうたう」場合にだけ用いられるのが習慣。たとえば、「織田信長は『人間五〇年……』と謡ってから出陣した」のような具合である。

なお、「応援歌を歌う」「舟唄を唄う」「謡曲を謡う」など、これらの漢字を使うと、同じ漢字が重なってしまうことが多い。それが気になる場合は、かな書きにするのも一つの方法である。

以上のほか、「うたう」と訓読みする漢字としては、《唱》もある。この漢字は、本

来は"先頭に立って主張する"という意味。「新しい説を提唱する」「反対運動を唱導する」などが、その例となる。

転じて、「独唱」のように、"音楽を他人にもわかるようにはっきりと「うたう」"という意味にもなり、「合唱」「斉唱」などに使われるようになった。そこで、「コンクールで課題曲を唱う」「応援団が応援歌を唱う」のように用いると、その意味合いを生かすことができる。

とはいえ、これらも、現在では《歌》を用いて書き表すのがふつう。《唱》には「念仏を唱える」のような使い方もあるので、古めかしい雰囲気になりがちである。

メロディがない場合には…

ところで、日本語「うたう」の二つ目の意味、"詩を作る"ことは、メロディを伴うたい場合には、《詠》を使う。

《詠》は、部首「言(ごんべん)」に「永(えい)」を組み合わせて、本来は"声をながく引き伸ばすようにして、ふしを付けて詩を朗読する"ことを表す。そこから転じて、"詩を作る"とや、"詩の中に描き込む"という意味となり、「よむ」(p584)と訓読みすることもある。

「うたう」と訓読みしても意味は同じ。「その詩人は、恋の詩を数多く詠った」「あの山は万葉集にも詠われている」「この作品には現代人の孤独が詠われている」のように用いられる。

ただし、この意味の「うたう」は、漢字で書くとやや硬い雰囲気になりがち。それを避けるため、「恋の詩をうたう」「万葉集にもうたわれる」「孤独がうたわれている」のように、かな書きにされることが多い。

最後に、日本語「うたう」は、三つ目の"ほめたたえたり、価値の高いものをはっきり示したりする"という意味になると、《歌》が表す内容からはかなり離れる。この場合の「うたう」をかな書きにするのももちろんOKだが、そういうときには、"ほめたたえる"《謳》を用いるとしっくりくる。「今年のチームは史上最強だと謳われている」「男女平等をスローガンとして謳う」「地域で一番のサービスを謳い文句にする」などがその例である。

なお、《謡》《唱》《詠》《謳》を「うたう」と訓読みするのは、現在ではやや特殊。振りがなを付けるなどの配慮をしておく方が、丁寧である。

歌 音楽として「うたう」

謡 「謡曲」

詠 詩を作る 詩に描き込む

唄 「長唄」「小唄」など日常的で素朴な

唱 他人にもわかる

謳 ほめたたえる はっきり示す

裡 内

うち

基本1 ほとんどの場合は《内》を用いる。

基本2 「そと」と対になっている意識が薄い場合には、かな書きにする。

発展 外からは見えないことを強調したいときには、《裡》を使うと効果が高い。

いつもお外を気にしてる?

日本語「うち」を書き表す漢字として、一般的に使われるのは《内》。この漢字は、音読みでは「内部」「国内」「社内」のように使われ、「外部」「国外」「社外」などの《外》と対になるところに、特徴がある。そこで、訓読み「うち」でも、「そと」と対になるような場面で用いられる。

例としては、「枠の内を狙ってボールを投げる」「熱い思いを内に秘める」「ボールはラインの内側ではずんだ」「この旅館は立派な内湯で有名だ」など。それぞれ、対になるものとして、「枠の外を狙う」「思いを外に表す」「ラインの外側」「立派な外湯」といった表現を、念頭に置くことができる。

しかし、日本語「うち」には、必ずしも「そと」とペアにならない用法も存在する。それらの場合には、《内》を使うかかな書きするかで、悩むことになる。

たとえば、「部下の愚痴を聞くのも仕事の内だ」「ビールなんてお酒の内に入らない」など、"あるものの一種である"ことを示す用法。「仕事の外」「お酒の外」といった表現は、ありえなくはないが、こなれてはいない。こういう場合には、《内》を使ってもよいが、「部下の愚痴を聞くのも仕事のうちだ」「ビールなんてお酒のうちに入らない」のように、かな書きにするのも一つの考え方である。

「次の五つのうちから正しいものを一つ選べ」「このうちの一人が犯人だ」も似たような例で、「次の五つの外から」「このうちの一人が」という表現は、すなおではない。これらのような範囲を絞り込むはたらきをする「うち」は、「そと」を意識から切り捨ててしまう。《内》を用いても間違いではないが、かな書きする方が落ち着く。

さらには、「今日のうちにこの仕事を終えよう」のような、"ある期間の間に"という意味を表す用法もある。この場合は、仮に仕事が終わらなくても、「今日の外まで仕事が残る」とは言わない。「ぼやぼやしているうちに追いつかれてしまった」のような、"ある状態にある間に"という意味を表す用法も同じ。これらは、漢字《内》は使わないで、かな書きしておくのがふさわしい。

以上のほか、《内》には、別の漢字と結び付いた慣用的な表現も多い。例を挙げれば、「一味同士で内輪もめをする」「製造費の内訳は次の通りです」「彼は他人には厳しいが、身内には甘い」など。これらは、「外」に置き換えた表現は考えにく

[うち]

いが、漢字で書くのが習慣である。

なお「うち」とは、"ある範囲の中"という意味だから、「うち」でも、ほかに《中》を「うち」と訓読みして用いることもできる。ただし、そうすると、振りがなをなしでは「なか」と読むか「うち」と読むか、区別がつかない。「うち」と読んで欲しい場合には、《内》を使っておくのがおすすめである。

着物の中はヒミツです！

	内	裡	かな書き
ある状態の間	◎	○	○
ある期間の間	○		○
範囲を絞り込む	△		◎
あるものの一種			○
「そと」に対する「うち」	◎	○	○

ところで、「うち」と訓読みする漢字には、ほかに《裡》もある。この字は、"衣"が変形した部首「衤(ころもへん)」が付いていて、本来は"衣服の中"という意味。転じて"何かの中"を指して用いられる。《裡》は、衣服に包まれているというイメージを持つところから、「○○のうち」の形で"外には見えない"ことや"外からは見えない"ことを強調したい場合に使うのが、効果的。たとえば、「その話は胸の内に収めておく」と書いてももちろん問題はないが、「その話は胸の裡に収めておく」とする方が、だれにも口外しないというニュアンスが強くなる。「心の裡に疑惑が生じる」も、同

じような例である。

"ある状態にある間に"という意味を表す「うち」でも、"ある状態にある"ことを強調したい場合には、《裡》を使うのが有効。「暗黙の裡に同意を得る」「喜びの裡にも一抹の不安を感じる」「文化祭は大成功の裡に幕を閉じた」などが、その例となる。

ただし、《裡》は現在では使われる機会が少ない漢字。振りがなを付けるなどの配慮をしておくことが、望ましい。

なお、《裡》は、成り立ちとしては《裏》と同じ。そこで、《裏》を「うち」と訓読みして、《裡》と同様に使うこともできる。ただし、それだと、振りがななしでは「うら」と読むのか「うち」と読むのか、まぎらわしくなる。現在では、「うら」を書き表すときには《裏》を、「うち」を書き表す際には《裡》を、と使い分けることが多い。

無理して漢字を使わなくても…

以上のほか、日本語「うち」には、「拾った猫をうちに連れて帰る」のように、"本人の住居や家庭"を指す用法もある。また、転じて、「彼女のうちに遊びに行く」『受験生のいるうちでは『すべる』は禁句だよ」のように、広く"住居や家庭"を指すこともある。

これらの「うち」を漢字で書き表すとすれば、《家》を使うことになる。が、これまた振りがななしでは「いえ」と区別が付かなくなることもあり、あまり一般的ではない。

伐射撲拍討撃打 ［うつ］

ちなみに、「雨だからうちで遊ぼう」は、少しややこしい例。この「うち」は、"住居"を指しているとも考えられるが、「屋外」に対する「屋内」という意味合いも強い。そこで、「雨だから内で遊ぼう」のように、《内》を使うこともできる。

なお、"本人の住居や家庭"を指す「うち」は、転じて「うちの会社の商品を使ってください」のように、"本人が所属している組織"という意味にもなる。ここまでくると、"住居や家庭"ではないので、《家》を使うのはさすがに落ち着かない。かな書きにするのがふつうである。

基本1 ほとんどの場合は《打》を用いる。

基本2 特に、弾丸を放つ場合には、《撃》を使う。

基本3 特に、攻め滅ぼす場合には、《討》を書く。

発展1 音やリズムを感じさせたいときは、《拍》を使うと効果的。

発展2 手や手に持ったものでたたく場合に《撲》を書くこともできる。

発展3 矢や玉を放つ場合、注射をする場合には、《射》を使ってもよい。

発展4 集団で集団を攻め滅ぼす場合には、《伐》を用いると、重々しさが出る。

どちらも範囲が広いので…

"たたく" "ぶつける"ことを意味する日本語「うつ」を漢字で書き表す際に、最も一般的に使われるのは《打》だ。「かなづちで釘を打つ」「バットでボールを打つ」「雨粒が窓を打つ」「たんすの角で頭を打つ」「パソコンのキーボードを打つ」などが、その例である。

日本語「うつ」には、ここから転じたさまざまな用法がある。一方、漢字《打》にも、たとえば「打算」「一網打尽」のような、"たたく" "ぶつける"からは直接的には関係がなさそうな「うつ」でも、たいていは《打》を使って書き表すのが、習慣となっている。

例としては、「そばを打つ」「メールを打つ」「麻雀を打つ」「傍点を打つ」「先手を打つ」「寝返りを打つ」「一芝居打つ」などなど。「悩みを打ち明ける」「契約を打ち切る」「不安を打ち消す」「打ち解けた雰囲気になる」などの「うち」は、続く動詞を強めるはたらきをすることばで、実質的な意味はほとんどないが、これらも含めて、《打》を使って書き表して問題はない。

ただし、例外がある。一つは"弾丸を放つ"場合で、これは《撃》を用いる。

傷つけたいなら話は別だ！

《撃》は、「衝撃」のように、"強くぶつける"ことを表す漢字。"弾丸を放つ"という意味は、ここから変化したものなので、音読みでは、「射撃」「砲撃」「撃沈」などがその例。

日本語「うつ」を漢字で書き表す際には、「鉄砲で野獣を撃つ」「敵の要塞に大砲を撃ち込む」のように用いられる。

「うち落とす」「うち崩す」「うち壊す」なども、"弾丸を放つ"場合には《撃》を使う。「ハエたたきでハエを打ち落とす」では《打》を使うのに対して、「ミサイルで敵機を撃ち落とす」では《撃》を書く、といった具合である。

また、《撃》を本来の"強くぶつける"という意味で使うと、《打》を強調する効果が出る。「剣で相手を撃つ」の方が、「剣で相手を打つ」よりも「古い考え方を撃ち破る」の方が、強く激しいイメージとなる。

ただし、《撃》は相手を"傷つける"ことに重点がある漢字なので、平和利用のロケットにはそぐわない。「気象衛星を打ち上げる」のように《打》を使うことになる。

例外のもう一つは、《討》を用いる「うつ」。この漢字の本来の意味は、「討論」「検討」のように、"議論する"こと。相手の罪を論じ立てるところから、"攻め滅ぼす"という意味でも使われる。相手を"傷つける"ことに重点がある《撃》を、さらに一歩進めた漢字だといえる。

「反乱軍を討つ」「亡き殿様の敵を討つ」「その武将は合戦で討ち死にした」などがその例。「敵の大将を討ち取る」も、《討》を使う例だが、「相手のバッターを三振に打ち取る」は、"ボールを「打たせて」アウトにする"ことなので、《打》を用いる。

音が出たり、針を刺したり…

以上の三つを使い分ければ、だいたい間に合う。しかし、「うつ」と訓読みする漢字はほかにもたくさんあり、それぞれ、独特のニュアンスを表現するために用いられることがある。ただし、以下の漢字では、「うつ」はやや特殊な読み方なので、振りがなを付けるなどの配慮を忘れないようにしたい。

まず、《拍》は、"手でたたく"ことを意味する漢字だが、意味の中心は、「拍手」のように、"音を出す"ことや、「拍子」のように"リズムをとる"ことにある。そこで、《打》の代わりに用いると、音やリズムを感じさせる効果がある。「手を拍って喜ぶ」「なるほど！」と膝を拍つ」「怒りの余り、思わず机を拍って立ち上がった」「こめかみで血管がドクドクと脈拍っている」などが、その例である。

次に、《撲》は、「なぐる」とも訓読みする漢字。相手を傷つける目的で、"たたく"ことを表す。《撃》と意味が似ているが、現在では主に"弾丸を放つ"場合に用いる《撃》に対して、《撲》は、手や手に持ったもので"たたく"ことに漢字本来の意味を生かすことができる。「相手の頰を平手で撲つ」「鉄パイプを手に撲ちかかる」などがその例。《打》を使うよりも、攻撃的なニュアンスがはっきりする。

《撃》と意味が似ている漢字には、《射》もある。これは、

[うつ] [うつす／うつる] ● 80

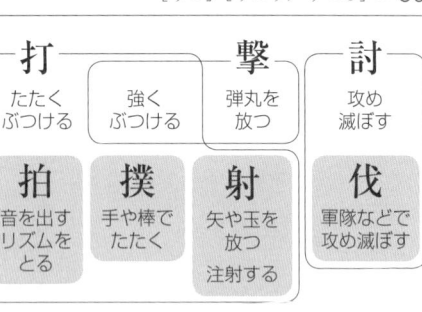

うつ

討	攻め滅ぼす
撃	弾丸を放つ
打	たたく　ぶつける
拍	音を出す　リズムをとる
撲	手や棒でたたく
射	矢や玉を放つ　注射する
伐	軍隊などで攻め滅ぼす

みなの者、かかれ！

もともとは"矢を放つ"ことを表す漢字で、訓読みでは「弓を射る」のように使うのが一般的。ここから、「弓で射られる」「パチンコで獲物を射つ」のように、"矢や玉を放つ"という意味で使われるが、現在ではあまり一般的ではない。

それよりも、現在、「うつ」を《射》で書き表すことがあるとすれば、"注射"をする場合。例としては、「栄養剤を射つ」「点滴を射つ」など。《打》を使ってもよいが、《射》の方が「注射」のイメージには合う。

以上のほか、《討》とほぼ同じ意味の漢字として、《伐》がある。この漢字の右半分「戈」は、"武器としての刃物"を意味する漢字。《伐》は、敵などを"攻め滅ぼす"ことを表す。

ただし、《伐》は、漢文では主に国レベルの争いに関して用いられていて、"集団で争う"イメージがある。日本語でも、「征伐」を個人の争いで用いるのには、違和感がある。

そこで、《討》は、「息子が父の仇討ちをする」のように個人が個人を"攻め滅ぼす"ことにも使えるのに対して、《伐》は個人同士の争いについては用いない方が無難。逆にいえば、「警備隊を派遣して山賊を伐つ」「英雄が民衆を率いて暴君を伐つ」など、集団が背景にある文脈では、《伐》を用いると、集団が動く重々しさが表現できる。

うつす／うつる

遷移映写

なんでもかんでもコピーする！

基本1　複製する場合、カメラで記録する場合は、《写》を用いる。

基本2　光の作用で影や像が見えるようになる場合には、《映》を使う。

基本3　位置や状態を変える場合には、《移》。

発展　生活や仕事の場を変えるときには、《遷》を用いてもよい。

《写》の本来の意味は、"書写""模写"のように、"見て書き取る"こと。「試験前に友だちのノートを写す」「山里の春景色をスケッチブックに写す」などがその例。これが発展して、「その仏像の顔は寺の開祖の顔を写したものだ」のように立体に使われたり、「街角で耳にしたメロディを五線譜に写し取る」のように音声に用いられたりすることもある。

そこで、《写》は、広い意味で"複製する／複製ができあ

[うつす／うつる]

がる"ことを指す、と考えることができる。「カーボン紙を使い請求書の写しを作る」「コピー機で契約書の写しを取る」「この紙をシャツにあててアイロンをかけると、図柄が布地に写ります」「彼女は母親に生き写しだ」なども、"複製"の例である。

「紙が薄くて裏写りする」では、"表側のものが裏側に透けて見える"という意味。これは、"複製"ではないが、"同じものが見えている点では違いはない。

このように、《写》の活躍の範囲は、意外と広い。とはいえ、この漢字の代表的な意味といえば、「写真」に代表される、"カメラで映像を記録する"こと。これは、"見て書き取る"代わりにカメラを使っているもので、「集合写真を写す」「秋のたたずまいをビデオカメラで写す」「画面の中央に富士山が写っている」などと使われる。

"取る"と"出す"の違い

一方、《映》は、"太陽"を表す部首「日（ひへん、にちへん）」の漢字で、"光の作用"を表す。よって影や画像が見えるようにする／なる"ことを表す。例としては、「着物姿を鏡に映す」「パソコンの画面をスクリーンに映す」「湖岸の木々が水面に映る」「窓から見下ろすと、飛行機の影が大地に映っている」など。比喩的に用いられて"見て感じられる"という意味にもなり、「その風習は外国人の目には奇異に映る」がその例である。

また、《映》には、「お城の天守閣が夕焼けに映える」のように、"光の作用によって"色合いが引き立つ"という意味もある。ここから、「うつる」と訓読みした場合でも、「背広に映りのいいネクタイを選ぶ」のように、"色合いが引き立つ"という意味になることもある。

以上のように、《写》と《映》は、もともとの意味はかなり異なるが、写真やビデオの場合には、使い分けがまぎらわしい。考え方としては、"映像を記録する"場合は《写》を使い、"記録した映像を何かに投影する"場合は《映》を用いる。「子どもの発表会をビデオで写す」と「子どもの発表会のビデオを映す」の違いであり、それぞれ、「写し取る」と「映し出す」に置き換えると、判断しやすい。

写 写し取る
映 映し出す

迷う例として、「障子に映った人影に驚く」のような場合もある。影が「映し出される」ので《映》を使うのが、順当なところ。しかし、障子に「写し取られた」影を見ていると考えれば、《写》を用いて「障子に写った人影に驚く」と書いても、筋は通る。

もっとややこしいのは、文章などで何かを表現する場合。「その小説は現代の世相をよく写している」ならば、世相をよ

[うつす/うつる][うまい] ● 82

く「描写」しているということ。「その小説は現代の世相をよく映している」ならば、世相をよく「反映」しているということ。それぞれ、「写し取る」「映し出す」に置き換えて考えることができるが、結局は表す内容にそれほどの違いはないので、気に入った方を書いておけばよい。

なお、"カメラで映像を記録する"場合に、「撮影」の《撮》を「うつす」と訓読みして用いることがある。「特撮」「空撮」といった熟語があるので、こちらの方が、本格的な機材を用いる雰囲気がある。とはいえ、《撮》は「とる」(p372)と訓読する方が一般的。「うつす」の場合は、すなおに《写》を使っておくことをおすすめする。

> 心も変われば、臭いも変わる

ところで、日本語「うつす/うつる」には、"位置や状態を変える""位置や状態が変わる"という意味もある。この場合には、漢字では、「移動」「推移」の《移》を使って書き表す。「荷物を網棚に移す」「勤務先が大阪から福岡に移る」「マッチの火をろうそくに移す」彼の気持ちはほかの人に移った」「そろそろ次の議題に移ろう」「時代の移り変わりに驚く」などが、その例となる。

「ジーンズの色がほかの洗濯物に移る」「焼き肉の臭いが服に移る」のように、《移》は、色や臭いについても用いることができる。ただし、「親の風邪が子どもにうつる」になると、漢字《移》の本来の意味からはかなり離れているように感じ

られて、かな書きの方がしっくりくる。「感染る」「伝染る」と書き表すこともあるが、あまり一般的ではない。「あくびがうつる」「口ぐせがうつる」なども、同じくかな書きするのが習慣的である。

《移》と似た意味で「うつす/うつる」と訓読する漢字に、《遷》もある。この漢字は、「遷都」「左遷」のように使われ、主に"生活や仕事の場が変わる"ことを指す。

そこで、その意味合いを特に生かしたい場合に、《移》の代わりに用いるのがふさわしい。ただし、やや特殊な訓読みになるので、振りがなを付けるなどの配慮をしておく方が、親切である。

例としては、「都を遷す」はもちろんのこと、「仕事場を名古屋から札幌へ遷す」「都心から郊外へと居を遷す」「営業職から事務職へと遷された」など。さらに、神仏や霊魂について使うこともできる。「ご神体に新しい社殿へとお遷りいただく」「先祖代々のお墓を田舎から遷す」などが、その例である。

うまい

巧 旨

基本 一般的にはかな書きにする。

発展1 味がよい場合、都合がよい場合には、《旨》を使ってもよいが、「美味い」と書くことが多い。

発展2 技術がすぐれている場合には、《巧》を用いてもよいが、「上手い」と書くことも多い。

いまひとつ雰囲気がなぁ…

日本語「うまい」には、"味がよい""技術がすぐれている""都合がよい"という三つの意味がある。そのうち、"味がよい"ことを意味する場合は、漢字では《旨》を使って書き表すことができる。

この漢字に含まれる「日」は、「甘」の変形だとか、"肉を入れた容れもの"を表すなどと考えられている。そこから、《旨》は"味がよい"という意味となり、「この店の豚まんは旨い」「安くて旨い酒が飲みたい」のように用いられる。

ただし、現在では、この漢字は「趣旨」「論旨」「おっしゃる旨はよくわかります」のように、"中心となる考え"という意味で使われることが多く、やや硬い印象がある。そのため、「うまい」を《旨い》と書き表しても、おいしそうな雰囲気がいまひとつしない。

そこで、"味がよい"ことを意味する熟語「美味」を当てて、「美味い」と書き表すことも多い。たしかに、「この店の豚まんは美味い」「安くて美味い酒が飲みたい」と書く方が、《旨》を使うより格段においしそうである。

次に、"技術がすぐれている"という意味の「うまい」については、「巧妙な手段」「巧みなハンドルさばき」のように使う《巧》を用いて、書き表すことができる。例を挙げれば、「ピアノを弾くのが巧い」「先輩に取り入るのが巧い」「細かい事務を巧く処理する」「あいつのダンスの巧さは群を抜いている」などとなる。

ただし、こちらにも、熟語「上手」を当てて「上手い」と書き表す方法もあり、その方が、字面から意味が伝わりやすい。そこで、「ピアノを弾くのが上手い」などと使われることも多い。

とはいえ、「美味い」にせよ「上手い」にせよ、当て字的な漢字の使い方なので、正式な場面にはそぐわない。そのため、「うまい」を書き表す場合には、かな書きを基本として考えるのがおすすめである。

その上で、くだけた場面でもかまわない場合には「美味い」「上手い」と書けばよい。一方、漢字の持つかしこまった印象を生かしたい場合には、《旨》《巧》を使い分けることになる。

最後に、"都合がよい"ことを表す「うまい」だが、これにぴったりする漢字はなく、かな書きするのがふつう。「そんなうまい話があるはずがない」「うまくいくことを祈っているよ」といった具合である。

	くだけた場面	ふつうの場面	かしこまった場面
味がよい	美味	旨	かな書き
技術がすぐれた	上手	巧	かな書き
都合がよい	かな書き	かな書き	かな書き

うむ／うまれる

産 生

基本 一般的には《生》を用いる。

発展 母親の立場からの表現であることを強調したい場合には、《産》を使うと効果的。

日本語「うむ／うまれる」を書き表す漢字としては、《生》と《産》の二つがある。このうち、《生》は、「いきる」(p53)とも訓読みするように、命の活動全体を表す漢字。ここから、「うむ／うまれる」と訓読みした場合には、"命が活動を始める／命の活動が始まる"という広い意味合いになる。

一方、《産》は、「出産」「産卵」など、"母親が胎児や卵を体外に出す"ことを指すのが、基本的な意味。視点が母親の側にあるところが特徴で、ここから、「産業」「財産」「海産物」のように、"人間が働いて何かを手に入れる"という意味にもなる。

そこで、《産》は、ほとんどの場合、母親が主語になる「うむ」の形で使われる。「ニワトリが卵を産む」「母馬が子馬を産む」などがその例となる。

これらを、《生》を使って「ニワトリが卵を生む」「母馬が子馬を生み落とす」「男児と女児を生み分ける」と書いても間違いではない。しかし、母親側に視点があることをはっきりさ

せたい場合には、《産》を使う方が落ち着く。逆に言えば、「うむ」ことをふつうに表したいだけの場合には、「彼女はその年の春、長女を生んだ」のように、《生》を使っておく方が無難。「彼女はその年の春、難産の末に長女を産んだ」になると、"母親の苦しみ"という意識が強いので、《産》を書く方がしっくりくる。

「産みの親」「産みの苦しみ」も同様で、《産》を使うと"子どもにとってありがたいもの"をいうわけだから、《生》を用いることになる。

一方、子どもが主語になる「うまれる」の形では、《産》が使われることはめったにない。「ニワトリのひなが生まれる」「生まれたばかりの子馬が、もう立ち上がった」「彼女は生まれながらの天才だ」のように、《生》を書き表す。

「結婚一〇年目にやっと子どもが生まれた」も、《生》を使う例。とはいえ、「陣痛で一晩苦しんだ末に、やっと子どもが産まれた」のように、母親の側に視点がある場合には、《産》を書く方が落ち着く。《産》を使って「うまれる」を書く方が落ち着く。《産》を使って「うまれる」を書く方が落ち着く例は、数少ない例である。

ところで、日本語「うむ／うまれる」には、さまざまなものごとについて"この世に出す／出る"ことを指す用法もあ

ずいぶん苦労したのよ…

こだわるならばどうぞ！

うらむ

憾 怨 恨

後悔をするか / 仕返しをするか

基本 一般的には《恨》を用いる。

発展1 不満を抱いて相手を責めることを表現したいときには、《怨》を使うと効果的。

発展2 あきらめに近い残念な気持ちを表すときには、《憾》を書くこともできる。

日本語「うらむ」は、何かいやな経験をしたときに、"満たされない思いを持つ" ことか仕返ししたいという気持ちが前に出る。

とを表すことば。その原因は他人にあることが多いが、自分の行いに対する後悔の気持ちを指す場合もある。このことばを書き表す漢字には、《恨》《怨》《憾》がある。その中で、最も広く使えるのは、《恨》である。

《恨》は、「悔恨」「痛恨」のように、もともとは "あきらめ切れない" という意味。それが自分に向けられた場合には "後悔する" ことになり、「自分の経験のなさを恨む」「あのとき、株に手を出したのが恨まれる」のように用いられる。

また、「遺恨を晴らす」のように、《恨》には "他人に対する不満" を表すため方もある。「元カレのつれない仕打ちを恨む」「食べ物の恨みは恐ろしい」など、訓読みではこちらの方が一般的。このように、《恨》は自分に対する後悔と他人に対する不満の両方を表すのが特徴である。

それに対して、《怨》は、「怨恨」という熟語があるように、《恨》と似た意味を持つが、"他人に対する不満" だけを指すところに特徴がある。「怨念」とは、"他人に対する不満のために化けて出る霊魂"。「怨霊」は、"他人に対する不満の思い"。そこで、"不満を抱いて相手を責める" ことを表現したいときに用いると、効果が高い。

たとえば、「友人の裏切りを恨む」と書くとふつうの表現だが、《怨》を使って「友人の裏切りを怨む」とすると、いつか仕返ししたいという気持ちが前に出る。「肉親を殺された

生 / 産

「うみだす」側 / 「うみだされる」側

る。たとえば、「日本が生んだ世界的な巨匠」「必要が発明を生む」「疑惑が疑惑を生む」「過激な思想は貧困から生まれる」「世界新記録が生まれた」「少年の心にほのかな恋が生まれた」などなど。これらでは、巨匠なり発明なり新記録なりの話題の中心があるので、《生》を使うのがふつうである。

ただし、この場合も、「うみだす」側に視点を置いて、《産》を使うこともある。《苦悩》を用いて「苦悩の末に新しいアイデアを産み出す」と書くよりも、《産》を用いて「苦悩の末に新しいアイデアを生み出す」と伝える上では効果的である。

[うらむ] [うれい／うれえる] ● 86

怨みを晴らしたい」でも、《怨》を使った方が、《恨》を用いるよりも迫力が増す。

一方、《憾》は、「うらむ」対象が他人であれ自分であれ、強くは責めないのが特色。「このたびの不祥事はまことに遺憾であります」のような使い方には、そのことがよく現れている。意味としては"残念に思う"ということだが、半ばあきらめに近い。

そこで、あきらめムードを漂わせたいときに用いるのが有効。「夏休みに勉強できなかったのが憾まれる」と書けば、《恨》とは違って、"いまさらどうしようもない"という気持ちが含まれる。「この企画書には、販売対象を絞り切れていないという憾みがある」では、"おおむねOKだがその点だけが残念だ"というニュアンスになる。

「憾む」という直接的な表現ではなく、「憾まれる」「憾みが残る」といった遠回しの言い方になりやすいのも、《憾》の持つあきらめムードの影響。時には、「彼の昇進には人格的な面で憾みなしとしない」といったまどろっこしい使い方をすることもある。

> いまさら言ってもしかたない…

恨 ──→ 他人 自分
あきらめ切れない

怨 ──→ 他人 自分
不満に思い責める

憾 ──→ 他人 自分
半ばあきらめる

なお、《憾》は、ややむずかしい漢字なので、振りがなを付けるなどの配慮をしておく方が、親切である。

うれい／うれえる

愁 憂

> 孤独になれば不安にもなるさ…

基本1 心配や不安の場合、外へ向けた行動につながる場合には、《憂》を用いる。

基本2 さみしさの場合、内向きの感情だけにとどまる場合には、《愁》を用いる。

《憂》は、「憂鬱な気分」「先行きを憂慮する」のように、"心配や不安"を表す漢字。「うれい／うれえる」と訓読みすると、後々に憂いを残すことになる」「父の病状を憂える」のように用いられる。

一方、《愁》は、「哀愁」「旅愁」などの熟語があるように、"さみしさ"を意味する。訓読みでは、「散りゆく木の葉に愁いを感じる」がその例となる。

以上のように、"不安そうにしている"ことを表現したければ、《憂》を使って「憂いを帯びた瞳」「憂わしげな表情」などと書く。逆に、"さみしそうにしている"ことを描写したいときには、「愁いを帯びた瞳」「愁わしげな表情」などのように《愁》を用いればよい。

しかし、実際には、"さみしさ"には"不安"の一種のような面があるので、自分が表現したいことはどちらなのか、

[うれい／うれえる]

考え出すと迷ってしまうこともある。

> 泣いてばかりいないでよ！

そこで注目したいのは、《憂》の表す"心配や不安"は、"憤りや苛立ち"へと発展することもあるということ。熟語ならば、「憂憤」「憂悶」がその例。訓読みでも、「この国の行く末を憂える」では、そのニュアンスが強い。《憂》は、現状をなんとかしたい、という積極的な思いを秘めた漢字なのである。

それに対して、《愁》には、「愁眉を開く」「愁嘆場を演じる」のように、"悲しみや嘆き"を指す用法もある。現状をなんとかしたいというよりは、現状にどっぷりとつかってしまうような、消極的な色合いが濃い。

この違いを踏まえると、「青春の憂いをスポーツにぶつける」のように、外に向けた行動へとつながる場合には、《憂》を用いる方が落ち着く。逆に、「妻に先立たれ、晩年の愁いに沈む」のように内向きの感情にとどまる場合には、《愁》と書く方がしっくりくる。それでもどちらとも決めがたい場合には、意味の範囲がやや広い《憂》を使うか、かな書きすることをおすすめする。

	心配や不安	
内向き	憂	外向き
	愁	
	さみしさ	

なお、「うれえる」は動詞なので、積極的な行動へつながるニュアンスを含み持つ。そのため、消極的な《愁》を「うれえる」の形で用いることは、あまりない。

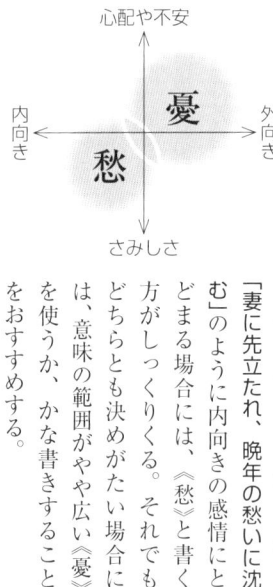

[えがく] ● 88

え

え

えがく
画 描

基本 一般的には《描》を用いる。

発展 線で表現することを強調したいときには、《画》を使うこともできる。

塗りつぶしたらだめですか？

《描》は、「描画」「描写」のように用いられる漢字で、「かく」と訓読することもある(p134)。

文章で表す"という意味。「かく」と訓読することもある。"何かの形や状態を、絵や文章で表す"という意味。

もともと、絵だけではなく、文章に対しても使われるのが、《描》の特徴。そこで、「えがく」と訓読みした場合でも、音楽や映画、単なる空想なども含めて、幅広い手段で、"何かの形や状態、変化などを表現する"ことを指して用いられる。

「ネコの寝姿を油絵に描く」「庶民の生活を描いた小説」「怪獣の出現を描きだした音楽」「思い描いていた通りの結果にはならなかった」「その映画では戦争の悲惨さが描かれている」。また、「スキーヤーがSの字を描きながら滑っていく」「ボールが放物線を描いて飛んでいく」のように、"移動した経路がある形になる"ことを指して、比喩的に用いる場合もある。

一方、「絵画」「図画」の《画》にも、"絵や図で表す"という意味がある。「画餅」とは"絵で表した餅"のこと。そこで、この漢字も、「えがく」と訓読みすることができる。

ただし《画》は、本来は、「区画」のように、"境界線を引く"という意味。そこで、特に"線で表現する"ことを強調したい場合に使うのが、ふさわしい。例を挙げれば、「コンパスで円を画く」「小屋の設計図を画く」「教科書の隅にパラパラマンガを画く」などとなる。

描
- 図や絵
- ことば・文章
- 音楽・映像
- 空想
- 移動経路　etc.

画
- 線

とはいえ、これらも《描》を使って書き表して、問題はない。また、《画》を「えがく」と訓読みするのは、現在ではあまり用いられない読み方。振りがなを付けるなどの配慮をしておく方が、親切である。

えらい

豪 偉

基本1 人間的にすぐれている場合、地位が高い場合は《偉》を用いる。

基本2 それ以外の場合は、かな書きにする。

発展 他人を圧倒するような勢いがあることを強調したいときには、《豪》を使ってもよい。

いろんな意味でびっくりする

《偉》は、「偉人」「偉大」「偉業」のように"人間的にすぐれている"ことを意味する漢字。そこで、同じ意味を持つ日本語「えらい」を漢字で書き表す際に用いられる。「文句も言わず努力を続ける彼女は、本当に偉い」「彼は東京に出て偉い政治家になった」などが、その例となる。

転じて、"地位が高い"という意味にもなる。例としては、「学校で一番偉いのは校長先生だ」「あんなひよっ子が今では部長だなんて、偉くなったものだ」「本庁のお偉方がお見えになる」などが挙げられる。

しかし、日本語「えらい」は、"驚くほど程度が激しい"場合にも使われる。たとえば、「外はえらい嵐だ」「そのニュースを聞いて、彼女はえらく喜んだ」「わしの若いころには、どえらい苦労をしたもんだ」といった具合。これらに《偉》を使うのは意味の上でしっくり来ないので、かな書きにするのがふつうである。

また、「野菜をきちんと食べるなんて、えらい子だね」のように、"人間的にすぐれている"という意味ではあるものの、《偉》を使うと大げさに感じられることもある。そんな場合も、かな書きにする方が落ち着く。

一方、《豪》は、"イノシシ"を指す部首「豕（いのこ）」を含み、もともとは、イノシシに似た動物"ヤマアラシ"を表す漢字。毛を逆立てて敵を威嚇するところから、「豪快」「豪勢」のように、"勢いがある"という意味になった。

そこで、他人を圧倒するような"勢い"に特に着目して「えらい」を書き表したい場合には、《豪》を用いることもできる。例としては、「あの人が今、最も売れている豪い小説家だ」「うちの会社で一番豪いのは、実は販売部長だよ」のような具合。また、「豪雨」「豪雪」のような熟語があることを考えると、「外は豪い吹雪だ」「明日は豪く風が強いらしい」のように天候などに対して使っても、問題はない。

ただし、《豪》を「えらい」と読むのは、あまり一般的ではない訓読み。振りがなを付けるなどの配慮を忘れないようにしたい。

偉
人間的にすぐれている
地位が高い

豪
勢いがある
驚くほど程度が激しい

えらい

える

獲 得

基本 一般的には《得》を用いる。

発展 動物をつかまえる場合には、《獲》を使うこともできる。

《得》は、「得点」「得票」「所得」のように、"自分のものにする"という意味。この意味を表す日本語「える」を書き表す漢字として、広く用いることができる。

「百万円の利益を得る」「上司の信頼を得る」「弁明をする機会を得た」「病を得て療養生活を送る」「要領を得た報告書を受け取る」などなどがその例。振りがなナシで「得る」と書くと、「うる」とも訓読みできるが、意味の上で大きな違いはない。

また、日本語「える」には、「○○しえる」の形で、"○○することが可能である"ことを表す用法もある。漢字《得》にも同じ用法があるので、この「える」も《得》を用いて書き表す。この用法では、「あり得ない事件が起こった」「彼女の話には涙を禁じ得ない」など、現在では「得ない」の形で用いることが多い。

もちろん、「そういうこともあり得る」のようにも使ってもよいが、これまた「得る」とも読めるので、どうしても「える」と読んで欲しい場合には、かな書きする方がベター。その

読み方が決まらなくて…

影響で、「えない」もかな書きすることも多い。

一方、《獲》は、"動物"を表す部首「犭（けものへん）」の漢字。「捕獲」「乱獲」など、"主に食糧として、動物をつかまえる"という意味を表す。そこで、「狩りに出かけてウサギ二羽を獲た」のように使うことができるが、現在では《得》を使う方がふつう。

《獲》は「とる」（p372）と訓読みすることが多いこともあって、「える」は、「今日の獲物はウサギ二羽だ」のような「獲物」以外では、あまり用いられなくなっている。

```
       獲
自分の  動物を
ものにする つかまえる
   可能である
       得
```

おう

負追逐生

基本1 かつぐ場合、引き受ける場合、おかげである場合などは、《負》を用いる。

基本2 付いていく場合、移動させる場合、順番に行う場合は、《追》を使う。

発展 強制的に移動させる場合、順番に行う場合は、《逐》を書くと、意味がはっきりする。

基本3 「おいたち」「おい茂る」では、《生》を使う。

この荷物、やけに重いなあ…

日本語「おう」の意味には、大きくは二つの系統があり、それぞれ、用いる漢字が異なる。"引き受ける"ことを中心とする意味の場合は、《負》を使う。もう一つの"付いていく"ことから発展した意味の場合には、《追》を書くのが一般的である。

《負》に含まれる「貝（かい）」は、"金品"を表す部首。「ク」の部分は「人」が変形したもの。合わせて、成り立ちとして

は人が金銭を"背中にかつぐ"ことだという。そこで、「おう」と訓読みして、「荷物を背負う」のように用いられる。転じて、"苦しいことを引き受ける"ことをも指す。「不祥事の責任を負って辞職する」「重要な任務を負ってヨーロッパへ赴く」「台風の襲来を負って痛手を受ける」ことをも指す。「不祥事の責任を負って辞職する」「重要な任務を負ってヨーロッパへ赴く」「台風の襲来を負って痛手を受ける」「事業に失敗して莫大な借金を負う」。また、"戦いに敗れる"という意味になり、「まける」（p512）と訓読みすることになる。

また、だれかが"苦しいことを引き受けてくれている"ことから、"おかげである"という意味にもなる。例としては、「今回の成功は彼女の努力に負うところが大きい」「就職の口を利いてもらったことを負い目に感じる」などが挙げられる。

やっと背中が見えて来た！

一方、《追》は、"移動"を表す部首「辶（しんにょう、しんにゅう）」の漢字で、"付いていく"ことが、基本的な意味。「リレーでトップの選手を追う」「逃げる犯人を追いかける」などがその例。「最新の流行を追う」のように、比喩的に使われることもある。

転じて、"手に入れようとする"という意味にもなり、「事件の真相を追う」「理想の恋人を追い求める」のように使われる。また、"後ろから付いていって、相手を別の場所へ移動させる"こともある。例としては、「羊を柵の中に追い込む」「つきまとってくる不審者を追い払う」「部外者を部屋から追い

お

[おう][おえる] ● 92

出す」など。これが転じると"せき立てて何かをさせる"という意味になり、「部下を追い立てて仕事をさせる」「家事に追われて自分の時間がない」のように用いられる。

さらに、《追》を過ぎ去った時間に対して用いると、"時間的にあとから"という意味になる。音読みの熟語では、「追憶」「追試」などがその例。訓読みでは、「追ってお電話を差し上げます」のように使われる。

以上のように、《負》と《追》は意味がかなり異なるので、使い分けがまぎらわしくなることはない。ただ、《追》とほぼ同じ意味で「おう」と訓読みする漢字には《逐》もあるので、注意が必要となる。

こっちへ来い！どっかに行け！

《逐》は、《追》と同じく"移動"を表す部首「辶」の漢字。「駆逐」「放逐」など、"強制的に別の場所に移動させる"ことを表す。

そこで、ふつうは「故郷を追われる」と書くところを、《逐》を使って「故郷を逐われる」とすると、"無理に出て行かされる"というニュアンスが強くなる。「ライバル社員を地方の営業所に逐いやる」も同様で、《追》を使うよりも、意図的に「おいやる」ことがはっきりする。

"一つ一つ取り除いていく"ところから、「逐一」「逐次」のように、"一つずつ順番に片付ける"という意味にもなる。

そこで、「順を逐って説明する」「病状は日を逐ってよくなった」

「そのドラマは回を逐って視聴率が上がっている」のように使うこともできる。

ただし、これらは《追》の表す"時間的にあとから"という意味が変化したものだとも考えられる。そこで、「順を追って説明する」「日を追ってよくなる」のように書き表すことも多い。その結果、逆に《逐》を用いることで、"一つずつ順番に"という意味合いがはっきりする効果がある。

負　荷物を → 苦しみを → だれかの
　　かつぐ　　引き受ける　　おかげである

逐　強制的に移動させる　一つずつ順番に

追　付いて　→ 手に入れようとする
　　いく　　→ 移動させる／せき立てる（強調）
　　　　　　→ 時間的にあとから

なお、「おう」と訓読みする漢字には、もう一つ、《生》もある。この場合の《生》は"育つ"という意味だが、現在では「生い立ち」「生い茂る」ぐらいでしか使われないので、使い分けに悩むことはない。

おえる

畢 卒 了 終

→おわる／おえる（p127）

おおう

蓋 掩 蔽 被 覆

一面だけか？全面か？

基本 一般的には《覆》を用いる。
発展1 包み込む場合には、《被》を用いてもよい。
発展2 中が見えないようにする場合には、《蔽》を書くこともできるが、やや特殊。
発展3 刺激や攻撃から守る場合には、《掩》を用いると効果が高い。
発展4 圧倒的な影響を与えるという意味合いで、《蓋》を用いることもあるが、古風。

《覆》の部首「襾（かなめのかしら）」は、古代文字では「襾」と書き、容器にふたをかぶせた形だという。ここから、《覆》は、"ある面に何かをかぶせる"という意味で用いられる。音読みでは「覆面」がその例。「おおう」と訓読みして、「鼻と口をマスクで覆う」「食卓をテーブルクロスで覆う」のようにも使われる。例として、「牧場は深い霧に覆われた」「彼女の私生活は秘密のヴェールに覆われている」などとなる。

日本語「おおう」は、"ある面に何かをかぶせる"ことや、"全体を包み込む"ことを意味することば。そこで、漢字で書き表す際には、《覆》さえ使っておけば、困ることはない。

ただし、「おおう」と訓読みする漢字はほかにもたくさんある。微妙なニュアンスを表現したいときには、それらを使い分けることもできるが、どの漢字も「おおう」と訓読みするのは一般的ではないので、振りがなを付けるなどの配慮が必要となる。

まず、《被》は、「衣」が変形した部首「衤（ころもへん）」の漢字で、もともとは"衣服などで体を包む"意味。「被服」「帽子を被る」がその例。そこで、「毛布で体を覆う」「包帯で傷口を覆う」「エビの体は硬い殻で被われている」のように、"体を包み込む"場合に用いることができる。

ここから、《覆》の代わりに「植木をシートで被う」「配線をビニールで被う」のように、広く"包み込む"意味で使うこともできる。とはいえ、《被》に関しては、「被害」「不利益を被る」のような用法の方が印象が強い。そのため、この字を用いたからといって、"包み込む"という意味が強くイメージされるというほどではなく、《覆》の代わりにわざわざ使うメリットはあまりない。

見えなくするか守るのか

次に、《蔽》は、「遮蔽」「隠蔽」のように使う漢字で、"中が見えないようにする"意味合い。そこで、「窓ガラスは一面、ほこりに蔽われていた」「会場の一角を垂れ幕で蔽う」などと書くと、《覆》を用いるよりも、"中が見えない"こ

が強調される。同様に、「自分の失敗を蔽い隠す」「事件の真相は国民の目からは蔽われてしまった」などと用いることもできる。

これに対して、《掩》は、"中身を守る"ことに重点がある。そこで、"刺激や攻撃から守る"ことを表す際に使うのが、漢字本来の意味にはふさわしい。例としては、「悲惨な光景に思わず目を掩う」「耳を掩いたくなるような悪口を聞かされる」「耐火シートで掩って延焼を防ぐ」などとなる。

最後に、《蓋》は、「葢」とも訓読みする漢字で、"ふたをする"という意味で使われる。つまり《覆》とほぼ同じ意味なので、わざわざこの漢字を用いる必要性は乏しい。

ただし、中国の歴史書『史記』に載っている詩の一節に、「力は山を抜き気は世を蓋う」とあり、そこでは、比喩的に"全体に圧倒的な影響を与える"ことを表している。この詩がとても有名であったことから、「あの会社の営業力は業界全体を蓋っている」のように、"全体に圧倒的な影響を与える"という意味で使われることがある。

```
        覆
  蔽         掩
中が         刺激や
見えない  ある面に   攻撃から
ようにする かぶせる   守る
        被
     全体を
     包み込む
```

おおきい

巨大

基本 一般的には《大》を用いる。
発展 並外れて「おおきい」ことを表したいときには、《巨》を使うと効果的。

日本語「おおきい」を漢字で書き表す際には、広く《大》を用いることができる。「体が大きい」「声が大きい」「大きな家」「大きな会社」「損害が大きい」「リスクが大きい」「新聞が事件を大きく報じる」「夢を大きく育てたい」「大急ぎで片付ける」「大穴を当てる」などなど、例を挙げればきりがない。

一方、「巨大」の《巨》は、古代文字では「⼯」のように書かれ、真ん中に持ち手のついたある種の"ものさし"の絵から生まれた漢字。長さをはじめとして、数で表せる具体的なものが"並外れて「おおきい」"ことを表す。

そこで、「おおきい」と訓読みして用いると、その並外れた「おおきさ」とともに、存在感を強調することができる。たとえば、「タンカーが巨きな姿を現す」「横綱は巨きな肩をゆすって笑った」「彼女の指に光るダイヤの巨きさに度肝を抜か

```
    大           巨
具体的な  並外れた
「おおきさ」 存在感

抽象的な「おおきさ」
```

おか

陸 岡 丘

基本1 《丘》《岡》はどちらを使ってもよいが、現実としては、《丘》を用いることが多い。

基本2 「陸地」を指す場合には《陸》を書く。

たまには和服を着てみましょうか

《丘》と《岡》の意味の違いは、非常に微妙。本来の意味としては、《丘》は"小高く盛り上がった土地"の全体を表し、《岡》はその頂上付近を指すという。が、古い漢文の用例を見ても、それほど顕著な違いは見いだせない。

日本語でも、どちらも「おか」を書き表す漢字として、広く用いられている。例としては、「真っ赤な夕陽が、岡の向こうに沈んでいく」「岡のふもとには古いお社がある」「なだらかな丘の斜面に茶畑が広がる」「丘に登って街を見下ろす」など。

れる」「新商品の開発に成功して、巨きな利益を上げる」といった具合である。

ただし、数では表せないものが「おおきい」ことを《巨》で表すのは、漢字の本来の意味からは、ふさわしくない。「大きな失望を味わう」「彼に掛けられた期待は大きい」などでは、たとえどんなに"並外れて「おおきい」"場合でも、《大》を使っておくのが無難である。

どちらを使っても意味に違いはないが、現実としては、《丘》が用いられることが多い。

ただ、古くから親しまれてきたのは《岡》のようで、姓や、古くからある地名では、ほとんどがこちら。また、「岡っ引き」「岡惚れ」「岡持ち」「岡目八目」といった、語源としては"小高く盛り上がった土地"とは関係がない慣用的な表現でも、《岡》を書く。

一方、《丘》は姓で使われることは少なく、地名でも、最近になって付けられたものが多い。また、《丘》には「丘陵」「砂丘」「段丘」など、音読みの熟語の例が比較的、多いのに対して、《岡》は音読みで使われることはめったにない、という違いもある。

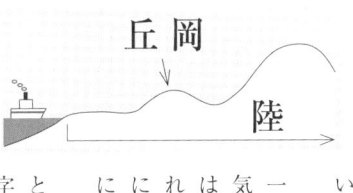

そこで、あえて使い分けるとすれば、一般的には《丘》を用い、特に古風な雰囲気や、日本的な情緒を表現したい場合には《岡》を書くのがおすすめ。ただし、それもあえて使い分ける場合のこと。無理に使い分ける必要はないし、気分で適当に決めてもなんら問題はない。

以上のほか、「おか」に「陸地」の《陸》もある。この漢字は、海や湖、川などと対照して、"水

丘 岡
　↓　↓
　　　陸

おかす

冒 侵 犯

基本1 禁じられたことをする場合、災いを招くことをする場合は、《犯》を用いる。

基本2 禁じられた領域に勝手に入る場合は《侵》。

基本3 あえて危険なことをする場合、神聖なものをけがす場合、病気にかかる場合、他の家の姓を名乗る場合は、《冒》を使う。

日本語「おかす」は、"してはならないことをする"という意味。このことばを書き表す漢字には《犯》《侵》《冒》の三つがあり、"してはならないこと"の内容に応じて使い分ける。

中でも最もわかりやすいのは《犯》で、「犯罪」に代表されるように、"法律や規則、道徳、常識などで禁じられたことをする"という意味。「法を犯す」「校則を犯す」「盗みを犯す」のように使われる。また、「痛みを放置すると「過ちを犯す」のように、"災いを招くようなことをする"という意味に転属になったが、陸に上がったカッパみたいでうまくいかない」のように用いられる。ただし、現在ではやや特殊な訓読みになるので、振りがなを付けるなどの配慮をしておくことが望ましい。

に覆われていない土地"を指す。そこで、「航海が長引き、そろそろ陸の上の暮らしがなつかしくなってきた」「今日は船は出さずに陸釣りをしよう」「事務職

いうミスを犯す」「仕事の愚痴を家庭に持ち込むという愚を犯す」のように、"災いを招くようなことをする"という意味でも用いられる。

次に、《侵》は、「侵入」「侵害」という熟語があるように、"禁じられた領域に勝手に入る"という意味。例としては、「敵の軍隊が国境を侵す」「取材の制限は、国民の知る権利を侵す」「うちの部の職掌を侵されては、黙っているわけにはいかない」などが挙げられる。

これらの場合も、何らかの規則などで禁じられているから《犯》を使ってもよさそうだが、"領域に勝手に入る"場合には、必ず《侵》を用いるのが習慣。もっとも、表すことがらは同じでも、「条約を犯して敵軍が国境を越えて来た」になると、《犯》を使うことになる。

最後の《冒》は、ちょっと複雑。この漢字の本来の意味は、"頭から何かをかぶる"こと。「冒険(ぼうけん)」のように、"自分を危険にさらすことをあえて行う"という意味は、"目隠しをして何かを行う"というところから転じたものだという。ちなみに、"頭からかぶる"という意味は、《冒》が表す"災いを招くようなことをする"という意味に、"あえて行う"というニュアンスを付け加えた漢字だといえる。「暴風雨を冒して外出する」「高熱を冒して舞台

だれが見たってダメでしょう！

それなりの覚悟がいります！

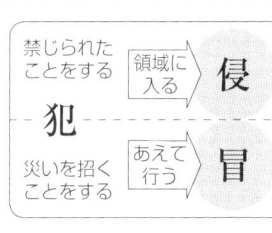

[おかす]

```
禁じられた    領域に
ことをする    入る     侵
        犯
        あえて     冒
災いを招く    行う
ことをする
```

「王の面前を冒して反対意見を述べる」は、王に罰せられるという"危険"を踏まえた表現。このあたりから"神聖なものをけがす"という意味が生じ、熟語「冒瀆(ぼうとく)」につながる。訓読みでは「死者の尊厳を冒す」「科学は神を冒してはならない」などがその例だが、これらも、神罰を受けるという意識が強くなると、「科学は神の領域を侵してはならない」のように《侵》を用いることになる。

以上とは別に、《冒》には、"頭から何かをかぶる"ところから転じた、"肉体が病気にかかる"という意味もある。「感冒(かんぼう)」とは、"風邪"のこと。この意味の場合、訓読みでは「おかされる」とは読み、「病に侵される」のように使われる。

これを、《侵》を使って「病に侵される」と書くと、"病気が体に入り込む"という事実を指すことになり、客観性が高まる。病気を主語にした場合も、「癌が肝臓を冒す」「癌が肝臓を侵す」の両方の書き方があるが、《侵》の方が客観性が高い。

また、《冒》は、"頭にかぶる"ところから転じて、"他の家の姓を名乗る"という意味で使われることもある。この場合も「おかす」と訓読みし、「養子に入って養家の姓を冒すことになった」のように使われる。

"他の家の姓を名乗ること"を表す《冒》には、"危険なことをあえて行う"という意識はない。ただ、「お殿様の名を冒す不届き者め!」のように、"不当に名前を使う"ことを「名を冒す」と表現することもある。

これは、"他の家の姓を名乗ること"とは別の意味。"不当に名前を使う"ことで罰せられるという"危険"が念頭にあったり、"神聖なものをけがす"という意味合いが含まれたりしているので、《冒》を用いることになる。

おきる/おこる/おこす

熾 興 起

あらゆるものがここから始まる!

基本 一般的には《起》を用いる。

発展1 集団や組織が活動を始める場合には、《興》を使う方が落ち着く。

発展2 火が付く場合、火が盛んになる場合には、《熾》を書くと効果的。

《起》の部首「走(そうにょう)」は、"ある方向へ移動する"ことを表す。そこで、《起》は、基本的には"立ち上がって行動を始める"と訓読みして、"目を覚ます"という意味を持つ。「おきる/おこす」と訓読みして、"目を覚まさせる"ことを指すのは、そこから転じたもの。「毎

[おきる／おこる／おこす] ● 98

「朝六時に起きる」「六時半に子どもたちを起こす」のように用いられる。

「怪しい物音を聞いて跳び起きる」「病身を起こして取材に応じる」などでは、「横になっていた体を立てる」という意味。「レバーを起こすと鍵が開く」のように、"横になっているものを立てる"ことを表す場合もある。

また、広く"何かが始まる／何かを始める"ことや、"何かが発生する／何かを発生させる"ことをも指す。この意味の場合には、基本的には「おこる／おこす」と訓読する。例としては、「拍手が起こる」「強盗事件が起こる」「改革運動が起こる」「奇跡が起こる」「賞賛の声が巻き起こる」「事故を起こす」「拍手が起きる」「始まりから説き起こす」「発作を起こす」「事件が起きる」のように、「おこる」の代わりに「おきる」と訓読みしても、意味は同じである。

「タイムカプセルを掘り起こす」「昔の記憶を呼び起こす」では、"活動を止めていたものを活動的な状態にする"こと。"活動的な状態にする"ということでいえば、「出金伝票を起こす」「座談会の録音を文字に起こす」「勇気を奮い起こす」といった使い方もある。

以上のように、日本語「おきる／おこる／おこす」を漢字で書き表す場合には、《起》を使っておけば、たいていの用は済ませられる。ただ、似た意味を表す漢字に《興》《熾》があり、それぞれ、独特のニュアンスを表現したい場合に用いることができる。

《興》は、古代文字では「」と書き、"まわりから伸びた四本の手で、何かを持ち上げている"形。"力を合わせて持ち上げる"ところから、「興隆」「勃興」のように、"集団や組織の活動が始まる／集団や組織が活動を始める"ことを表す。訓読みでは「おこる／おこす」と読み、「エジプトに文明が興る」「勤めを辞めて会社を興す」などがその例。また、「産業を興して地域を活性化する」のように、"集団や組織の活動を盛んにする"というニュアンスで使われることもある。

《興》のこのような意味は、《起》の表す"何かが始まる／何かを始める"ことや、"活動的な状態にする"という意味に含まれる。そこで、「エジプトに文明が起こる」「勤めを辞めて会社を起こす」のように《起》を使って書き表しても、間違いではない。

とはいえ、"集団や組織"であることがはっきりしている場合には、《興》を用いる方が落ち着く。逆に、「一人で会社を起こす」では、《興》は使わない方が無難である。

一方、《熾》は、部首「火(ひへん)」が付いているように、"火が付く／火を付ける／火が盛んになる／火を盛んにする"という意味。「熾烈な争い」とは、"火が出るような激し

集団と火には気を付けよう！

起

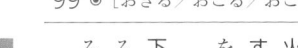

目を覚ます
立てる
始まる
生じる
活動的にする

興 集団・組織
熾 火

訓読みでは「おきる／おこる／おこす」と読み、「炭火が熾きる」「キャンプファイヤーが熾る」「薪を増やして暖炉の火を熾す」のように用いられる。ただし、現在では使われることが少ない漢字なので、振りがなを付けるなどの配慮が必要。その場合「おきる」では「き」、「おこる」「おこす」は、それぞれ「る」「す」だけを送りがなとするのが習慣となっている。

この意味も、《起》の表す"何かが始まる／何かを始める"ことや、"活動的な状態にする"ことに含まれる。そこで、「炭火が起きる」「キャンプファイヤーが起こる」「暖炉の火を起こす」のように書いても間違いではないが、"火"の場合は《熾》を使う方が、効果が高い。

なお、"腹を立てる"という意味の《怒》も、「ミスをした部下を怒る」「衝動買いをしたので妻に怒られた」のように、"おこる"と訓読みして使われる。とはいえ、意味がかなり異なるので、使い分けに悩むことはない。

争い"をいう。

おく

擱 措 置

場所をはっきりさせたいな！

基本1 ほとんどの場合は《置》を用いる。
基本2 「○○しておく」の場合は、かな書き。
発展1 別にする場合、除外する場合には、《措》を使ってもよい。
発展2 道具を使うのをやめて作業や仕事を終える場合には、《擱》を用いてもよいが、古風。

《置》の基本的な意味は、「設置」「配置」など、"ある場所に存在するようにする"と。「おく」と訓読みして、広く用いられる。

例としては、「机の上に千円札を置く」「出入り口の前に荷物を置くな」「各都道府県に営業所を置く」「新入社員は人事部の管理下に置かれる」「社長は彼女に全幅の信頼を置いている」「ベスト8進出に目標を置く」のように、目に見えない抽象的なものにも用いられる。

日本語「おく」を漢字で書き表す場合には、《置》さえ使っておけば、まず問題はない。ただし、かな書きの方が落ち着くこともある。

たとえば、「ドアを開けておく」「あいつのことは放っておこう」のように、"○○した状態のままにする"ことを表す場合。また、「明日の授業の予習をしておく」「お風呂の用意をしておきました」など、"後々のために○○する"場合。さらに

おく

むずかしいことは後にしよう!

「おく」と訓読する漢字としては、《置》《措》もある。この漢字の基本的な意味は、"安定して存在しているようにする"こと。「挙措(きょそ)」とは、"ふるまい"全般を指す。《置》が"場所"を重視するのに対して、《措》は、"ある状態のままに保つ"といえる。

ここから、《措》は、"ある状態のままに保つ"という意味にもなる。そこで、「おく」と訓読みして使われる。

たとえば、「アリバイのことはひとまず措(お)いて検討する」「予算はさて措(お)き、まずはスケジュールを決めよう」

などでは、"その状態のまま別にする"という意味。転じて、"除外する"という意味にもなり、「適任者は彼女を措(お)いてほかにはいない」「今回のプロジェクトは何を措(お)いても達成しなくては!」のようにも使われる。

また、「おかない」の形で、"その状態のままにはしない"という意味で用いられることもある。例としては、「バカにしやがって、ただでは措かないぞ」「彼女の話は人を感動させずには措かない」などが挙げられる。

ただし、これらの場合も、"別の場所に「おく」""そのままの場所に「おく」"という意味で《置》を使ったり、かな書きにしたりすることも多い。《措》を用いる場合でも、振りがなを付けるなどの配慮をしておく方が、親切である。

「おく」と訓読みするもう一つの漢字、《擱》は、"道具を使うのをやめて、作業や仕事を終える"という意味。「擱筆(かくひつ)」が代表的な熟語で、"書くのをやめる"こと。ここから、「手紙の最後に感謝の意を

は、「話だけは聞いておく」のように、"とりあえず○○する"ことを意味する場合もある。

これらのように、「○○しておく」の形で用いられる「おく」は、漢字《置》が基本的に持っている、"ある場所に"という意識が弱い。そのため、かな書きにするのが一般的となっている。

このほか、「三時間おきに様子を見る」「パン屋さんの一軒おいた隣はコンビニだ」なども、かな書きが多い例。もっとも、同じように"間隔を空ける"ことを意味する「しばらく冷却期間を置こう」では、《置》を使ってもそれほど違和感はない。「三時間置き」「一軒置いた」では漢字が続いてしまうので、かな書きが好まれるものと思われる。

	置	措	擱	かな書き
作業や仕事を終える	○		○	○
除外する	○	○		○
ある状態のままに保つ	○	○		○
間隔を空ける	○			○
「○○しておく」	○			○
ある場所に「おく」	◎			○

おくる　贈送

基本1 ほとんどの場合は《送》を用いる。

基本2 特に、貴重なものをプレゼントする場合には、《贈》を使う。

どこへ？どんなものを？

この使い分けは、部首に着目するとわかりやすい。《送》の部首「辶（しんにょう、にんにゅう）」は、"移動"を表す。《贈》の部首「貝（かいへん）」は、大昔には貝殻が貨幣として使われていたことから、"金品"を指す。そこで、《送》は、"何かを相手のところにまで移動させる"場合に使い、《贈》は、"貴重な品物を相手にプレゼントする"場合に用いる。

実際には、《送》を用いる場面が圧倒的に多い。「小包を送る」「救援隊を送る」などはもちろん、「試合で声援を送る」「発電所から電気を送る」のように、目に見えない抽象的なものについても用いることができる。また、何かの手段を使って「おくる」場合も、《送》を書く。「航空便で送る」「為替で送る」「メールで送る」などが、その例である。

また、《送》は"何かを移動させる"ことを表すので、自分自身は移動しないのがふつう。そこから転じて、「今回の参加は見送りだ」「幸せな老後を送る」のように、自分は移動しないまま、"何かが過ぎ去る"ことを意味する場合もある。

なお、「子どもを塾まで送る」では自分も一緒に移動しているが、これは自分自身が「おくる」手段になっているものと考えられる。

一方、《贈》を使うのは、貴重なものを「おくる」場合に限られる。そこで、使い分けにあたっては、《贈》から考える方がわかりやすい。まずは"おくるもの"が貴重なものかどうかを考えて、そうであれば《贈》を、そうでなければ《送》を用いる。「プレゼントを贈る」「名誉村民の称号を贈る」「別れのことばを贈る」などが、《贈》の例となる。

その際、貴重なものかどうかは「おくる」本人の気持ちでよい。「自作の句集を贈る」のように、相手にとってはあまりありがたくないかもしれない場合でも、《贈》を使って問題はない。

自分の気持ちに素直になろう！

迷うケースとしては、貴重なものを現金書留や宅配便な述べて、筆を擱く」「その作家は、この作品を最後にペンを擱いた」「彼女が絵筆を擱いたのは、明け方のことだった」など、ほとんどの場合は筆やペンを「おく」場合に用いられる。

これらを《置》と書いてもかまわないが、《擱》を使うと、"作業を終える"という意味合いが強調される効果がある。

ただし、古風でむずかしい漢字なので、振りがなを付けるなどの配慮を、忘れないようにしたい。

[おくる][おくれる]

```
貴重なものか？
 │
 ├─No
 │   │
 │   └─ 送
 │
 └─Yes
     │
     手渡し以外の手段が明示されているか？
      │
      ├─No → 贈
      │
      └─Yes → 送
```

おくる　送 贈

どちらでも意味は通る？

日本語「おくる」を書き表す漢字には、《送》と《贈》がある。

基本1 ある物品や人を、ある地点から別の地点に移動させる場合、《送》を使う。

基本2 人に物品を与える場合には、《贈》を用いる。

どの手段を用いて「おくる」例があるか。この場合には、本人が手渡しする以外の手段が明示されていれば、「賞金を現金書留で送る」「宅配便で誕生日プレゼントを送る」のように、《送》を用いる方が無難だろう。

一方、《贈》は、「うしろ」とも訓読みするように、「おくれる」と訓読みした場合には、"ほかよりも位置が『うしろ』になる"ことを表す。「マラソンで先頭集団から後れる」が、その例となる。

ただ、これは、"スピードが他の人よりもゆっくりになる"ことだと考えれば、《遅》を使って「マラソンで先頭集団から遅れる」のように書き表すこともできる。表す内容としては、どちらでも大差はない。

とはいえ、「先頭集団から三十秒遅れる」のように、"時間"の意識がはっきりしている場合は、《遅》を使う方がすっきりする。逆に、「先頭集団から三十メートル後れる」のように、"位置"の意識がはっきりしている場合は、"うしろ"になるのが落ち着く。

とはいえ、「おくる」ものに格別な思い入れがある場合、《贈》を使って書くと、"特別なものを届けたい"という気持ちが強く表現されることになる。

おくれる　後 遅

どちらでも意味は通る？

基本1 ある時間に間に合わない場合、スピードがゆっくりである場合には、《遅》を使う。

基本2 位置がうしろになる場合、取り残される場合には、《後》を用いる。

ある時間に間に合わないタイミングが遅れる」「納品の時期に遅れが出る」のように使われる。

一方、《後》は、「うしろ」とも訓読みするように、「おくれる」と訓読みした場合には、"ほかよりも位置が『うしろ』になる"ことを表す。「マラソンで先頭集団から後れる」が、その例となる。

ただ、これは、"スピードが他の人よりもゆっくりになる"ことだと考えれば、《遅》を使って「マラソンで先頭集団から遅れる」のように書き表すこともできる。表す内容としては、どちらでも大差はない。

置いてけぼりにされたなぁ…

また、《後》は、"位置が『うしろ』になる"ところから、"取り残される"というニュアンスも持つ。そこで、「我が社は同業他社より技術革新が後れている」のように、競争などで"取り残されている"という思いが強い場合には、《後》を使う方がふさわしい。これ

[おくれる][おごる]

を、《遅》を用いて「我が社は同業他社より技術革新が遅れている」と書くと、単に"スピードがゆっくりである"という事実を表すことになる。

もう少し例を挙げると、「もう一二月なのに教科書が半分も終わっていないなんて、授業の進み方が遅れている」という意味合いの場合には、《遅》を用いることになる。

また、「流行に遅れる」「時代遅れ」と書けば、流行や時代が移り変わる"スピードについて行けない"というニュアンス。「流行に後れる」「時代後れ」ならば、流行や時代から"取り残される"という思いが強くなる。

ように、ある時間に照らして「おくれる」場合には、《遅》を使う。「ほかのクラスに比べると、うちのクラスの授業の進み方は後れている」のように、"うしろ"に位置している"という意味合いの場合には、《後》を用いることになる。

遅 時間がかかる／スピードがゆっくり
後 位置がうしろ／取り残される

以上をまとめると、「おくれる」の使い分けでは、"時間"や"スピード"の意識が強い場合は《遅》を、"位置"の感覚や"取り残される"という思いが強い場合には《後》を用いることになる。ただ、実際に表す内容としては、この二つはさほどの違いはないことが多い。そこで、自分がどちら

を表現したいのかをしっかり考えて、それでも結論が出ない場合は、適当にどちらかを書くか、かな書きにしてしまってかまわない。

なお、「気後れする」「後れを取る」「妻に後れまして、さびしい独り暮らしです」などは、"取り残される"という感覚が強いので、《後》を用いる。ただし、「妻に遅れること一年で彼も亡くなった」のように、"ある時間に「おくれる」"という事実を表現する場合には、《遅》を書いてもおかしくはない。

なお、「後れ毛」は、語源としては"成長の遅い毛"のことだが、《後》を使うのが習慣。もっとも、髪のほかの毛のようにまとまらず、"取り残されている毛"だと解釈することもできる。

おごる

傲驕奢

お金ができると気持ちも…

基本1 度を超えてぜいたくする場合、ごちそうをする場合には、《奢》を用いる。

基本2 他人を見下す場合は、《驕》と《傲》のどちらを使ってもよい。

発展 プライドや芯の強さを感じさせるときには、《傲》を使う方が落ち着く。

日本語「おごる」には、"ぜいたくする"の系統と、"見下す"の系統の二つの意味がある。これを漢字で書き表す場合は、"ぜいたくする"の系

[おごる] [おこる／おこす] ● 104

統は《奢》を、"見下す"の系統は《驕》か《傲》を用いる。ただし、どれもむずかしい漢字なので、振りがなを付けるなどの配慮が必要。かなを書きにすることも多い。

《奢》の基本的な意味は、"ぜいたくする"こと。「豪奢」とは、"並外れてぜいたくな"品"をいう。

そこで、「おごる」と訓読みして、「奢った暮らしぶりだ」のように、"度を超えてぜいたくする"という意味で使われる。"他人にごちそうをする"ことを指すのは、ここから転じたもの。「後輩にフランス料理を奢る」が、その例である。

一方、《驕》は「驕慢（きょうまん）」のように用いる漢字で、《傲》は「傲慢（ごうまん）」のように使われる。この二つは意味がとても似ているので、どちらを書いても大きな違いはない。

あえて違いを探すとすれば、《傲》には、"誇り高い"という意味合いもある。中国の孤高の天才詩人、李白（りはく）のことを、当時の人々が「傲骨（ごうこつ）がある」と評したのが、その一端。

	見下す		ぜいたくする	
	プライドが高い	自分勝手な行動をする	ごちそうをする	度を超えてぜいたくする
奢			◎	◎
傲	◎	◎		
驕	◎	◯		

それに対して、《驕》は、部首「馬（うまへん）」にも現れているように、もともとは、"馬が言うことを聞かない"ことを指す漢字だったと思われ、"コントロールができない"というイメージがある。

そこで、"プライドが高い""芯が強い"といった意味合いを含む場合には、《傲》を書くのがおすすめ。たとえば、「自分は医者だという傲りを捨てて、謙虚に教えを乞う」「あいつの傲った鼻っ柱をへし折ってやりたい」といった具合である。

それ以外の"他人を見下して自分勝手な行動をする"ことを表す場合には《驕》を使う。例を挙げれば、「試験に受かってついつい驕ってしまった」「彼はすぐに驕った態度を取るので、同僚に嫌われている」「あの人の驕らない姿勢には好感が持てる」といった具合である。

とはいえ、これは、《傲》と《驕》をどうしても使い分けたい場合のお話。どちらかだけを使うことにしてもよいし、その場の気分でどちらかを適当に使っても、漢字の意味の上では大きな問題はない。

おこる／おこす

熾 興 起

→おきる／おこる／おこす（p97）

おさえる

圧 抑 押

基本1 動かないようにする場合、なくならないようにする場合、把握する場合は、《押》を用いる。

基本2 勢いを止める場合には、《抑》を使う。

発展 重みを強調したいときには、《圧》を書くと効果が高い。

ものの動きか？勢いか？

《押》は、「おす」(p.109) とも訓読みし、"力を加える"ことを表す漢字。「おさえる」と訓読みした場合には、"力を加えて動かないようにする"ことを表す。「ポスターの端をピンで押さえる」「傷口を手で押さえる」などが、その例となる。

転じて、どこかへ行ってしまわないようにするところから、"なくならないようにする"という意味にもなる。例としては、「パーティーの会場を押さえる」「密輸の現場を押さえる」「借金のかたに不動産を差し押さえる」など。また、「要点を押さえる」「コツを押さえればむずかしくない」のように、"きちんと把握する"ことを指す場合もある。

一方、《抑》は、「抑圧」「抑止」のように用いられ、"力を加えて勢いを止める"ことを表す。単に"力を加える"ことだけを表すことはないので、「おす」とは訓読みせず、必ず「おさえる」と訓読みする。

「はやる気持ちを抑える」「敵の攻撃を抑える」「物価の上昇を

押 — なくならないようにする／ものが動かないようにする／きちんと把握する（体に関する場合）

抑 — 勢いを止める

抑える」「彼が支店長では、部下に対する抑えが効かない」などがその例。「眠くなる成分を抑えた薬を開発する」のように、"ふつうであれば高いレベルになるものを低くする"という意味になることもある。

このように、《抑》は、具体的な"ものの動き"ではなく、それが生み出す目に見えない"勢い"に対して使われる。そこで迷ってしまうのが、具体的な"もの"の"勢いを止める"場合。一般的には、「暴風で吹き飛ばされそうなドアを必死で押さえる」のように、《押》を使うのが習慣となっている。

ただ、人間や動物の体については特別で、"勢いを止める"ことを重視して《抑》を使う例も多い。たとえば、「立ち上がろうとする相手の膝を押さえる」だと、単に"膝が動かないようにする"という意味。これを、《抑》を使って「立ち上がろうとする相手の膝を抑える」と書くと、"立ち上がろうとする勢いを止める"という意味合いが強調される。

また、「暴れる相手を抑え込む」では、「込む」に"勢いを止める"というニュアンスが含まれているので、《抑》を書く方がやや落ち着く。逆に、「暴れる相手を押さえ付ける」の場合は《押》を用いる

[おさえる] [おさめる／おさまる] ● 106

おさめる／おさまる
修治納収

きちんとしないと落ち着かない！

日本語「おさめる／おさまる」は、基本的には〝きちんとする／なる〟という意味だが、使われる場面がとても広く、さらに、書き表すのに用いられる漢字の数が多く、意味が重なることも多いので、使い分けが悩ましい。その中で、中心となるのは《収》で、

基本1 きちんとまとめる場合、自分のものにする場合は、《収》を用いる。
基本2 しかるべきところに入れる場合、終わりにする場合には《納》を使う。
基本3 「政治」を行う場合、「治療」する場合は《治》。
基本4 学問や技術、道徳などを身に付ける場合は、《修》を書く。

《収》の基本的な意味は、「収穫」「回収」のように、〝ある場所にまとめる／まとまる〟こと。広く〝きちんとまとめる／おさまる〟という意味で、「おさめる／おさまる」と訓読して用いられる。例としては、「お年玉を財布に収める」「この曲は、彼女の新しいCDに収められている」「おとな買いしたマンガが全巻、書棚に収まった」「校長先生のスピーチは、三分以内にはとても収まらない」などが挙げられる。転じて、〝きちんと自分のものにする〟という意味になることもある。「利益を収める」「独占放送権を手中に収める」「彼は作曲家として大成功を収めた」などがその例。意識的に〝自分のものにする〟というニュアンスが強いので、「おさまる」という訓読みはあまり使われない。

一方、《納》は、部首「糸」（いとへん）と「内」を組み合わせた漢字で、本来は、〝糸を税として、政府の蔵の中に持っていく〟ことを表していたと思われる。ここから、〝しかるべきところに入れる／入る〟という意味になる。「家賃を納める」「神社に絵馬を納める」「注文の品を得意先に納める」「あの土地は、相続税として国庫に納まった」などが、その例。もともとは税に関する漢字だから、〝入れた本人〟がそこから取り出すことはないのが基本。「この話は胸の内に納めておこう」でも、その話を簡単に人に話すようなこと

なお、「おさえる」と訓読みする漢字には、もう一つ、《圧》もある。これは、〝重みをかける〟という意味合いで、「おす／まとまる」という意味で、「おさめる／おさまる」と訓読みする。

そこで、「おもしで上から圧さえる」「馬乗りになって相手を圧さえ付ける」など、〝重み〟を強調したい場合に使うと効果的。ただし、あまり一般的な訓読みではないので、振りがなを付けるなどの配慮が必要である。

意味合いがあるからだと思われる。ことが多いのは、「付ける」に〝動かないようにする〟という

はない。

この特徴から、日本語では、《納》を"終わりにする/なる"という意味でも用いる。現在では、「○○おさめる」「○○おさめ」の形になるのがふつう。例としては、「彼女はその歌を、うっとりとした表情で歌い納めた」「長年暮らしたこの家も、今日で見納めだ」などが挙げられる。

《納》の"しかるべきところに入れる"という意味は、《収》の持つ"きちんとまとめる"という意味と重なるので、使い分けがまぎらわしい。悩んだ場合には、《収》を用いるのを基本として、"入れた本人"には取り出せない場合や、簡単には出すつもりがない場合に《納》を書くと考えるのが、一つの目安になる。

たとえば、食器を箱に入れる場合だと、「食器を箱に入れる」と書くのが一般的。これを、《納》を使って「食器を箱に納める」とすると、高価な食器か何かで"簡単には出さない"というニュアンスになる。

同じように、「買ってきた魚を冷蔵庫に収める」の場合も、ふつうは

まとめる
自分のものにする

一度入れたら
出て来ない
簡単には
出さない

《収》。逆に、「大切な書類を貸金庫に納める」のように、"簡単には出さない"ことが前提になっている場合には、《納》の方が落ち着く。

「社長の椅子に納まる」では、本人は社長を降りるつもりはないだろうから《納》。「元の鞘に納まる」も同様。とはいえ、どちらも、状況が"きちんとまとまる"という意味で《収》を用いても、間違いではない。

自分のコレクションを博物館に寄贈する場合は、所有権が博物館に移ることをはっきりさせたければ、「コレクションを博物館に納める」と書くのがおすすめ。《収》を使って「コレクションを博物館に収める」とすると、所有権の問題には特にこだわりがないか、博物館の立場から"自分のものにする"ことを表すことになる。

このように、"自分のものにする"場合には《収》を使うというのも、《収》と《納》の使い分けを判断する一つの基準となる。相手にものを渡すときの「つまらないものですがお収めください」も、"ご自分のものにしてください"という意味だから《収》。もっとも、霊前や神前に供えてもらう場合などは"ご自分のもの"にはならないから、《納》を用いて「つまらないものですがお納めください」と書く。

「娘の晴れ姿を写真に収める」も、"自分のものにする"ことだと考えて、《収》を使うのが一般的。しかし、"簡単には

捨てない"という思いを込めて、「娘の晴れ姿を写真に納める」と書くことも、できないわけではない。

次に、《治》の漢字で、本来は、「治水」のように《治》は、"水"を表す部首「氵（さんずい）」の漢字なので、"乱れた状態を安定させる"という意味合いが強い漢字なので、"乱れた状態を安定させる"という意味で使うのは、落ち着きが悪い。

そこで、"きちんとまとめる"ことを意味する《収》を使って、「暴動を収める」「兄弟げんかを丸く収める」「騒ぎが収まる」「昨夜の嵐はもう収まった」のように書く方が、漢字の意味の上ではすっきりする。

ただし、体調に関する場合だけは例外で、"乱れた体調を安定させる／乱れた体調が安定する"という意味で用いられる。音読みでは、「治療」「治癒」「全治三週間」などが、その例となる。

この場合、病気や怪我などの全体に対しては「なおす／

!! 乱れる前に手を打ちたい！

に"安定した水の流れを保つ"という意味。ここから、「政治」「治安」のように"社会を安定した状態のまま保つ"という意味で使われる。訓読みでは、「国を治める」「世の中がよく治まる」などが、その例となる。

この意味を発展させて、「暴動を治める」「兄弟げんかを丸く治める」「騒ぎが治まる」「昨夜の嵐はもう治まった」のように使えないでもない。しかし、《治》は、"安定した状態を保つ"という意味合いが強い漢字なので、"乱れた状態を安定させる"という意味で使うのは、落ち着きが悪い。

なおる」（p380）と訓読みするが、症状だけを指す場合は、「お さまる／おさまる」と訓読みする。「咳が治まる」「発作が治まる」「注射を打って痛みを治める」「頭痛が治まる」などが、その例である。

これを踏まえて、「興奮が治まる」「不安な気持ちを治める」「このままでは気が治まらない」など、"感情を安定させる／感情が安定する"という意味で《治》を使っても間違いではない。しかし、これも、「興奮が収まる」「不安な気持ちを収める」「このままでは気が収まらない」のように、《収》を用いることも多い。

以上のように、《治》と《収》も、使い分けが悩ましくなるケースがある。そんな場合も、《収》を基本として、《治》は「政治」を行う場合か、体を「治療」する場合にだけ用いると考えるのが、わかりやすい。

!! 話が込み入ってしまいますが…

さらにややこしいことには、「怒りを収める」「不満を収める」「議論の矛先を収める」などの、他者への強い感情を「おさめる」場合には、《納》を使うこともできる。「怒りを納める」「不満を納める」「議論の矛先を納める」とすると、感情をしまいこんで"簡単には外に表さない"というニュアンスが強くなる。

ついでに、「おさまり」もややこしい例。「お家騒動に収まりが付く」と「お家騒動に治まりが付く」では、先にも説明し

[おさめる／おさまる]

たような理由で、《収》の方がベターがいい。これが「おさまりがいい」になると、今度は《収》と《納》の使い分けが問題になる。「その花瓶は玄関に置くと収まりがいい」のように書くのが、一般的な表現。「その銅像は校門の脇に置くと納まりがいい」のように《納》を使うと、"簡単には動かさない"というニュアンスを込めることができる。

最後に、「おさめる／おさまる」を訓読みする漢字としては、《修》もある。これは、本来は、「修理」「改修」など、"きちんとした状態にする／なる"ことを表す。人間に対して使うと、「必修」「修業」のように、"学問や技術、道徳などを身に付ける"という意味になる。

「おさめる／おさまる」と訓読みして使うのは、この意味の場合。「大学で経済学を修める」「剣術を修める」「仏の道を修める」「教師は身を修めることが大切だ」「素行が修まらない」のように用いられる。

```
収 ── きちんと
        まとめる
治 ── 「政治」を行う
      「治療」する
修 ── 自分の
      ものにする
      学問や技術を
      身に付ける
```

"学問や技術、道徳などを身に付ける"ことは、《収》の表す"自分のものにする"ことの一種だといえる。そこで、「優秀な成績を修める」などでは、《収》を使いたくもなるが、成績に関しては、《修》を書くのが習慣となっている。

おす

圧 捺 推 押

力と移動、どっちが重要？

基本1 ほとんどの場合は《押》を用いる。

基本2 特に、「推薦」する場合、「推進」する場合、「推測」する場合、《推》を用いることもできる。

発展1 「おしてつけて形を残す」場合は、《捺》を用いることもできる。

発展2 重みをかけることを強調したいときは、《圧》を書くと効果が高い。

日本語「おす」を漢字で書き表す際に、最も一般的に使われるのは《押》。この漢字は、音読みに適切な例はないが、基本的には"移動させようとして力を加える"という意味。「ボタンを押す」「荷車を押す」「人混みの中で背中を押される」「土俵の外へ押し出す」のように用いられる。

転じて、"勢いよく行動する"ことをも表す。「押し気味に試合を進める」「相手の気迫に押される」「群集が押し寄せる」などが、その例となる。

また、"強引に行う"という意味にもなる。「仕事を部下に押しつける」「人を押しのけて前に出る」「まわりの反対を押し切る」「病気を押して出場する」をはじめとして、「押し売り」「押し掛け女房」「押し込み強盗」「押しの一手」などなど、この意味

［おす］◉ 110

お

で使われる例が最も多い。

さらに、「時間が押す」「締め切りが押し迫る」「今年もいよいよ押し詰まってきた」など、"状況が切迫する"ことを表す場合もある。全体的に見て、《押》は、"力"や"勢い"に意味の重点がある漢字だといえる。

一方、《推》も、もともとは"力を加えて移動させる"という意味。"文章表現をよりよいものにしようと考える"ことをいう「推敲」が、その例。このことばは、中国のある詩人が、自作の詩の一節を「門を推す」にするか「門を敲く」にするかで迷った、という話に基づく。

漢文では、門のほか、車や舟など、もともと動くようにできているものを「おす」ことを、《推》で表す例が見られる。

そこで、《推》は、"力を加える"ことよりも"移動させる"ことの方に重点がある漢字だと考えられる。

「推薦」「推奨」のように、"相手の前に進める"ことを表すのは、自分がよいと思うものを"おす"ところから転じたもの。訓読みの例としては、「選考委員は新人賞に彼女を推した」「財界人に推されて市長に立候補する」などが挙げられる。

「推測」「推理」などは、"考えを進める"という意味合いで、別のことについて考える"ことを指す例。訓読みでは、「服装から推して、犯人は二〇代だと思

われる」「その口ぶりから推すと、君はあいつに惚れてるな」のように用いられる。

また、「事態の推移を見守る」「計画を推進する」では、"状態がある方向に変化する"という意味。この意味で訓読することは少ないが、「経営の合理化を推し進める」が、その例となる。

以上のように、《押》と《推》では、意味がかなり異なる。迷いそうになったら、「推薦」「推測」「推進」のどれかに置き換えられるかどうかを考えてみれば、判断がつく。

ずいぶん念が入ってますねぇ…

ところで、「おす」と訓読みする漢字には、《捺》もある。この漢字は、「捺印」に代表されるように、"力を加えて形を付ける"という意味。「書類にはんこを捺す」「旅の手帳にスタンプを捺す」「入国審査で指紋を捺す」「色紙に手型を捺す」「裏切り者という烙印を捺される」のように使われる。

もっとも、これらは、《押》を使って「はんこを押す」「手型を押す」などと書くことも可能。現在では、こちらの方が一般的なので、"形を付ける"というニュアンスをはっきり出したいときだけ《捺》を書く、と考えるとよい。

以上のほか、《圧》も「おす」と訓読みすることがある。これは部首「土（つち）」の漢字で、本来は、"土の重みがかかる"という意味。そこで、"重み"を強調したい場合には、《押

の代わりに《圧》を用いると、効果が高い。

たとえば、「漬けもの石で上から押す」よりも、《圧》を使って「漬けもの石で上から圧す」とする方が、いかにも"重たい"雰囲気になる。「がけが崩れて家が圧しつぶされた」も同じ。比喩的に、「不安に圧しつぶされそうだ」「笑いを圧し殺す」のように使うこともできる。

ただし、《捺》も《圧》も、「おす」と訓読みするのはあまり一般的ではない。振りがなを付けるなどの配慮をしておくことが、望ましい。

なお、「おす」が変化した「おさえる」(p.105)は、"力を加えて動かないようにする"という意味。

押 — 力を加える
推 — 移動させる
捺 — 形を付ける
圧 — 重みをかける

「推」が"移動させる"ことが主眼だから、「おさえる」と訓読みすることはなく、《捺》も"形を付ける"ことに重点があるので、ふつうは「おさえる」とは訓読みしない。残るは《押》と《圧》だが、ほかに「おさえる」とだけ訓読みする漢字に《抑》があり、この三つの使い分けが、問題となることがある。

おそれる／おそろしい

虞懼怖畏恐

不安な気持ちはどんどん広がる？

基本1 ほとんどの場合は《恐(きょう)》を用いる。
基本2 特に、圧倒的な存在に厳粛さを感じる場合には、《畏(い)》を使う。
発展1 危険から逃げ出したい場合には、《怖(ふ)》を用いてもよい。
発展2 危険に直面してどうすればよいか悩む場合には、《懼》を書くこともできるが、難読。
発展3 危険の可能性を理性的に予想する場合には、《虞》を使ってもよいが、難読。

日本語「おそれる／おそろしい」は、"危険や不都合に対して不安を感じる"という意味。ただ、「おそれる」は"不安を感じて避けようとする"という行動まで含むことがあるのに対して、「おそろしい」は"不安"という感情だけを指す傾向が強い、という違いがある。

「おそれる」と訓読みできる漢字はたくさんあるが、そのうち、最も一般的に用いられるのは《恐(きょう)》。「失敗を恐れる」「真相が発覚するのを恐れる」「優勝候補が相手だが、恐れずに戦おう」「明日は雨になる恐れがある」など、広く"危険や不都合に対して不安を感じる"ことを指して用いられる。

「父親に恐ろしい剣幕で怒られた」「今月の請求書を見るのが

恐／畏

恐：危険や不都合に対する不安
畏：圧倒的な存在に対する厳粛な気持ち

「恐ろしい」「あの人の嘘には恐ろしさを感じる」などは、「おそろしい」と訓読みする例。ちなみに、「おそろしい」よりもさらに感情的な表現が「こわい」で、《恐》は「こわい」(p207)と訓読みすることもある。

"相手に迷惑を掛けないかと不安を感じる"ところから、「恐れ入る」の形では、"おわびする"ことや、"感謝する"ことを表す。「恐れ入りますが、裏口にお回りください」「わざわざお電話いただき、恐れ入ります」などが、その例となる。

また、「おそれる」から派生したことば。「恐らく」は、「おそれる」のように"危険や不都合を予測する"場合に用いるのが、本来の意味。しかし、転じて、"恐らく優勝するでしょう"のように、広く"予測する"という意味でも使われる。

なお、「おそれる」は、"不安"から転じて、"驚くほどの"という意味にもなる。「恐ろしい速さで牛乳を飲む」「この機械は恐ろしく性能がいい」などが、その例である。「恐ろしい」は、

近づくなんてとんでもない！

ところで、日本語「おそれる」には、"危険や不都合に対して不安を感じる"という意味ほかに、"圧倒的な存在に対して厳粛な気持ちを感じる"ことを表す用法もある。この場合の「おそれる」は、《畏》を使って書き表す。《畏》は、「畏敬」「畏縮」「社長の前で畏まる」など、"厳粛な気持ちを感じる"という意味。「おそれる」と訓読みして、「神をも畏れぬ不届き者め！」「雄大な風景に自然への畏れを感じる」「院長先生に診ていただけるなんて、畏れ多いです」などと使われる。

もっとも、「天罰を恐れる」「恩師の怒りを恐れる」のように、"圧倒的な存在"が相手でも、"不安を感じる"ことが明らかな場合には、《恐》を用いる。このことにも現れているように、「おそれる」が表す"厳粛な気持ち"は、程度が激しくなると、"不安"へと変わる性質がある。

特に、感情そのものを指す傾向のある「おそろしい」では、"不安"を表すことが多い。そのため、《畏》を使って書き表す方が一般的。《畏》を使って「先生に直接お願いするなんて、畏ろしくてできない」「荘厳な神殿を前に畏ろしさに打たれる」のように書いても間違いではないが、こういう例でも《恐》を使う方が、一般的である。

どうしてもという人のために

「おそれる」と訓読みする漢字には、ほかに《怖》《懼》《虞》もある。これらの表す心情は、いずれも、《恐》の表す"危険や不都合に対する不安"に含まれる。そこで、特別なニュアンスを表現したう意味から少し転じて、"圧倒的な存在に対して不安を感じる"といった

[おそれる／おそろしい]

い場合に、《恐》の代わりに用いることができる。

ただし、そのニュアンスはとても微妙なので、基本的には《恐》で満足しておくのがおすすめ。以下、どうしても使い分けてみたい人のために、という前提で説明する。

《怖》は、《恐》と同じような意味合いで使われることが多い。ただ、《恐》と同じような意味合いで使われることが多い。ただ、「怖じ気づく」という使い方もされるように、"危険や不都合から逃げ出したいと感じる"という意味合いを持つ。そこで、"不安"が特別に強いとか、本能的な"不安"だとかを表す場面で用いるのに適している。

例としては、「ネズミがネコを怖れる」「夜道を一人で歩くなんて、怖ろしい」編集長は、いつも部下に怖れられている」「嵐を怖れず突き進む」「雷が落ちたらと思うと、怖ろしさに夜も眠れない」のように用いられる。

なお、《怖》も《恐》と同様に、「こわい」(p207)と訓読みして用いることもある。

次に、《懼》は、「恐懼」「憂懼」のように使われる漢字。右側の「瞿」には、「目」が二つ付いていて、"きょろきょろする"という意味合いがある。そこで、この漢字をどうしても使いたいならば、"危険や不都合に直面して、どうすればよいか悩む"というニュアンスで用いるのが、漢字の意味にはふさわしい。

例を挙げれば、「社内の派閥争いに敗れ、左遷されるのではないかと懼れる」「自分の犯した罪の深さに懼れを感じる」といった具合。"頭を使って"悩む"という意味合いを持っているので、感情的な「おそろしい」とはやや距離があり、「おそろしい」とは訓読みしない方が無難。なお、むずかしい漢字なので、使用の際には振りがなを付けるなどの配慮が欲しい。

最後に、《虞》も、ふつうはあまり使わないむずかしい漢字。本来の意味は"予想すること"で、「不虞の誉れ」とは"予想していなかった名誉"をいう。よいことに対しても用いるので、「おそれる」と訓読みする場合には、"危険や不都合を理性的に予想する"場合に使う。

そこで、"不安"の要素は必ずしも含んでいない。漢字の持つニュアンスを生かすことができる。例としては、「インフルエンザの流行を虞れて、ワクチンを備蓄する」「この説明では、誤解を招く虞れがある」「財政が破綻する虞れをなしとしない」などが挙げられる。

怖　逃げ出したいと感じる

懼　どうしようか悩む

虞　理性的に予想する

[おちる／おとす]

おちる／おとす

堕 墜 落

地面にぶつかる
壁が崩れる

基本　日本語「おちる／おとす」を漢字で書き表す場合には、《落》を使っておけば、問題はない。この漢字は、"植物"を表す部首「艹（くさかんむり）」の漢字で、本来は"葉が散る"ことを表す。

そこから、「石ころが落ちる」「ボールを落とす」のように、"重力に任せて下に移動する／させる"ことを指して使うのが本来の用法。転じて、さまざまな「おちる／おとす」を書き表すのに用いられる。

例としては、「汚れが落ちる」「成績が落ちる」「気分が落ち込む」「財布を落とす」「スピードを落とす」「格が落ちる」「品質を落とす」「初戦を落とす」などなど。「恋に落ちる」「眠りに落ちる」のように"ある状態に入り込む"ことを指したり、「気持ちが落ち着く」「友人と駅前で落ち合う」「話に落ちを付ける」など"安定する"という意味を表したりもする。

このように、《落》は、「おちる／おとす」を書き表す漢字として、広く用いることができる。ただし、「おちる／おとす」と訓読みする漢字には、《墜》《堕》もある。

発展1　「おちて」何かにぶつかる場合には、《墜》を使うとその意味合いがはっきりする。

これらは、「墜落」「堕落」という熟語があるように、《落》とよく似た意味を持っている。そこから、《落》の代わりに用いると、それぞれの持つ微妙なニュアンスを表現することができる。とはいえ、どちらもやや特殊な訓読みになるので、振りがなを付けるなどの配慮をしておく方が、丁寧である。

《墜》は、「墜死」「撃墜」など、"おち"て地面などにぶつかる／おとし"て地面などにぶつける"という意味合い。部首「土（つち）」は、"地面"を表す。

そこで、「飛行機が墜ちる」「隕石が墜ちる」「ベランダから墜ちて骨折した」「敵機を撃ち墜とす」のように、"ぶつかる"、"壊れる"という意味合いをはっきりさせたい場合に使われる。また、比喩的に用いて、「名声が地に墜ちる」「築き上げてきた信用が墜ちてしまった」などと書くこともできる。

一方、《堕》は、以前は「墮」と書くのが正式。形が似た漢字に「惰」「怠惰」の「惰」があるように、"だめになる"という意味

発展2　境遇が悪くなる場合には、《堕》を書くと効果的。

なお、この漢字も理性的な意味合いを持つので、感情的な要素が強い「おそろしい」とは訓読みしない。また、《虞》は、現在では「おそれ」という名詞として使われることが多く、「風俗を害する虞がある」のように、送りがなを付けず、「虞」だけで「おそれ」と読ませることもある。

おとす

堕 墜 落

→おちる/おとす（前項）

堕 くずれて「おちる」 → 境遇が悪くなる

墜 「おちて」ぶつかる

 合いを含む。こちらの部首「土」は"土壁"などを指していて、《堕》は、本来は、"土壁などがはがす"というイメージで、「おろす」（p.124）と訓読することもある。胎児を胎盤からはがれて「おちる」ことを表す。

 転じて、現在では、"境遇がとても悪くなる"という意味でも使われる。そこで、《落》の代わりに用いると、"悪くなる"という意味合いが強調される効果がある。

 たとえば、「地獄に落ちる」のように《落》を書くよりも、《堕》を使って「地獄に堕ちる」とする方が、いかにも"苦しみに満ちた場所へ"という雰囲気が出る。「泥棒にまで身を堕とす」も同様で、《堕》を用いた方が、"一線を越える"という意味合いを強調することができる。

おどす/おどかす

嚇 威 脅

こちらの言う通りにしろ！

|基本| 一般的には《脅（きょう）》を用いる。
|発展1| 雰囲気でこわがらせる場合には、《威》を使うこともできる。
|発展2| 声でどなりつけてこわがらせる場合には《嚇（かく）》を書くとそのニュアンスが出る。
|発展3| 驚かせる場合には、かな書きにする。

 《脅（きょう）》の部首「月（にくづき）」は、古代文字では「肉」と同じ形をしていて、"肉体"の"わき"を指す漢字であった。

 それが、「脅迫（きょうはく）」のように、"こわがらせて他人を従わせようとする"という意味になった経緯は、はっきりしない。

 ただ、漢文では、"わき腹をぴくぴくさせながら細かく息をする"ことが"こわがっているようす"を表す例があり、そこから転じたものかと思われる。

 そこで、《脅》は、日本語「おどす」を漢字で書き表す場合に、広く用いることができる。「ナイフを突きつけて脅す」「脅し文句を並べる」「我々はいかなる脅しにも屈しない」などがその例。「猟銃を発射して、鳥たちを脅かす」「先生に言いつけるぞと脅かされた」のように「おどかす」と訓読しても意味は同じだが、その場合は、振りがななしでは「おびやかす」と読

[おどす/おどかす] ● 116

まれてしまう可能性があるので、注意が必要である。

日本語「おどす/おどかす」を漢字で書き表す場合は、基本的には《脅》を用いる。ただし、「おどす/おどかす」と訓読みする漢字には《威》《嚇》もあり、それぞれのニュアンスを生かしたい場合に用いられることがある。

無言の圧力 ことばの圧力

《威》は、これももともとは、"こわがらせて他人を従わせようとする"ことを表す漢字。転じて、「威厳」「威信」「権威」「虎の威を借る狐」など、"他人を従わせるような力"を指して用いられる。特に、品位や肩書き、評判など、雰囲気として感じられる力をいうことが多い。

そこで、「おどす/おどかす」と訓読みする場合でも、暴力や強いことばといった具体的な力ではなく、"雰囲気でこわがらせて他人を従わせようとする"場合に用いるのが、漢字の持つニュアンスにはふさわしい。「虚仮威し」が、そのわかりやすい例で、このことばの場合は、《脅》はあまり用いない。

ほかにも、たとえば「強面の大男を同席させて、交渉相手を威す」「おれは警官だと言って、ちょっと威かしてやろう」といった具合。その大男なり警官なりが実力行使に出るようだと《脅》の方がしっくりくるわけで、その線引きはむずかしい。悩む場合には、適用範囲の広い《脅》を使っておく方が、無難である。

もう一つの《嚇》は、部首「口(くちへん)」にも現れているように、本来は"どなりつける"という意味。「おどす/おどかす」と訓読みして用いると、他人をどなりつけてこわがらせ、従わせようとする"というニュアンスになる。ただし、むずかしい漢字なので、振りがなを付けるなどの配慮が必要となる。

たとえば、「ピストルを出して、撃つぞ」と書くと、「撃つぞ」というセリフを強い調子で言ったことがはっきりする。これが、《脅》を用いた「ピストルを出して、撃つぞ、と脅す」だと、小声だったかもしれないし、身振りだけだったかもしれない。「脅かしたりなだめたりする」も同様で、《嚇》を使って「嚇かしたりなだめたりする」とすると、"大声"のイメージが強くなる。

なお、「おどかす」は、「急に変なこと言い出して、おどかさないでよ」のように、"驚かせる"という意味になることもある。これは、"こわがらせる"が軽くなったもの。この場合に《脅》や《威》《嚇》を使うと、"こわがらせる"というニュアンスが強くなるので、そぐわない。それでもあえて漢字を使うとすれ

脅

暴力で
腕力
武器
etc.

強い
ことばで
嚇
大声で

その他
威
雰囲気で

お

おどる

躍 踊

基本1 「舞踊」をする場合、《踊》を用いる。

基本2 「跳躍」する場合、《躍》を使う。

英語の方がわかりやすいね

　ば、"雰囲気"という軽さを持つ《威》だろうが、かな書きしておくのが、おすすめである。

　日本語「おどる」には、大きく分けると二つの意味があり、それぞれを漢字を使い分けて表現することができる。"メロディやリズムに合わせて体を動かす"という意味の場合に使うのは、「舞踊」の《踊》。一方、"勢いよく跳び上がる"という意味の場合には、「跳躍」の《躍》を用いる。

　具体的には、「フラメンコを踊る」「輪になって踊る」「ノリのいい曲に、ついつい体が踊り出す」などが、《踊》の例。《躍》は、「犯人は身を躍らせて逃げだした」「波間に魚の影が躍っている」「合格通知に小躍りして喜げだした」のように用いる。

　このように、《踊》と《躍》の使い分けは、「舞踊」="ダンス"と、「跳躍」="ジャンプ"という二つの熟語のイメージで考えるとわかりやすい。もっとも、"ダンス"の中で"ジャンプ"する場合もあるわけだが、その場合は、どちらか重点がある方に応じて使い分ければよい。

　ただ、比喩的に用いられると、判断がまぎらわしくなることもある。悩ましい場合には、"勢い"を感じさせるときは「躍動感」の《躍》を使う、と考えるのが、一つの判断基準になる。

　例としては、「初めてのデートに胸が躍る」「ごぼう抜きしてトップに躍り出る」新聞には、事件を伝える大きな見出しが躍っている」「血湧き肉躍る物語」など。「おどり食い」の場合は、食材の"勢いのよさ"を重視すれば「躍り食い」のように《躍》を書き、食材が"ダンス"しているように見えると考えれば、《踊》を使って「踊り食い」とすることになる。

　一方、《踊》の比喩的な用法としては、"メロディやリズムに合わせて体を動かす"ところから、"本人の意図通りではなしに動く"ことを表す用法がある。「企業の宣伝に踊らされて商品を買い込む」がその例。「酔って書いたので字が踊っている」も同様だが、「喜びのあまり手紙の字が躍っている」になると、"勢いがいい"という意味合いが強いので、《躍》を使う方がふさわしい。

　このほか、「階段の踊り場」は、語源としては"舞踊をする場所"なので

躍 勢いよく跳び上がる → 勢いを感じさせる

踊 音楽に合わせて体を動かす → 本人の意志ではなく動く

[おどる][おどろく] ● 118

《踊》。「、」「『』「"」「々」「〳〵」といった繰り返し記号を指す「踊り字」も、"ダンス"しているように見えるのか、《踊》を書くのが習慣である。

おどろく
駭愕驚

基本 一般的には《驚(きょう)》を用いる。
発展1 ショックの大きさを強調したいときには、《愕(がく)》を使うと効果的。
発展2 ショックでじっとしていられない場合には、《駭(がい)》を書くこともできるが、古風。

《驚》は、"意外なできごとに衝撃を受ける"ことを表す漢字。「おどろく」と訓読みして、広く用いられる。「突然の悲しいニュースに驚く」「その物語には驚くべき結末が待っていた」「彼の料理のすばらしさには驚かされたよ」などが、その例。"意外なできごと"がよいことであっても悪いことであっても、《驚》を使って書き表すことができる。

ただ、「おどろく」を漢字で書き表すには、《愕》や《駭》を使うという選択肢もある。とはいえ、どちらも「おどろく」と訓読みして使うのはあまり一般的ではないので、振りがなを付けるなどの配慮をしておく方が親切である。

《愕》は、「ゴミの多さに愕然(がくぜん)とする」のように使われる漢字で、"心に強く衝撃を受ける"という意味合い。そこで、

《愕》を用いると、心の"動揺"を強調する効果がある。たとえば、「あまりに値段が高いので驚いた」とするよりも、「あまりに値段が高いので愕いた」とする方が、いかにも"ショックを受けた"という雰囲気になる。「彼女が婚約したと聞いて愕いた」も同様。「おどろき」が強くて、頭が真っ白になったり、身動きが取れなくなるような場合に適している。

一方、《駭》も強い「おどろき」を表すが、《愕》とは方向性が逆で、"意外なできごとに衝撃を受け、じっとしていられなくなる"というニュアンス。「世間を震駭(しんがい)させる」とは、"世間を大騒ぎさせる"こと。それを踏まえると、より切迫した雰囲気を表現したい場合や、大騒ぎを引き起こすような場合に使うのがふさわしい。

例としては、「事故の知らせに駭(おどろ)いて現場へ向かった」「常識を打ち破る発明をして、世界中を駭(おどろ)かせる」など。しかし、現在では、どちらも《驚》を使う方が自然。《駭》を用いると古風な表現になる。

強い
愕　駭
思考や動きが止まる　驚　じっとしていられない

「!」をいくつ付けましょう?

おののく

慄 戦

基本 一般的には《戦》を使うか、かな書きにする。
発展 おそろしさを強調したい場合には、《慄》を用いると効果的。

日本語「おののく」は、"緊張して体が震える"という意味。やや比喩的に、"心が震える"という場合もある。漢字で書き表す場合には、《戦》を使うのが一般的。この漢字には"緊張する"という意味合いがあり、"びくびくする"ことをいう「戦々恐々」が、その例である。

そこで、「先生に怒られやしないかと恐れ戦く」「待ちに待った手紙が届き、封を切る手が戦く」「彼は肩を戦かせながら、必死に怒りをこらえている」「最終面接の直前には、さすがに胸が戦いた」などと用いられる。ただし、《戦》は訓読み「たたかう」のイメージが強いので、「おののく」と訓読みするときには、振りがなを付けておく方が親切。また、攻撃的な印象が強いので、それを避けたい場合には、かな書きにするか、《慄》を用いることになる。

《慄》は「慄然」のように使われ、"おそろしくて体や心が震える"という意味。そこで、"おそろしさ"を強調する場合には、《戦》の代わりに用いると、効果が高い。例を挙げれば、「屋上から下を見て、その高さに足が慄く」「すぐ近くで爆発が起こり、死ぬかもしれないと慄いた」といった具合。ただし、こちらもそれほど一般的な訓読みではないので、振りがなを付けておいた方が丁寧である。

なぜだか震えが止まらない！

戦
緊張して体や心が震える
↓
おそろしさ
慄

おびえる

脅 怯

基本1 本人の心が弱い場合には、《怯》を用いる。
基本2 何かにこわがらせられる場合には、《脅》を使う。

《怯》は、"勇気がない"ことを意味する漢字。「卑怯」とは、"正面切って行う勇気がない"こと。また、「激しい反撃に怯む」のように、「ひるむ」と訓読みすることもある。

ここから、"こわがる"という意味で、「おびえる」と訓読みして用いられる。「ちょっとした物音にもすぐ怯える」「あいつは失敗を気にして怯えてばかりだ」「すさまじい雷に、彼女はすっかり怯えきっていた」などが、その例。本人の心の弱さに焦点を当てたいときに使うのが、漢字の持つ本来の意味にはふさわしい。

[おびえる][おぼえる] ● 120

一方、《脅》は、「脅迫」「脅威」の
ように使われる漢字で、「おどす/
おどかす」（p115）や「おびやかす」とも
訓読するなど、"こわがらせる"と
いう意味合いが強い。そこから、「空
襲に脅える日々を過ごす」「怪しい人物
につきまとわれて脅える」のように、
何かに"こわがらせられている"場合
に、「おびえる」と訓読みして用いら
れる。

以上のように、《怯》と《脅》の使い
分けは、「おびえる」原因が主に本人の心の中
にあるのか外にあるのかによって、判断することができる。

たとえば、仕事で何かミスをして、本人がその発覚を恐
れているのであれば、「上司に怒られるのではないかと怯える」
のように、《怯》を使うのがふさわしい。そうではなく、た
とえば上司がつまらないことでも怒ることを表現したいの
であれば、「上司に怒られるのではないかと脅える」とするこ
とになる。

同様に、「癌検診の結果に怯える」に《怯》を書くと、本人
の不安が想像される。その一方、「癌検診の結果に脅える」
のように《脅》を使うと、癌の恐ろしさが強調されることに

なる。

ただし、実際には、判断がむずかしいケースも多い。迷っ
た場合には、そもそも、「おびえる」のが本人の心であるこ
とは間違いないのだから、《怯》を書いておくのが無難かと
思われる。

こわがる勇気がない　怯
こわがらせられる　脅

おぼえる

憶 覚

基本 一般的には《覚》を用いる。

発展 大切なことを忘れない場合、長い間、忘
れない場合には、《憶》を使うこともできる。

《覚》は、「感覚」「視覚」「錯覚」など、本来
は「感じる」ことを意味する漢字。「おぼ
える」と訓読みして、「好意を覚える」「おぼ
望を覚える」「胃に痛みを覚える」「失
意を覚える」と訓読みして、「まどいを覚える」「おぼ

ただし、日本語「おぼえる」には"頭の中に入れる"という
意味でも使われるようになった。そこで、《覚》の訓読み「おぼえる」も、この意
味でも使われるようになった。「漢字の書き順を覚える」「車
の運転を覚える」「夜遊びを覚える」「数学の公式を覚え込む」「年
を取ってもの覚えが悪くなった」などがその例。「歴史の年号
をよく覚えている」「彼女の声には聞き覚えがある」のように、
"頭の中に入っている"という意味で使うこともできる。
転じて、「おぼえ」の形で、頭の中に入っている"経験"を

仕入れ担当と
品出し担当

121 ◉ [おぼえる][おもう]

指すこともある。「身に覚えがない」がその例。さらに、「腕に覚えがある」では経験に基づく"信頼""自信"を表し、「上司の覚えがめでたい」では経験に基づく"信頼"を表す。これらも含めて、日本語「おぼえる」を漢字で書き表す信頼には、すべて、《覚》を使っておけば、問題はない。

このように、《覚》は、"頭の中に入れる"ことを中心にして"頭の中に入っている"ことまで表す。一方、「おぼえる」と訓読みするもうひとつの漢字、《憶》は、「記憶」に代表されるように、"忘れないでいる"ことを指す。また、「追憶」という熟語があるように、"思い出す"という意味もある。つまり、"頭の中に入っている"ことと"頭の中から取り出す"ことを表す漢字だといえる。

《憶》を「おぼえる」と訓読みして用いるのは、このうちの"忘れないでいる"ことを表す場合。"思い出す"という意味の場合は、「おもう」[次項]と訓読みする。ただ、「おぼえる」と訓読みしても、"思い出す"ことも可能だという ニュアンスを含むので、"大切なことを長い間、忘れないでいる"という意味合いを表現することができる。そのニュアンスから、「憶えている」のが特徴。「祖父の家の庭で木登りをしたことをよく憶えている」「海辺で過ごしたあの夜のことを今でも憶えている」などがその例で、いかにも"忘れられない大切な思い出"という雰囲気。これらを《覚》を使って書き表してもかまわないが、《憶》よりはドライなニュアンスになる。

おもう

憶懐念想思

あの人の姿が目に浮かぶ…

基本1 ほとんどの場合は《思》を用いる。

基本2 特に、情感を込めて「おもう」場合には、《想》を使ってもよい。

発展1「おもい」が揺るぎない場合には、《念》を書くこともできる。

発展2 しみじみと「おもう」場合には、《懐》を書くこともできる。

発展3 忘れないで「おもい出す」場合には、《憶》を書くことが多い。

《思》は、古代文字では「」と書き、部首「心（こころ）」の上に、"脳"を指す形を組み合わせた漢字。"頭で考えたり心で感じたりする"ことを表す。そこで、日本語「おもう」を書き表す漢字として、広く用いることができる。

「この映画は傑作だと思う」「将来はパイロットになりたいと思っている」「ふるさとの町並みを思い出す」「お父さんがどれだけ家族を思っているか、わかってるか！」「何一つ思い通りにならない」「犯人は彼だと思い込む」「思い切って家を買う」もの思いにふける」などなど、例を挙げればきりがない。どんな「おもう」であれ、「思」を使っておけば間違いにはならない。

ただし、「おもう」と訓読みしてよく用いられる漢字としては、もう一つ、《想》がある。この漢字に含まれる「相」は、「目」を含んでいるように、本来は"見る"ことに関係する漢字。ここから、《想》も"心で見る"ことを表し、単に「おもう」というよりは、「おもい描く」「おもい浮かべる」という意味合いになる。

「想像」「空想」などは、そのことがよく現れている例。"具体的にイメージする"ところにポイントがあり、臨場感や物語性を感じさせる漢字だといえる。

そこで、《想》は、より深い情感を込めて「おもう」場合に用いると、効果が高い。たとえば、「あの人を思う」と「あの人を想う」とするとふつうの表現だが、「あの人を想う」だとその人の姿や性格・言動などを具体的にイメージしていることになり、相手を「おもう」気持ちが豊かに表現される。

「新婚時代を想い出す」も同様で、"新婚時代のできごとが生き生きとよみがえってくる"という雰囲気。ほかにも「父

強さ、やさしさ 持続力

以上のほか、「おもう」と訓読みできる漢字には《念》《懐》《憶》もある。これらもニュアンスに応じて使い分けることになるが、その違いはとても微妙なので、特別な場合を除いては、《思》と《想》を書いておけば十分。しかも、現在では、どの漢字も「おもう」と訓読みするのはあまり一般的ではないので、振りがなを付けるなどの配慮が必要となる。

まず、《念》は、「信念」「念を入れる」「望郷の念」など、"心の中にしっかりと持つ"ことを表す漢字。そのニュアンスを生かして、「戦禍から逃れて、平和の尊さを念じ続ける」「いつか怨みを晴らしたい、と念い続ける」など、あるものごとに対する「おもい」の"揺るぎなさ"を強調したい場合に用いるのが、ふさわしい。

次に、《懐》は、以前は「懷」と書くのが正式で、"心"を表す部首「忄（りっしんべん）」に、「褱」を組み合わせた漢字。「褱」は、「衣」の変形「衤（ころもへん）」を含み、"衣服の中に包み込む"ことを表す。

ここから、《懐》は"気持ちや考えを大切に温める"という意味となる。「いだく」(p56)と訓読みするのは、その例。また、"昔のことを大切に感じる"という意味で、「なつか

123 ◉［おもう］［おもて］

「おもう」と訓読みすることもある。

考える"という意味合い。例を挙げれば、"しみじみと感じる/涙する」「旧友への感謝の懐いを手紙にしたためる」など。情緒的な雰囲気は《想》と似ているが、《想》は「おもう」内容を"具体的にイメージする"ことが根本にあるのに対して、《懐》は、自分の"心の底からわきあがってくる"感覚を表現する、内向的な漢字だといえる。

最後に、《憶》は、「追憶」に代表されるように、"心や頭に呼び起こす"ことを表す。また、「おぼえる」（前項）とも訓読みしたり、「記憶」という熟語になったりと、"忘れないでいる"という意味もある。そこで、「おもう」と訓読みした場合には、"忘れないでいる"ことを、改めて心や頭に呼び起こす"というニュアンスになる。

たとえば、「一〇年前に誓ったことばを思い出す」を、《憶》を使って「一〇年前に誓ったことばを憶い出す」とすると、"忘れないでいた"という意味合いが加わる。「建物の跡地に立って、華やかだった昔のことを憶った」も

思
頭で考える
心で感じる

情感

想
心に描く
心に浮かべる

ゆるぎなさ　**しみじみ**

念
忘れないでいる

懐

同様で、"忘れられない"というニュアンス。この《憶》を《想》に置き換えると、"具体的にイメージする"ことになり、《懐》にすると、"しみじみと感じる"という雰囲気となる。

おもて

面 表

ウラがないか、考えよう!

基本1 ほとんどの場合は《表》を用いる。

基本2 特に、顔の場合、平らな広がりの場合、「矢面」の場合には《面》を使う。

《表》は、「衣」と「毛」を組み合わせた「裘」が変形した漢字で、本来は"毛皮の上着"のこと。外側に着るところから、「おもて」と訓読みして用いられる。「内に秘めた感情を表に出す」「ケンカをするなら、家の中でやらずに表に出てくれ」「裏返したカードを表に向ける」などがその例。「コインの表と裏」「封筒の表には宛名を書き、裏には差出人の名前を書く」のように、習慣的にどちらが「おもて」か決まっている場合もある。

また、日本語では、非公式な方に対する"公式な方"をも指す。例を挙げれば、「表門が閉まっていたので裏門に回る」「内部情報が裏には差出人の名前を書いたので裏に回る」ではいろいろあるけれど、表向きにはいい会社だ」「内部情報が

[おもて] [おりる／おろす] ● 124

お

流出して、不祥事が表沙汰になる」など。以上のように、「おもて」と訓読みする《表》は、「内」や「中」「裏」と対になるものとして意識されるのが特徴である。

一方、《面》は、古代文字では✐と書き、"目"の周りを囲った絵から生まれた漢字。本来は、「顔面」「仮面」のように"顔"を表す。訓読み「おもて」では、「問い詰められて、彼女は面を伏せた」「みなの者、面を上げよ」「彼は細面の顔に笑いを浮かべた」などがその例。「般若の面を付けて舞う」のように、「能面」を指すのも、"顔"の一種である。

また、顔を平らに広がっているものと捉えて、「平面」「水面」のように、"平らな広がり"を指すこともある。やや古風な表現では、この場合に「おもて」と訓読みすることもあり、「水の面に波紋が広がる」「湖の面をボートがすべるように走って行く」のように用いられる。

「前面」「側面」など、"ある方向を向いた広がり"を指すのは、"顔を向ける"ところから転じたもの。この意味で「おもて」と訓読みすることはまれだが、「クレームの矢面に立つ」では、"矢が飛んでくる方向を向いた広がり"という意味で使われている。

以上のように、《面》を「おもて」と訓読みする場合の全体像を捉えるのは、やや複雑。そこで、基本的には《表》を使い、「裏」「内」「中」と対のものではない場合には《面》を用いる、と考えるのがわかりやすい。

ちょっとややこしいのは、鏡の場合。「鏡の面に映った自分の顔を眺める」では、「おもて」は、"ものを映すことができる広がり"を指していて、「裏」を意識しているわけではないので、《面》を用いる。

とはいえ、もし両面にものを映せる鏡を使っているのならば、「鏡の表に映った自分の顔を眺める」も可能。もっと身近な例を挙げるならば、「鏡の表にメモを貼っておく」では、「うら」に対する「おもて」だから、《表》を用いる。

おりる／おろす

堕卸降下

基本1 ほとんどの場合は《下》を用いる。

基本2 天界から地上に現れる場合、空中を地上へ移動する場合、高い地位から外れる場合は《降》。

基本3 商品を小売業者に売る場合は《卸》。

発展1 「おり方」に意識がある場合、乗りものから出る場合には、《降》を使うこともできる。

発展2 妊娠中絶をする場合は、《堕》を使うことも多い。

[おりる／おろす]

前と後では世界が違う！

日本語「おりる／おろす」は、"位置が低くなる／位置を低くする"という意味。漢字で書き表す場合には、基本的には《下》を用いる。

《下》は、基準となる横線より"低い位置"に印を付けた形から生まれた漢字。ここから、"位置が低くなる／位置を低くする"ことを広く指して用いることができる。「木から下りる」「遮断機が下りる」「垂れ幕を下ろす」「屋根から雪を下ろす」「窓の錠を下ろす」などが、その例である。

「許可が下りる」「貯金を下ろす」「鍋を火から下ろす」「下ろしたてのスーツを着る」「書き下ろしの新作が出版される」「評論家にくそみそにこき下ろされる」などなど、「おりる／おろす」は比喩的に用いられることも多い。そんな場合でも、《下》を使って書き表して問題はない。

ただし、「おりる／おろす」と訓読する漢字には、《降》もある。「降下」という熟語があるように、《下》と《降》は意味が似ていて、使い分けがむずかしい。

《降》は、「神が降臨する」「キリストが降誕する」などと使われるように、もともとは"天上界から地上界に現れる"という意味だったと思われる。「雨が降る」のように用いるのも、その一種。そこで、「おりる／おろす」と訓読みした場合も、「お笑いの神様が降りてきた」「イタコが霊を降ろす」「朝の高原には一面に露が降りていた」のように用いるのが、基本となる。

転じて、《降》は、「飛行機が降りてきた」「鷲が舞い降りる」「二階から飛び降りる」「UFOが地上に降り立つ」のように、"空中を低い方へ移動する"場合にもなる。これは"位置を低くする"ことなので《下》を使ってもよいが、空中と地上の世界の違いを表現したいときには、《降》を用いる方が効果的である。

"空中を移動する"ことは、地上で生きるしかない人間にとっては、特別なこと。ここから、《降》が用いられることが多い。たとえば、「雪の斜面を滑り降りる」「エレベーターで一階に降りる」といった具合である。

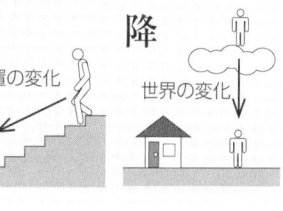

「階段を下りる」「はしごを下りる」などになると、《下》を使うことが多いが、階段やはしごを特別な設備だと考えて、《降》を書くこともある。このあたりは、どちらを使っても問題はない。

ところで、《降》の特徴は、天上や空中から地上へと、"世界"が変化するところにある。そこで、「山を降りる」も、"山の中から人々が暮

下 降
位置の変化 世界の変化

らす世界へ〟という意味合いを含む。そういう〝世界〟の変化とは関係がない場合には、「山を下りる」のように《下》を使うのがふつうである。

人間の社会でも、高い地位と低い地位とでは、〝世界〟が違う。ここから、「体調不良により主役を降りる」「議長の座から降ろされる」など、〝高い地位〟から外れる／外されることを表す場合にも、必ず《降》を使う。ただし、「ツキがないので勝負から下りる」の場合は、ことさら〝高い地位〟ではないので、《下》を書くことが多い。

なお、「列車を降りる」「飛行機から降りる」「船の積み荷を降ろす」のように、〝乗りものから外へ出る／出す〟ことを《降》を使って表すのは、日本語独自の用法。これらの《降》は、自動車や鉄道、飛行機など近代的な〝乗りもの〟について使われるのが基本で、〝高い地位〟と同じような特別なものと考えたものかと思われる。

そこで、そういう意識が薄い場合には、《下》を使うことも多い。「通勤電車を下りる」「校門の前で娘を車から下ろす」といった具合である。

以上のように、《降》と《下》の使い分けは、〝違う世界へ〟という感覚があるかないかに基づく。かなりややこしいので、まぎらわしく感じる場合には、一般性の高い《下》を使っておくのが無難である。

《下》《降》のほか、「おろす」とだけ訓読みする漢字として、《卸》と《堕》もある。《卸》は、本来は、戦場から戻った馬が〝鞍を脱ぐ〟ことや、仕事を終えた馬が〝鞍を外す〟ことなどを表す漢字。転じて、現代の中国語では、〝運んできた荷物を置く〟という意味で使われている。

日本語では、この意味をかなり狭めて、「文房具を卸す仕事をする」のように、〝問屋が商品を小売業者に売り渡すことを指す場合に用いる。「卸売り」「卸商」などもその例。造元でも小売でも使ってかまわない。

この二つの意味の「おろす」を漢字で書き表す場合には、必ず《卸》を使うのが習慣。《下》は用いないので、注意が必要である。

また、特殊な例として、「年度末に棚卸しをする」のように、〝商品の在庫を確認する〟場合にも《卸》を用いる。これは、〝荷物を置く〟ところから転じたもの。問屋だけでなく、製

なお、「アジを三枚に卸す」のように〝食材をそぎ落とす〟場合にも、《卸》を書くことがある。これは、本来の〝鎧を脱ぐ〟とか〝鞍を外す〟というイメージから転じたものか。

さらに、「大根を卸す」のように、食材をすりつぶす〟という

売りものだから別にしよう！

127 ◉ ［おりる／おろす］［おろす］［おわる／おえる］

	下	降	卸	堕
低い位置へ	◎	○		
空中を地上へ		◎		
天界から地上へ		◎		
高い地位から外れる	○	◎		
乗りものから外へ		◎		
商品を小売りへ／在庫を確認する	○		◎	
食材をそぎ落とす／すりつぶす	○		△	
妊娠を中絶する	○			◎
その他一般	◎			

意味でも、《卸》を使うこととがある。とはいえ、この二つとも、現在では《下》を使って「アジを三枚に下ろす」「大根を下ろす」と書く方が一般的である。

一方、《堕》は、「おちる／おとす」(p114)とも訓読みし、本来は〝土壁などが崩れる〟という意味。「おろす」と訓読みした場合には、「子どもを堕ろす」のように、比喩的に〝人工的に妊娠中絶をする〟という意味で使われる。

この場合に《下》を使っても間違いではないが、《堕》の方が〝胎児を胎盤からはがす〟というイメージがはっきりする。ただし、ややむずかしい漢字なので、振りがなを付けるなどの配慮をしておく方が、丁寧である。

おろす

堕卸降下

→おりる／おろす（前項）

おわる／おえる

畢卒了終

基本 一般的には《終》を用いる。日本語「おわる／おえる」を漢字で書き表す場合には、《終》を使う。「授業が終わる」「高速道路が終わって国道を走る」「入館の手続きを終える」「食事を終えて出発した」など、〝おしまいになる／おしまいにする〟場合はもちろん、「試合はわがチームの勝利に終わった」「彼は結局、鳴かず飛ばずで終わった」のように、〝ある結果になる〟場合でも、《終》を書いておけば問題はない。

発展1 続いてきたことに区切りを付ける場合は、《了》を使うこともできるが、古風。

発展2 カリキュラムをやり遂げる場合には、《卒》を用いてもよい。

発展3 あるところで尽きて先がない場合には、《畢》を書くこともできるが、難解。

〝それまで〟と〝それから〟

《終》以外の漢字を使うこともできないわけではないが、古めかしい雰囲気現在ではどれもあまり一般的ではなく、

[おわる／おえる] ● 128

となる。その中で、以前はかなりよく用いられた漢字としては、《了》がある。

《了》は、日本語では「完了」「終了」のように使われる印象が強く、《終》の代わりに用いるとすれば、それまで、ある程度、続いてきたことに"区切りが付く／区切りを付ける"場合がふさわしい。

例としては、「百キロの道のりを歩きぅえる」「分厚い本を読み了わる」「彼と会うのもこれで了わりにしよう」など。ただし、けっこう重大なことを表すわりには字の形があまりにもシンプルで、表現効果という点ではちょっと疑問符が付く。また、現在ではかなり特殊な読み方になるので、振りがなを付けるなどの配慮が必要となる。

次に、《卒》も、「おわる／おえる」と訓読みして使うことができる。その場合、「卒業」という熟語を生かして使うと、わかりやすい。

例としては「高校を卒えた後、就職のために上京する」「研修が卒わって現場に配属される」といった具合。《卒》には"死ぬ"という意味もあるので「人生を卒える」のようにも使えるが、こちらは、やや意味が伝わりにくい。どちらにせよ、振りがなを付けるなどの配慮は必要だろう。

最後に、《畢》は、本来は"全てを使い切る"という意味の漢字で、「ことごとく」「つくす」と訓読みすることもある。「畢生の大作」とは、"生命力を使い切って仕上げた大作"のこと。そこで、「おわる／おえる」と訓読みした場合には、"あるところで尽きて、先がない"ことに重点を置いて使うと、漢字の意味とよくマッチする。

「言いたいことを言い畢える」「足跡はそこで畢わっていた」などが、その例。「華」に似た印象的な字形をしているので、「我々の幸運ももう畢わりだ」「激動の時代が、ここに畢わった」のようにドラマチックに用いると、さらに効果的である。

もっとも、振りがなを付けるなどの配慮は必須だし、難解なイメージになることも避けられない点には、注意が必要である。

了	続いたこと → 区切りを付ける
卒	カリキュラム ○ やり遂げる
畢	→ × 尽きて先がない

か

かえりみる

省 顧

基本1 ほとんどの場合は《顧》を用いる。
基本2 特に、「反省」する場合には《省》を用いる。

首を回すか しっかり見るか

日本語「かえりみる」は、"振り返って見る"という意味。文字通り"頭を回して左右や後ろを見る"ことを指すほか、"過去のことを思い出す"ことを表す場合もあるし、"わざわざ見る"ところから"何かと気にかける"という意味でも使われる。

「かえりみる」と訓読みする漢字には、《顧》と《省》がある。《顧》は、"頭部"を表す部首「頁(おおがい)」の漢字で、"頭を回して見る"こと。また、「回顧」「顧問」「顧客」のように"過去を思い出す"ことを表したり、"何かと気にかける"という意味になったりもする。

そこで、日本語「かえりみる」を書き表す場合に、広く用いることができる。「気配を感じて背後を顧みる」「今年の出来事を顧みる」「忙しくて家族を顧みる余裕がない」「お金のことは顧みず、いい作品を作ってください」などが、その例となる。

一方、《省》は、「省略」「不要なものを省く」のようにも用いるが、「セイ」と音読みした場合には、"悪い点がないかしっかり見る"という意味が基本となる。「帰省」とは、実家に帰って"家族の安否を確認する"こと。特に、「反省」「内省」のように、"自分に悪い点はないか、しっかり考える"という意味で、よく使われる。

「かえりみる」と訓読みするのも、"自分に悪い点はないか、しっかり考える"という意味の場合。例としては、「今回の失敗をきちんと省みて、次回に生かす」「文句を言うのは、自分のことを省みてからにしろ」などが挙げられる。

きちんと"反省" してますか？

ただし、《顧》も、過去のことを思い出す"ところから転じて、"自分のことを振り返る"という意味で用いることができる。《省》との使い分けが問題となるのは、この意味で使われた場合。悩んだときには、「反省」する場合には《省》を使う、と考えるのが、手っ取り早い。

たとえば、「我が半生を省みると、まわりに迷惑ばかりかけていた」では、迷惑をかけたことを「反省」しているから、

[かえりみる] [かえる／かえす] ● 130

かえる／かえす
反還帰返

	他人のことを気にかける	自分に悪い点はないか考える	自分の過去を振り返る	過去を思い出す	頭を回して見る
顧	○	△	○	○	○
省		◎			

人間さまは特別だ！

《省》を用いる。これを、《顧》を使って「我が半生を顧みると、まわりに迷惑ばかりかけていた」と書いても間違いではないが、口先だけの「反省」になりかねない。《顧》がふさわしいのは、「我が半生を顧みると、たくさんのすばらしい出会いがあった」のような、「反省」とは関係がない場合である。

基本1 ほとんどの場合は《返》を用いる。

基本2 特に、人間がある場所に戻る場合には、《帰》を使う。

発展1 「かえる／かえす」までの経緯を感じさせたい場合には、《還》を書いてもよい。

発展2 同じ場所で向きだけ逆にする場合には、《反》を使ってもよいが、やや特殊。

《返》は、"移動"を表す部首「辶(しんにょう、しんにゅう)」に、「反」を組み合わせた漢字。基本となる意味は"向きをそれまでとは反対にして進む"ことで、そこから、日本語「かえる／かえす」

を書き表す漢字として、広く用いることができる。たとえば、「メッセージが返って来る」「途中で引き返す」「ここが折り返し地点だ」では、"逆向きに動く／動かす"こと。「コインが裏返る」「てのひらを返す」のように、"その場で逆向きになる／する"ことを表すケースも多い。また、「借りたお金を返す」「盗まれた宝石が返って来た」「公園をきれいな状態に返したい」などは、"元の場所や状態に戻る／戻す"といった意味を表す例である。

一方、《帰》は、「帰国」「帰省」「帰宅」のように、"人間が落ち着く場所に戻る"ことを表すのが基本。そこで、人間について"元の場所に戻る／戻す"ことを意味する場合には、《帰》を使って書き表す。例を挙げれば、「家に帰る」「子どもを親元に帰す」「観光を終えてホテルに帰る」「出張先から部下を先に会社に帰す」「帰らぬ人となる」のようになる。

ただし、人間に関する場合であっても、場所ではなく、"元の状態に戻る"場合には《返》を使う。「我に返る」「出会ったころの気持ちに返る」などがその例。また、「人質を返してやろう」のように、人間をモノとして扱う場合には、《返》を書くこともある。

もっとも落ち着く状態になる

以上のように、《返》と《帰》の使い分けは、"人間がある場所に戻るかどうか"で、かなり明確に区別することができる。とはいえ、まぎ

131 ◉ ［かえる／かえす］

らわしい場面も、もちろん存在する。たとえば、「バスが営業所に帰ってきた」では、人が運転していることを重視して、ふつうは《帰》を用いる。逆に、「レンタカーを返す」では、乗りものだけを《返》を使う。

また、《帰》には、「帰結」「帰化」「帰属」など、"ある状態になって、そのまま落ち着く"という意味もある。さらに、「水泡に帰す」のように、"最終的にある状態になる"ことを表す場合もある。これらの意味合いを生かして、「かえる／かえす」と訓読みする場合には、人間以外に対して使われることもある。

たとえば、「釣った魚を海に返す」のように《返》を書けば、単に海に戻すだけだが、《帰》を使って「釣った魚を海に帰す」とすると、"それが本来の姿だ"という意味合い。「重要文化財が地元に帰ってきた」も同様で、"本来あるべき落ち着く場所に"という意味合いで、《帰》を書く。

> 思えばいろいろありました…

以上のほか、《還》も「かえる／かえす」と訓読みして用いられる。この漢字は、「環状」の「環」と形が似ていることからも想像できるように、本来は、"ぐるっと一周して元の場所に戻る"という意味。「生還」「帰還」「返還」のように使われる。つまり、"向きを変える"ところか

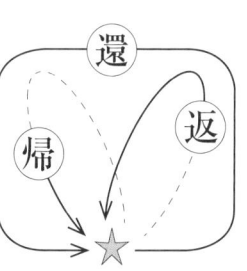

ら始まる《返》や、"ある場所へ戻る"ことに重点がある《帰》に対して、"出かけてから戻って来るまで"の全体を視野に入れた漢字だということができる。

そこで、"出かけてから戻って来るまで"の経緯全体に重みを持たせて用いると、漢字本来の意味とマッチして効果的。たとえば、「船が島々をめぐって還ってきた」「軍用地を五十年ぶりに持ち主に還す」といった具合である。

「土から生まれて、土に還る」では、"生まれてから死ぬまで"の経験全体を受けた表現なので、《還》を使うのがふさわしい。それに対して、「人はみな、いずれ、死んで土に帰る」のような場合は、"最終的にそうなる"というニュアンスで《帰》を書くのが、よく似合う。

なお、"その場で逆向きになる／する"という意味の「かえる／かえす」を、《反》を使って「カードがひっくり反る」「かいなを反す」のように書くこともできる。しかし、現在では、《反》を「かえる／かえす」と訓読みするのはあまり一般的ではない。《返》を用いるのがふつうである。

〔還　返　帰　★〕

かえる／かわる

更代替換変

→かわる／かえる（p168）

かおる／かおり

薫香

基本 一般的には《香》を用いる。

発展 そこはかとない「かおり」の場合、比喩や上品な雰囲気の場合は、《薫》を使うと効果的。

煙の匂いに心を惹かれて…
かおる／かおり

香 — そこはかとない
薫 — 比喩的上品さ

《香》は、「香水」「芳香」など、"よい匂いがする"ことを意味する漢字。日本語「かおり／かおる」を書き表す際に、広く用いることができる。

「梅が香る庭園を散策する」「ジャスミンの香りをかぐ」「部屋の中には濃いコロンの香りが立ちこめていた」などが、その例となる。

一方、《薫》は、以前は「薫」と書くのが正式。"煙でいぶす"という意味の「薫」に、"植物"を表す部首「艹（くさかんむり）」を組み合わせて、"よい匂いの

する植物を燃やして、その煙を当てて匂いを染みこませる"ことを表す。つまり、もともとの《香》を別のものに染みこませたものが《薫》である、というのが本来の関係となる。

ここから、《薫》は、《香》に比べると"そこはかとない"ものを指す傾向がある。また、直接的ではないところから、比喩的な表現や、上品な雰囲気を出したい場合にもふさわしい。例を挙げれば、「初夏の野原に風が薫る」「どこからかバニラの甘い薫りが漂ってくる」「美術館で芸術の薫りに触れる」といった具合である。

かがみ

鑑鏡

基本1 光を反射する道具や、何かを映し出すものの場合は、《鏡》を用いる。

基本2 手本を指す場合は、《鑑》を使う。

あの人を見習いなさい！

《鏡》は、部首「金（かねへん）」の漢字で、古くから銅などの金属で作られてきた"光を反射する道具"を表す。そこで、「かがみ」と訓読みして、「鏡を見て服装を整える」「光が鏡に当たって反射する」のように用いられる。

「鏡餅」「鏡開き」「書類の最初に鏡を付けて、標題と宛名を記す」なども、"光を反射する道具"の「かがみ」から派生した表現。また、日本語「かがみ」は、「流行語は世相の鏡だ」の

133 ◉ [かがみ][かかる][かぎ]

鑑	鏡
行動の基準となる手本 ←比喩― 何かを映し出すもの ―比喩→ 光を反射する道具	

ように、比喩的に"何かを映し出すもの"を意味することもある。これらの場合にも、《鏡》を用いて問題はない。

「かがみ」の比喩がさらに進むと、自分の姿を映してチェックするところからチェックしておかしなところがないかなる"手本"を指すようになる。ただ、この場合には、「無遅刻無欠勤だなんて、彼はサラリーマンの鑑だ」のように、《鏡》ではなく、《鑑》を用いて書き表す。

《鑑》も、部首は「金」で、やはり金属製の"光を反射する道具"を指す。ただし、「鑑識」「鑑定」「鑑督」の「監」を含んでいて、"自分の姿を映して、おかしなところがないかチェックする"という意味合いを持つ。「鑑識」「鑑定」前例に鑑みる」などが、その例となる。ここから、《鑑》は、行動の基準となる"手本"を意味する「かがみ」を漢字で書き表す際に、使われるようになった。

なお、漢字としての《鑑》は"悪い手本"を指すこともあるが、日本語「かがみ」にはこの意味合いは薄い。「過去の失敗を鑑として…」というような使い方は、漢字としては誤りではないが、日本語としては避けた方が無難である。

かかる

罹係賭架懸掛

→かける／かかる（p.139）

かぎ

鉤鍵

今どき、なかなかないですねえ！

日本語「かぎ」は、本来は、"先が鋭く曲がった道具"を指すことば。転じて、広く"先が鋭く曲がったもの"という意味でも使われる。

基本1 キーやロックを指す場合は、《鍵》を用いる。

基本2 先が鋭く曲がったものを指す場合は、《鉤》を使う。

"扉やふたなどをしっかり閉じるための器具を開ける道具"、つまり"キー"を指すのは、昔の"キー"は、先が直角に曲がった形をしていたから。転じて、"扉やふたなどをしっかり閉じるための器具"、つまり"ロック"を指すこともある。

一方、漢字の《鍵》は、本来は"キー"を指すが、これも"ロック"という意味でも使われる。そこで、「かぎ」と訓読みして、

鈎
先が鋭く曲がったもの

鍵
キー
ロック
手がかり

「玄関のドアに鍵を掛ける」「金庫の鍵が開かない」「ロッカーの合い鍵を受け取る」「鍵穴から中を覗く」などと用いることができる。

また、日本語「かぎ」は、英語のkeyから影響を受けて、"謎などを解き明かす手がかり"という意味でも用いられる。

この場合も、「防犯カメラの画像が事件解明の鍵となる」「この問題を解く鍵は、ツルとカメの足の本数の違いだ」のように、《鍵》を使って書き表して、問題はない。

ところで、「かぎ」と訓読みする漢字には、《鈎》もある。

この漢字に含まれる「句」は、古代文字では「𠃌」と書かれ、四角の左右に折れ曲がった形が付いていることから、"折れ曲がる"という意味を持つ。

《鈎》は、それに部首「金（かねへん）」を組み合わせて、"先が折れ曲がった金具を表すのが本来の意味。転じて、広く"先が鋭く曲がったもの"を指す。「鈎爪」「鈎針で編み物をする」「猫の鋭い鈎爪」「魔法使いのような鈎鼻」「木の枝にひっかけてズボンに鈎裂きを作った」などが、その例となる。

このように、《鍵》と《鈎》は、指すものがそれなりにはっきりしているので、使い分けに悩むことはあまりない。

強いて挙げるとすれば、「針金を鍵型に曲げる」と「針金を鈎型に曲げる」といった例ぐらいか。どちらを使ってもかまわないが、現在の"キー"にはそんなシンプルな形をしたものはあまりない。こだわるならば、《鈎》を使っておくのがおすすめである。

なお、《鈎》は現在ではやや見慣れない漢字なので、振りがなを付けるなどの配慮をしておくと、親切。また、「口」の部分をちょっとだけ省略して《鉤》と書かれることもある。こちらを書いても、意味の上では違いはない。

かく

描 書

単純すぎると
"絵"にならない？

基本1 主に文字や文章などを「かく」場合は、《書》を用いる。

基本2 主に絵や図などを「かく」場合は、《描》を使う。

《書》は、「書道」「清書」のように、"文字を記す"ことが本来の意味。"文章を記す"という意味でも使われる。「ひらがなを書く」「書類に名前を書き入れる」「友だちのノートを書き写す」「恋人にメールを書く」「長編小説を書き上げる」などがその例。「句読点を書く」「鉤かっこを書く」「クエスチョンマークを書く」のように、文字に近い記号の場合も、《書》を使って問題はない。

一方、《描》は、「えがく」（p.88）とも訓読みするように、"絵

かく

画に表す"という意味。「かく」と訓読みした場合も、基本的には意味は同じ。「授業中にマンガを描く」「風景画を描く」「王家の紋章を描いた旗」「観光案内の地図を描く」などに用いられる。「メロディを五線譜に描く」「鏡を見ながら眉を描く」などでは、"絵や図"に近いものだと考えて、《描》を使う。

「優美な曲線を描く」「業績の変化をグラフに描く」のように、線や図形を「かく」場合も同じ。ただし、《描》の意味の中心は"絵画"にあるので、ややイメージが合わないとも感じられる。そのため、特に単純な線や図形の場合には、「直線を一本、書く」「目的地までの略図を書く」「二次関数のグラフを書く」など、《書》を用いることもある。

逆に、文章を「かく」場合であっても、「川端康成の描いた日本的な美の世界」のように《描》を使うと、視覚的なイメージになる。また、ハートマークや花まるなど、文字に近いとも絵に近いとも取れる記号もある。杓子定規に考えすぎず、自分がどちらに近いと感じるか素直に従っておいて、大丈夫である。

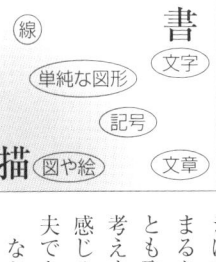

なお、《描》の訓読み「かく」は、振りがななしでは「えがく」と区別が付かない。どうしても「かく」と読んで欲しい場合には、振りがなを付けておくのが、親切である。

```
    書
線    文字
  単純な図形
     記号
描       文章
  図や絵
```

かくす／かくれる

蔵匿隠

基本 一般的には《隠》を用いる。

発展1 知られたくないという気持ちが強い場合には、《匿》を使うと効果が高い。

発展2 大切にしまいこむ場合には、《蔵》を書くと意味合いがはっきりする。

《隠》は、"盛り上がった土"を表す部首「阝（こざとへん）」の漢字で、"山や土手などにさえぎられて見えない"ことが、本来の意味。転じて、広く"見えなくする／見えなくなる"ことを表し、「かくす／かくれる」と訓読みして使われる。

例としては、「雲が太陽を隠す」「秘密の手紙をたんすの裏に隠す」「隠された真実を発見する」「隠れてないで出て来い！」「傘に隠れて表情がよく見えない」など。日本語「かくす／かくれる」を漢字で書き表す場合には、《隠》を使っておけば問題はない。

ただし、「かくす／かくれる」と訓読みする漢字としては、《匿》や《蔵》もあり、それぞれの持つニュアンスを生かして用いることもできる。とはいえ、どちらも現在ではあまり一般的な訓読みではないので、振りがなを付けるなどの配

[かくす／かくれる］［かげ／かげる］● 136

慮が必要となる。

《匿》は、「匿名の手紙」「真相を秘匿する」のように、"本当のことを知られないようにする"という意味合い。"知られたくないときに用いると、効果が高い。「戸棚の奥にへそくりを匿す」「木陰に匿れてこっそりとようすを窺う」などが、その例となる。

一方、《蔵》は、「くら」(p192)と訓読みして「米蔵」「酒蔵」などと使われるように、"大切なものをしまっておく建物"を指す漢字。また、「冷蔵」「埋蔵」「蔵書」のように、"大切にしまっておく"ことをも表す。そこで、「かくす」と訓読みして使うと、"大切にしまいこむ"という意味合いを表現することができる。

例を挙げれば、「金庫の中に宝石を蔵す」「蔵されていた財宝を見つける」といった具合。「かくれる」と訓読みすることは少ないが、「戦乱を避けて山里に蔵れる」のように、比喩的に使われて"身の安全を保つ"というニュアンスで使われることがある。

```
             知られ
         ┌── たくない ──→ 匿
見えなくなる
見えなくする
         └── 大切に ───→ 蔵
             しまう
```
隠

かげ／かげる

翳蔭影陰

まずは形と色に着目！

日本語「かげ」を書き表す漢字としては、《陰》と《影》が基本となる。

基本1 光が当たらない部分、見えない部分の場合は、《陰》を用いる。

基本2 光の具合によって見える形や色の場合や、光そのものの場合は、《影》を使う。

発展1 樹木の作る「かげ」の場合、助力・恩恵の場合には、《蔭》を用いてもよい。

発展2 隠された部分を指す場合には、《翳》を使うと効果が高いが、やや特殊。

《陰》は、"盛り上がった土"を表す部首「阝(こざとへん)」の漢字で、もともとは"丘や土手などにさえぎられて光が当たらない場所"を指す漢字。広く"光が当たらない部分"という意味で使われる。「陰から日向に出る」「木陰で一休みする」などが、その例となる。

転じて、"見えない部分"を指しても用いられる。例としては、「塀の陰から猫が飛び出す」「陰で悪口を言う」「子どもたちをいつも陰から見守っている」「この事件の陰には大物政治家がいる」など。また、「かげる」と訓読みして、「日が陰る」のように"光が当たらなくなる"という意味でも使われる。「表情が陰る」のように"元気がなくなる"ことを表すのは、こ

一方、《影》は、部首「彡(さんづくり)」の漢字。この部首は、「形」や、「色彩」の「彩」にも含まれているように、ものの形や色など、"目に見えるもの"を指すのが基本。ただ、よく使われる「影法師を踏んで歩く」「木の枝の影が地面に落ちる」のような例では、"光が当たらない部分"を指しているから、《陰》との使い分けがややこしくなる。

これらの《影》は、光が当たらないことで平面に映し出される、"目に見える"暗い形のこと。「池の水面に五重塔の影が映っている」のように、光の反射で"見えるもの"を表す場合も、《影》を用いる。

比喩的に使われても、考え方は同じ。「変わり果てて見る影もない」は、文字通り"見えるもの"を指す表現。「彼女はクラスの中では影が薄い存在だった」では、"感じ取れるもの"を表す。また、《影》は、目に見える"光"そのものを指すこともある。「夜の野原に月影が差す」「雲のせいで星影一つ見えない」などがその例となる。

|次は、見えるか見えないか|

このように、《陰》と《影》の違いは、"見えない"に重点があるか、"見える"に重点があるかにある。たとえば、「物陰に隠れる」「船が島陰か

れを比喩的に用いたものである。

ら現れる」は、"見えない場所"だから《陰》。「窓に怪しい物影が映る」「水平線に島影が見える」の場合は、"見える形や色"だから《影》を使う。

考え出すと迷ってしまう例としては、「科学の発展には光と影がある」のように、「光」と対になって使われる《影》がある。この場合の「光」は、明るく見えるもの"であり、その反対は"暗く見えるもの"だから、《影》を用いる。

「死の影におびえる」も、同様の例。《影》を使う。「おびえる」のは「死が"感じ取れる"からなので、《影》を使う。「最近の彼の言動には、ほかの女性の影が感じられる」も同様で、"感じ取れる"わけだから《影》を用いる。

|緑のカーテンと羽毛のカバー|

《陰》《影》のほか、「かげ」と訓読みする漢字には《蔭》もある。これは、"植物"を表す部首「艹(くさかんむり)」に《陰》を組み合わせて、樹木によって日差しがさえぎられた部分を指す漢字。そこで、「木蔭」「日蔭」などと書くと、それが樹木によって作られていることがはっきりする。とはいえ、現在では、「日陰」のように《陰》を用いる方がふつうである。

ただ、《蔭》は、樹木によって厳しい日差しがさえぎられる"というイメージから、"何かの力によって助けられること"という意味にもなる。「蔭位」とは、"親の位に応じて、子どもが位を与えられること"をいう。

[かげ／かげる]［かける］◉ 138

そこで、「コーチのお蔭で優勝できた」のように"助力や恩恵"を指す場合は、《蔭》を使うのがふさわしい。もっとも、現在では、この「かげ」でも《陰》を使ったり、かな書きにしたりすることが多い。

最後に、現在ではやや特殊だが、《翳》も、「かげ」と訓読みする漢字。この漢字の部首「羽(はね)」は、「羽」の以前の正式な書き方。《翳》のもともとの意味は、羽毛で作ったカバーで、転じて、"中身を隠すもの"という意味になった。ここから、単に"見えない部分"というだけではなく、"隠れる／隠される"というニュアンスを表現したい場合には、《陰》の代わりに《翳》を用いると効果的。たとえば、「彼女の翳のある演技は一級品だ」「彼の無実は明白で、一点の翳もない」といった具合だが、むずかしい漢字なので、振りがなを付けるなどの配慮は必須となる。

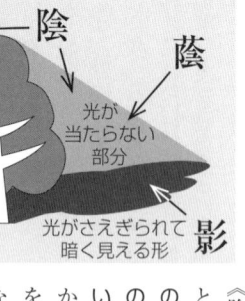

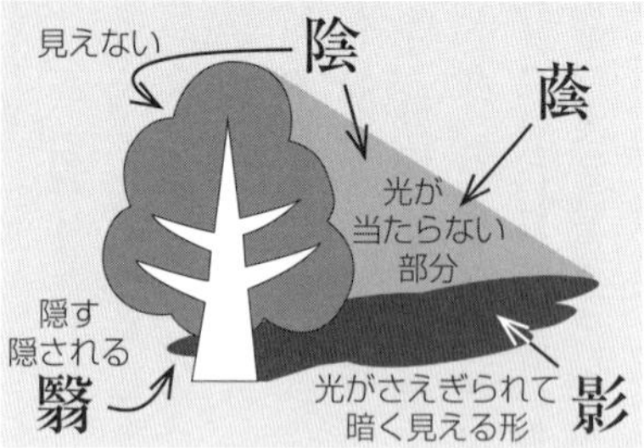

また、《陰》と同様に用いて《翳》も、「かげる」と訓読みして用いることもできる。「落とした財布を探し歩いているうちに、日が翳ってきた」「これでお別れかと思うと、二人の表情は翳った」などがその例で、"隠される"という意味合いが加わって、《陰》を書くよりも趣の深い表現となる。

見えない → 陰
光が当たらない部分 → 蔭
隠す／隠される → 翳
光がさえぎられて暗く見える形 → 影

かける

翔 駆

大地を蹴ろうか、風に乗ろうか

基本1 ほとんどの場合は《駆》を用いる。
基本2 特に空を速く飛ぶ場合には、《翔》を使う。
発展 自由さを強調したい場合には、《翔》を書いてもよい。

《駆》は、部首「馬(うまへん)」が示す通り、本来は"馬が勢いよく走る"ことを表す漢字。「かける」と訓読みして、広く"勢いよく移動する"という意味で用いられる。「子どもたちが駆けっこをする」「ライオンが草原を駆けていく」「急いで現場に駆けつける」などが、その例となる。

また、「あいつは営業マンとしてはまだ駆け出しだ」「まわりに結婚を反対されたので、駆け落ちを計画する」「自分だけ抜け駆けしてスクープを手に入れる」のように、比喩的な表現でも《駆》を使う。"勢いよく移動する"ことを意味する「かける」を漢字で書き表す場合には、《駆》を用いておけば、問題はない。

一方、《翔》は、部首「羽(はね)」が示しているように、"鳥が空中を速く飛ぶ"という意味。最近では「とぶ」(p363)と訓

139 ◉ [かける][かける／かかる]

読みすることが多いが、昔から「天翔る（あまがける）」という形で使われることがあり、ここから「かける」とも訓読する。そこで、「白鳥が翼を広げて大空を翔ける」「夕暮れの空をジェット機の銀色の機体が翔けていく」のように、"勢いよく空を移動する"場合には、《翔》を書く方が落ち着く。

このように、《駆》と《翔》の使い分けは、部首に着目すると、比較的、判断しやすい。悩むとすれば、抽象的な意味で「かける」が使われる場合。「衝撃的なニュースが関係者の間を駆け巡った」「坂本竜馬は時代を駆け抜けた男だ」など、基本的には《駆》を使うが、鳥が飛ぶイメージから、何ものにも捕らわれない自由さを表現したい場合には、《翔》を用いることもできる。たとえば、「彼女の空想は、この世を狭しと翔けまわる」「彼は一躍、業界のトップへと翔けあがった」といった具合である。

なお、《翔》を「かける」と訓読みするのは、現在ではまれなので、振りがなを付けるなどの配慮が必要。また、《駈》は、《駆》と読み方も意味も同じ漢字。特に訓読み「かける」では、昔はよく《駈》が用いられた。

翔　空を移動する ← 自由さ
駆　地上を移動する（一般的）

かける／かかる

罹係賭架懸掛

上から下へと垂れ下がる

基本1 多くの場合は《掛》を用いるが、かな書きの方が落ち着くことも多い。
基本2 ものごとの先行きや気持ちなどが不安定な場合には、《懸》を使うことが多い。
基本3 橋などを水平方向に渡す場合には《架》。
基本4 博打をする場合には、《賭》を使う。
基本5 関わりがある場合、特に文法的な関わりがある場合には、《係》を用いる。
発展 災いに遭う場合には《罹》を書くが、現在ではかな書きが自然。

日本語「かける／かかる」を書き表すのに用いられる漢字はたくさんあり、意味が重なる部分も多くて、使い分けがむずかしい。その中で、中心となるのは《掛》と《懸》である。

《掛》は、漢文では「挂」と書かれることも多い漢字。「圭（けい）」は、"先のとがった宝石"を指すので、《掛》は本来、"もののとがった部分に何かをぶら下げる"という意味だと考えられる。

転じて、"ぶら下げる／ぶら下がる"ことを表す。音読みで使われることはほとんどないが、「かける／かかる」と訓

[かける／かかる] ● 140

読みして、「上着をハンガーに掛ける」「金具にロープを掛けてよじ登る」「壁には大きな古時計が掛かっている」などと用いられる。

「寝ている子どもに毛布を掛ける」「文庫本にカバーを掛ける」のように、"まわりから覆う"ことを表す例。ここから、「肩に手を掛ける」「やかんを火に掛ける」のように、"上に置く"ことを指したりもする。「腰を掛ける」「眼鏡を掛ける」「お刺身にしょうゆを掛ける」などなども、"上から覆う"から発展した例である。

このように、日本語での漢字《掛》は、本来の意味からは少し離れた独自の使い方をされる。その結果、日本語「かける／かかる」は、非常に広い意味を持つことになったり、漢字《掛》も、さまざまな場面で用いられることになった。

> 守備範囲の広さが自慢です！

その根本にあるのは、"あるものの一部が別のものに接して固定される"こと。"ぶら下げる／ぶら下がる"という下への動きだけではない点が、漢字《掛》の本来の意味とは異なる。「荷車に縄を掛けて引く」「ズボンの裾が引っ掛かる」のように、あらゆる方向の動きについて用いられる。

また、転じて、"あるものが別のものに作用や影響を及ぼす"という意味にもなる。例としては、「アイロンを掛ける」

「裁断機に掛ける」「声を掛ける」「電話を掛ける」「保険を掛ける」「音楽を掛ける」「ぺてんに掛ける」「催眠術に掛ける」「鍵が掛かる」「時間が掛かる」「重さが掛かる」「迷惑が掛かる」「ブレーキが掛かる」などなど、挙げ始めるときりがない。

さらに、「追い掛ける」「手掛ける」「見せ掛ける」「寄り掛かる」「降り掛かる」のように、ほかのことばと結び付くケースも多い。「取り掛かる」では"作用や影響を及ぼし始める"という意味になり、ここから「やり掛けの仕事」のように"行っている途中である"ことをも表す。

これらの多くは、漢字《掛》がもともと持っている"ぶら下げる／ぶら下がる"という意味とは関係がない。そこが気になる場合には、かな書きする方が落ち着く。その判断は人によって異なるので、あまり深く追求せず、自分の好みに従っておくのがおすすめである。

一方、《懸》に含まれる「県（けん）」は、「首」を逆さまにした形から生まれた漢字で、《懸》は、本来は"首を逆さまにつり下げる"ことを表していたと考えられている。ここから、《掛》と同じように、"ぶら下げる／ぶら下がる"という意味になった。

> 下を見れば浮いています！

漢字としての《掛》と《懸》の基本的な違いは、《掛》が"上からぶら下がる"ことを表すのに対して、《懸》は、"下が固定されていない"ところに重点がある点。ここから、《懸》

[かける／かかる]

は"不安定である"というイメージで使われる。

たとえば、「懸賞」では、その賞がだれのものになるかが"不安定"。ここから、「犯人逮捕につながる情報に賞金を懸ける」「全国大会出場の懸かった試合」のように用いられる。「命を懸けて戦う」も、"生き延びられるか不安定"という意味で、《懸》を書く。ただ、この意味の場合には、後に述べる《賭》との使い分けが問題となる。

また、「懸案」「懸念」では、考えや気持ちが"不安定"。ここから、「健康診断の結果が気に懸かる」「明日の天気が気懸かりだ」といった使い方もできる。この場合に《掛》を用いてもかまわないが、落ち着かない感じがよく出る《懸》を用いる方が、漢字の持つニュアンスをよりよく生かすことができる。

しかし、「掘り出し物がないか、ふだんから気に掛けておく」「野菜をしっかり食べるように心掛ける」などになると、むしろ前向きで積極的な意味合い。"不安定"という要素は乏しいので、《掛》を書く方が落ち着く。

「かなわぬ相手に思いを懸ける」「最後のチャンスに一縷の望みを

掛　上からぶら下がる

懸　不安定な　下が固定されてない

懸ける」「流れ星に願いを懸ける」なども、同様の例。《懸》を使うと、思いや願いが叶うかどうかニュアンスがはっきりする。もっとも、"不安定さ"に重点がない場合には《掛》を用いても問題はなく、"不安定"だ、というニュアンスがはっきりする。もっとも、"不安定さ"に重点がない場合には《掛》を用いても問題はなく、「神社で必勝の願掛けをする」「思い掛けない出会いがあった」などには、《掛》を使う方がふつうである。

なお、「夕焼け雲に三日月が懸かる」「山に雲が懸かる」の場合は、"動いていく途中で一部が接する"ことだから、"不安定"というイメージで《懸》を用いる。

以上のほか、"下"に重心を置く《懸》は、見上げるような視点を持つため、"高さ"を強調するはたらきがある。「懸崖」とは、"高く切り立った崖"。「懸河」とは、"高いところから流れ落ちる滝"。訓読みでは、「夜空に満月が懸かっている」のように"はるかに高い"ことを表すのが、その例となる。

ここから転じたのが、「はるかに離れている」という意味。音読みでは、「理念と実態が懸絶している」「二人の考えには大きな懸隔がある」などがその例である。

そこで、訓読みでも「あの人の行動は、庶民感覚とは懸け離れている」のように《懸》を使うこともある。ただし、この場合には"不安定"というニュアンスはないので、《掛》を使って「あの人の行動は、庶民感覚とは掛け離れている」と書いたり、かな書きにすることも多い。

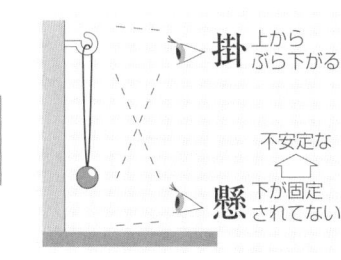

[かける/かかる] ● 142

以上のように、《掛》と《懸》の使い分けは、微妙なニュアンスに基づくことが多い。全般的には、"不安定さ"がはっきりしている場合には《懸》を使うと効果的だが、そうでなければ《掛》でも十分。もちろん、かな書きにしてもかまわない。

空中を横につないでいく…

さて、この二つの使い分けだけでもなかなか面倒だが、さらにほかの漢字が加わってくるので、話はもっとややこしくなる。中でも、《掛》《懸》と重なる部分が大きいのは、《架》である。

《架》は、「道路を高架にする」のように使われる漢字で、"何かと何かの間の空中を、もので横につなぐ/ものが横につないでいる"という意味。日本語ではこれも「かける/かかる」で表すので、「海を渡る橋を架ける」「電柱から住宅へと電線が架かっている」のように用いられる。

「観客席に横断幕が架かっている」もその例。ただし、"不安定"で"高い所にある"点に着目して、「観客席に横断幕が懸かっている」と《懸》を用いることもできる。

「架け橋」も《架》を使うのが基本だが、丸太橋のように素朴でやや"不安定"なものや、吊り橋のように"高さ"のあるものは、「懸け橋」とも書く。そこで、「両国をつなぐ架け橋となる人材を育てる」のような場合には、不安定さの少ない《架》がおすすめ。逆に、「虹が懸かる」では、《懸》を使う方

が"はかなさ"や"高さ"が表現できる。もっとも、「虹が架かる」と書いても間違いではない。

「額を壁に掛ける」は、"一部を接して固定する"という意味で、ふつうは《掛》。しかし、槍のように横に細長いものが何か所かで固定されているならば、「槍を壁に架ける」と《架》を書いても、おかしくはない。

「十字架に架けられる」の場合は、「十字架」を受けて《架》を使うのがふつう。とはいえ、同じ漢字が続くのを避けたいのであれば、《掛》を書いてもよいし、かな書きにすることもできる。

以上のように、《架》の使い方は、考え出すと意外とむずかしい。"空中を横方向につなぐ"という基本的な意味を押さえた上で、"不安定さ""高さ""方向性"などを考慮して、適宜、判断していくしかない。

掛 ← 縦方向も含む　空中を横につなぐ　不安定さ 高さ → 懸

負けた場合が怖ろしい…

さて、「かける/かかる」と訓読みする漢字には、もう一つ、《賭》がある。この漢字は、「賭博」のように、"博打をする"という意味。「かける」と訓読みして、「大穴に賭けた馬券が当たった」「今夜の食事代

[かける／かかる]

を賭けてトランプをする」のように読みする例は少ないが、「勝負にお金が賭かると、眼の色が変わる」のように使われることがある。

《賭》は、基本的には、具体的な"金品"などに関する勝負に対して使われる。しかし、「名誉を賭けて争う」のように、比喩的に、価値の高い抽象的なものについて用いることもできる。ただ、その場合には、"だれのものになるか不安定である"ことを表す《懸》との使い分けが、問題となる。

《懸》は、"不安定な状態"を離れたところから見る第三者的な視点を持つが、《賭》は、"負ければ持っているものを失う"という当事者意識が強い。そこで、「今回の仕事には人生が懸かっている」と書くと、冷静な雰囲気になる。逆に、「今回の仕事に人生を賭けている」のように《賭》を使うと、"絶対に失敗したくない"という当事者意識が強く出る。

「彼女は恋に命を賭けている」ならば、彼女の立場に立った情熱的な表現。「ぼくは恋に命を懸けているんだ」と書くと、その情熱の背景には"不安"が潜んでいることになる。

「命懸け」の場合は、同様の意味合いで、《懸》を使うのが習慣である。

このほか、「悪党の首に賞金を懸ける」「彼の首には賞金が懸かっている」のように、

賭　当事者意識　⇄　第三者意識　懸

自分が争いの当事者ではない場合は、当然ながら、《懸》を使って書く。

《掛》《懸》《架》《賭》のほか、「かかる」とだけ訓読みする漢字もある。《係》は、「関係」のような"関わりを持つ"、"影響を与える"という意味の場合にも、「かかる」と訓読みして使われる。この場合の「かかる」は、語源としては「かかわる」と同じなので、この場合の「かける」という形で使われることはない。

例としては、「これは我が社の運命に係る重大問題だ」「人命に係る事故を防ぐ」などが挙げられるが、やや古めかしい表現になる。また、「主語が述語に係る」『赤い花が咲く』の「赤い」は『花』に係る形容詞だ」「係り結びの法則」なども、《係》が使われる例。この場合の「係る」は、"あることばが文法的にほかのことばに影響を与える"ことを表す。

最後に、《罹》は、「戦争で罹災した」のように使われる漢字で、"災いに遭う"という意味。これも、"災いに接する"ところから「かかる」と訓読みする。

「はしかに罹る」「不眠症に罹る」「兵火に罹って全焼した」のように"病気になる"場合が主な用法だが、「盗難に罹る」のように"災難に遭う"場合にも使われる。ただし、むずかしい漢字であり、現在ではかな書きの方が自然。あえて用いる際には、振りがなを付けるなどの配慮を忘れないようにしたい。

文法で活躍、災難では…？

[かさ] [かさなる／かさねる] ● 144

かさ

暈 笠 傘

基本1 「さす」ものの場合は《傘》を用いる。

基本2 「かぶる」ものの場合は《笠》を使う。

基本3 太陽や月のまわりのものの場合は、《暈》を書く。

柄のあるなしが目印よ！

雨や日差しをさえぎる道具「かさ」を書き表す漢字としては、《傘》と《笠》がある。

《傘》は、現在でも我々がふつうに使っている、柄と骨がある「かさ」の絵から生まれた漢字。「雨が降ってきたから傘を差す」「日傘を差して散歩する」のように用いられる。

一方、《笠》は、部首「竹（たけかんむり）」が示しているように、本来は、細い竹やわらなどで編んで作り、直接、頭にかぶる、帽子のような"かさ"のこと。「笠をかぶったお侍さん」「笠を着けて田植えをする」などと使う。

このほか、日本語では、"太陽や月のまわりにぼんやり見える光の輪"のことも、「かさ」という。これを漢字で書き表したい場合には、部首「日（ひ）」の漢字で、"太陽や月のまわりにぼんやり見える光の輪"を指す《暈》を用いることができる。例としては、「太陽に暈（かさ）がかかっている」「薄い雲が出て、月のまわりに暈が見える」など。使われる機会の少ない漢字なので、振りがなを付けるなどの配慮が必要。かな書きにすることも多い。

なお、同じ自然現象の「かさ」でも、"山の頂上などに覆いかぶさるようにかかる雲"を指す場合は、頭にかぶる「かさ」にたとえて、《笠》を用いる。たとえば、「富士山に笠がかかっている」といった具合である。

かさなる／かさねる

襲 累 重

基本 一般的には《重》を用いる。

発展1 個数や回数が多いことを強調したい場合には、《累》を使ってもよいが、やや特殊。

発展2 着物を「かさねる」場合に、《襲》を使うことがある。

くり返すのは想定内！

《重（じゅうちょう）》は、「おもい」とも訓読みする漢字。「重さ」をかけるところから、"上に載る／載せる"という意味にもなり、「かさなる／かさねる」と訓読みして使われる。「倉庫に在庫品が重なっている」「座布団を重ねて置く」などがその例。「月日が重なる」「年齢を重ねる」「疲労が重なる」「用心を重ねる」のように、"付け加わる／付け加える"という意味でも使われる。

転じて、"くり返し起こる"という意味でも表す。例としては、「幸運が何度も重なると、かえって怖くなる」「人は失

145 ◉ [かさなる／かさねる][かす]

敗を重ねて成長する」など。また、"同時に起こる"という意味にもなり、「デートの日に出張が重なる」「彼女の青春時代はバブル経済期と重なる」のように使われる。

このように、日本語「かさなる／かさねる」を漢字で書き表す場合には、《重》さえ使っておけば問題はない。ただ、《累》や《襲》も、「かさなる／かさねる」と訓読みすることができる。とはいえ、現在ではやや特殊な読み方になるので、振りがなを付けるなどの配慮をしておく方が、親切である。

まず、《累》のもともとの形は「纍」で、"いくつも積まれたもの"の変形。そこで、《累》は、「累積」「累計」「累進」のように、"いくつも上に載る／載せる"という意味や、"何度も付け加わる／付け加える"という意味になる。《重》と似ているが、"いくつも"何度も"という意味をあらかじめ含んでいる点が異なる。

そこで、"いくつも"も"何度も"というニュアンスを強調したい場合には、《重》の代わりに《累》を使うのも選択肢の一つとなる。たとえば、「本がうずたかく積まれて累になっている」「心労が累なって病気になった」「巨万の富を累ねる」「これ以上、過ちを累ねるな」といった具合。

逆に、「彼は彼女の手に自分の手を重ねた」「緑色の絵の具の上に、赤を重ね塗りする」のように、二つのものの関係だったり、厚みを感じさせない表現の場合には、《累》を使うのはそぐわない。

次に、《襲》は、部首「衣(ころも)」の漢字で、本来は"衣服の上にさらに衣服を着る"という意味。そこで、特に衣服の場合に限って、《襲》を「かさなる／かさねる」と訓読みして使うことができる。

とはいえ、《襲》は「襲撃」「敵を襲う」といった使い方のイメージが強いので、現在では、「折り重なった襟の間から素肌が見える」「セーターの上にコートを重ねる」のように、衣服の場合でも《重》を使うのが一般的。ただし、伝統的な和服の世界の用語「下襲」「七つ襲」「襲の色目」などでは、《襲》を書くのが習慣である。

かす

滓 粕

役立たずだなんて失礼な!

基本1 酒や油などの「かす」は、《粕》を用いる。
基本2 その他の「かす」は、一般的にはかな書きにするが、《滓》を使ってもよい。

現在の日本語で、最もよく「かす」と訓読みして用いられる漢字は、《粕》。こ

粕	滓
酒の「かす」 油の「かす」	水の底に 沈澱する物
役に立たない もの	あとに残る ごみ

の漢字は、部首「米(こめへん)」にも示されているように、"米にたまる汚い沈澱物"のこと。そこで、"ごみ"や"役に立たないもの"を表す漢字として、「消を発酵させて酒を造るときにたまる沈澱物"を指す。いわゆる[酒粕]のことで、[粕漬け][粕汁]などと用いられる。転じて、"菜種から油を絞ったり、豆から醬油を絞ったりするときなど"に、あとに残る物質"のことも表す。「油粕」「大豆粕」「醬油粕」などが、その例である。

ところで、酒や油の「かす」は、酒や油を造ったあとに残るもの。ここから、日本語「かす」は、広く"何かのあとに残るごみ"や"役に立たないもの"を指すようになった。

そこで、「消しゴムのかすを捨てる」「夕食の食べかすが散らかっている」「あんなやつは人間のかすだ」など、"ごみ"や"役に立たないもの"を表す「かす」は、かな書きにすることが多い。ただ、どうしても漢字を使いたい場合には、《滓》を用いることもできる。

《滓》は、"水"を表す部首「氵(さんずい)」の漢字で、本来は、"水の底にたまる汚い沈澱物"を指す日本語「かす」を書き表す漢字。「消しゴムの滓を捨てる」「食べ滓が散らかっている」「あんなやつは人間の滓だ」のように使われる。ただし、現在では使われる機会の少ない漢字なので、振りがなを付けるなどの配慮を忘れないようにしたい。

なお、《糟》は、《粕》とほぼ同じ意味の漢字。「かす」と訓読みして《粕》と同じように用いることができるが、現在ではあまり一般的ではない。

この場合に、比喩的な表現として《粕》を用いても、間違いではない。とはいえ、実際には「酒粕」や「油粕」はさまざまに利用できるので、"ごみ"や"役に立たないもの"などという意味で用いるのは、今ひとつそぐわない。

かすか

幽微

基本 一般的には《微》を用いるか、かな書きにする。

発展 存在が確信できない場合には、《幽》を使うと効果的。

《微》は、「微小」「微生物」「軽微」「顕微鏡」など、"よく観察しないとわからないほど小さい／弱い"という意味。「かすか」と訓読みして、「遠くから笛の音が微かに聞こえる」「肌に微かに赤みが差してきた」「火の消えた部屋には、微かなぬくもりが感じられた」「景気は微かにだが良くなっている」「彼の心には、今でも微かな罪の意識が残っている」のように、日本語「かすか」を漢字で書き表す場合には、基本的には

あると思ったんだけれど…

[かすか]

微 — とても小さい とても弱い
幽 — 本当に存在するのか？

《微》を用いる。ただし、現在ではやや特殊な訓読みになるので、振りがなを付けておく方が親切。そのため、「かすかに聞こえる」「かすかに赤みが差す」「かすかなぬくもりにだが良くなっている」「かすかな罪の意識が残る」などと、かな書きにされることも多い。

ところで、「かすか」と訓読みする漢字には、《幽》もある。場面によっては、独特のニュアンスを生かして、こちらを用いることもできる。

《幽》は、古代文字では「㓁」のように書かれ、下半分は「火」の古代文字。そこから、《幽》は、火の力が弱く、"薄暗くてはっきりと見えない"という意味となる。

「深山幽谷」とは、深い山奥や薄暗い谷で、"奥深くてはっきりとはわからないものの持つ美しさ"をいう。「幽玄の美」とは、日本の伝統的な美的感覚で、"奥深くてはっきりとはわからないものの持つ美しさ"をいう。「幽霊」でも、"暗くてはっきり見えない"というイメージが強い。

つまり、《幽》が表すものは、対象となるものの大きさや強さとはあまり関係ない。「かすか」と訓読みする場合でも、観察する側が"その存在に確信を持てない"というニュアンスで使うのがよく似合う。

たとえば、「彼女の顔には微かな笑みが浮かんだ」のように《微》を使うと、"よく見るとわかるくらいの笑み"を指す一般的な表現。これを、《幽》を用いて「彼女の顔には幽かな笑みが浮かんだ」とすると、"もしかすると笑っていないかもしれない"という雰囲気になる。

また、「前途に差す微かな希望の光が、みなを勇気づけた」の場合は、「希望の光」をとても小さいが確かに存在するものとしてとらえているので、《微》を用いるのがふさわしい。それに対して、"そんなものないのかもしれない"というイメージにしたい場合は、「ほんの一瞬、前途に幽かな希望の光が差したような気がした」のように《幽》を書くと、雰囲気が出る。

ただし、《幽》も、「かすか」と訓読みするのは、現在ではやや特殊。振りがなを付けるなどの配慮をしておく方が丁寧である。

[かた]

型・形 — 言ってみれば親子の関係？

基本1 あるものの"かたち"や、あるものが存在する証拠を指す場合は、《形》を用いる。

基本2 ある"かたち"や様式のもとになるもの、それらの特徴や分類を指す場合は《型》を使う。

「かた」と訓読みする《形》と《型》は、使い分けのむずかしい漢字。ただ、その本来

的な意味の違いは比較的、はっきりしていて、部首に着目して説明することができる。

《形》の部首「彡(さんづくり)」は、「影」や「色彩」の「彩」にも含まれていて、"目に見えるもの"を表す記号。そこで、《形》も、「かたち」(p153)とも訓読みするように、一つ一つのものの具体的な"かたち"を指す。

対する《型》は、部首「土(つち)」の漢字で、本来は、鋳物を作るときに用いる"粘土の枠"のこと。これに金属を流し込んで、ある"かたち"をした器具などを作り出す。つまり、一つ一つの《形》を生み出すもとになるものが《型》であるという関係になる。

《形》を用いる例としては、「ドライヤーを使って髪の形を整える」「着古してスーツの形が崩れる」など。ただし、こういう場合の《形》は、現在では「かたち」と訓読みすることが多い。あえて「かた」と読んでほしい場合には、振りがなを付けるなど、配慮をしておく必要がある。

「庭に犯人の足形が残っていた」「お相撲さんが色紙に手形を押す」などは、やや転じて、あるものが残した、"かたち"を指す例。さらには、「跡形もなく消えてなくなる」「借金の形として真珠のネックレスを預かる」のように、あるものが存在する"証拠"という意味でも使われる。

一方、《型》は、あるものの"かたち"を生み出すもとになるものを指す。そこで、「溶かした鉄を型に流し込んで風鈴を造る」「チョコレートの生地を型で抜く」「踊りの型の車はすでに製造が終わっている」「この型の車はすでに流行の髪型に憧れる」「型紙を当てて布を裁つ」のように用いられる。

転じて、具体的な"かたち"にとどまらず、目に見えない抽象的な"様式"についても使われる。「契約書のひな型を用意する」「型通りの結婚式を行う」「型破りな発想をする」などが、その例である。

一つの《型》からは、"かたち"や"様式"が同じものをいくつも生み出すことができる。ここから、《型》は、"複数のものに共通する特徴"や、特徴による"分類"を指しても使われる。例を挙げれば、「私の血液型はO型です」「彼女は早朝から働く朝型の人間だ」「西高東低の冬型の気圧配置が強まる」「彼は破滅型の天才だ」「あの学校の教育方針は自由放任型だ」といった具合である。

以上のように、一つ一つのものの具体的な"かたち"を指す《形》に対して、《型》は"かたち"だけでなく"様式"についても使われる。そこで、"かたち"や"様式"が目に見える具体的な"かたち"ではない場合は、《型》を使っておけばよい。

問題は、具体的な"かたち"に関する場合。一つ一つのものに重点がある場合は《形》を、"分類"という意味合いが強

どちらさまもごもっとも…

い場合は《型》を用いることになる。

たとえば、「彼女の卵形の顔が愛らしい」「トランプを扇形に並べる」「庭にハート形の池がある」などでは、顔やトランプの並べ方、池の具体的な〝かたち〟を指しているから、《形》を用いるのが落ち着く。

一方、「高年齢層が少なくて若年齢層が多い人口構成のグラフは、ピラミッド型といわれる」では、ほかにも「つりがね型」や「つぼ型」といった分類がある、そのうちの一つを指すから、《型》を使うのがふさわしい。となると、〝かたち〟をいくつかに分類するような文脈であれば、「卵型の顔」「扇型に並べる」「ハート型の池」のように《型》を書くのも、筋が通ることになる。

逆に、「その家は屋根がピラミッド形をしているのが目印だ」など、ほかと比較しての分類という意識ではなく、目に見える〝かたち〟そのものを指す場合は、《形》を使う方が落ち着く。

同様に、「秋田犬は大型の犬だ」では、「大型」「中型」「小型」という犬の分類の一つであると考えて、《型》を書く。それに対して、「この犬は柴犬にしては大型だ」のように《形》を使うと、〝その犬が標準よりは大きく見える〟ということに重点を置いた表現になる。とはいえ、柴犬の中での分類がなんとなくであれ意識にあるならば、「この犬は柴犬にしては

大型だ」と書いても、おかしくはない。

「チューリップ形のグラス/チューリップ型のグラス」「小判形のコロッケ/小判型のコロッケ」「コの字型に机を並べる/コの字形に机を並べる」なども同じで、《形》と《型》のどちらを書いても、理屈はつく。というよりも、自分が表現したいものが〝かたち〟そのものなのか〝分類〟なのかは、実は、なかなか区別が付けにくい。

ただ、《型》は、その本来の意味から、大量生産的なものに適している。また、〝分類〟を意味するので、学術的なイメージを含み、改まった印象になる。《形》と《型》の使い分けに悩んだ場合は、そのあたりを考慮に入れて、適宜、落ち着く方を書くのがおすすめである。

なお、「百メートル自由形」のような水泳の種目名では、《形》を用いるのが正式。泳法の分類なのだから《型》を使ってもよさそうだが、目に見える〝かたち〟が自由な泳法という意味なのだろうと思われる。

具体的な〝かたち〟を指すか？
- Yes → 〝かたち〟の分類か？
  - Yes → 大量生産的か？
    - Yes → **型**
    - No → 学術的か？
      - Yes → **型**
      - No → **型**
  - No → **形**
- No → **型**

[かたい／かたまる／かためる] ● 150

かたい／かたまる／かためる
難堅硬固

基本1 ほとんどの場合は《固》を用いる。
基本2 特に鉱物の場合、柔軟性がない場合、「かたい」まま変化できない場合には《硬》を使う。
基本3 特に、土が崩れない場合、丈夫な場合、信頼できる場合には、《堅》を書く。
基本4 なかなかできないことを表す「かたい」は、《難》を使う。
「○○しがたい」は、《難(なん)》を使う。

いつだって変わりません！

日本語「かたい」の基本的な意味は、"力を加えても変化しにくい"こと。「かたい」と訓読みする漢字はいくつかあるが、最も一般性があるのは、《固》である。

《固》の部首「囗(くにがまえ)」は、「囲」「国」にも見られ、"外側をとりまく"という意味がある。そこで、《固》も"外からの影響を受けにくい"ことを表し、「かたい」と訓読みして用いられる。

例としては、「この箱は固い紙でできている」「ドアノブが固くて回らない」「今年のチームは結束が固い」「彼の辞職の意志は固い」「押し売りは固くお断りします」など。また、「ゼラチンが固まるまで待つ」「ようやく方針が固まった」「舗道をコンクリートで固める」「立候補の決意を固める」のように、「かたまる／かためる」と訓読みして、"変化して「かたく」なる"という意味で使うこともできる。

このように、《固》は、「かたい」を書き表す際に広く用いることができ、どのような場合に使っても、ほとんどは間違いにはならない。とはいえ、《硬》や《堅》を用いる方がよりしっくりくるケースも少なくない。

まず、《硬》は、部首「石(いしへん)」の漢字なので、本来は石が「かたい」ことを表す。そこで、「ダイヤモンドより硬い鉱物はない」「硬いガラスにひびが入る」「このロボットは硬い合金でできている」など、鉱物が「かたい」場合には、《硬》を用いるのが落ち着く。

「固いせんべいをかじる」はふつうは《固》を使う例だが、「硬いせんべいをかじる」と書いて、比喩的に"石や鉄のように"という意味合いを表すことも可能である。

ここから、《硬》は、"変化すべきなのに変化できない"つまりは"柔軟性がない"場合にも使われる。「彼は運動しないから、体がとても硬い」「舞台に上がった彼女の表情は硬かった」「ふとんが硬くて眠れない」などがその例。ただ、「背骨が固まる」「表情が固まる」などは《固》を使って書き表すので、これらの場合に《固》を書いても、間違いとは言い切れない。

「この本は内容が難しくて文章も硬い」は、表現としての"柔軟性がない"という意味。「彼は頭が硬いわからず屋だ」も似

ちょっとは変わってみたら…

[かたい／かたまる／かためる]

たような例で、《硬》を書くと、"考えを変えられない"というニュアンス合い。ただし、「頑固」という熟語のイメージから、「頭が固い」と書くことも多い。

ちょっと悩ましいのは、食べもののゆで加減や焼き加減で使われる「かたい」。基本的には《固》を使っておけばよいが、"やわらかくなるべきなのに変化できない"で「かたい」ままである場合には、《硬》を使うとより雰囲気が出る。

たとえば、「パスタのゆで加減が硬い」「火が通っていない硬い餅」など。逆に、「卵を固くゆでる」「焼き過ぎて固い肉」では、やわらかいものが変化した結果が「かたい」のだから、《硬》は避けた方が無難である。

次に、《堅》は、部首「土（つち）」の漢字なので、本来は、"踏んだり叩いたりしても、土が崩れない"ことを表す。「この台地は地盤が堅い」「堅い土の壁を築く」などが、基本に忠実な例。ただ、その土には鉱物は含まれていないのかなどと、細かく考え出すとややこしくなる。そこで、これらの場合も、広く使える《固》を使う方が、よけいなことを考えなくて済む。

《堅》が本領を発揮するのは、転じて"丈夫な"信頼できる"という意味を表す場合。《堅》を用いて「この家は堅い材木でできている」と書くよりも、"折れたり腐ったりしない"材木でできている」とした方が、

> こいつは
> 任せて大丈夫！

という、ふつうの表現。これを、「彼女は口が堅いから安心だ」のように《堅》を書くと、"絶対に口外しない"という信頼感は高まる。

「くつひもを堅く結ぶ」「堅い守りで相手チームを抑え込む」「二人は堅い絆で結ばれている」なども同様。これらの《堅》を《固》と書いてもよいが、"丈夫な"信頼できる"という意味合いは薄くなる。逆に、この意味合いが強まって、「今回のテストでは七〇点は身持ちが堅い」「うちの社長はいつも手堅い商売をする」「あの人は義理堅い方だ」などになると、ふつうは《固》は使えない。

《堅》は、さらに、「お堅い内容の本ばかり書いている」のように、"まじめで信頼できる"ことをからかい気味に指すこともある。「堅苦しい話は抜きにしましょう」は、"まじめ過ぎる"という意味で用いられた例である。

なお、《硬》と《堅》は、鉱物や土などが「かたい」という、状態

```
       丈夫である
       信頼できる
  変形し
  にくい    大地や土壁
        堅
        硬
  変化し   石や鉱物
  にくい
       変化できない
       柔軟性がない
  固
```

[かたい／かたまる／かためる］［かたき］● 152

そのものに焦点がある漢字。そのため、状態が変化することを表す「かたまる／かためる」は、《固》を使って書き表すのがふつうである。

以上のほか、日本語「かたい」は、"力を加えても変化させられない"ところから、"なかなかできない"という意味にもなる。この場合の「かたい」は、「むずかしい」とも訓読みする《難》を使って書き表し、ほかの漢字は使わない。

例としては、「彼女の悲しみは想像するに難くない」「言うは易く、行うは難し」など。「信じ難い光景を目にする」「彼は得難い人材だ」「その誘惑には抗い難い」のように、動詞のあとに付いて「がたい」の形になることも多い。「有り難い」も、本来は"なかなかない"という意味。ただし、これらの「がたい」は、現在ではかなで書き表すことも多い。

かたき

仇 敵

対抗意識もほどほどに…

基本 一般的には《敵》を用いる。

発展 怨みや憎しみを強く表現したい場合には、《仇(きゅう)》を使ってもよい。

日本語「かたき」は、"競争の相手"という意味。"怨みや憎しみを感じる相手"から、いわゆる"よきライバル"まで、幅広く指す。このことばを書き表す漢字としては、《敵》と《仇》がある。

《敵》は、「敵対する」「敵意を持つ」などと使われるところから、"怨みや憎しみを感じる相手"という印象が強い。ただ、「匹敵」のように、"相手としてちょうどつり合う"という意味もある。そこで、"よきライバル"の場合も含めて、日本語「かたき」を書き表す漢字として、広く用いることができる。

例としては、「親の敵(かたき)を討ち果たす」「上司から目の敵(かたき)にされる」「あいつとは若いころ、恋敵(こいがたき)だったんだ」「二人は仕事では商売敵(しょうばいがたき)だが、実は飲み友だちでもある」など。「かたき」を漢字で書き表したい場合には、《敵》を用いておけば問題はないが、振りがなナシでは「てき」と読まれてしまう可能性もあるのが、困った点である。

一方、《仇》は、漢文では"怨みや憎しみを抱く"という意味でも使われることがあり、マイナスの感情のイメージが強い。そこで、「親の仇(かたき)を討ち果たす」「上司から目の仇(かたき)にされる」「あいつとは若いころ、恋仇(こいがたき)だった」ならばOKだが、「商売仇(しょうばいがたき)だった二人は、かなりドロドロした関係が想像される。

《仇》を書くのは、相手に対する"怨みや憎しみ"を強く表現したい場合だけにしておくのが無難である。

敵 ― 競争の相手
仇 ― 怨み憎しみ

かたち　容形

基本 一般的には《形》を用いる。
発展 内面の現れとしての態度を指す場合には、《容》を使ってもよいが、かなり古風。

日本語「かたち」を漢字で書き表す場合は、「三角形」「四角形」のように目に見える具体的な"外見"を指す漢字《形》を用いる。「紙を丸い形に切り抜く」「彼女は鼻の形がいいのが自慢だ」「煮込みすぎてジャガイモの形が崩れる」などがその例。「形だけの入社式を行う」「彼とは、私が振られたという形で別れた」のように比喩的に用いられても、《形》を書いておけば問題はない。

ただし、かなり古めかしい雰囲気にはなるが、《容》も、「かたち」と訓読みして使うことができる。

この漢字は、「容器」「内容」のように、本来は"中身"を表す漢字。転じて、「容姿」「容貌」「美容」など、中身と対応するものとしての"外見"をも指すようになった。

そこで、内面の現れとしての"態度"を指す場合には、《容》を用いるとそのニュアンスが出る。特に、「彼は急に容を改めて本題を切り出した」「先輩に注意されて、彼女は容を正した」のように、「容を改める/正す」の形で使われるのが、典型的な例。ただし、特殊な訓読みなので、あえて使う際には、振りがなを付けるなどの配慮が必要である。

拙者、態度を改めまする！

外見　☆　形
外見・内面　☆　容

かたる　騙語

基本1 一般的には《語》を用いる。
基本2 特に、うそを言って害を与えようとする場合には、《騙》を使う。

うそつきは別だからね！

《語》は、さまざまな角度から"ことば"を表す漢字。「単語」「用語」のように、ある"ことば"そのものも指すが、「語勢を荒げる」や「大言壮語」などでは、"ことばにする"ことや"まとまった内容を話す"ことを意味する。そこで、「かたる」と訓読みして広く用いることができる。

例としては、「友だちと夢を語る」「初恋の思い出を語る」「ギターの弾き語りをする」「彼女の目つきがすべてを語っている」「わずかに残った建物が、かつての繁栄を物語っている」のように比喩的に用いられても、《語》を使って問題はない。

ただし、日本語「かたる」には、"うそを言って害を与えようとする"という意味もある。この場合には、「だます」

[かたる][かつ] ● 154

かつ
贏 克 勝

苦労知らずはご遠慮ください

内容＼気持ち	悪意なし	悪意あり
うそでない	語	語
うそ	語	騙

とも訓読みする漢字《騙(へん)》を用いて書き表す。例を挙げれば、「有名大学を卒業したと騙って、相手を信用させる」「こんな高貴な方の名を騙って、詐欺を働く」「さる高貴な方の名を騙って、詐欺を働く」「こんな不良品を売りつけるなんて、騙り同然の行為だよ」といった具合である。

《騙》は"害を与える"という悪意が強い漢字なので、罪のない軽いうそに対しては、使わない方がよい。そういう場合は、《語》を用いて「彼は酔っ払うとほら話を語り出す」のように書くのが、穏当である。

なお、《騙》はややむずかしい漢字なので、振りがなを付けるなどの配慮をしておくと、親切である。

基本 一般的には《勝》を用いる。

発展1 力を尽くして困難を乗り越える場合には、《克》を使うと効果が高い。

発展2「かち得る」の場合には《贏》を使うこともできるが、難解。

するように、基本的な意味は"力が上である"こと。そこで、"争いごとで、相手より上の位置を占める"という意味で、「かつ」と訓読みして広く用いられる。

例としては、「じゃんけんに勝つ」「競馬で一万円勝った」「勝ち気な態度を崩さない」などなど。「白眼の勝った瞳でにらみつける」「彼女は才気の勝った性格だ」のように、"ある要素がほかの要素より強い"という意味で使われることもある。

一方、《克》は、「病を克服する」「克己心を持つ」などと、時間をかけて力を尽くし、困難を乗り越える"という意味。「かつ」と訓読みして、「誘惑を退けて己に克つ」「甘いものを食べたいという欲望に克つ」「恐怖心に克って飛び降りる」のように用いられる。「神の与えた試練に打ち克つ」「圧政に打ち克って民衆を解放する」など、「打ち克つ」の形で用いられることも多い。

「己に勝つ」「欲望に勝つ」「恐怖心に勝つ」「試練に打ち勝つ」のように、これらの《克》を《勝》と書いても、意味の上では問題ない。しかし、《克》を使った方が、"時間をかける"とか"力を尽くす"といったイメージが強くなる。逆に言えば、楽に「かつ」場合には、《克》は用いない方が穏当である。

なお、「かつ」と訓読みする漢字としては、もう一つ、《贏》が挙げられる。これは、"金品"を表す部首「貝(かい)」《勝(しょう)》は、部首「力(ちから)」の漢字で、"すぐれる"(p257)「まさる」(p515)とも訓読み

かど

廉門角

目立ったものには要注意!

```
          苦労が多い
             ↑
   勝        |        克
   勝        |        勝
時間を ←―――――+―――――→ 時間をかける
かけない     |
   勝        |        勝
   勝        |
             ↓
          苦労が少ない
```

基本1 とがった先の部分を指す場合は、《角》を用いる。

基本2 出入り口を指す場合は、《門》を使う。

基本3 目立った特徴や、判断の根拠を指す場合は、かな書きにするか、《廉》を書く。

の漢字で、商売などで成功して"利益を得る"ことが本来の意味。日本語では、「自由を贏ち得る」「愛を贏ち得る」のように、特に「贏ち得る」の形で、"価値のあるものを手に入れる"という意味で使われることがある。

とはいえ、とてもむずかしい漢字であり、使ってもその意味がきちんとは伝わらない可能性さえある。よほどのこだわりがない限り、《勝》を使って「自由を勝ち得る」「愛を勝ち得る」と書いておくのが、おすすめ。あえて《贏》を用いる場合も、振りがなを付けるなどの配慮が、必須となる。

《角》は、「つの」とも訓読みするように、"動物の頭から突き出た、固くとがった部分"を指す漢字。転じて、"とがった先の部分"という意味で、「かど」と訓読して用いられる。「柱の角にすねをぶつける」「曲がり角の先に公園がある」「書類の右上の角をホッチキスで綴じる」などがその例。また、「あの人はいつも角のある言い方をする」のように、比喩的に"人を傷つけるような言動"を指すこともある。

一方、《門》は、"建物の敷地の出入り口"を指す漢字。日本語ではこれも「かど」と訓読して使われる。たとえば、「お隣さんの門口で立ち話をする」「お正月に門松を飾る」「人生の門出を祝う」「笑う門には福来たる」「そんな苦情を持ち込まれても、お門違いだ」といった具合である。

このほか、日本語「かど」には、"突き出していて目立つ"ところから、"問題にすべき目立った点や、判断の根拠"を指す用法もある。この意味の「かど」は、かな書きすることも多いが、漢字で書くとすれば《廉》を使う。

この漢字は、「清廉な政治家」「廉恥の心」のように使われ、"欲が少なく、言動にけじめがある"という意味。日本語では、"調べてけじめを付ける"ところから、"問題にすべき目立った点

```
角 ――目立つ――→ 廉
とがった        目立つ点
先の部分        判断の根拠

門  建物の
    出入り口
```

[かど][かなう／かなえる] ● 156

や、判断の根拠を意味する「かど」を書き表す漢字としても、使われるようになった。

「ご不審の廉があれば、お取り調べください」「謀反の廉で罰せられる」「彼は一廉の人物だ」などがその例。やや読みにくい訓読みなので、振りがなを付けておく方が親切である。

かなう／かなえる

叶敵適

基本1 ほとんどの場合は《適》を用いる。
基本2 特に、対等の力を持つ場合には、《敵》を使う。
発展 思い通りになる場合には、《叶》を用いることもできる。

あいつは現実的だから…

日本語「かなう」は、基本的には"ぴったり合う"という意味。漢字で書き表す場合には、「適切」「適合」のように"ぴったり合う"ことを表す《適》を用いるのが、第一の選択肢となる。例としては、「道理に適った判断をする」「法律の趣旨に適った判決が出た」「お眼鏡に適ったものをご自由にお選びください」「すべての条件を適えるような物件を探す」などが挙げられる。

日本語「かなう」は、転じて、"対等の力を持つ"という意味にもなる。この場合には、「匹敵する」のように"相手としてつり合う"という意味を持つ《敵》を使って書き表す。

「まともに勝負して敵う相手ではない」「数では敵わないから質で勝負だ」などがその例。この意味の「かなう」は、これらのように、あとに「ない」のような打ち消しの表現を伴うのがふつうである。

なお、「かなわない」は、"対等の力を持つ"ところから転じて、「この暑さにはかなわない」「工事の音がうるさくてかなわない」のように、"我慢できない"という意味にもなる。この場合には、"ぴったり合う"という意味からもかなり離れているので、かな書きにするのが落ち着く。

また、日本語「かなう」は、特に"思い通りになる"ことを指す場合もある。これも"ぴったり合う"ことの一種だから、《適合》を使って書き表しても、間違いではない。ただ、「適切」「適合」のように使われる《適》には現実的なイメージがあるので、夢や希望などが"思い通りになる"のにはそぐわない、と感じられることもある。

そんな場合には、かな書きにしてもよいが、《適》の代わりに《叶》を用いるという方法もある。この漢字は、本来は「協力」の「協」と読み方も意味も同じで、"一つにする"ことを表す。それを、日本語では「協」とは区別して、特に"思っていることと現実とが一致する"場合に使うようになった。

「子どものころからの夢が叶う」「念願が叶って映画出演を果

[かなう／かなえる][かなしい／かなしむ]

	適	敵	叶	かな書き
我慢できない思い通りになる				◎
思い通りになる	◎			○
対等の力を持つ		◎		○
ぴったり合う	○		◎	○

たした「留学したいという望みを叶える」「もはや旅行に行くことも叶わない」「叶わぬ恋に身を焦がす」などが、その例。「あなたの希望を叶えてあげよう」も《叶》を使いたくなる例だが、「君の希望が適うように努力しよう」になると、現実的な感じがするので、《適》を用いておく方がよさそうである。

かなしい／かなしむ

哀 悲

基本 一般的には《悲》を用いる。

発展 深い「かなしさ」の場合には、《哀》を使うと効果的。

「非」は、その形から、"二つに分かれる"という意味を持つと考えられている。それに部首「心(こころ)」を組み合わせた《悲》は、"心が引き裂かれる"という意味で、「かなしい／かなしむ」と訓読みして用いられる。

例としては、「悲しい物語に涙する」「あの人の姿を目にするたびに悲しくなる」「失恋の悲しさに耐えられない」「自分の才能のなさを悲しむ」「親友を失って悲しみに沈む」など。日本語「かなしい／かなしむ」を漢字で書き表す場合には、《悲》を使っておけば、間違いにはならない。

一方、《哀》は、「あわれ」(p49)とも訓読みする漢字。部首が「口(くち)」であることから、"嘆きが口をついて出る""溜息をつく"といったニュアンスを含む。また、「哀悼(あいとう)」「哀惜(あいせき)」などでは、"死を嘆く"という意味合いを持つ。そこで、心の底から深く嘆いたり、受け容れるしかないものに対して嘆いたりする場合に、「かなしい／かなしむ」と訓読みして用いられる。

たとえば、「二人の行く先には悲しい運命が待ち受けていた」のように《悲》を使うと、ふつうの表現。これを、《哀》を使って「二人の行く先には哀しい運命が待ち受けていた」とすると、いかにも"あらがいがたい運命"という雰囲気が出る。「上司の命令には従うしかないのが、平社員の哀しさだ」「人生の哀しみを深く感じる」などでも同様。《哀》を用いると、あきらめを伴う静かな「かなしみ」を表す効果がある。

また、「ヴァイオリンの哀しい調べ」「晩秋の山が哀しい色に染まる」のように、音や色などから受ける「かなしさ」も、《哀》を使いたくな

悲

心が痛む

深さ
あきらめ

哀

心の底からわきあがる…

例。《悲》よりも、"心の底から深く揺り動かされる"というニュアンスになる。

かね

鉦鐘

基本1 ほとんどの場合は《鐘》を用いる。

基本2 特に、手に持ったり机に置いたりして、外から叩いて鳴らすものは、厳密には《鉦》を使う。

鉦 持ったり置いたりして外から叩く

鐘 つり下げないで、外から叩いて!

《鐘》。「お寺の鐘を突く」「時計台の鐘が鳴る」「始業の合図に鐘を鳴らす」「死者の冥福を祈る鐘が響く」などと使われる。

叩いて音を鳴らす器具「かね」を書き表す漢字として、よく知られているのは《鐘》。

ただ、漢字《鐘》は、本来は、昔の中国で"音の高さが違う金属の器を並べてつり下げ、音階が出せるようにした楽器の一種"を指していた。それに対して、"手に持ったり、地面や机の上などに置いたりして、外から叩いて音を出す器具"は、《鉦》という漢字で表される。

そこで、現在の日本語でも、このタイプの「かね」を漢字で書く場合には、《鉦》を用いることがある。例としては、「念仏を唱えながら鉦を鳴らす」「お囃子の鉦が聞こえる」など。一般にはあまりなじみのない漢字なので、振りがなを付けるなどの配慮をするのが望ましい。

ちなみに、楽器のハンドベルや、スポーツの競技で合図に鳴らす「かね」は、手に持つタイプではあるが、舌が付いていて内側から叩いて音を鳴らすので、《鉦》ではない。「長距離走で、あと一周の合図に鐘を鳴らす」のように、《鐘》を用いる。

また、つり下げるタイプのものであっても、雅楽で用いる「かね」は《鉦》と書く。これは、手に持って運べるところからか。一方、西洋音楽では、楽器としての「かね」は、ふつうは《鐘》を使って書き表す。

このように、《鐘》と《鉦》の境界線には、あいまいなところがある。さらに具体的に考えれば、どこで音が鳴っているのかわからないとか、スピーカーから音が聞こえるなど、どのようなタイプの「かね」なのかはっきりしないこともありうる。

そこで、判断のむずかしい場合は、現在では《鐘》を使うのが習慣。一般的には《鐘》を使うと考えてよい。

かま

缶 竈 窯 釜

基本1 外から加熱してものを煮炊きする容器は、《釜》を用いる。

基本2 中で加熱してものを焼いたり溶かしたりする穴蔵は、《窯》を使う。

発展1 「かまど」を指す場合は《竈》を書く。

発展2 専門的には、水蒸気を作り出すための密閉した容器の場合に、《缶》を使うことがある。

「かま」と訓読みする漢字はたくさんあるが、中でも《釜》《窯》《竈》《缶》の四つは、指すものが似通っていて、使い分けに注意を要する。ただ、《釜》以外は、現在では使う機会の少ない漢字。振りがなを付けるなどの配慮をしておくと、丁寧である。

まず、《釜》は、部首「金(かね)」に、読み方を示す「父」を組み合わせた形が省略された漢字。もともとは金属製の容器の一種で、"外から加熱して、中に入れたものを煮炊きするための器"をいう。

お米を炊くか、パンを焼くか?

「お釜を使ってごはんを炊く」「カニをまるごと釜ゆでする」「釜めし」「釜揚げうどん」などがその例。下で火を焚くのが伝統的なスタイルだが、現在では「電気釜」の方が身近。「後釜に据える」「後釜に座る」「後釜に納まる」などは、"ある地位に就く"ことを、"釜を定位置に置く"ことにたとえた表現な

ので、《釜》を書く。

次に、《窯》は、部首「宀(あなかんむり)」にも示されているように"穴蔵の一種"で、"中で火を起こして、中に入れたものを焼いたり溶かしたりするための穴蔵"のこと。「焼きものの窯元さんを訪ねる」「石窯でパンを焼く」「炭焼き窯から炭を取り出す」「高温の窯の中でガラスを溶かす」のように使われる。"外から加熱する器"を指す《釜》に対して、《窯》は"中で火を起こす穴蔵"なので、区別はむずかしくはない。

いつも下でがんばってます!

《竈》は、一般的には「かまど」と訓読みされる漢字。これも部首「宀」の漢字だから、"穴蔵"を指すが、"中で火を焚いて、上に載せたものを煮炊きするのに使う、穴蔵のような装置"をいう。《窯》との違いは、加熱する対象となるものを上に載せる点。「たきぎを竈にくべる」のように使うが、現在では「かまど」と読むのがふつう。「かま」と読む漢字の使い分けという点では、あまり気にしなくてよい。

《釜》と《竈》の違いについては、《竈》の上に《釜》を載せるのが本来の関係。ただし、両者は一体として捉えられることも多い。たとえば、"海水を熱して水分を蒸発させ、塩を作る設備"を指す「しおがま」は、「塩釜」とも「塩竈」とも書かれる。また、"風呂の焚き口"は、現在では「風呂釜」と書くのが定着しているが、本来ならば《竈》を用いてもおかし

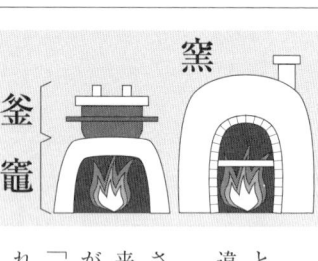

くはない。
なお、《竈》は、やや省略されて《竄》とも書かれることもあるが、意味に違いはない。

最後に、《缶》も、「かま」と訓読みされることがある。この漢字は、本来は"水を入れる容器"のことだったが、現代の日本語では、「アルミ缶」「空き缶」のように"金属製の密閉された容器"を指すようになった。

そこから転じて、「かま」と訓読みするために、"外から加熱して、中に入れた水を蒸気に変化させるために使う、密閉された容器"を表すために用いられることがある。簡単に言えば、"ボイラー"のこと。かなり専門的だが、現在でも「蒸気機関車の缶焚き口」「火力発電所の缶」のように使われる。

なお、《缶》は、以前は正式には《罐》と書いた。現在では《缶》は「アルミ缶」「空き缶」などの印象が強いので、蒸気を発生させるための容器を指す場合には、あえて《罐》を用いて区別することもある。

窯
釜 竈

かむ

擶噬嚼咬嚙

基本 一般的にはかな書きだが、漢字で書く場合は《嚙》を用いる。

発展1 牙を立てる場合や、傷を与えることに重点がある場合には、《咬》を使うことが多い。

発展2 「かみつぶす」場合には、《嚼》を使うこともできるが、かなり特殊。

発展3 「臍をかむ」は、正式には《噬》を書く。

発展4 「鼻をかむ」は、一般的にはかな書きだが、《擶》を用いてもよい。

人間には牙はないので…

日本語「かむ」は、基本的には"上下の歯でものを挟む"という意味。このことばを書き表す場合には、かな書きにするのが一般的。とはいえ、「かむ」と訓読みする漢字はたくさんあり、それらを用いることもできる。

中でも、比較的よく使われるのは《嚙》と《咬》。この二つは、漢字としては、もともとは読み方も意味も同じ。とはいえ、《嚙》の方が、「歯」の以前の正式な書き方「齒」を含んでいる分、字の形から歯を使うことがイメージされやすいので、現在の日本語ではこちらが広く用いられる。

「よく嚙んで食べる」「生肉を嚙みちぎる」「キャンディを奥歯で嚙み砕く」などがその例。「後悔の念に唇を嚙む」「喜びを嚙

[かむ] [から]

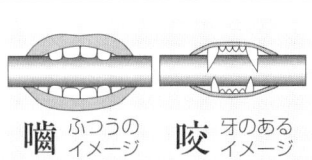

噛 ふつうのイメージ
咬 牙のあるイメージ

みしめる」「噛んで含めるように説明する」「砂を噛むような生活」「話が噛み合わない」「ファスナーが布地を噛んで動かない」など、比喩的に使うことも多い。

なお、《噛》は、省略して《嚙》と書かれることもあるが、意味は変わらない。

一方、《咬》に含まれる「交」は、長い棒が"交わる"という意味を持つ。そのイメージが動物の長い牙に通じるところから、現在の日本語では、"牙を立てる"場合には、「犬が咬みつく」「蛇に咬まれる」「ドラキュラに咬まれた!」のように、《噛》ではなく《咬》を使うことも多い。

ここから転じて、「かむ」を比喩的に使う際も、"相手に傷を与える"というニュアンスが強い場合には、《咬》を用いることが多い。たとえば、「逆ギレして上司に咬みつく」「波が岩を咬んでいる」といった具合である。

使い道は限られます!

まず、《嚼》は、「食べものを咀嚼する」のように使われる漢字で、"歯でつぶして飲み込む"という意味。「よく嚼んでから飲み込む」「何度も嚼んでじっくり味わう」などと使うことができるが、現在ではかなり特殊である。

次に、《噬》は、離れているものに"口を近づけて食いつく"という意味。「猟犬が獲物に跳びかかって噬みついた」「パン食い競争でパンに噬みつく」のように使えるが、これまた現在ではかなり特殊。ただし、"自分のへそに食いつこうとしても届かない"ところから、"どうにもならないことを後悔する"という意味で使われる慣用句「臍を噬む」では、元になった漢文で《噬》が使われているので、現在の日本語でも正式にはこの字を書く。

最後に、"鼻から強く息を吹いて、鼻水などを外に出す"ことをいう「鼻をかむ」の場合は、「歯」とは関係がないので、《噛》は使えない。かな書きするのがふつうだが、どうしても漢字で書き表したい場合には、この意味を表す漢字《擤》を用いて、「鼻を擤む」と書く。

なお、《嚼》《噬》《擤》は、どれもむずかしい漢字なので、振りがなを付けるなどの配慮が必要である。

から
殻 空

中身がないのは一緒だね!

基本1 中に何もない場合、実質が伴わない場合は《空》を用いる。

基本2 表面をおおう固い部分や、必要な部分を使ったあとに残るものを指す場合は、《殻》を使う。

《空》には、「空腹」「空白」のように、"中に何もない"という意味がある。「から」

[から][からす][かる] ● 162

```
┌─────────────┐
│    空       │
│  中身が     │
│ なくなった  │
│   状態      │
└─────────────┘
    ↑
   殻  中身を包む
       固い外側
```

と訓読みした場合もこの意味で、「コップの中身を空にする」「財布が空になる」「心が空っぽになる」のように使われる。

転じて、「空想」「架空」など、"実質が伴わない"ことをも表す。訓読みでは、「最後まで何も起きず、空騒ぎに終わる」「彼女は笑っているが、あれは空元気だよ」「もらった宝くじは、空くじばかりだった」などが、その例となる。

一方、《殻》は、音読みでは「地殻」「甲殻類」のように使われる漢字で、訓読みして「卵の殻」「貝殻」「セミの脱け殻」「自分の殻に閉じこもる」などと用いられる。

ところで、米や麦、そばなどの実では、食用とするために中身だけが取り出され、"表面をおおう固い部分"は「もみ殻」や「そば殻」として残される。ここから、《殻》は"必要な部分を使ったあとに残るもの"という意味にもなる。例としては、「たばこの吸い殻を捨てる」「お茶を煮出したあとに茶殻が残る」「暖炉にはたきぎの燃え殻がくすぶっていた」などが挙げられる。

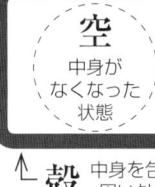

以上のように、《空》と《殻》は、"中身が使われてなくなる"場合に、共通する部分がある。違いは、《空》は"中身がない"という状態を表すのに対して、《殻》は"中身がなくなって残されたもの"を指す点。そこで、「空の弁当箱を持って帰る」では《空》を、「弁当の殻は持ち帰ろう」では《殻》を使うことになる。

ただし、「貝殻」や「卵の殻」のように使われる《殻》には、"自然のもの"というイメージがある。そのため、弁当箱のような人工の容器の場合は、「弁当のからは持ち帰ろう」のようにかな書きすることも多い。

からす

嗄枯涸

→かれる／からす（p 164）

かる

狩刈駆

基本1 動物をつかまえる場合、果実などを摘み取る場合、自然を観賞する場合は、《狩》を用いる。

基本2 伸びた植物や毛を切り取る場合は《刈》。

基本3 走らせる場合、追い立てる場合、無理にさせる場合は《駆》を使う。

楽しみと生活の違い

《狩》は、"けもの"を表す部首「犭（けものへん）」の漢字。「狩猟」のように使われて、"鳥やけものを探し出してつかまえる"ことを表す。そこで、「かる」と訓読みして、「野山でウサギを狩る」「今日の狩りの獲物はキジが三羽だった」「鷹狩り用の鷹を育てる」「猟銃

[かる]

を片手に虎狩りに行く」のように用いられる。「山賊を狩る」「密輸業者のアジトに狩り込みを行う」などは、比喩的に人間を対象として使われたもの。基本的には、つかまえると得になるものを"つかまえること"を表す漢字である。

ここから、現在の日本語では、転じて"植物の実やきのこなどを摘み取る"という意味でも用いられる。この場合には、「いちご狩り」「梨狩り」「しめじ狩り」など、「○○狩り」の形になるのがふつう。また、「桜狩り」「もみじ狩り」「蛍狩り」のように、"出かけて行って美しい自然を観賞する"ことを指す場合もある。

	狩	刈
	動物をつかまえる	毛を切り取る
	植物の実などを摘み取る	植物の茎や枝などを切り取る
	美しい自然を鑑賞する	
	楽しみ	生活感

一方、《刈》は、"刃物"を表す部首「刂（りっとう）」の漢字で、"伸びた植物や毛などを切り取る"という意味。日本語の「かる」にはこの意味もあるので、「庭の雑草を刈る」「畑の麦を刈り入れる」「髪を坊ちゃん刈りにする」「羊の毛を刈る」などと使われる。

《狩》と《刈》は、植物を対象にするケースで、使い分けがまぎらわしくなることがある。漢字本来の意味からすれば、"刃物"を主に使うのが

そこで、「狩猟」には昔からスポーツとしての側面があるので、"楽しみ"という意味合いが強い場合には《狩》を使う、と考えるのがわかりやすい。逆に、《刈》は、「稲刈り」「柴刈り」「芝刈り」など、生活感のある場面で用いられる。

なお、《刈》と読み方も意味も同じ漢字に《苅》がある。《刈》と同じように使うことができるが、現在では《刈》を用いる方が一般的である。

出したり立てたりややこしい！

ところで、「かる」と訓読みする漢字に、《駆》もある。これは、「かける」（p138）とも訓読みする漢字で、基本的には"早く走る／走らせる"という意味。「王子は白馬を駆って城へと帰った」「パトカーを駆って現場へ向かう」などがその例。また、「牛を駆って小屋の中に入れる」のように、"追い立てる"という意味でも使われる。

転じて、何かを"無理にさせる"場合や、"しなければいけないと感じさせる"場合にも使われる。「不安に駆られて家路を急ぐ」「激情に駆られて暴力を振るう」などがその例。この意味の場合には、「民衆をあおって、暴動へと駆り立てる」「満足しない思いが、彼女を次の挑戦へと駆り立てる」のように、

[かる][かれる/からす] ● 164

「駆り立てる」の形で使われることが多い。

ただ、「かり立てる」では、《狩》との使い分けが問題となる。漢字の意味に立ち返るならば、「猟犬を使って獲物を狩り立てる」のように、〝動物を追い立てる〞場合は《狩》を用いる。

とはいえ、「罪人たちを狩り立てて護送車に載せる」のように、比喩的に人間に対して用いることもある。相手が人間の場合は、基本的には《駆》を用いるとよい。

また、「かり出す」の形でも、《駆》と《狩》の使い分けが問題となるが、考え方は「かり立てる」の場合と同じ。「組合の人員を駆り出して、デモ隊を組織する」「大統領の警護に多くの警察官が駆り出される」など、人間に対する場合は《駆》を使う。一方、「野原に火を放って動物たちを狩り出す」「イノシシが山から狩り出されてきた」「山に逃げ込んだ無法者を狩り出す」のように、相手が動物か、動物扱いすべき人間ならば《狩》を用いる。

ちなみに、「かり出す」は、〝一時的に使わせてもらう〞という意味ならば、《借》を書く。「隣の教室から椅子を借り出してきた」「ほかの部から人を借り出して、大会に参加できるだけのメンバーをそろえる」などが、その例である。

なお、《駆》と読み方も意味も同じ漢字として、《駈》があ

る。以前は「かる」の訓読みでもよく使われたが、現在では、《駆》を書く方が一般的となっている。

かれる/からす

嘎枯涸

だいじなものが出て来ない！

基本1 水源の水、資源や資金、能力や感情などがなくなる場合は、《涸》を用いる。

基本2 植物の命がなくなる場合、勢いがなくなる場合、渋い魅力がある場合は《枯》を使う。

基本3 声がかすれる場合は、《嗄》を使う。

日本語「かれる/からす」は、基本的には〝水がなくなる〞〝水をなくす〞という意味。このことばを書き表す漢字としては《涸》《枯》《嗄》の三つが挙げられるが、その使い分けを理解するには、部首に着目するのが手がかりとなる。

《涸》は、〝水〞を意味する部首「氵(さんずい)」の漢字で、〝水源の水がなくなる〞という意味。「井戸が涸れる」「地下水が涸れる」「管理を誤り、溜め池の水を涸らしてしまった」のように用いられる。「涙が涸れる/涙を涸らす」の場合も、〝水源〞の一種だと見立てて《涸》を使う。

転じて、「この油井は何年も前に涸れた」「投資の失敗で、事業の財源を涸らしてしまう」のように、〝資源や資金がなくなる〞ことをも表す。ここから、〝能力

165 ◉ [かれる／からす] [かわ(川・河)]

や感情などがなくなる"という意味にもなり、「才能が涸れる」「アイデアが涸れる」「気力が涸れ果てる」「けんかをくり返して、愛情が涸れてしまった」などと使われる。

あっちはマイナス　こっちはプラス

次に、日本語「かれる／からす」は、"水がなくなる"ところから変化して、"植物の生命力がなくなる／植物の生命力をなくす"という意味にもなる。漢字でこの意味を表すのは、部首「木(きへん)」の《枯》。「日照りが続いて作物が枯れる」「水やりを忘れて庭の木を枯らす」「晩秋の街に枯れ葉が舞う」「立ち枯れた商店街に客を呼び戻す」のように使われる。ただ、この場合の《枯》は、"能力や感情などがなくなる"という意味の《涸》とよく似ている。

個別の"能力"や"感情"についていう場合には《涸》を使い、全体的な"勢い"を話題にするときには《枯》を用いる、と考えるとよい。

《枯》で書き表す「かれる」は、"勢いがなくなる"ところから転じて、派手な勢いはないが、"渋い魅力がある"という意味にもなる。たとえば、「あの役者は枯れた演技が持ち前だ」「日本庭園の枯れた味わいを満喫する」といった具合である。

この場合も、《涸》との使い分けが気になるところ。「あいつも年を取って涸れてきた」のように《涸》を使えば、"能力や感情などがなくなる"というマイナスのイメージになる。一方、「あいつも年を取って枯れてきた」のように《枯》を書くと、"渋い魅力がある"ことを表し、プラスのイメージになる。

最後の《嗄》は、部首「口(くちへん)」に示されているように、口の中の水分がなくなって"声がかすれる"という意味。「歌いすぎて声が嗄れる」「声を嗄らして応援する」のように使われる。

ただし、一般にはややなじみが薄い漢字なので、振りがなを付けておく方が親切。この意味の「かれる／からす」は、かな書きにされることも多い。

水がなくなる
↓
資源や資金がなくなる
↓
能力や感情がなくなる
涸

→ 声がかすれる
嗄

植物の命がなくなる
↓
勢いがなくなる → 渋い魅力がある
枯

かわ

河 川

もとがでっかいものなので！

基本 一般的には《川(せん)》を用いる。

発展 大きな水の流れをイメージさせたい場合には、《河(か)》を使うこともできる。

《川(せん)》は、"水の流れ"の絵から生まれた漢字。字の形から"水の流れ"を思い浮かべ

川　河

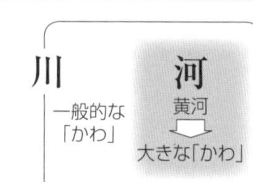

河 → 黄河　大きな「かわ」
川 → 一般的な「かわ」

やすいところから、現在の日本語では、"水の流れ"を意味する「かわ」を書き表す漢字として、広く用いられる。「川を渡ると畑が広がっていた」「小舟で川を下っていく」「小川にメダカが泳いでいる」「谷川に降りて水を汲む」などが、その例となる。

一方、《河》は、"水"を表す部首「氵（さんずい）」に、読み方を示す「可」を組み合わせた漢字で、もともとは「黄河」を指す。「黄河」とは、中国の北部を流れる大きな「かわ」。漢字が生まれた地域での代表的な「かわ」だったことから、後に広く「かわ」を指して使われるようになった。

そこで、大きな「かわ」をイメージさせたい場合には《河》が使われることがある。例としては、「大平原をゆったりと河が流れる」「広い河に鉄橋を架ける」など。また、「夜の高速道路をヘッドライトの河が流れていく」「何千年にも及ぶ時間の河をさかのぼる」といった比喩表現でも、《河》を用いるとその巨大さや長大さを表現することができる。

とはいえ、これらの場合に《川》を使っても、意味の上では特に問題はない。

かわ　革　皮

毛のあるなしが大問題！

基本1　ほとんどの場合は《皮》を用いる。
基本2　特に、毛を取り除いて加工した動物の「かわ」を指す場合は、《革》を使う。

《皮》は、「皮膚」「表皮」のように、"動物や植物の表面を包む薄い膜"を指す漢字。「かわ」と訓読みして、「ぶつかっておでこの皮がすりむけた」「象の皮はとても分厚い」「ミカンの皮をむく」のように用いられる。

また、「餃子の皮」「シュークリームの皮」「牛乳を温めると薄い皮ができる」など、広く"表面を包む薄い膜"を指しても使われる。「面の皮が厚い」「欲の皮が突っ張っている」「化けの皮がはがれる」のように、比喩表現で用いられることも多い。

一方、《革》も「かわ」と訓読みするが、こちらは、"動物の「かわ」を、毛を取り除いて加工したもの"を指す。そこで、加工品として衣類などに使われる動物の「かわ」は、毛が取り除いてある場合は《革》を用い、毛が残ったままの場合は《皮》を書く、と使い分けることになる。

「毛皮のコート」「虎の皮の敷物」「皮のジャンパー」のように、毛が付いたままのものだが、「革靴」「革の皮の敷物」と書けば、毛が付いていないものを指すことになる。「皮製品」と、毛が付いていないものを指すことになる。「皮製品」

[かわ(皮・革)] [かわく]

	毛があるままのもの	もともと毛がないもの	毛を取り除いたもの
生のもの	皮	皮	皮
加工したもの	革	皮/革	皮

かわく

渇 乾

基本1 水分がなくなる場合、情感に乏しい場合は、《乾》を用いる。

基本2 水が飲みたい場合、何かを激しく必要とする場合は、《渇》を使う。

《乾》は、「乾燥」「乾杯」「速乾性」などのように、"水分がなくなる／水分をなくす"という意味。「雨が上がって道が乾く」「髪をドライヤーで乾かす」「山から乾いた風が吹き下りてくる」など、日本語「かわく」を書き表す漢字として、広く用いられる。「乾いた咳をする」「枯れ葉がカサカサと乾いた音を立てる」などの方を使っておけばよいようである。

「革製品」も、同じように使いわける。

問題なのは、「ワニ皮の財布」「サメ皮のバッグ」など、もともと毛が付いていない場合。もと毛を取り除いていないのだから《皮》を使ってもよいのだが、毛が残ってはいないわけだから、「ワニ革の財布」「サメ革のバッグ」のように《革》を書いてもよい。どちらでも、好きな方を使っておけばよいようである。

「乾いた性格だから、友だちも少ない」「彼女は乾いた声で別れを告げた」といった具合である。

一方、《渇》は、以前は「渇」と書くのが正式。部首が異なる「喝」「褐」「葛」などを合わせて考えると、「曷」には"かすれる"とか"粗末な"といった意味があるらしい。それに"水"を表す部首「氵(さんずい)」を組み合わせた《渇》は、"水が足りなくてのどがかすれる"ところから、"水を飲みたくなる"という意味となる。そこで、日本語では「かわく」と訓読みして、「喉が渇く」「しゃべりすぎて口の中が渇く」「ビールを飲んで渇きを癒やす」のように用いられる。

転じて、「渇望」のように、感情や欲望を激しく求める"という意味にもなる。訓読みでは、「彼は愛情に渇いている」「貪るように読書して、知識の渇きを癒やす」などが、その例である。

以上のように、《乾》と《渇》の根本的な違いは、うるおしてくれるものを求めているかどうかということ。「唇が

乾 水分がなくなる / うるおいや情感に乏しい

渇 求める / 水が飲みたい / 感情や欲望を満たしたい

[かわく][かわる／かえる]● 168

乾く「「心が乾く」のように《乾》を書くと、単に"唇から水分が失われる""心から情感が失われる"という事実を指す。一方、《渇》を使って「唇が渇く」「心が渇く」とすると、"水分を求めている""愛情や友情などを求めている"という意味合いが強くなる。

かわる／かえる
更代替換変

同じものだが、状態が異なる

基本1 別の状態になる場合は、《変》を用いる。
基本2 別のものになる場合は、一般的には《換》を使う。
基本3 特に、別のものになる場合は、実質的には同じである場合は、《替》を書く。
基本4 あるものの役割を別のものがする場合は、《代》を用いる。
発展 気分まで新しくなる場合には、《更》を使ってもよい。

日本語「かわる／かえる」には、大きく分けると、"あるものが別の状態になる／あるものを別の状態にする"という意味と、"あるものが別のものになる／あるものを別のものにする"という意味がある。「かわる／かえる」と訓読みする漢字はたくさんあり、使い分けも非常にむずかしい。その中で、比較的ほかと区別しやすいのは、《変》である。

《変》は、「変化」「変身」「異変」など、"あるものが別の状態になる／あるものを別の状態にする"という意味。「信号が青に変わる」「雨は夜更け過ぎに雪に変わった」「彼の心変わりを責める」「オタマジャクシが蛙に変わる」「髪型を変える」「朝寝坊の習慣が変えられない」「台風がコースを変えた」「場所を変えて話をしましょう」などなど、さまざまに使われる。

また、「変わった形の家が建つ」「あの先生はちょっと変わった人だ」のように、"ふつうとは異なる状態である"という意味でも使われる。"状態"に関する「かわる／かえる」は、基本的には《変》を使って書き表す、と考えてよい。

これに対して、"あるものが別のものになる／あるものを別のものにする"こと を表す漢字としては、まずは《換》を挙げることができる。この漢字の基本的な意味は、"あるものを別のものにする"こと。「かえる」と訓読みして、「小切手を現金に換える」「傷口に当てたガーゼを換える」「予約券と引き換えに商品を受け取る」「ひらがなをカタカナに置き換える」のように使われる。

"別のものにする"という能動的な意味を持つところから、《換》を「かわる」と訓読みすることは少ない。ただ、「明日から展示品が置き換わります」のように、"別のものにする"ことを受け身的に表現して使うことがある。

ものそのものを別のものに！

基本的には《換》を使って書き表す、と考えてよい。「交換」「置換」など、"あるものを別のものにする"

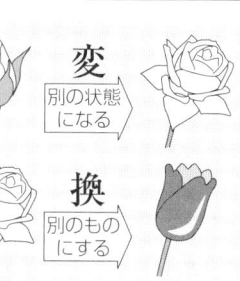

[かわる／かえる]

変 別の状態になる
換 別のものにする

同様に考えて、「事務所のパソコンが新しい機種に換わった」などと用いることもできないではないが、この場合は、"どのような機種のパソコンか"という"状態"だと考えて、表現したいのかを考えて、ふさわしい方を選べばよい。どちらとも決めかねる場合には、適当にどちらかを選ぶか、「事務所のパソコンが新しい機種に変わった」とする方が自然。「かわる」の場合には、それが"もの"であっても、"状態"としてとらえて《変》を用いることが多い。

このように、"別のものになる／する"ことは、ちょっと違う視点に立つと、"別の状態になる／する"ことだと見ることもできる。そのため、《変》と《換》の使い分けには、まぎらわしくなるケースも多い。

たとえば、「契約書を書き換える」と書くと、"契約書の文言を別のものにする"という意味。これを《変》を使って「契約書を書き変える」とすると、"契約の内容を別の状態にする"という意味合いになる。

同様に、「ガスストーブから電気ストーブに換える」ならば、ストーブという"もの"を「かえる」という意味。その一方で、何をエネルギーとして暖めるかという"状態"に焦点を当て

たい場合には、「ガスストーブから電気ストーブに変える」のように《変》を用いても、おかしくはない。

つまり、《変》と《換》の使い分けは、まぎらわしい場合も多いものの、"状態"と"もの"の違いである点は揺るがない。"どのような機種のパソコンか"という"状態"だと考えて、"どのような機種のパソコンか"という"状態"だと考えて、ふさわしい方に重点を置いて表現したいのかを考えて、ふさわしい方を選べばよい。どちらとも決めかねる場合には、適当にどちらかを選ぶか、"状態"にするのも一つの見識だろう。

さて、ここまでだけで済めば、「かわる／かえる」の使い分けはさほどむずかしいものではない。ところが、"別のものになる／する"ことを表す漢字はほかにもあるので、話はさらにややこしくなる。

別だけれど別ではない？

まず、《替》は、"人"を表す「夫」二つの下に、"言う"ことを意味する「曰」を組み合わせた漢字。本来の意味については、"ある人の主張に別の人が反論する"ことだとか、"ある人が仕事の内容を別の人に話して、引き継がせる"ことだ、などの説がある。

転じて、"あるものを別のものにする／あるものが別のものになる"という意味になる。とはいえ、もともとは"人から人へ"という関係であったところから、"同じようなものに"という意味合いで使われるのが、特徴である。

"別のもの"なのに"同じもの"だ、というこの特徴は、「詰

め替え用の洗剤」「シャーペンの替え芯」などを考えると、わかりやすい。どちらも"別のもの"ではあるが、実質的には"同じもの"。「着物からドレスに着替える」も、"着るもの"という点では"同じ"だから、《替》を使う。

「隣の人と座席を替わる」も、"座る場所"という点では"同じ"。「替え歌」は、歌詞は"別のもの"だがメロディは"同じ"。「千円札を百円玉に両替する」でも、金額という面では"同じもの"。ちなみに、「両替」の場合は、送りがな「え」は送らないのが習慣である。

このほか、「入れ替わり立ち替わりお客さんが来る」「手を替え品を替え説得に当たる」なども、《替》を使う例。《替》は「かわる/かえる」と読みはするが、"実質的には同じである"ことを表す漢字だ、と言える。

とはいえ、"別のもの"になっていることは確かなので、当然ながら、《換》との使い分けがややこしくなる。

書けば、蛍光灯や観客を"新しい別のもの"にするという意味になる。一方、「毎年一回、蛍光灯を取り替える」「一回の上映が終わるごとに観客を入れ替える」など、"新しさ"がそれほど感じられない定期的・日常的な作業の場合には、"実質的には同じ"というニュアンスを持つ《替》を使うのが適している。

「蛍光灯を取り換える」「観客を入れ換える」と

	前	後	使う場面
換	あるもの →	別のもの	一般的に使う
替	あるもの →	同じようなもの	実質的には同じ 新しさはない
代	本来のもの それまでのもの →	別のもの	特別な事情がある 新しさがある

ちょっと事情がございまして…

「かわる/かえる」と訓読みして使われる漢字には、《代》もある。この漢字は、「代理」「代表」「代用」のように、"あるものの役割を、別のものがする/別のものにさせる"ことを表す。

例としては、「運転を代わる」「ナレーションを別の俳優に代える」「天に代わって成敗いたす」「バターの代わりにマーガリンを使う」「当選者の発表は商品の発送をもって代えさせていただきます」など。「命に代えても約束は守る」は、"約束が果たすべき役割を、命にさせる"という意味合いである。

これらの場合、ナレーション、運転、成敗といった役割そのものは"同じ"である。つまり、《代》にも、《替》と似た性格がある。ただ、《代》には、"本来はあるものがするべき役割"とか、"それまではあるものがしていた役割"という意識があるのが、異なる点である。

たとえば、「ミスをした選手を代える」「不祥事により社長が代わる」では、ミスや不祥事がなければ当人が続けていたはずなので、《代》を使う。一方、「守備固めで選手を替える」「任期

171 ◉［かわる／かえる］［き］

が終わって社長が替わる」のように《替》を使うと、"ある程度、事前に決まっていたことだ"というニュアンスが強くなる。

このように、《代》は、「かわる」ことに至る特別な事情を抱えている。一方の《替》は、"実質的には同じである"というニュアンスを持つ。この二つの漢字の使い分けはかなりまぎらわしいが、状況に何らかの"新しさの使い分があることを示したい場合は《代》を使い、特別な"新しさ"はないことを表現したい場合には《替》を用いる、と考えると、比較的わかりやすくなる。

以上のほか、《更》も、「かわる／かえる」漢字は、「更新」という熟語に代表されるように、"新しい別のものにする"という意味。"新しくする"ことを強調したい場合に、用いることができる。

代表的な例は「衣更え」だが、現在では、それ以外に使われることは少ない。ただ、"新しくする"ことが強調された結果、"気持ちまで新しくする"というニュアンスが含まれるので、「リビングの壁紙を更える」「年度が更わって、新たなスタートを切る」のように用いると、その意味合いを生かすことができる。

気分も新たに
再出発！

き

樹木

基本　一般的には《木》を用いる。

発展　《樹》を使うと効果が高い。安定感や大きさを強調したいときには、

頼りがいの違い

《木》は、幹から上下に枝を伸ばしている植物の絵から生まれた漢字。植物の「き」を書き表す漢字として、広く用いられる。「庭に木を植える」「道沿いには桜の並木が続いている」「子どもたちが木登りをする」などが、その例となる。

《木》が表すのは、生きて、"地面から生えている「き」"だけではない。「木の板を組み合わせて本棚を作る」「木箱からお宝を取り出す」「このお寺の本堂の棟木は、太くて立派だ」のように、加工されて"材料として使われる「き」"に対しても、使うことができる。

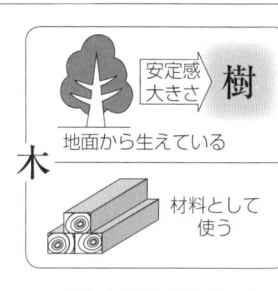

一方、《樹》は、本来は"地面から生えている「き」"を指す漢字。転じて、「樹立」のように"地面にしっかりと立てる"という意味にもなる。また、「寄らば大樹の陰」のように、"大きな「き」"というイメージもある。

ここから、"地面から生えている「き」"の安定感や大きさを強調したい場合には、《木》の代わりに《樹》を使うと効果が高い。たとえば、「神社の境内に銀杏の樹がそびえている」「初夏の風に、樹々の若葉がさやさやと鳴る」「歩き疲れたので、樹の陰で一休みした」といった具合である。

きく

効利

基本1 自由に動かせる場合、能力を発揮する場合、あることが可能である場合には、《利》を用いる。

基本2 結果を出すという事実を述べる場合には、《効》を使う。

《利》は、"刃物"を意味する部首「リ（りっとう）」の漢字。本来は、「鋭利な（刃物）」のように"刃物がよく切れる"ことを表し、転じて、

体の一部がお好きなようで…
ナイフ」のように"刃物がよく切れる"という意味から、"自由に動かせる"という意味になった。

この意味の場合に、訓読みでは、「きく」と読む。「傷口から生えて考えると、犯人の利き腕は左だ」「事故で右脚が利かなくなる」などがその例である。

ここから、"能力を発揮する"という意味にもなる。この意味の場合も「きく」と訓読みするが、慣用句的な表現で使われることが多い。例としては、「彼は腕の利く職人だ」「犬のように鼻が利く」「部長はこの業界では顔が利く」「細かいところにまで気が利く」などが挙げられる。

「口を利く」「口が利ける」も、口に"能力を発揮させる"こと。ただ、その能力が災いするのか、「軽口を利く」「陰口を利く」「憎まれ口を利く」など、"よくないことを言う"という意味合いで使われることが多い。

転じて、"あることが可能である"という意味にもなる。この場合の「きく」は、慣用句的な表現に限らず、広く用いられる。

「展望の利くレストラン」「つけの利くお店」「この車は小回りが利く」「元気な体だから無理が利く」などなどが、その例。「土日は子どもの相手で自由が利かない」「ごまかしが利かない」「つぶしが利く」は慣用句的な表現だが、もともとは"金属を鋳つぶしてほかのものに転用できる"ことをいう。

一方、《効》は、「効果」「効力」など、"きちんと結果を出

[きく]

す"ことを表す。訓読みの例としては、「この温泉はリューマチに効く」「この部屋は冷房が効き過ぎだ」「最後の一押しが効いて、契約を獲得できた」などが挙げられる。

能力と結果の微妙な関係

効	利
結果を出す	あることが可能である／自由に動かせる／能力を発揮する
事実を述べる	プラスの評価

このように、《利》と《効》の意味は、一応は区別できる。しかし、何かが"能力を発揮する"と、ふつうは"結果を出す"もの。実際には、この二つの漢字の使い分けはまぎらわしくなりやすい。悩んだ場合には、《利》には「利用」「便利」のように"役に立つ"という意味もあるので、プラスの評価が含まれることが多い点に着目するのがおすすめ。それに対して、《効》は、"結果"を重視して事実だけを述べる傾向があるのが、特徴となる。

たとえば、「わさびの効いたお寿司を食べる」のように《効》を使うと、わさびの風味の強さを客観的に述べる文になる。一方《利》を用いて「わさびの利いたお寿司を食べる」とすると、"おいしい"という意味合いが含まれる。

「のりが利いたシャツを着る」「風刺を効かせたマンガを描く」同様、《効》を使うと客観的な表現だが、「のりが効いたシャツを着る」「風刺を利かせたマンガを描く」のように《利》を書くと、"気持ちがいい""おもしろい"といったニュアンスになる。

同じように、「この車のブレーキはよく効く」は、"ブレーキがきちんと作動する"という事実を述べる文。「この車のブレーキはよく利く」と書くと、"すぐれたブレーキだ"というプラスの評価を表す。とはいえ、"きちんと作動する"ことを客観的に述べれば、それだけでプラスの評価になることも、確かである。

「難病に効く薬を開発する」も似たような例。「難病に利く薬を開発する」と書いても間違いではないが、《効》を使っただけで、十分にプラスの評価になる。

というわけで、結局のところ、《利》と《効》は、どちらを使っても表す内容にそれほどの違いはないことが多い。まぎらわしい場合はあまりこだわらないで、適当にどちらか好きな方を書いてもいいし、かな書きにするのも一つの方法である。

ただし、「風邪薬が効いて眠くなってきた」のように、プラスではない結果に焦点が当たる場合には、《利》は使わない方が無難である。

きく／きこえる

訊聴聞

基本1 一般的には《聞》を用いる。
基本2 意識して耳を傾ける場合には、《聴》を使う方が、意味合いがはっきりする。
発展 問いただすことを強調したい場合には、《訊》を書く。

意識してるかしてないか?

《聞》は、部首「耳(みみ)」の漢字で、"耳で音を感じ取る"という意味。訓読みでは「きく」と読み、「小鳥のさえずりを聞く」「盆踊りの音楽が聞こえる」「赤ちゃんに子守唄を聞かせる」などと用いられる。
転じて、「母校の優勝をニュースで聞いた」「飲み屋で上司の愚痴を聞く」「その話は前にも聞かされたことがある」のように、"ある話の内容を情報として受け取る"という意味でも使われる。
その"情報"が"要求"になると、"要求などを受け容れる"ことになる。「たまにはわがままを聞いてあげなきゃ」「犯人の要求を聞き入れる」などが、その例。また、情報を受け取るために"質問する"という意味にもなり、「相手の携帯番号を聞く」「面接で志望の動機を聞かれる」「彼女の本心を聞き出す」などと用いられる。耳を使う「きく」を漢字で書き表す場合には、《聞》を使っておけば、間違いにはならない。

一方、《聴》は、以前は「聽」と書くのが正式。右側の「恴」は、上半分が「直」に近く、"まっすぐな心"という意味がある。それに部首「耳(みみへん)」を組み合わせた《聴》は、"まっすぐな心で耳を傾ける"ところから、"意識して「きく」"ことを表す。「好きな歌手のCDを聴く」「候補者の演説を聴いて、だれに投票するかを決める」などが、その例となる。
《聞》と《聴》の違いは、《聞》が広く"耳で音を感じ取る"ことを表すのに対して、《聴》には"意識して「きく」"というニュアンスが含まれる点。そこで、意識して「きく」場合には、《聴》を使った方がそのことがはっきりする。
たとえば、「音楽を聴きながら勉強をする」を、《聴》を使って「音楽を聴きながら勉強をする」と書くと、音楽に気を取られて勉強がおろそかになっている可能性が高くなる。政治家が国民の声に"耳を傾ける"場合には、「国民の声を聞く」のように《聞》を書いても漢字的には問題はないが、「国民の声を聴く」とした方が、政治的には信頼性が増す。
逆に、「ラジオを聞きながら眠りに就く」のように、何となく「きく」場合には《聴》を用いることはできない。また、「きこえる」は"向こうから耳に入ってくる"という意味だから、《聴》を「きこえる」と訓読みすることもない。
以上のほか、「きく」と訓読みする漢字には《訊》もある。この漢字は、「訊問(じんもん)」とい

きつくなってはダメですよ!

[きく／きこえる] [きこえる] [きさき]

う熟語があるように、"問いただす"という意味。「金庫の鍵をきちんと閉めたか訊く」「容疑者に事件当夜にどこにいたかを訊く」などと用いられる。

《訊》の意味は、《聞》が持つ"質問する"という意味と重なる。ただ、《訊》は、"問いただす"という意味合いなので、《聞》よりも厳しい雰囲気になる。「通りすがりの人に道を聞く」「お母さんにおやつの時間を聞く」のような場合には、《訊》は使わない方が無難。また、"向こうから耳に入ってくる"ことをいう「きこえる」を、《訊》を使って書き表すこともない。

なお、《聞》は、理由ははっきりしないが、耳ではなく鼻を使って"匂いを識別する"という意味でも使われる。「お香を聞く」「利き酒をする」がその例。ただし、"匂いや味から飲食物の種類を識別する"場合には、やや無理があるが、"嗅覚や味覚が能力を発揮する"という意味で、"能力を発揮する"ことを表す《利》(前項)を使う。

また、"質問する"ことを意味する《聞》と似ている

	聞	聴	訊
匂いを識別する	◎		
耳に入ってくる	◎		
意識して耳を傾ける	○	◎	
情報として受け取る	◎	○	
質問する	◎		◎
問いただす	◎		◎

が、"ことばを発する"ことを表す「口を利く」の場合も、《利》を用いる。これも、意味としては、口に"能力を発揮させる"ことである。

きこえる

訊聴聞

→きく／きこえる(前項)

きさき

妃后

ほかにはだれもいないのよ！

日本語「きさき」は、"天皇の正妻"を中心として、王族や皇族など、身分の高い男性の妻"を広く指すことば。漢字で書き表す場合には、《后》と《妃》が用いられる。

基本1 王や皇帝・天皇の正妻に対しては、《后》を使う。

基本2 広く王族や皇族の妻については、《妃》を使う。

《后》は、もともとは"王"を指した漢字で、後に、"王や皇帝・天皇の正妻"をいうようになった。一つの国に一人しかいないのが原則だが、例外的に、「皇后」のように、"先代の王の正妻"を指すこともある。訓読みでは、「天皇陛下のお后さま」「皇帝の后となる」のように使われる。

きざす
萌兆

基本1 ほとんどの場合は《兆》を用いる。
基本2 特に植物の芽が出る場合には、《萌》を使う。
発展 ある気持ちを感じ始める場合には、《萌》を書く方がなじみやすい。

成長すればわかります！

漢字が誕生した紀元前一三〇〇年ごろの中国では、亀の甲羅や動物の骨などを火であぶり、そこにできる割れ目の形で未来を占う習慣があった。《兆》は、その割れ目の形の絵から生まれた漢字で、未来を示す"前触れ"を指す。

ここから、「きざす」と訓読みして、"何かが生じる気配がある"という意味で使われる。ただ、《兆》が本来、指しているものは、現在に置き換えればタロット・カードのようなもの。そこから未来を読み取るためには、解釈が必要となる。そこで、《兆》には、"頭を使うことによって先を予測できる"という意味合いが含まれる。

例としては、「国内のあちこちで、社会の変動が兆している」「思えばあのとき、すでに事件は兆していたのだ」など。もっとも、現在では、「きざし」という名詞の形で用いる方が自然。たとえば、「あの山に雲がかかるのは大雨の兆しだ」「景気回復の兆しが見えて来た」「あいつの目が据わってくると、酒乱の兆しだから気を付けろ」といった具合である。

ところで、日本語「きざす」には、"植物の芽が出る"という意味もある。この意味の場合には、"植物"を表す部首「艹（くさかんむり）」の漢字で、この意味を持つ《萌》を使って書き表す。「春になって山の木々の芽が萌す」が、その例となる。

植物の芽は、成長して伸びて行く。そこから、《萌》は、

一方、《妃》は、もともとは"妻"を一般的に表した漢字で、現在では、「皇太子妃」のように、広く"王族や皇族の妻"を指して用いられる。訓読みでも、「王子の妃となる」「皇帝の弟のお妃さま」などと使われる。

このように、《后》と《妃》は、《妃》の中の特別な一人が《后》だという関係で、使い分けに悩むことはあまりない。

困るとすれば、比喩的に使う場合。どちらを使ってもよいが、"気品がある女性""ゴージャスな女性"などのたとえとして用いるのならば、一つの国に一人しかいない女性に限定する必要はない。《妃》を使って、「彼女はまるでお妃さまのような笑みを浮かべた」「お妃さまではあるまいし、そんなぜいたくはできません」としておくのが、無難だろう。

兆　未来を占う割れ目　→　頭を使って予測する
萌　植物の芽　→　自然に成長する

時間とともに発展していく何かが"生じ始める"という意味でも使われる。例としては、「政治改革の機運が萌す」「パリを訪れたときに、新作の構想が萌した」など。特に、「辞表を出して帰る途中で、早くも後悔の念が萌す」「楽しそうにしている彼の姿を目にした途端、彼女の胸には嫉妬が萌した」「このときめきは、恋の萌しだ」のように、"ある気持ちを感じ始める"場合に用いられることが多い。

以上のように、《兆》と《萌》の違いは、頭を使うことによって先が予測できるものなのか、時間とともに成長していくものなのかという点にある。しかし、"やがて成長していく"のであれば、ふつうは"先が予測できる"ことになるので、《萌》が表す"何かが生じ始める"という意味は、《兆》を使って書き表すこともできる。

つまり、日本語「きざす」を漢字で書き表す場合には、"植物の芽が出る"場合を除き、《兆》を使っておけば問題はない。とはいえ、《兆》は"頭を使う"という理知的な雰囲気を持つ漢字。"ある気持ちを感じ始める"という感情が主となる場面では、《萌》を使う方がなじみやすい。

きず

疵瑕創傷

体でも心でもなんでも来い！

基本　一般的には《傷》を用いる。

発展1　武器や凶器で付けられたことを明示したい場合には、《創》を使ってもよい。

発展2　すぐれたものに存在する欠点を指す場合には、《瑕》を書いてもよいが、やや古風。

発展3　昔の「きず」や、「きず」のあとについては、《疵》を用いてもよいが、これも古風。

《傷》は、「傷害」「負傷」など、"肉体の痛みを感じる部分"を指す漢字。その一方で、「感傷」「哀傷」のように、"精神的に痛みを感じること"をも表す。そこで、日本語「きず」を書き表す漢字として、広く一般的に使うことができる。

「すべって転んですり傷ができた」「傷口を包帯で縛る」「失恋の傷がなかなか癒えない」「戦いで傷ついた体を休める」「いわれない悪口に心が傷つく」などがその例。さらに、「大事な壺に傷を付ける」「彼の経歴には、特に傷は見当たらない」など、"ものの損なわれた部分"や"欠点"についても用いられる。「きず」を漢字で書き表す際には、《傷》さえ使っておけば、十分に用は足りる。

ただし、「きず」と訓読みする漢字はほかにもいくつかあり、それぞれ、独特のニュアンスを生かして用いる場面では、

刀と宝石、お肌のトラブル

まず、《創》は、"刃物"を表す漢字。本来は、"刃物"を表す部首「刂(りっとう)」」のように、「刀創」「刺創」など、"刃物による「きず」"を表すが、「銃創」の場合にも使われる。そこで、"武器や凶器による「きず」"を指しても使われる。《創》を用いると、その意味がはっきりする。「ナイフで刺されて創を負う」「撃たれた兵士の創を手当てする」などが、その例である。

次に、《瑕》は、"宝石"を表す部首「王(たまへん)」の漢字で、"宝石についた「きず」"を指す。転じて、"すぐれたものに存在する欠点"という意味で使われる。慣用句の「玉に瑕」が、そのものズバリの例。そこで、やや古風にはなるが、「彼女は有能だが、酒癖が悪いという瑕がある」「コストが掛かりすぎるのがこのプロジェクトの瑕だ」のように用いることができる。

最後に、《疵》は、"心身の不調"を表す部首「疒(やまいだれ)」の漢字で、あざなども含めて、"皮膚が通常とは異なっている部分"を指す。ここから、できたての生々しい「きず」というよりは、"昔の「きず」"や"「きず」のあと"を指して使われる。

たとえば、慣用句「毛を吹いて疵を求める」では、毛が生える程度には時間が経っている「きず」を指す。また、"やましいことがある"という意味の慣用句「脛に疵持つ」の場合も、古い「きず」のあと"だと考えられる。

そこで、これまた古めかしい雰囲気にはなるが、「彼のおなかには盲腸の手術の疵がある」「子どものころに柱につけた疵が、今でも残っている」「雨が降ると古疵が痛む」のように用いると、漢字本来の意味を生かすことができる。

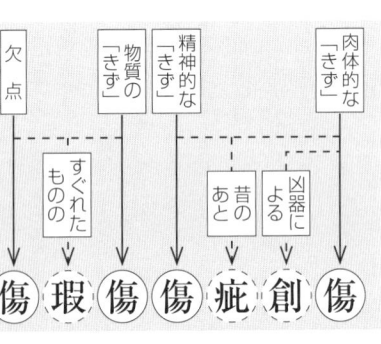

```
肉体的な「きず」 → 傷
凶器による ↗
精神的な「きず」 → 傷 ← 昔のあと
物質の「きず」 → 傷
                瑕 ← すぐれたものの
欠点 ↗
                疵
                創
```

きまる／きめる

極 決

これ以外にはないんです！

基本 一般的には《決》を用いる。

発展 これしかないことや、動かないことを強調したい場合には、《極》を使ってもよい。

《決》は、"水"を表す部首「氵(さんずい)」の漢字で、本来は、"堤防を切って川の

できる。とはいえ、いずれもやや特殊な読み方になるので、振りがなを付けるなどの配慮が必要となる。

水をある方向に流す"ことを表す。いったん堤防を切ると簡単には元に戻せないところから、「決定」「決断」「採決」などの"確定する／確定させる"という意味になった。

訓読みでは、「きまる／きめる」と読んで用いられる。例としては、「この一戦で優勝が決まる」「就職先が決まる」「いつも決まったお店で夕食を取る」「くじ引きで順番を決める」「総会を開いて予算を決める」「体操選手が着地を決める」「締め切りの日を決める」などなど、挙げ出せばきりがない。

「背負い投げが決まる」「今日はスーツで決めて行こう」などでは、"型にはまった状態になる／型にはまった状態にする"という意味合い。日本語「きまる／きめる」を漢字で書き表す場合には、《決》を使っておけば、心配はいらない。

ただし、「きまる／きめる」と訓読みする漢字には、もう一つ、《極》もある。この漢字は、「きわまる／きわめる」(p184)とも訓読みするように、"これ以上、先に進めない状態にする"、《極》"なる"という意味。"これ以上、動かない点"というイメージを持つ。

そこで、"これしかない"、"これ以上動かない"という思いが強い場合には、《決》の代わりに《極》を使うこともできる。

ただし、「きわまる／きわめる」と読み間違えしやすいので、振りがなを付けるなどの配慮をする方が親切である。

たとえば、「おれの気持ちは極まっている」「覚悟を極めて裁判に臨む」「おまえのせいだ、とだんまりを極めこむ」「都合が悪くなると、だんまりを極めこむ」「極めのポーズ」「極めを極める」などでも、《極》を用いると、"ピシッとして動かない"という意味合いが強調される。

格闘技で相手が体を動かせないようにする「極め技」も、《極》を書くと雰囲気が出る。また、「極まりが悪い思いをする」でも、"ピシッとしていない"というイメージで《極》を使うことがある。

これらの《極》の代わりに《決》を書いても、もちろん問題はない。ただ、「利用料金を月極で払う」などと用いる「月極」だけは、《決》は使わず、送りがなのない《極》で書き表すのが習慣。これも、支払いのスケジュールと金額が"これしかない"という意味である。

決

確定する → これしかない
型にはまる → これ以上動かない

→ 極

きめる

極 決

→ きまる／きめる(前項)

きよい／きよらか／きよめる

聖潔浄清

きれいな水は万能だ！

基本 一般的には《清》を用いる。
発展1 もとは汚れていたという意識が強い場合には、《浄》を用いることもできる。
発展2 不純な気持ちがまったくない場合には、《潔》を使うとその意味合いがはっきりする。
発展3 宗教的にけがれがない場合には、《聖》を用いると効果的。

日本語「きよい／きよらか」は、"不純なものを含まず美しい"ことをことば。「きよめる」は、"不純なものを取り除いて美しくする"ことを指す。あまり使われないが、"不純なものが取り除かれて美しくなる"という意味で「きよまる」という形になることもある。

一方、《清》は、「青」に、"水"を表す部首「氵（さんずい）」を付け加えて、本来は"青く透き通った水"を指す。広く、"汚れや濁りを含まない"ことを表す。そこで、「きよい／きよらか」と訓読みして、「小川の清い流れ」「清らかな山の空気」「清らかな笛の音」などと用いられる。転じて、「清廉」「清貧」など、"不純な欲望がない"ことも表す。訓読みでは、「清く正しく美しく生きる」「彼女は清らかな心の持ち主だ」などが、その例となる。

また、「清算」「清書」などでは、"汚れや間違い、欲望などを取り除き清める"という意味。訓読みの例としては、「土で汚れた手を洗い清める」「坐禅を組んで煩悩を清める」「この森を歩くと、身も心も清まる思いがする」など。日本語「きよい／きよらか／きよめる／きよまる」を漢字で書き表す場合には、《清》さえ使っておけば、間違いにはならない。

とはいえ、「きよい／きよらか／きよめる／きよまる」を訓読みする漢字は、ほかにもある。それらは、それぞれのニュアンスに応じて用いることができる。

もとは汚れていたけれど…
まず、《浄》は、これも部首「氵」の漢字だが、「浄水器」という熟語があるように、本来の意味は、"汚れた水をきれいにする"こと。そこで、「きよめる」の形で使われるのが基本となる。この漢字を用いると、《清》を書く場合に比べて、"もとは汚れていたものを"という意識が強くなる。例としては、「貯水池に汚水をためて浄める」「ほうきを使って部屋の隅々まで掃き浄める」「教会で懺悔をして罪を浄める」「お浄めの塩をまく」などが挙げられる。

「きよい／きよらか」の形で用いる場合も、単に"不純なものを含まないで美しい"のではなく、"不純なものが取り除かれて美しい"という意味合いになる。「浄らかな部屋で新生活を始める」であれば、"汚れていた部屋を掃除して"と

181 ◉ [きよい／きよらか／きよめる][きる]

いうニュアンス。「元旦の朝を浄い気持ちで迎える」でも、"それまでのけがれを払って"という意味合いを含む。これらの《浄》を《清》に置き換えると、"もとからきれいだった"場合まで含む、一般的な表現となる。

次に、《潔》は、音読みでは「潔癖」「潔白」「高潔な志」などと用いられ、"不純なものを寄せ付けない"という意味合い。「いさぎよい」と訓読みして精神面について使われることが多いところから、「きよい」と訓読みした場合も、"不純な気持ちがまったくない"ことを指して用いられる。

例としては、「二人の交際は潔いものだった」「潔き一票を投じる」「恩師の潔い人格に影響を受ける」など。ただし、振りがなしでは「いさぎよい」と訓読みされかねないので、注意が必要となる。

浄
不純なものを
取り除く

潔
不純なものを
寄せ付けない

また、あまり例は見かけないが、「田舎で潔らかな暮らしをする」「肉食をやめて身を潔める」のように、「きよらか／きよめる」の形で使うことも、ないわけではない。

最後に、《聖》も、「きよい」と訓読みして用いられることがある。この漢字は、「聖書」「神聖」など、

"けがれがなくて、宗教的に価値が高い"という意味。そこで、「天使のように聖らかな笑顔」「讃美歌の聖い調べ」など、宗教的な背景がある文脈で用いるのが、効果的である。

きる
截剪伐斬切

こっちとあっちは別ですよ！

基本 日本語「きる」は、基本的には"つながっているものを別々にする"ことを表すことば。しかし、ここから転じて、非常に幅広い意味で用いられる。とはいえ、漢字で書き表す場合には、そのうちのどの意味でも、《切》を使っておけば問題はない。

《切》は、部首「刀(かたな)」の漢字で、刃物を使って"つながっているものを別々にする"ことを表す。そこで、「きる」と訓読みして、「岩山から石を切りだす」「結んであるひもを切る」「洗った野菜の水気を切る」「はさみで紙を切る」などと用

発展1 刀などで勢いよく「きる」場合、厳しく批判する場合には、《斬》を用いる。

発展2 樹木を「きりたおす」場合には、《伐》を書くと雰囲気が出る。

発展3 形を整えるために「きりおとす」場合には、《剪》を使ってもよいが、やや特殊。

発展4 きれいに「きりはなす」場合には、《截》を書くこともできるが、かなり特殊。

いられる。「前の恋人とは縁を切った」のように、抽象的な"つながり"に対して使われることもある。

「ことばを切って、あたりを見回す」「時間を切って面談する」などでは、「続いているものをある点で止める」という意味。

ここから、「電話を切る」「エンジンを切る」「テレビを切る」など、さまざまに用いられる。

"つながっているものを別々にする"ことや、"続いているものをある点で止める"ことは、ものごとの"境目をはっきりさせる"ということ。日本語「きる」には、このような"境目"の意識がある。

「会議室を二つに区切る」「窓を閉め切る」「前回のミスを吹っ切れない」などは、その例。「残り時間が一分を切る」「株価が二万円を切る」「この値段では原価を切ってしまう」では、"ある境目を下回る"ことを表す。

"境目"の意識から変化すると、ものごとの"境目"となるような"目立った行動をする"ことを広く指すことになる。

「啖呵を切る」「見得を切る」「先頭を切る」「シャッターを切る」「トランプを切る」「先頭を切って走り出す」「別れ話を切りだす」などなどは、すべてこの例だと考えられる。

こういった"境目"に関連する意味は、《切》という漢字が本来的に持っているものではない。ただ、《切》には、「切実な問題」「事態が切迫する」などの"差し迫る"という意味

や、「親切」「懇切」といった"思いが深い"という意味もある。そのような意味の広がりを持つところから、《切》は日本語「きる」を書き表す漢字として、広く用いられるようになったものと思われる。

その一方で、漢字の中には、《切》と似たような意味を持ちながら、いくつかある。日本語「きる」を漢字で書き表す際には、意味合いに応じてそれらを使い分けることもできる。中でも、現在でも比較的よく用いられるのは、《斬》である。

大きな刃物でバッサリと!

《斬》の部首「斤(おのづくり)」は、"大型の刃物"を表す。《斬》も、もとは"刑罰として、大型の刃物で罪人を殺す"ことを指していた漢字。そこで、刀などの大型の刃物を使って"勢いよく"きる"場合に用いると、効果が高い。「敵を斬る」「主君の仇に斬りかかる」「日本刀で竹を真っ二つに斬る」などが、その例となる。

また、攻撃的なイメージが強いところから、比喩的に"厳しく批判する""打ち破る"という意味でも用いられる。たとえば、「辛口評論家が映画界を斬る」「組合の提案は一言で斬って捨てられた」といった具合である。

これらの場合に《切》を書いても、もちろんかまわない。ただ、迫力を出したい場合には、《斬》を使うのがおすすめ

である。

次に、《伐》は、"人"を表す部首「イ（にんべん）」に、"武器としての刃物"を意味する「戈」を組み合わせた漢字。本来は"敵などを攻め滅ぼす"という意味で、「うつ」とも訓読みする（p78）。転じて、「森林を伐採する」のように、大型の刃物で、"樹木を「きりたおす」"ことを指して使われるようになった。

「きこりが木を伐る」「裏山の杉の木を伐り倒す」「材木を伐り出す」などが、その例。特に、斧やチェーンソーなどで巨木を「きりたおす」ような場合には、《切》を使うよりも《伐》を使った方が、その雰囲気がよく伝わる。

もう一つ、《剪（せん）》は、「そろう」と訓読みする「揃」と形の上で共通点があり、意味の上でも関係が深い。はさみなどの比較的小型の刃物を用いて、"ものの形を整えるために、余分な部分を「きりおとす」"ことを表す。

「植木を剪定する」のように使われるのが、音読みの例。訓読みでは、「庭木の枝を剪る」「花を剪って花瓶に挿す」「爪を剪る」「床屋さんで前髪を剪りそろえる」などと用いられる。

ただし、現在では、《切》を書く方が自然。あえて《剪》を用いる場合には、振りがなを付けるなどの配慮を

小さな刃物も使いよう

	道具	対象	意味合い
斬	刀や斧など 大型の刃物	人や樹木 など	ばっさり きる
伐	斧やまさかりなど 大型の刃物	樹木の幹 など	きりたおす
剪	はさみなど 小型の刃物	枝や葉 など	きりおとす （形を整える）
截	カッターなど 小型の刃物	布や紙、 ひもなど	シャープに きりはなす
切	一般的に		

用いる場合には、振りがなを付けるなどの配慮をしておくことができる。

最後に、現在ではかなり特殊だが、「きる」と訓読みすることがある。この漢字は、"きれいに「きりはなす」"という意味合い。シャープなイメージを持っているのが特徴で、"そのものズバリ"であることを意味する「直截的（ちょくせつてき）」という熟語に、そのことがよく現れている。

そこで、「裁ちばさみで布を二つに截る」「鋭いカッターでロープを断ち截る」のように使うと、シャープなイメージが生きる。また、比喩的に「風を截って走る」「紙飛行機が空気を截って飛ぶ」などと用いられることもある。

とはいえ、これまた、現在では《切》を書く方が自然。むずかしい漢字でもあるので、使用の際は振りがなを付けるなどの配慮が必要である。

きわまる／きわめる

谷窮究極

基本1 最高の状態になる場合には、《極》を用いる。
基本2 隠された真実などを突き止める場合には、《究》を使う。
基本3 それ以上は変化できない場合には《窮》。
発展1 《窮》は、最終的な真理などを探し出す場合に用いることもできる。
発展2 進退が「きわまる」場合には、《谷》を使ってもよいが、かなり古風。

状態と行動のどっちかな？

「きわまる／きわめる」と訓読みする漢字として、代表的なものは《極》《究》《窮》の三つ。これらは、意味が重なる部分が大きく、使い分けは非常にむずかしい。

まず、《極》は、部首が「木（きへん）」であることから、もともとは屋根の"棟木"を指す漢字だった、と考えられている。棟木は山型をした屋根の最も上に位置するところから、「極端」「北極」のように、"程度が最も激しい"という意味になった。「きわまる／きわめる」と訓読みして、"最高の状態になる／する"という意味で使われる。

例としては、「あのピアニストの演奏技術もここに極まった感がある」「あいつは失礼極まりない男だ」「登山隊はついにその山の頂を極めた」「プロの選手として頂点を極める」「ぜいたくを極めた邸宅を建てる」「最近の政情は混乱を極めている」などな ど。プラスの評価であれマイナスの評価であれ、それが"最高に達している"ときには《極》を使う、と考えるとわかりやすい。

それに対して、《究》は、部首"宀（あなかんむり）"の漢字で、本来は"穴の奥に進んでいく"という意味。転じて、"隠れた真実などを突き止める"ことを表すようになった。音読みでは、「研究」「究明」などがその例。「きわめる」と訓読みして、「捜査の結果、ついに事件の真相を究めた」「難病の原因を究めようと日夜、努力を重ねる」「競馬の必勝法を究めてみたい」のように用いられる。

《究》は、"突き止める"という積極的な意味を含むのが特徴。そのため、"自然とそうなる"というニュアンスを含む「きわまる」と訓読みすることはない。

以上のように、《極》は"最高の状態になること"を表し、《究》は"突き止める"という行動を指す。そこで、「落語の道を極める」「武術の奥義を極める」と書くと、落語家としての技術や武術などが"最高の状態"になるという意味になる。一方、《究》を使って「落語の道を究める」「武術の奥義を究める」とすると、落語の真髄や武術の奥義を"突き止める"ことに重点が移る。"最高の状態"を表現したいのか、その状態を"突き止める"という行動を表したいのかによって、

[きわまる／きわめる]

漢字を使い分けることになる。

「見きわめる」は、ちょっとややこしい例。何かを"見て突き止める"という意味だと考えても、間違いとは言い切れない。しかし、「見る」という行動の状態が"最高になる"ことだと考えて、「勝負の行方を見極める」のように《極》を用いるのが、一般的である。

ところが、ここに《窮》が加わってくるので、話はさらに面倒になる。

ふつうのものでは気が済まない！

以上のように、《極》と《究》の二つだけでも、使い分けるのはなかなか大変。

《窮》も部首「穴」の漢字で、《究》と同じように、もともとは"穴の奥に進んでいく"ことを指し、"隠された真実などを突き止める"という意味で使われる。と同時に、字の形に「身」が含まれている通り、穴に身体がはまって"動けなくなる"ことをも表す。「窮乏」「困窮」などの熟語は、こちらの意味の例である。

そこで、《究》の代わりに《窮》を「きわめる」と訓読みして用いると、単に"隠れた真実などを突き止める"のではなく、"それ以上は深めようがない最終的な真理などを見つけ出す"というニュアンスになる。例としては、「宇宙の哲理を窮める」「人間性の本質を窮めたい」など。ただし、こういう状況は非常にまれだし、これらを《究》を使って書き表しても、もちろん、問題はない。

一方、《窮》には"動けなくなる"という意味もある。そこで、「きわまる」と訓読みして、"それ以上は変化できない状態になる"ことを指しても使われる。

「意表を突いた質問を受け、返答に窮まる」では、"それ以上は返答ができなくなる"こと。「山奥に入って道の窮まったところに、小さな温泉宿がある」では、"それ以上は移動できなくなる"こと。「我が軍の命運もここに窮まったか……」では、"それ以上は生き延びられなくなる"ことを表す。

最高なのも困ったものだ…

ところで、"それ以上は変化できない状態になる"ということは、ある意味では、"最高の状態になる"ということでもある。ここから、《窮》を《極》の代わりに用いるケースが生じる。ただし、その場合は、"変化できない"というニュアンスが強調されることになる。

たとえば、「感極まって涙を流す」のように《極》を用いると、"感情が最高潮に達する"という意味合い。これを《窮》

極 ／ 究

最高の状態になる ／ 真実などを突き止める

最高の状態から変化できない

それ以上は変化できない ／ 最終的な真理などを突き止める

窮

を使って「感窮まって涙を流す」と書くと、"感情の行き場がなくなる"というニュアンスになる。

また、「これは困難窮まりない仕事だ」のように《窮》を用いると、"打開策が見当たらない"という意味合いが強くなる。《極》は"最高のある一点"を指すのに対して、《窮》は"そこから先には進みようがない"というニュアンスを持つ、と区別できる。

以上のほか、《谷》も、「きわまる」と訓読みすることがある。これは、「谷」は"山が両側から迫っている場所"であるところから、"身動きができない"という意味になったもの。

とはいえ、現在では「進退が谷まる」のように「進退」と結び付いた形以外では、まず用いられない。

この表現は、もともとは古い漢詩に「進退、維れ谷まる」とあるところから生まれた、一種の慣用句。そこで、《谷》を用いるのが由緒正しいということになる。しかし、「進退が窮まる」のように《窮》を使っても、漢字の意味の上では何ら問題はなく、現在ではその方が自然である。

くう／くらう

喰食

基本 一般的には、「くう」の場合は《食》を、「くらう」の場合は《喰》を書く。

発展1 マイナスのイメージを強めたい場合には、「くう」でも《喰》を使うと効果的。

発展2 マイナスのイメージを弱めるために、「くらう」で《食》を書いてもよい。

独特のバイタリティ

日本語「くう」は、「たべる」のやや品に欠ける表現。意味としては「たべる」と同じで、"生きるために、主に固形物を口から体の中に入れる"こと。一方、漢字《食》もこの意味を表す。そこで、「くう」を漢字で書き表す場合には、ふつうは《食》を使う。「弁当を食う」「彼女はかなりの食いしん坊だ」「カマキリが共食いをする」などが、その例となる。

日本語「くう」は、確かに品には欠けるものの、一種のバ

イタリティがあり、ほかにもさまざまな意味合いで使われる。とはいえ、どれも"生きるために、主に固形物を口から体の中に入れる"という意味から発展したものなので、《食》を使って書き表してかまわない。

たとえば、「こんな安月給では食っていけない」では"生活していく"という意味。「このエアコンはひどく電気を食う」では"消費する"こと。ほかにも、「人を食った態度を取る」「ダークホースが本命を食う」「お年寄りの年金を食い物にする」「おもしろそうな話題に食い付く」「二人の話が食い違う」「ベルトがお腹に食い込む」「被害を最小限に食い止める」などなどが挙げられる。

ところで、「くう」とほぼ同じ意味で、さらに品に欠ける日本語に「くらう」がある。現在では、「たべる」をかなり即物的に捉えて、"単にものを口に入れているだけ"といったマイナスのイメージで使われる。

とはいえ、意味としては「たべる」と同じだから、《食》を使って書き表すことができる。ただ、「くらう」と訓読みする漢字としては、《喰》の方がよく用いられる。

《喰》は、本来は「晩餐」の「餐」と読み方も意味も同じ漢字。"きちんと「たべる」"という意味を表し、"量を「たべる」"というイメージを持つ。

そこから、「たべる」ことを即物的に捉える「くらう」へとつ

イメージが悪いなあ！

ながらむらしい。

また、別の説では、日本語で使う《喰》は、中国語として の《食》に部首「口（くちへん）」を組み合わせて"ものを口に入れる"ことを強調した、日本語オリジナルの漢字だという。どちらにせよ、《喰》を用いると、日本語「くらう」の持つニュアンスをよりよく表現することができる。例としては、「大飯を喰らう」「無駄飯を喰らう」など。「酒を喰らってふて寝する」のように、"酒を飲む"場合に使われることもある。

他人をののしるときに使う慣用表現「くそでも喰らえ」は、「くらう」の持つ即物的でマイナスのイメージが大いに発揮されている例。ここから、「ビンタを喰らう」「門前払いを喰らう」「不意打ちを喰らわす」のように、比喩的に用いられて"ひどい目に遭う"という意味になることもある。

以上のように、「くう／くらう」を漢字で書き表す場合には、「くう」ならば《食》を、「くらう」であれば《喰》を用いるのが、使い分けの上ではわかりやすい。とはいうものの、「くう」も「くらう」も意味そのものにはそれほどの違いはない。《食》を使って「くらう」を書いたり、《喰》を用いて「くう」を書き表した

マイナスイメージ
食「くう」
即物的
喰「くらう」

[くう／くらう] [くだる／くだす] ● 188

りしても間違いではない。

たとえば、先に挙げた《食》の例でも、「こんな安月給では喰っていけない」「このエアコンはひどく電気を喰う」「人を喰った態度を取る」などなどと《喰》を使うと、マイナスのイメージを少し付け加えることができる。逆に、「無駄飯を食らう」「門前払いを食らう」「不意打ちを食らわす」のように《食》を使うと、「くらう」の持つマイナスの雰囲気を、多少、緩和することができる。

特に、「食らい付いて離れない」では、マイナスというよりはむしろ積極的なイメージになることもある。《喰》ではなく《食》を用いることが多い。

くだる／くだす

降下

水が低い方へ
流れるように…

基本 一般的には《下(か)》を用いる。

発展 特別な世界からありふれた世界へ移る場合、負ける場合、時代が進む場合は、《降(こう)》を使うと状況の変化がはっきりする。

日本語「くだる／くだす」の基本的な意味は、"低い位置へと移動する／させる"こと。漢字で書き表す場合には、《下(か)》を使うのが一般的。《下》は"低い位置"を表す漢字なので、"低い位置へと移動する"という意味で広く用いることができる。

「山道を下る」「ロープにつかまって崖を下る」「舟で川を下る」「薬を飲み下す」「生牡蠣(なまがき)を食べて腹を下す」などが、その例。「中山道を江戸へと下る」「東京駅から下りの列車が出発する」では、比喩的に"起点から離れた方向に移動する"ことを表す。「判決が下る」「命令を下す」などでは、"立場の高い者から低い者へ"というニュアンス。「結論を下す」は、ここから転じた表現。「相手を見下す」のように、"相手の方が立場が低いと考える"場合もある。

ここからさらに変化すると、"立場が低い者が高い者に対して、何かをするよう求める"意味になる。「明日、来て下さい」「先生がお会いして下さる」などは、本来はこの意味。現在では、高低の感覚が弱まり、こちらの気持ちに従ってわざわざ何かしてもらう／してくれることを表す。

このように、「くだる／くだす」は、"わざわざ何かをする"というニュアンスを帯びることがある。そこで、"わざわざ取り上げるほどでもない話"という意味の「下らない話」も、《下》を使って書き表せる。とはいえ、「ください」「くださる」「くだらない」については、かな書きにすることも多い。

そのとき、
世界は変わった！

以上のように、日本語「くだる／くだす」を漢字で書き表す場合には、《下》を使っておけば、困ることはない。ただし、「くだる／くだす」と訓読みする漢字には、《降》もある。

下

低い位置へと移動する
状況の変化
ありふれた世界へ移る
負ける
流れや勢いに従って進む
時代が進む

《降》は、「神の降臨」「キリストの降誕」のように使われ、"天上界から地上界へ現れる"ことを表すのが本来の意味。"身を置く世界が変化する"ところに特徴がある漢字で、「役人が民間に天降りする」「お坊さんが、山を降って俗世間に出る」のように使われる。

これらの場合に、「役人が民間に天下りする」「お坊さんが、山を下って俗世間に出る」のように《下》を使ってもかまわない。ただし《降》を使うと、"ありふれた世界へ移る"ことがはっきりする。

また、《降》は、"敗者の世界に身を置く／身を置かせる"ところから、"負ける／負かす"ことをも表す。音読では、「降参」「降伏」などがその例。訓読みでは、「敵の軍門に降る」「一回戦で優勝候補を降す」などと使われる。

これらの場合も、「敵の軍門に下る」「一回戦で優勝候補を下す」のように《下》を書いた方が、問題はない。しかし、《降》を使うと、敗北や勝利による"状況の変化"が強調されることになる。

このほか、日本語「くだる」には、"時代が進む"ことを表す用法もある。これは"時の流れに従って進む"ことなのでたとえば「明治から時代が下って大正になる」のように、《下》を使って書き表すことができる。

とはいえ、《降》にも、"時代が変化する"ところから「明治時代以降」のように使う用法がある。時代状況の変化を表現したい場合には、《降》を使って「明治から時代が降って大正になる」と書くのが、おすすめである。

なお、《下》も《降》も、"位置が低くなる／位置を低くする"という意味で、「おりる／おろす」(p124) と訓読みすることもある。

くび

馘 頸 首

基本 一般的には《首》を用いる。

発展1 胴体と頭をつなぐ部分をはっきりと指したい場合には、《頸》を使ってもよいが、やや特殊。

発展2 解雇する場合には、《馘》を書いてもよいが、古風。

くびだけではないのです！

漢字《首》は、古代文字では「🙂」と書き、髪の毛の生えた"頭全体"の絵から生まれた漢字。そこで、「くび」と訓読みして、"頭全体"を指して用いることができる。「窓から首を出すな」「頭全体"を指しかしげる」「まだ首のすわらない赤ちゃん」などがその例。「よけいなことに首を突っ込む」「借金で首が回らない」のような比喩的な表現でも、《首》を使って書き表してかまわない。

一方、日本語「くび」には、"胴体と頭をつなぐ細くくびれた部分"を指す用法もある。そこで、日本語では、「マフラーを首に巻く」「寝違えて首が痛い」「カッとなって相手の首を絞める」のように、この意味も《首》を用いて表現する。さらに、「手首」「足首」「ビール瓶の首」「ギターの首の部分」のように、比喩的に"細くくびれた部分"を指して使う場合も、《首》を使って書き表す。

また、人は「くび」を切り落とされると確実に死ぬところから、日本語「くび」は、生きていく手段としての"職業"を指しても使われる。「社員の首を切る」この場合も、漢字では《首》を使って書き表す。「うかうかしていると首が危ない」「今回の案件に、部長は首を賭けている」などが、その例である。

以上のように、日本語「くび」を漢字で書き表す場合には、《首》さえ使っておけば大丈夫。とはいえ、"胴体と頭をつなぐ細くくびれた部分"を指すのは、漢字《首》の本来の意味とは異なる用法。それを気にするならば、この意味を表す漢字としては《頸》があるので、こちらを用いることもできる。

細長いとしっくりきます

《頸》に含まれる「巠」は、「茎」の以前の正式な書き方「莖」にも見られ、"細長い"という意味がある。これに、"頭部"を指す部首「頁(おおがい)」を組み合わせた《頸》は、"胴体と頭をつなぐ細くくびれた部分"を指し、音読みでは「頸骨」

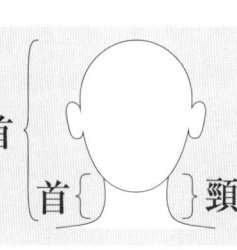

「頸動脈」などと使われる。訓読み「くび」の例としては、「頸の太いがっちりとした体格」「頸筋にほくろがある」「あまりに生活が苦しいので、頸をくくりたくなった」など。比喩的に「手頸」「足頸」「ビール瓶の頸」のように使われることもある。

ただし、現在では《首》を書く方がふつうなので、《頸》を用いるとややむずかしい雰囲気になるのは避けられないし、振りがなを付けるなどの配慮をしておいた方が親切。その一方で、「キリンが頸を伸ばす」「ギターの頸の部分」のように、用いると、"細長い"というニュアンスが表現できる。

なお、《頸》は、「巠」の部分を少し簡略にして、《頚》と書かれることもあるが、意味に違いはない。

以上のほか、「くび」と訓読みする漢字には、《馘》もある。この漢字は、本来は、文字通り"くびを切り落とす"という意味。日本語では、比喩的に"解雇する/される"場合に使うことがある。「従業員を大量に馘にする」「長年、勤めた会社を馘になる」がその例だが、これも、現在では《首》を使う方がふつう。むずかしい漢字なので、あえて使う場合には、

くむ

酌 汲

振りがなを付けるなどの配慮をしておくことが望ましい。

[基本] 一般的には《汲》を用いる。

[発展] お酒やお茶などをつぐ場合、考慮に入れる場合には、《酌》を使うと意味がはっきりする。

お酒が入れば頭に入る?

《汲》は、"水"を表す部首「氵(さんずい)」に、"手が届く"ことを意味する「及」を組み合わせた漢字。"手に持った容器を水面に届かせる"ところから、"水などを容器に移す"ことを表す。音読みで用いることはほとんどなく、もっぱら「くむ」と訓読みして、「川の水を汲む」「コップに水を汲む」「地下水を汲み上げる」のように使われる。

「芭蕉の流れを汲む俳人」では、"流儀などを受け継ぐ"こと。「この詩には汲めども尽きぬ味わいがある」「彼には汲めども尽きぬ気富がある」では、"中から取り出す"という意味。これらの比喩的な用法も含めて、"水などを容器に移す"ことを意味する日本語「くむ」を漢字で書き表す場合には、《汲》を使っておけば問題はない。

ただし、同じような意味で「くむ」と訓読みする漢字には、《酌》もある。場面によっては、漢字の持つニュアンスの上から、こちらを用いる方が落ち着くこともある。

《酌》の部首「酉(ひよみのとり)」は、"お酒"を表し、右側の「勺」は"小さな容器"を指す。合わせて、"小さな容器にお酒をつぐ"ことが、《酌》の本来の意味となる。音読みでは、「お酌」「お酌をする」「独酌」などがその例。訓読みでは、「おちょこにお酒を酌む」「友人と酒を酌み交わす」などと使われる。転じて、「湯呑みにお茶を酌む」のように、どちらも、"つぐ"だけでなく、それを"飲む"ところまで含めて指すことが多い。

これらの場合に、《汲》を使って「お酒を汲む」「お茶を汲む」などと書いても、間違いではない。ただし、特に"お酒を容器につぐ"場合には、《酌》を使った方が雰囲気が出る。

また、《酌》は、"お酒を容器に入れて飲む"ところから、"あるものごとを考慮に入れる"という意味にもなる。「彼女の気持ちを酌んで、今回は処分保留にしよう」「営業の仕事では、相手の意向をきちんと酌み取ることが大切だ」などが、その例。この意味の場合にも、「気持ちを汲む」「意向を汲み取る」のように《汲》を書

	汲	酌
水などを容器に入れる	◎	
お酒やお茶をつぐ	△	◎
流儀を受け継ぐ	◎	
中から取り出す	◎	
考慮に入れる	△	◎

くら

倉 蔵

大切だから保管するので…

基本1 ほとんどの場合は《蔵》を用いる。

基本2 「あぜくら造り」「むなぐら」では、《倉》を使う。

"保管場所"を指す日本語「くら」を書き表す漢字には、《蔵》と《倉》がある。意味はほぼ同じだが、それぞれの持つイメージには違いがある。

《蔵》は、「冷蔵」「貯蔵」「蔵書」のように、本来は"大切にしまっておく"という意味。現在ではあまり使われないが、「蔵(かくす)」[p135]「しまう」と訓読みした場合には"価値の高いものを大切にしておく場所"というニュアンスになる。例としては、「旧家の蔵からお宝が見つかる」「神社の蔵の中にご神体がしまってある」「特別な品を蔵から出してお得意様に見せる」など。"商売で大成功する"ことを意味する慣用句「蔵が建つ」にも、"価値の高いものを大切にしまっておく場所"という意味合いが強い。

また、"大切にしまう"ところから"頑丈な建物"というイメージがあり、耐火用に土壁でしっかり密閉された「土蔵」の印象も強い。「酒蔵(さかぐら)」「米蔵(こめぐら)」「蔵元(くらもと)」などはそのイメージ。「穴蔵に閉じ込める」でも、《蔵》を使うと"密閉された"という雰囲気がよく出る。外から見ると重厚で、中には別世界が広がっているのが、《蔵》だといえる。

一方、《倉》は、もともとは"穀物を保管する建物"を指す漢字。《蔵》との使い分けという観点からは、外見は素朴な雰囲気で、日常的に中に出入りできるような「くら」の場合には、《倉》を使うのがふさわしい。

	外見	内側
蔵	重厚な	別世界的
倉	素朴な	日常的

とはいえ、現在では、「くら」といえば立派で重厚な建物を思い浮かべる傾向が強く、《蔵》を用いる方が主流。「子どものころ、父が仕事をしている酒倉(さかぐら)によく遊びに行った」のようなノスタルジックな雰囲気の文脈ならば、あえて《倉》を使う効果があるかもしれない。

現在でも《倉》を用いる数少ない例としては、「校倉(あぜくら)造り」がある。これは、断面

いてもよいが、《酌》を使うと、「情状酌量(じょうじょうしゃくりょう)」「諸事情を斟酌(しんしゃく)する」といった熟語のイメージを生かすことができ、意味合いがはっきりする効果がある。

なお、「くむ」と訓読みする漢字には《組》もあるが、これは、「いかだを組む」「隊列を組む」「特集を組む」など、"いくつかのものをまとめて一つのものを作る"という意味。使い分けに迷うことはない。

[くら][くらう][くらべる]

が三角形の材木を積み上げて作る建築様式のことで、湿度に応じて材木が伸び縮みすることで壁のすきまが閉じたり開いたりして、内部の湿気を調節できるのが特徴。土壁の「くら」に比べれば素朴だし、密閉されてはいないわけだから、《倉》の雰囲気がよくなじむ。

そのほか、「胸倉をつかむ」は当て字の一種で、現在では「胸ぐら」とかな書きにする方が自然。ちなみに、「股ぐら」の場合に《倉》を当てることはない。

なお、「くら」と訓読みする漢字には《鞍》もあるが、これは"馬の上に載せて、座りやすくする器具"のこと。使い分けに悩む必要はない。

くらう

喰食

→くう/くらう（p186）

くらべる

較競比

どんなところにこだわりますか？

基本 一般的には《比》を用いる。
発展1 優劣を決める場合には、《競》を使うとその意味合いがはっきりする。
発展2 細かく厳密に違いを調べる場合には、《較》を書くこともできるが、やや特殊。

日本語「くらべる」は、"いくつかのものの違いを調べる"という意味。

まず、《比》は、古代文字では「𠤎」のように書き、"人が二人並んだ形"から生まれた漢字。"並べて違いを調べる"ところから、広く"違いを調べる"という意味で使われるようになった。「くらべる」と訓読みして《比》の代わりに使っておけば、用は足りる。

次に、《競》は、古代文字では「𥪙」のような形で、"争い合う二人"の絵から生まれたと考えられている。「競争」「競技」「競馬」など、"争って優劣を決める"ことを表す。そこで、「くらべる」と訓読みして《比》の代わりに用いると、"優劣を決める"という意味合いが強調される。

たとえば、「二つのお店のケーキを食べ比べる」「職人さんが集まって技比べをする」だと、単に"違いを調べる"だけのこともありうる。しかし、「二つのお店のケーキを食べ競べる」「職人さんが集まって技競べをする」のように《競》を用いると、"どちらがおいしいか""だれが最も上手か"といった優劣に焦点が当たることになる。

最後に、《較》は、「比較」という熟語があるように、《比》と同じようによく使われた。昔は、《比》という熟語があるように、《比》と同じようによく使われた。昔は、《比》

[くらべる] [くわしい] ● 194

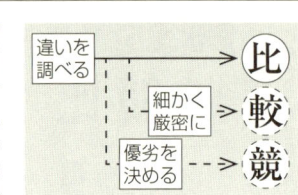

```
違いを
調べる ──→ 比
        ↓
     細かく  ──→ 較
     厳密に
        ↓
     優劣を  ──→ 競
     決める
```

ただ、右側の「交」には"ぶつけ合わせる"という意味があるので、《較》も、"突き合わせて違いを調べる"というニュアンスを含む。そこで、"細かく厳密に違いを調べる"場合に用いると、その意味合いを生かすことができる。

例としては、「安全性やコスト、工期などの面から、二つの建設計画を較（くら）べる」「研究所に依頼して、二つの血痕を較べてもらう」といった具合。ただし、現在では《較》を「くらべる」と訓読みすることは少なくなっているので、振りがなを付けるなどの配慮をしておくと、親切である。

くわしい

詳 精 委

一生懸命やった結果だね！

基本　一般的には《詳（しょう）》を用いる。

発展1　努力や注意深さの結果であることを強調したい場合には、《精（せい）》を使ってもよい。

発展2　特別に複雑なものを対象とする場合には、《委（い）》を用いることもできるが、やや特殊。

日本語「くわしい」は、"説明や理解などが、細かい点まで行き届いている"という意味。一方、「詳細（しょうさい）」のように使われる《詳》は、"ことば"を表す部首「言（ごんべん）」の漢字で、"細かい点まで説明する/理解する"ことを表す。そこで、《詳》は、「くわしい」と訓読みして広く用いることができる。

たとえば、「詳しい話を聞かせてください」「この辞書は記述が詳しい」「もっと詳しい地図が見たい」「MRIで詳しく検査する」「彼女はヨーロッパの鉄道事情に詳しい」などが、その例。日本語「くわしい」を漢字で書き表す場合には、《詳》を使うのが大原則である。

ただ、《精》と《委》も「くわしい」と訓読みすることがあり、独特のニュアンスを生かして使い分けることができる。とはいえ、どちらも現在ではあまり使われない訓読みなので、振りがなを付けるなどの配慮をしておくと、親切である。

《精》は、部首「米（こめへん）」の漢字で、本来は"玄米を白米にする"という意味。「精米（せいまい）」がその例。「精油（せいゆ）」「精製（せいせい）」のように"不純物を取り除いて質をよくする"ことも含まれる。「精密（せいみつ）」「精緻（せいち）」など、"細かい点まで仕上げられて質がよい"ことを表すようになった。

「くわしい」と訓読みした場合でも、"細かい点まで行き届いている"だけでなく、"仕上げる"というニュアンスも含まれる。そこで、《精》を用いると、"努力や注意深さの結果として「くわしい」"場合に、その意味合いを生かすことができる。「精しい調査の結果、ついに事故の原因が突き止められた」「日夜、研究を続けて、精しい論文をまとめ上げる」といっ

詳
細かい点まで行き届いた
- 努力や注意深さ　精
- 特別に複雑な　委

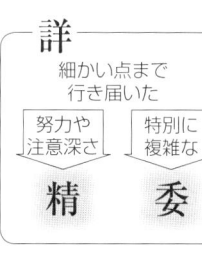

た具合である。

もう一つの《委》は、"垂れ下がった穀物の穂"を表す「禾」と、部首「女(おんな)」を組み合わせて、本来は"やわらかくて曲がりやすい"ことを表す漢字。真っ直ぐ立たずに何かにもたれかかるところから、「委任」「委ねる」のように使われるようになった。

その一方で、"曲がりくねって入りくんだものの隅々まで"という意味合いから、"細かい点まで行き届いている"ことを指しても使われる。音読みでは、「委細面談」「委曲を尽くして説明する」などがその例となる。

そこで、「くわしい」と訓読みした場合でも、特別に複雑なものを対象にした場合に用いるのがふさわしい。「込み入った事情を委しく話す」「委しい説明を聞いても、ちっとも理解できない」などが、その例である。

けがす／けがれる

瀆 穢 汚

きれいでないとダメなのよ！

基本 一般的には《汚(お)》を用いる。
発展1 罪やタブーの意識をはっきりさせたい場合は、《穢(え)》を使うと効果が高い。
発展2 意図的に罪やタブーを犯す場合には、《瀆(とく)》を書くこともできるが、かなり難解。

《汚(お)》は、"水"を表す部首「氵(さんずい)」の漢字で、もともとは"水を濁す／水が濁る"という意味。"よごす／よごれる"ことを表す。そこで、漢字では《汚》を使って、「心を汚す」「身が汚れる」「汚らわしい話を聞く」などと書き表すことができる。

一方、日本語「けがす／けがれる」は、主に精神的な意味合いで"よごす／よごれる"ことを表す。そこで、漢字では《汚》を使って、「心を汚す」「身が汚れる」「汚らわしい話を聞く」などと書き表すことができる。

ただ、「けがす／けがれる」には、"よごしてはいけない

[けがす／けがれる][けわしい] ● 196

ものをよごす／よごれてはいけないものがよごれる」という"罪"や"タブー"意識があるが、《汚》ではそのニュアンスまでは表現できない。そこで、「けがす／けがれる」を漢字で書き表す場合には、《穢》を用いることも多い。

《穢》は、"穀物"を表す部首「禾（のぎへん）」の漢字で、もともとは"穀物に混じって雑草が生える"という意味。"穀物に混じって雑草が生える"のはいけないことだから、転じて、"よごしてはいけない場所がよごれる"ことを表すようになった。

例としては、「欲望にまみれて心を穢す」「つまらぬ罪を犯して名誉を穢す」「お寺に忍び込むとは、聖域を穢す行為だ」「ここから先は、穢れた体では入れない」「そんな話は、聞くのも穢らわしい」など。いかにもむずかしい漢字なので振りがなを付けるなどの配慮が必要だが、"罪を犯す""タブーに触れる"という感覚をきちんと表現したい場合には、こちらを使うのがおすすめである。

「けがす／けがれる」と訓読みする漢字には、もう一つ、《瀆》もある。これは、「冒瀆」「瀆神」などと用いられる漢字で、"神聖なものを傷つける"という

精神的に
よごす／よごれる

汚 ──→ 穢 ⟩ 意図的 瀆

罪を犯す
タブーに触れる

意味。《穢》よりもさらに強く、"意図的に罪を犯す"ことや"意図的にタブーに触れる"ことを表す。

そこで、「姫を瀆そうとする」のように《穢》の代わりに用いると、"意図的に"という意味合いを強調することができる。ただし、"意図的に"という意味合いを持つことから、《瀆》は「けがす」かなりむずかしい漢字なので、振りがなをきちんと付けるなどの配慮を忘れないようにしたい。

"意図的に"という意味を持つことから、《瀆》は「けがす」と訓読みすることもできる。たとえば、「欲にまみれて心の瀆れた者が、宗教に救いを求める」のような具合である。

自らが罪に落ちる"というようなニュアンスで、「けがれる」の形で使うこともできる。たとえば、「欲にまみれて心の瀆れた者が、宗教に救いを求める」のような具合である。

けわしい

嶮 険

見るからに
近寄りがたい…

基本 一般的には《険》を用いる。

発展 雰囲気をよりリアルに表現したい場合には、《嶮》を使うこともできる。

《険》は、以前は「嶮」と書くのが正式。左半分の「阝（こざとへん）」は、"盛り上がった土"を表す部首。右半分の「僉」は、「剣」の以前の正式な書き方「劍」にも含まれていて、"先がとがっている"という意味を持つ。

険
切り立った
危ない
人を傷つける
リアルさ
嶮

この二つを合わせた《険》は、もともとは"山などが切り立っている"ことを表す。そこで、「けわしい」と訓読みして、「険しい山がそびえる」「その海岸には険しい崖が連なっている」「険しい坂道を登る」のように使われる。

転じて、広く"危ない"ことをも表す。音読みでは、「危険」「冒険」「探検」などがその例。訓読みでは、「全国大会出場への道は険しい」「わが社の経営状況は、険しさを増している」などが、その例となる。

また、「険悪」「陰険」「邪険」のように、性格や行動が"他人を傷つける"という意味にもなる。この意味の場合も「けわしい」と訓読みし、「険しい目つきでにらみつける」「彼女の口調には険しい響きがあった」「母親が声をかけると、彼の態度から険しさが消えた」のように用いられる。

以上のように、日本語「けわしい」を漢字で書き表す場合には、《険》を書いておけば、不自由を感じることはない。

ただ、「けわしい」と訓読みする漢字には《嶮》もある。

《嶮》は、《険》の以前の正式な書き方「嶮」の部首「阝」を、「山（やまへん）」に置き換えたもの。部首としての意味は「阝」も「山」もほぼ同じなので、漢字《険》と《嶮》の意味も特に違いはない。

《嶮》は、《険》と同じように用いることができる。ただし、「山」の方が「阝」よりも"切り立った山"を直接的にイメージさせる。そこで、"ごつごつした感じ"や"近寄りがたさ"とがめるような雰囲気などをよりリアルに表現したい場合には、《嶮》を使うと、雰囲気が出る。たとえば、「ナイフで削ったような嶮しい崖が、行く手をはばむ」「部長は眉をひそめて、嶮しい表情で彼を見つめた」といった具合である。

なお、《嶮》は、字画が複雑でいかにもむずかしい漢字。振りがなを付けるなどの配慮をしておくことが、望ましい。

こ

こう
乞請

基本1 冷静に求める場合は、《請》を用いる。
基本2 必死に求める場合や、へりくだった雰囲気を出したい場合は、《乞》を使う。

> どうしても欲しいんです！

"何かをしてくれるように求める"ことを意味する日本語「こう」を書き表す漢字には、《請》と《乞》がある。この二つは意味がよく似ているので、使い分ける際には、それぞれの漢字の持つイメージに注意する必要がある。

《請》は、「請求」「要請」のように使われる漢字。"ことば"を表す部首「言(ごんべん)」が含まれていて、"きちんとことばで述べる"という意味合いを含む。そこで、「道案内を請う」「本部に救援を請う」など、冷静な雰囲気を出したい場合に適している。

一方、《乞》は、成り立ちははっきりしないが、昔から、食料や生命など"生き延びるのに必要なものを求める"場合によく使われてきた。そこで、必死になって"求める"場合に使うのがふさわしい。「命乞い」「雨乞い」などが、その代表的な例である。

以上のように、《請》と《乞》のイメージの違いは、冷静なのか必死なのかにある。「先輩に教えを請う」「関係者の許しを請う」のように《請》を用いると、冷静に"お願いする"というイメージ。「先輩に頭を下げて教えを乞う」「関係者を一人ずつ訪ねて許しを乞う」のような場合には、《乞》を使うと必死さがよく伝わる。

ところで、人はふつう、必死に"お願いする"場合には、謙虚な態度になるもの。そこで、《乞》は、へりくだった雰囲気を表現したい場合にも用いられることになる。「読者諸君のご批判を乞う」「来週から新番組が始まります。乞うご期待！」などがその例で、読者や視聴者といった"お客さん"を相手にする場合には、《乞》がよくなじむ。

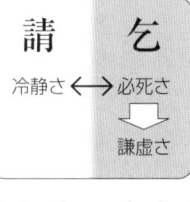

逆に、「乞われて会長に就任する」のように《乞》を使うと、謙虚さが逆転して、尊大な雰囲気になるので注意。《請》を用いて「請われて会長に就任す

```
   請      乞
冷静さ ←→ 必死さ
       謙虚さ
```

こえる/こす

超越

基本1 あるものの向こうにまで進む場合には、《越》を用いる。

基本2 あるものより程度が上になる場合には、《超》を使う。

「こえる/こす」と訓読みする漢字には、よく使われるものとして《越》と《超》がある。この二つは、ともに"何かを目指して移動する"ことを表す部首「走（そうにょう）」の漢字であり、意味がとてもよく似ていて、使い分けがまぎらわしい。

《越》に含まれる「戉」は、"武器としての刃物の一種"を表す漢字。《越》は、その武器を用いて、"難所を通り抜ける"ところから、広く"通過して向こうまで進む"ことを表す。「バスが国境を越えて走る」「バイクがタクシーを追い越す」「ガラス戸越しにお店の中を覗く」などが、その例である。

"通過する"という意味であるところから、水平方向に進むイメージを持つのが、《越》の特徴。「この坂を越す売れ行きに大喜びだ！」のように使われることもある。

あそこを抜けて向こうまで進め！→《越》

水平方向に進むそのものを指しても使われる。水平方向に流れるものとして捉えて、時間についても用いられる。例を挙げれば、「白鳥たちはこの湖で冬を越す」「う制限時間を越えています」もこの関係が一線を越える」「午後の忙しさもピークを越えた」「この件は来週に持ち越しです」など、比喩的に"事態が進行する"ことを表す場合もある。「四勝五敗で、一つ負け越す」も、負けの方が勝ちよりも"先まで進んでいる"という意味合いだと考えられる。

あそこよりも上へ行きたい！→《超》

一方、《超》は、古い時代の漢文では、"何かの上をジャンプして向こう側へ行く"という意味で使われていて、上下の感覚を強く含んでいるところに特徴がある。ここから、"ある基準よりも程度が上になる"という意味で使われるようになった。

「ボーナスが一〇〇万円を超える」「マイナス三〇度を超える寒さに耐える」「五〇通を超す激励のメールが届く」などが、基準がはっきり示された典型的な例。もう少し曖昧に、「作業量が処理能力を超える」「常識を超えた行動をする」「予想を超す売れ行きに大喜びだ！」のように使われることもある。

「こう」「こえる/こす」

る」としておく方が、波風は立たない。

なお、"別れの挨拶をする"という意味を表す「暇乞いをする」「お暇を乞う」も、もともとは"雇い主に対して休みが欲しいと願い出る"こと。へりくだった表現の一種である。

に上下の動きを伴うものでも、意味の重心は水平方向の移動にある。そこで、「新居へと引っ越す」のように、《越》は、水平方向への移動そのものを指しても使われる。

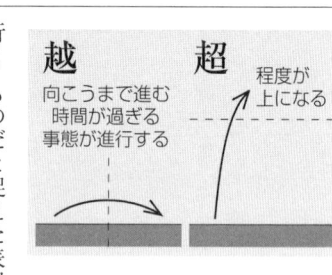

[こえる／こす] [こおる／こおり] ● 200

以上のように、この二つの漢字の使い分けは、《越》は水平の感覚で"向こうまで進む"こと、《超》は垂直の感覚で"程度が上になる"ことだと考えると、比較的、わかりやすい。しかし、実際には、どちらとも取れる場合も少なくない。

たとえば、「八〇歳を越えてもますます元気だ」は、年齢を"進んで行く"ものだと捉えた表現。"高くなる"ものだと考えて、《超》を使って「八〇歳を超えてもますます元気だ」と書いても、おかしくはない。

また、「ライバル同士が利害を越えて協力する」では、《越》を用いているので、水平方向に手を携え合うというイメージ。これを「ライバル同士が利害を超えて協力する」とすると、利害の対立はさておき、もっと高いレベルで助け合う、という雰囲気になる。

こういったケースでは、どちらを用いても説明はつく。好きな方を書いておけばよいし、かな書きにするのも、一つの考え方である。

越
向こうまで進む
時間が過ぎる
事態が進行する

超
程度が
上になる

こおる／こおり

凍 氷

基本1 「こおり」という物質を指す場合は、《氷》を用いる。

基本2 「こおる」という状態の変化をいう場合は、《凍》を使う。

《氷》は、もともとは「冰」と書かれた漢字。部首「冫(にすい)」は、古代文字で"白い筋"の絵から生まれた漢字だという。本来は、これだけで"冷たくなって固まった水"つまり「こおり」を指していたが、後に、意味をはっきりさせるために「水」を組み合わせて、「冰」が作られた。

つまり、《氷》は、「こおり」そのものを表す漢字。音読みの熟語では、「氷上」「流氷」などがその例。転じて、「氷点下」のように、"冷たくなって水が固まる"という変化を指しても用いられることもある。

一方、《凍》も、部首「冫」の漢字。《氷》と意味が似ているが、「冷凍」「凍結」「凍傷」「凍土」など、"冷たくなってものが固く変質する"ことを広く表すと考えられる。

そこで、"冷たくなってものが固まる"という意味の日本語「こおる」を漢字で書き表す場合には、《凍》を用いる。例としては、「池の水が凍る」「マイナス四〇度の世界ではバナ

そこはそちらにお任せしますよ！

[こおる/こおり] [こす] [こたえる]

凍　氷

- 凍：気温が低くなってものが固まる／温度が低くなって水が固まる
- 氷：温度が低くなって固まった水

も凍る」「寒波の襲来で水道管が凍りつく」など。「ショッキングなニュースを聞いて表情が凍りついた」のように、比喩的な用法でも《凍》を使う。

ただ、《氷》にも"温度が低くなって水が固まる"という意味があるので、特に"水が氷る"について言う場合には、「池の水が氷る」のように《氷》を用いても間違いではない。しかし、これは、《凍》が表す意味の中に含まれるので、現在では、《凍》を使う方がふつうである。

その代わり、"温度が低くなって固まった水"を漢字で表す場合には、漢字のもともとの意味を生かして、《氷》を用いる。「ジュースに氷を入れる」「彼女の微笑は氷のように冷たかった」などが、その例である。

なお、漢文では、《凍》にも"こおり"を指す用法が存在する。しかし、現在の日本語では、この意味では《凍》は使わないのが一般的である。

こす

超越

→こえる／こす（p199）

こたえる

堪応答

言わなくってもわかるかな?

- 基本1　ことばで返事をする場合は、《答》を用いる。
- 基本2　はたらきかけを受けて行動する場合、痛みやつらさを強く感じる場合は、《応》を使う。
- 基本3　我慢する場合には、《堪》を書く
- 発展　痛みやつらさを強く感じることをはっきりさせたい場合には、《堪》を使うこともできる。

《答》は、「答案」「回答」「問答」など、"ことばで返事をする"という意味。「こたえる」と訓読みして、「質問に口頭で答える」「計算問題の答えを書く」と訓読みして、「口答えはするな!」のように使われる。

一方、《応》は、「応接」「応接」「反応」「求めに応じる」のように、"はたらきかけを受けて行動する"という意味。訓読みでは、「期待に応える」「要望に応える」「彼の気持ちに応えてあげたい」など使われる。転じて、「手応えがある」「見応えがある」「読み応えがある」のように、"自分の行動の結果を受けた相手から、何かを強く感じる"という意味でも用いられる。

このように、《答》と《応》の違いは、"話したり書いたりする"か"行動する"かという点にある。そこで、「呼びかけに『おはよう』と答える」「呼びかけに手を振って応える」のように使い分けることになる。

ただし、「呼びかけたが、応えがない」のように、どちらか

[こたえる][ことなる／ことに]●202

はっきりしない場合もある。そんなときは、"話したり書いたりする"ことも、"行動する"ことの一種だから、大きく構えて《応》を使っておけばよい。

このほか、日本語「こたえる」には、"痛みやつらさを強く感じる"という意味もある。これは"はたらきかけを受けて、何かを強く感じる"ことだから、《応》を使うことになる。

例としては、「今年の暑さは身に応える」などが挙げられる。

しかし、《応》には"痛みやつらさ"というニュアンスは含まれていない。そこを気にするならば、《堪》を使って書き表すのがおすすめである。

《堪》は、「堪忍」のように、"我慢する"ことを表す漢字。「こえる」(p.290)「こらえる」(p.206)と訓読みすることもある。「たえる」と訓読みした場合は、"痛みやつらさを強く感じて我慢する"という意味合いとなり、「今年の暑さは身に堪える」「娘に嫌われたのは、父としてさすがに堪えた」のように使うことができる。

また、本来の"我慢する"という意味をそのまま生か

応

行動の結果を受けて強く感じる	はたらきかけを受けて行動する
痛みやつらさを強く感じる	答 ことばで返事をする

堪

我慢する

して、「泣き出しそうなところをなんとか持ち堪える」「土俵際で踏み堪える」のようにも用いられる。ただし、「たえる」「こらえる」と読み間違えられる可能性があるので、振りがなを付けるなどの配慮をしておく方が、親切。「持ちこたえる」「踏みこたえる」のように、かな書きにすることも多い。

ことなる／ことに

殊 異

ふだん通りではないのだ!

基本1 「ことなる」「ことにする」の場合は、《異》を用いる。

基本2 特別であることを意味する「ことに」「ことさら」では、《殊》を使う。

《異》は、古代文字では「𢌿」と書き、"仮面を付けた人"の絵から生まれた漢字。転じて、"ふつうとは違う"ことを表すようになった。「異性」「異質」など、"あるものとあるものとの間に違いがある"という意味でも用いられる。この意味の場合、訓読みでは「ことなる」と読み、「同じタイプで色が異なる商品を探す」「東京と大阪では笑いのセンスが異なる」「業種の異なる人が集まって、情報交換をする」のように使われる。

また、ほぼ同じ意味で、「ことにする」の形になることもある。例としては、「この件に関しては、私は彼女とは立場を異にしている」「目的を異にする者同士が、協力できるはずがな

[ことなる／ことに][こまやか]

部分から見るか
全体から見るか？

こまやか
濃細

	意味	訓読みの形
異	ふつうとは違う ほかとは違う	「ことなる」「ことにする」
殊	ふつうやほかとは違って特別に	「ことさら」「ことに」

い」といった具合である。

一方、《殊》は、成り立ちにははっきりしないところがあるが、「特殊」「殊勲」のように使われる漢字。"ほかとは違って特別である"という意味を表す。《異》とは、"特別である"という意識を含むところが違う。

そこで、日本語では、「ことに」の形で"ふつうとは違って特別に"という意味を表すことがあるので、「奥様が殊のお喜びです」「旦那様は殊に激しくお怒りです」のように"特別に"という意味を含むので、「あいつは殊更、ことさらに」も同じく"特別に"という意味を含むので、「あいつは殊更、努力しなくてもてる」「彼女は失敗したが、殊更に責められることはなかった」などとも使われる。

基本1 小さな部分まで「繊細」な場合には、《細》を用いる。

基本2 全体として「濃密」な場合には、《濃》を使う。

日本語「こまやか」の基本的な意味は、"小さな部分にまで心がこもっている"

細 小さい部分まで 繊細さ

濃 全体として 濃密さ

こと。このことばを書き表す漢字としては、《細》と《濃》の二つが挙げられる。

"小さな部分"に重点を置いた場合には、「こまかい」とも訓読みする《細》を使う。"心がこもっている"ことを中心に考えると、「こい」とも訓読みして"深い"ことや"密度が高い"ことを意味する《濃》を用いることになる。

たとえば、「細やかな気配りに感謝する」のように《細》を使って、小さな気配りをたくさん感じさせるイメージ。《濃》を用いて「濃やかな気配りに感謝する」とすれば、全体としての気配りの深さが表現される。

「彼女は神経の細やかな女性だ」「細やかな愛情を受けて育つ」と「彼女は神経の濃やかな女性だ」「濃やかな愛情を受けて育つ」の違いも同様。《細》を用いると、細部に目が行って「繊細」なイメージになり、《濃》を書くと、全体の深さが感じられて「濃密」な雰囲気となる。

日本語「こまやか」は、色や味といった感覚についても使われることがある。その場合でも、基本的な考え方は変わらない。

「細やかな緑が美しい季節になる」「こ

こむ

混 込

いろいろ入れれば複雑に…

基本1 一般的には《込》を用いる。

基本2 「混雑」していることを表す場合には、意味をはっきりさせるため、《混》を使うことが多い。

《込(こむ)》は、"移動"を表す部首「辶(しんにょう、しんにゅう)」に、「入」を組み合わせて、"中に入る／入れる"ことを表すのが、基本的な意味。日本で作られた漢字なので、中国語に由来する音読みは存在しない。「こむ」のほか、「こめる」(次項)とも訓読みして使われる。

「こむ」と訓読みする漢字の場合は、ほかの動詞のあとに付けて

のスープの味はとても細やかだ」であれば、《細》を使っているので、小さな"緑"や小さな"うまみ"が満ちているという意味合い。「濃やかな緑が美しい季節になる」「このスープの味はとても濃やかだ」であれば、《濃》を用いているから、全体としての色や味の深さを感じさせる表現となる。

以上のように、《細》と《濃》は、"部分"か"全体"かという着眼点の違いに従って、使い分けることができる。とはいえ、この二つは結局のところは同じことを指していて、区別がむずかしい場合も多い。悩んだ場合には、適当に好きな方を使うか、かな書きにするのがおすすめである。

使われることが多い。「猫が押し入れの中に入り込む」「着替えをトランクの中に詰め込む」「薬がうまく飲み込めない」「お金が口座に振り込まれる」「パソコンに写真を取り込む」などなどが、その例である。

「病気をして急に老け込む」「今朝は冷え込みが厳しい」などでは、やや転じて、"ある状態になる"こと。さらには、「自分は天才だと思い込む」「仕事のしかたを教え込む」のように、"完全にある状態になる／する"ことを表したり、「黙り込んで何も言わない」「部屋の前で座り込みを続ける」など、"ある状態になって変化しない"という意味になったりすることもある。

「町工場が立て込んでいる地域」では、同じ場所にいくつものものが入るところから、"たくさん重なる"こと。「負けが込む」も、同じ意味。ここから転じて、"複雑である"ことも表し、「手の込んだ細工」「込み入った事情」「お取り込み中、失礼します」のようにも使われる。

このように見てくると、「連休だから道路が込んでいる」「通勤ラッシュの込み合った電車に乗る」「人込みの中を一人で歩く」のような場合に《込》を書くのも、"たくさん重なる"という意味だと考えれば、筋が通る。しかし、これらの「こむ」には、"整理されていない"という意味合いが強く含まれているのに、"中に入る／入れる"ことを本来の意味とする

[こむ] [こめる／こもる]

	込	混
「混雑」している		◎
複雑である		◎
たくさん重なる	◎	◎
ある状態になって変化しない	◎	
完全にある状態になる／する	◎	
ある状態になる	◎	
中に入る／入れる	◎	

《込》では、そのニュアンスを表現できない。そこで、現在では、代わりに《混》を使うことが多くなっている。

《混》は、音読みでは「混雑」「混合」などと使われ、"いくつかのものが一緒になって見分けがつかない"ことを表す漢字。訓読みでは、「まざる／まじる」(p 516)とも読む。

「こむ」と訓読みした場合には、「連休だから道路が混んでいる」「混み合った電車に乗る」

「人混みの中を一人で歩く」のように、"人や乗りものがたくさん集まって、整理されていない"という意味で使われる。

つまり、「混雑」している場合には、《混》を使った方が意味が伝わりやすいということ。先に挙げた「手の込んだ細工」「込み入った事情」「お取り込み中、失礼します」のような例は、「混雑」ではなく"複雑である"という意味なので、《混》を使うのはなじまない。

なお、「町工場が立て込んでいる地域」ならば《混》が使えそうだが、ほかの動詞のあとに付けて使われる「こむ」では、

《混》は使わないのが習慣となっている。

こめる／こもる

籠 込

基本 一般的には、「こめる」は《込》を用い、「こもる」はかな書きにする。

発展1 まわりをおおうことを表す「こめる」では、《籠》を使うと、意味がはっきりする。

発展2 外に出ないことを意味する「こもる」では、《籠》を書いてもよいが、やや難解。

《込》は、"移動"を表す部首「辶(しんにょう、しんにゅう)」に、「入」を組み合わせた漢字で、"中に入る／入れる"ことを表すのが、基本的な意味。日本で作られた漢字なので、中国語に由来する音読みは存在しない。「こむ」《前項》とも訓読みして使われる。

「こめる」と訓読みした場合は、"中に入れる"という意味。「ピストルに弾を込める」「酔っ払いを留置場に閉じ込める」「突然の夕立に降り込められて、出かけられない」などと用いられる。「お弁当に愛情を込める」「怒りを込めてパンチを打つ」「相手チームの攻撃を封じ込める」など、比喩的に使っても問題ない。

ただ、「こめる」と訓読みする漢字には、《籠》もある。この漢字は、「かご」とも訓読みするように、もともとは"竹

[こめる／こもる][こらえる] ◉ 206

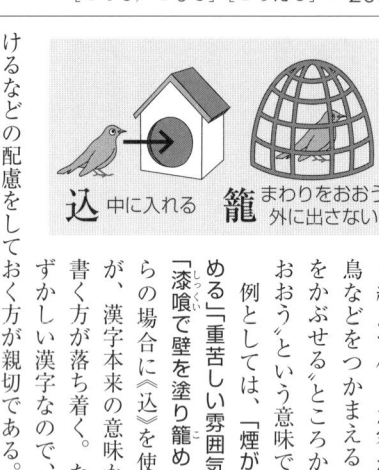

込 中に入れる
籠 まわりをおおう 外に出さない

を編んで作った容れもの"のこと。鳥などをつかまえるために「かご」をかぶせる"ところから、"まわりをおおう"という意味で使われる。

例としては、「煙があたりに立ち籠める」「漆喰で壁を塗り籠める」「重苦しい雰囲気が垂れ籠める」など。これらの場合に《込》を使うこともあるが、漢字本来の意味からは、《籠》を書く方が落ち着く。ただし、ややむずかしい漢字なので、振りがなを付けるなどの配慮をしておく方が親切である。

また、《籠》は、日本語では、"かご"に入れる"ところから、"中に入れて外に出さない"という意味を持つ「閉じ籠める」「封じ籠める」「雨に降り籠められる」などがその例だが、字面が単純で"中に入れる"という意味を使う方が、一般的である。

出たくないんだってば！

ところで、「こめる」とよく似た日本語に、「こもる」がある。このことばは、大きく分けて二つの意味を持つ。一つは、"中にとどまって外に出ない"という意味。これは、"中に入れる"こととは異なるので、《込》を使って書き表すわけにはいかない。

うニュアンスを含む《籠》を用いる。例としては、「家の中に煙が籠もる」「声が籠もってよく聞こえない」「部屋に閉じ籠もる」「人質を取って立て籠もる」のように、「煙がこもる」「声がこもる」「閉じこもる」「立てこもる」のもう一つの意味は、"中にきちんと入っている"こと。この場合には《込》を使ってもよさそうだが、"中にとどまって外に出ない"という意味の場合にそろえて、《込》は使わないのが習慣。かといって、"外に出ない"わけではないので、《籠》を書くわけにもいかない。「弾のこもったピストル」「力のこもった演説」「憎しみのこもった目つき」のように、かな書きをするのが一般的である。

なお、《篭》は、《籠》が簡略化された漢字だが、《篭》を使っても、意味や用法の上で違いはない。《籠》の方が正式だが、《篭》を使っても、意味や用法の上で違いはない。

そこで、漢字で書き表す場合には、"外に出さない"とい

こらえる

怺 堪

見た目が納得いかないなぁ…

基本 一般的には《堪》を用いる。

発展 我慢している心のうちをリアルに表現したい場合には、《怺》を使うこともできる。

日本語「こらえる」の基本的な意味は、"強い感情を我慢して、表に出さない"こと。

堪 / 怺

我慢して感情を表さない　気持ちをリアルに

このことばを漢字で書き表す場合には、《堪》を使うのがふつうである。

《堪》は、音読みでは「堪忍」のように使われ、訓読みでは「たえる」(p290)とも読むように、"我慢する"という意味。強い感情を我慢して、表に出さない"場合には、「こらえる」と訓読みする。

「痛みを堪える」「涙を堪える」「笑いを堪える」などが、その例。転じて、「大関は土俵際まで押し込まれたが、懸命に堪えた」のように、"何かに負けないように体力を振り絞る"という意味で使われることもある。

ただ、日本語「こらえる」は、表に出さないことでより強い"感情"を感じさせることばなのに、漢字《堪》は、見かけの上では感情的な要素を感じさせない。

そこで、代わりに《怺》が用いられることも多い。

《怺》は、"心"を表す部首「忄(りっしんべん)」に、「ながい」と訓読みする「永」を組み合わせて、日本で独自に作られた漢字。"感情を外に出さないように、長い間、保ち続ける"という意味で、「こらえる」と訓読みして使われる。

そこで、先に挙げた例も、「痛みを怺える」「涙を怺える」「笑いを怺えるのに必死だ」「これ以上、怒りを怺えられない」「大関は土俵際まで押し込まれたが、懸命に怺えた」のように、《怺》を使って書き表すこともできる。字の形から、"感情"や、"永久"「永遠」といった"長い時間"をイメージしやすいので、《怺》を使った方が、我慢している心のうちを、よりリアルに表現することができる。

なお、《堪》の訓読み「こらえる」は、振りがなしでは「たえる」と区別が付きにくい。また、《怺》は、現在ではあまり使われない漢字。どちらの場合も、振りがなを付けるなどの配慮をしておくと、親切である。

こわい

強 恐 怖

理論と現実の違い

基本1　理性ではどうにもならない不安の場合には、《怖》を用いる。

基本2　少しは理性で対応できるような不安の場合には、《恐》を使う。

基本3　丈夫な場合、変化させにくい場合には、《強》を使う。

日本語「こわい」は、"危険や不都合に対して不安を感じる"という意味。「おそろしい」(p111)とよく似ているが、「こわい」の方が話しことば的で、感情をより直接的に表す傾向がある。

このことばを書き表す漢字には、《怖》と《恐》がある。どちらも「おそろしい」とも訓読みする漢字で、意味がとても似通っているので、使い分けは非常に悩ましい。

《怖》は、「怖じ気づく」という使い方もあるように、単に"不安を感じる"のではなく、"逃げ出したいと感じる"というニュアンスを持つ。その意味合いの強さは、感情をより直接的に表す「こわい」とよくなじむ。たとえば、「高い所が怖い」「失恋するのが怖い」「幽霊を怖がって逃げ出す」といった具合。本能的な不安や、自尊心の根本に関わる不安など、理性ではどうにもならない場合に使うと、効果が高い。

一方、《恐》には、「恐縮」のように、"詫びる"ことを意味したり、「恐らく」のように推測を表したりするなど、"不安"以外の要素もある。そこで、《怖》に比べると多少、不安の度合いが低く、ある程度は理性で対応できるような場合に用いるのが落ち着く。例としては、「言いつけを守らないと、あとが恐い」「むだ遣いをして、恐い目つきでにらまれる」などとなる。

以上のように、「こわい」の漢字の使い分けは、《怖》を基準として、それよりも不安の程度がやや低い場合には《恐》を使う、と理解することができる。しかし、「こわい」は話しことば的なので、それほどの不安ではない場合にも、話しことばにありがちなやや大げさな表現として、使われることがある。また、「恐竜」「恐妻家」などの熟語が日常語になっていることもあって、《恐》の方が、さまざまな場面で気軽に用いることができる。

そこで、考え方としては、《恐》を使うのを基準として、より程度の高い"不安"の場合に《怖》を用いるとする方が、現実には合う。とはいえ、悩ましい使い分けなので、迷った場合にはかな書きにしておくのも、一つの方法である。

なお、「こわい」と訓読みする漢字には、ほかに《強》もある。これは、"丈夫である""変化させにくい"という意味で、「手強い相手」「あいつは情が強いから説得に苦労する」などと用いられる。《怖》《恐》とはかなり意味が異なるので、使い分けに悩むことはあまりない。

怖　恐
不安の強さ／使いやすさ

こわす／こわれる

毀壊

どこまでも攻撃的！

|基本| 一般的には《壊》を用いる。
|発展| 攻撃的な意味合いが強い場合は、《毀》を用いると、効果的。

《壊》は、部首「土（つちへん）」の漢字で、本来は土壁などの"形を崩す／

[こわす／こわれる]

壊
形を崩す
機能を果たせなくする
成り立たなくする

攻撃的
毀

形が崩れる″という意味。ここから、「こわす／こわれる」と訓読みして、広く用いられる。「家を壊して更地にする」「ボールが当たって窓ガラスが壊れる」などがその例。「水に落として時計を壊してしまった」「パソコンが壊れて動かない」のように、″機能をきちんと果たせなくする／機能がきちんと果たせなくなる″という意味になることもある。

また、「急に騒ぎだして、雰囲気を壊してしまった」「細かい点で折り合えず、商談が壊れる」など、比喩的に″きちんと成り立たなくする／きちんと成り立たなくなる″ことを意味する場合もある。日本語「こわす／こわれる」を漢字で書き表す場合には、《壊》さえ使っておけば、困ることはない。

ただし、「こわす／こわれる」と訓読みする漢字には、《毀》もある。この漢字の部首「殳（るまた、ほこづくり）」は、″武器としての長い棒″のこと。「なぐる」と訓読みする「殴」や、「ころす」と訓読みする「殺」に、その攻撃的なイメージがよく現れている。

そこで、《毀》にも、″棒でなぐって傷つける″という攻撃的なニュアンスがあり、「名誉毀損」のように使われる。ここから、攻撃的な意味合いが強い場合には、《壊》の代わりに《毀》を用いると、雰囲気が出ることになる。

たとえば、「敵の城壁を毀す」「カメラを壁にたたき付けて毀す」「商業主義が伝統文化を毀す」といった具合。「彼女の夢を壊してしまう」だと一般的な表現だが、「彼女の夢を毀してしまう」にすると、彼女を″傷つける″というニュアンスが強くなる。

《毀》は攻撃的なイメージが強いので、「こわれる」と訓読みして使っても、″何かによって「こわされる」″という意味合いになる。「事故に巻き込まれて、愛車が毀れた」「ひどいハラスメントを受けて、彼の心は毀れてしまった」などがその例。逆に考えれば、「食べ過ぎてお腹を壊す」のように、「こわす」と訓読みしても″自然に「こわれる」″ことを指している場合には、《毀》はなじまない。

なお、《毀》を「こわす／こわれる」と訓読みするのは、ややむずかしい読み方。振りがなを付けるなどの配慮をしておくと、親切である。

さ

さがす
捜 探

基本 一般的には《探》を用いる。

発展 「さがす」ものについての情報をある程度、持っている場合には、《捜》を使う。

穴の中と家の中

日本語「さがす」を書き表す漢字には、《探》と《捜》がある。この二つは意味がとてもよく似ているので、ニュアンスの微妙な違いによって使い分ける必要がある。

《探》の右半分は、古代文字では「𤎌」と書く部分は、古代文字「穴」。そこで、《探》は、もともとは"穴の中のようすを確認しようとする"という意味合いを持つ。「火星の探査」「ジャングルの奥地の探索」「事件の真相を探る」といった使い方に、そのことがよく現れている。

探	捜
手がかりが あまりない	手がかりが ある程度ある
↓	
抽象的なものを 「さがす」	「さがす」もの 「さがす」場所 「さがす」方法 etc.

一方、《捜》の右半分は、古代文字では「𡨊」と書き、"建物"を表す「宀（うかんむり）」の古代文字「宀」を含んでいる。ここから、《捜》は、いわば"家の中でなくなったものを見つけ出そうとする"というイメージがある。音読みの熟語では、「犯罪の捜査」「行方不明者の捜索」がその例となる。

つまり、《探》は"穴の中"という未知の場所で「さがす」のに対して、《捜》は、"家の中"というよく知っている場所で「さがす」という違いがある。ここから、《探》には漠然とした雰囲気があった一方で、《捜》は、「さがす」ものや場所について具体的な情報があったり、「さがす」方法がはっきりしているなどといったイメージを持つ。

たとえば、財布を忘れた場合、どこで忘れたかがはっきりしているなど、具体的な手がかりがあるときには、「忘れた財布を捜す」と書くことができる。これを、《探》を使って「忘れた財布を探す」とすると、当てもなく「さがす」というイメージになる。

同様に考えると、「暗闇の中で照明のスイッチを探す」では、全体のようすがわからないのだから、《探》を使う。「犯人につながる手

さかな

肴　魚

基本1 動物の一種を指す場合は、《魚》を用いる。
基本2 酒のつまみを指す場合は、《肴》を使う。

《魚》は、古代文字では「𩵋」と書き、水の中を泳ぐ動物"うお"の絵から生まれた漢字。「うお」と訓読みするほか、「さかな」と訓読みして、「魚を釣る」「水槽の魚に餌をやる」「お昼は焼き魚定食にしよう」などと用いられる。

ただ、日本語「さかな」は、語源としては"お酒を飲みながら食べるもの"という意味で、漢字を当てると「酒菜」。"うお"を食べるのが好まれたことから、主に食べものとしての"うお"を指すことばとして使われるようになった。

とはいえ、本来の意味で日本語「さかな」を用いることもある。その場合には、漢字では《肴》を使って書き表す。

《肴》は、"肉"を表す部首「月（にくづき）」の漢字。本来は、"うお"も含めて、広く"動物の肉を用いた料理"を指す。いい料理にはいいお酒を、というわけで、特にお酒を飲みながら食べる"つまみ"を指すようになった。

例としては、「風呂吹き大根を肴に日本酒を飲む」「ピーナッツを肴に水割りを傾ける」など。「思い出話を肴に一杯やろう」のように、比喩的に用いる場合も、《肴》を書く。

魚 生きものとしての「うお」／「うお」の料理

肴 酒のつまみ／「うお」以外のつまみ

実はもとは一緒なんです！

かりを探す」「徳川幕府の埋蔵金を探す」も、"あるかないかわからない"と考えて、「探」を書くのがふつう。《捜》を用いると、手がかりや埋蔵金について、"存在を確信している"というニュアンスになる。

「逃走中の犯人を捜す」の場合は、犯人についてさまざまな情報があるはずだから、ふつうは《捜》。《探》を使うと、なかなか見つからない"という雰囲気になる。

なお《捜》は、「さがす」ものに関して具体的な情報を持っていることから、目に見える形があるものを「さがす」という意味合いが強い。「気に入らない部下を左遷するきっかけを探す」「病気の治療法を探す」「彼女をデートに誘うきっかけを探す」「職探しをする」など、目に見えない抽象的なものに対する場合は、《探》を用いる方が落ち着く。

というわけで、全体的に見ると、《捜》を使う場面の方が多い。一般的には《探》を書き、「さがす」ものに関する具体的な情報をある程度、持っている場合だけ《捜》を用いる、と考えると、判断しやすい。

さがる／さげる

退 提 下

首、肩、腰はどうしよう？

基本 一般的には《下》を用いる。

発展1 手から垂らすように持つ場合には、《提》を使うと、意味合いがはっきりする。

発展2 中心となる場から離れることを強調したい場合には、《退》を書くこともできる。

日本語「さがる／さげる」の基本的な意味は、"低くなる／低くする"こと。漢字で書き表す場合には、一般的には《下》を用いる。

《下》は、"基準となる横線を引き、その低い方に印を付けた形"から生まれた漢字。"低くなる／低くする"ことを指して、広く用いることができる。

例としては、「飛行機の高度が下がる」「薬を飲んだら熱が下がった」「成績が下がる」「ブラインドを下げる」「屋上から垂れ幕を下げる」「給料を下げる」などだ。また、「面接会場から控え室へ下がる」「大臣が王様の前から下がる」「あそこまで言われたら、引き下がるわけにはいかない」のように、"ものごとの中心となる場所から離れる"という意味で使われることもある。

このように、「さがる／さげる」を漢字で書き表したい場合には、《下》さえ使っておけば十分。ただし、訓読みする漢字には《提》が、「さがる」と訓読みする漢字には《退》もあり、それぞれのニュアンスを生かして使い分けることもできる。

このうち、《提》の本来の意味は、「提灯」によく現れているように、"手に持つ"こと。転じて、"手から垂らすようにして持つ"という意味になる。

「さげる」と訓読みするのは、この意味の場合。「買いものかごを提げる」「手提げのバッグ」「お酒の瓶を提げて友だちの家へ遊びに行く」のように用いられる。これらも"低くする"ことの一種ではあるので、「かごを下げる」「手下げのバッグ」「お酒の瓶を下げる」など、《下》を書いても間違いではない。しかし、《提》を使うと、実際に"手から垂らすようすをはっきりとイメージさせる効果がある。

ちょっと悩むのは、「カメラを首から下げる」「腰からきびだんごの包みを下げる」「肩から鞄を下げる」「腰からきびだんごの包みを下げる」のように、"首や肩、腰などから垂らすように身に付ける"場合。意味がやや広がったものとして《提》を用いることもできるが、《下》を使っておけばいろいろと悩まないで済むので、そちらの方がおすすめである。

なお、《提》は"手から垂らすように持つ"という意味なので、よっぽど特殊な事情がない限り、自然とそうなるという意味合いを持つ「さがる」と訓読みすることはない。

一方、《退》は、「退却」「後退」「撃退」の音読みでは「しりぞく／しりぞける」(p247)とも読むが、"ものごとの中心となる場所から離れる"場合には、「さがる」と読むこともできる。

そこで、先に《下》の例として挙げたような場合でも、《退》を使って「面接会場から控え室へ退がる」「大臣が王様の前から退がる」「あそこまで言われたら、引き退がるわけにはいかない」のように書き表すこともできる。《退》はもともと"逆方向に"というニュアンスを含むので、こちらの方が、"中心から離れる"という意味合いがよりはっきりと表現できる。

下

中心から離れる／離れさせる
〔強調〕退

低くなる／低くする
提 手から垂らす

ここにはいない方がいい…

ように、"進むべき方向とは逆方向に移動する／移動させる"という意味。転じて、"ものごとの中心となる場所から離れる／離れさせる"ことをも表す。訓読みでは「退ぞく／退ぞける」とも読むが、"ものごとの中心となる場所から離れる"場合には、「さがる」と読むこともできる。

さかん

旺熾壮盛

男らしさと熱さと輝き…

基本 一般的には《盛》を用いる。

発展1 力強さや行動力を強調したい場合には、《壮》を使うこともできる。

発展2 激しく燃える場合、熱っぽさや危険性を表現したい場合には、《熾》を書くと効果的。

発展3 輝かしさに重点を置きたい場合には、《旺》を用いてもよいが、やや特殊。

日本語「さかん」は、"勢いがよい"ことや"何度もくり返される"ことを意味することば。

《盛》は、部首「皿（さら）」の漢字で、本来の意味は、"容器いっぱいにものを入れる"こと。転じて、"数量が多くて勢いがよい"ことを表す。そこで、「さかん」と訓読みして、「観客席から盛んな声援を受ける」「この村ではゲートボールが盛んだ」「桜の花が盛んに散り続けている」「彼は納得できないのか、盛んに首をかしげている」などと用いられる。

「さかん」を漢字で書き表す場合には、《盛》を使っておけば、用は足りる。しかし、「さかん」と訓読みする漢字には《壮》《熾》《旺》もあり、それぞれ、ニュアンスを生かして使い分けることもできる。ただし、どれも特殊な訓読みにな

るので、振りがなを付けるなどの配慮があると親切である。

中でも、比較的よく用いられるのは《壮》。この漢字の部首は「士（さむらい）」で、「一人前の男性」を表す。そこで、《壮》も、男性が"力強い"ことや"行動力がある"ことを指して使われる。「壮年」「壮大」「強壮」などが、その例となる。

ここから、《壮》を「さかん」と訓読みして用いると、力強さや行動力が強調される。《盛》を使って「血気盛んな若者」「老いてますます盛ん」と書いてももちろんよいが、《壮》を用いる方が、エネルギッシュな雰囲気になる。

なお、《壮》はもともと男性に関する漢字。女性が中心となる文脈では、用いない方が無難である。

次に、《熾》は、部首「火（ひへん）」の漢字で、本来は"勢いよく燃える"という意味。「火が熾る／火を熾す」（p.97）のように、訓読みして使うこともある。転じて、「熾烈な争い」のように、"勢いが激しい"ことをも表す。

訓読み「さかん」では、「山火事が再び熾んになる」「火口から噴煙が熾んに立ち昇る」などが、基本の意味に忠実な例。また、"勢いが激しい"という意味で用いると、熱っぽさや危険性を強調することもできる。例としては、「会社の行く末について、熾んに議論をくり返す」「敵の熾んな攻撃をしのぐ」といった具合。これらの場合に《盛》を書いても、もちろん問題はない。

最後に、《旺》は、部首「日（ひへん、にちへん）」の漢字で、本来は"太陽が光り輝く"という意味。「元気旺盛」のように用いるが、「さかん」と訓読みして使うならば、輝かしさに重点を置きたい場面がふさわしい。

たとえば、「バラの花が旺んに咲いている」だと、花が光り輝くようなイメージ。「商売が旺んだった時代をなつかしむ」では、"輝いていたあのころ"という雰囲気となる。

盛
勢いがよい
くり返される

壮
力強さ
行動力

熾
熱っぽさ
危険性

旺
輝かしさ

さく／さける

割 裂

ビリビリッとか？
スパッとか？

基本1 力を加えて破る場合、勢いよく分ける場合には、《裂》を用いる。

基本2 刃物で切り分ける場合、一部分を別の用途に使う場合には、《割》を書く。

《裂》は、部首「衣（ころも）」が付いているように、本来は"布を破る／布が破れる"ことを表す漢字。広く平面について、"力を加えて破れる"という意味で用いられる。音読みでは、「分裂」「破裂」などがその例となる／力が加わって破れる

訓読みでは、「さく/さける」と読み、「ハンカチを裂いて傷口を縛る」「ズボンのお尻が裂ける」「地震で大地が裂ける」「手紙を引き裂いて捨てる」のように使われる。「悲鳴が空気を切り裂いた」「恋する二人の仲を引き裂く」「胸が張り裂けるような悲しみを味わう」「あの人の悪口なんて、口が裂けても言えない」のような比喩的な表現で用いても、問題ない。

一方、《割》は、"刃物"を表す部首「刂（りっとう）」の漢字で、"刃物できれいに切り分ける"ことが、本来の意味。「割烹（かっぽう）」とは、本来は"庖丁（ほうちょう）で切ったり、鍋で煮たりする"こと。「さく」と訓読みして、「庖丁で魚のお腹を割く」「カッターで段ボール箱を割く」「シュレッダーで書類を割く」のように使われる。刃物を使う場合は基本的には《割》を用いるが、「切り裂く」の形になった場合は、勢いのよさを重視して《裂》を用いるのが、習慣である。

少し迷うのは、「鶏のささみを手で裂く」ような場合。刃物は使わないので《裂》を使うのが原則だが、繊維にそってきれいに「さける」ので、「鶏のささみを手で割く」のように《割》を使うこともできる。

また、《割》の訓読み「さく」は、転じて"一部分を切り分けて、別の用途に使う"ことを指して用いられることも多い。例としては、「仕事の時間を割いて、部下の相談に乗る」「事故による損失員を割いて、新規オープンの店を手伝わせる」

を補塡するために、資金を割く」「ロビーの一部を割いて、応接室を作る」などが挙げられる。

なお、《割》は、基本的には"人間が刃物できれいに切り分ける"ことを表すので、"自然とそうなる"という意味合いを持つ「さける」と訓読みすることはない。ちなみに、「わる/われる」と訓読みするのは、日本語独自の用法である。

《裂》《割》のほかに、「さく」と訓読みする漢字としては、《咲（しょう）》もある。これは、「桜が咲く」「バラが咲いた」など、"花が開く"場合に用いる漢字なので、使い分けに悩む必要はない。ただ、この日本語「さく」も、語源としては"つぼみが破れて花になる"ことである。

力を加える
勢いよく
↓
刃物を使う
きれいに
⇩
一部を
別の用途に

裂

割

さける
割 裂

→さく/さける（前項）

さげる
退 提 下

→さがる/さげる（p212）

ささげる

献 捧

ものも大切 気持ちも大切

基本 一般的には《捧》を用いる。

発展 へりくだった気持ちで差し上げる場合には、《献》を使うと効果的。

日本語「ささげる」は、"両手で高く持つ"ことや、"大切なものを差し出す"ことを意味することば。古語の「ささぐ」の形で用いられることもある。このことばを書き表す漢字としては、《捧》《献》の二つがあるが、意味がよく似ていて、使い分けは悩ましい。

《捧》の本来の意味は、"両手でしっかり持つ"こと。「捧腹絶倒」がその例。転じて、"両手で高く持つ"という意味となり、「ささげる」と訓読みして「卒業証書を捧げ持つ」のように用いられる。

この漢字を"大切なものを差し出す"という意味で使うのは、日本語独自の用法。「戦没者の墓に花を捧げる」「ファンのみなさんに、この勝利を捧げたい」「教育に一生を捧げる」「一日の終わりに、感謝の祈りを捧げる」などが、その例。日本語「ささげる」を漢字で書き表したい場合には、《捧》さえ使っておけば、間違いにはならない。

ただ、《捧》は本来、"両手で差し出す"という意味を表す漢字なので、差し出す側と受け取る側の間の上下関係は、意識されていない。上下の意識よりも"差し出すもの"の大切さに焦点が当たるのが、《捧》の特徴である。

それに対して、《献》に部首「犬（いぬ）」が付いているのは、本来は、"祖先や神を祀るときに、犬を犠牲として差し出す"ことを表していたから。転じて"大切なものを差し出す"という意味で使われるが、元来が"犠牲"に関する漢字であるところから、上下関係の意識を含んでいる。

「献上」「献呈」は、地位の低い者が地位の高い者に何かを"差し上げる"こと。「貢献」は、小さな個人やグループなどが、大きな組織や社会のために"役に立つことをする"という意味がある。《献》は、"差し出すもの"の大切さに加え、"下から上へと差し上げる"という意味合いを含むところに、特徴があるといえる。

そこで、《献》は、"大切なものを差し出す"ことをへりくだって表現したい場合に使うと、落ち着きがよい。例としては、「この作品を亡き先生に献げます」「被害者の墓碑に黙禱を献げて、謝罪の意を示す」といった具合である。

捧 → 大切なものを差し出す

献 へりくだる

さす

止螫鎖点注射差挿刺指

位置関係にご注目！

基本1 ある点や方向を示す場合は、《指(し)》を用いる。

基本2 ある点を突き破る場合には、《刺(し)》を使う。

基本3 細長いものをすきまに入れる場合には、《挿(そう)》を使う。

基本4 《指》《刺》《挿》では書き表せない場合は、《差》を用いる。

発展1 光が当たる場合には、《射》を使ってもよい。

発展2 ある点に向けて液体を流し入れる場合には、《注(ちゅう)》を用いてもよい。

発展3 しずくを垂らす場合、ある部分に明るい色を塗る場合は、《点》を書くこともできる。

発展4 錠をかける場合には、《鎖》を用いることもできるが、やや古風。

発展5 虫が「さす」場合には、《螫(せき)》を使ってもよいが、かなり難解。

発展6 あるところで中断する場合には、《止》を用いてもよいが、やや古風。

日本語「さす」は、"ある一点を向く"という意識を中心として、非常に広い意味を持つことば。これを書き表すのに使われる漢字もとても多く、使い分けはとてもややこしい。

その中で、「さす」の基本的な意味合いを最もよく表しているのは、《指》。「ゆび」とも訓読みするこの漢字は、"「ゆび」の先をある一点に向ける"ところから、"ある点や方向を示す"ことをも表す。

「地図の上で目的地を指す」「進むべき道を指し示す」などが、その例。「磁石の針が北を指す」「名指しで批判する」このように、やや比喩的に使われることもある。「将棋を指す」も、駒を"ある一点へと動かす"ところから、《指》を用いる。

次に、《刺》は、"刃物"を表す部首「刂(りっとう)」の漢字で、"先が鋭いものを使って、ある一点を突き破る"という意味。例としては、「針を布に刺す」「画鋲(がびょう)が壁に刺さっている」「肉にナイフを突き刺す」「鶏肉を串刺しにして焼く」「蜂に刺される」といった具合。「異臭が鼻を刺す」「舌を刺すような辛み」「彼女のことばが胸に刺さる」のように、比喩的に"鋭い感覚を与える"という意味でも使われる。

《刺》と似た意味を表すのが《挿》。この漢字は、成り立ちははっきりしないが、「挿入(そうにゅう)」という熟語があるように、"細長いものをすきまに入れる"という意味。「百合の花を花瓶に挿す」「かんざしを髪に挿す」「鉛筆を耳の上に挿す」などがその例。「アジサイの枝を植木鉢に挿し木する」も、土の粒の"すきまに入れる"という意味で、《挿》を用いる。「小説に挿し

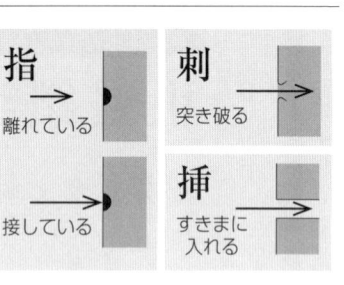

《差》を「さす」と訓読みする理由は、今ひとつはっきりしない。ただ、この漢字は"違い"という意味だから、"ある一点にだけ、まわりと違いを付ける"という意味合いなのかとも思われる。

このあいまいさが逆にメリットになるのか、さまざまな意味の「さす」を書き表すのに使っても、違和感がない。たとえば、「さすもの」が光や水、色などである場合、《指》《刺》《挿》のどれを使っても落ち着かないので、「窓から日の光が差す」「お湯に水を差す」「口紅を差す」などと、《差》を用いる。

「傘を差す」の「さす」は、"ある方向に突き出す"ところから生じた用法だと思われるが、これも《差》を使って書き表す。「刀を腰に差す」は、《挿》を使ってもよさそうだが、刀が後ろへ"突き出している"ところに重点を置いて、《差》を用いるのが習慣である。

「棚に雑誌を差しておく」も《挿》を使いたいところだが、雑誌は"細長いもの"ではないので、《挿》はふさわしくない。そこで、《差》の出番となる。「状差し」とは、"手紙をしまっておく容れもの"をいう。

「お酒を飲んで顔に赤みが差す」「会社の繁栄にかげりが差す」「夕ご飯を食べたら眠気が差してきた」「同じ仕事のくり返しに嫌気が差す」など、"ある状態や感情が入り込んでくる"こと

[さす] ● 218

指 → ● 離れている
● 接している
刺 →]突き破る
挿 ● [→ すきまに入れる

絵を入れる」は、日本独自の用法なのでやや異質だが、ページの中で、文章が印刷されていない"すきまに入れる"という点では変わりはない。

以上の三つの漢字は、「さすもの」と「さされるもの」との位置関係に着目すると、まとめて理解することができる。"ある点や方向を示す"場合の《指》は、「さすもの」は「さされる」ものから離れていることが多いが、接していることもある。接するのを通り越して、「さされる」ものを突き破ってしまうのが《刺》。突き破らずにすきまから中に入るのが《挿》となる。

何でも屋さんの登場です！

こう考えると、《指》《刺》《挿》の三つで「さす」全体をカバーできそうに思われる。実際、現在、「さす」を書き表すのに使われる漢字は、この三つが中心となっている。ところがどっこい、日本語「さす」の表す意味は、もっともっと多彩。そこで、この三つでは表現しにくい「さす」を漢字で書き表す場合に使われる漢字として、《差》が登場することになる。

[さす]

を表す「さす」も、《差》を用いる例。「差し入れる」「差し出す」「差し控える」「差し支える」「差し止める」「差し引く」などなど、ほかのことばの前に付けて、ある方向"の意識を添える「さし」も、《差》を使う。

「眼差し」「面差し」「物差し」のように、本来は"ものの長さを示す道具"だから《指》を使って「物指し」と書くべきところだが、《差》が用いられることも多い。

なお、「ゆびさす」は、意味の上からは「指指す」と書くのがふさわしい。が、「指」が重なってしまうので、「指差す」と書くのがふつうである。

このように、《差》は、ちょっと困ったときに気軽に使える便利な漢字。ただし、《差》が本来的に持つ"違い"という意味を思い起こさせるはたらきもやはり無視できず、それを避けて、かな書きにすることも多い。

光と水と色とかんぬき?

以上のように、日本語「さす」を漢字で書き表す場合には、《指》《刺》《挿》《差》の四つを使い分けるのが基本となる。しかし、「さす」と訓読みする漢字はほかにもたくさんあり、それぞれ、ニュアンスを生かして使い分けることもできる。

その一つ目は《射》。この漢字は、「射撃」「発射」など、本来は"的をねらって矢や弾などを放つ"という意味。転じて、「直射日光」「赤外線の照射」のように、"ある一点に光などが当たる"ことをも表す。そこで、「さす」と訓読みして、「太陽の光が射す」「一筋の光明が射し込む」のように使われる。

二つ目は《注》。この漢字は、「そそぐ」(p281)とも訓読みするように、"液体を流し入れる"という意味。"ある一点に向けて液体を流し入れる"ことを表す「さす」を書き表すのに使われる。「ゆだったお鍋に水を注す」「煮物に醬油を注して味を調える」「歯車に油を注す」などがその例。「水注し」「油注し」は、"液体を流し入れるための道具"をいう。

三つ目は《点》。この漢字には、「点滴」「点眼」のように、"ある一点にしずくを垂らす"という意味があるので、「目薬を点す」のように使われる。また、「点火」「点灯」などの"明るくする"というイメージから、"ある部分に明るい色を塗る"という意味で「ほおに紅を点す」のように用いられることもある。

このほか、日本語「さす」には、"戸や窓などに設けた穴に棒を入れて、戸や窓などを固定する"ことを表す用法もある。この場合には、「閉鎖」「鎖国」のように「閉める」という意味を持つ漢字《鎖》を使って書き表す。例としては、「雨戸の錠を鎖す」「門にかんぬきを鎖す」といった具合である。

ただし、以上の四つの漢字については、現在では、代わりに《差》を使う方が一般的。また、特に《注》《点》《鎖》を「さ

[さす] [さとる] ● 220

の配慮をしておく方が、親切である。

「虫（むし）」が付いているように、"虫が「さす」"という意味。

> **特殊ではありますが…**

「ムカデに螫される」のように用いると、いかにも"虫が「さす」"ような雰囲気が出る。

このほか、特殊な「さす」を書き表す漢字として《螫》と《止》がある。《螫》は、部首が自然。かなりむずかしい漢字なので、あえて使うならば、振りがなを付けるなどの配慮を忘れないようにしたい。

《止》は、「コーヒーを飲み止したまま話をする」「机の上に読み止しの本が置いてある」のように、"ある点で作業を中断する"ことを意味するのに使われる。ただし、現在では特殊な訓読みであり、「飲みさす」「読みさし」のようにかな書きする方が一般的。あえて漢字で書くならば、これまた振りがなを付けるなどの配慮をしておく方が、親切である。

「ムカデに螫される」のように用いると、いかにも"虫が「さす」"ような雰囲気が出る。

"虫（むし）"と訓読するのはやや特殊で、振りがなを付けるなどの配慮をしておく方が、親切である。

	指	刺	挿	差	射	注	点	鎖	螫	止
ある点や方向を示す	◎			△						
ある時点で突き破る		◎								
細長いものをすきまに入れる			◎							
ある点に液体を流し入れる				○	○	○				
戸や窓などを固定する				○						
ある点に滴を垂らす				○		○				
ある点に明るい色を塗る				○			○			
ある点に光が当たる				○			○			
虫が「さす」		◎							△	△
その他				○						

さとる

暁 覚 悟

> そろそろ潮時だなあ…

基本1 はっきり理解してそれを受け容れる場合は、《悟》を用いる。

基本2 単に感じ取るだけの場合は、《覚（かく）》を使う。

発展 頭や心がすっきりする場合には、《暁（ぎょう）》を使ってもよいが、かなり古風。

《悟》は、"心や頭"を表す部首「忄（りっしんべん）」の漢字。頭を使って"はっきり理解する"ことを表す。「自分が何をすればよいのかを悟る」「長い修業の果てに悟りの境地に達する」「人生の虚しさを悟る」など。

[さとる]

悟 はっきり理解する → 受け容れる

覚 器官で感じ取る

どがその例。"はっきり理解するところまで含むのが、《悟》の特徴である。

一方、《覚》は、部首「見(みる)」の漢字で、本来は"目をはたらかせる"という意味。「目が覚める/目を覚ます」(p223)のように訓読みして使われることもある。

転じて、「感覚」「知覚」のように、体のさまざまな器官をはたらかせて"感じ取る"ことを表す。この意味の場合には「さとる」と訓読みして、「異変を覚ってすぐさま対応する」などと用いられる。

そこで、「長い旅が終わりに近づいたのを覚る」と書けば、旅の終わりを"感じ取った"という意味。その結果としてどんな思いを抱くかは、わからない。これを、《悟》を使って「長い旅が終わりに近づいたのを悟る」にすると、旅が終わることを"理解して受け容れる"という意味合いになる。

ただし、日本語「さとる」については、仏教の印象が強く、"煩悩を捨て去って、ありのままの現実を受け容れる"という意味合いが含まれていることが多い。一般的には《悟》を使い、単に"感じ取る"ことだけを表している場合にだけ《覚》を書くのが、おすすめである。

なお、現在ではほとんど使われないが、《暁》も「さとる」と訓読みされることがある。この漢字は、「あかつき」とも訓読みするように、"夜明け"という意味。そのイメージから、訓読み「さとる」も、"もやもやしていた頭や心がすっきりする"という意味で用いると効果がある。

たとえば、「悩んでもしかたがないと暁る」「迷った末に、自分の進む道を暁った」といった具合。ただし、用いる際には振りがなを付けるなどの配慮が必要である。

さばく

捌 裁

これはよし！ 次はダメ！

基本1 法律や規則に照らして可と不可をきちんと判断する場合は、《裁》を用いる。

基本2 そのほかの場合は、日本語「さばく」の基本的な意味は、"複雑なものを解きほぐして、きちんと処理をする"こと。このことばを書き表す漢字には、《裁》と《捌》がある。

《捌》を使うこともできるが、やや古風。

《裁》は、部首「衣(ころも)」の漢字で、本来の意味は、"衣服を作るために布を切る"こと。きれいに二つに切るところから、「裁判」「決裁」のように、"可と不可をきちんと判

「さばく」と訓読みするのはこの意味の場合で、例として《裁》を用いて書き表す以外の「さばく」は、現在の日本語では、「罪人を裁くのが彼の仕事だ」「法の裁きを受ける」などの配慮が必要となる。あえて《捌》を使う場合には、振りがなを付ける方が自然。断するという意味で使われるようになった。現在では、主に"法律や規則に照らして、可と不可を判断する"場合に使われる。

一方、《捌》は、もともとは"別々にする"という意味の漢字。日本語では、特に"まとまっているものや絡まっているものを、ほぐして別々にする"という意味で、「さばく」と訓読みして使われる。「買ってきた魚を捌いて料理する」「紙を捌いてコピー機のトレイに入れる」「着物の裾を捌きながら歩く」などが、その例となる。

転じて、"一つ一つの仕事をきちんと処理する"という意味でも、《捌》が用いられる。例としては、「押し寄せるクレームをうまく捌く」「チケットを各方面に売り捌く」など。さらには、「手綱をうまく捌く」「画家の円熟した筆捌きに感嘆する」のように、"道具をきちんと使いこなす"ことを指して使うこともある。

ただし、このように《捌》を「さばく」と訓読みして使うのは、日本語独自の用法。《捌》自体があまり使われない漢字になっていることもあり、現在の日本語では、「さばく」は、かな書きにする

かな書き（捌）
ほぐして別々にする → きちんと使いこなす

裁
可か不可か判断する → 一つ一つきちんと処理する

さびしい／さみしい

淋 寂

涙の粒がぽたぽたと…

基本 一般的には《寂》を用いる。
発展 心細さや悲しみを強調したい場合は、《淋》を使うと効果的。

《寂》は、"建物"を表す部首「宀(うかんむり)」の漢字。本来は"建物に人の気配がない"という意味で、転じて、広く"ひっそりしている"ことを指して使われるようになった。音読みでは、「静寂(せいじゃく)」が代表的な例。「さびしい」と訓読みして、「晩秋の寂しい風景を絵に描く」「寂しい夜道を歩く」のように使われる。

転じて、"頼りになる人がいなくて心細い"ことをも指す。「友人との別れは寂しいものだ」「一人で夕食を食べながら、寂しさをかみしめる」などがその例。「優勝候補と言われながら、初戦敗退という寂しい結果に終わった」「タバコをやめてから、なんとなく口が寂しい」など、"心が満たされない""物足りない"という意味で用いられることもある。

一方、《淋》は、"水"を表す部首「氵（さんずい）」が付いているように、本来は"水滴がしたたる"という意味。「流汗淋漓」とは、"汗がしたたるようす"ところからの連想か、日本語ではこの漢字を、"涙がしたたる"と訓読みして用いている。

そこで、《寂》の代わりに《淋》を用いると、湿っぽさが強調されて、"心細さ"やそこから生じる"悲しみ"をありありと表現する効果がある。例としては、「心を許せる友だちがいないのは、心底、淋しい」「恋人と会えないのが淋しくて泣く」「一人で残ることになった彼女は、淋しそうな目つきでみなを見送った」といった具合である。

なお、「さみしい」は、「さびしい」よりもやや新しい表現。《寂》も《淋》も「さみしい」とも訓読みできるが、情緒的な分だけ、どちらかといえば、湿っぽいイメージのある《淋》の方がよくなじむ。

ただ、「寂しい」「淋しい」と書いただけでは、「さびしい」なのか「さみしい」なのかわからない。どうしてもどちらかで読んで欲しい場合には、振りがなを付けるなどの配慮をしておくことが必要となる。

寂
ひっそりした
心細い
物足りない

淋（強調）
心細さ
悲しみ

さます

褪醒覚冷

→さめる／さます（p223）

さみしい

淋寂

→さびしい／さみしい（p222）

さめる／さます

褪醒覚冷

元気ありすぎ？
いや、なさすぎ？

基本1 温度が下がる場合、場合は《冷》を用いる。

基本2 意識を取り戻す場合は、興奮状態が失われる場合は《覚》を使う。

基本3 酔いから抜け出す場合、意識が非常にはっきりする場合には、《醒》を使う。

発展 色が薄くなる場合には、《褪》を使ってもよいが、かな書きすることも多い。

《冷》を表す部首。《冫》は、もともとは"氷"を表す漢字で、《冷》の左側の「冫（にすい）」は、"氷"の「冷気」「寒冷」冷たい」のように温度が低い"ことを表すように使われる。

転じて、"温度が下がる／温度を下げる"という意味にもなる。音読みでは「冷凍」「冷却」などがその例で、「ひえる

/ひやす」と訓読みする。

訓読み「さめる／さます」もこの意味だが、特に"温度が高いもの"について"温度が下がる／温度を下げる"場合に用いられる。例としては、「お風呂のお湯が冷める」「冷ましたところが、ここに割り込んでくるのが、「さめる／さます」と訓読みする第三の漢字、《醒》である。いうちに夕食をいただく」「湯上がりのほてった体を冷ます」などが挙げられる。

さらには、意味が広がって、"興奮状態が失われる／興奮状態を失わせる"ことをも表す。「政治改革への情熱が冷める」「彼が怒り出したことで、お祝いムードが冷めてしまった」「しばらく時間をおいて、ほとぼりを冷まそう」などがその例。

全体的に、活発すぎる状態から通常の状態へと戻ることを表すのが、《冷》の特徴である。

一方、《覚》は、部首「見（みる）」の漢字で、本来は"目をはたらかせる"という意味。"目がはたらくようになる／目がはたらくようにする"ところから、"眠りや失神、迷いなどから意識を取り戻す／取り戻させる"という意味にもなる。

「さめる／さます」と訓読みするのは、この意味の場合。「目が覚める」「夢から覚める」「眠気覚ましにコーヒーを飲む」「手術が終わって麻酔から覚める」「迷いから覚める」などと用いられる。

このように、《覚》の特徴は、不活発な状態の意識が通常の状態へと戻るところにある、といえる。

《冷》と《覚》の違いは、「さめる／さます」前の状態が活発すぎるのか不活発なのかにある。そこで、日本語「さめる／さます」を漢字で書き表す場合には、おおむねこの二つの漢字を使い分けられれば対応できることになる。

ところが、ここに割り込んでくるのが、「さめる／さます」と訓読みする第三の漢字、《醒》である。

二日酔いはつらいよなあ…

《醒》に含まれる「酉（とりへん、ひよみのとり）」は、"酒"を表す部首。そこで、《醒》も、"酔いから抜け出す／抜け出させる"ことが基本的な意味となる。例としては、「二日酔いがようやく醒めた」「夜風に当たって酔いを醒ます」などが挙げられる。

判断に迷うのは、乗り物酔いの場合。酒の酔いと似たようなものだと考えれば、「陸に上がって船酔いから醒める」のように《醒》を使う。一方、意識が不活発であるという状態を重視すれば、「陸に上がって船酔いから覚める」のように《覚》を用いることになる。どちらか好きな方を書いておいて、問題はない。

ところで、酒の酔いはしばしば不快さを伴うものであり、そこから抜け出すと、気分が爽快になる。そこで、《醒》を比喩的に使って、"意識が非常にはっきりする"ことを表すこともできる。「夢想から醒めて現実を直視する」「悩みに悩んだが、先生の一言で迷いから醒めた」などがその例。先に挙げた「夢から覚める」「迷いから覚める」では"通常の精神状

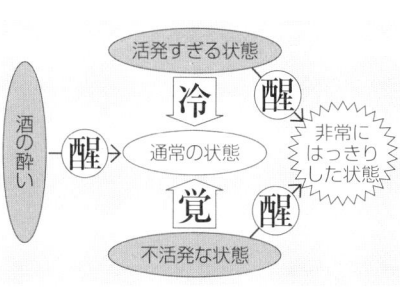

態に戻る"という雰囲気だが、《醒》を使うと、"通常"を通り越して"冴え渡る"というニュアンスになる。

「恋心が醒めて、だまされていたとわかった」「分析の結果を醒めた口調で報告する」も同じ。「恋心が冷める」「冷めた口調で報告する」のように《冷》を用いるよりも、意識が"研ぎ澄まされている"という意味合いが強くなる。

以上のほか、「さめる」とだけ訓読みする漢字に《褪》がある。この漢字の部首は"衣服"を表す「衤(ころもへん)」。《褪》は、"衣服の色が薄くなる"という意味で使われ、「色が褪せる」のように訓読みされることもある。

ところから、広く"色が薄くなる"という意味で使われ、「色が褪せる」のように訓読みされることもある。

「さめる」と訓読みしても、意味は同じ。「公園にはペンキの色の褪めたベンチが並んでいる」「時とともに、黄金の輝きは褪めてしまった」「青褪めた唇がわなわなと震える」のように用いられる。

酒の酔い

- 活発すぎる状態 → 冷 → 醒（非常にはっきりした状態）
- 醒 → 通常の状態
- 不活発な状態 → 覚 → 醒

さらう

攫 浚

あまり似てない兄弟たち

基本1 水の底にたまったものをすくい取る場合には、《浚》を用いるが、まるごと取る場合には、《攫》を使う。

基本2 奪い去る場合、まるごと取る場合には、かな書きも多い。

基本3 復習する場合は、かな書きにする。

《浚》は、音読みでは「運河の浚渫(しゅんせつ)工事」のように用いられる漢字で、"水の底にたまったものをすくって取り出す"という意味。「さらう」と訓読みして、「池の泥を浚って水をきれいにする」「鍋の底を浚ったら、お肉が出て来た」「砂金を求めて、川の砂を浚う」などと用いられる。

それに対して、《攫》は、"つかみ取る"という意味。転じて、"奪って持ち去る"ことをも表し、「さらう」と訓読みして使われる。

例としては、「山賊が庄屋の娘を攫っていった」「浜辺に置いてあったサンダルが波に攫われる」「新人選手に優勝を攫われた」など。また、「賭け金をごっそり攫っていく」「世間の話題を

浚 — すくい取る

攫 — つかみ取る／奪い去る／まるごと取る

[さらう][さらす] ◉ 226

さらす

晒 曝

基本 一般的には、かなで書きにする。
発展1 日光や風に当てる場合、空気に触れさせる場合は、《曝》《晒》のどちらを用いてもよい。
発展2 批判や危険が及ぶ状態にする場合や、ダメージを受けることを強調したい場合は《曝》。
発展3 水で洗う場合、漂白や消毒をする場合には、《晒》を使う。

攫った大事件」のように、"まるごと取る"という意味でも用いられる。

このように、《浚》と《攫》とは、"取り出す""取り去る"という意味は共通するものの、使われる場面がかなり異なるので、使い分けに悩むことはあまりない。ただ、どちらも現在ではあまり一般的な漢字ではないので、かなで書きにすることも多い。あえて使う際には、振りがなを付けるなどの配慮をしておく方が、親切である。

なお、日本語「さらう」は、"底のものを取り出す"というイメージから、"習ったことを復習する"という意味にもなる。この場合には、どちらの漢字を使うのもふさわしくないので、「家に帰ってピアノをさらう」「最初に、先週の授業のおさらいをしましょう」のように、かな書きするのがふつうである。

行き着く先は危険なところ?

「さらす」と訓読みする漢字には、《曝》と《晒》があるが、意味がよく似ていて、厳密な使い分けはむずかしい。また、現在ではどちらもあまり一般的な漢字ではないので、かな書きにしておく方が楽以下、それでも使ってみたい場合のために、という前提で解説する。なお、どちらの漢字も、振りがなを付けるなどの配慮をしておく方が親切である。

《曝》に含まれる「暴」は、古代文字では[図]のような形。一番上に書かれているのは、"太陽"を表す「日」の古代文字。その下はすべて合わせて、動物の死骸に向かって左右から手を伸ばしている形だと解釈されている。本来の意味は、"中のものを見えるようにする"こと。転じて、「暴露」「秘密を暴く」などが、その例となる。

ところが、「暴」は、後に、動物の皮を切り開く作業のイメージから、「暴力」「乱暴」のように、"荒々しい"という意味でも用いられるようになった。そこで、本来の意味をはっきりさせるために、"太陽"を表す部首「日(ひへん、にちへん)」を改めて付け加えて生まれたのが、《曝》である。

《曝》は、"動物の皮を切り開いて、日光に当てて乾かす"ことから、"日光に当てる"という意味で使われる。音読みでは、"書物を虫干しする"ことをいう「曝書」がその例。訓

読みでは「さらす」と読み、「シャツを脱いで、上半身を真夏の太陽に曝す」のように用いられる。

転じて、「魚を一晩、曝して干物にする」「産業廃棄物が雨風に曝されている」のように、"屋外に出したままにする"という意味にもなる。ここから、日本語では、"批判や危険が及ぶような状態にする"ことを指しても用いられる。例として、「怒りのあまり、本性を曝してしまう」「幼い子どもを世間の好奇の目に曝すわけにはいかない」「敵軍の執拗な攻撃に曝される」などが挙げられる。

きれい好きなのがポイントです！

一方、《晒》に含まれる「西」は、古代文字では「㐺」と書き、枝を集めて作った"鳥の巣"や、竹ひごなどで編んだ"かご"の絵から生まれた漢字。これに、"水"を表す部首「氵(さんずい)」を組み合わせた"洒"は、"かごに入れて水にひたして洗う"という意味。《晒》も、その"きれいにする"というイメージを含んでいて、本来の意味は、"日光にする"という意味。転じて"風に当てたり空気に触れさせたりする"こと。転じて"風に当てたり空気に触れさせたりする"という意味にもなる。ただ、日本語ではこれを拡大解釈して、"水などにひたして、漂白したりきれいにしたりする"という意味でも用いている。

そこで、「押し入れから布団を出して、日光に晒す」できあがった絵を風に晒して、絵の具を乾かす」のような使い方以外に、「玉ねぎを水に晒してアクを抜く」などとも用いることも指す。また、転じて、"漂白する"ことや"消毒する"ことをも指す。漂白剤・消毒剤として使われる「晒し粉」がその例である。

以上のように、"漂白や消毒する"ことや"風に当てたり、空気に触れさせたりして"日光に当てる"ことを漢字で書き表す場合は、《曝》と《晒》のどちらを使うこともできる。

ただし、《曝》は"批判や危険が及ぶような状態を表す「さらす」"を漢字で書き表す場合は、《曝》を使う方が、そのニュアンスがはっきりする。

イメージ	曝	晒
批判や危険に「さらす」	ダメージを受ける	
漂白・消毒する		○
流れる水に「さらす」		○
風や空気に「さらす」	○	○
日光に「さらす」	○	○

「自転車を雨曝しにしておく」「動物の死骸が野曝しになったままだ」「駐車場は吹き曝しでものすごく寒い」などが、その例。これらを「雨晒し」「野晒し」「棚晒し」「吹き晒し」などと《晒》を使って書くことも多いが、《曝》の方が、漢字の持つイメージを生かすことができ

[さらす] ● 227

[さらす] [さわる] ● 228

き る。

なお、「罪人の首を晒す」は、《曝》を使った方が雰囲気は出るが、《晒》を書くのが江戸時代からの習慣。生首の"白さ"を意識した漢字の使い方なのかもしれない。「世間の晒し者になる」もそこから生まれた表現なので、《晒》を用いることが多い。

さわる

障 触

体がつかえて
進めない…

基本1 手や足などで軽く接する場合は、《触》を用いる。

基本2 妨げになる場合、気分を害する場合は、《障》を使う。

《触》は、部首「角(つのへん)」の漢字で、"動物が角を何かに当てる"ことが本来の意味。「ふれる」と訓読みすると、"物と物とが軽く接する"という意味だが、「さわる」と訓読みする方が本来の意味に近く、広く"体の一部で軽く接する"ことを表す。

例としては、「手で鼻を触る」「肩が触ったといって難癖をつける」「ナイフに触って怪我をする」「この毛布は手触りがいい」「棒を伸ばして木の実に触る」のように、道具を使う場合も含まれる。転じて、「関わりを持つ」という意味になることもあり、ことわざ「触らぬ神に祟りなし」が、その代表的な例である。

一方、《障》の部首「阝(こざとへん)」は、"盛り上がった土"を表す。堤防や土壁などを築いて、"敵の侵入をさえぎる"ことが、《障》の本来の意味。「障壁」「障害」「支障がある」のように、"妨げになる"という意味で用いられる。「さわる」と訓読みしても意味は同じだが、抽象的なものごとについて使われるのがふつうである。

「風に当たると健康に障る」「上司に盾突くと出世に障るぞ」「その日は差し障りがあるので避けてください」などだが、その例。やや転じて、"気分を害する"ことを指す場合もある。例を挙げれば、「気に障ったのなら謝ります」「耳障りな言い方はやめて欲しい」「あの人は存在そのものが目障りだ」「馬鹿にされて癪に障る」といった具合である。

触 体の一部で軽く接する

障 ものごとの妨げになる

なお、「話の触りだけ聞かせる」の「触り」は、もともとは浄瑠璃の用語で、"中心となる最も感動的な部分"を指すことば。"心に「触れる」という意味合いで《触》を使って書き表すが、《触》の"軽く接する"というニュアンスから、最近では"最初の部分"のことをいう場合も多い。

しお

汐 潮

基本 一般的には《潮》を用いる。

発展 夕方に見られるものを指す場合、叙情的な雰囲気を出したい場合には、《汐》を使ってもよい。

ロマンチックな夕暮れ

《潮》は、"水"を表す部首「氵(さんずい)」に、「朝」を組み合わせた漢字。"朝方、海の水が満ちたり引いたりする現象"を指すのが、本来の意味。転じて、広く"海水の満ち引き"を指して使われる。音読みでは、「干潮」「満潮」などがその例。訓読みでは、「潮が満ちる」「潮が引く」「潮干狩り」のように使われる。

この漢字《潮》を、"海水の流れ"という意味で用いるのは、日本語独自の用法。「渦潮」や「赤潮」「黒潮」などがその例。さらに転じて、「潮風」「潮騒」「潮の香り」のように"海"そのものを指すこともある。

「血潮」は、"血液の流れ"を指す比喩的な表現。「明日の話が出たのを潮に、宴会はお開きとなった」「ちょうどいい潮時を見計らう」のように、"タイミング"という意味で用いられることもあるのは、"海の満ち引き"には一定のタイミングがあるから。"海の満ち引き"を指す日本語「しお」は、そこから発展したものも含めて、漢字ではすべて《潮》を使って書き表す、と考えておけば、問題はない。

ただし、ほぼ同じ意味で「しお」と訓読みする漢字には、《汐》もある。こちらは、「氵」に「夕」を組み合わせた漢字で、"夕方、海の水が満ちたり引いたりする現象"を指すのが、本来の意味。そこで、「汐が満ちる」「汐が引く」のように用いると、特に"夕方に見られる海水の満ち引き"を指すことになる。が、実際の"海水の満ち引き"が起こるのは、朝と夕べには限らない。そこで、《潮》を使ってすべてを表すことが多い。

ただし、《潮》の代わりに《汐》を書くと、"夕暮れ"のイメージが生かされる。たとえば、「汐風を受けて走る」「汐の香りを胸いっぱいに吸い込む」「彼の体には若い血汐が波打っている」といった具合。その叙情的な雰囲気を好んで、"夕方"

朝方のもの 潮 ☀ ▶ 汐 夕方のもの
朝夕問わず 海の流れ タイミング
叙情的な雰囲気

[しお][しおれる]◉230

とは関係なしに《汐》が使われることも少なくない。なお、「しお」と訓読みする漢字には《塩》もあるが、これはもちろん調味料の一種。使い分けには悩まずに済む。

しおれる

凋 悄 萎

植物はぐったり　人間はがっかり

基本 一般的には《萎》を用いる。

発展1 痛々しい雰囲気を表現したい場合には、《悄》を使うと効果的。

発展2 気分が落ち込む場合には《凋》を書くこともできるが、やや難読。

《萎》は、"植物"を表す部首「艹（くさかんむり）」の漢字で、"植物の生気がなくなる"ことが基本的な意味。「しぼむ」(p238)「なえる」「しなびる」とも訓読みする。「しおれる」と訓読みした場合には、"植物の生気がなくなり、自分で自分を支えられなくなる"ことを表し、「花瓶に挿したバラが萎える」「水やりを忘れて、庭の木の葉が萎れてしまった」のように使われる。

転じて、「雨にぬれてポスターが萎れた」「水にぬれてしわだらけになる」など、"水にぬれてしわになる"ことにもなる。さらには、比喩的に"気分が落ち込む"ことを指しても用いられる。たとえば、「父に怒られて、兄はすっかり萎れてしまった」「試験に落ちた彼女は、萎れ返っている」といった具合である。

このように、日本語「しおれる」を漢字で書き表す場合には、一般的には《萎》を用いる。ただ、「しおれる」と訓読みする漢字には《悄》もある。この漢字は、"心"を表す部首「忄（りっしんべん）」が付いているように、"心細くなる""気分が落ち込む"という意味。「悄然」とは、"落ち込んでさみしげなよう"。また、当て字の一種だが、「悄気る」のように使われることもある。

この意味合いを生かして、"気分が落ち込む"ことを特にはっきりと示したい場合には、「しおれる」と訓読みして《萎》の代わりに用いることができる。「試合に大敗して、すっかり悄れて帰って来た」「彼はうつむいて、悄れたようすで語り始めた」などが、その例となる。ただし、ややむずかしい漢字なので、振りがなを付けておく方が親切である。

以上のほか、「しおれる」と訓読みする漢字には、《凋》もある。これは、"氷"を表す部首「冫（にすい）」の漢字で、本来の意味は"霜に打たれて木の葉が落ちる"こと。「凋落」とは、木の葉が落ちるように"落ちぶれる"ことをいう。また、漢文では「彫刻刀」の「彫」

萎
植物の
生気が
なくなる

気分が
落ち込む

ぬれて
しわに
なる

悄

痛々しさ

凋

しく

藉 布 敷

上に載せるのは日本流！

基本 一般的には《敷》を用いる。

発展1 広げて置く場合、法律や命令などを行き渡らせる場合は《布》を使ってもよいが、やや古風。

発展2 草の上に座る場合には、《藉》を書くこともできるが、難解。

《敷》は、以前は、正式には、左上を「甫」の形にした「敷」と書いた。この「甫」には"広がる／広げる"という意味があるらしく、手を広げて"もの をつかむ"ことを表す「捕」や、水辺が広がる「浦」などにも使われている。

そこで、《敷》も、"広がる／広げる"という意味合いを含んでいて、基本的な意味は、"ある範囲に広げて置く"こと。音読みでは、「市内に電線を敷設する」がその例。訓読みでは「しく」と読み、「全国に通信網を敷く」「見晴らしのいい丘の上に陣地を敷く」などと用いられる。また、「戒厳令を敷く」「軍政を敷く」のように、"法律や命令などを、ある範囲に行き渡らせる"という意味になることもある。

「座布団を敷く」「カーペットを敷く」など、何かを上に載せるために"地面や床などに広げる"ことを表すのは、日本語で独自に発展した用法。「部屋に畳を敷く」「道に玉砂利を敷く」などから、「親の敷いたレールの上を走る」「夫を尻の下に敷く」といった比喩表現まで、さまざまに使われる。

「家の敷地」や「貴族の屋敷」なども、建物が"上に載る"ところから生まれたことば。さらに転じて、「壁にレンガを敷き詰める」のように、"何かの表面に広げる"という意味で用いられることもある。

このように、"広げる"という意味合いを含む日本語「しく」を漢字で書き表す場合には、《敷》さえ使っておけば十分。ただし、日本語では、《敷》には"地面や床などに広げる"という印象が強い。そこで、もともと意味していた、"ある範囲に広げて置く"ことや"法律や命令などを、ある範囲に行き渡らせる"ことを表す場合には、やや古風になるが、《敷》を避けて《布》を用いることもある。

《布》は、ふつうは「ぬの」と訓読みするが、"ぬの"を広げる"ところから、"ある範囲に広げて置く"ことや、"法律や命令などを、ある範囲に行き渡らせる"ことも表す。音読

[しく] [しげる] ● 232

しげる

繁茂

基本 一般的には《茂》を用いる。

発展 生命力に満ちている雰囲気を出したいときには、《繁》を使ってもよい。

	草の上に座る	表面に広げる	下に広げる	法律や命令を行き渡らせる	広げて置く
敷	◎	◎	◎	◎	◎
布			○	○	
藉	△				

みでは、「布陣」「布告」「憲法発布」などがその例。このことから、「しく」と訓読みして使われる。

例としては、「厳戒態勢を布く」「直接民主制を布く」など。ただ、現在では特殊な読み方になるので、振りがなを付けるなどの配慮をしておく方が、親切。また、これらの《布》を《敷》と書いても、もちろん問題はない。

なお、"何かの下に広げる"ことを意味する「しく」は、漢字としては、《藉》を使って書き表すのが本来の用法。むずかしい漢字なので現在ではまず用いられないが、"植物"を表す部首「艹(くさかんむり)」が付いていることもあり、「春の野原で、草を藉いてお弁当を食べる」のように、"草の上に座る"場合に使われることがある。

《茂》は、部首「艹(くさかんむり)」の漢字で、"植物がたくさん生える"ことや、"植物の枝や葉がたくさん生えて伸びる"ことを表す。そこで、「しげる」と訓読みして、「池のまわりには水草が茂っている」「庭の茂みに隠れてようすを窺う」などと用いられる。

日本語「しげる」を漢字で書き表す場合には、基本的には《茂》を書いておけば、用は足りる。ただし、「しげる」と訓読みする漢字には《繁》もあり、ニュアンスによってはこちらを使うこともできる。

《繁》は、部首「糸(いと)」が付いていて、もともとは"さまざまな糸で髪を飾る"という意味だったと考えられている。ここから、「繁盛」「繁華街」のように、"数が多くてにぎやかである"ことを表すようになった。

「繁殖」とは、"動物が子どもを生んで数を増やす"こと。この意味の《繁》を植物に対して用いた場合に、「しげる」と訓読みすることになる。"にぎやかな"イメージがある漢字なので、《茂》の代わりに使うと、"生命力に満ちている"という雰囲気になる。例を挙げれば、ふつうは「山に若葉が茂る季節となった」

見ているだけで元気になる！

茂 — 植物がたくさん生える

繁 — 植物がたくさん生える + 生命力

しずか

寂徐閑静

心の落ち着きが肝心だ！

基本 一般的には《静》を用いる。

発展1 心の落ち着きを表現したい場合には、《閑》を使うこともできる。

発展2 動作や変化がゆったりしている場合には、《徐》を書くと効果的だが、やや特殊。

発展3 さびしさを含む場合、宗教的な文脈の場合には、《寂》を使ってもよいが、かなり特殊。

と書くところを、《繁》を用いて「山に若葉が繁る季節となった」とするような具合である。

《静》は、「静止」「静粛」「冷静」のように、"音や動き、変化が少なく、落ち着いている"ことを表す漢字。「しずか」と訓読みして、広く用いられる。例としては、「静かな森を散歩する」「先生の話を静かに聞く」「結果を静かに待つ」「この道は人通りが少なくて静かだ」「彼女の物静かな性格に惹かれる」などが挙げられる。

日本語「しずか」を漢字で書き表す際には、《静》を使うのが基本。「静心なく花が散る」「サイレンの音が夜の静けさを破る」のように、「しず」「しずけさ」などの場合でも、《静》を用いて問題ない。

ただし、「しずか」と訓読みする漢字はほかにもあり、それぞれ、漢字の持つニュアンスを生かして使い分けることができる。中でも、比較的よく用いられるのは《閑》である。《閑》は、音読みでは「閑居」「閑暇」のように使われる漢字。訓読みで「ひま」と読んだり、「長閑」の二文字で「のどか」と読むこともある。基本的な意味は"のんびりと落ち着いている"ことで、心の落ち着きに着目して「しずか」を表現するのに適している。

たとえば、「駅向こうには静かな住宅街が広がっている」「退職して静かな余生を送る」だとふつうの表現。これを、《閑》を用いて「駅向こうには閑かな住宅街が広がっている」「退職して閑かな余生を送る」と書くと、心の落ち着きが強調される。

次に、《徐》は、「徐行」「徐々に」に代表されるように、"ゆっくりである"という意味。そこで《静》の代わりに「しずか」と訓読みして使うと、動作や変化が"ゆったりしている"ことをはっきりと示すことができる。ただし、《徐》を「しずか」と訓読みするのは現在ではやや特殊なので、振りがなを付けるなどの配慮をしておく方が親切である。

例としては、「機関車は煙を上げながら徐かにこちらを向いた」「計画の準備は、水面下で徐かに進められていた」など。動作や変化を表すことばを修飾するために使われるので、「徐かに」の形になることが多い。

このほか、《寂》も「しずか」と訓読みすることがあるが、

[しずか][しずまる／しずめる] ● 234

しずまる／しずめる

沈 鎮 静

上からしっかり押さえたい？

静
- 音や動き、変化が少ない … 徐（ゆっくり）
- 精神的に落ち着いている【強調】… 閑
- 寂 … 人の気配がない宗教的な安らぎ

現在ではかなり特殊。使用の際には、振りがなを付けるなどの配慮が必要となる。

この漢字は、「さびしい」（p222）とも訓読みするように、"人の気配がなく"ひっそりとしている"という意味。「病棟の寂かな廊下に足音だけが響く」のように、さびしさを含むような場合に用いることができる。

また、《寂》は「寂滅」「寂光浄土」など仏教の用語でよく使われるので、宗教的なイメージも帯びている。そこで、「お寺の境内で寂けさに包まれる」のように使うのも、効果的である。

基本1 落ち着く場合には、一般的には《静》を使う。

発展 はたらきかけて落ち着かせる場合には、《鎮》を用いると、意味合いがはっきりする。

基本2 水の中に移動させる場合、姿勢を低くする場合などは、《沈》を書く。

《静》は、"透き通っている"ことを表す「青」に、「争」を組み合わせた漢字。もとは"争いが落ち着く"ことを表し、広く"落ち着かせる"という意味で用いられる。

訓読み「しずまる／しずめる」は、まさにこの意味。「彼女がマイクを握ると、聴衆は静まった」「決勝戦を前にして、高ぶる心を静める」「家族が寝静まったころをねらって、忍び込む」などが、その例となる。"落ち着く／落ち着かせる"ことを表す日本語「しずまる／しずめる」を漢字で書き表す場合には、《静》を用いるのが基本である。

一方、《鎮》は、部首「金（かねへん）」が付いている通り、もともとは"金属製のおもし"を指す漢字。「文鎮」がその例。"上から押さえて安定させる"ところから、"強くはたらきかけて落ち着かせる"という意味で使われる。音読みでは、「鎮圧」「鎮痛剤」などがその例。訓読みでは「しずめる」と読み、「警官隊が暴動を鎮める」「氾濫する川の流れを鎮める」「注射を打って痛みを鎮める」のように用いられる。

これらを、《静》を使って「警官隊が暴動を静める」「氾濫する川の流れを静める」「注射を打って痛みを静める」と書いても、間違いではない。が、《鎮》を用いた方が、"はたらきかけ"の結果であることがはっきりする。特に、「事情を懸命に説明して、社長の怒りを鎮める」のように、"はたらきかけの強さ"が具体的に示されている場合には、《鎮》を使う方が文脈によくなじむ。

[しずまる／しずめる]

沈
水の中に移動させる
姿勢を低くする

静・鎮
落ち着く
落ち着かせる
はたらきかけ

《鎮》は、"強くはたらきかける"という意味合いを含むので、「しずめる」の形で用いるのが基本。「しずまる」と訓読みすることもあるが、その場合でも、自然と"落ち着く"のではなく、「しずめられる」つまり"落ち着くようにさせられる"という意味合いになる。

たとえば、「消火活動の結果、炎はようやく鎮まった」「議長の一喝により、騒がしかった議場は急に鎮まり返った」といった具合。これらの場合に《静》を書いても間違いではないが、"落ち着かせる／神をまつる"という意味合いを生かして、《鎮》を使って書き表す。「新しい社殿に神を鎮める」「神が鎮まる太古のままの森」などが、その例となる。

なお、「しずまる／しずめる」には、"ある場所に神がまつられている／神をまつる"という意味もある。この場合も、"落ち着かせる"という意味合いをはっきりさせたい場合には、《鎮》を使うのがおすすめである。

以上のほか、「しずめる」とだけ訓読みする漢字として、《沈》がある。この漢字は、「沈没」「船が沈む」など、"水の底の方に潜り込む"ことを意味するのが基本。「しずめる」と訓読みするのは、"水の中に移動させる"ことを意味する場合

で、「宝の箱を湖に沈める」「お風呂のお湯に身を沈める」などと使われる。

「疲れた体をソファーに沈める」「困窮した生活に身を沈める」などは、比喩的に使われた例。低い方へ移動するところから転じて、"姿勢を低くする"ことを表す場合もあり、「身を沈めて相手のパンチをよける」がその例となる。

このように、《沈》を「しずめる」と訓読みして使う場面は意外と多い。しかし、意味としては《静》《鎮》とはかなり異なるので、使い分けに悩む必要はほとんどない。

[したがう]

順遵随従
偉いお方のおそばにいます

基本 一般的には《従》を用いる。

発展1 主体性や抵抗がないことを強調したい場合には、《随》を使うこともできる。

発展2 きまりの通りにする場合には、《遵》を書いてもよいが、難読。

発展3 大勢に逆らわない場合には、《順》を使うこともできるが、やや古風。

《従》は、以前は「從」と書くのが正式。右上の「从」は、「人」を二つ並べた形で、「彳(ぎょうにんべん)」は、"移動"を意味する部首。「しずめる」は"足"の形、「彳(ぎょうにんべん)」は"移動"を意味する部首。合わせて、"人の後ろを人がついていく"ことが、本来の意味となる。

［したがう］● 236

ここから、"地位が高い人と一緒に行動する"という意味になる。音読みして、「教授に従って調査に出かける」「部長に従って現場に乗り込む」などと用いられる。

転じて、「従者」「侍従」のように、"何かに従う"というニュアンスが強い。

"何かに任せる"という意味にもなる。訓読みでは、「先輩の忠告に従う」「矢印に従って進む」「前例に従って判断する」「良心に従って真実のみを証言する」などがその例。また、「従業員」のように、訓読みでは「彼は警察官としての任務に従う」ことをも表し、"指示された仕事をする"ことをも表し、訓読みでは「彼は警察官としての任務に従う」ことをも表す。

このほか、「季節の変化に従って行動する」「彼は過去にも嘘をついた。従って、今回も信用できない」では、"何かの変化に合わせる"こと。

日本語「したがう」にはさまざまな意味があるが、漢字で書き表す場合には、《従》を使っておけば、すべて用は足りる。

ただし、「したがう」と訓読みする漢字はほかにもある。

それぞれ、独特のニュアンスを生かして使い分けることもできる。

中でも、比較的よく用いられるのは《随》。この漢字の成り立ちははっきりしないが、「夫唱婦随」では、"相手の言う通りに行動する"とい

後ろ向きか、
前向きか？

う意味。「主契約に付随する契約」では"何かに依存して存在する"こと。ほかにも「随時」「随筆」「随意」などと使われ、"何かに任せる"というニュアンスが強い。

そこで、「したがう」と訓読みして《従》の代わりに用いると、"主体性のなさ"や"抵抗のなさ"といった消極的なイメージを強調することができる。「命令に随うだけの消極的な仕事なんて、おもしろくない」「釘が老朽化して、ちょっと引っ張るとそれに随って抜ける」などが、その例となる。

次に、《遵》は、"きまりを遵守する"「遵法」のように使われる漢字で、"きまりを重んじてその通りにする"という意味。こちらは積極的なニュアンスを含み、「憲法に遵って政治を行う」「伝統に遵って結婚式を挙げる」のように用いると、《従》を書いた場合よりも、"きまりを重んじる"という意味合いがはっきりする。ただし、むずかしい漢字なので、振りがなを付けるなどの配慮をしておく方が、親切である。

このほか、現在ではあまり使われないが、《順》も、「したがう」と訓読みすることがある。この

従

随 主体性なし
　 抵抗しない
消極的

遵 きまりを重んじる
積極的

順 大きな流れに
　 逆らわない

しのぶ

偲 忍

ストイックとノスタルジー

基本1 一般的には《忍》を用いる。
基本2 思い出す場合や想像する場合には、《偲》を使うか、かな書きにする。

漢字は、「川」に、"頭部"を表す部首「頁（おおがい）」を組み合わせたもの。本来は"川の流れる方に頭を向けて進んでいく"ことを表し、そこから、「順序」「順番」「順当」のように使われるようになった。

そこで、時代の流れなど、"大勢に逆らわないで行動する"場合に「したがう」と訓読みして用いると、その意味合いを生かすことができる。たとえば、「時代の趨勢に順って商売を変える」「世間の風潮に順った記事を書く」といった具合。とはいえ、やや特殊な訓読みになるので、振りがなを付けるなどの配慮をしておく方が、丁寧である。

《忍》は、「忍耐」「堪忍」など、"じっと我慢する"ことを表す漢字。「しのぶ」と訓読みして、「恥を忍んで頭を下げる」「貧乏を忍んで再起のチャンスを待つ」「苦しい治療を耐え忍ぶ」のように用いられる。「思い出の品なので、捨てるに忍びない」の「忍びない」は、"そうすることに耐えられない"というところから転じて、日本語では、「忍者」のように"こっそり行動する"ことを指しても使われる。訓読みの例も多く、「怪しい人影が忍び寄る」「人目を忍んで逢い引きする」「ドアの向こうから、忍び泣きの声がもれてきた」「辞書編集者をしているのは世を忍ぶ仮の姿で、実は……」など。また、「鞄にナイフを忍ばせる」のように、「忍ばせる」の形で、"こっそり隠し持つ"という意味になることもある。

このように、「しのぶ」を漢字で書き表す場合には、一般的には《忍》を用いる。ただし、日本語「しのぶ」には"なつかしく思い出す"という意味もある。これは、もともとは「しのふ」という別のことばだったが、変化して「しのぶ」となったもの。意味がかなり異なるので、《忍》を使うのはふさわしくない。そこで登場するのが、《偲》である。

《偲》は、本来は"努力する"という意味の漢字。しかし、"人"を表す部首「イ（にんべん）」と「思」が組み合わさっているところから、日本語では、だれかのことを"なつかしく思い出す"ことだと解釈して、「しのぶ」と訓読みして用いるようになった。例としては、「亡き友を偲んで涙する」「花の便りを聞くにつけても、故郷のことが偲ばれる」

我慢する
↓
こっそり行動する

なつかしく
思い出す・想像する

忍

偲

しば

柴 芝

基本1 草の一種の場合は、《芝》を用いる。

基本2 折れたり切り取られたりした木の枝を指す場合は、《柴》を使う。

草と枝の違い

《芝》は、本来はある種の"きのこ"を指す漢字。漢方薬で使われる「霊芝」がその例。

しかし、日本語では、「しば」と訓読みして、イネ科の植物"しば"を表す漢字として用いている。「庭の芝の手入れをする」「グラウンドには芝が敷き詰められている」「芝生には立ち入らないでください」などが、その例である。

一方、漢字《柴》が表すのは、"折れたり切り取られたりした木の枝"。現在では音読みで使われることはほとんどなく、「しば」と訓読みして、「柴を組んで火を付ける」「おじいさんは山へ柴を刈りに行った」「山小屋に、柴で作った扉を取り付ける」のように使われる。

以上のように、《芝》と《柴》は、どちらも植物に関する漢字ではあるが、指すものが明確に異なる。使い分けに迷うことはあまりない。

なお、「柴犬」の「柴」が何を指すかについては、諸説がある。また、「柴漬け」は、もともとは「紫蘇の葉漬け」で、《柴》を書くのは当て字だという。

芝

柴

しぼむ

凋 萎

基本 一般的には《萎》を用いる。

発展 痛々しい雰囲気を表現したいときには、《凋》を使ってもよい。

見るからにかわいそう…

日本語「しぼむ」の基本的な意味は、"植物の生気がなくなり、花などが縮んで垂れ下がる"こと。

漢字で書き表す場合には、一般的には《萎》を用いる。

《萎》は、"植物"を表す部首「艹（くさかんむり）」の漢字で、

なお、《偲》は、現在ではあまり使われない漢字なので、「亡き友をしのぶ」「お人柄がしのばれる」のようにかな書きするのも、やわらかい雰囲気が伝わるので、人気がある。

振りがなを付けるなどの配慮をしておいた方が親切。また、た方々を偲んで、花束を捧げる」などがその例となる。

「武家屋敷で江戸時代の暮らしを偲ぶ」「平和のために命を捨て意味にもなる。「丁寧なお手紙から、先生のお人柄が偲ばれる」転じて、"好ましい気持ちを抱きながら想像する"という

どが挙げられる。

[しぼむ] [しぼる]

基本的な意味は、"植物の生気がなくなる"こと。「しおれる」(p230)「なえる」「しなびる」とも訓読みする。「しぼむ」と訓読みした場合は、特に、"花などが縮んで垂れ下がる"ことを指し、「朝顔の花が萎む」のように用いられる。

転じて、"ふくれていたものの元気がなくなる""元気いっぱいだったものの元気がなくなる"ことにも使われる。「風船が萎む」「だめ押しの一点を取られ、逆転への期待は萎んだ」「相次ぐ不祥事の発覚によって、改革の勢いが萎んでしまった」などが、その例となる。

一方、《凋》は、こちらも「しおれる」とも訓読みする漢字。「冫(にすい)」は、"氷"を表す部首なので、《凋》は、本来は"霜に打たれて木々の葉が落ちる"ことをいう。「凋落」とは、木々の葉が落ちるように"落ちぶれる"こと。また、漢文では「彫刻刀」の「彫」の代わりに用いられることもあり、"傷つける／傷つく"というイメージもある。

そこで、《萎》の代わりに「しぼむ」と訓読みして用いると、"痛々しい"という雰囲気になる。例を挙げれば、「水不足の影響で、庭の花がみんな凋んでしまった」「不慮の事故に遭い、将来の夢が一気に凋んだ」といった具合。ただし、ややむずかしい漢字なので、振りがなを付けるなどの配慮をしておく方が親切である。

萎 凋

萎：花などが縮んで垂れ下がる
凋：ふくれていたものが縮む／元気だったものの元気がなくなる／痛々しさ

しぼる

搾 絞

基本1 ほとんどの場合は《絞》を用いる。

基本2 特に、果汁や油などをしみ出させて手に入れる場合、働いた成果を力づくで奪う場合には、《搾》を使う。

《絞》は、部首「糸(いとへん)」の漢字で、本来は、"糸やひもなどで縛って細くする"という意味。「巾着袋の口を絞る」のように使うのが、本来の意味に忠実な例。「しまる／しめる」(次項)と訓読みすることもある。

転じて、"細くするところから、"範囲を狭める"という意味にもなる。例としては、「捜索の範囲を絞める」「テレビの音量を絞る」「候補者は三人に絞られた」など。さらに、"分量を減らす"ことをも表し、「蛇口をひねってお湯の出る量を絞る」「トレーニングをして体を絞る」などと使われる。

また、縛って細くするところから、日本語では"布などをねじる"ことにも用いられる。「絞り染め」とは、もともとは"布をねじった状態で染める染め方"をいう。ただ、"分量を減らす"という意味合いを反映して、多く

最後まで使い切れよ！

[しぼる] [しまる／しめる] ◉ 240

の場合は"ねじって液体をしみ出させる"という意味になる。たとえば、「ぞうきんを絞る」「洗濯物を絞る」「シャツが絞れるくらいに汗をかく」といった具合である。

ここから転じたのが、「チューブを絞って絵の具を使う」のように"出にくいものを無理に出す"最後まで出し尽くす"という意味。「最後の力を振り絞る」「いい方法はないかと知恵を絞る」などもその例。比喩的に、「脳みそを絞ってよく考えろ！」のように用いられることもある。

一方、《搾》は、「搾乳」「搾油」のように"圧力を加えて液体をしみ出させる"ことを表す漢字。「レモンを搾って海老フライにかける」「牧場で乳搾り体験をする」「菜種を潰して油を搾る」「醤油はもろみを搾って作られる」などが、その例となる。

《搾》は、"ねじって液体をしみ出させる"場合の《絞》と、意味が似ている。しかし、《絞》は"液体を取り除く"ことに主眼があるのに対して、《搾》は、"果汁や油などを手に入れる"のが目的。その点を基準に使い分ければよい。

|汗水垂らして得たものを…|

搾 しみ出した液体を手に入れる 無理に出す
絞 液体をしみ出させる 細くする範囲を狭める 量を減らす

また、圧力を加えるところから、「民衆を搾取する」のように、"働いた成果を力づくで奪う"ことを指しても用いられる。訓読みでも、「悪徳代官が年貢を搾り取る」「わずかな収入も高利貸しに搾られてしまう」などと使われる。

これらの場合に、"出にくいものを無理に出す"最後まで出し尽くす"というニュアンスで《絞》を書いても、間違いとは言えない。ただ、《搾》を使う方が、"力づくで奪う"という雰囲気が強調されるので、おすすめである。

なお、「仕事でミスをして、上司にこってり搾られた」の「搾る」は、もとは「油を搾る」が比喩的に使われたもの。《搾》を使うのが一般的である。

しまる／しめる

緊絞締閉

|糸の方が世界は広い！|

基本1 出入り口をふさぐ場合、業務や活動を終了する場合は、《閉》を用いる。

基本2 固定する場合、ゆるみがなくなる場合、区切りを付ける場合は、《締》を使う。

基本3 首を圧迫して息を詰まらせる場合は、《絞》を書く。

発展 張りつめている場合、とてもきつく固定する場合、無駄がない場合には、《緊》を使うと効果的。

「しまる／しめる」と訓読みする漢字は、いくつかある。その中で、基本となるの

[しまる／しめる]

は、《閉》と《締》である。

《閉》は、部首「門（もんがまえ）」にも現れているように、本来は"門がふさがる"ことを指す漢字。広く"出入り口がふさがる/出入り口をふさぐ"ことを表し、「シャッターが閉まる」「入場ゲートを閉める」「声が漏れないように窓を閉める」などと用いられる。

「お店が閉まる」「窓口を閉める」などでは、転じて、"業務や活動が終了する/業務や活動を終了する"という意味。「とじる」（→p358）と訓読みしても意味はほとんど変わらないので、「とじる」に言い換えられる「しめる」は《閉》を書く、と考えるとわかりやすい。

一方、《締》は、部首「糸（いとへん）」の漢字で、本来は"糸やひもなどを使って固定する"という意味。「靴のひもを締める」「お相撲さんがまわしを締める」「勝って兜の緒を締めよ」などが、その例となる。

転じて、日本語では、「ねじを締める」「ボルトを締める」のように、"ひねって固定する"ことや、「もがけばもがくほど縄が締まる」「この肉は身が締まっておいしい」「お酢を使って魚を締める」など、"ゆるみがなくなる/ゆるみをなくす"ことを指しても使われる。「事故を起こさないように気を引き締める」「彼は締まりのない笑い方をする」のように、精神的な意味合いで用いられることも多い。

「密輸を取り締まる」「監督官庁からの締め付けが強まる」などでは、ゆるみをなくして"禁止する"という意味。「財布のひもを締める」は、"出費を制限する"ことを表す比喩的な用法。ここから、「彼女はむだ遣いはしない締まり屋さんだ」のように使われることもある。

また、《締》には、「条約を締結する」のような"きちんと約束する"という意味もある。ここから、日本語では、"区切りを付ける"ことを指しても使われる。例としては、「お会計を締める」「募集を締め切る」「飲み会の締めにラーメンを食べる」などが挙げられる。

以上のように、《閉》は"出入り口をふさぐ"ところに意味の中心があるのに対して、《締》は"糸やひもなどで固定する"、"ひねって固定する"ところに出発点がある。そこで、単に"出入り口をふさぐ"だけならば《閉》だが、そこに何らかの"きちんと固定する"動作が加わる場合には、《締》を使って書き表すことになる。

たとえば、「玄関の戸を閉める」は、ふつうは《閉》。これが「玄関

閉 出入り口をふさぐ

締 ひねって固定する

そう簡単には動かない！

[しまる／しめる] ● 242

　の鍵を締める」になると、戸を"きちんと固定する"ための動作だから、《締》を書く。同様に考えて、「戸締まりを忘れずに！」も、ふつうは《締》を使う。

　「箱のふたを閉める」も、一般的には《閉》を書くが、ねじ式のふたの場合には、"ひねる"動作が加わるので、「ジャムの瓶のふたを締める」のように《締》を用いる方がしっくりくる。「サインペンのキャップを閉める」「ズボンのファスナーを閉める」なども、"きちんと固定する"という意識が強い場合には、「サインペンのキャップをパチンと締める音がする」「ズボンのファスナーを一番上まで締める」のように、《締》を用いてもおかしくはない。

　逆に、「水道の蛇口を締める」「ガスの元栓を締める」などは、"ひねる"動作が加わるから、一般的には《締》を使う。しかし、"固定"の意識が弱く、単に"水やガスが出ないようにする"ことだけを表したいのであれば、「水道の蛇口を閉める」「ガスの元栓を閉める」と書いても、間違いとはいえない。

|首がかかると特別扱い！|

　「しまる／しめる」と訓読みする漢字には、ほかに《絞》もある。この漢字も部首は「糸（いとへん）」で、本来の意味は、"糸やひもなどで縛って細くする"こと。《締》とよく似た意味を持っている。

　そこで、「袋の口を縄で絞める」のように使っても間違いではない。ただし、《絞》には「しぼる」（前項）という訓読み

もあるので、「しまる／しめる」は《締》を、「しぼる」は《絞》と使い分ける方がわかりやすい。そのため、「袋の口を縄で締める」と書くことが多い。

　ただし、"首が圧迫されて息が詰まる／首を圧迫して息を詰まらせる"場合だけは、「絞殺」「絞首刑」などの熟語との関係から、《絞》を用いるので注意。「ネクタイがきつくて首が絞まる」「カッとなって相手の首を絞める」などが、その例。

　ただし、ふつうに「スーツを着てネクタイを締める」のならば、"息を詰まらせる"わけではないから、《締》を書く。

　このほか、《緊》も「しまる／しめる」と訓読みすることがある。この漢字も部首は「糸（いと）」で、意味は《締》とよく似ている。しかし、「緊張」「緊急」といった熟語が日常的に用いられるところから、"張りつめている"、とてもきつく固定する"という雰囲気を表現したいときに用いると、効果が高い。

　例としては、「辞令を受けて、改めて身が緊まる思いがする」「引き緊まった表情で試合に臨む」「泥棒の両手を緊め上げる」など。転じて、"無駄なものが一切ない"というニュアンスになることもあり、「彼はスポーツマンらしい緊まった体つきをしている」のように使われる。

　《緊》は、《締》をより強調したいときに用いる、と考えると、わかりやすい。ただし、やや特殊な訓読みになるので、

しみる

沁泌浸滲染

じわじわと進行します…

"液体が次第に入り込む"こと。一般的には、「そめる／そまる」(p.287)と訓読みする。

基本 一般的には《染》を用いる。

発展1 液体が次第に入り込む場合や出て来る場合には、《滲》を使ってもよいが、やや難解。

発展2 液体が次第に入り込む場合には、《浸》を書くこともできる。

発展3 液体が次第に出て来る場合には、《泌》を使ってもよいが、やや難読。

発展4 よいことを深く感じる場合には、《沁》を用いると、雰囲気が出る。

《染》の基本的な意味は、「染色」「染料」など、"色つきの液体の中に入れて、色を移す"こと。

「しみる」と訓読みした場合には、広く、"色や匂い、味などが移る"という意味になる。「インクが下の紙にまで染みる」「焼き肉の匂いが服に染みつく」「だしのうまみが大根によく染みている」「背広を染み抜きに出す」などが、その例となる。

また、《染》は、「伝染」「汚染」のように、病気や害毒など"望ましくない性質を帯びる／帯びさせる"ことをも表す。この場合にも、一般的には「そまる／そめる」と訓読みする

が、「所帯染みる」「年寄り染みる」のように「○○じみる」の形で、"望ましくない性質を帯びる"ことを表す用法もある。

《染》のもともとの意味は以上だが、日本語では、さまざまに発展して用いられる。まず、液体の中に入れるところから、"液体が次第に入り込む"ことを表し、「靴の中に水が染みる」のように使われる。また、これを逆にして、"液体が次第に出て来る"という意味でも用いる。「壁の割れ目から水が染み出る」がその例である。

さらに、"次第に入り込む"ところから転じたのが、"深く感じる"という意味。例としては、「冷たさが歯に染みる」「煙が目に染みる」「先生のことばが心に染みる」などが挙げられる。

以上のように、日本語「しみる」が表す意味の範囲はかなり広いが、すべて、"液体の中に入れて色を移す"ところから発展したもの。漢字で書き表す場合には、《染》を使っておけば、筋は通る。

本来の意味にこだわるなら…

とはいえ、"液体が次第に入り込む""液体が次第に出て来る""深く感じる"の三つについては、漢字《染》がもともから持っている意味ではない。その点を気にするならば、これらの意味を本来的に表している漢字を使って書き表すこともできる。

その代表は《滲》。「試薬がリトマス試験紙に滲透する」「額

に汗が滲む」のように使われる漢字で、"液体が次第に入り込む／出て来る"ことを表す。そこで、「しみる」と訓読みして、「靴の中に水が滲みる」「雨がコートの中にまで滲みる」「壁の割れ目から水が滲み出る」「傷口から血が滲み出る」のように使うことができる。ただし、見かけがむずかしい漢字なので、振りがなを付けるなどの配慮が必要となるのが、困ったところである。

そこで、代わりに使われるのが《浸》。この漢字の右半分は、「侵入」の「侵」にも含まれていて、"中に入る"という意味があると考えられる。それに"水"を表す部首「氵（さんずい）」を組み合わせた《浸》は、"液体が次第に入り込む"という意味。音読みでは「浸水」がその例。そこで、「しみる」と訓読みして、「壁の割れ目から水が浸みる」「雨がコートの中にまで浸みる」などと用いられる。

転じて、「液体が次第に出て来る」ことを指しても用いられる。が、これは、漢字《浸》がもとから持っている意味ではない。この意味を本来的に表す漢字があれば、そちらを使いたいところである。

そんな要望に応えてくれるのが、《泌》である。「分泌（ぶんぴつ」（ひつ」とも読む）」「泌尿器」のように用いるこの漢字は、本来は"液体が次第に出て来る"という意味。「しみる」と訓読

みして、「壁の割れ目から水が泌み出る」「傷口から血が泌み出る」のように用いることができる。ただし、この訓読みはあまり一般的ではないので、振りがなを付けるなどの配慮が必要となる。

さらに、この漢字も、転じて"液体が次第に入り込む"という意味で使われることがあるので、話がややこしくなる。漢字本来の意味にこだわって《浸》《泌》を用いるならば、"液体が次第に入り込む"場合は《浸》を用いるならば、"液体が次第に出て来る"場合には《泌》を使う、と区別した方がよい。

このほか、《泌》と形がよく似た《沁》も、「しみる」と訓読みすることがある。この漢字は、本来は《浸》と同じ意味で、"液体が次第に入り込む"ことを表す。

しかし、現在の日本語では、「心」を含むところから、"深く感じる"という意味で用いられることが多い。「先生のことばが心に沁みる」「親友のやさしさが身に沁みわたる」「酒のおいしさが体中に沁みわたる」などが、その例となる。

この意味は《染》でも表せるが、《染》には"望ましくない性質を帯びる"というイメージもあるので、特に"よいことを深く感じる"場合には、《沁》を書く方が雰囲気が出る。逆にいうと、「痛みが歯に沁みる」「煙が目に沁みる」のように"よくないことを深く感じる"場合に用いてもよいが、それ

似ているけれど別ものですよ！

しめる

緊絞締閉

→しまる／しめる(p240)

	染	滲	浸	泌	沁
よいことを深く感じる	◎				○
痛みやつらさを深く感じる	◎				○
液体が次第に出て来る	○	◎			
液体が次第に入り込む	○	◎	◎		
望ましくない性質を帯びる	○		△	△	
色や匂い、味を移す	○			◎	○

ならば《染》の方がかえってニュアンスが合うことになる。

なお、《沁》は、現在ではあまり用いられない漢字。振りがなを付けるなどの配慮をしておく方が、親切である。

以上のほか、やや特殊だが、日本語「しみる」には、"凍りつく"ことや"凍りつくほど冷たい"ことを表す用法もある。その場合には、「冷凍」の「凍」を用いて書き表すのがふつう。「今夜は吹雪でとても凍みる」「凍み豆腐」などがその例だが、意味がかなり異なるので、《染》《滲》《浸》《泌》《沁》との使い分けに迷うことはない。

しらせる

報知

だいじなことを伝えたい…

基本 一般的には《知》を用いる。

発展 求めに応じて伝える場合や、役割として伝える場合には、《報》を使ってもよいが、やや古風。

"情報を伝える"ことを意味する日本語「しらせる」は、"情報を得る"という意味の「しる」に、"そういう状態にする"ことを表す「せる」が結び付いたことば。漢字で書き表す場合には、"情報を得る"という意味で「しる」(p248)と訓読みする《知》を使うのが、ふつうである。「新しい住所を友人に知らせる」「いいお知らせがあります」「明日のスケジュールをメールで知らせる」などが、その例となる。

一方、《報》は、"情報を伝える"ことを意味する漢字。そこで、日本語「しらせる」は、《報》を使って書き表すこともできる。例を挙げれば、「時計が正午を報せる」「会議の結果を関係者に報せる」「無事救出の報せを待ち望む」などとなる。

《報》は、「報酬」「恩に報いる」

知: 本人 → 情報を伝える → 相手
報: 本人 ← 情報を求める ← 相手
   本人 → 情報を伝える(役割として) → 相手

しらべる

検 調

基本 一般的には《調》を用いる。

発展 厳しさや細かさを強調したい場合には、《検》を用いてもよいが、やや古風。

ど、"はたらきかけに応える"という意味も持つ。そこで、「しらせる」と訓読みして使う場合も、"求めに応じて伝える""役割として伝える"というニュアンスで用いると、漢字のイメージによく合う。

ただし、現在では《知》を書く方が自然。あえて《報》を用いると、古風で改まった雰囲気になる。また、振りがなを付けるなどの配慮をしておいた方が親切である。

なお、「思い知らせる」の形では、"情報を伝える"という意味よりは、"感じ取らせる"というニュアンスが強い。「実力の差を思い知らされた」のように《知》を書き、《報》は使わない方が無難である。

分けを辞書で調べる」「関係者全員のアリバイを調べる」「計算間違いがないか調べてみよう」のように用いられる。

日本語「しらべる」を漢字で書き表す場合には、《調》さえ使っておけば、問題はない。ただし、現在ではあまり一般的ではないが、《検》を「しらべる」と訓読みして用いることもある。

《検》は、「検査」「検品」「点検」など、"状態を把握しよう"とすることを表す漢字で、「あらためる」(p43)とも訓読みする。意味の上では、《調》と大きな違いはない。

ただ、「剣」や、「けわしい」と訓読みする「険」、「倹約」の「倹」などと同じ形を含んでいるところから、《検》には"厳しい"というイメージがある。そこで、"厳しさ"や"細かさ"を強調したい文脈で「しらべる」を書き表したい場合に用いると、そのイメージを生かすことができる。

例を挙げれば、「事故の原因を徹底的に検べる」「MRIで脳の内部を詳しく検べる」「脱税の疑いで帳簿を検べられる」といった具合。ただし、これらの場合でも、現在では《調》を書く方が自然。あえて《検》を使う場合には、振りがなを付けておくなどの配慮がほしい。

調
状態を把握しようとする
厳しさ
細かさ
検

眉間にしわを寄せながら…

《調》は、「調和」「協調」など、"バランスの取れた状態にする"ことを表すのが、基本の意味。転じて、「調子」「不調」のように、"状態の変化"を指すこともある。さらには、"状態を把握しようとする"という意味にもなり、音読みでは「調査」がその例。この意味の場合に、「しらべる」と訓読みして、「漢字の使い

しりぞける

却 斥 退

基本 一般的には《退》を用いる。

発展1 激しく拒絶する場合には、《斥》を使うと、意味合いがはっきりする。

発展2 完全に拒絶する場合には、《却》を書くと、効果的。

さまざまな突き返し方

《退》は、基本的には、「後退」「撤退」のように、"後ろへ移動する／後ろへ移動させる"ことを表す漢字。「さがる／さげる」（p.212）とも訓読みする。「退席」「退職」など"ものごとの中心となる場から外れる"という意味になったり、「撃退」のように"追い返す"ことや、"拒絶する"ことを指したりもする。

「しりぞける」と訓読みするのは、"公の場から外す""追い返す""拒絶する"といった意味の場合。「反対派を退けて会議の主導権を握る」「敵の攻撃を退ける」「和解の提案を退ける」などの例である。

日本語「しりぞける」を漢字で書く場合には、《退》さえ使っておけば、間違いにはならない。しかし、「しりぞける」と訓読みする漢字には《斥》や《却》もあるので、使い分けが問題となる。

このうち、《斥》は、「外国製品を排斥する」のように使われる漢字で、"拒絶する"という意味。「しりぞける」と訓読みして、《退》の代わりに使うことができる。この漢字の成り立ちははっきりしないが、「斥」の形を含む「拆」も「柝」も"叩き割る"という意味であることから、荒々しいイメージを含んでいるといえる。

そこで、"拒絶"の"激しさ"を表現したい場合に用いると、漢字の持つイメージを生かすことができる。たとえば、「計画中止の要請を『とんでもない』と斥けた」「よかれと思って忠告したが、にべもなく斥けられた」といった具合。ただし、現在ではあまり使われない漢字なので、振りがなを付けておくなどの配慮をする方が、親切である。

一方、《却》は、部首「卩（ふしづくり）」が"ひざまずく人"を表していて、本来は"ひざまずいたまま後ろへ下がる"という意味。《退》と意味がよく似ていて、「提案を却下する」のように、"拒絶する"という意味にもなる。現在の日本語では「しりぞける」と訓読みした場合には、この"拒絶する"という意味で用いるのがふつうである。

ただし、《却》には、「焼却」「売却」「忘却」のように"完全に失う"という意味合いもあるので、訓読み「しりぞける」でも、その徹底ぶりに着目して、"完全に拒絶する"という場面で用いるのが、しっくりくる。

例としては、「相手は一歩も譲歩せず、こちらの提案を却けた」「仕事に打ち込むために、あらゆる誘惑を却ける」など。"拒

しる

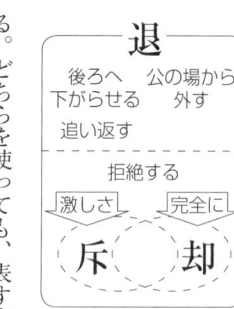

識 知

基本 一般的には《知》を用いる。

発展 頭の中で区別する場合は、《識》を使ってもよいが、やや古風。

区別と理解の境界線

日本語「しる」は、"理解する""感じ取る""情報を得る""記憶する"など、さまざまなことを表すことば。一方、漢字《知》も、「知恵」「知覚」「察知」「叡知」など、さまざまな"頭をはたらかせる"ことを表す。

そこで、日本語で「しる」を漢字で書き表す場合には、広く《知》を使うことができる。「漢字の成り立ちについて知る」「報告を受けて事件をはじめて知った」「人生の悲しみを知る」「あの人は謙遜ということを以前から知っていた」「年を取ってから遊びの味を知る」などが、その例となる。

"頭をはたらかせる"ことを表す「しる」を書き表す漢字としては、《知》を使っておけば十分。ただし、「しる」と訓読みする漢字には《識》もあり、いつも《知》ではつまらないという場合には、こちらを使うこともできる。

《識》に含まれる「戠」は、空高く掲げる"のぼり"を意味する「幟」という漢字にも含まれているように、"目印"を表す。それに部首「言(ごんべん)」を組み合わせた《識》は、"頭の中であるものをほかと区別する"という意味。音読みでは「識別」「認識」のように使われる。

そこで、日本語「しる」の中でも、特に"頭の中で、あるものをほかと区別する"場合には、《識》を使って書き表せることになる。その代表的なものとして、昔から比較的よく用いられているのは、"だれかをその人だと区別できる"場合。「君はあの子を識っているかい?」「彼とは旅先で識り合った」「識らない人に声をかけられる」などが、その例となる。

ただし、「あいつのことはよく

しるし
標 験 徴 印

微妙な違いを示しますが…

知っているよ」になると、「区別する」よりも"理解する"というニュアンスが強いので、《知》を使う方が落ち着く。

このように、幅広く用いられる「しる」を使う「頭の中で、あるものをほかと区別する"という意味だけを取り出して使い分けるのは、実際にはなかなかむずかしい。また、《識》を「しる」と訓読みするのは、現在ではやや特殊で、振りがなが欲しくなる。特にこだわりがない限り、すなおに《知》を書いておく方が、おすすめである。

なお、「散歩しているうちに、知らず識らず人の家の敷地に入り込んでしまった」のような「知らず識らず」の形では、同じ漢字のくり返しを避けるために、《知》と《識》の両方を使って書くことが多い。

基本 一般的には《印》を用いる。

発展1 何かの前触れや効き目を指す場合は、《徴》を使ってもよい。

発展2 神仏や霊魂などによる効き目を指す場合は、《験》を書くこともできる。

発展3 ある場所を示す「しるし」を指す場合には、《標》を使うこともできる。

《印》は、「印鑑」「烙印」など、"押しつけてあとを残すもの"を指す漢字。"何かが存在した痕跡"というところから、何かを示す"マーク"という意味となり、「しるし」と訓読みして使われる。

「目印を付ける」「矢印に従って進む」「目が泳いでいるのは嘘をついている印だ」「変わらぬ愛の印として、この指輪を贈ろう」などが、その例。日本語「しるし」を漢字で書き表す場合には、《印》さえ使っておけば十分である。

ただし、「しるし」と訓読みする漢字はほかにも《徴》《験》《標》などがあり、それぞれ、独特のニュアンスを生かして使い分けることもできる。とはいえ、どの漢字も、「しるし」と訓読みするのは現在ではあまり一般的ではないので、振りがなを付けるなどの配慮が必要となる。

これらの中で、現在でも比較的、使われる頻度が高いのは《徴》。これは、「特徴」「象徴」のように、"漠然としている何かを、はっきりとわかるように示すもの"を指す漢字。そこで、「しるし」と訓読みして用いることができる。

特に、「徴候」「前徴」では"何かが起こる"前触れ"を意味する場合が多い。たとえば、訓読み「しるし」でも"前触れ"を意味する場合が多い。たとえば、「これは株価が下がるという徴でしょう」「あの山に雲がかかっているのは、明日は雨だという徴だ」などが、その例となる。

また、"前触れ"とは逆に、何かが結果として引き起こす"効き目"を指すこともある。例としては、「熱が下がり始め

[しるし] [しるす] ● 250

しるし

印 徴 標 験

- 印 — 何かを示すマーク
- 徴 — 前触れ
- 標 — 場所を示すマーク
- 験 — 神仏などによる効き目

たのは、薬が効いているという徴だ」などが挙げられる。

この"効き目"が、特に神仏や霊魂といった"人知を超えたものによる効き目"である場合には、《験》を使って書き表すこともできる。音読みでは、「霊験あらたかな」がこの例。訓読みでは、「神社にお参りをしたところ、たちどころに験があった」のように用いられる。

さらに、現在ではめったに使われないが、《標》も「しるし」と訓読みすることができる。この漢字には、「標識」「座標」などのように、"位置の基準を示すもの"である。そこで、"ある場所を示すもの"を指す「しるし」を漢字で書き表す場合に用いると、その意味合いを生かすことができる。「青い三角屋根が、彼女の家の標だ」「宝を埋めた場所に、標として丸い石を置いておく」など、"ある場所を示すもの"という意味で、「しるし」と訓読みすることができる。

このほか、「証拠」の《証》も、"何かの事実の根拠となるもの"という意味で、「しるし」と訓読みするとすれば、「あかし」と読む方が自然。「しるし」と訓読みして使うのは、現在では、《証》一字だけを訓読みするとすれば、「あかし」と読む方が自然。「しるし」と訓読みして使うのは、

避けておく方が無難である。

しるす

誌 印 記

紙の上にも心の中にも

基本1 文字や文章を書く場合、覚えておく場合には、《記》を用いる。

基本2 痕跡を残す場合、マークを付ける場合には、《印》を使う。

発展 文字や文章をある部分に書き込む場合には、《誌》を用いてもよいが、やや古風。

日本語「しるす」の代表的な意味は、"文字や文章を書きとどめる"こと。漢字では、「記録」「記載」「筆記」のように使われる《記》がこの意味を表すので、これを使って書き表す。「成績の欄に「可」と記す」「受付票に氏名と連絡先を記す」「今の発言を議事録にきちんと記してください」などがその例である。

「恩師のことばを胸に記して支えとする」「作業の手順を頭の中にきっちりと記しておく」などは、日本語「しるす」が比喩的に用いられた例。漢字《記》には、「記憶」「暗記」のように"覚えておく"という意味もあるので、このように心や頭に"覚えておく"ことに用いても、いっこうに差し支えはない。

ただし、日本語「しるす」は、"文字を書く"ことや"覚えておく"こと以外に対して用いられることもある。そんな場合には、漢字では《印》を使って書き表す。

《印》は、「印鑑」「烙印」など、"押しつけてあとを残すもの"を指す漢字。転じて、"痕跡を残す"ことをも表し、「しるす」と訓読みして使われる。例としては、「未開の原野に第一歩を印す」「台風は多くの傷跡を印して去って行った」「彼の顔には驚きの色が印されていた」などが挙げられる。

また、《印》は、「目印」「矢印」のように、「しるし」(前項)と訓読みして、何かを表す"マーク"を指すこともある。ここから、「しるす」という訓読みも、"マークを付ける"場合にも用いることができる。たとえば、「重要な箇所に傍点を印す」「確認が済んだ項目には、チェックを印してください」「この表で黒三角を印してある数字は、前年より下がっているものです」といった具合である。

文字って何だろう?

このように、「しるす」の使い分けは、文字や、"覚えておく"ことであれば《記》を用い、痕跡やマークであれば《印》を書く、と考えることができる。しかし、実際には、文字なのかマークなのか、判断が微妙になることも多い。

たとえば、「手紙の最後に♡を記す」「カードをめくると「＋」と記してあった」などは、原則通りに考えれば《印》を使うべきだが、意味や読み方がはっきりしていて文字に近いと感じられるので、《記》を書いても違和感はない。

逆に、文字ではあるが読み手にはそれが理解できない場合には、《印》を使うこともあり得る。たとえば、「宝島の地図には、意味の分からぬ古代文字が印してあった」のような場合である。

これらのような場合には、自分の判断でどちらかしっくりくる方を選んでおけばよい。それでも悩む場合には、「書く」に言い換えられる場合は《記》を使い、「つける」に言い換えられる場合は《印》を用いるとするのが、一つの基準になる。

なお、「バツ印を記す」「星印を記す」場合には、同じ漢字が続くことを避けるため、《記》を書くことも多い。

本日は晴天なり 文字 文章
♣ マーク
印 👣 痕跡
記

コツコツと書き継いで…

《記》《印》のほかにも、「しるす」と訓読みできる漢字はいくつかあるが、現在では、ほとんど用いられない。その中で、多少なりとも使われる可能性があるものとしては、《誌》が挙げられる。

《誌》は、もともとは、「日誌」「墓誌」のように、記録として"少しずつ書き継がれた文章"を指す漢字。「雑誌」でも、さまざまな、比較的短い文章からなる部分に、文字や文章を書き込む"場合に用いると、その意味合いを生かすことができる。

例としては、「毎日の出費を家計簿に誌す」「聞き込みの結果を、手帳に誌す」「その件については、報告書の一五ページに誌してある」など。もっとも、現在では、これらの場合も《記》を書く方が自然。あえて《誌》を使う場合には、振りがなを付けるなどの配慮が必要となる。

なお、特殊な例だが、《識》も「しるす」と訓読みすることがある。これは、〝石碑や鐘などに、それを造るに至った経緯を記録した文章を書く〟ことを、漢文では「識」で表すことを踏まえたもの。現在でも、書物のあとがきなどで「著者識す」のように使われることがある。

す

洲 州

基本 一般的には《州》を用いる。

発展 水辺の雰囲気を出したい場合には、《洲》を使うと効果的。

〝さんずい〟の効果とは？

《州》は、古代文字では「》》》」のように書き、〝川の流れの中に顔を出している、平らな土地〟の絵から生まれた漢字。転じて、〝川に〝島〟を指したり、「マサチューセッツ州」のように広い意味での〝国や地方自治体〟を表したりもする。

「す」と訓読みするのは、〝川の流れの中に顔を出している、平らな土地〟を意味する場合。「河口近くに三角州がある」「川の中州にススキが生えている」のように用いられる。この意味の日本語「す」を書き表す場合には、《州》を使っておけば、問題はない。

すく

漉 抄 鋤 梳 透 空

向こう側までまいります

州 — 川の中の平らな陸地
洲 — 水辺の雰囲気

一方、《洲》は、《州》に、"水"を意味する部首「氵(さんずい)」を付け加えて、"川の流れの中にある"ことをはっきりさせた漢字。《州》と読み方も意味も同じ漢字として使われるが、特に「す」と訓読みする場合には、水辺の雰囲気を強調する効果がある。そこで、「河口近くの三角洲で釣りをする」「川の中洲に水鳥が巣を作る」のように、水辺ならではの情景を描きたいときに使うのが、おすすめである。

基本1 何もない部分がある場合やできる場合は、《空》を用いるか、かな書きにする。

基本2 向こうが見える場合、通り抜ける場合は、《透》を使う。

基本3 髪をとかす場合は、《梳》か、かな書き。

基本4 土を掘り返す場合は、《鋤》か、かな書き。

基本5 紙を作る場合は、ふつうはかな書きだが、漢字本来の意味を重視するなら、《漉》を書いて、水に浸す作業をイメージさせることもできる。

発展 紙を作る場合は、《漉》を書いて、水に浸す作業をイメージさせることもできる。

日本語「すく」は、意味の範囲が意外と広いことばで、「すく」と訓読みする漢字も多い。その中で、比較的よく使われるものとしては、《空》と《透》が挙げられる。

《空》は、部首「穴(あなかんむり)」の漢字。「空間」「空白」「空っぽ」など、本来は、"何もない部分"を表す。「すく」と訓読みした場合には、ものの中や間に"何もない部分がある/何もない部分ができる"ことを指し、「おなかが空く」「ラッシュが終わって電車が空く」「プロレスを見て、胸が空くような思いがする」などと用いられる。

一方、《透》は、"移動"を表す部首「辶(しんにょう、しんにゅう)」の漢字。本来は、"通り抜けて向こう側まで移動する"という意味で、「浸透」とは、"表面を通り抜けて中まで入り込む"こと。転じて、「透明」「透視」のように、"光が通過して向こう側が見える"ことを指しても用いられる。訓読み「すく」では、「すき通る」「すかす」「すける」「見えすいた」などの形で、"向こう側が見えて透いた嘘をつく」などが、その例となる。

ただし、やや古風な表現だが、"通り抜けて向こう側まで移動する"という意味で使うことも、ないわけではない。たとえば、「木の葉の間を透いて、月光が差し込む」がその例。この場合には、《空》との使

[すく] ● 254

空 何もない部分がある

透 通り抜けて入り込む

い分けが問題となる。

《透》は"通り抜ける"という意味だから、「○○を透く」の形で用いるのが、習慣となっている。

このように、《空》と《透》の使い分けでは、漢字の意味にはそぐわない習慣が見られる。この問題を避けるために、「間隙を縫う」のように使われて"ものの間に何もない部分がある"ことを表す、《隙》という漢字を使うこともできる。

とはいえ、《隙》は、「隙間」のように、送りがなを付けて一文字で「すき」と訓読するのが一般的で、「隙く」と訓読するのはまず用いられない。結局、"何もない部分がある"ことを意味する「すく」は、「胸がすくような思い」「すかさず逃げ出す」「壁板の継ぎ目がすいている」「お手すきの際」「すかさず逃げだす」などなど、かな書きしておくのがおすすめである。

髪も土も一緒くたに！

漢字は、意味がかなりはっきりしているので、使い分けに悩むことは少ない。ただし、いずれもやむずかしい漢字なので、現在ではかな書きにする方が自然。あえて用いる場合は、振りがなを付けるなどの配慮が必要となる。

まず、《梳》は、成り立ちの上では「流」と関係の深い漢字で、毛がうまく"流れる"ようにするところから、"毛をとかす"ことを表す。部首「木（きへん）」が付いているのも、"櫛など

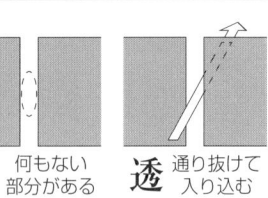

すのが、習慣となっている。

《空》は"何もない部分がある"ことを表すので、《空》と《透》の使い分けでは、漢字の意味にはそぐわない習慣が見られる。この問題を避けるために、

「木の葉の間が空いて、月光が差し込む」のように、「○○が空く」の形で使うのがふさわしい。「壁板の継ぎ目を透いて、雨風が入る」と「壁板の継ぎ目が空いていて、雨風が入る」も同様である。

ところが、《空》には「あく」（p23）という訓読みもあるので、「○○が空く」は、「あく」と読むのか「すく」と読むのか、まぎらわしい。かといって、《空》のようなやさしい漢字にわざわざ振りがなを付けるのも、ためらわれる。そんな事情があってか、本来は「○○が空く」と書くべきところを、「○○が透く」とすることが、昔から習慣として行われてきた。

たとえば、「手が透いているなら手伝ってください」に対する「手が空いているなら手伝ってください」が、その例。ここから、「お手空きの際にお声をかけてください」も、《透》を使って「お手透きの際にお声をかけてください」と書くことがある。また、"間を置かないで"という意味の「すかさず」も、意

意味には合わない現実

のは、昔の櫛は木製のものが多かったからである。この動作を、日本語では、"毛の間に何もない部分を作って、流れを整える"というイメージで「すく」というが、この場合は、"何もない部分を作る"ことそのものなので、漢字を使うなら《空》を書くべきところ、とはいえ、「○○をすく」の形なので、習慣的に《透》を使いたくもなる。やはり、かな書きに逃げておくのが無難である。

次に、《鋤》は、部首で「金（かねへん）」に現れているように、"土を掘り返すための金属製の道具"を指す漢字。転じて、"土を掘り返して空気を含ませる"という意味にもなる。

日本語では、この作業を、"掘り返して土の粒の間に何もない部分を作る"という意味合いで「すく」と表現するので、《鋤》も「すく」と訓読みできることになる。例としては、「畑を鋤いて種をまく」「田んぼの土を鋤き返す」などが挙げられる。

中国の紙作りと日本の紙作り

ところで、紙を作る際には、細かい網や布などを原料を溶かした水に浸し、原料だけを薄く伸ばしてすくい取る。この作業も、日本語では

ちなみに、《梳》も「すく」と訓読みすることになるので、《梳》も「すく」と訓読みすることになる。「ツゲの櫛で黒髪を梳く」「指先であごひげを梳く」「ブラシで猫の毛を梳く」などが、その例となる。

「すく」と呼ぶ。そこで、"紙を作る"ことを表す《抄》と《漉》も、「すく」と訓読みすることになる。

《抄》は、字の形に「少」が含まれているように、もともとは"少しだけ取る"という意味。「戸籍抄本」とは、"戸籍の内容の一部分だけを抜き書きした文書"をいう。

転じて、紙作りの作業の"薄く伸ばしてすくい取る"ところに着目して、"紙を作る"ことをも指すようになった。「抄紙」「抄造」とは、"紙を作る"こと。訓読みでは、「彼女は和紙を抄く職人だ」「手抄きの紙で年賀状を作る」などと用いられる。似たような作り方をするところから、「海苔を抄く」のように使われることもある。

一方、《漉》は、一般的には「こす」と訓読みし、"細かい網や布などを通り抜けさせて、液体のごみなどを取り除く"ことを表す漢字。この"ごみ"を紙の原料に置き換えて、日本語では、"紙を作る"ことをも指すようになった。

《漉》も、《抄》と同じように「彼女は和紙を漉く職人だ」「手漉きの紙で年賀状を作る」「海苔を漉く」などと用いることができる。ただ、漢字がもとから持つ意味としては、"紙を作る"ことを表すのは《抄》であり、《漉》をこの意味で用いるのは日本語独自の用法。そこを重視するなら《抄》を使うべきだということになる。

その一方で、《漉》は"水"を表す部首「氵（さんずい）」を含

[すく][すくない] ● 256

すくない
寡尠少

ゼロに近い、もっと欲しい！

基本 一般的には《少》を用いる。

発展1 とてもわずかである場合は、《尠》を使うこともできるが、難解。

発展2 ふつうならたくさんあるものがわずかしかない場合には、《寡》を書くこともできる。

むので、"原料を溶かした水からすくい取る"ことを具体的にイメージさせやすい。結局のところ、どちらを使うかは自分の好みに従ってよいことになる。

なお、"興味や愛情、親しみを感じる"《好》も、もちろん「すく」と訓読みできる。ただ、以上に取り上げた漢字とは意味がかなり異なるので、使い分けに悩む必要はない。

《少》は、成り立ちにはいくつかの説があるが、「小」と関係が深いことは確かで、日本語「すくない」を書き表す漢字として、広く用いることができる。

「友だちが少ない」「収入が少ない」「残り時間が少ない」「ミスを少なくする」「少なからず影響を受ける」「少なくとも一年はかかる」「この提案に反対する人は少なくはない」などなどが、その例。「すくない」を漢字で書き表したい場合は、《少》さえ書いておけば、用は足りる。

しかし、「すくない」と訓読みする漢字には《尠》《寡》もあり、ニュアンスを生かして使い分けることもできる。ただし、どちらも現在ではあまり使われていない漢字なので、振りがなを付けるなどの配慮が必要となる。

《尠》は、「少」に、「はなはだ」と訓読みする「甚」を組み合わせて、"甚だ少ない"という意味を表す漢字。"とてもわずかである"ことや"ほとんどない"ことを表したい場合に使うのが、適している。

たとえば、「失敗の可能性は少ない」のように《少》を使うとふつうの表現だが、「失敗の可能性は尠ない」のように《尠》を書くと、"ゼロに近い"という意味合いになる。「尠ない利益を人件費に回す」も同様で、「少ない利益を人件費に回す」のように《少》を使うよりも、利益の乏しさが強調される。

一方、《寡》は、"建物"を表す部首「宀（うかんむり）」の漢字で、もともとは、"一緒に暮らす家族がいない"ことを表す。「寡婦」とは、"夫を亡くした妻"、「寡夫」とは、"妻を亡くした夫"。転じて、"ふつうならあるものが欠けている"という意味になった。「寡聞」とは、"ふつうなら聞き知っていることを知らない"こと。「寡黙」とは、"ふつうの人と比べて、わずかしか話さない"ことを指す。

ここから、"ふつうならたくさんあるものが、わずかしかない"ことを指す場合に、「すくない」と訓読みして使わ

[すくない][すぐれる]

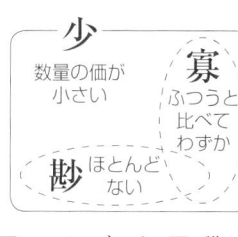

```
   寡　ふつうと
        比べて
        わずか
少
数量の価が
小さい
          尠
          ほとんど
          ない
```

れる。"ふつうのもの"との比較が意識にあるのが特徴で、「口数が寡ない」にもなる。「欲が寡ない」のように用いると、"ほかの人に比べて"とか"もっとあってもおかしくないのに"というニュアンスが含まれることになる。

「この路線は列車の本数が寡ない」などでも同様。《少》を書いた場合には、"もっと本数があればいいのに"とか"必要な経験が足りない"という意味合いを、表現することができる。

すぐれる

秀 勝 優

他人なんて眼中にない?

基本 一般的には《優》を用いる。

発展1 比較する相手があることをはっきりさせたい場合には、《勝》を使ってもよい。

発展2 目立って「すぐれて」いる場合には、《秀》を書くこともできるが、やや古風。

日本語「すぐれる」の基本的な意味は、"ある基準より程度が高い"こと。漢字で書く場合には、《優》か《勝》を用いるのがふつうである。

《優》は、"人を表す部首「イ(にんべん)」が付いている通り、本来は、「俳優」のように、"役者"を指す漢字。役者が動作を磨き上げるところから、"洗練されている"という意味にもなる。「優雅」「優美」「優び」などがその例。「優しい」とは、人に対する接し方が"洗練されている"ことをも表す。音読転じて、"ある基準より程度が高い"ことをも表す。音読みでは、「優越」「優良」などがその例。この意味の場合には、訓読みでは「すぐれる」と読み、「この商品は省エネの点で優れている」「彼は優れた経営者だ」「彼は県大会で優れた結果を残した」のように使われる。

一方、《勝》の部首は「力(ちから)」。「かつ」(p154)とも訓読みするように、"相手より力が上である"ことを表し、転じて"相手よりも程度が高い"ことを表すようになった。

《優》と《勝》とは、どちらも"相手よりも"という意識が強い点である。異なるのは、《勝》は"相手よりも力がある"という意味がよく似ている。

そこで、一般的には《優》を使い、《勝》は、比較する相手があることをはっきりさせたい場合に用いると、効果的。

たとえば、「攻撃力という点では、相手チームの方が勝れている」「勝れた経営戦略で他社を圧倒する」といった具合。

一方、比較という意識抜きに「すぐれている」場合には、《勝》を用いるのはそぐわない。特に、「この壺は江戸時代を代表する優れた美術品です」「彼女の優れた振る舞いに、多くの人が感銘を受けた」のように、"品位や格調が高い"場合には、

《優》を用いる方がふさわしい。

なお、「顔色がすぐれない」「胃の調子がすぐれない」などの「すぐれない」は、"よい状態ではない"という意味。かな書きされることが多いが、漢字で書くなら、「ご健勝」「景勝の地」のように"健康や景色がよい"という意味を持つ《勝》を使って、「顔色が勝れない」「天候が勝れない」とするのが自然。《優》を用いても間違いではないが、"洗練されていない"というニュアンスとは異なるので、避けておく方が無難である。

どこから見てもすぐわかる!

	ずばぬけて能力がよい	相手より能力が高い	体調や天候がよい	能力が高い	品位や格調が高い
優	◎	◎	○	○	△
勝		○	◎		○
秀	○			○	

《優》《勝》のほか、《秀》も、「すぐれる」と訓読みされないが、《秀》も、"伸びた稲穂"を表す部首。《秀》も、もともとは"まわりと比べて突き出ている稲穂"を指す。転じて、「そのデザインは秀逸だ」「彼女は秀でた能力を示した」のように、"まわりと比べて目立って程度が高い"ことを表すようになった。

ここから、《秀》を使って「《優》の代わりに《秀》を書き表すと、"目立つ"という意味合いが強調される。たとえば、「この会社には、一芸に秀れた人材が集まっている」「同級生の中で自分だけが秀れていると思い込む」などがその例。ただし、《秀》を「すぐれる」と訓読みするのはあまり一般的ではないので、振りがなを付けるなどの配慮をしておく方が、親切である。

すすぐ

雪漱濯

基本 一般的には《濯》を用いるか、かな書き。

発展1 口の中を洗う場合には、《漱》を使うと意味合いがはっきりするが、難解。

発展2 恥や不名誉などをぬぐい去る場合には、《雪》を書くこともできるが、難読。

口は特別、名誉は格別!

日本語「すすぐ」は、基本的には"水を使って汚れを落とす"という意味。かな書きされることも多いが、漢字で書き表す場合には、《濯》を用いるのがふつうである。

《濯》は、音読みでは「洗濯」で使われ、"水を使って汚れた物を落とす"という意味。「洗った下着を濯ぐ」「ジュースの残ったグラスを濯ぐ」「体を濯いでから湯船につかる」のように使われる。どのような「すすぐ」であれ、《濯》を使って書き表しておけば、間違いにはならない。

ただし、「すすぐ」と訓読みする漢字はほかにもあり、場

259 ● ［すすぐ］［すすめる］

すすぐ

合によっては、それらを使う方がふさわしいこともある。

その一つ、《漱》は、"口の中を水で洗う"という意味。「含漱（がんそう）」とは、"うがいをする"こと。そのため、「歯磨きをして口を漱ぐ」「神社では、お参りをする前に口を漱ぐ」など、ピンポイントで"口の中を水で洗う"ことを表したい場合には、《漱》を書くとぴったりする。

「すすぐ」と訓読みするもう一つの漢字は、《雪》。ふつうは「ゆき」と訓読みするこの漢字には、「ゆき」があらゆるものを白一色にするところから、"汚れをきれいに落とす"という意味がある。現在では、「雪辱（せつじょく）」という熟語との関係から、比喩的に"恥や不名誉をきれいにぬぐい去る"場合に、「恥を雪ぐ」「汚名を雪ぐ」などとよく用いられる。

なお、《濯》と《漱》は、「ゆすぐ」と訓読みすることもあるが、「すすぐ」と意味は同じ。

《濯》と《雪》は「そそぐ」（p281）と訓読みすることもあるが、やはり意味は変わらない。このように、三つとも送りがなに「ぐ」を付けるだけでは、どのように訓読みすればいいか、まぎらわしい。使用の際には、振りがなを付けるなどの配慮をしておく方が親切だが、かな書きにしてしまうことも多い。

濯 水を使って汚れを落とす
↓ 比喩的
雪 不名誉をぬぐい去る

漱 口の中を水で洗う

すすめる

奨薦勧進

移動や変化とはたらきかけ

基本1 前へ移動させる場合、程度の高い方や結末に近い方へ変化させる場合は、《進（しん）》を用いる。

基本2 ある行動をするようにはたらきかける場合は、《勧（かん）》を使う。

基本3 特定の人やものを選ぶようにはたらきかける場合は、《薦（せん）》を書く。

発展 先頭に立ってはたらきかける場合、上の者からはたらきかける場合には、《奨（しょう）》を使うこともできる。

日本語「すすめる」の基本的な意味は、"前へ動かす"こと。転じて、"程度の高い方や結末に近い方へ変化させる"ことをも表す。これらの意味の場合、漢字では、《進》を使って書き表す。

《進》は、"移動"を表す部首「辶（しんにょう、しんにゅう）」の漢字で、本来は「前進（ぜんしん）」「突進（とっしん）」のように"前へ動く／動かす"という意味。ここから、「進化（しんか）」「進展（しんてん）」など、"程度の高い方や結末に近い方へ変化する／変化させる"という意味にもなる。

「すすめる」と訓読みするのは、"前の方へ動かす"場合と"程度の高い方や結末に近い方へ変化させる"場合。「将棋の駒を進める」「障害物があって先に進めない」「駅前の再開発計

画を進める」「行方不明者の捜索を進める」「シンポジウムは円滑に進んだ」などと用いられる。「時計を進める」はやや比喩的な用法で、"時間的に前へ動かす"という意味を表す。

一方、日本語「すすめる」は、他人に対して用いられると、"変化させるような行動をとらせる"ところから、"何かをするようにはたらきかける"という意味になる。この場合の「すすめる」を書き表す漢字として、よく使われるのは《勧》である。

《勧》は、「勧誘」「勧告」など、"ある行動をするように はたらきかける"という意味。「新入生に入部を勧める」「脂肪の少ない食事を取るように勧める」「勧められて旅行に行くことにした」「友人の勧めに従って転職する」のように用いられる。

ただし、この"ある行動"が、"特定の人やものを選ぶ"ことになると、《勧》ではなく、「推薦」の《薦》を書くので、注意が必要となる。

そこに置くならこれにしな！

《薦》の成り立ちははっきりしないが、古くは"お供えをする"という意味で使われていた。また、「植物」を表す部首「艹（くさかんむり）」が付いているように、"草で編んだ敷物"を指すこともあり、この場合には「こも」と訓読みする。

これらからすると、《薦》には"供えものを置く場所に敷く敷物"という意味があったか、と思われる。そして、そこから転じて"お供えするものを選んで、その場所に置く"という意味が生じてきた、と考えると、「すすめる」の使い分けという観点からは、理解がしやすい。

つまり、《薦》には、"ある役割をするものを選ぶ"という意識があり、そこから、"特定の人やものを選ぶようにはたらきかける"ことを表すようになった、と考えられる。例としては、「委員長の候補として、彼女を薦める」「太宰治の小説でどれがおもしろいかと聞かれたので、『お伽草紙』を薦めた」などである。

《勧》と《薦》は、ともに"はたらきかける"ことを表すが、その内容が、"ある行動"なのか、"特定の人やものを選ぶ"ことなのかという点が異なる。そこで、「A社の株を薦める」では、「A社の株」は"特定のもの"なので《薦》を使う。「A社の株を買うように勧める」になると、「買う」という"行動"を指しているので、《勧》を書くことになる。

みんな、がんばろうぜ！

以上のほか、「すすめる」と訓読みする漢字には、音読みでは「奨励」「推奨」のように使われる《奨》もある。これも、《勧》《薦》と同じように"はたらきかける"ことを表すが、ニュアンスはちょっと異なる。

《奨》も、成り立ちがはっきりしない漢字だが、上半分の「将」には、「将軍」「大将」のように"人々を率いる"という意

すすめる / すてる

味がある。ここから、《奨》は、"上に立つ者が、何かをするようにはたらきかけること"や、"何かをするよう、先頭に立ってはたらきかける"ことを表すようになった。

訓読み「すすめる」の例として は、「官公庁が率先して、定時退社を奨める」「農村をまわって、サツマイモの生産を奨める」など。

これらの場合に《勧》を書いても間違いではないが、《奨》を使うと、"上に立つ者が"とか"先頭に立つ"といったニュアンスがはっきりする。

なお、《奨》を「すすめる」と訓読みするのは、現在ではあまり一般的ではない。振りがなを付けるなどの配慮をしておく方が、親切である。

```
移動させる
変化させる       → 進
             行動する
             ように      → 勧
はたらき
かける                   上の者
                        から    → 奨
             ものや人を
             選ぶように   → 薦
```

すてる

棄 捨

基本 一般的には《捨》を用いる。
発展 意味を強めたいときには、《棄》を使うと効果的。

日本語「すてる」は、必要がないものを"手放したり放っておいたりする"という意味。このことばを書き表す漢字としては、《捨》と《棄》とが挙げられる。

《捨》の根本にある意味は、"使わない"ことや"実行しない"こと。「取捨」とは、"使うか使わないか""実行するか実行しないか"という意味。《捨》は、転じて、使用や実行の必要がないと判断して"手放したり放っておいたりする"という意味になり、「すてる」と訓読みして用いられる。

例としては、「ゴミを捨てる」「プライドを捨てる」「この勝負はもう捨てた」「雑巾を使い捨てにする」「サンダルを脱ぎ捨てる」などなど。日本語「すてる」を漢字で書き表す場合には、《捨》さえ使っておけば、十分、用は足りる。

一方、《棄》は、「放棄」「投棄」「廃棄」のように用いられ、"手放したり放っておいたりする"、"顧みようとしない"という意味。"顧みようとしない"という意味が含まれている分だけ、「すてる」ことを強調する効果がある。

そこで、「長年かけて集めた蔵書を棄てる」「家庭を棄てて放浪の旅に出る」「元彼からもらった手紙を破り棄てる」のように用いると、《棄》

【もうけっして振り返らない！】

捨

手放す
放っておく

棄

顧みない

[すてる] [すな] [すなわち] ◉ 262

の持つ強い意味合いを生かすことができる。もっとも、これらの場合に《捨》を書いても、間違いではない。

なお、「捨て身の攻撃をしかける」「捨て台詞を吐いて立ち去る」「派閥争いの中で、捨て駒として利用される」のように、慣用的な表現として使われるものは、《捨》を書くのが習慣。意味を強めたい場合でも、《棄》は用いない方が無難である。

すな

沙 砂

基本 一般的には《砂》を用いる。
発展 幻想的な雰囲気を表現したいときには、《沙》を使ってもよい。

日本語「すな」は、"非常に小さな石の粒"のこと。このことばを書き表す漢字としては、《砂》が一般的だが、《沙》もある。

《砂》は、部首「石(いしへん)」にも現れているように、"非常に小さな石の粒"のイメージしやすいこともあり、「すな」を漢字で書き表す場合には、《砂》を用いるのがふつう。例としては、「靴の中に砂が入る」「海岸で砂のお城を作って遊ぶ」「砂の嵐に襲われる」「砂をかむような味気ない青春を送る」などが挙げられる。

一方、《沙》は、"水"を表す部首「氵(さんずい)」の漢字で、本来は、川や海岸などにある"非常に小さな石の粒"を指す。転じて、「沙漠」「沙塵」のように、広く"非常に小さな石の粒"という意味で使われる。

ただ、この漢字で目立つのは、「沙羅双樹」「毘沙門天」「曼珠沙華」といった、仏教の用語で、古代インド語に対する当て字として使われる用法。また、現在の日本では、「サ」という音を書き表す漢字として、女性の名前などでよく用いられる。

このように発音だけが独立して使われる例が多いことから、《沙》は、《砂》と比べると、具体的な物質としての「すな」を思い起こさせる力が弱い。そこで、「ラクダの列が沙の丘を越えていく」「海辺で沙を見つめながら時を過ごす」のように用いると、エキゾチックだったりロマンチックだったり茫漠としていたりといった、現実を少し離れた幻想的な雰囲気をかもし出す効果がある。

すなわち

則 即

基本 一般的には《即》を使う。
発展 話の流れとして当然そうなる場合は、《則》を用いる。

沙 幻想的

砂 具体的・現実的

まるで本物ではないような…

［すなわち］

せっかちな人と理屈っぽい人

日本語「すなわち」は、古文の接続詞で、現在でもやや堅苦しい調子の現代文で用いられることがある。このことばを書き表す漢字はたくさんあるが、代表的なものとして、《即》と《則》の二つが挙げられる。

《即》は、「即日」「即刻」「即座」など、"時間的にすぐに""その場で"という意味を表す漢字。「すなわち」と訓読みして、「両手を使えば即ち失格となる」「二人は出会うや否や、即ち恋に落ちた」のように使われる。

転じて、"直前に述べたことをこれから述べることが、同じものである""つまり"ことをも表す。「西暦二〇〇〇年とは、即ち平成一二年である」「倒産しかかっていた会社を建て直した人が、即ち先代の社長である」「人生とは即ちコメディなり」が、その例となる。

一方、《則》は、「法則」「規則」など、"決まっていること"を表す漢字。「すなわち」と訓読みした場合には、"直前に述べられたことの当然の結果として、後に述べることが生ずる"ことを表す。

例としては、「右に目を向ければ、則ち八ヶ岳が見える」「このまま放っておくと、則ち爆発することになる」「彼女の顔が赤くなったのは、則ち恋をしていたからだ」のように、結果ではなく理由を示すのに使われることもある。簡単に言えば、"話の流れとして当然そうなる"ことを表す。

このように、《即》と《則》は一応は意味が違うが、実際には、まぎらわしくなりやすい。たとえば、「手を離せば即ち落ちる」のように《即》を使うと、"手を離した瞬間に落ちる"ことだが、《則》を用いて「手を離せば則ち落ちる」にすると、当然の結果として、落ちるという意味になる。この二つはたしかに意味は違うが、現象としてはほぼ同じことである。

また、「美しさとは則ち罪である」のように《則》を使うと、"美しさは結果として罪を引き起こす"ということ。しかし、これは要するに"美しさ＝罪"ということだと考えて、《即》を用いて「美しさとは即ち罪である」とも書き表せる。

つまり、《即》と《則》の使い分けは実際には微妙で、考えれば考えるほど、頭がこんがらがってくる。そこで、より意味の広い《即》を使うのを原則として、"話の流れとして当然そうなる"ことをはっきりと示したい場合だけ《則》を用いる、と考えるのが、現実的な対応だろう。

なお、「すなわち」と訓読みして比較的よく使われてきた漢字としては、《乃》

即
すぐに
その場で
つまり

則
当然の結果

ほかにもいろいろありますが…

[すなわち][すます][すみ(隅・角)]● 264

を挙げることもできる。この漢字は、漢文では、"前に述べられたことと後にのべられることとの間に、単純ではない事情がある"ことを表す場合に使われる。

その"単純ではない事情"の中身はさまざまで、日本語に置き換える場合には、「そこで」「やっと」「なんと」「それなのに」など、文脈に合わせていろいろなことばを選ぶ必要がある。そこで、漢文を訓読するときには、とりあえず「すなわち」と訓読しておくのが習慣となってきた。

しかし、日本語「すなわち」にはこういう複雑な意味はないので、日本語の文章で用いる場合には、《則》や《即》の略字のような使い方をされてきたのが現実。漢字の意味に基づいて漢字を使い分けるという立場からは、現在では、使わない方がよい。

以上のほか、「すなわち」と訓読する漢字には、《便》《曾(そ)》《載(さい)》《輒(ちょう)》などもあるが、いずれも、漢文を訓読するときに、日本語には置き換えにくい接続詞や副詞を、とりあえず「すなわち」と読んでおいたもの。それぞれに意味の違いはあるが、現在の日本語ではまず用いられない。

すます

清澄

→すむ/すます(p267)

すみ

角 隅

基本 一般的には《隅》を用いる。

発展 見えにくくもなく手が届きにくくもない場合は、《角(かく)》を使うこともできる。

そこにはなかなか気づかない！

ものの"奥まった部分"を指す日本語「すみ」を書き表す漢字としては、《隅》と《角》がある。このうち、《隅》は、"山や丘"を表す部首「阝(こざとへん)」の漢字で、もともとは"山や丘などが入り組んでいて、見通しが遮られた奥の部分"を表す。転じて、広く"奥まった部分"を指し、「すみ」と訓読みして用いられる。例としては、「部屋の隅に汚れがたまる」「隅から隅まで調べ上げる」「大都会の片隅で生きる」「重箱の隅をつつく」など。日本語「すみ」を漢字で書き表す場合には、《隅》を使うのがふつうである。

一方、《角》は、「つの」とも訓読みするように、本来は"動物の頭などから生えた、硬く突き出た部分"を指す漢字。転じて、広く"突き出た部分"をも表し、この場合には「かど」(p155)と訓読みする。

"突き出た部分"を内側から見ると、

隅
見えにくい部分
手が届きにくい部分

角
突き出た部分の内側

すみ 墨炭

基本1 燃料や燃え残りの場合は、《炭》を用いる。
基本2 書道などで使う塗料の場合、ものが燃えて出るすすの場合は、《墨》を書く。

"奥まった部分"になる。そこで、《角》は「すみ」とも訓読みされることになる。ただ、"奥まった部分"とは、たいていは、見えにくかったり手が届きにくかったりするもの。そんなニュアンスが含まれる場合には、"見通しが遮られた奥の部分"という意味を持つ《隅》を使う方がふさわしい。

その結果、《角》を「すみ」と訓読みして使うのは、"見えにくかったり手が届きにくかったり"という意味合いが薄い場合に限られる。たとえば、「本のページの角を折り曲げる」「グラウンドに大きな長方形を書いて、その角にポールを立てる」といった具合である。

ところが、《角》をこのように用いると、「かど」と訓読みされかねないという問題が生じる。そこで、現在では、"奥まった部分"を表す日本語「すみ」は、「本のページの隅を折り曲げる」「グラウンドに大きな長方形を書いて、その隅にポールを立てる」のように、すべて《隅》を使って書き表してしまうことが多い。あえて《角》を使う場合には、振りがなを付けるなどの配慮をしておく方が、親切である。

燃やして使うか、溶かして使うか？

日本語では、"木材を蒸し焼きにして作る燃料"のことを、「すみ」という。また、"ある程度、形の残っている燃え残りの木材"のことも、「すみ」と呼ぶ。これらの「すみ」を漢字で書き表す場合には、「炭」を用いる。

《炭》は、「木炭」「練炭」のように、"木材を蒸し焼きにして作る燃料"を指す漢字。「すみ」と訓読みして、"木材を蒸し焼きにして作った燃料"を指すこともある。この場合の「すみ」は、この意味を表す漢字《炭》を使って書き表す。

また、《炭》は、"燃え残りの木材"という意味でも使われる。「松の木が燃えて炭になる」「焼け跡には炭がくすぶっている」「牛肉を炭火で焼く」「森の中に炭焼き小屋がある」などと用いることができる。

一方、日本語「すみ」は、書道などで使う、"木を燃やしたときに出るすすを固めて作った塗料や、それを溶かして作った液体"を指すこともある。この場合の「すみ」は、この意味を表す漢字《墨》を使って書き表す。

《墨》は、「黒」と「土」を組み合わせた漢字で、黒いすすに土を混ぜて固めるところから、"すすに土を混ぜて固めて作った塗料や、それを溶かして作った液体"

[すみ(炭・墨)] [すむ] ● 266

表す。「すみ」と訓読みし、「書き初めの準備に墨をする」「筆にたっぷりと墨を含ませて字を書く」「墨染めの衣を着たお坊さん」「墨を流したように真っ暗な夜」などと用いられる。「驚いたイカが墨を吐いて逃げる」のように、"イカやタコの吐く黒い液体"を指すこともある。

また、例は少ないが、「鍋底に付いた墨を掃除する」のように、"すす"そのものを意味することもある。さらには、広く"塗料"を表して、「青墨」「朱墨」「入れ墨」などと使われることもある。

このように、《炭》は主に燃やすものを指し、《墨》は主に水に溶け出させて使うものを指すので、使い分けに悩むことはあまりない。燃料としての「すみ」を使って字や絵を書くこともないではないが、その場合には、「子どもが炭で壁に落書きをする」のように、もちろん《炭》を用いる。

基本 一般的には《住》を用いる。

発展 動物が暮らす場合、人間の私的な暮らしに焦点を当てる場合には、《棲》を使うこともできる。

すむ

棲 住

人間の社会とは一線を画す

《住》は、本来は"ある場所に留まる"ことを表す漢字。後になって、"人"を表す部首「イ(にんべん)」が付いているところから、"人がある場所

で暮らす"という意味で使われるようになった。「すむ」と訓読みして、「アパートに住む」「豪邸に住む」「彼女はロンドンに三年間、住んでいた」「学生寮に住み込みで働く」「お住まいはどちらですか」のように用いられる。

「ツバメが軒先に住みつく」「我が家の犬はあの小屋に住んでいます」など、動物に対して用いても、一種の比喩的な用法として間違いではない。ただ、"動物が暮らす"ことを表す場合には、《棲》を用いることが多い。

《棲》は、部首「木(きへん)」にも現れているように、もともとは"木の上に鳥が巣を作って暮らす"という意味。転じて、"動物が暮らす"ことを指して用いられる。音読みでは、「棲息」「群棲」などがその例となる。

訓読みでは「すむ」と読み、「この森には多くの動物が棲でいる」「イワナは清流に棲む魚だ」などと用いると、"動物が暮らす"というイメージがはっきりする。「この沼には河童が棲んでいるらしい」のように、空想上の動物に用いても、問題はない。

このように、《棲》には、"人間以外のものが暮らす"という意味合いがあるので、人間の社会から離れた"暮らし"をイメージさせる。そこで、人間

	人間の場合	動物の場合
住	◎	比喩的な用法
棲	私的な暮らし	◎

すむ／すます

清澄

はっきりしていて
ブレがない

基本 一般的には《澄》を用いる。

発展 混じりけのなさに重点を置きたい場合には、《清》を使ってもよいが、やや特殊。

に対して用いると、外向きの"社会的な人間"ではなく、内向きの"私的な人間として暮らす"というニュアンスを感じさせる。音読みでは、「退職して田舎に隠棲する」「若い二人が同棲する」などが、その例である。

訓読みでは、「人里離れた山奥に棲む」「犯人はあのアパートに隠れ棲んでいるらしい」「この町は、夢を捨てきれぬ者たちが棲む場所だ」といった具合。これらの場合に《住》を書いてもちろんかまわないが、《棲》を使った方が、その人間の"私的な暮らし"に焦点が当たることになる。逆に言えば、「大統領が官邸に住む」のような場合には、《棲》を用いるのはそぐわない。

なお、《棲》と読み方も意味も同じ漢字として、《栖》が使われることがある。こちらの場合に《住》を書いてもかまわないが、字の形に「妻」を含む分だけ、《棲》の方が"私的な暮らし"という雰囲気が出る。

《澄》は、"水"を表す部首「氵（さんずい）」に、「登」を組み合わせた漢字。「登」を含む漢字には、ほかに、「灯」の以前の正式な書き方「燈」や、「証」の以前の正式な書き方「證」などがある。「灯」は、"はっきり見える光"。「証」は、"事実をはっきりと示すもの"。これらからすると、《澄》も、本来は"水が透き通っていて、水中がはっきり見える"という意味だと考えられる。

転じて、広く"汚れや濁りがなくなる／汚れや濁りをなくす"ことを表し、「すむ／すます」と訓読みして用いられる。「濁った川が澄むまで待つ」「貯水槽で水を澄ます」「朝の澄んだすわやかな空気」「夜空に月が澄みわたる」「フルートの澄み切った音色」などが、その例である。

"はっきりしている"というニュアンスを含むことから、《澄》は、「澄んだ心で試合に臨む」「坐禅を組んで精神を研ぎ澄ます」のように、"心に乱れがない"ことを指しても用いられる。転じて、「風の音に耳を澄ます」「狙い澄ましてゴールを決める」のように、"精神を集中して何かをする"という意味を表す場合もある。

また、「嫌味を言われても、澄ました顔で受け流す」「彼女の取り澄ました態度が気に入らない」などでは、"ある状態に完全になりきる"動揺しない"こと。ここから、"ある状態に完全になりきる"という意味にもなり、「犯人は警備員になり澄まして館内に入った」のように使われる。ただ、この場合には、「なりすます」のようにかな書きする方が自然である。

以上のように、日本語「すむ／すます」はさまざまな意味になるが、漢字で書き表す場合には、《澄》さえ使っておけば、問題はない。しかし、「すむ／すます」と訓読みする漢字には《清》もある。

《清》は、「清流」「清潔」「清純」など、広く"汚れや濁りを含まない"という意味。ふつうは「きよい／きよらか／きよめる」と訓読みするが、"汚れや濁りがなくなる／汚れや濁りをなくす"という意味にもなるので、「すむ／すます」とも訓読みすることができる。

そこで、《澄》の持つ"はっきりしている"というニュアンスからは少し離れ、"混じりけのなさ"に重点を置いて「すむ／すます」を表現したい場合には、《清》を用いることもできる。例としては、「清んだ川の流れ」「清んだ月の光」「心を清ませて判決を待つ」といった具合。

とはいえ、《清》を「すむ／すます」と訓読みするのはやや特殊なので、振りがなを付けるなどの配慮をしておく方が、親切である。

なお、お吸い物の一種の「清まし汁」も《清》を用いる例だが、《澄》を使って「澄まし汁」と書くこともある。また、かな書きしたときに字の右上に「゛」や「゜」が付かない日本語の発音を指して、「清んだ発音」のように表現することもある。

図：
混じりけがない **清**

- 汚れや濁りをなくす → 水の中がはっきり見える
- 精神を集中する → 心に乱れがない
- 完全になりきる → 心が動揺しない

澄

する／すれる

掬摩磨擂摺刷擦

守備範囲が広すぎて…

日本語「する／すれる」は、基本的には"物の表面に沿って何かを動かす／物の表面に沿って何かが動く"という意味。このことばを書き表す漢字はたくさんあり、使い分けもややこしい。結論から言えば、かな書きにしておくのが最も楽だが、漢字で書く方

基本1 一般的にはかな書きにする。

基本2 表面に傷をつける場合は、《擦》を用いる。

基本3 「印刷」する場合は《刷》を書く。

発展1 手作業で「印刷」する場合、染色の技法を指す場合は、《摺》を使うこともできる。

発展2 細かいものを容器に入れて棒などでつぶす場合は、《擂》を書いてもよいが、やや難読。

発展3 表面をなめらかにする場合、少しずつ減らす場合には、《磨》を用いてもよい。

発展4 《擦》《磨》の代わりに《摩》を書くこともできるが、あえてそうする理由はあまりない。

発展5 他人が身に付けている貴重品をこっそり盗む場合は、《掬》を使ってもよいが、かなり難解。

[する／すれる]

が落ち着く場合もある。

「する／すれる」を書き表す漢字として、代表的なものは《擦》。これは、一〇世紀ごろ以降にはっきりしないようになった漢字で、成り立ちははっきりしない。意味としては、「擦り付ける」は「こすり付ける」とも「なすり付ける」とも読めてしまう。

そのため、《擦》を使うのは、中心となる"物の表面に沿って何かが動く"場合くらいにし、そのほかの「する／すれる」は、「垢すり」「すり付ける」「すり切り一杯」「頬ずり」などのように、かな書きにすることも多い。「する」を漢字で書くとすれば、「削り取る」という「擦る」などは、漢字で書くとすれば、「削り取る」というニュアンスを生かして《擦》を使うのだろうが、かな書きする方が自然である。

こちらは使い道限定です！

「する」と訓読みする漢字として代表的なものには、もう一つ、「印刷」の《刷》もある。昔の「印刷」では、文字や絵などを彫った板にインクや絵の具を塗り、その上に紙を載せ、"表面に沿って平たい道具を動かしながら全体を押さえて"文字や絵などを写し取っていた。

この作業を、日本語では「する」と呼ぶ。そこで、《刷》も「する」と訓読みされるようになった。この訓読みは、現在では、広く"印刷"することを指して使われる。

《擦》。これは、一〇世紀ごろ以降にはっきりしないように振りがなを付けないと、「擦り傷」は「かすり傷」とも読めるし、「擦り付ける」は「こすり付ける」とも「なすり付ける」と

"物の表面に沿って刃物や布などを動かし、汚れなどを削り取ったり拭き取ったりする"こと。「する」と訓読みして「垢擦りをする」のように使うのが、その例である。

ただ、日本語では、やや意味が変化して、"物の表面に沿って何かを動かし、傷をつける／物の表面に沿って何かが動き、傷がつく"ことを指して使われることが多い。例を挙げれば、「マッチを擦って火を付ける」「転んで膝を擦りむいた」「シャツの袖口が擦り切れる」「股がズボンで擦れて痛い」といった具合である。

転じて、「のりを紙に擦り付ける」「薬を傷口に擦り込む」のように、"物の表面に沿って何かを動かし、何かを塗る"という意味にもなる。「スプーンに擦りきり一杯の砂糖」では、"物の表面に沿って何かを動かし、余分なものを落とす"ことと。「いとしい我が子に頰擦りをする」のように、単に"物の表面に沿って何かを動かす"ことを指す場合もある。

このように、《擦》は、日本語「する／すれる」の漢字として、広く使えて重宝する。ただ、この漢字は、「こする」「かする」「さする」「なする」などとも訓読みして、さ

まざまなレベルで、"物の表面に沿って何かを動かす／物の表面に沿って何かが動く"ことを指して使われる。そこで、振りがなを付けないと、「擦り傷」は「かすり傷」とも読めるし、「擦り付ける」は「こすり付ける」とも「なすり付ける」とも読めてしまう。

「チラシを一〇〇〇枚刷る」「印刷屋さんに頼んで、年賀状を刷ってもらった」「二色刷りの参考書を買う」などが、その例。

「この本は、初版で五〇〇〇部刷る予定だ」「売れ行きが好調なので増し刷りする」のように、転じて"印刷・製本して刊行する"という意味になることもある。

なお、《刷》は、"印刷"する"という人間の能動的な行動を意味するので、"自然とそうなる"というニュアンスを含む「すれる」と訓読みすることはない。「この印刷機は一時間に一〇〇〇枚刷れる」のように使うのは、"する"ことができる"という意味の場合である。

《刷》は、「印刷」の場合にしか用いないので、《擦》との使い分けに悩む必要はない。しかし、《刷》と似たような意味で「する」と訓読みする漢字には、もう一つ、《摺》がある。

伝統的な職人の技

《摺》は、本来は"折りたたむ"という意味の漢字だが、日本語では、"拓本を取る"ことを指して用いられる。

"拓本を取る"とは、石碑の文章などを写し取る技法で、凹凸のあるものの上に紙を置き、その"表面に沿って布などを丸めたものを動かして、少しずつ全体を軽く押さえて"いき、凹凸を写し取る。これは本来は「搨」という漢字が表す意味だったが、形がよく似ているので取り違えられ、《摺》をこの意味で使うようになったのだという。

日本語では、この作業も「する」と表現する。そして、昔ながらの方法で「印刷」をしているところから、《摺》の訓読み「する」は、"拓本を取る"作業と似ているという意味で使われるようになった。とはいえ、現在では、近代的な"機械を使って「印刷」する"ことは《刷》で表すのが定着しているので、《摺》を用いるのは、伝統的な"手作業で「印刷」する"場合が中心となる。

例としては、「職人が浮世絵を摺る」年賀状を一枚、手摺りで作る」「江戸の摺り師の技を受け継ぐ」など。これらの場合に《刷》を使っても間違いではないが、《摺》を用いる方が、手作業の雰囲気が出る。

また、布を染める技法の中にも、"拓本を取る"作業と同じようなものがある。「摺り染め」「摺り込み染め」「青草摺り」「しのぶ摺り」などは、その技法を指して《摺》が使われている例である。

どれくらい触れてますか？

印刷や染色などの工芸の世界では、《摺》は、古くから「する」と訓読みして、よく使われてきた。そこで意味が広がり、《擦》と同じように、"物の表面に沿って何かが動く"ことを広く表す漢字として、用いられることがある。

ただし、《擦》は、もともとは"表面の汚れなどを削り取ったり拭き取ったりする"という意味なので、物同士の接触

擦　削り取る／拭い去る → 強く接する → 大きな変化を残す

摺　軽く押さえる → 軽く接する → それほど変化は残さない

「風が吹いて、木の葉が摺れ合って音を立てる」「ドレスを脱ぐ衣摺れの音がする」などは、《摺》を使って「木の葉が擦れ合う」「衣擦れの音」などと書くこともある。しかし、表面に変化を残さないわけだから、《摺》を用いる方がふさわしい。

逆に、「かかとが靴擦れして痛い」「寝たきりなので床擦れが心配だ」などでは、傷を残すので《擦》を使う。「世間擦れする」「都会擦れする」「あの人は擦れた感じがして、印象がよくない」のような比喩的な用法でも、人格が変化しているわけだから、《擦》を使う。

一方、「駅前で友人と摺れ違った」「猫が塀のすきまを摺り抜ける」などとは、変化を残さないから《摺》。「お気に入りの異性に摺り寄る」の場合は、"床の上を「引き摺る」ように移動する"ことと、"顔が「摺れる」くらいには触れないわけだから《摺》"の意味があるが、どちらも相手には触れないわけだから、《摺》を書くのがふさわしい。《擦》を用いて「擦れ違う」「擦り抜ける」「擦り寄る」とする例も多いが、漢字の持つニュアンスという観点からは、あまり似つかわしくない。

「出世が目的で上司に摺り寄る」のように、比喩的に"そば に近づく"ことを指す場合も、同様。「擦った揉んだの大騒ぎ」も比喩的な表現だが、こちらは、かなりの変化を残すわけだから《擦》を用いる。

あとに何かが残るのか？

《擦》と《摺》は、変化を残す程度に着目して、使い分けることができる。しかし、場合によっては、判断が微妙になることもある。

たとえば、「飼い犬が鼻を摺り付けてきた」では、「すり付けられた」ところに傷が生じるわけではないから、《摺》を用いる方が妥当なところ。とはいえ、感触が残ることを重く考えれば、《擦》を使って「飼い犬が鼻を擦り付けてきた」としても、おかしくはない。

また、「摺り合わせる」は、本来は、金属部品の表面を精密な平面に仕上げるため、"基準となる平らな器具に軽く当てて動かし、わずかな凸凹を見つける"こと。"軽く当て

て動かす"ところから、《摺》を書く。

ただし、現在では、「対立する二人の意見を摺り合わせる」のように、比喩的に"一致できるようにお互いを変化させる"という意味で用いることが多い。こうなると、変化させる"ところに重点があるので、《擦》を使って「対立する二人の意見を擦り合わせる」と書くのも、筋が通る。さらに「両手を擦り合わせる」のように単に"物の表面に沿って何かを動かす"場合には、《擦》を使うのが習慣となっている。

このように、《摺》は、「する/すれる」を書き表す漢字として、《擦》と住み分けながらも、さまざまに使うことができる。ただし、ややむずかしい漢字なので、振りがなを付けるなどの配慮が必要。実際には、かな書きされることが多い。《摺》を用いるのは、"手作業で「印刷」する場合か、染色の技法を指す場合程度にとどめておくのが実際的。なおかつ、振りがなを付けるなどの配慮をしておくと、丁寧である。

それはそれとして、以上のように、日本語「する/すれる」を漢字で書き表したい場合には、"印刷"する場合を別にすれば、《擦》と《摺》を使うだけで、たいていは用が足りることになる。しかし、「する/すれる」と訓読みする漢字はほかにもある。そのうち、《擂》《磨》《摩》は、《擦》と同じように大きな変化を残す場合に使われる漢字なので、使い分

けはますます複雑になる。

> つぶしたり、
> きれいにしたり…

まず、《擂》は、"細かいものを容器に入れて、太い棒などで押しつぶす"という意味。成り立ちとしては、「雷」が、太い棒などを動かすときの"ゴロゴロという音"を表しているが、"容器の内側に沿って太い棒を動かす"ところから、「する」と訓読みする。

例としては、「ゴマを擂る」「擂り鉢」「擂り粉木」など。この漢字は"細かいものを押しつぶす"というはっきりした意味を持つので、《擦》との使い分けに悩む必要はない。とはいえ、一般にはあまりなじみがない漢字なので、かな書きされることも多い。あえて用いる際には、振りがなを付けるなどの配慮が必要となる。

次に、《磨》は、「みがく」とも訓読みするように、"物の表面に沿って何かを動かして、少しずつ凹凸を減らしてなめらかにする"ことを表す漢字。「する/すれる」と訓読みして、「やすりで磨って角を丸める」「背広の袖口が磨れてつるつるになる」「靴の底が磨り減る」のように使われる。「気を遣うことが多くて、神経が磨り減る」は、"少しずつ減る"という意味で比喩的に使われた例である。

「書き初めのために墨を磨る」は、墨を"少しずつ減らす"ところから《磨》を書く。「わさびを磨る」「大根を磨り下ろす」も、

[する/すれる]

擂　細かいものを押しつぶす
磨　かたまりを少しずつ減らす　表面をなめらかにする
擦　凹凸を残す　傷つける
摩

同じようなもの。「山芋を磨りつぶす」のように「つぶす」を伴うと《擂》を使いたくもなるが、《擂》でつぶすのは細かいもの。かたまりを、"少しずつ減らしていく"場合は、《磨》を使っておく方が無難である。

つまり、《摩》は、《擦》《磨》の代わりに使える便利な漢字だということになるが、逆に言えば、この漢字でないと表せない意味はない。漢字の使い分けという観点から言えば、《擦》や《磨》を用いておく方がおすすめである。

このように"減る"という意味合いを持つことがあるものの、《磨》の基本的なイメージは、"表面をなめらかにする"ところにある。そこで、同じように"やすりを使うのであっても、「やすりで擦って傷を付ける」のように凹凸を残す場合には、《擦》を使う方が適切である。

なお、「磨りガラス」は、"目に見えないほど細かい凹凸を付けたガラス"だが、《磨》を使って書き表すのが習慣。凹凸を付けるために表面に薬品を塗るのを、「研磨剤」などを塗ることと同じようにとらえたものかと思われる。

三つ目の《摩》は、「摩擦」という熟語があるように、《擦》と同じく"物の表面に沿って何かを動かし、汚れなどを削り取ったり拭き取ったりする"という意味。また、「磨滅」を「摩滅」と書くこともあるように、《磨》と同じく"物の表面に沿って何かを動かして、表面を平らにする"ことを指しても用いられる。

ただし、むずかしい漢字なので、かな書きの方が自然。あえて用いる場合は、振りがなを付けるなどの配慮が必要である。

気づかないうちにやられてた！

最後に、以上のほかに「する」と訓読みする漢字として、《掏》がある。この漢字は、"他人が身に付けている貴重品を、こっそり盗み取る"という意味。「掏摸」の二文字をまとめて、「すり」と読むことがある。《掏》単独でも、「する」と訓読みして、「隙をねらって財布を掏る」のように使われる。また、"こっそり取る"という意味で、「偽物を作って、本物と掏り替える」のように用いていることもある。

以上、えんえんと述べてきたように、「する／すれる」と訓読みする漢字はたくさんあり、使い分けは複雑。なおかつ、かな書きされることも多い。そこで、無理に漢字を用いる必要はない。むしろ、かな書きを基本に考えて、漢字が迷わずに思い浮かぶ場合だけ、漢字を使うようにするの

すわる

据 坐 座

基本1 腰を下ろす場合には、《座》を用いる。

発展 腰を下ろす場合には《坐》を書いてもよいが、やや古風。

基本2 ある場所で動かない状態になる場合には、《据》を使う。

目や腹だって負けてない!

据 ある場所で動かない
座 ある場所で腰を下ろす 古風 坐

現在、一般的に使われるのは《座》。「公園でベンチに座る」「玄関の前に座り込む」「一日中、パソコンの前に座っている」「玄関の前に座り込む」などのように、比喩的に"ある地位につく"ことを表す場合もある。

ただし、《座》は、「座席」「着座」「上座」などと用いられるように、もともとは、建物の中の"腰を下ろす場所"を指す漢字。それが転じて、"ある場所に腰を下ろす"という行動を指して使われるようになった。

それでは、"ある場所に腰を下ろす"という行動を表す漢字はもともとは何かというと、それは、《座》から"建物"を表す部首「广（まだれ）」を取り除いた、《坐》。そこで、「公園でベンチに座る」「一日中、パソコンの前に座っている」「玄関の前に座り込む」など、《座》の代わりに《坐》を使って「すわる」を書き表すこともある。

日本語「すわる」を書き表す漢字として、漢字の本来の意味からすれば、《坐》を用いる方が適切だが、"ある場所で腰を下ろす"という意味で《座》を使う用法も、遅くとも明治時代には見られ、現在ではすっかり定着している。そこで、《坐》を書くと、やや古風な感じになってしまうのは否めない。

ところで、"腰を下ろす"という意味の「すわる」は、本来は、"ある場所にとどまって動かない状態になる／ある場所にとどまって動かない状態にする／ある場所にしっかりと存在する"ことを表す漢字で、"ある場所にしっかりと存在する"ことを表す日本語の「すえる／すわる」から生まれたことば。この本来の意味の「すわる」は、漢字では《据》を使って書き表す。

《据》は、もともとは「拠点」「根拠」の「拠」と同じように使われる漢字で、"ある場所にしっかりと存在する"ことを表す。ここから、日本語では、「すえる／すわる」と訓読みして用いられる。

「すわる」と訓読みする場合は、体の一部を指すことばと結び付いて、慣用句的に使われることが多い。たとえば、「赤ちゃんの首がようやく据わった」「彼は腹が据わった男で、少々のことでは動じない」「酔っ払って、目がとろんと据わっている」

「転職をくり返すばかりで、なかなか尻が据わらない」といった具合である。

このように、《座》《坐》と《据》とでは、意味がかなり異なるので、使い分けに悩むことはあまりない。ただ、「いすわる」は、両方の書き方をする。「猫がこたつに居座っている」のように、猫が"しゃがみ込んでいる"という こと。《坐》を用いても、もちろん同じ。一方、《据》を使って「猫がこたつに居据わっている」とすると、こたつから"動かない"というニュアンスが強調される。

また、物の"安定感"をいう場合は、"腰を下ろす"わけではないから、《据》を使って「この花瓶は据わりが悪い」とするのが穏当なところ。とはいえ、人間にたとえた比喩的な表現として、「この花瓶は座りが悪い」のように《座》を書いても、間違いとは言えない。

せ

せめる

責 攻

目指すものは何ですか？

基本1　「攻撃」する場合には、《攻》を用いる。
基本2　「責任」を追及する場合には、《責》を使う。

この使い分けは、熟語を考えるのが近道。《攻》は「攻撃」の「攻」だから、"攻撃する"場合に、《責》は「責任」の「責」だから、"責任を追求する"場合に用いるのが基本である。

「相手チームの弱点を攻める」「敵の陣地に攻め込む」など、「攻撃」のイメージがはっきりしている場合は、迷わずに《攻》を使える。一方、「むだづかいを責める」といえば、その「責任」を追及して、今後はむだづかいをしないように反省をうながすこと。「自分を責めてもしかたない」は、自分の

行為を振り返って、「責任」を強く感じている状況である。"責任"を追及する"という態度が強くなると、相手を"苦しめる"という気持ちが色濃くなる。「拷問で責めて白状させる」が、その例。そこまで行かなくても、「彼女ばかり責めるのはやめよう」のような使い方にも、"苦しめる"というニュアンスがよく現れている。

以上のように、《攻》は、勝利という"事実"を求めている。それに対して、《責》は、反省を求めたり苦しめたりと、相手の"心情"に影響を及ぼすことを目的とする点に、違いがある。

迷いがちなのは、相手から答えを聞き出そうとして「質問ぜめにする」ような場合。一般的には、具体的な答えを"勝利"だと考えて、「質問攻めにする」と書く。とはいえ、「質問責めにする」と書いて、相手を苦しめたいというニュアンスを強調することも可能である。

また、選挙での公約を果たそうとしない政治家を追及する場合には、ふつうは「公約の不履行を攻める」と書く。しかし、議会の論戦や選挙の演説などの場で、相手を辞任や落選に追い込みたいという意図を強く持っている場合には、「公約の不履行を責める」と書いても、おかしくは

ない。

《攻》か《責》かで迷った場合には、自分が表現したいのが"勝利を目指す"気持ちなのか、"苦しめたい"という気持ちなのかを、しっかりと考えてみるのがおすすめ。その上で、判断が付かない場合には、適当にどちらかを書いておくか、かな書きにしておけばよい。

なお、「せめる」を漢字で書き表す場合、まれに"叱りつける"という意味合いで《譴》を用いることもある。しかし、むずかしい漢字なので、あまりおすすめではない。

【図】
責 ← 苦しめたい　勝利を目指す → 攻

せる

迫　羅　競

相手より少しでも前へ！

基本1　一般的には《競》を用いる。

発展　争って高い値段を付ける場合には、《羅》を使ってもよいが、かなり難解。

基本2　前や上へ次第に移動する場合、ゆるやかに突き出る場合は、《迫》を使う。

《競》は、古代文字では「{絵}」と書き、"争う二人の人間"の絵から生まれた漢字。「競争」「競馬」など、"争う"ことを表す。訓読みでは「きそう」とか「くらべる」(p.193)などとも読むが、日本語「せる」にも"わずかな差で争う"という意味があるので、日本語「せる」と訓読みすることもできる。

例としては、「優勝争いは、終盤でかなり競った展開となっ

た」「スタート直後から、激しい競り合いが予想される」「デモ隊と警官隊との間で、激しい競り合いがあった」「最後の最後で競り負けて、金メダルを逃す」など。"わずかな差で争う"ことを表す「せる」を漢字で書き表す場合には、《競》さえ使っておけば、十分である。

「競り売り」「競り市」「競り落とす」のように、"争って値段を付ける／争って値段を付けさせる"ことを指す場合も、もちろん《競》を書いて問題ない。ただ、この意味の「せる」については、《糶》を用いて書き表すこともできる。

《糶》は、「出」と部首「米(こめ)」が含まれているように、もともとは"米を売りに出す"という意味。転じて、日本語では、米に限らず、広く"争って値段を付ける／争って値段を付けさせる"という意味で、「せる」と訓読みして用いている。

「初マグロを糶りに出す」「青果市場で糶り売りが行われる」「港には毎朝、糶り市が立つ」「欲しかった古い人形を、ネットオークションで糶り落とす」などが、その例。ただし、いかにもむずかしい漢字なので、振りがなを付けるなどの配慮が必要。また、これらの場合に《競》を書いても何の問題もないし、むしろその方が自然である。

なお、《糶》には、"行商する"という意味もある。「全国各地を糶って歩く」がその例だが、現在ではあまり使われないことばだし、あえてこのことばを用いる場合も、かな書きの方が落ち着く。

以上のほか、《迫》も、「せる」と訓読みすることがある。この漢字は、"移動"を表す部首「辶(しんにょう、しんにゅう)」を含み、「肉迫」「急迫」のように、本来は"近づく"という意味。「せまる」とも訓読みする。

転じて、「せる」と訓読みして、"前や上へ次第に少しずつ移動する"という意味でも用いられる。これは、日本語独自の用法。そもそも、日本語「せる」の本来の意味は実これで、"わずかな差で争う"という意味は、複数の者が"お互いより前や上へ移動しようとする"ところから生じたものである。

競　お互いより少しでも前に出ようとする
迫　少しずつ前に出る

《迫》を「せる」と訓読みする例としては、「興奮した群集が迫り出してくる」「エレベーターが迫り上がってきた」「主役は迫りに乗って舞台に登場した」など。転じて、"ゆるやかに高くなる"ことをも指し、「中年太りでお腹が迫り出してきた」「町の北側は迫り上がって丘になっている」のように用いられる。

なお、同じ「せり上がる」でも、"人々が争った結果、次

第に高い値段が付く"という意味の場合は、《競》を使うので、注意が必要。たとえば、「ゴッホの名画の値が競り上がる」といった具合である。

そ

そう／そえる

副 添 沿

線のイメージと点のイメージ

基本1 伸びているものから離れずに進む場合、あるものの通りにする場合は、《沿》を用いる。

基本2 付け加える場合、一緒にいて支える場合、実現する手助けをする場合には、《添》を使う。

発展 ぴったり一致する場合には、《副》を書いてもよいが、やや古風。

《沿(えん)》は、"水"を表す部首「氵(さんずい)」の漢字で、本来は"水の流れから離れないように移動する"という意味。広く"長く伸びているものから離れないように進む"ことを指して使われる。「沿岸(えんがん)」「沿線(えんせん)」などでは、転じて"長く伸びているものから離れない地域"をいう。

「そう」と訓読みするのは、"長く伸びているものから離れないように進む"という意味の場合。「線路に沿って進む」

[そう/そえる]

「背骨に沿って痛みが走る」「運河沿いを散歩する」などと用いられる。

"離れないようにする"ところから、"あるものの通りにする"という意味にもなる。例としては、「事の経緯を時間軸に沿って話す」「台本に沿って演技をする」「会則に沿って会を運営していくよう、心掛ける」など。《沿》は、移動していくものや、時間の経過を伴うことなど、"線"のイメージを持つところに、特徴がある。

一方、《添》は、成り立ちははっきりしないが、「添加」「添付（てんぷ）」のように使われ、"付け加える"ことを表す漢字。"そえる"と訓読みして、「お祝いの品に手紙を添えて贈る」「先輩の力添えで就職できた」などと用いられる。単に"付け加える"のではなく、"補う""助ける"といった意味合いを含んでいる。

ここから、"一緒にいて支える"という意味にもなり、「そう」と訓読みして使われる。「子どもに付き添って工場見学に行く」「恋人たちが寄り添って歩いている」「あの夫婦は連れ添って三〇年になる」「骨折した部分に添え木をする」などが、その例。《添》は、"付け加える""一緒にいる"といった、いわば"点"のイメージを持つところに、特徴がある。

このように、《沿》と《添》の違いは、"線"と"点"のイメージの違いだと考えると、

沿 離れないように進む → 決まった通りにする

添 付け加える 一緒にいて支える

同じことなんだけれど…

わかりやすい。とはいえ、実際には、どちらとも判断の付けにくいケースも多い。

たとえば、「ご希望に沿うように努力する」「患者の意に沿った治療をする」「方針に沿わない行動を取る」のように書くと、《沿》の"決まった通りにする"という意味が生きて、"その通りにする"という意味合いになる。一方、《添》には"補う""助ける""支える"といったニュアンスがあるので、「ご希望に添うように努力する」「患者の意に添った治療をする」「方針に添わない行動を取る」などと、何かを"実現する手助けをする"というニュアンスになる。

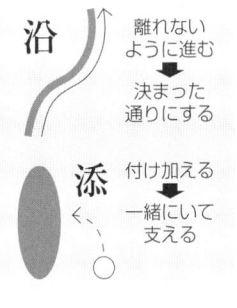

この二つは、結局のところは同じことを表現しているわけだが、《添》の方が丁寧で、やわらかい雰囲気になる。そこで、へりくだっている場合や、情緒的な文脈では、《添》の方がよくなじむ傾向がある。

以上のほか、「そう／そえる」と訓読みする漢字としては、《副》（ふく）もある。この漢字は、「副委員長（ふくいいんちょう）」のように使われ、"主となるものを助ける"という意味。"一緒にいて支える"ことを表す《添》と同じように使え

そぐ

殺 削

命までとは申しません!

基本 一般的には《削》を用いるか、かな書きにする。

発展 勢いを弱める場合には、《殺》を用いると意味合いがはっきりする。

《削》は、"刃物"を表す部首「刂(りっとう)」の漢字。"けずる"とも訓読みする。

本来は"刃物で薄く切り取る"こと。そこで、《削》を"そぐ"と訓読みすることができる。「竹を削いで竹べらを作る」「ゴボウを削ぎ切りにする」「白身魚を削いで刺し身にする」などが、その例。ただ、一方、日本語「そぐ」は、"斜めに薄く切り取る"こと。そこで、《削》を"そぐ"と訓読みして用いることができる。「竹を削いで竹べらを作る」「ゴボウを削ぎ切り

るが、現在では、《添》を使う方が一般的という観点からは、あまり用いない方がよい。また、書類の「副本」とは、「正本」とまったく同じ内容の控え。このように、《副》には"ぴったり一致する"という意味もある。そこで、「ご希望に副うように努力する」「患者の意に副った治療をする」のように用いると、《添》や《沿》を使うよりも意味が強調されて、"ぴったり一致する"というニュアンスになる。

とはいえ、これはやや特殊な用法であり、現在ではあまり用いられない。あえて使う場合には、振りがなを付けるなどの配慮が必要である。

やや特殊な訓読みなので、振りがなを付けるなどの配慮をしておく方が親切。かな書きにすることも多い。

また、日本語「そぐ」は、広く"端の部分を切り落とす"という意味にもなり、この場合も《削》を使って書き表す。例としては、「余分な脂を削ぎ落とす」「その侍は罰として耳を削がれた」などが挙げられる。

突き出たところを"切り落とす"というイメージから、「そぐ」を気持ちや力などに対して使うと、"勢いを弱める"という意味になる。漢字《削》には、「削減」のように"減らす"という意味もあるので、この場合の「そぐ」を《削》を使って書き表しても、間違いではない。しかし、代わりに《殺》を用いることも多い。

《殺》は、もちろん「ころす」と訓読みする漢字。しかし、"貸しと借りとを相殺する"のように、"量や力を少なくする"という意味もある。そこで、"勢いを弱める"ことを指す「そぐ」を書き表す漢字として、用いられる。

「頭ごなしに叱りつけると、働く者の意欲を殺ぐ」「まわりがうるさくて集中力を殺がれる」「きれい

	削	殺
勢いを弱める	◎	◎
端を切り落とす	◎	
斜めに薄く切り取る	◎	

そそぐ

濺 灌 雪 濯 注

水を流してきれいにしよう!

基本1 ほとんどの場合は《注》を用いる。

基本2 特に、水を使ってきれいにする場合は、《濯》を使う。

発展1 不名誉を拭い去る場合には、《雪》を用いると効果的。

発展2 植物に水をやる場合、儀式で水をかける場合には、《灌》を使ってもよいが、難解。

発展3 しぶきがかかる場合には、《濺》を書くこともできるが、かなり難解。

日本語「そそぐ」の基本的な意味は、"ある方向に向けて液体を流す/液体が流れる"こと。漢字で書き表す際には、《注》を使うのが基本となる。

《注》に含まれる「主」には、"しっかりと動かない一点"という意味がある。「柱」とは、本来、"しっかりと動かない木材"。「住」とは、"ある場所から動かずに暮らす"こと。

これに、"水"を表す部首「氵（さんずい）」を組み合わせた《注》も、基本的には"ある一点に向けて液体を流す"という意味。転じて、"ある方向に向けて液体が流れる"ことを表す。

「コップにジュースを注ぐ」「川が海に注ぐ」「雨が降り注ぐ」などが、その例。「太陽の光が降り注ぐ」のように、やや比喩的に、"光が差してくる"ことをいう場合もある。「五目並べに情熱を注ぐ」「子どもたちに愛情を注ぐ」「不動産投資に大金を注ぎ込む」など、比喩的に使われることも多い。

一方、日本語「そそぐ」には、"水を使って汚れなどを落とす"という意味もある。これは、語源としては「すすぐ」（p 258）の変化したもの。《注》で書き表す「そそぐ」と無関係ではないが、少々異なる。こちらの「そそぐ」を漢字で書き表す場合には、「すすぐ」と同じように、「洗濯」の《濯》を使って書き表すのが、基本となる。

「洗った食器をよく濯ぐ」「足を濯いでから座敷に上がる」などがその例。《濯》は、もともと"水を使ってでから汚れなどを落とす"という意味なので、広く用いることができる。

ただ、"水を使って汚れなどを落とす「そそぐ」は、比喩的に用いられて、"恥や不名誉をきれいにぬぐい去る"ことを指す場合もある。この場合に《濯》を書い

[そそぐ] ● 282

ても間違いではないが、「雪辱」の《雪》を用いることも少なくない。

ふつうは《ゆき》と訓読みする《雪》には、「ゆき」があらゆるものを白一色にするところから、"汚れをきれいに落とす"という意味がある。「雪辱」はこの意味の例。そこで、《雪》を「そそぐ」と訓読みして、「恥を雪ぐ」「汚名を雪ぐ」のように使うと、"きれいに"という意味合いが強調されて、効果が高い。

なお、《濯》も《雪》も、「すすぐ」とも訓読みするので、振りがなを付けないとどう読めばよいのかまぎらわしくなる。そのため、《灌》《濺》などを使って書き表すことがある。

ただし、いずれもかなりむずかしい漢字で、現在ではめったに使われない。あえて用いる際には、振りがなを付けるなどの配慮が必要である。

仏さまと漢詩の名作

まず、《灌》は、"水路を作って田畑に水を引く"ことを表す熟語「灌漑」で使われる漢字。「そそぐ」と訓読みした場合には、「花壇に水を灌ぐ」「田んぼに水を灌ぎ込む」「日照りが続いた大地に、恵みの雨が降り灌ぐ」など、"植物に水をやる"

というイメージで用いられる。

また、仏教では、"仏像に香りのついた水をかける"ことを「灌仏」という。ここから、宗教的な儀式として"水をかける"場合に、《灌》を使うこともある。例としては、「仏像に甘茶を灌ぐ」「先祖のお墓に水を灌ぐ」などが挙げられる。

なお《灌》は、簡略化して《潅》と書かれることもある。《灌》の方が正式だが、どちらを使っても意味に違いはない。

最後に、《濺》は、漢詩文では時々出て来る漢字で、特に、「国破れて山河在り」という有名な句で始まる、杜甫の『春望』という漢詩に、「時に感じては花にも涙を濺ぐ」と使われているのが有名。意味としては"しぶきをかける／しぶきがかかる"ことをいう。

そこで、「船のへさきに、波のしぶきが降り濺ぐ」のように使うのが、基本に忠実な用法となる。また、しぶきがパッと散るような勢いを表現したい場面で、「決勝戦で敗れて、熱い涙を濺ぐ」「激しい夕立が、コンクリートの上に降り濺ぐ」

濯
水を使って汚れを落とす
比喩的
雪
不名誉を拭い去る

注
ある一点に向けて水を流す

灌
植物に水をやる
儀式で水をかける

濺
しぶきをかける

そなえる／そなわる

具 備 供

基本1 神や仏などに差し上げる場合は、《供》を用いる。

基本2 用意しておく場合、前から持ち合わせている場合は、《備》を使う。

発展 前から持ち合わせている場合は、《具》を書いてもよい。

そのためにってわけでは…

《供》は、「供給」「提供」など、相手に"差し出す"ことを表す漢字。「そなえる」と訓読みした場合は、特に"神や仏などに差し上げる"という意味で使われる。「お墓に花を供える」「お団子を供えてお月見をする」「今年初めての収穫を、神様へのお供え物にする」などが、その例である。

なお、《供》は、"差し出す"という意識的な行動を含む"そなえる"ことを表す漢字。ふつうは、自然にそうなるという意味合いを含む「そなわる」と訓読みすることはない。

次に、《備》は、「準備」「備蓄」など、"何かのために前もって用意されている"という意味。「そなえる／そなわる」と訓読みして、「本番に備えて練習に励む」「災害に備えて避難訓練をする」「老後の備えに貯金をする」「部屋には備え付けの家具があります」「このビルには警報装置が備わっている」「彼の実績からすれば、昇進試験を受ける資格は十分に備わっている」などなどと使われる。

"何かのために前もって用意しておく／用意されている"という意味のうち、"何かのために"という意識が弱くなると、"前から持ち合わせている"という意味になる。その場合も《備》を使って書き表す。例を挙げると、「彼女は役者としての才能を備えている」「あの人には生まれつき備わった品の良さがある」などとなる。

ただし、現在の日本語では、《備》は「準備」の印象が強く、"何かのために"というニュアンスを感じさせがち。そこで、"前から持ち合わせている"ことに重点を置いて表現したい場合には、《備》を避けて《具》を用いることもある。

「道具」「用具」「器具」などの形でよく使われる《具》は、もともとは"祖先を祀る儀式で使う器"を指す漢字。いくつかの器をそろえて儀式を行うところから、"すべてがそろっている"という意味にもなる。"すべてが十分にそろっている"ことをいう四字熟語「円満具足」が、その例となる。転じて、"姿や形を持ち合わせている"ことをも表す。「具体的」とは、"姿や形を持ち合わせている"ことをいう意味である。

そこで、「そなえる／そなわる」と訓読みして、「彼女は社長としての威厳を具えている」「あいつも年を取ってだんだん

[そなえる／そなわる][そねむ] ● 284

	前から持ち合わせている	何かのために用意しておく	神や仏などに差し上げる
供			◎
備	◎	◎	
具	◎	◎	

風格が具わってきた」などと使われる。これらの使い方が、親切である。

この二つの漢字は、現在では「嫉妬」という熟語以外で使われることはまれ。また、どちらも"感情"を表す部首「女（おんなへん）」の漢字で、意味がよく似ている。そのため、違いを捉えるのはむずかしい。

ただ、《嫉》の右半分の「疾」は、「疾風」「疾病」のように使われて、"素速く鋭い"という意味を持つ。そこで、あえて比較すれば、"落ち着いて動かない"というイメージがある。それに対し、《妬》の右半分は「石」であり、"落ち着いて動かない"というイメージとなる。そこで、あえて比較すれば、相手に対して攻撃的になるような側面を表現するには《嫉》がふさわしく、本人の胸の中に巣くって離れないような側面を表すには、《妬》が適していることになる。

たとえば、《嫉》を使って「同級生の出世を嫉む」「勉強もスポーツもできるあいつに、嫉みを感じる」などと書くと、相手に向かって暴言を吐いたり、陰で悪口を言ったりするような雰囲気。これを、「同級生の出世を妬む」「勉強もスポーツもできるあいつに、妬みを感じる」のように《妬》を用いると、本人の心の中でどす黒い感情が渦巻いているというイメージとなる。

なお、《嫉》と《妬》は、どちらも「ねたむ」（p405）とも訓読みできる。「ねたむ」と「そねむ」を比較すると、「ねたむ」の方が一般的で、「そねむ」は相手を"憎む"気持ちがやや強い

ただし、《具》を「そなえる／そなわる」と訓読みするのは、現在ではやや特殊な用法。振りがなを付けるなどの配慮をしておく方が、親切である。

そねむ

妬 嫉

態度に出るか、秘めたままか

基本 一般的にはかな書きにする。

発展1 攻撃的なイメージを表現したい場合には、《嫉》を使うこともできる。

発展2 心の中から離れないところに重点を置きたい場合には、《妬》を書いてもよい。

日本語「そねむ」は、"他人のことをうらやんで、憎しみを感じる"という意味。

このことばは、現在ではかな書きにするのがふつうだが、あえて漢字を用いたいときには、《嫉》か《妬》を使って書き表す。ただし、どちらの場合も現在ではあまり使われない訓読みになるので、振りがなを付けるなどの配慮をしてお

285 ◉［そねむ］［その］

嫉 態度に出る
妬 心で感じる

場合に使われる。そこで、「そねむ」を漢字で書き表す場合には《嫉》を用い、「ねたむ」の場合は《妬》を書く、と考えることもできる。

とはいえ、以上はあえて使い分けるとすれば、という話。《嫉》と《妬》の違いも、「そねむ」と「ねたむ」の差も、どちらもとても微妙なので、こだわらずに好きな方を使ってもかまわない。また、振りがなナシでは読み方の区別ができないという問題もあるので、「そねむ」も「ねたむ」もかな書きにしてしまうのも、一つの見識である。

その

苑 園

基本 一般的には《園》を用いる。

発展 高級で落ち着いた雰囲気にしたいときには、《苑》を使うと効果的。

入ってもよろしいですか？

日本語「その」は、"植物を育てたり眺めたりする場所"や"人々が生活を共にする施設"をいうことばで、漢字で書き表す場合には、《園》を用いるのがふつうである。

《園》は、"囲い"を表す部首「口（くにがまえ）」の漢字で、本来は、"動植物を育てたり眺めたりするために、囲いで区切った場所"を指す。「庭園」「植物園」「動物園」などが、その例。転じて、「学園」「幼稚園」のように、"人々が生活を共にする施設"をいうこともある。

さらには、"囲い"がなくても、「公園」「農園」「田園」のように、"自然を感じることができる場所"を指して使われることもある。訓読みでは「その」と読み、"囲い"のあるなしに関わらず、「桜の園」「学びの園」「エデンの園」「秘密の花園」などなどと用いられる。

一方、《苑》は、"植物"を表す部首「艹（くさかんむり）」が付いているように、本来は"植物を育てたり眺めたりする場所"を意味する漢字で、《園》と意味がよく似ている。ただし、特に、"お屋敷の中の庭"を指すことが多く、東京の「神宮外苑」「新宿御苑」などは、本来は"皇室の所有地の庭"。ここから、"限られた人々が集まる場所"というイメージを持つのが、《園》と異なる点である。

そこで、「その」と訓読みして使うと、《園》を用いるよりも高級で落ち着いた雰囲気になる。例としては、「バラの苑」「ワインの苑」「癒やしの苑」といった具合。ただし、ふつうの「その」は《園》と書くのが定着している

園

植物を育てたり眺めたりする場所

人々が共に生活する施設

高級感・落ち着き

苑

[その][そば] ● 286

そば

傍 側

基本1 一体化していると思えるほど近い場合は、《側》を用いる。

基本2 それ以外の場合は、《傍》を使う。

ほとんど同じ場所ですねえ！

　日本語「そば」は、"すぐ近くの場所"を指すことば。漢字で書き表す場合には《側》と《傍》が使えるが、この二つの間には、もともとは微妙なニュアンスの違いがある。

　《側》は、本来は、「車の側面」「北側の壁」「紙の裏側」など、"あるもの"の逆方向を向いた二つの端のうち、片方の端を指す漢字。「検察側」「弁護側」も、裁判を一つのものとして考えた場合の"片方の端"のことをいう。

　"あるもの"の一部分であることが基本なので、"あるもの"とは別のものを指す場合でも、"あるものと一体化している"というイメージを持つ。「側溝」とは、"道路の脇に、道路と一体のものとして作られた溝"。「総理の側近」といえば、"総理と一体となって行動している補佐役"を指す。

　一方、《傍》は、「傍点」「傍線」「傍観」のように、"すぐ近く"ではあるが"一体化はしていない"ところに特徴がある。先に挙げた裁判の「検察側」「弁護側」に対して、「傍聴人」をイ

メージすると、その違いがわかりやすい。

　そこで、"すぐ近くの場所"を指す日本語「そば」を漢字で書き表す際には、一体化していると感じられるほど近い場合には《側》を使う。そうでない場合は《傍》を用いるのが、漢字の意味にはふさわしい、ということになる。

　たとえば、「そのお店は駅の側にある」のように《側》を使うと、駅に隣接しているとか駅前広場に面しているなど、駅にくっついているというイメージ。《傍》を用いて「そのお店は駅の傍にある」と書くと、少々、離れていてもかまわないことになる。「彼はいつも彼女の側にいる」は、《側》を使っているから、べったりくっついているという雰囲気。これを、《傍》を用いて「彼はいつも彼女の傍にいる」とすると、やや冷静なニュアンスになる。

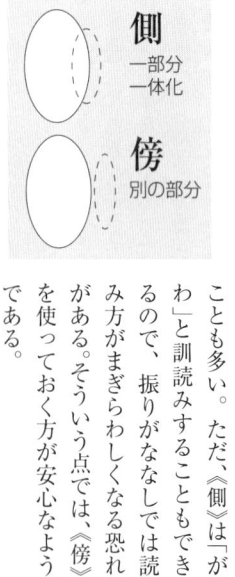

　ただし、以上は、あくまで漢字本来の意味に即して考えた場合の話。実際には、《側》と《傍》は同じように使われることも多い。ただ、《側》は「がわ」と訓読みすることもできるので、振りがなしでは読み方がまぎらわしくなる恐れがある。そういう点では、《傍》を使っておく方が安心なようである。

側　一部分・一体化

傍　別の部分

ので、《苑》は、固有名詞で用いられることが多い。

そむく

叛 背

基本 一般的には《背》を用いる。

発展 裏切るという意味合いをはっきりさせたい場合には、《叛》を使うと効果的。

```
求めに反する
行動をする      → 背
               → 背
裏切る          → 叛   意図的に
```

許せるか、許せないか？

《背》は、「背面」「背中」「背骨」など、"胴体のうち、自分の目で直接には見ることのできない面"を指す漢字。"背中"を向けることとは逆方向の道に背く"とは逆方向を見ることであるところから、"求められている行いに反する行動をする"という意味にもなり、「そむく」と訓読みして使われる。

例としては、「上司の命令に背く」「顧客のお金を着服するのは、法に背く行為だ」「苦しんでいる人を見捨てるなんて、人の道に背く」「応援してくれたみなさんの期待に背く結果となり、申し訳ありません」など。日本語「そむく」を漢字で書き表す場合には、《背》を使っておけば、事は足りる。

ただし、「そむく」と訓読みする漢字には、《叛》もある。この漢字は、「叛乱」「謀叛」のように使われ、"裏切る"という意味。そこで、「そむく」と訓読みして《背》の代わりに用いると、"意図的に裏切る"という意味合いがはっきりする。ただし、やや難しい漢字なので、振りがなを付けるなどの配慮がほしい。

「彼は我々に叛いて敵側に寝返った」「何があっても一緒にいよう」という誓いに叛く」などが、その例。本人をとがめるニュアンスが強いので、「父の遺志に叛いて、屋敷を売り払う」のように用いると、《背》を使うよりも、"許せない"という意味合いが色濃くなる。

逆に言えば、とがめる気持ちがない場合には、《叛》を使うのはふさわしくない。注意が必要である。

そめる

初 染

基本1 色をつける場合は、《染》を用いる。

基本2 新たにある状態になる場合には、《初》を使う。

後ろに付くときはご注意を！

《染》は、本来は"液体の中に入れて、色をつける"ことを表す漢字。"水"を表す「氵(さんずい)」が含まれているところに、そのことが現れている。転じて、広く"色がつく/色をつける"という意味になる。音読みでは「染色」「染料」などがその例。「そまる/そめる」と訓読みして用いられる。

[そめる] [そらす] ● 288

そめる	直前に「を」や「に」がつく	染
	直前に「を」や「に」がつかない	初
○○そめ ○○ぞめ	○○が名詞	染
	○○が動詞	初

このうち、「そめる」と訓読みする例は、「布を藍色に染める」「髪の毛を茶色く染める」「夕陽が雲を金色に染める」「恥ずかしさに耳を赤く染める」など。「白髪染め」「草木染め」「絞り染め」のように、「○○ぞめ」の形で用いられることも多い。「筆を染める」は、書く前に筆を墨にひたすところから、"文章や絵などを書き出す"ことを指す比喩的な表現。「悪事に手を染める」のように用いる「手を染める」も比喩的な表現で、"何かに関係を持つようになる"ことを表す。

一方、《初》は、「はじめて」(p 438)とも訓読みするように、"新しく何かをする"ことを表す漢字。「そめる」と訓読みした場合には、行動や変化を表すほかのことばの後に直接、結び付いて、「○○そめる」や「○○ぞめ」「○○ぞめ」の形で"新たにある状態になる"ことを表す。

例としては、「花が咲き初める」「木の葉が散り初める」「夜が明け初める」「二人の馴れ初め」「書き初め」「出初め式」「笑い初め」など。"新たに恋心を抱く"ことを、ちょっと古めかしい表現では「見初める」という。

このように、「そめる」と訓読みする《染》と《初》は、意味はかなり異なる。しかも、「そめる」と訓読みする《初》は、ほかのことばの後に直接、結び付いてしか使われない。「を」や「に」を含まない「○○そめる」の場合は《初》だ、と覚えておけば、使い分けはそれほどむずかしくはない。

少しややこしいのは「○○そめ」「○○ぞめ」の形の場合。こちらも、直前が名詞であれば《染》を、動詞であれば《初》を書くことになる。

なお、「初」は「初める」「はじめて」とは読まない。ただ、「○○初め」になると、「○○はじめ」と読み間違えるものがある。「○○初め」とは訓読みするものの、「はじめる」と誤読される可能性が高い。適宜、振りがなを付けておくとよいだろう。

そらす

外 逸 反

基本1 弓なりになる場合は、《反》を用いる。

基本2 ある範囲に収められなくなる場合、別の方向に向ける場合には、《逸》を使う。

発展 《逸》の代わりに《外》を書くと意味合いがはっきりするが、やや難読。

ペアの相手を考えよう！

日本語「そらす」には、「そる」と対になって"弓なりになる"ことを意味するもの

と、「それる」と対になって"ある範囲に収められなくなる"ことを指すものの二種類がある。漢字では、それぞれ、《反》と《逸》を使って書き表すのが、基本である。

《反》は、「反対」「反転」「反作用」のように、"向きを逆にする"ことを表す漢字。"ふつうとは逆の方へ曲がること"や"ふつうはまっすぐなものが弓なりになる"ことをも指し、"そる／そらす"と訓読みして用いられる。「そらす」と訓読みする例としては、「上体を反らして背筋を鍛える」「胸を反らしてふんぞり返る」などが挙げられる。

一方、《逸》は、「逸脱」「後逸」のように使われ、"ある範囲に収まらなくなる／収められなくなる"ことや"別の方向に向く／向ける"ことを表す漢字。訓読みでは「それる／そらす」と読む。「キャッチボールで、ボールを後ろに逸らす」「見ていられなくなって、視線を逸らす」「うそがばれそうになったので、慌てて話題を逸らして、その隙に逃げだそう」「相手の注意を逸らす」「見てて話題を逸らす」などが、「そらす」と訓読みする例となる。

このように、《反》と《逸》とは、意味がかなり異なる。それぞれ、「そる」と対になるのか「それる」と対になるのかを考えれば、使い分けに悩むことは少ない。

そる／そらす 反
それる／そらす 逸 外

ただし、《逸》は意味の範囲が広い漢字で、「秀逸」「逸品」のような"すぐれている"という意味や、「安逸」「逸楽」などの"気ままにたのしむ"という意味もある。そこで、「それる／そらす」と訓読みして使っても、意味がはっきりとは伝わりにくいという感じがしないでもない。

そこで、「それる／そらす」を漢字で書き表す場合には、"ある範囲の「外」に出る"という意味合いで、《外》を用いることもある。「そらす」の例を挙げれば、「二人は一瞬、見つめ合ったが、すぐに眼を外らした」「話を外らさないで、きちんと答えてください」といった具合となる。

《外》は《逸》と同じように「それる／そらす」と訓読みするのは現在ではやや特殊なので、振りがなを付けるなどの配慮をしておいた方が親切。そのためもあり、「それる／そらす」はかな書きにすることも多い。

たえる

堪 耐

苦しい中でも前を向く！

- **基本1** 苦しみに負けない場合は、《耐》を用いる。
- **基本2** 最後までやり抜くことができる場合は、《堪》を使う。
- **基本3** しないではいられないことを表す「たえない」は、《堪》を書く。

《耐》は、「耐火」「耐熱」「忍耐」などによく現れているように、"刺激や苦痛、攻撃などに負けない"ことを表す漢字。訓読みでは「たえる」と読み、「怪我の痛みに耐える」「その建物は度重なる地震に耐えた」「厳しい練習に耐え抜く」「罵声を浴びせられても、じっと耐え続ける」などと用いられる。"我慢して守り抜く"というニュアンスの強い、やや後ろ向きの漢字である。

一方、《堪》も似たような意味の漢字で、"我慢する"こと「たまらない」とも訓読みするように、"我慢する"こと

を表す。ただ、こちらは、"苦しみを進んで引き受ける"とか"苦しいことを行う能力がある"といった、前向きな意味合いを含む。たとえば、「堪能」は、もともとは「かんのう」と読み、"すぐれた能力がある"という意味。転じて、"能力がすぐれている"ことや"すぐれたものを味わう"ことを指し、「たんのう」と読んで使われる。

前向きなニュアンスがあるところから、《堪》の訓読み「たえる」は、"最後までやり抜くことができる"という意味で用いられる。例としては、「彼女は課長の任に堪える人材だ」「これは、専門家の鑑賞にも十分に堪える作品だ」などが挙げられる。

「聞くに堪えない話」も、"最後まで聞くことができない話"ということ。ところが、「堪えない」の形は、"最後まで我慢しきれない"ところから、"しないではいられない"という意味になることもあるので、注意が必要。「実験が成功するかどうか、憂慮に堪えない」「彼の突然の婚約発表は、驚きに堪えない」などが、その例である。

耐 我慢して守り抜く

堪 最後までやり抜く

たおれる／たおす

斃 斃 倒

このように、《堪》の訓読み「たえる」には〝できる〟という意味合いが含まれているため、「たえられない」の形で使うと、意味の重複になる。「どんな衝撃にも耐えられる」「バカにされるのはもう耐えられない」のように、《耐》を使う方が、漢字の意味の上では落ち着く。

なお、《堪》の訓読み「たえる」は、送りがなが同じになるので、振りがななしでは区別ができない。た だ、「たえる」の方は、例に挙げたように、やや古風な慣用句的な表現で用いられるのがふつう。実際には、読み間違えられる危険性は少ない。

たおれる／たおす

基本 一般的には《倒》を用いる。

発展1 命を奪われる／奪う場合には、《斃》を使うと効果的だが、やや古風。

発展2 あっけなく死ぬ場合や無造作に殺す場合には、《殪》を書いてもよいが、かなり難解。

縁起のよくないお話ですが…

日本語「たおれる／たおす」は、〝立っていられなくなる／立っていられなくする〟という意味。漢字で書き表す場合には、《倒》を用いるのが、最も一般的である。

例としては、「風で店の看板が倒れた」「家に帰るなりベッドに倒れ込む」「森の木を切り倒す」「肘がぶつかってグラスを倒してしまった」「選挙で敗れて内閣が倒れる」「優勝候補を倒して勝ち上がる」「借金を踏み倒す」などのように、比喩的に使われることも多い。

《倒》は、どのような「たおれる／たおす」にでも用いることができる。ただし、「たおれる／たおす」と訓読みする漢字には《斃》《殪》もあり、それぞれ、ニュアンスを生かして使い分けることもできる。とはいえ、どちらもむずかしい漢字なので、振りがなを付けるなどの配慮をしておくのが望ましい。

《斃》は、字の形に「死」が含まれているように、〝命を奪われる／命を奪う〟ことを表す漢字。「暗殺者の銃弾に斃れる」「志半ばにして病魔に斃れる」「取っ組み合って敵将を斃す」のように用いると、《倒》よりも直接的に〝死〟をイメージさせることができる。とはいえ、現在ではほかに使われることのない漢字なので、古風な雰囲気になることは否めない。

もう一つの《殪》は、現在ではめったに用いられない漢字。部首「歹（がつへん）」は、〝死ぬ〟ことを表す。右半分の「壹」は、小切

殪 死ぬ／殺す
あっけなく
無造作に
殪
立っていられない
倒

[たおれる／たおす] [たく] [たくみ] ● 292

手などで「一」の代わりに使われることがある「壱」の、以前の正式な書き方。この二つを組み合わせた《殪》は、もともとは〝一撃で殺す〟という意味だったと考えられる。

そこで、《殪》は、〝あっけなく死ぬ〟ことや〝無造作に殺す〟場合に用いるのが、漢字の意味合いの上からはふさわしい。例としては、「織田信長は天下統一を目前にして、本能寺に殪れた」「襲ってくる敵を次々に殪す」といった具合。ただし、かなりむずかしい漢字なので、むやみに使うのはおすすめできない。

たく
焚 炊

食事、それともお風呂？

基本1 穀物を煮る場合は、《炊》を用いる。

基本2 ものを燃やす場合、火を使う器具に火を付ける場合は、《焚》を使う。

《炊》は、〝穀物を煮る〟ことを表す漢字。食事のために〝穀物を煮る〟ことを表す漢字。訓読みでは「たく」と読み、「お米を炊く」「麦ごはんを炊く」「台所で煮炊きする」などと用いられる。西日本では、「大根を炊く」「今夜の食事は水炊きだ」のように、広く〝食材を煮る〟ことを指して使うこともある。

一方、《焚》は、部首「火（ひ）」の上に「木」を二つ並べた漢字で、〝木材に火を付ける〟ところから、〝燃やす〟ことを表

す。「焚書」とは、言論統制のために〝書物を燃やす〟こと。「焚刑」とは、〝火あぶりの刑〟。「たく」と訓読みして、「落ち葉を焚く」「お香を焚く」「焚き火をする」などと使われる。「ストーブを焚く」「お風呂を焚く」のように、〝火を使う器具に火を付ける〟ことを指す場合もある。

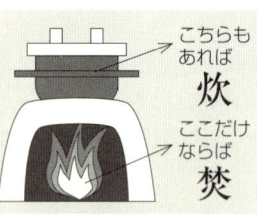

このように、《炊》と《焚》は、どちらも火を用いるという点では、意味がよく似ている。特に判断に迷うのは「かまどでご飯を炊く」のような場合。〝火を使う器具〟を用いてはいるが、〝米を煮る〟ことに重点があるわけだから、《炊》を書いておくべきだろう。

こちらもあれば **炊**
ここだけならば **焚**

たくみ
工 匠 巧

頑固オヤジは別の漢字で！

基本1 技術がすぐれている場合、すぐれた技術を指す場合は、《巧》を用いる。

基本2 すぐれた技術を持つ人を指す場合には、《匠》を使う。

発展 すぐれた技術を持つ人を表す場合には、《工》を書くと、素朴なイメージになる。

《巧》は、「巧妙」「精巧」「試合巧者」など、〝技術がとてもすぐれている〟ことを表す

[たくみ]

```
匠 ── すぐれた技術を持つ人
巧 ── 技術がすぐれている／すぐれた技術
工 ── 素朴・純粋
```

漢字。訓読みでは「たくみ」と読み、「彼の彫刻刀の使い方はとても巧みだ」「巧みな話術で情報を聞き出す」「彼女は四か国語を巧みに操る」のように用いられる。

転じて、"とてもすぐれた技術"をも表す。音読みでは「技巧」がその例。訓読みの例としては、「巧みを凝らした料理に舌鼓を打つ」「詐欺師の悪巧みに引っ掛かる」などが挙げられる。

日本語「たくみ」は、さらに転じて、"とてもすぐれた技術を持つ人"を指すこともある。漢字「巧」にはこの意味はないので、漢字では《匠》を使って書き表す。

《匠》は、"箱"を表す部首「匚(はこがまえ)」と、"刃物"を表す「斤(きん)」を組み合わせた漢字。本来は、"箱を作ったり材木を切ったりする職人"を表す。転じて、「師匠」「巨匠」「名匠」のように、広く"とてもすぐれた技術を持つ人"を指すようになった。訓読みでは、「この道四〇年の匠に仕事を頼む」「この作品では、細部にまで匠の技が光っている」などと用いられる。

このほか、「工」も、「大工」「画工」「名工」のように、すぐれた技術を持つ人を指すことがあるので、「たくみ」と訓読みできる字の形から言って、風格が出るのは《匠》の方。《工》は、「祖父は、富や名誉には興味がなく、仕事だけに生きた工だった」のように、素朴さや純粋さを表現したい場合に用いるのがおすすめ。

ただし、現在ではやや特殊な訓読みなので、振りがなを付けるなどの配慮をしておく方が、親切である。

なお、《巧》を「たくみ」と訓読みする場合は、"すぐれた技術を使う"ことを意味する古語の動詞「たくむ」が変化したものと考えて、「み」を送りがなとする。一方、《匠》《工》は、送りがななしで「たくみ」と読ませるのが習慣である。

[たくわえる]

貯蓄

基本 一般的には《蓄》を用いる。

発展 お金をとっておくことをはっきりさせたい場合には、《貯》を使うと効果的。

《蓄》は、「蓄積」「蓄財」「備蓄」など、何かをとっておく"ことを表す漢字。「たくわえる」と訓読みして、「災害に備えて食料を蓄える」「ダムを造って水を蓄える」「将来のために力を蓄えておく」などと用いられる。

「ひげを蓄える」では、ひげを剃らないで"生やしておく"という意味。日本語「たくわえる」を漢字で書き表す場合には、《蓄》さえ使っておけば、間違いにはならない。

通帳が気になりますか?

たすける

扶援助

```
使わないで　　　→ 蓄
とっておく　　　　⋮
　　　　　　←　貯
　　　金品を
```

一方、《貯》は、"金品"を表す部首「貝(かいへん)」の漢字。「貯蓄」という熟語があるように、《蓄》と意味はほとんど同じで、「たくわえる」と訓読みする。ただ、"金品をとっておく"というニュアンスが異なる。特に、「貯金」の印象が強いので、"お金をとっておく"場合には、《貯》が使われることも多い。

「アルバイトをして貯えたお金を、留学費用に使う」「長い間、働いて得た貯えを切り崩しながら、生活する」などが、その例。これらの場合に《蓄》を書いてもかまわないが、"とっておく"のが"お金"であることをはっきりさせたい場合には、《貯》を使うのが効果的である。

なお、《貯》は、"お金をとっておいて量が増える/量を増やす"という意味合いで、「たまる/ためる」(p312)と訓読みすることもある。

基本 一般的には《助》を用いる。
発展1 苦しい状態から救い出す場合には、《扶》を使うこともできる。
発展2 相手の支えとなる場合には、《扶》を書いてもよい。

相手によって変えてもいい？

「且(しょ)」は、もともとは"重ねる"という意味の漢字。それに部首「力(ちから)」を組み合わせた《助》は、力の上に力を重ねるところから、"人に力を貸す"ことを表す。「たすける」と訓読みして、「財布をなくして困っている友人を助ける」「教授を助けて研究を完成させる」「助けを求めている人を、見捨てるなんてできない」などと用いられる。

転じて、「溺れている人を助けてやろう」のように、"命を救う"という意味に使われて、何かが"うまくいくようにする"ことをも表す。「高速道路の整備は物流の助けとなる」「読者の理解を助けるよう、丁寧な解説を心掛ける」などがその例となる。

日本語「たすける」を漢字で書き表す場合には、《助》を使っておけば、十分に用は足りる。ただし、「たすける」と訓読みする漢字はほかにもたくさんあり、そのニュアンスを生かして現在でも使われるものもあり、とはいえ、いずれも現在ではあまり使われない読み方なので、振りがなを付けるなどの配慮が欲しい。

中でも、比較的よく用いられるのが《援》。これは、もとは"引っ張る"ことを表す漢字で、転じて、"苦しい状態から救い出す"という意味になった。「援護」「援軍」「救

[たすける]

「援」などの熟語に、この意味がよく現れている。

そこで、「たすける」と訓読みする場面で使うのでも、相手が"苦しい状態"にあることに重点を置いた場面で使うのが、漢字のニュアンスにはよく合う。

たとえば、「被災者の生活を助ける」と書くとふつうの表現だが、《援》を使って「被災者の生活を援ける」とすると、被災者が困っているという意味合いが出る。「家計を援けるためにアルバイトをする」も同じで、《助》を使うよりも、家計の苦しさを感じさせる表現となる。

もう一つ、《扶》も、「たすける」と訓読みして使われることがある。これは、「扶養」「扶助」などと使われる漢字。漢文では"杖をつく"ことを指す場合もあり、"自立できない状態にある相手を支える"という意味を持っている。

訓読みの例としては、「酔っ払いを扶けてタクシーに乗せる」「起き上がろうとするお年寄りを扶け起こす」「病弱な親を扶けて家業を切り盛りする」など。《扶》は、相手が"苦しい状態"にあることを前提とするのに対して、《扶》は、"自立できない"という相手自身の弱さに焦点を合わせるのが特徴である。

援 救い出す / 苦しい状態
扶 支える / 自立できない

以上のほか、《輔》《佐》《佑》なども「たすける」と訓読みすることができるが、現在ではまず用いられない。

[たずねる]

たずねる
訊 尋 訪

> 話がしたい、長さが知りたい！

基本1 ある場所に行く場合は、《訪》を用いる。
基本2 問いかける場合、探し求める場合は、《尋》を使う。
発展 鋭く問いただすことをはっきりさせたい場合には、《訊》を書くこともできる。

日本語「たずねる」の基本となる意味は、"ある場所にようすを見に行く"と。転じて、"ある場所に何かを探しに行く"ところから、"探し求める"ことをも表す。これがさらに変化すると、何かを求めて"問いかける"という意味にもなる。このことばを漢字で書き表す場合には、《訪》か《尋》のどちらかを使うのが、基本である。

《訪》は、"ことば"を表す部首「言(ごんべん)」が付いているように、もともとは"相手のところに話をしに行く"という意味。転じて、「訪問」「歴訪」「韓国の外務大臣が日本を訪れる」のように、"ある場所にようすを見に行く"ことを指すようになった。「たずねる」と訓読みして、「学校の先輩を会社に訪ねる」「戦国時代の城跡を訪ねて旅をする」「先生が心配して、家まで訪ねてきてくれた」などと用いられる。

一方、《尋》は、成り立ちとしては「左」と「右」を組み合わせた形が変化したもので、真ん中に並んだ「エ」が「エ」と「口」がその名残。本来の意味には諸説があるが、左右の手を広げて布や縄などの"長さを測る"ことを表したとする説が、わかりやすい。長さを"問いかける"ところから、広く"問いかける"ことを表したり、答えを"探し求める"ようになった、と考えられる。

そこで、日本語「たずねる」を漢字で書き表す場合、問いかける"や"探し求める"という意味ならば、《尋》を用いる。「交番で駅までの道を尋ねる」「商品の値段を尋ねる」「面接で志望動機を尋ねられた」などが、その例となる。

> 行くだけならばいいのですが…

このように、《訪》は"ある場所に行く"ことに重点があるのに対して、《尋》は"問いかける"や"探し求める"という意味の基本がある。そこで、「バッハの生まれた場所に行く」のように《訪》を使えば、"バッハの生誕の地を訪ねる"のように意味なる。一方、"バッハの生まれた場所はどこですか"と問いかけるとすると、"バッハの生誕の地を尋ねる"のように、その場所がわからずに"探し求める"ことになる。

ちょっと悩むのは、"ある場所に行って問いかける"場合や、"ある場所に行って探し求める"場合。どちらを使っても理屈はつくが、"問いかける"ことや"探し求める"ことを

含んでいるのだから、「目撃者がいないか、近くの住人に尋ねる」のように、《尋》を使っておくのが無難なところ。《訪》を用いるならば、「目撃者がいないか、近くの住人を訪ねて聞く」のように、"問いかける"ことや"探し求める"ことを、ことばの上ではっきりと表した方が、表現としては丁寧である。

以上のほかに、「たずねる」と訓読みする漢字には、《訊》もある。この漢字に含まれる「卂」は、「迅速」の「迅」にも使われていて、"鋭く激しい"という意味があると考えられる。そこで、《訊》も、《尋》よりも鋭く、"問いただす"という意味合いで使われる。

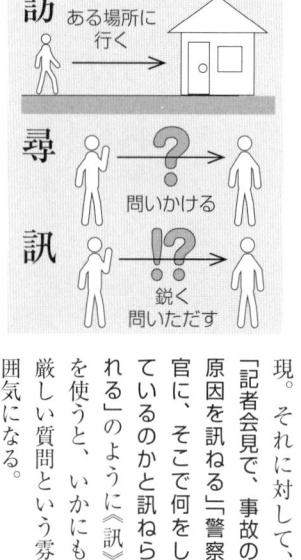

たとえば、「記者会見で、事故の原因を尋ねる」「警察官に、そこで何をしているのかと尋ねられる」ならば、一般的な表現。それに対して、「記者会見で、事故の原因を訊ねる」「警察官に、そこで何をしているのかと訊ねられる」のように《訊》を使うと、いかにも厳しい質問という雰囲気になる。

訪　ある場所に行く

尋　問いかける

訊　鋭く問いただす

たたかう

闘 戦

基本1 一般的には《戦》を用いる。

基本2 激しさや苦しさ、緊迫感などに焦点がある場合、目に見えないものを相手にする場合は、《闘》を使う方が落ち着く。

日本語「たたかう」を書き表す漢字としては、《戦》と《闘》がある。「戦闘」という熟語があるように、この二つは意味がよく似て、どちらを使っても、表す内容としてはたいした違いがないことが多い。ただ、ニュアンスにはかなりの差があり、文脈によっては、どちらかでないと落ち着かないこともある。

《戦》は、"大きな刃物"を表す部首「戈（ほこづくり）」の漢字。本来は、"武器を使って争う"という意味で、「戦争」「戦乱」などがその例。転じて、「決戦」「公式戦」「個人戦」のように、広く"力や技などを比べて、優劣を決める"ことを指して使われる。

一方、《闘》は、以前は「鬭」と書くのが正式。たたかいがまえ]は、古代文字では「𩰪」のように書き、"取っ組み合っている二人の人間"の絵から生まれた漢字。そこで、《闘》も、"取っ組み合いをする"ことを表し、「格闘」「決闘」などがその例となる。

"取っ組み合い"の激しく苦しいイメージから、「激闘」「苦闘」「死闘」「乱闘」のように、"激しく争う"ことや、"苦しみながら争う"場合によく用いられる。また、「闘病」のように、"苦しい状況を乗り越えようとする"ことを指して使われることもある。

結果と状態、どちらが大事？

このように、《戦》は、"勝ち負けや優劣を決める"という意味合いが強く、争った"結果"がどうなったかに関心がある。一方、《闘》は、そもそもが"取っ組み合っている"絵から生まれた漢字であり、どのように争っているのかという"状態"に対する意識が強い。そこから、"激しさや苦しさ"にも目が行くことになる。

となると、日本語「たたかう」を漢字で書き表す場合には、"結果"に重点を置く文脈では《戦》を、"状態"に焦点が当たっている場面では《闘》を使う、ということになる。ただし、「たたかい」とは常に、"結果"を気にするもの。一般的には《戦》を書き、特に"激しさや苦しさ"、"緊迫感"、"臨場感"などを表現したい場合には《闘》を用いる、と考えるのが、おすすめである。

ちょっと冷静になろうよ！

たとえば、「国と国とが戦った結果、多くの人命が失われた」「彼女とは柔道の試合で戦ったことがある」「碁盤の上での戦いから、目が離せない」な

なお、《訊》は、同じく"問いただす"という意味で、「きく」(p.174)と訓読みすることもある。

[たたかう][たたく] ● 298

ど、いわゆる「戦争」やスポーツなどについてふつうに記述する場合には、《戦》を用いる。「激しい戦いの末、予選を勝ち上がる」でも《戦》を使って問題ないが、《闘》を用いて「激しい闘いの末、予選を勝ち上がる」とすると、「たたかい」の激しさが強調されることになる。

「二人は真剣に議論を戦わせた」と「二人は真剣に議論を闘わせた」も、同様の例。《戦》を使うとやや客観的な記述となり、《闘》を用いると、眼の前でそのようすを見ているような、臨場感のある表現となる。

「たたかう」相手が目には見えない"苦しさ"である場合は、基本的に"状態"を問題にしているので、《闘》を書く方が落ち着く。例としては、「遊びに行きたい、という誘惑と闘う」「昼下がり、眠気と闘いながら仕事をする」「彼女の一生は貧困との闘いであった」など。「自分との闘いに勝つ」も、「自分」の"心の状態"を相手にしているわけだから、《闘》を用いるのがふつうである。

「ここまで来れば、あとは時間との闘いだ」も同様で、《闘》を使うのが一般的。とはいえ、たとえば残り時間を冷静に計っているような雰囲気を出したい場合には、「ここまで来れ

戦
|冷静さ|⇔|激しさ|
|客観的| |臨場感|
（結果重視） （状態重視）

ば、あとは時間との戦いだ」のように、《戦》を書くこともできる。

このように、"苦しさ"を相手にしている場合でも、「たたかい」の場合から一歩下がった、客観的で冷静な雰囲気を出したい場合には、《戦》を使ってもおかしくはない。《戦》と《闘》の使い分けでは、理屈にこだわりすぎず、その場に応じた漢字を選択するように心掛けたい。

たたく

敲 叩

明確だけど融通は利かぬ！

基本 一般的には《叩》を用いる。

発展 勢いよく「たたく」場合、音が響く場合には、《敲》を使ってもよいが、やや難解。

《叩》は、成り立ちははっきりしないが、"手や棒などで打つ"ことを表す漢字。"訪問の合図として扉を手で打つ"ところから使われ、「トイレのドアを叩く」「力を込めて太鼓を叩く」「悪さをして、親に頭を叩かれた」などが、その例である。

「叩扉」とは、"訪問する"ことをいう。訓読みでは「たたく」と読んで使わず、「叩頭」とは、"ひざまずいて、頭を地面に強く押し当てて謝る"こと。いわゆる「土下座」に近い。そこで、「パソコンのキーが、《叩》には、"強く押し当てる"という意味もある。「叩頭」とは、"ひざまずいて、頭を地面に強く押し当てて謝る"こと。いわゆる「土下座」に近い。そこで、「パソコンのキーを出したい場合には、「ここまで来れ

こういった例を見ているといかにも音が響いてきそうだ

叩 / 敲

叩 軽く打つ 比喩的

敲 強く打つ 音を響かせる

日本語「たたく」を漢字で書き表す場合には、《叩》さえ使っておけば、不自由を感じることはない。ただ、「たたく」と訓読みする漢字には、《敲》もある。

《敲》が音読みで使われるのは、現在では「推敲」くらい。このことばは、ある詩人が、自作の詩の一節を「門を推す」にしようか「門を敲く」にしようか悩んだところから、"詩文を練り上げる"ことをいう。

この漢字の右半分の「攴（ぼくづくり）」は、"棒や鞭などで打つ"ことを表す部首。つまり、《敲》は、"手や棒などで打つ"ことをかなり明確に表す。

そこで、勢いよく「たたく」音が響き渡るといった雰囲気を表現したい場合に用いるのが、ふさわしい。先に挙げた例も、「トイレのドアを敲く」「力を込めて太鼓を敲く」といった具合に《敲》を用いると、"勢い"や"響き"がイメージされる。

逆に言えば、"軽く打つ"場合には、《敲》は使わない方が無難。また、"手を叩く"「考えごとをしながら、机の上を指先で叩く」のように、あまり音がしないで"軽く打つ"場合に用いても、違和感がない。

日本語「たたく」を漢字で書き表す場合には、比喩的な表現や慣用句にはそぐわない。「ネットでさんざん叩かれる」「裏切り者として、仲間から袋叩きにされる」「朝の五時に叩き起こされた」「酔っ払いを店の外に叩き出す」「古い雑誌をまとめて安く買い叩く」「バナナの叩き売り」「大口を叩く」「無駄口を叩く」などなどでは、《叩》を使うのが一般的である。

なお、《敲》は現在ではあまり使わない漢字。振りがなを付けるなどの配慮をしておく方が親切である。

たつ

裁 絶 断

空間と時間の違い

基本1 空間的に切り離す場合、強い意志でつながりをなくす場合は、《断》を用いる。

基本2 ある時点から先には続かない場合は、《絶》を使う。

基本3 紙や布を切る場合は、《裁》を書く。

"切り離す"ことを表す日本語「たつ」を書き表す漢字としては、《断》《絶》《裁》がある。このうち、《断》と《絶》は、意味がよく似ていて、使い分けがむずかしい。

《断》は、"刃物"を表す部首「斤（おのづくり）」の漢字。"刃物で切り離す"ところから、広く"途中で切り離す"ことを指して使われる。音読みでは、「断面」「切断」「遮断」などがその例で、空間的につながっているものについて、"つなが

いったい どういうご関係?

らなくなる/つながらなくする"ことをいうのが、基本。「中断」も、本来は"空間的につながっているものを、真ん中でつながらなくする"という意味だと解釈できる。「断食」も、"食べ物を近づけない"という意味。

一方、《絶》も、広く"続かなくなる/続かなくする/終わりになる/終わりにする"という意味合いをも含む。ただ、「絶滅」「絶版」「廃絶」のように、"終わりになる"という意味合いが多い。

また、部首「糸(いとへん)」が付いているので、もともとは"つむいできた糸が終わりになる/つむいできた糸を終わりにする"ことを表していたかと想像される。ここから、時間的に続いてきたものについて、"ある時点から先には続かなくなる/続かなくする"ことを指す場合が多い。

そこで、《断》と《絶》の使い分けでは、空間的なのか時間的なのかが、一つの尺度になる。「手足を縛っている縄を断ち切る」「敵の補給路を断つ」「泥棒に電線を断たれて、警報が鳴らなかった」などは、空間的につながっているものだから《断》を使う。一方、「母国の行く末を憂えて自ら命を絶つ」「クレームがいつまでも後を絶たない」「最後に残った望みも絶たれた」などは、"それ以後は存在しなくなる"という時間的な意味だから、《絶》を用いる。

とはいえ、どちらとも取れることも多く、特に二つのものの関係について言う場合には、使い分けは悩ましい。

「悪い仲間との交際を断つ」「相手国との国交を断つ」「娘への仕送りを断つ」など、《断》を使うと、「悪い仲間」や「相手国」「娘」を、空間的に別の場所に存在するものとしてとらえた表現になる。これらを、《絶》を用いて「悪い仲間との交際を絶つ」「相手国との国交を絶つ」「娘への仕送りを絶つ」とすると、"その時点以降は関係がなくなる"という時間的な意味合い。どちらでも、結局のところはあまり違わないので、好みに応じて適当に用いてかまわない。

「ダイエットのために甘い物を断つ」は、「断食」と同じで、「甘い物」を、"近づけない"というニュアンス。これも、"今後は関係をなくす"というふうに時間的にとらえて、《絶》を書くこともできる。ただし、《断》には、"はっきりした意志を持つ"という意味合いもある。そこで、特に"意志の強さ"が必要となる場面では、《断》を使う方が雰囲気が出る。「失恋したものの、あの人への思いは断ちがたい」などは、その例である。

《断》《絶》のほか、《裁(さい)》も、

断
○〜〜〜○ ✗
空間的なつながりを切り離す

絶
───→ - - - - ✗
ある時点以降、続かなくする

たつ／たてる

点閉発樹起建立

「断裁」という熟語があるように、この漢字の部首は「衣(ころも)」で、本来は、「裁縫」のように"衣服を作るために布や紙などを切る"ことを表し、「たつ」と訓読みして使われる。

例としては、「型紙に合わせて布を裁つ」「B5判の紙を半分に裁つ」「切れ味のいい裁ちばさみを買う」など。基本的に、布や紙などについてしか用いないので、《断》との使い分けに悩むことはあまりない。

基本1 ほとんどの場合は《立(りつ)》を用いる。

基本2 特に、「建設」する場合は、「建」を使う。

発展1 活動を始める場合は、《起(き)》を使うと、意味合いがはっきりする。

発展2 しっかりしたものを作り上げる場合は、《樹(じゅ)》を用いてもよいが、やや古風。

発展3 特に、「出発」する場合は、《発(はつ)》を書く。

発展4 戸や障子などを「閉める」場合は、《閉(へい)》を用いることもできる。

抹茶の粉に湯を注いで抹茶を作る場合は、《点》を使ってもよい。

何でもきちんとしてまっせ！

日本語「たつ／たてる」の基本的な意味は、"垂直になる／垂直にする"こと。漢字で書き表す場合には、《立》か《建》を用いれば、たいていは事が足りる。

《立》は、古代文字では「𡗗」と書き、"大地"を表す横線の上に、"垂直方向に体を伸ばした人"の姿を書いた絵から生まれた漢字。"人が体を垂直にする"ところから、広く"垂直になる／垂直にする"という意味で用いられる。「起立」「直立」などがその例。「たつ／たてる」と訓読みして、「椅子から立ち上がる」「山の頂上に旗を立てる」「髪の毛が逆立つ」「煙が立ちのぼる」「ぼーっと立っていないで、手伝いなさい」のように用いられる。

転じて、「立地」「独立」のように、"ある場所や地位にきちんと存在する／きちんと存在させる"という意味にもなる。訓読みの例としては、「スタートラインに立つ」「県知事候補として立つ」「代理人を立てて交渉する」など。「ここは相手の顔を立てて、引き下がろう」は、比喩的に使われた例である。

このように、漢字《立》には"きちんとしている"という意味合いがある。ここから、日本語では"すぐれている"という意味でも《立》を使う。「目立つ」「役に立つ」「腕が立つ」などは、その例である。

また、「成立」「立案」では、"きちんとしたものができる

「きちんとしたものを作る」こと。「見通しが立つ」「計画を立てる」「手柄を立てる」「暮らしが成り立つ」などが、訓読みの例となる。

"きちんとしたものができる／きちんとしたものを作る"から転じると、"新しい状態が始まる／新しい状態を始める"という意味にもなる。音読みでは、「立春」がその例。訓読みでは、「風が立つ」「うわさが立つ」「音を立てる」「泡を立てる」「鳥肌が立つ」「色めき立つ」「まくし立てる」などが、この系統の例となる。

以上のように、日本語「たつ／たてる」を漢字で書き表す場合には、《立》を幅広く使うことができる。

一方、《建》は、「建設」「建造」「建築」など、"設備を地上に造り上げる"ことを表す漢字。「たてる」と訓読みして、「家を建てる」「自社ビルを建てる」「公園に記念碑を建てる」「七一〇年に、奈良に都が建てられた」「その昔、海を渡ってきた民族が、この島に国を建てた」などと用いられる。

「たつ」とも訓読みするが、その場合は"設備が地上に造り上げられる"という意味。たとえば、「小屋が建つ」「ショッピングセンターが建つ」「銅像が建つ」といった具合である。《建》の持っている"造り上げる／造り上げられる"といったニュアンスは、《立》には含まれていない。そこで、これ

組み合わせたり、文字を彫ったり

らの「たつ／たてる」を《立》で書き表すのは、無理がある。「建設する／建設される」に言い換えられる「たつ／たてる」は《建》を使うと考えると、わかりやすい。

悩ましいのは、「倉庫が立っている」「テレビ塔が立っている」「お墓が立ち並んでいる」など。"ある場所にきちんと存在している"という意味だから、《立》を書いてもおかしくはない。しかし、"造り上げられている"ことを重視して、《建》を用いて「倉庫が建っている」「テレビ塔が建っている」「お墓が建ち並んでいる」とすることが多い。

躍動感と安定感

《立》《建》のほかに、似たような意味で「たつ」あるいは「たてる」と訓読みする漢字に、《起》と《樹》がある。この二つも、独自のニュアンスを生かして用いることができる。

《起》は、「起立」「起き上がる」のように、"体を垂直にする"というイメージが強い漢字。しかし、「パソコンを起動させる」「問題を提起する」など、"活動を始める"という意味で使われることも多い。

日本語「たつ」には、"垂直にする"という意味はもちろん、"新しい状態を始める"という意味もある。そこで、どちらの意味の《起》も、「たつ」と訓読みして使うことができる。しかし、"体を垂直にする"のであれば、《立》を書いておけば十分。そこで、《起》の訓読み「たつ」は、"活動を始める"

303 ●[たつ／たてる]

という意味で用いられることが多い。「病の床から起つ」「自由を求めて民衆が起ち上がる」などが、その例となる。

これらを、「病の床から立つ」「自由を求めて民衆が立ち上がる」などと書いても、問題はない。しかし、《起》を用いる方が、"活動を始める"という躍動感が出る。とはいえ、現在ではあまり一般的ではない訓読みなので、振りがなを付けるなどの配慮をしておく方が、親切である。

なお、"活動を始める"という意味の《起》は、その意味合いから、「たてる」と訓読みして使うことはほとんどない。

一方、《樹》は、「樹木」「落葉樹」のように"地面から生えている木"を指す漢字で、「き」(p171)と訓読みすることもある。転じて、"旗竿などを地面にしっかり打ち込む"という意味にもなり、「あの山の頂上に我らの旗を樹てよう」のように訓読みして、「たてる」と使われる。

ここから、"しっかりしたものを作り、安定させることをも表す。音読みの例としては、「壮大な計画を樹てる」「明確な方針を樹てる」「大記録を打ち樹てる」などが挙げられる。

これらの場合、《立》を使ってももちろんかまわないが、《樹》を用いると、"しっかりしている"という安定感が表現できる。とはいえ、現在ではほとんど使われない訓読みなので、古風な雰囲気になることも確か。振りがなを付けるなどの配慮が必要である。

なお、"安定させる"ことは、何かに対して行う動作なので、《樹》を「たつ」と訓読みすることは、ほとんどない。

以上のほか、限られた場面だけで「たつ」あるいは「たてる」と訓読みする漢字としては、《発》《閉》《点》が挙げられる。この三つは、意味がかなりはっきりしているので、使い分けに悩むことはあまりない。ただ、どれも「たつ」とか「たてる」と訓読みするのは、現在ではやや特殊。振りがなを付けるなどの配慮をしておいた方が、親切である。

まず、《発》は、本来は"矢を放つ"という意味の漢字だが、転じて、「発車」「出発」のように、"ある場所を離れて別の場所へ向かう"ことをも表す。「パリを発ってロンドンに向かう」「朝九時の列車でこちらを発ちます」などと使われる。

これは《立》の持つ"新しい状態を始める"という意味と、

```
       立
       │
  ┌────┼────┐
垂直になる        新しい状態を
  │              始める
┌─┴─┐            │
きちんと  きちんと   ↓
でき上がる 存在する
  ↓       ↓       
地上に   作って    新たに活動を
造り上げる 安定させる 始める
 建       樹       起
```

きまった時だけ
使えます!

[たつ／たてる］［たっとい／たっとぶ］［たてる］◉ 304

通じるところがある。また、「会議の席を立って外に出る」のように、《立》には、"腰を上げて別の場所へ向かう"ことを指す用法もある。とすれば、「パリを立ってロンドンに向かう」「朝九時の列車でこちらを立ちます」のように《立》を用いるのも、間違いとは言えない。

とはいえ、"ある場所を離れて別の場所へ向かう"場合には、《発》を書いておく方が、意味合いがはっきりする。「出発する」に言い換えられる「たつ」は《発》を書く、と考えておくのが、おすすめである。

次に、《閉》は、"出入り口をふさぐ／出入り口がふさがる"という意味の漢字で、「しめる／しまる」(p240)と訓読みすることが多い。ただ、日本語では、戸や障子などを「閉める」ことを「たてる」とも言うので、「たてる」と訓読みされることがある。「雨戸を閉てる」「ふすまを閉てきる」などが、その例である。

最後に、《点》については、「点滴」「点眼」

	たつ	たてる	意　味
立	○	○	広く一般的に
建	○	○	地上に造り上げる
起	○	△	新たに活動を始める
樹		○	作って安定させる
発	○		別の場所に向かう
閉		○	戸や障子などを閉める
点		○	抹茶の粉に水を注ぐ

たっとい／たっとぶ
尊貴

↓とうとい／とうとぶ(p347)

たてる
点閉樹建立

↓たつ／たてる(p301)

のように、"少量の水を注ぎ込む"という意味がある。この意味の場合は、ふつうは「さす」(p217)と訓読みする。

ただ、「点茶」という熟語があるように、漢字では、"抹茶の粉に少量の水を注いで、抹茶を作る"ことを《点》を使って表す。一方、日本語では、この作業を「たてる」と表現する。そこで、《点》も、「お茶を点てる」のように、「たてる」と訓読みされることがある。

これらの「たてる」も、"きちんと存在させる""きちんとしたものを作る"という意味で、《立》を使って書き表すこともできる。ただ、《閉》《点》を書いた方が、その意味合いははっきりする。

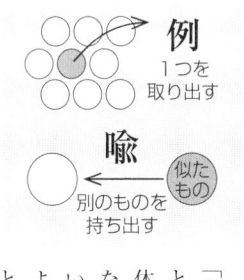

たとえる／たとえば

譬 喩 例

身内ですか、よそ者ですか？

基本1 あるものごとの中から具体的なものごとを挙げる場合には、《例》を用いる。

基本2 似ている別のものごとを持ち出して説明する場合は、かな書きにするか、《喩》を使う。

基本3 似ている別のものごとを持ち出して説明する場合は、《譬》を用いてもよいが、かなり難解。

発展 仮定する場合は、かな書きにする。

　日本語「たとえる／たとえば」の基本的な意味は、"わかりやすいように、似ているものごとに置き換えたりして説明する"こと。このことばを書き表す漢字としては、《例》《喩》《譬》の三つがある。

　《例》は、「実例」「用例」「例を挙げる」など、"あるものごとのうち、全体をわかりやすく説明できる具体的なもの"を指す漢字。転じて、「例示」「例証」のように、具体的なものごとに置き換えたりして説明するように、具体的なものごとを挙げる"という意味となる。

　訓読みでは、主に「たとえば」の形で用いられる。「偉大な科学者とは、例えばニュートンのことだ」「何か気分転換をお勧めします。例えば、旅行に行くのはどうでしょう」などが、その例となる。

　一方、《喩》は、"ことば"を表す部首「口（くちへん）」の漢字で、本来は、"ことばで説明して理解させる"という意味。転じて、「比喩」のように、"理解しやすいように、似ている別のものごとを持ち出して説明する"ことを指して使われるようになった。

　訓読みでは「たとえる／たとえば」と読み、「彼氏を芸能人に喩えると、誰に似ていますか？」「雪に喩えられるような真っ白な肌」「喩えようもない苦しみを味わう」「今の私は、喩えばまな板の上の鯉のようなものです」「この童話は、人間を動物に置き換えた喩え話だ」「あいつはゴリラみたいだ、というのは、悪口ではなくて、ものの喩えだ」などと使われる。

　《譬》は、ふつうは「たとえ」や、それから派生した「たとえる」とは訓読みしない。そこで、「たとえる／たとえば」の場合には、《喩》の方を書いておけばよい。

　使い分けが問題となるのは、「たとえば」の場合。《例》を使うと、"あるものごとのうちの具体的なもの"を持ち出すことになる。それに対して、《喩》を用いると、"あるものごとと似たような別のもの"を持ち出すことになる。

例
1つを取り出す

喩
別のものを持ち出す（似たもの）

[たとえる／たとえば] [たのしい／たのしむ] ● 306

そこで、Aというものごとについて話しているときに「たとえばBは」と言い出す場合、BがAのうちの一つであれば《例》を、BがAとは別のものであれば《喩》を使う。実際には、別のものなのに《例》を使っているケースもよく見られるが、漢字本来の意味という観点からは、それは避けることが望ましい。

なお、《喩》を「たとえる／たとえば」と訓読みするのは、現在ではあまり一般的ではないので、振りがなを付けるなどの配慮が欲しい。それでもむずかしく感じられる場合には、かな書きにしてしまうのがおすすめである。

このほか、《喩》とほぼ同じ意味の漢字に、《譬》がある。これは、"ことば"を表す部首「言(いう)」に、「辟」を組み合わせた漢字。「辟」は、「避(さ)」にも含まれていて、"脇へそれる"という意味を持つ。

そこで、《譬》も、別の話題にそれるところから、"別のものごとを持ち出して説明する"ことを表す。《喩》と同じように用いて、「たとえる／たとえば」と訓読みして、《喩》と同じことができる。

《喩》と《譬》を比べると、《喩》がもともとは"理解させる"という意味だったのに対して、《譬》は、もとから"別のものごとを持ち出して説明する"ことを表していた点が異

本家だけれど
見かけがねぇ…

なる。そのためもあってか、昔は《譬》の方がよく用いられたが、かなりむずかしい漢字なので、現在ではあまり使われない。先に《喩》の例として挙げたものも、「肌の白さを雪に譬(たと)える」「譬(たと)えようもない苦しみ」「譬えばまな板の上の鯉のようなものだ」「人間を動物に置き換えた譬え話」などと《譬》を使って書き表してもよいが、振りがなを付けるなどの《譬》の配慮は不可欠である。

なお、日本語「たとえば／たとえ」には、"もし仮に"という仮定の話を持ち出す用法もある。漢字《例》《喩》《譬》にはこういう用法はなく、漢文では、仮定は《令(れい)》や《縦(じゅう)》《使(し)》などを用いて表す。

とはいえ、これらの漢字を「たとえば／たとえ」と訓読みするのは、現在の日本語ではかなり不自然。「たとえば宝くじが当たったとしたら、何がしたい？」「たとえ世界の終わりが来ようとも、この愛は不滅です」のように、かな書きにするのが一般的である。

たのしい／たのしむ

娯 愉 楽

基本 一般的には《楽(がく／らく)》を用いる。

発展1 悩みや不安などがないことをはっきりさせたい場合には、《愉(ゆ)》を使うこともできる。

発展2 仕事や勉強などと対比して「たのしみ」を表現したい場合には、《娯(ご)》を書くと効果的。

[たのしい／たのしむ]

> 結局は逃げ道なのかな？

《楽》は、古代文字では「樂」と書き、何らかの「楽器」の絵から生まれた漢字だと考えられている。「音楽」のように使うのが、本来の意味。転じて、「歓楽」「快楽」「喜怒哀楽」など、"満ち足りて明るい気分である"ことをも表すようになった。

訓読みでは「たのしい／たのしむ」と読み、「我が家で楽しいクリスマスを過ごす」「同窓会で楽しい思い出話をする」「この学校では楽しく勉強ができます」「この楽しさは、若い人にはわからない」「休日は街に出かけて、ショッピングを楽しむ」「あの子の将来が楽しみだ」のように用いられる。

日本語「たのしい／たのしむ」を漢字で書き表す場合には、《楽》を使っておけば十分に用は足りる。ただし、「たのしい／たのしむ」と訓読みする漢字はほかにもあり、ニュアンスを生かして使い分けることもできる。

その一つ、《愉》は、音読みでは「愉快」「愉悦」のように用いる漢字。「いやす／いえる」と訓読みする「癒」と同じ形を含んでいて、意味としては"悩みや不安などがなくなる"ところに重点がある。そこで、たまったストレスを発散したり、日常を忘れて夢中になったりといった、心の底からの「たのしさ」を表現するのに適している。

例としては、「二人だけで愉しい時間を過ごす」「ぶらりと自由な一人旅」「ひいきのチームが勝ったときの愉しさは最高だ」

を愉しむ」「休日に釣りに行くのが、ぼくの秘かな愉しみです」といった具合。これらの《愉》を《楽》としても、もちろん間違いではないが、《愉》を使った方が、"発散"や"夢中"などというニュアンスがはっきりする。

もう一つ、《娯》は、音読みでは「娯楽」以外にはほとんど使われない漢字。"仕事や勉強などから離れて、気晴らしをする"ことを表す。そこで、仕事や勉強といった"義務"と対比して「たのしみ」を表現したい場合に、《楽》の代わりに使うと、効果が高い。

「同僚と飲みに出かけて、娯しいひとときを過ごす」「庭にやってくる鳥たちが、生活に追われがちな心を娯しませてくれる」「仕事一筋で娯しみの少ない生活を送る」などの例。ただし、現在ではあまり使われない訓読みなので、振りがなを付けるなどの配慮をしておく方が親切である。

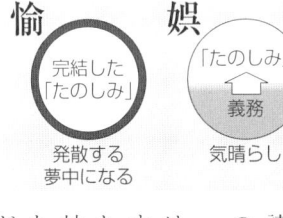

《愉》と《娯》のニュアンスの違いは、とても微妙。あえて区別するすれば、《愉》は、それだけで完結した「たのしい」世界を感じさせるのに対して、「娯」は、あくまで"義務"があっての「たのしみ」だ、という側面が強い。

娯
「たのしみ」
↑
義務
気晴らし

愉
完結した「たのしみ」
発散する
夢中になる

たま

魂霊弾珠球玉

平べったくてもOKです！

基本1 一般的には《玉》を用いる。

基本2 スポーツのボールや「電球」の場合は《球》。

発展1 「球形」であることを強調したい場合は、《球》を用いると効果的。

発展2 小さくて貴重なものや、小さくて輝くものの場合には《珠》を使うと雰囲気がよく出る。

発展3 鉄砲や大砲で飛ばすものは《弾》。

発展4 肉体とは別に存在する精神を指す場合には、一般的には《霊》を用いる。特に、精神的な活動力に重点を置きたい場合には、《魂》を使うこともある。

日本語「たま」は、"まるいもの"である必要はなく、なんとなく"まるく感じられるもの"を広く表す。さまざまな漢字を使って書き表されるが、《玉》を使うことが最も多い。

漢字「玉」は、本来は、昔から中国で貴重なものだとされてきた、"ヒスイなどの宝石の一種"を指す漢字。「玉杯」「宝玉」「玉石混交」などがその例。訓読み「たま」でも、「玉に瑕」「玉のような肌」などの《玉》は、"宝石"のこと。「玉虫」「玉串」「玉の輿に乗る」などでは、比喩的に"美しいもの""立派なもの""きらびやかなもの"を指す。

宝石の一種としての《玉》は、磨かれて"まるい"形をしていることが多い。そこから、日本語では、広く"まるいもの"を指す「たま」を書き表す漢字としても使われる。

「玉砂利」「玉ねぎ」「目の玉」「白玉」「揚げ玉」「あめ玉」「シャボン玉」「ビー玉」「癇癪玉」「火の玉」「お玉じゃくし」「かき玉汁」「かに玉」のように「たまご」の省略形として使われることもある。これら以外の用法も含めて、日本語「たま」を漢字で書き表す場合には、《玉》を使っておけば、たいていの場合は間違いにはならない。

このほか、日本語「たま」には、「あの役者さんは、悪玉をやらせたら天下一品だ」「あの子は上玉のべっぴんさんだね」のように、ある特徴を備えた、"人間"を指すこともある。鶏の「たま」を「玉子」と書き表すこともあるところから、「かき玉汁」「かに玉」のように「たまご」の省略形として使われることもある。これら以外の用法も含めて、日本語「たま」を漢字で書き表す場合には、《玉》を使っておけば、たいていの場合は間違いにはならない。

「百円玉」「おはじきの玉」「眼鏡の玉がくもる」「ラーメンの替え玉を頼む」のように、"円盤状のもの"を指すこともある。

ただ、《玉》は、"宝石"や"まるいもの"を幅広く表すので、前後左右のどちらにも転がるような"どこから見てもまるいもの"については、その特徴を表現しきれない。そこで、"どこから見てもまるいもの"を指す場合の「たま」は、《球》を使って書き表すことも多い。

《球》の部首「王（たまへん）」は、古代文字では《玉》と同じ形で、"宝石"を表す。一方の「求」は、「毬（まり）」にも含まれていて、"どこから見てもまるいもの"という意味を持つと考えられる。

つまり、《球》は、もともとは"どこから見てもまるいもの"を指す漢字。転じて、宝石以外のものに対しても使われるようになった。音読みでは、「球体」「球面」「地球」などが、その例となる。

そこで、「たま」と訓読みして、"どこから見てもまるいもの"を指して使われる。特に、現在の日本語では、スポーツのボールを指すのが習慣。「彼の投げる球は速い」「敵陣を目指して球を蹴り込む」「部活では球拾いばかりしていた」「頭をぶつけて、ゴルフ球ぐらいの大きさのこぶができた」などが、その例となる。

ただし、「大玉転がし」「玉入れ」などは、運動会の競技ではあるが、《玉》を使う方がふつう。ボーリングは《球》を書くが、ビリヤードの場合は「玉突き」のように《玉》を用いる。"ビリヤード"を意味する「撞球（どうきゅう）」という熟語もあるので、《球》を書いても間違いとはいえない。

スポーツ以外では、「電球」を指す場合には「球」を用いるのが習慣。今となっては懐かしい表現だが、「電灯の球を取り替える」のように使われる。

このほか、「眼球（がんきゅう）」という熟語があるので「眼の球をむき出しにする」のように使ったり、「鉄球（てっきゅう）」という熟語があるので、「大きな鉄の球をぶつけてビルを壊す」などと用いたりできる。さらには、「占い師が水晶の球をのぞき込む」「猫が毛糸の球を追いかける」といった使い方も可能である。

これらはいずれも《玉》でも済むところだが、《球》を用いると、「球形」のイメージを生かすことができる。スポーツと電灯以外でも、「球形」であることを強調したい場合には、《球》を使うのが効果的である。

大きなものはご遠慮ください

《玉》と似たような意味で「たま」と訓読みする漢字には、もう一つ、《珠》もある。

これも"宝石"を表す部首「王」の漢字で、本来の意味は、"二枚貝の中にできる宝石"、つまり「真珠（しんじゅ）」のこと。転じて、"小さくて美しく、貴重なもの"や"小さくて光り輝くもの"を指して用いられる。

「宝箱を開けると、金銀の珠が転がり出た」が、典型的な例。ほかにも、「二人の間には珠のような子どもが生まれた」「先生は教え子たちを掌中の珠のように大事にしている」「草の葉に珠のような露が下りている」「ブドウが珠のような実を付けている」などと、比喩的な表現でよく用いられる。

これらの《珠》を《玉》と書いてもかまわないが、《珠》を使うと、"美しい""すぐれた""光り輝く"といったイメージを

[たま] ● 310

表現することができる。ただし、《珠》の根本には"小さい"という意味合いがあるので、いかに美しく輝いていようとも、大きな「たま」に対しては用いない方がよい。

なお、「珠算」という熟語があるように、そろばんの「たま」も、「珠玉をはじく」のように《珠》で書き表すことが多い。

お侍には似合わない！

《玉》を用いて「そろばんの玉をはじく」とすることもあるが、《珠》を書く方が、由緒正しい雰囲気になる。

ところで、日本語では、"鉄砲や大砲に詰めて遠くへ飛ばすもの"も、「たま」という。ただし、この場合は、《玉》でも《球》でももちろん《珠》でもなく、《弾》を使って書き表すのがふつうである。

《弾》は、部首「弓（ゆみへん）」の漢字で、本来は、石などを遠くへ飛ばす"はじき弓"という武器の一種を指す。転じて、"はじき弓で飛ばす石"をも指し、そこから"鉄砲や大砲に詰めて飛ばすもの"を意味するようになった。音読みでは、「弾丸」「銃弾」「砲弾」などが、その例となる。

訓読み「たま」では、「大砲に弾を込める」「放たれた弾は標的の真ん中を撃ち抜いた」「流れ弾に当たらないように気を付ける」のように「たま」も"まるいもの"だから、《玉》と書いても間違いとは言い切れない。実際、「鉄砲玉のように、飛び出して行ったきり帰らない」のように、鉄砲の「たま」について《玉》を用いることもある。

しかし、《弾》は、「爆弾」「手榴弾」「核弾頭」「焼夷弾」などと、近代的な兵器としての鉄砲や大砲の「たま」について用いる方がよく使われ、見るからに近代的な兵器を思わせる。そこで、近代的な兵器としての鉄砲や大砲の「たま」については、《弾》を用いる方が落ち着く。逆に言えば、時代劇の"まるいもの"だ、と考えていたからしい。この場合の「たま」を書き表す漢字としては、《霊》と《魂》がある。

「霊魂」という熟語があるように、この二つの漢字はどちらも、"肉体が死んだ後の精神"を指す点で、よく似ている。ただ、《霊》には、「霊感」「霊山」「霊験あらたか」のように"人間界とは異なる不思議な世界"という意味もあるのに対して、《魂》は、「魂胆」「闘魂」「入魂」などと使われて、生き的な不思議なイメージを出すことができる。

	玉	球	珠	弾
その他まるいもの一般	◎			
近代的な鉄砲や大砲の「たま」	○			◎
昔の鉄砲や大砲の「たま」	○			△
小さくて美しい小さく輝くもの	○		◎	
スポーツのボール	△	◎		
どこから見てもまるいもの	○	◎		

これは、昔の日本人は、"肉体とは別に存在する精神"は形が"まるいもの"だ、と考えていたからしい。この場合の「たま」を書き表す漢字としては、《霊》と《魂》がある。

不思議な力を感じます…

以上のほかに、日本語では、"肉体とは別に存在する精神"のことも「たま」と呼ぶ。

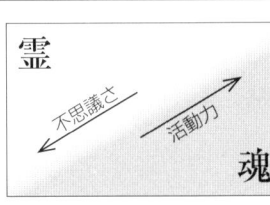

ている間も存在する"精神的な活動力"をも指す。

この違いからすれば、《霊》は"不思議さ"に重点を置く場合に適していて、《魂》は"活動力"を中心に表現する場合にふさわしい、ということになる。

「言霊」「木霊」などで《霊》を使うのは、ことばや樹木には"不思議なはたらき"があると考えられたから。一方、「魂消る」「荒御魂」のように《魂》を書く場合は、その"活動力"を問題にしているのだと思われる。「肝っ魂」のように《玉》も"活動力"の例だが、これについては「肝っ玉」のように《玉》を用いることも多い。

とはいえ、"肉体とは別に存在する精神"とは、"不思議さ"と"活動力"の両方を感じさせるもの。そこで、「霊迎え／魂迎え」「霊祭り／魂祭り」「霊送り／魂送り」のように、どちらを使ってもよいのがふつうである。ただ、《魂》は一文字で「たましい」と訓読するのがふつうなので、「たま」と訓読すると読み方がまぎらわしくなりやすい。現在では、これらの「たま」は《霊》を使う方が定着している。主流である。

霊　魂
← 不思議さ　活動力 →

たまう／たまわる

給 賜

基本1 ものを与える／与えられることを敬意を込めて表現する場合には、《賜》を用いる。

基本2 敬意や穏やかな命令の気持ちを表すために添える「たまう」は、かな書きにするが、《給》を使ってもよい。

《賜》の漢字で、本来は、"金品"を表す部首「貝（かいへん）」の漢字で、本来は、"金品を与える"という意味。広く、"地位が上の者から下の者へ、金品を与える"ということばとして使われる。"与える"場合はこれにさらに尊敬を表す「る」を付けて「たまわる」の形にすることが多い。

「恩賜」といえば、"臣下が王や天皇、皇帝から、何かを与えられる"ことを指して使われる。「賜宴」とは、"王や天皇、皇帝が臣下のために開く宴会"をいう。

敬語はやっぱりむずかしい…？

「たまう／たまわる」と訓読みしても同じ意味だが、さらに広く、"与える／与えられる"ことを敬意を込めて表現することばとして使われる。"与える"場合は「たまう」を用いることになるが、実際には、これにさらに尊敬を表す「る」を付けて「たまわる」の形にすることが多い。そこで、"与える"場合であろうと、"与えられる"の形で使われるのがふつうである。

たとえば、「国王が大臣にお褒めのことばを賜る／大臣が国

[たまう／たまわる][たまる／ためる] ● 312

	形	意味	備考
賜	○○をたまわる （○○をたまう）	与える／ 与えられる	
給	○○したまう ○○たまう	尊敬や命令の 意味を添える	かな書きも 多い

王からお褒めのことばを賜る」「社長から社員に金一封を賜る／社員が社長から金一封を賜る」といった具合。「このたびはけっこうなものを賜りまして……」「視聴者からお叱りの手紙を賜った」「しばらくお時間を賜りたく存じます」などは、"与えられる"ことを相手に対する敬意を込めて表している。

"与える／与えられる"という意味の「たまう／たまわる」は、すべて《賜》を使って書き表して、問題はない。しかし、日本語「たまう」には、やや古めかしいが、「君、死にたまうことなかれ」「神の授けたもうた試練」「神よ、救いたまうよ」のように、行動を表すことばのあとに添えて、敬意を表現する用法もある。

また、「たまえ」の形では、「中に入りたまえ」「やり直したまえ」など、同じように行動を表すことばのあとに添えて、穏やかな命令の気持ちを表す。これらの「たまう」は、日本語独特のはたらきをすることばなので、かな書きにするのが最も落ち着く。

それでもどうしても漢字を使いたい、というのならば、《賜》を使って書き表しても、当て字的な表現として間違いとは言えない。しかし《賜》は"上の者から下の者に何かを与える"というはっきりした意味を持つので、敬意や命令の気持ちを表すためだけに添えられる「たまう」を書き表すときに用いるのは、やや大げさに感じられる。そこで、この場合の「たまう」を漢字で書き表す際には、昔から、《給》を使うのが習慣とされてきた。

《給》は、「給水」「補給」「支給」のように、"必要なものを与える"という意味。《賜》と似た意味を持つがそれほど大げさにはならないため、「君、死に給うことなかれ」「神の授け給うた試練」「神よ、救い給え」「中に入り給え」「やり直し給え」のように使われる。

とはいえ、それも、どうしても漢字を使いたい場合のこと。そこまでこだわりがないのであれば、かな書きしておくのが一番である。

たまる／ためる

堪貯溜

増えていくのはどんなもの？

基本1 ほとんどの場合は《溜》を用いる。
基本2 特に、金品などの貴重なものに関する場合は、《貯》を使う。
基本3 じっとしていることを表す「たまる」は、《堪》を書く。

《溜》は、"水"を表す部首「氵(さんずい)」の漢字で、本来の意味は、"したたり落ちた雨水が、流れないでいる"こと。日本語では、広く"ある

313 ◉ [たまる／ためる]

```
              とどめて
              量を増やす  →
                             溜 貯 堪
              貴重なものを →
              じっと
              している   →
```

ところにとどまって、少しずつ量が増える／あるところにとどめて、少しずつ量を増やす〟という意味で、「たまる／ためる」と訓読みして用いる。

「ゴミが溜まる」「目に涙を溜める」「安売りの鶏肉を買い溜めする」「水溜まりに片足を踏み込む」「胸の底から溜め息をつく」などが、その例。「休暇明けに、溜まった仕事を片付ける」「ストレスは溜め込まない方がいい」のように、抽象的なものに対して使われることも多い。

このように、《溜》は、幅広く使われる。しかし、似たような意味で「たまる／ためる」と訓読みする漢字には《貯》もあり、こちらが用いられることも少なくない。

《貯》は、〝金品〟を表す部首「貝（かいへん）」の漢字。「貯金(きん)」「貯蓄(ちょちく)」など、〝金品をとっておく〟ことを表し、「たくわえる」(p293)とも訓読みする。金品とは、くり返しとっておくと、ふつうは量が増えるもの。そこで、〝金品をとっておいて量が増える／量を増やす〟という意味で、「たまる／ためる」と訓読みできることになる。

例としては、「生活費を節約したので、お金がずいぶん貯まった」「苦労して子どもの学費を貯める」「貯金箱に小銭を貯め込む」など。お金に関して用いられるのがほとんどだが、音読みでは、「貯水池(ちょすいち)」「石油の貯蔵量(ちょぞうりょう)」といった使い方もする。そこからすれば、「飲料水をタンクに貯める」「倉庫にお米を貯めておく」のように、金品以外の貴重なものに対して使っても間違いではない。

このように、《貯》は、お金を中心とした貴重なものというイメージが強い。一方の《溜》は、雨水という、貴重にもなれば邪魔にもなるものに由来するので、幅広く使える。そこで、「お金がずいぶん溜まった」「小銭を溜め込む」と書いても間違いではない。しかし、特に〝お金をとっておいて量が増える／量を増やす〟場合には、その意味合いをはっきりさせるために、《貯》を書くことが多い。

以上のほか、日本語「たまる」には、「たまらない」「○○してたまるか」などの形で、〝じっとしていられない〟ことを表す用法もある。この場合、「たまる」そのものが表すのは、〝じっとしている〟こと。《溜》《貯》とは意味が異なるので、《堪》を使って書き表す。

> 落ち着きがないのねぇ…

この漢字は、「堪忍(かんにん)する」「痛みを堪える」のように、〝我慢する〟という意味。「たえる」(p290)とも訓読みする。転じて〝じっとしている〟ことをも表すところから、「恋人を奪われたあの子が気の毒で堪(こら)らない」「そんなひどいことを

たより

便 頼

あの人について知りたいなあ

基本1 支えや根拠となるものの場合は、《頼》を用いる。

基本2 手紙や連絡の場合は、《便》を使う。

便	頼
手紙や連絡 ある人について知る	支えや根拠

《頼》は、「信頼」「頼もしい」のように、"支えや根拠とする"という意味。「親戚を頼って上京する」「マニュアルに頼らず、自分の考えで実行する」など、「たよる」と訓読みする。

ここから、「たより」と訓読みした場合には、"支えや根拠となるもの"を指すことになる。「手すりを頼りに階段を上がる」「あの先輩は腕っ節が強いから、こういうときには頼りになる」「記憶だけを頼りに、幼なじみの家を探す」「こんないい加減な説明では、何とも頼りない」などが、その例となる。

ただし、日本語「たより」には、"手紙や連絡"という意味もある。これは、ある人物について知るための"支えや根拠となるもの"という意味合いから生じたもの。この場合の「たより」を漢字で書き表す場合は、「郵便」「便箋」のように"手紙や連絡"という意味のある《便》を用いる。

例としては、「お便り拝受いたしました」「彼女からはその後、何の便りもない」「あの人が結婚したことは、風の便りに聞いた」など。《頼》と《便》とでは、漢字の意味がかなり異なるので、この使い分けで迷う必要はあまりない。

言われては、堪ったものではない」「なんのこれしき、負けて堪るか」のように用いられる。

ち

ちかう

盟 誓

基本 一般的には《誓》を用いる。

発展 仲間意識が強い場合には、《盟》を使ってもよいが、かなり古風。

そこまで儀式ばらなくても？

《誓》は、「誓約」「誓願」「宣誓」など、"破ったら罰を受けることを条件に、約束をする"ことを表す漢字。「ちかう」と訓読みして、「神の前で変わらぬ愛を誓う」「正々堂々と戦うことを誓う」「必ず戻って来ると、誓いを立てて旅に出る」「うそはつかないという誓いを破る」のように使われる。

「ちかう」を漢字で書き表す場合には、《誓》さえ使っておけば、不自由することはない。ただし、「ちかう」と訓読みする漢字には《盟》もあり、文脈によってはこちらを用いることもできる。

```
         誓
神や仏に       自分に
対して         対して

他人に    仲間になる
対して    ─────▶ 盟
```

《盟》は、"容器"を表す部首「皿（さら）」の漢字で、もともとは、紀元前の中国で、"容器に入れた血をすすり合う儀式を通じて、お互いが決して裏切らないことを約束する"ことを指していた漢字。転じて、"約束を結んで仲間になる"という意味で用いられる。

そこで、《誓》の代わりに「ちかう」と訓読みして用いると、"仲間になる"という意識を強く表現することができる。たとえば、「秘密結社に入って、忠誠を盟う」「みんなで集まって、最後までやり遂げようと盟い合った」といった具合となる。

ただし、現在ではあまり使われない訓読みなので、振りがなを付けるなどの配慮をしておく方が親切。また、かなり古風で大げさな雰囲気になる点にも、注意が必要である。

つ

ついえる

潰 費

基本1 お金や時間などが使われてなくなる場合は、《費》を用いる。

基本2 目的を果たせないまま、完全にだめになる場合は、《潰》を使う。

ああ、むだになる、だめになる…

《費》は、「費用」「出費」「消費」など、"貴重なものを使ってなくす"という意味。"金品"を表す部首「貝(かい)」が付いているように、本来は"お金を使ってなくす"ことを表していたが、お金だけではなく、広く時間や労力などに関して使われる。

訓読みでは、「お金を費やす」「時間を費やす」のように、「ついやす」と読むのが一般的。「ついえる」と読んだ場合は、"貴重なものが使われてなくなる"という意味になるが、「ついやす」とは違って、"むだになる"というニュアンスが含まれる。「膨大な資金が費える」「確認に手間取り、貴重な時間が費えてしまった」などが、その例である。

また、"貴重なものを使ってなくすこと"という意味で、「ついえ」と読むことも多い。例としては、「新製品開発のためならば、多少の費えは惜しまない」「実験が成功しないと、すべては無益な費えとなる」といった具合。この「ついえ」は、「ついやす」から派生したことばなのので、必ずしも"むだになる"という意味合いを含んではいない。

一方、《潰》は、"水"を表す部首「氵(さんずい)」の漢字で、本来は"水の勢いが強くなって、堤防がくずれる"という意味。転じて、"くずす／くずれる"ことを表し、「つぶれる／つぶす」と訓読みすることもある。

「ついえる」と訓読みした場合は、"水があふれ出して堤防がどんどん崩れてしまうことから、完全にだめになる"という意味になる。「敵の猛攻によって、わが守備隊は潰えてしまった」「ハリウッド進出の夢が潰える」「全国制覇の野望は潰えた」などが、その例。ややむずかしい訓読みなので、振りがなを付けるなどの配慮をしておく方が、親切である。

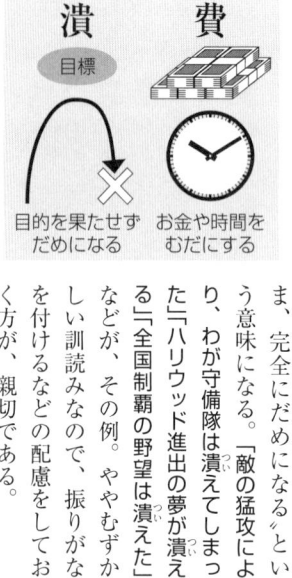

潰 目標
費

目的を果たせずだめになる
お金や時間をむだにする

317 ◉［ついえる］［つかう］

「ついえる」と訓読みした場合の《潰》は、"水の勢いで堤防がくずされる"という受け身的なニュアンスが強いので、自分からそうするという意味合いを含む「ついやす」と訓読みすることはない。そのため、「ついえ」と訓読みして用いられることもない。

このように、《潰》は「ついやす」とは訓読みしないのに、《費》は「ついやす」と訓読みするのが、この二つの漢字の大きな違い。そこで、使い分けにあたっては、「○○をついやす」と言い換えられる場合は《費》を使い、そうでない場合は《潰》を書くと考えるのが、手っ取り早い。

つかう

遣 使

あっちへ行って伝えておくれ！

基本 一般的には《使》を用いる。

発展 表現することや、自由自在に操ることお金を用いることなどに関する「○○づかい」は、《遣》を書いてもよい。

《使》の基本的な意味は、"人に命じて何かをさせる"こと。転じて、道具なども含めて、広く"何かを利用して、その能力を発揮させる"という意味になった。

音読みでは、「使用」「駆使」「行使」などがその例。「つかう」と訓読みして、「部下を使って仕事をする」「ナイフを使って皮をむく」「通勤に電車を使う」「むだなお金は使わない」「下準備に時間を使う」「多くの電力がエアコンに使われる」「午前中の試合で体力を使い切った」などなどと用いられる。

日本語「つかう」を漢字で書き表す場合には、《使》を用いておけば、間違いにはならない。しかし、「つかう」と訓読みする漢字には《遣》もあり、場合によっては、こちらを書く方が落ち着く。ただ、この二つの違いはとても微妙で、すっきりとは割り切れない部分が多い。

《遣》は、"移動"を表す部首「辶（しんにょう、しんにゅう）」の漢字で、本来の意味は"人をどこかへ行かせて、何かをさせる"こと。「派遣」「先遣隊」などがその例。この場合には、「使者を遣わす」のように、「つかわす」と訓読みする。

転じて、"文章で表現する"という意味にもなる。漢文で、文章や詩を作るときの"ことばの選び方"を「遣辞」というのが、その例。この意味が生じたのは、文章が書いた本人のもとを離れ、その人の気持ちや考えを伝えるところからかと思われる。日本語で、《遣》を「つかう」と訓読みして、"文章"だけでなく、広く"気持ちや考えを表現する"という意味で用いるのは、ここから変化したものらしい。

特に、「ことば遣い」「文字遣い」「筆遣い」「心遣い」「気遣い」などのように、「○○づかい」の形では、《遣》を用いる方が定着している例が多い。「彼女は上目遣いに彼を見た」「背後に男の荒い息遣いを感じる」なども、本人の感情表現の一種

[つかう] [つかさどる] ● 318

だと考えれば、《遣》を書くのも納得がいく。

このように、《遣》には、何かを"表現する"ことを表す用法がある。ここから、何らかの道具を「つかう」場合でも、《遣》を用いると、単なる"道具"ではなく一種の"表現手段"だという意味合いが含まれることになる。

たとえば、「人形遣い」「猛獣遣い」「魔法遣い」「剣術の遣い手」などがその例。《使》を用いて「人形使い」「猛獣使い」「魔法使い」「剣術の使い手」とすることも多いが、《遣》を書くと、"パフォーマンス"であるとか"自由自在に操る"というイメージが強くなる。

また、"お金"に関する場面でも、《遣》を用いることが多い。「金遣いが荒い」「小遣いをもらう」「無駄遣いはやめよう」などが、その例。この理由ははっきりしないが、"お金"は単なる"道具"ではない、と考えると、なんとなくわかるような気もする。

以上のように考えると、"表現手段"だとか単なる"道具"以上のものだとかの場合には、《遣》を書くのがふさわしい。とはいえ、実際には、「絵の色遣い」「ピアノを弾くときの指遣い」などは、明らかに"表現"ではあるが、《使》を用いて「色使い」「指使い」としたり、かな書きにしてしまうことも多い。

さらに、「つかう」の形では、現在では《使》を用いる方が

単なる道具じゃないんです…

使
道具として「つかう」

遣
表現手段として「つかう」

定着していて、《遣》を書くことが多いのは、「相手を傷つけないように気を遣う」ぐらい。「やさしいことばを使って説明する」「漢字の使い分けに気を付ける」「人形を使ってアニメを撮る」「魔法を使って妖怪を退治する」「一晩で一〇万円を使い果たした」などなど、多くの場合は、《使》を書くことの方が多い。

《遣》を用いるかどうかは、現在では習慣による部分が大きい。《使》を書くのを基本として、「○○づかい」の形では、"表現する"ことや《遣》を用いてもよい、"お金"に関することなどの場合に《遣》を用いているという程度に考えておくのが、穏当なところ。実際に《遣》と書いてみて、落ち着かないなと感じたら《使》に書き換えるようにするのが、現実的な対処法だろう。

つかさどる

掌 司

管理職は実務をするか？

基本1 仕事を管理する場合は、《司》を用いる。
基本2 仕事の実務を行う場合は、《掌》を使う。

日本語「つかさ」は、もともとは"役人"のこと。「つかさどる」とは、もともとは"役人として

319 ◉ ［つかさどる］

仕事をする"ことをいう。現在では、"ある仕事を管理する"ことや、"ある仕事を担当する"ことを指して使われる。

《司》は、基本的には"役人"を表す漢字で、「し」と訓読する。ただ、下級の役人ではなく上級の役人を指すのが特徴。「上司」「司会」「司令官」などがその例で、"仕事の責任者"を指す。

ここから、"責任者として、仕事を管理する"という意味にもなる。そこで、"仕事を管理する"という意味で、「つかさどる」と訓読することができる。

一方、《掌》は、「合掌」のように"手のひら"を指す漢字。「掌上」「掌中」とは、それぞれ"手のひらの上"、"手のひらの中"のこと。《掌》一文字で、"てのひら"と訓読することもある。手のひらで握るところから、転じて、"実際の仕事を担当する"という意味になり、「つかさどる」と訓読みして用いられる。

つまり、《司》は"管理すること"に重点があり、《掌》は"実務を行う"ことに重点がある。そこで、「市長は市政を司る」「この会社の宣伝活動を司っている」のように《司》を使うと、いかにもトップとして全体を"管理している"という雰囲気になる。

それに対して、「戸籍係は戸籍に関する業務を掌っている」「このキャンペーンを掌っているのは、販売促進課の○○さんだ」など、担当として、"実務を行っている"場合に使われる。

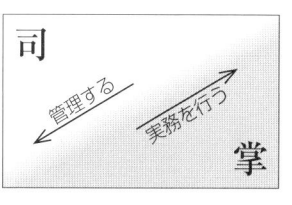

ただ、実際の仕事では、どこまでが"管理"でどこからが"実務"なのか、線引きは案外むずかしい。というわけで、《司》と《掌》を、漢字の意味に従って厳密に使い分けようとするのは、無理がある。"管理"っぽい場合には《司》を書き、"実務"らしくしたい場合には《掌》を用いる、といった程度の意識を持っておくのがおすすめである。

たとえば、「ギリシャ神話のアポロンは、芸術を司る神だ」のような場合は、神さまに"実務"をさせるのもなんなので、《司》の方が落ち着く。また、「腎臓は尿の排泄を掌る臓器だ」のように体内の器官に関する場合は、腎臓のはたらきを"実務"と呼んでいいのかどうか、悩ましいところ。このあたりは個人の感覚による面が大きいので、自分が納得いきやすい方を書いておけばよい。

なお、《司》も《掌》も、「つかさどる」と訓読みするのは、現在ではやや特殊。振りがなを付けるなどの配慮をしておく方が、親切である。

司 ←管理する　実務を行う→ 掌

つかる／つける

浸 漬

基本 色や味、香りなどを染みこませる場合には、あるイメージが生じ、「薬漬けの生活から抜け出す」「サッカー漬けの青春を送る」「試験の直前に一夜漬けで勉強する」のように、比喩的に用いられることになる。

発展1 それ以外の場合は、かな書きにしてもよい。

発展2 時間の経過を伴う場合には、《浸》を用いる環境の影響を受ける場合には、《漬》を用いる。

時間をかけて染みこませる

日本語「つかる／つける」は、"あるものが液体の中に入る／あるものを液体の中に入れる"ことを意味することば。漢字で書き表す場合には、《漬》か《浸》を用いるのがふつうである。

《漬》は、音読みの熟語で使われることがほとんどなく、本来の意味がつかみにくい漢字。漢文では、"あるものが液体の中に入る／あるものを液体の中に入れる"という意味で用いられるのが基本であるところから、「つかる／つける」と訓読みする。

ただ、"染める"という意味でも用いられたり、"しみ"を指したりする場合もある。そこで、"あるもの"が液体の影響を受けて、"色や味、香りなどが染みこむ"ところに、意味の重点があるかと思われる。

そう考えると、「塩漬け」「お茶漬け」「お漬け物」「ナスを味噌に漬ける」「特製のたれに肉を漬け込む」「シャツの汚れがひどいので、漬け置き洗いにする」などで《漬》を用いることが、よく理解できる。ここから、"ある環境の影響を受ける"とい

一方、《浸》は、音読みでは「浸水」「海水が岸辺を浸蝕する」と使われたり、訓読みでは「しみる」(p243)とも読むように、"ある場所に液体が次第に入り込む"という意味。《漬》とは違って、"液体"の動きに重点があるのが、漢字としての特徴である。

どれくらい経ったかなあ…

ただ、"あるものが存在する場所に液体が入り込む"ことは、見方を変えれば"あるものが液体の中に入れる／あるものを液体の中に入れる"ということ。そこで、日本語では、《浸》を「つかる／つける」と訓読みして用いている。

"次第に"という意味合いを含む《浸》は、時間の経過を伴う場面で用いるのがふさわしい。とはいえ、"色や味、香りなどが染みこむ"場合は《漬》の守備範囲なので、そういう影響は受けない場合に使うのが、適している。「洪水で地下室が水に浸かる」「お風呂にゆっくり浸かる」「顔を水にしっかり浸ける」「脱脂綿をアルコールに十分に浸ける」などが、その例となる。

そこで、「都会の暮らしに浸かる」のように《浸》を使うと、"都会で暮らして、時間が経った"ということ。これを、《漬》

321 ● [つかる／つける][つく]

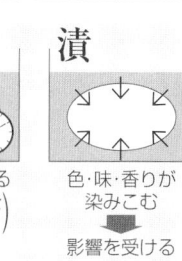

浸
液体の中に入る
（時間の経過を伴う）

漬
色・味・香りが染みこむ
↓
影響を受ける

を用いて「都会の暮らしにどっぷり漬かってしまったので、もう田舎には住めない」とすると、"都会の環境の影響を受けた"というニュアンスが強くなる。そこで、「熱いお風呂にちょっとつかって、すぐに出てしまう」「つま先を水につけて、すぐに引っ込める」といった場合は、かな書きにする方が落ち着く。

とはいえ、時間が長いか短いかは、厳密な線引きはむずかしい。その結果、現在では、《浸》はあまり用いられなくなっている。「つかる／つける」は、"液体の中に入れて、色や味、香りなどを染みこませる"場合や"ある環境の影響を受ける"場合には《漬》を書くものの、それ以外の場合は、振りがなを付けるなどの配慮が必要である。あえて《浸》を使う場合は、かな書きされることが多い。

なお、《漬》《浸》は、どちらも「ひたる／ひたす」(p476)とも訓読みすることができる。このことばは、「つかる／つける」とよく似た意味を持つが、《浸》の本来の意味と同じ

ただし、日本語「つかる／つける」は、短い間の場合でも用いられる。

ように、"液体"の動きに重点を置いても使われる。そこで、《浸》の訓読みとしては、あまり用いられなくなっている。

つく

吐捺搗撞衝突

あそこをめがけて勢いよく！

基本1 ほとんどの場合は《突》を用いる。

発展1 相手に大きな影響を与える場合には、《衝》を用いると、効果が高い。

発展2 鐘やビリヤードの玉を「つく」場合は、《撞》を書いてもよいが、やや古風。

発展3 穀物の実などを「つく」場合は、《搗》を使ってもよいが、かなり難解。

発展4 はんこを「つく」場合は、《捺》を書くこともできる。

基本2 特に、口から勢いよく出る場合には、《吐》を使うか、かな書きにする。

《突》の基本的な意味は、「突起」「突出」「煙突」のように、"ある部分だけが細長く飛び出す"という意味になり、「つく」と訓読みして用いられる。転じて、"細長いものの先で強く押す"という意味になり、「恋人の頬を、指先で突く」「釘を壁に突き刺す」「松葉杖を突いて歩く」「針が布地を突き抜ける」「膝を突いて倒れた電信柱が家の壁を突き破る」などが、その例となる。

「上司に楯突く」の「楯突く」は、本来は、戦いを始めるときに、防御用の武具「楯」を地面に「突き立てる」こと。「財布のお金が底を突く」では、手を入れて中身を探っても〝底を押す〟ばかり、というイメージ。「まりを突く」「羽根突き」では、「まり」や「羽根」を〝強く叩く〟という意味合いで使われている。

「敵の弱点を突く」「隙を突いて逃げ出す」「彼の批判は核心を突いている」などでは、比喩的に用いられ、〝ある部分に鋭い注意を向ける〟こと。「悪臭が鼻を突く」「彼女の打ち明け話に、はっと胸を突かれた」のように、〝感覚のある部分を鋭く刺激する〟という意味になることもある。

このように、「細長いものの先で強く押す」ことを表す日本語「つく」は、〝ある一点に向けて勢いよく押す〟という意味を持つ。そこで、動作を表すことばの前に置かれて「つき○○」「つっ○○」という形になる場合には、動作に〝勢いよく〟という意味合いをそえるはたらきをすることがある。

一方、漢字《突》にも、「突進」「突入」「突撃」など、〝勢いよく○○する〟という意味がある。そこで、《突》を使って〝勢いよく〟という意味合いを添える「つく」も、漢字を使って書き表すことができる。「スリをつかまえて交番に突き出す」「自分で考えなさい、と突き放す」「書類に不備があって、申請を突き返された」「交差点を右に曲がると、病院に突き当たります」「高速道路

を時速百キロで突っ走る」「大草原を突っ切って進む」「箱の中に手を突っ込む」などなど、例を挙げればきりがない。

以上のように、〝細長いものの先で強く押す〟ことを基本的な意味とする日本語「つく」を漢字で書き表す場合には、《突》を使っておけば間違いにはならない。ただし、《突》と似た意味を持つ漢字には《衝》もあり、こちらも、「つく」と訓読みして用いることができる。

| そのショックには耐えられない… |

《衝》の基本的な意味は、〝ぶつかる〟こと。ただ、字の形に「重」を含んでいる通り、〝ずしんとぶつかる〟というような重々しいイメージを持つ。そこで、相手を壊すとか相手を押し動かすといった、〝ぶつかって相手にめり込むとか相手に大きな影響を与える〟場合に使われる。音読みでは、「衝撃」「衝動」などの熟語に、その意味合いがよく現れている。

訓読みでは、「槍で相手の背中を衝く」「弘法大師が岩を杖で衝くと、そこから泉が湧き出した」「衝き上げるような揺れを感じる」などが、その例。これらの場合に《突》を使ってもよいが、《衝》を用いると、槍先が食い込むことや岩にひびが入ること、揺れ

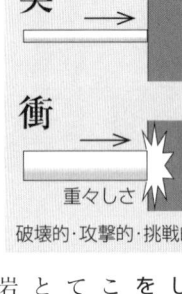

突
衝
重々しさ
破壊的・攻撃的・挑戦的

に持ち上げられることなどが、よりはっきりと表現できる。慣用句の「雲を衝くような大男」「怒髪、天を衝く」では、雲や天に"押しのけながら進む"という感じ。「嵐を衝いて出発する」では、嵐を"めり込む"という雰囲気。「嵐を衝いて出発する」では、イメージが鮮烈になるので《衝》を書くことが多い。

そこで、先に《突》の例として挙げたものでも、「敵の弱点を衝く」「隙を衝いて逃げ出す」「彼の批判は核心を衝いている」のように《衝》を用いると、攻撃的なニュアンスが強くなる。「悪臭が鼻を衝く」とあれば思わず鼻をおおいたくなるし、「彼女の打ち明け話に、はっと胸を衝かれた」とすると、胸の痛みがよりはっきりと伝わる効果がある。

以上のように、《衝》は、《突》よりも破壊的・攻撃的・挑戦的なニュアンスが強いのが特徴で、それを生かして使い分けることができる。ただし、《衝》を「つく」と読むのは、現在ではやや特殊な訓読みなので、振りがなを付けるなどの配慮をしておく方が、親切である。

なお、「つき○○」「つっ○○」の形で"勢いよく"という意味合いを添える「つく」は、《衝》ではインパクトが強すぎる。《突》を用いるのが習慣となっている。

鐘とお米とハンコは特別

《突》《衝》のほか、似たような意味で「つく」と訓読みする漢字に、《撞》《搗》《捺》

もある。これらの漢字は、限られた場面でしか用いられない。どれもややむずかしい読み方なので、振りがなを付けるなどの配慮をしておくことが望ましい。

まず、《撞》は、《衝》とほぼ同じ意味の漢字。「撞着」とは、"ぶつかって動かなくなること"。ただ、"ぶつけて音を鳴らす"ところに意味の中心があるようで、漢文では、古くから、鐘をたたく場合によく用いられてきた。そこで、現在の日本語でも、「お寺で夕暮れの鐘を撞く」「火事を知らせる鐘が撞かれた」のように使われる。また、ビリヤードを「撞球」と呼ぶのも、玉を「ついた」瞬間の音に着目したものか。ここから、「ビリヤードの玉を撞く」のような文では、好みの問題である。

鐘を「つく」場合であれ、ビリヤードの玉を「つく」場合であれ、《突》を書いても意味は十分に通じる。が、《撞》を用いると、やや古風で特別な雰囲気になる。どちらを使うかは、好みの問題である。

次に、《搗》は、音読みで用いられることはまずないが、"穀物の実などを、棒の先で何度もたたく"ことを表す漢字。例としては、「米を搗いてもみがらを外す」「ソバの実を搗いて粉にする」「数種類の薬草を臼に入れて、搗き混ぜる」「堤防の土を搗き固める」など。「餅を搗く」のようにも使われるところから、「尻餅を搗く」でもこの漢字を用いる。

つ

れる漢字で、"押しつけてあとを残す"ことを《搗》と訓読みすることもある。日本語では、《搗》も、「つく」と訓読みできることになる。

「契約書にハンコを捺く」「その書類に印鑑を捺いて提出してください」(p109)などが、その例。この場合に《突》を書いても間違いとは言えないが、ハンコについては、"強く押す"ことよりも、"あとを残す"ことの方が、意味の上では大切である。

ただ、そのニュアンスは《突》では表現できないので、《突》を使うのは避けておいた方が無難。《捺》がむずかしく感じられるのであれば、かな書きにしておくのがおすすめである。

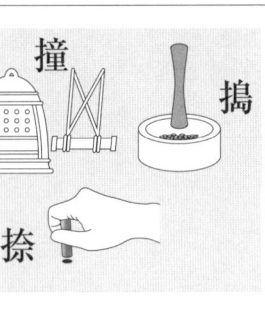

これらの場合に《突》を使っても、問題はない。《搗》の方が由緒正しい雰囲気にはなるが、同時にやや難解にもなるので、痛しかゆしといったところ。どちらを使うかは、これまた好みによるが、かな書きされることも多い。

三つ目の《捺》は、"捺印"指紋を押捺する」のように使われる漢字で、"押しつけてあとを残す"という意味。「おす」(p109)と訓読みすることもある。日本語では、《搗》も、「つく」と訓読みできることになる。

そこで、これらの「つく」は、漢字で書き表すならば《吐》を用いる。

《吐》は、ふつうは「はく」(p430)と訓読みし、"口から外へ出す"という意味。ここから、「つく」と訓読みして、「溜め息を吐く」「ほっと一息吐く」「うそを吐く」「悪態を吐く」のように用いられる。ただし、やや特殊な訓読みだし、「はく」と送りがなが同じになって区別がつけにくいので、振りがなを付けるなどの配慮をしておく方が親切である。

なお、「泣き言が口をついて出る」は、漢字の使い分けがむずかしい例。"ことばが口から出る"のだから《吐》を使いたいところだが、意味としては"閉じているべき口を開けて、ことばが出てしまう"こと。一種の破壊的なニュアンスを含むので、《衝》を使って「泣き言が口を衝いて出る」とするのがふつう。ただ、それも大げさではあるので、いっそのこ

口の中から勢いよく！

最後に、これまでに挙げたものとは別に、日本語「つく」には、「溜め息をつく」「うそをつく」「悪態をつく」のように、"息やことばを口から勢いよく出す"「悪態をつく」ほっと一息つく」という意味もある。これは、語源としては"細長いものの先で強く押す"ことを表す「つく」から派生したものだと考えられているが、実際の意味としてはかなり異なる。

つぐ
注襲嗣接継次

基本1 順番として直後に続く場合は、《次》。

基本2 いったん終わったものをまた続ける場合は、《継》を使う。

基本3 別々のものをつなぎ合わせる場合は、《接》を書く。

発展1 家長の地位を「つぐ」場合は、《嗣》を書くと、その意味がはっきりする。

発展2 ある家系に伝わる役職や名前を「つぐ」場合は、《襲》を使ってもよいが、かなり難解。

基本4 液体を流し入れる場合は、《注》を書く。

順番と、終わったもの

日本語「つぐ」の基本的な意味は、"二つのものが切れ目なく続く"こと。漢字で"二つのもの"の関係を三種類に分けて考え、それぞれを《次》《継》《接》を使って書き表すのが基本である。

まず、《次》は、「次男」「次発」「次の試合」など、"順番として直後の"という意味を表す漢字。転じて、"順番としてあるものの直後に続く"ことを表し、「つぐ」と訓読みして用いられる。

「社長に次ぐ地位に上り詰める」「昨年に次いで、今年も準優勝に終わった」「注文に次ぐ注文で、生産が追いつかない」「相次ぐ明るいニュースに、国中が沸き返る」などが、その例。《次》は、それぞれが独立して順番に並んでいるものの中で、隣り合う二つのものに対して使われるのが、特色である。

二つ目の《継》は、部首「糸(いとへん)」の漢字で、本来の意味は、"糸の端に別の糸を結んで、長くする"こと。転じて、「継承」「継続」のように、"いったん終わったものを、改めてまた続ける"ことや、"あるものが終わった後を、別のものが受けて新しく続ける"ことを表す。「つぐ」と訓読みするが、"終わったものをまた続ける"というニュアンスを持つのが、特徴である。

「親の後を継いで医者になる」「先代の社長の志を継いで、事業を発展させる」などは、"別のものが続ける"例。"改めて続ける"例としては、「彼はそこまで話したあと、少し考えてから、言葉を継いだ」「びっくりして二の句が継げない」「クロールの息継ぎがうまくできない」などが挙げられる。動作を表すことばのあとに結び付いて、「○○つぐ」の形で使われることも多い。たとえば、「仕事を引き継ぐ」「電車を乗り継ぐ」「戦争体験を語り継ぐ」「伝統を受け継ぐ」「毎日毎日、辞書の原稿を書き継ぐ」といった具合である。

「ロープを継ぎ足して長くする」は、本来の意味をそのまま使っている例。ここから、「布を継ぎ合わせる」「破れたズボンに継ぎを当てる」「トタン屋根の継ぎ目から雨漏りがする」「かな書きにしておく方が落ち着く。

ように、"別々のものをつなげる"という意味でも用いられる。ただし、これは"一度は終わったものをまた続ける"こととは異なるので、漢字《継》がもともと持っている意味からは外れた、日本語独自の用法だと思われる。

"別々のものをつなげる"ことを表す本来の漢字は、三つ目の《接》。この漢字は、「接着」「接合」「溶接」など、"もともと別々に存在するもの"を、つなげてひと続きにする"という意味。日本語ではこの意味も「つぐ」で表すので、「つぐ」と訓読みすることができる。

そこで、「布を接ぎ合わせる」「破れたズボンに接ぎを当てる」「屋根板の接ぎ目から雨漏りがする」などは、《接》を使って書き表す方が、漢字の意味の上ではふさわしい。とはいえ、現在では、先に挙げたように《継》を用いる日本語独自の用法の方が、一般的になっている。

なお、「折れた骨を接ぐ」「接ぎ木をする」では、現在でもふつうに《接》を使うのが習慣なので注意。「話の接ぎ穂を探す」の「接ぎ穂」も、元は「接ぎ木」

別々のものには別の漢字が…

次○○○○
継 終わる｜始める →
接

から生じたことばなので、《接》を用いる。

以上の三つのほか、「つぐ」と訓読みするものの、限られた場面でしか使われない漢字として、《嗣》と《襲》がある。

《嗣》は、"家長の地位を相続する"という意味。「嗣子」とは"家長の地位を相続する予定の子"のこと。そこで、「故郷に帰って実家を嗣ぐ」「養子を迎えて家を嗣がせる」など、家長の地位を相続する"場合に、「つぐ」と訓読みして用いられる。

これは《継》が表す意味の範囲内であり、事実、現在では《継》を使って書き表す方が一般的。とはいえ、《嗣》を用いると、「つぐ」のが"家長の地位"であることがはっきりする。ただし、ややむずかしい漢字なので、振りがなを付けるなどの配慮をしておく方が、親切である。

《襲》は、《嗣》ととてもよく似た意味を持つ。「襲撃」「来襲」「暴漢に襲われる」など、"攻めかかる"という印象が強いが、「世襲」「襲名」のように、"ある家系に伝わる役職に就く""ある家系に伝わる名前を名乗る"という意味もある。これは、簡単に言えば「後をつぐ」ことなので、「徳川吉宗は、分家から入って将軍職を襲いだ」「伝統芸能の名跡を襲ぐ」のように、「つぐ」と訓読みして用いることができる。

《嗣》と《襲》との違いは、家長の地位であるか、役職や名

家の話か、仕事のことか？

前であるか、という点。そこで、"ある家の家長に伝わる役職に就く"場合には、この二つはほとんど区別ができないことになる。実際、「父の引退後、病院の院長を嗣ぐ」のように、役職なのに《嗣》を書いたり、「長男と次男が早く亡くなったので、三男が家を襲いだ」のように、家長の地位なのに《襲》が使われることも多い。

《襲》の場合も、現在では《継》を用いて書き表す方が一般的。《襲》を使うと、伝統的で古風な雰囲気になる。ただ、かなり特殊な訓読みなので、あえて用いる場合には、振りがなを付けるなどの配慮が必要である。

なお、《注》も、「つぐ」と訓読みされることがある。この漢字は、"液体を流し入れる"という意味で、ふつうは「そそぐ」(p281)と訓読みする。一方、日本語「つぐ」にも"容器に液体を流し入れる"という意味があるので、《注》にも「つぐ」と訓読みできることになる。

例としては、「グラスにワインを注ぐ」「コップに水を注ぐ」など。転じて、「お茶碗にごはんを注ぐ」のように、"容器にものを入れる"場合に使われることもある。ただし、これらの「つぐ」は、「そそぐ」と送りがなが同じになって、読み間違いしやすい。振りがなを付けるなどの配慮が必要だが、かな書きにしてしまうことも多い。

つく／つける

附尾跟即憑点就着付

みそ汁も気持ちも一緒です！
／外から何かを加える"こと。特に"あるものに何かが接して離れない状態になる／接して離れない状態する"ことを

日本語「つく／つける」の基本的な意味は、"あるものに外から何かが加わる

基本1 ほとんどの場合は《付》を用いる。

基本2 特に、身にまとう場合、あるものに届く場合、ある地点で止まる場合は、《着》を使う。

基本3 特に、仕事や役割、睡眠、移動などを始める場合は、《就》を書く。

発展1 火や明かりを灯す場合は、《点》を使うと、意味合いがはっきりする。

発展2 魔物が乗り移る場合は、《憑》を書くと意味合いがはっきりするが、やや古風。

発展3 王や后の位に登る場合、「つかずはなれず」の場合は、《即》を用いてもよい。

発展4 すぐ後から追いかける場合は、《跟》を使ってもよいが、難解。

発展5 すぐ後から追いかけることを意味する「つける」は、《尾》を書くこともできる。

発展6 《付》の代わりに《附》を使うこともできるが、やや古風。

[つく／つける] ● 328

指す場合も多い。このことばを書き表す漢字はたくさんあるが、最もよく用いられるのは《付》である。

《付》は、"人"を表す部首「イ(にんべん)」の漢字で、本来は"相手に何かをきちんと与える"という意味。「付与」「寄付」「給付」などがその例。相手が持っているものに何かを加えるところから、「付属」「付加」「添付」のように、"あるものに何かが加わる"「何かを加える"ことをも表す。

そこで、訓読みでは「つく／つける」と読むことになる。

例としては、「定食にはみそ汁が付く」「入社式に親が付いてくる」「子どもが生まれて、給与に扶養家族手当が付く」「雪の上に足跡を付ける」「バス・トイレ付きで家賃は六万円です」「お酒を飲むなら付き合いますよ」「父親に付き添って病院へ行く」「代金に運送費も付け加えて請求する」などなどが挙げられる。

特に具体的な物体に関しては、"あるものに何かが接して離れない状態になる／接して離れない状態にする"という意味になることもある。例としては、「ほっぺたに米粒が付いている」「スーツの襟にバラの花を付ける」「屋根の上にアンテナを付ける」などが挙げられる。

「細かいところにまでよく気が付く」「事故を起こさないように気を付ける」も、《付》を使う例。比喩的に"あるものから気持ちが離れないようになる／気持ちを離さないようにすることを表している、と解釈できる。

また、《付》は、能力や性質、評価といった抽象的なものについて使われることもある。「ニンニクを食べると精力が付く」「経験を積んだので自信が付いた」「彼女の行動には容易に説明が付く」「拾ってきた猫に名前を付ける」「不良品にクレームを付ける」「仕事に見切りを付けて、早期退職する」などが、その例となる。

「つける」の形では、特に"文字"に関して使われて、「一日も欠かさず日記を付ける」「請求書に付けておいてください」のように、"頭から離れないように何かに書き残す"という意味になることもある。「なじみの店だから付けがきく」の「付け」は、ここから生まれた表現だが、これは、習慣的に「つけ」「ツケ」などと書き表すことが多い。

なお、「彼女の服装は遠くからでも目に付く」「あいつの自慢げな言い方が鼻に付く」などは、"感覚に刺激が加わって離れない状態になる"ことを指す。

このように、漢字《付》は、"加わる／加える"と"接して離れない状態になる／接して離れない状態にする"の両方を表せるので、「つく／つける」を書き表す漢字として広く用いることができる。ただ、日本語「つく／つける」には発展的に生じたさまざまな意味があり、それらでも《付》を使うかどうかは、判断が分かれるところになる。

たとえば、「延長戦で決着が付く」「プロポーズする決心が付

| 加えるわけではないからなあ… |

「お互いに譲歩して折り合いを付ける」「忙しい中、なんとか都合を付ける」などのように、"結果が出る／結果を出す"ことを表す場合。これは"事実に加わる"ことだと考えられるから、《付》を書いてもおかしくはない。ただ、実際には"加わる／加える"という意識なしに「つく／つける」を使っているのも事実。《付》はなじまないと感じるようであれば、かな書きにしておくとよい。

また、日本語「つく／つける」は、動作を表すほかのことばの後に直接、続けて置かれて、「〇〇つく」「〇〇つける」という形になることも多い。この形にはさまざまな意味があり、《付》を使うべきかどうか、頭を悩ませられる。

まず、「魚が餌に食い付く」「木の幹につるがからみ付く」「怪しい男がまとわり付く」「事務所に警報器を備え付ける」「借金が返せなくなり、親に泣き付く」「立候補を受け付ける」「壁にポスターを貼り付ける」などは、"接して離れない"という意味合いが比較的はっきりしている。「立候補を受け付ける」のように、"あるものに何かを加える"ことを意味する場合もある。これらは、漢字《付》を使って書き表しても、意味の上では何の問題もない。

次に、「いいアイデアを思い付く」「うまい方法を考え付く」では、"新しい考えが

ほかのことばと一緒になると？

頭の中に加わる"ことだから、《付》を使ってもおかしくはないが、実際には"加わる"という感覚は薄い。かな書きにしておくのも、一つの方法である。

「水道の蛇口が凍り付いてドアが開かない」「暴れる酔っ払いを押さえ付ける」「さび付いてドアが開かない」では、〇〇して動かない／動かさない"という意味。これも、"離れない"ことの一種として《付》を使ってもよいが、"接して"というニュアンスは弱いので、かな書きの方がなじみやすいとも思われる。

このほか、「つける」には、"きちんと〇〇する"ことを意味する場合もある。「ビールを買ってこい、と言いつける」「実力の差を見せつける」「子どもを寝かしつける」などが、その例。その程度が強くなると、"激しく〇〇する"という意味になる。

「真夏の太陽が照りつける」「怨みのこもった目でにらみつける」「いたずらをして、親にどなりつけられた」のように、"激しく〇〇する"という意味になる。

さらに、「ふだんから使いつけている万年筆でないと、書きにくい」「やりつけない仕事なので手間取る」のように、"〇〇し慣れている"ことを表す場合もある。「この味は、一度食べたら病みつきになる」「ここは彼女の行きつけの店だ」なども、その一種だと考えられる。

これらも、"離れない"ことの発展型だと思われるが、《付》を使っても間

違いとは言えないが、かな書きの方がベターだろう。

> **こだわらないのが一番です**

日本語「つく／つける」は、直前に名詞が来て「○○づく」「○○づける」の形になり、"○○が加わる／○○を加える"という意味を表すこともある。たとえば、"○○が加わる"「秋になると木の葉が色づく」「中学生になって急に色気づく」「助っ人の加入でチームが勢いづく」「気づいたら駅のベンチで寝ていた」「敵に感づかれないように行動する」「彼女の証言は彼のアリバイを裏づけるものだ」「ファンの応援がチームを勇気づける」などなど。これらは、意味の上では《付》を使っても問題はないが、「○○」の部分が漢字で書かれることが多いので、漢字が続くことを避ける意識から、かな書きにされることが多い。

また、「つく」には、体やことばに関係する名詞の後に置かれて、「○○つき」の形で"○○の格好や状態"を指す用法もある。例としては、「納得がいかないという顔つきをする」「あの人の腰つきがセクシーだ」「興奮したことばつきで話す」など。この場合は、漢字《付》の表す意味とは関係が薄いので、かな書きが一般的。ただし、「中年になって肉づきがよくなった」の「肉づき」は、"体に肉がどのように加わっているか"という意味だと解釈できるので、《付》を用いても筋は通る。

なお、「がたつく」「ばたつく」「ぐずつく」など、擬態語の後に置かれて"ある状態になる"ことを表す「つく」は、ふつうは漢字で書かれることはない。

以上、長々と説明してきたが、結局のところ、《付》を使うかかな書きにするかは、"加わる／加える"か"接して離れない状態になる／する"のどちらかのニュアンスが感じられるかどうかによる。とはいえ、習慣や、個人の感覚による部分も大きい。中には、「○○つく」「○○つける」はすべてかな書きにしたり、具体的な物体が"接して離れない状態になる／する"場合以外は、すべてかな書きにしたりする人もいる。あまり神経質にならないで、漢字を使ってみてなじまないようであればかな書きにする、といった程度に考えておくのが、おすすめである。

ところで、「つく／つける」と訓読みする漢字は、ほかにもたくさんある。その中

> **専門は離れないこと**

付 → 何かを与える → 何かを加える → 接して離れない状態にする
- 能力や性質、評価などを加える
- 頭から離れないように書き残す
- 結果が出る（事実に加える）
- 考え出す（考えに加える）
- 動かない状態にする
- 格好や状態
- 激しく○○する
- きちんと○○する
- ○○し慣れている

331 ● [つく／つける]

で、《着》と《就》は、《付》では表せない意味を表現することがあるので、注意が必要となる。

《着》の基本的な意味は、"接して、離れない状態になる／離れない状態にする"こと。《付》とは違って、"あるものに何かが加わる／何かを加える"という広い意味は持たず、"接して離れない"ことだけを表すのが、特徴である。

特に"体から離れない状態にする"ところから、「着衣」「着用」のように、衣服などの"装身具を身にまとう"ことを表す場合もある。この場合、"衣服を身にまとう"のならば、「洋服を着る」のように「きる」と訓読みすることが多いが、広く"装身具を身にまとう"ことを指すときには、「洋服を身に着ける」「ベルトを着ける」のように「つける」と訓読みして使われる。

また、《着》は、"移動した先であるものに接する"ところから、"移動してあるものに届く"という意味にもなる。この場合には「つく／つける」と訓読みする。「足を伸ばして爪先を地面に着ける」「立ち上がると頭が天井に着く」などが、その例となる。

ここから転じて、日本語では、"移動してある地点で止まる"という意味でも用いる。「到着」「着地」「着席」などがその例。訓読みでは「つく／つける」と読み、「朝早く会社に着く」「友人からメールが着く」「夕食の席に着く」「日が暮れる前に山小屋にたどり着く」「椰子の実が流れ着く」「ベンチに腰を落ち着ける」「軒下にツバメが住み着く」「車を門の前に着ける」などと用いられる。

「工業化の行き着く先は、公害問題だ」「困難を乗り越えて、完成に漕ぎ着ける」などは、比喩的な表現。「心が落ち着く」「心を落ち着ける」も、同じく比喩的に使われたものだと理解できる。

三つそれぞれややこしい… このように、「つく／つける」と訓読みする《着》は、"身にまとう"場合と"届く"場合と"ある地点で止まる"場合の三種類に分けられる。そして、このそれぞれについて、《付》との使い分けがややこしくなることがある。

まず、"装身具などを身にまとう"という意味の「身につける」は、"体に何かが接して動かない状態になる"ことだととらえて、《付》を使って「身に付ける」と書くこともできる。実際、《着》は"衣服"の印象が強いので、「腕時計を付ける」「サングラスを付ける」「貴重品は必ず身に付けてください」など、衣服でない場合には《付》を書くことが多い。

「教養を身に付ける」「マナーを身に付ける」のように、知識や技術などを「身につける」場合も同様。とはいえ、「教養を身に着ける」「マナーを身に着ける」のように《着》を用いる

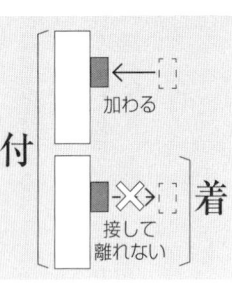

と、"離さない"というニュアンスが強まり、"しっかり自分のものにする"という意味合いになる効果がある。

次に、"移動してあるものに届く"場合。「着手」とは、"これまで手が届かなかったことに手が届く"という意味合いから、"仕事などを始める"ことを表す。「着眼」とは、"これまで目が届かなかったところに目が届く"ことである。

そこで、「仕事に手を着ける」「仕事が手に着かない」ふつうの人なら見逃す点に目を着ける」などでは、《着》を使ってもよいが、"仕事に手を加える"「目を離さないようにする"という意味合いで、《付》を用いて「仕事に手を付ける」「仕事が手に付かない」ふつうの人なら見逃す点に目を付ける」とする方が、一般的である。

三つ目に、"移動してある地点で止まる"という意味の場合。たとえば、「先に出発した仲間に追い着く」では、《着》を使うと、"仲間がいるところまで移動してきて、離れない"というイメージ。一方、"仲間に加わる"ことだと考えると、「先に出発した仲間に追い付く」のように《付》を書くこともで

きる。

「臭いが服に染み付く」「接着剤が手に粘り付く」も同様。"臭いが服に加わる""接着剤が手に加わる"と考えて《付》を使ってもよいが、臭いや接着剤が"移動してきて離れない"というニュアンスで、「臭いが服に染み着く」「接着剤が手に粘り着く」のように《着》を書くこともできる。

このように、《着》と《付》とで使い分けがまぎらわしい場合は、どちらを使っても、意味はそれほどは変わらない。ただ、《着》は"接して離れない"ことの専用の漢字なので、こちらの方が、"離れない"という意味合いが強まるという効果がある。

そういう空気のようなので…

《付》では表せない意味を表すもう一つの漢字、《就》は、"成り行きとしてそうなるべき状態になる"という意味。「就寝」とは、"寝るべき状況になったから寝る"こと。「就職」とは、"ある職場に受け容れられて、そこで仕事をするようになる"こと。「成就」とは、"そうなるべきだと望んでいた通りになる"ことをいう。

日本語では、この意味も「つく」と表現するので、《就》も「つく」と訓読みして用いられる。例としては、「定職に就く」「安心して眠りに就く」「家路に就く」「支店長の任に就く」など。

現在では、仕事や役割、睡眠、移動について用いるのが、ほとんどである。

やや古風な表現だが、「世の大勢に就く」「水が低きに就くように……」なども、《就》を使うと"そうなるべき"というニュアンスがはっきりする例。ただし、一般性の高い《付》を用いて、「世の大勢に付く」「水が低きに付くように…」と書く方が、現在では自然だろう。

「先生に就いて学ぶ」は、"先生に教えてもらうべきことだから、先生に習う"というニュアンス。《付》を使って「先生に付いて学ぶ」とすると、単純に"先生のもとで習う"という意味合いになる。

なお、《就》には、"成り行きとしてそうなる"というニュアンスがあるので、"そうならせる"という意味合いを含む「つける」という訓読みにはなじまない。「子どもに家庭教師を付ける」「後輩を課長のポストに付ける」などは、《付》を書いておく方が自然。ただし、「就任」という熟語があるので、"ある任務を行う地位に置く"という意味で、「後輩を課長のポストに就ける」のように《就》を使うこともできないわけではない。

このほか、「夏休みに就き休業」「一回に就き一時間半」「進路に就いてのアンケート」のように、"○○という理由で""そ れぞれの○○に""○○に関する"などの意味を表す「つき」

「ついて」も、《就》を使って書き表すことがある。これは、漢字が本来的に持っている意味ではない、日本語独自の用法。現在では、《付》を使って「夏休みに付き休業」「一回に付き一時間半」「進路に付いてのアンケート」としたり、「夏休みにつき休業」「一回につき一時間半」「進路についてのアンケート」とかな書きにしたりする方が、自然である。

片や明るく、片や怪しく…

《付》《着》《就》のほか、「つく／つける」と訓読みして使われる漢字には、《点》《憑》《即》《跟》もある。これらは、ある限られた場面でしか使われないが、用いるとそのニュアンスをはっきりさせる効果がある。ただし、いずれもやや特殊な訓読みなので、振りがなを振るなどの配慮をした方が、親切である。

まず、《点》には、「点火」「点灯」のように、"火や明かりを灯す"という意味がある。この意味の場合に、「つく／つける」を「灯る／灯す」と訓読みする。

例としては、「つく／つける」を「ろうそくに火を点ける」「スイッチを入れて照明を点ける」「夕方になって街灯が点く」「コンロに火を点ける」など。ただし、現在では、"あるものに火や明かりが加わる"という意味合いで、「火が付く」「照明を付ける」のように《付》を書くことも多い。

次に、《憑》は、「信憑性」のように使われる漢字で、本来は"頼りにする"という意味。だれかを頼りにするところ

から、転じて、"悪霊が憑依する"のように、"魔物が乗り移る"という意味でも使われる。

この意味の場合に、「つく」と訓読みして、「狐が憑く」「憑きものが落ちる」「妙な考えに取り憑かれる」などと用いられる。ただし、かなりむずかしい漢字なので、これもまた、"あるものに魔物が加わる"という意味で、「狐が付く」「死に神が取り付く」などなどと《付》を使って書き表されることも多い。

三つ目の《即》は、古代文字では「𩚑」のように書く漢字。左半分は"容器に盛った食事"の絵で、右半分は"しゃがんでいる人"の絵。合わせて、本来は"食事の席に座る"ことを表す。「即席」とは、ある集まりの"席に座る"ところから、"その場で何かをする"という意味を表す。

転じて、玉座に座るところから、"王や后などの地位に登る"ことをも指し、「王位に即く」「庶民の娘を皇后の位に即ける」のように、「つく/つける」と訓読みして使われる。基本的に"王や后"に対して用いる漢字なので、課長や主任といった地位に対して使うのは、ふさわしくない。

また、《即》は、"料理のすぐそばに座る"ところから、"あるものに接して離れない"という意味にもなる。この意

> 役不足とはこのことですね

味の「つく」は、現在では、より一般性の高い《付》を使って書き表すのがふつう。ただし、「不即不離」という四字熟語がある関係で、「即かず離れず」の形で《即》を使うことがある。

四つ目の《跟》は、部首「𧾷(あしへん)」が付いているように、本来は"かかと"を表す漢字。"かかと"から離れないようにするところから、"後ろから追いかける"という意味となり、「つく/つける」と訓読みして用いられる。

「犬が飼い主に跟いていく」「刑事が容疑者を跟ける」などがその例。ただ、現在ではめったに使われない漢字なので、難解な印象になる。

そこで、「つける」の場合には、「刑事が容疑者を尾ける」のように、「尾」を使って書き表すこともある。この漢字には、「尾行」「追尾」のように、"後ろから追いかける"という意味合いがあるので、このように用いても問題はない。とはいえ、特殊な訓読みではあるので、振りがなを付けるなどの配慮が、必要となる。

即 王や后の位に登る

点 火や明かりを灯す

憑 魔物が乗り移る

跟 後ろから追いかける

最後の最後に、《附》について触れておく。これは、「附属」「附加」「寄附」など、《付》と同じように使われる漢字。《付》と《附》の違いについては、いろいろな説明があるが、現在では同じ意味だと考えて差し支えない。そこで、《付》を使って書き表す「つく／つける」は、すべて、《附》を用いてもかまわない。が、字の形が単純な《付》を書く方が一般的。あえて《附》を使うと、古風な雰囲気となる。

つぐなう

賠償

基本 一般的には《償》を用いる。

発展 金品を支払う場合には、《賠》を使うこともできるが、やや特殊。

方法はいろいろあるけれど…

《償》は、「弁償」「補償」「投資信託の償還金」など、"何かに相当する金品を支払う"という意味。訓読みでは「つぐなう」と読み、「お店の花瓶を壊してしまったので、代金を払って償う」「迷惑をかけた償いとして、贈りものをする」のように用いられる。

転じて、「無償の愛」「出世の代償として家族を犠牲にする」など、広く"何かを別のもので埋め合わせる"ことをも表す。この場合も別のもので埋め合わせされる"ことをも表す。例としては、「罪を償うために奉仕活動をする」と訓読する。「彼女は、欠点を償って余りある才能を持ってい

	別のもので埋め合わせる	相当する金品を支払う
償	◎	◎
賠		○

る」「一時の快楽の償いとして、長年の苦痛を耐え忍ぶ」などが挙げられる。

日本語「つぐなう」を漢字で書き表す場合には、《償》さえ使っておけば、困ることはない。ただし、「つぐなう」と訓読みする漢字には、ほかに《賠》もある。

この漢字は、《償》と意味がよく似ていて、現在では「賠償」以外の形ではほとんど用いられない。ただ、「賠償」は経済的な"埋め合わせ"を指すことが多いので、《賠》も金銭的なイメージが強い。

そこで、"何かに相当する金品を支払う"ことを表す場合には、「つぐなう」と訓読みして《賠》を用いると、その意味合いがはっきりする。先の例でいけば、「お店の花瓶を壊してしまったので、代金を払って賠う」「迷惑をかけた賠いとして、贈りものをする」といった具合となる。

ただし、《賠》を「つぐなう」と訓読するのは、現在ではやや特殊な読み方。振りがなを付けるなどの配慮をしておく方が、丁寧である。

つくる

創 造 作

基本1 比較的素朴で単純な方法、人間的な方法で「つくる」場合は、《作》を用いる。

基本2 比較的大がかりで複雑な方法、機械的な方法で「つくる」場合は、《造》を使う。

発展 新しいものを「つくる」ことを強調したい場合には、《創》を用いると、効果が高い。

いつごろできるのかな？

「つくる」と訓読みする漢字には、代表的なものに《作》と《造》がある。この二つは、意味の違いが微妙で、使い分けがむずかしい。

《作》は、「製作」「工作」「作文」など、"何かを生み出す"ことを表す漢字。日本語「つくる」を書き表す漢字として、広く用いられる。

一方、《造》は、"移動"を表す部首「辶(しんにょう、しんにゅう)」の漢字で、本来は、"ある地点にまで行き着く"という意味。"深い知識にまでたどり着く"ことを表す「造詣」という熟語に、その意味が残る。"行き着く"ところから転じて、"完成したものを生み出す"という意味になった。

つまり、《作》が単に「つくる」ことだとすれば、《造》は「つくり上げる」に近い。"この世界をつくり上げた主"を指す「造物主」や、"形をつくり上げる"ことを指す「造形」といった熟語に、その意味合いが現れている。

"完成したものを生み出す"ためには、それなりの手間と時間が掛かる。そこで、《造》は、比較的大がかりで複雑な方法や、機械的な方法で"何かを生み出す"場合によく使われるようになった。「製造」「建造」「造成」などが、その例である。

「作」と訓読みした場合も同じで、《造》は主に大がかりで複雑な方法や、機械的な方法で"何かを生み出す"場合に用いられる。それに対して、《作》は、比較的素朴な方法や、人間的な方法で"何かを生み出す"場合に落ち着きがいい。

《作》の例としては、「娘のために弁当を作る」「雪だるまを作る」「子どもを作る」「手作りのハンドバッグ」などなど。「組織を作る」「明るい町を作る」「笑顔を作る」「チャンスを作る」「前例を作る」のように、形のはっきりしない抽象的なものに対しても、用いることができる。

《造》では、「ビルを造る」「公園を造る」「豪華客船を造る」「合掌造りの家」などが、その例。「パソコンの部品を造る」「紙幣を造る」のように、形のある具体的なものに対して使われるのがふつうだが、「豊かな国を造る」のように、抽象的なものでも大人数が関与する場合には、《造》を使うことができる。

このように、《作》と《造》の違いは、素朴か大がかりか、単純か複雑か、人間

説明はなんとでもつくので…

[つくる]

造 (行き着く) → つくり上げる
大がかり／複雑／機械的

作
つくる
素朴／単純／人間的

《造》と《作》の使い分けのポイントは、つくり上げるものが大がかりで複雑なのか、素朴で単純なのか、という点にある。また、つくるときのイメージが機械的か人間的かといった点にある。ただ、その境界線は当然ながらあいまいである。

たとえば、「プラモデルを作る」のように《作》を書けば、趣味として「つくる」というイメージ。これを《造》を用いて「プラモデルを造る」とすると、工場などで商品を「つくる」という意味合いになる。

また、「作り笑いを浮かべる」「あの人は若作りだ」のように《作》を用いると、"人間らしくない"という雰囲気を出すことができる。

かと思えば、「ブロンズ像を造る」「社会に役立つ人間を造る」のように、"しっかりとしたものを生み出す"というニュアンスを表現することもある。

「米を作る」「芋を作る」では《作》を用いるのに、「酒を造る」「みそを造る」では《造》を使うのは、米や芋は"原材料"で、酒やみそは"完成品"だという意識からか。「取れたての魚を刺し身に造る」「引っ越しの荷造りをする」「新しいことばを造る」などで《造》を書くのも、そのままで食べたり使ったりできる"完成品"という意識があるからかもしれない。

このように、《作》と《造》の使い分けは、考え出すとなかなかにむずかしい。基本的には、素朴で単純、人間的なのか、大がかりで複雑、機械的なのかで判断し、迷った場合には、「つくる」と「つくりあげる」のどちらに近いかを考えるのが、おすすめである。

《作》《造》のほか、「つくる」と訓読みする漢字には、《創》もある。この漢字は、「はじまる／はじめる」（p 438）と訓読みすることもある。

そこで、《作》や《造》の代わりに用いると、"生み出す"もの が、"新しい"ことを強調する効果がある。「画期的な商品を創る」「仲間と新しい会社を創る」「流行を創り出す」「俺たちが時代を創るのだ」などが、その例である。

[つける／つかる]

浸漬

→つかる／つける（p 320）

[つける／つく][つつしむ] ● 338

つける／つく

附 尾 跟 即 憑 点 就 着 付

→つく／つける（p327）

つつしむ

謹 慎

他人のことを考えてる?

基本1 一般的には《慎》を用いる。

基本2 「つつしんで○○する」など、他人に対する敬意を表す場合には、《謹》を使う。

日本語「つつしむ」は、"過度な行動をしないように注意する"という意味。このことばを書き表す漢字には《慎》と《謹》がある。「謹慎」という熟語があるように、この二つは意味がとてもよく似ていて、使い分けは悩ましい。

《慎》は、"心"を表す部首「忄（りっしんべん）」の漢字で、心の状態と関係が深い。一方、《謹》の部首は"ことば"を表す「言（ごんべん）」。ことばとは他人に向かって使うものだか

慎
本人が失敗しないため

謹
他人を尊重するため

（どちらかはっきりしない）

ら、こちらは対人関係という外向きのイメージが強い。

ここから、《慎》は"過度な行動をしないように注意する"という心がけを広く表す漢字であり、《謹》は、"他人を尊重するために、自分が過度な行動をしないように注意する"ことだと考えられる。「慎重」には"聴"「謹製」には、他人に対する敬意がよく現れている。

他人に対する敬意は必ずしも含まれないが、《慎》は、「健康のために食べ過ぎを慎む」「ことばを慎まないと、いずれひどい目に遭うぞ」のように、本人が失敗しないためである場合にも、使うことができる。

そこで、「つつしむ」と訓読みした場合でも、《慎》は他人に対する敬意をはっきりさせるために、《謹》を用いる。「謹んでお慶び申し上げます」「ご用命の件、謹んで承りました」などが典型的な例で、「謹んで○○する」の形で使われることが多い。

他人を重んじる気持ちがあるのかないのかはっきりしない場合には、《慎》を使う方が適切。「会議中ですから私語は慎んでください」「大臣という立場なので、軽率な発言は慎みた

つとめる／つとまる

力 勉 努 務 勤

続けることと、果たすこと

基本1　職場での仕事を続ける場合は、《勤》を用いる。

基本2　役割を果たす場合は、《務》を使う。

基本3　がんばって行う場合は、《努》を用いる。

発展1　無理してがんばる場合には、《勉》を書くこともできる。

発展2　ちからを尽くすことを強調したい場合には、《力》を使ってもよい。

日本語「つとめる」の基本的な意味は、"きちんと行う"こと。その中身は、行う内容を重視して"やるべきことを行う"場合と、行う態度に焦点を当てて"がんばって行う"場合とに分けられる。そのうち、"やるべきことを行う"場合の「つとめる」を書き表す漢字としては、《勤》《務》の二つがある。

《勤》は、「勤労」「勤続」のように、"継続的に職場に行って仕事をきちんと行う"という意味。「いそしむ」と訓読み

い」などが、その例。もっとも、"他人の迷惑にならないように"というニュアンスを強調したいならば、《謹》を用いて「会議中ですから私語は謹んでください」「大臣という立場なので、軽率な発言は謹みたい」としても、間違いではない。

することもある。ふつうは「つとめる」と訓読みし、「学校を卒業して、会社に勤める」「定年まで役所に勤める」「勤め先はどちらですか」などと使われる。

また、特にお坊さんの"職場での継続的な仕事"という意味で、"お経を上げる"ことを勤める場合もある。「住職さんがお勤めをする」「今日の法事は私が勤めさせていただきます」などが、その例となる。

一方、《務》は、「任務」「職務」「事務」など、"割り当てられた仕事"を指す漢字。"割り当てられた仕事をする"ところから、"役割を果たす"という意味となる。例としては、「会議の議長を務める」「主役の俳優が急病になり、急遽、代役を務める」「結婚式の仲人を務める」などが挙げられる。

このように、《務》は、「○○に勤める」の形で、○○に"職場"を入れて使われるのが基本。一方、《務》の基本形は、「○○を務める」で、○○には"役割"が入る。そこで、「学校に事務員として勤める」ならば、「学校に」の形だから《勤》を書く。「学校で事務員を務める」の場合は、「事務員を」の形だから《務》を使う。

なお、この二つについては、"「つとめる」ことができる"という意味で、「つとまる」と訓読みすることもある。たとえば、「居心地のいい会社だから、だれでも勤まる」「彼に会長が務まるかどうか、不安だ」といった具合である。

[つとめる／つとまる］［つねに／つね］◉340

	基本形	○○の内容
勤	○○に「つとめる」	職場
務	○○を「つとめる」	役割
努	○○に「つとめる」／○○するように「つとめる」／「つとめて」○○する	行動

次に、"がんばって行う"という意味の「つとめる」を書き表す漢字としては、《努》が挙げられる。この漢字は、「努力」という熟語によく現れているように、"がんばって行動する"という意味。「サービス向上に努める」「反対派の説得に努める」「おかしいけれど、努めて笑わないようにする」などと用いることができる。

《努》は「○○に努める」の形でも使われるが、○○には"行動"を表すことばが入るので、《勤》との区別は簡単。そのほかに「○○するように努める」「努めて○○する」の形で用いられるのが、基本である。

"がんばって行動する"という意味の「つとめる」を漢字で書き表す場合には、《努》さえ使っておけばよい。ただ、似た意味で「つとめる」と訓読みする漢字には、《勉》と《力》もあり、それぞれのニュアンスを生かして使うこともできる。ただし、どちらもやや特殊な訓読みなので、振りがなを付けるなどの配慮をしておく方が、親切である。

《勉》に含まれる「免

限界を超えてまで？

は、「分娩」の「娩」にも含まれていて、"限界を超えるほどがんばる"という意味合いがある。そこで、《勉》も、"無理をしてがんばる"という意味合いになる。「勉強」とは、本来は"無理をしたり、強制的に行ったりする"ことをいう。

ここから、《努》の代わりに《勉》を用いると、"無理をして"というニュアンスを添えることができる。例としては、「体調はよくないが、ベストを尽くすように勉める」といった具合。ただ、現在では「勉強」「勉学」の印象が強い。"まじめに"というイメージで受け取られかねないので、注意が必要である。

もう一つの《力》は、言うまでもなく、ふつうは「ちから」と訓読みする漢字。《努》の代わりに「つとめる」と訓読みして使うと、"ちからを尽くす"ことを直接的にイメージさせ、意味合いを強める効果がある。「事故の再発防止に力める」「病人を助けられるよう、あらゆる手段を使って力める」などが、その例である。

つねに／つね

毎恒常

基本 一般的には《常》を用いる。

発展1 いつまでも変わらない場合は、《恒》を使ってもよいが、やや古風。絶対に変わらない場合は、《恒》を書くこともできる。

発展2 何かの機会にはいつでもそうである場合には、《毎》を書くこともできる。

いつもと同じじゃつまらない！

《常》は、「常時」「常設」「常備」など、"いつでも変わらずに"という意味。「つねに」と訓読みして、"いつでも変わらずに"というイメージを持っている。「彼は常に明るさを失わない」「不審な点がないか、常に監視する」「この部屋の温度は、常にマイナス五度に保たれている」のように用いられる。

また、「常温」「異常」「正常」のように、"いつもと同じような"という意味になることもある。ここから、"いつも通りのこと"や"多くに共通するもの"をも指す。音読みでは、「日常」「常識」などがその例。この意味の場合には、「つね」とだけ訓読みし、「その朝の彼女は、常と変わらぬようすだった」「貧乏になれば気持ちもすさむというのが、世の常だ」などと用いられる。

日本語「つねに／つね」を漢字で書き表す場合には、《常》さえ使っておけば、事は足りる。ただし、「つねに」と訓読みする漢字には、ほかに《恒》《毎》もある。いつも《常》ではおもしろくないという場合には、それぞれのニュアンスを生かして用いてみることもできる。ただし、どちらもやや特殊な訓読みなので、振りがなを付けておくなどの配慮をする方が、親切である。

《恒》は、「恒例」「恒久」のように使われる漢字で、"いつでも変わらずに"という意味。右側の「亙」は「亘」とも書かれ、もともとは、上下二本の横棒の間に「月」を書いた形だという。ここから、《恒》も"月"と関係が深く、月が満ち欠けをくり返すように"いつでも変わらない""絶対に変わらない"というイメージを持っている。

訓読みでは「つねに」と読み、「地球は恒に太陽のまわりを回っている」「君を愛する気持ちは恒に変わらない」のように使われる。これらを、《常》を使って「地球は常に太陽のまわりを回っている」「君を愛する気持ちは常に変わらない」としても、もちろんかまわない。ただ、《恒》を書くと、"いつまでも変わらない""絶対に変わらない"といった強いニュアンスになる。

もう一つの《毎》は、「毎回」「毎度」「毎月」など、"何かの機会にはいつでも"という意味。ふつうは「ごとに」と訓読みする。

「ごとに」と送りがなが同じになることもあって、「つねに」と訓読みすることは少ないが、「大阪に出張したときは、毎に豚まんを買って帰る」がその例。《常》を使うよりも、「○○するときはいつでも"という意味合いがはっきりする。

常

いつでも　　変わらない

毎　　　　**恒**

あることを　　いつまでも
するときには　絶対に
いつでも　　　変わらない

つまびらか

審 詳

基本 一般的には《詳》を用いる。

発展 もともと迷う点があった場合には、《審》を使うと、その意味合いがはっきりする。

> おかしいと思ってましたか？

日本語「つまびらか」は、"細かい点まではっきりしている"という意味。このことばを書き表す漢字としては、《詳》と《審》がある。

《詳》は、「詳細」「詳解」「職業不詳」など、"細かい点まではっきりしている"という意味。「くわしい」(p.194)とも訓読みするが、「つまびらか」と訓読みすることもできる。

「事故の原因を詳らかにする」「その夜のできごとを詳らかに思い出す」「駅前の再開発計画が詳らかになる」などが、その例。日本語「つまびらか」を漢字で書き表す場合には、一般的には《詳》を使う。

一方、《審》も、"細かい点まではっきりしている"という意味の漢字。ただ、「審査」「審議」「審判」など、"はっきりと判断する"という意味もあるので、"判断に迷っていた点まではっきりする"場合に用いるのが適している。

そこで、先に挙げた例でも、事故の細かい原因を単に調査中だったのではなく、もともと判断に迷う点があった場合には、「事故の原因を審らかにする」のように《審》を使うのがふさわしい。

また、「その夜のできごとを審らかに思い出す」でも、《審》を書くと、以前は思い出せなかった部分まで思い出す、というようなニュアンス。「駅前の再開発計画が審らかになる」でも、《審》を用いると、判断に迷うような何らかの点がはっきりしてくることを表現することができる。

さらに言えば、疑問を含む文脈では、《審》を使う方がよくなじむ。たとえば、「彼の生まれ故郷がどこなのかは、審らかではない」のような場合。似たような文でも、「彼の生まれ故郷は、詳らかではない」のように疑問がはっきりと示されていない場合は、《詳》を使うこともできる。

```
        詳
知らなかった
  点まで           審
気づかなかった   迷っていた
  点まで           点まで
決まっていなかった
  点まで   etc.
```

つらなる／つらねる

列 連

> 遠くまで続いてますなぁ…

基本 一般的には《連》を用いる。

発展 線のように並ぶ場合、会合などに出席する場合は、《列》を使うこともできる。

《連》は、「連続」「連発」「連休」のように、"ものごとが続く／ものごとを続

343 ◉ ［つらなる／つらねる］［つる（蔓・弦・絃）］

```
ものごとが続く    →  連
線のように長々と  →  列
出席する          →  列
```

連　列

ける"という意味。「つらなる／つらねる」と訓読みして、「その島の東部には山が南北に連なっている」「予想外の事態が連なって生じた」「立派なお店が軒を連ねる」「いくら甘いことばを連ねても、聴衆の心は動かせない」などと用いられる。

日本語「つらなる／つらねる」を漢字で書き表す場合には、《連》を使っておけば十分。ただし、「つらなる／つらねる」と訓読みする漢字には、《列》もあり、ニュアンスを生かしてこちらを用いることもできる。

《列》は、「列車」「行列」「隊列」など、"線のように長々と続く"ことを表す。そこで、特に"線のように長々と"というニュアンスを強調したい場合には、《連》の代わりに「つらなる／つらねる」と訓読みして使うことができる。「開店を待つ人々が、一キロ以上も列なっている」「観光客がバスを列ねてやってくる」「彼の手紙には、恨み言がえんえんと書き列ねてあった」などが、その例となる。

また、人々が集まって「列」を作るところから、"会合などに出席する"という意味にもなる。音読みでは、「列席」「参列」がその例。訓読みの例としては、「友人の結婚式に席を列ねる」「葬儀に列なる人たちの中には、彼女の古い友人が多かった」などが挙げられる。

少し悩むのは、"名前が並ぶ"場合。「彼女の後援会には、地元の有力者が名を列ねている」のように《列》を使うと、"名簿の上に線のように続いている"というニュアンスを表現できる。ただ、同時に、名簿の上だけの話なのに、実際に"出席する"という意味もあるため、落ち着かない。「彼女の後援会には、地元の有力者が名を連ねている」のように《連》を使っておいたほうが、無難だろう。

つる　絃　弦　蔓

植物の世界と道具の世界

基本1 《蔓（まん）》は、"植物"を表す部首「艹（くさかんむり）」の漢字で、植物の"長く伸びるが、細くて自立できない茎"のこと。日本語ではこれを「つる」と訓読みする。「蔓延（まんえん）」とは、"植物の「つる」のようにあちこちへと伸びて行く"こと。「アサガオの蔓が伸びる」「ヘチマの蔓がロープにからみつく」などが、その例。「出世のための手蔓を求める」の「手蔓」は、"細く伸びていくもの"を比喩的に指す。

基本2 弓や楽器に張る糸の場合は、《弦（げん）》を使う。

発展 楽器に張る糸ではないことがはっきりする。弓に張る糸の場合は、《絃》を書くと、

[つる(蔓・弦・絃)][つる(釣・吊・攀)]● 344

一方、《弦》は、部首「弓(ゆみへん)」の漢字で、"矢を飛ばすために弓に張る糸"のこと。日本語ではこれも「つる」と呼ぶので、《弦》も「つる」と訓読みすることになる。例としては、「弓に弦を張る」「矢をつがえて弦を引く」「弦音も高く、矢が放たれた」などが挙げられる。

この「弦音」ということばがあるように、矢を放つとき、「つる」は振動して音を立てる。そこから、《弦》は、"音を鳴らすために楽器に張る糸"を指しても使われる。「弦楽器」「バイオリンの弦」などが、その例。三味線や琴などでは、この"糸"のことを「つる」と呼ぶので、《弦》は、「三味線に弦を張る」「琴の弦が切れる」のように訓読みして用いることもできる。

このように、《蔓》と《弦》は、指すものがはっきりと異なる。使い分けに悩むとすれば、眼鏡や鍋の「つる」の場合。どちらも、現在はかな書きがふつうだが、眼鏡の「つる」は、片端が本体から離れているところが植物の「つる」に似ているので、漢字で書くなら「眼鏡の蔓」のように《蔓》を用いる。

一方、鍋の「つる」は、両端が本体にくっついているところが弓の「つる」と同じなので、《弦》を使って「鍋の弦」と書く。ただし、現在ではあまり使われないが、鍋の「つる」を指す《鉉》という漢字もある。

このほか、《弦》とほぼ同じ意味で「つる」と訓読みする漢字に、《絃》がある。こちらは、部首が「糸(いとへん)」であるところから、主に"音を鳴らすために楽器に張る糸"を指す漢字として使われてきた。そこで、「三味線に絃を張る」「琴の絃が切れる」のように《弦》の代わりに用いると、弓の「つる」ではないことをはっきりさせることができる。

なお、《蔓》はややむずかしい漢字だし、《弦》《絃》は、一文字だけでは「げん」と読むのか「つる」と読むのかわからない可能性がある。振りがなを付けるなどしておく方が、親切である。

つる

攀 吊 釣

基本1 魚を「つる」場合、「つり合う」場合、「つり銭」の場合は、《釣》を使う。

基本2 ぶら下げる場合、引っ張り上げる場合は、《吊》を使う。

基本3 引っ張られて自由に動けない場合は、かな書きにするが、《攀》を用いてもよい。

発展 引っ張り上げることを強調したい場合には、《釣》を書いてもよい。

[つる(釣・吊・攣)]

人間と魚の引っ張り合い

日本語「つる」の基本的な意味は、"糸などで引っ張って、自由に動けなくすること。特に、"針を付けた糸を使って、魚をつかまえること"や、"糸などで何かをぶら下げる"場合が多い。

《釣》は、部首「金(かねへん)」に、"水をすくい取る容器"を指す「勺」を組み合わせた漢字。"金属製のかぎ針を水中に垂らして、魚をつかまえる"ことを表す。そこで、訓読みでは「つる」と読み、「魚を釣る」「釣り糸を垂れる」「釣り舟」「一本釣り」などと使われる。

転じて、比喩的に"相手の気を引くものを使って、こちらの思い通りに相手を操る"ことをも表す。「お菓子で釣って、子どもをお使いに行かせる」「目の前の利益に釣られて、お金をだまし取られる」「話のおもしろさに、ついつい釣り込まれる」などが、その例となる。

また、日本語では、お互いが相手を引き寄せようとするところから、「つり合う」の形で、"バランスが取れる"ことをも指す。「シーソーの右と左が釣り合う」「収入と支出が釣り合う」「二人は釣り合いの取れたコンビだ」などが、その例。さらに、売値と支払金額の"バランスを取る"ところから、「釣り銭」「お釣りを払う」のように、"商品の値段と支払金額の差額として、購入者に戻すお金"を指しても使われる。

一方、"糸などでぶら下げる"ことを意味する「つる」を漢字で書き表す場合には、成り立ちとしては、「とむらう」と訓読みする「弔」の形が変化したもの。「弔」には、もともとは"死を悲しむ"こと以外に、"ぶら下げる"という意味もあった。

これを日本語では、"死を悲しむ"場合は「弔」を使い、"ぶら下げる"場合は《吊》を用いるというふうに、使い分ける。

その結果、《吊》は「つる」と訓読みされるようになった。例としては、「天井から蚊帳を吊る」「骨折した腕を、三角巾で首から吊る」「凧が電線に引っ掛かって、逆さ吊りになる」「ロープウェイが故障して宙吊りになる」「吊り橋を渡る」「お寺の吊り鐘をつく」「車内が混んでいて、吊り革につかまる」「ズボンを吊る」「材木をクレーンで吊り上げる」「サスペンダーでズボンを吊る」のように使われる。

上げるも下げるもおんなじですが…

このように、《釣》と《吊》とでは、そもそもの意味はかなり異なる。ただし、日本語では、「魚を釣り上げる」ところから、《釣》を"引っ張り上げる"という意味でも用いるし、さらに転じて"ぶら下げる"ことを指しても使うので、話がややこしくなる。

とはいえ、《釣》はもともとは「魚を釣り上げる」ことだから、《吊》に比べて、"引っ張り上げる"というニュアンスが強い。井戸の水を汲むのに使う「釣瓶」では必ず《釣》を使うの

は、その現れ。「釣り鐘」「釣り橋」「天井から蚊帳を釣る」などでもよく《釣》が用いられるのは、"引っ張り上げる"作業が頭にあってのことなのだろう。

つまり、"引っ張り上げる"という意味の「つる」については、基本的には《吊》を書くことにして、意味合いを強めたいときにだけ《釣》を用いるのがよさそう。ふつうは《吊》を使って「彼女は怒ると目が吊り上がる」とするところを、《釣》を用いて「彼女は怒ると目が釣り上がる」と書くと、いかにも目尻がグイッと引き上げられた感じがする。

一方、"ぶら下げる"という意味の「つる」に関しては、《釣》は使わず《吊》を用いることにしておく方が、漢字の使い分けという観点からは、無難だろう。

なお、「値段を釣り上げる」は、値段を上げることによって、こちらの思い通りに相手に高い値段で買わせたり、買うことを諦めさせたりするわけだから、《釣》を用いる。

《吊》《釣》のほか、似た意味を持つ漢字には《攣》(れん)もあり、こちらは「つる／つれる」と訓読みする。この漢字の本来の意味は、"引っ張られて自由に動けなくなる"こと。特に、「筋肉が痙攣(けいれん)する」のように、"筋肉が急に縮んで、自由には動かせなくなる"という意味を表す。

「つる」の例としては、「足が攣って歩けない」「恐怖で顔が引き攣る」など。「つれる」は、「上着の縫い目が攣れる」のように用いる。《釣》《吊》との使い分けに迷うことは少ないが、比喩的な表現として「彼女は怒ると目が攣り上がる」のように用いると、目尻がピクピクしていることを効果的に表現できる。

ただし、むずかしい漢字なので、振りがなを付けるなどの配慮は必須。現在では、「足がつって歩けない」「恐怖で顔が引きつる」のように、かな書きにする方がはるかに自然である。

釣
魚を「つる」
相手を「つる」
「つり合う」
「つり銭」

吊
引っ張り上げる【強調】
ぶら下げる

とうとい／とうとぶ

尊 貴

基本1 数量が少ない場合や似たものが少ない場合には、《貴》を使う。

基本2 威厳や神聖さを感じさせる場合には、《尊》を使う。

もとはお金、もとは神さま

日本語「とうとい／とうとぶ」は、"価値が高い／価値を認めて大切にする"という意味。このことばを書き表す漢字としては《貴》と《尊》がある。この二つは意味がとてもよく似ていて、使い分けは非常に悩ましい。

《貴》は、"金品"を表す部首「貝（かい）」の漢字で、本来は"値段が高い"という意味。「物価の騰貴（とうき）」がその例。転じて、「貴重」「貴金属」のように、"数量が少なかったり似たものが少なかったりして、価値がある"という意味にもなり、「とうとい」と訓読みする。

また、金銭的に恵まれているところから、"地位が高い"ことや、"洗練されている"ことをも指す。

一方、《尊》は、古代文字では「酋」と書き、"神や祖先の霊に供えるお酒のつぼ"の下に、"両手"を組み合わせた形。本来は"神や祖先の霊にお酒を捧げることを表す。転じて、「尊敬（そんけい）」「尊重（そんちょう）」「自尊心（じそんしん）」など、"威厳や神聖さがあるものを大切にする"という意味になった。

そこで、「とうとぶ」と訓読みし、「神の御心（みこころ）を尊ぶ」「故人の遺志を尊ぶ」のように使われる。転じて、"威厳や神聖さがあって価値が高い"という意味にもなり、「肉親の愛とは尊いものだ」「生きることの尊さについて考える」など、「とうとい」と訓読みして用いられる。

ほかにはないから神聖だ

このように、《貴》と《尊》の違いは、対象となるものが、"数量や似たものが少ない"のか、"威厳や神聖さを感じさせる"のか、にある。

例としては、「日照りが続くと、一滴の水でも貴い」「残された貴い時間を有効に使おう」など。「社長が彼女を抜擢したのは、その交渉能力を貴んでのことだ」「アンコウの肝は珍味として貴ばれる」のように、"数量が少ないものや似たものが少ないものを、大切にする"という意味で、「とうとぶ」と訓読みすることもある。

例としては、「貴い時間を有効に使おう」「残された貴い時間を有効に使おう」のように、"地位が高い"ことや、"洗練されている"ことをも「貴族」「高貴」と訓読みすることもある。

[とうとい／とうとぶ] [とおる／とおす] ● 348

そこで、「一年間のアメリカ留学は、貴い経験になった」のように《貴》を使うと、"ほかにはない特別な経験"という意味合いになる。が、その"特別さ"が"神聖さ"にまで高まっているならば、《尊》を使っても「一年間のアメリカ留学は、尊い経験になった」と書き表すことも、可能である。

「教師とは尊い仕事だ」では、《尊》を用いているので"威厳や神聖さ"がイメージされる。一方、"ほかには代えられない"という意味合いで、「教師とは貴い仕事だ」のように《貴》を使って書くこともできる。

「貴い命が犠牲になる」も同様で、《貴》を使えば、"二つとない命"という意味合い。《尊》を用いて「尊い命が犠牲になる」とすれば、"神聖な命"というニュアンスになる。

「とうとぶ」と訓読みする場合も、考え方は同じ。「競争の激しいこの世界で、彼の誠実さは貴ばれている」のように《貴》を使うと、彼以外には"誠実な人が少ない"ことが想像される。一方、《尊》を用いて「競争の激しいこの世界で、彼の誠実さは尊ばれている」と書くと、彼には"威厳"がある、という雰囲気となる。

なお、「貴い身分」「貴いお方」などは、"地位が高い"ことだから《貴》を使うのが

貴
数量が少ない
似たものが少ない

（重なりが大きい）

威厳や神聖さを感じさせる

尊

ふつう。しかし、"威厳を感じる"というニュアンスで、「尊い身分」「尊いお方」と書くこともできる。

以上のように、《貴》と《尊》は、どちらを書いても意味が通じる場合が多い。"数量や似たものが少ない"ことと、"威厳や神聖さ感じさせる"ことの違いをはっきり意識できる場合は、もちろんそれに従って使い分ければよい。しかし、どちらか迷う場合には、あまりこだわらずに好きな方を書いておくのが、おすすめである。

なお、《貴》も《尊》も、「たっとい／たっとぶ」と訓読みすることもできる。こちらで読んでも「とうとい／とうとぶ」と意味は同じだが、やや古風な表現となる。

とおる／とおす

徹 透 通

こっちから来てあっちへと…

基本 一般的には《通》を用いる。

発展1 中を抜けることを強調したい場合は、《透》を使うこともできる。

発展2 目標にまで届くことをはっきりさせたい場合には、《徹》を書いてもよい。

日本語「とおる／とおす」の基本的な意味は、"あるものの中を抜けて片側から反対側へと移動する／移動させる"こと。このことばを漢字で書き表す場合には、《通》を使うのが一般的である。

《通》は、"移動"を表す部首「辶(しんにょう、しんにゅう)」に、

"抜ける"ことを意味する「甬」を組み合わせた漢字。"あるものの中を抜けて移動する／移動させる"という意味で、「とおる／とおす」と訓読みして広く用いられる。

「玄関を通って中に入る」「糸を針の穴に通す」「窓を開けて風を通す」「銅線に電気を通す」などが、その例。"片側から反対側へ抜ける"場合が多いが、「国道をトラックが通る」「客人を部屋の中へ通す」のように、"反対側"までは抜けない場合もある。

転じて、"反対側へ移動する／移動させる"ところから、"目標まで届く／届かせる"という意味にもなる。例として、「村にガスが通る」「わがままを通す」「予算案を議会で通す」「試験に通って資格を得る」といった具合。また、「意味が通る」「彼女は運動嫌いで通っている」では、"相手に伝わる"ことや、"相手に理解される"ことを表す。

さらに、"片側から反対側へ"というところから、"最初から最後まで"という意味になることもある。たとえば、「その画家は一生を独身で通した」「本番を前に、全体を通してリハーサルをする」といった具合である。

このように、日本語「とおる／とおす」を漢字で書き表す場合には、《通》さえ使っておけば、問題はない。ただ、「とおる／とおす」と訓読みする漢字には《透》《徹》もあり、それぞれ、独特のニュアンスを生かして用いることもできる。

向こう側には何がある？

《透》は、《通》と同じく"移動"を表す部首「辶」の漢字。本来は"あるものの中を抜けて、反対側に出る"ことを表す。特に、光や水などについて"あるものの中を抜けさせて反対側まで出す／あるものの中を抜けて反対側まで出る"ことを指して使われる。《通》と比べると、"中を抜けて反対側まで"というニュアンスが強い。

「浸透」とは、水などが"薄っぺらいものを抜けて内側まで入り込む"こと。「透明」「透視」は、光に関する例。「透き通る」「透けて見える」のように「すく」（p.253）と訓読みすることもある。

「とおる／とおす」と訓読みした場合も、意味は同じ。たとえば、「窓ガラスを透って光が差す」「雨水が壁の内側まで透る」「この素材はほとんど熱を透さない」といった具合。これらの場合に《通》を使ってももちろんかまわないが、《透》を用いると、"中を抜けて反対側まで"という意味合いが強調される。

一方、《徹》は、部首「彳（ぎょうにんべん）」の漢字。この部首は、「辶」と同じように"移動"を表し、《徹》は"障害を越えて目標まで届く"という意味。「徹夜」とは、"夜を越えて朝になる"こと。「徹底」とは、本来は"底にまで達する"ことをいう。

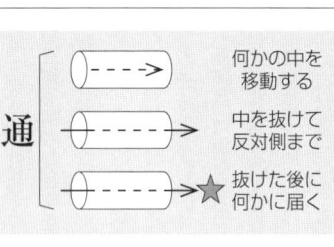

[とおる／とおす] [とが] ● 350

通 ─ 何かの中を移動する
  ─ 中を抜けて反対側まで 透徹
  ─ 抜けた後に何かに届く ★

ここから、"目標まで届く"ことを強調したい場合に、《通》の代わりに「とおる／とおす」と訓読みして使われる。「世の中は、いつも理屈が徹るとは限らない」「当初の目的を貫き徹す」「自分の主張を徹そうとして譲らない」などが、その例。比喩的に、「寒さが骨にまで徹る」「恨みが骨髄に徹る」などと使われることもある。

《透》と《徹》の違いは、"中を抜けて反対側に出る"か"目標まで届く"かという点。言い換えれば、《透》は"反対側に出る"までの"中を抜ける"過程に意味の中心があるのに対して、《徹》は、"反対側に出た"あと、"目標まで届く"ことに重点を置く漢字だといえる。

この二つの使い分けがまぎらわしいのは、声に関する場合。「彼女のよく透る声が響く」のように《透》を使うと、長い空間を"抜けていく"ようすが強調される。一方、《徹》を用いて「彼女のよく徹る声が響く」とすると、遠い所まで"届く"ことに重点を置いた表現となる。特に、声そのものの「透明感」を表現したい場合には、《透》を書くと効果的である。

とが

科 咎

基本 一般的には《咎》を用いる。
発展 法律上の罪の場合には、《科》を使うこともできる。

日本語「とが」は、"罰せられたり非難されたりするような行い"を広く表すことば。「とがめる」は、"罰したり非難したりする"ことをいう。漢字《咎》は、成り立ちははっきりしないが、"罪や過ちなど、罰せられたり非難されたりするような行い"を表す漢字。転じて、"罪や過ちを罰したり非難したりする"という意味にもなる。「天咎」とは、"天が罰として与える災い"。「咎責」とは、"非難して責めること"。

ここから、《咎》は、「とが」「とがめる」と訓読みして、広く使うことができる。「とが／とがめる」の例としては、「今回の失敗の咎は、私にある」「彼女には何の咎もない」「セクハラ行為を咎める」など。日本語「とが／とがめる」を漢字で書き表す場合には、《咎》さえ使っておけば、十分に用は足りる。

法律には触れなくても…
「収賄の咎で告発する」のように用いられる。「良心の咎めを感じる」

ただし、「とが」と訓読みする漢字には、《科》もある。これは、もともとは「理科」「内科」「イヌ科の動物」など、"分

と

351 ●［とが］［とく／とける／とかす］

咎／科

咎 道徳上や社会通念上、非難されること

科 法律上の罪

類の一つ一つ"を指す漢字。転じて、「前科」のように、特に"法律できちんと分類された罪"をいうこともある。

そこで、日本語「とが」を漢字で書き表す場合でも、特に"法律上の罪"を指す際には、《咎》の代わりに《科》を用いることができる。「道路交通法違反の科で、書類送検された」「無実の科で服役する」などが、その例。これらの場合に《咎》を使ってもよいが、"法律上の罪"であることがはっきりく方が、"分類"を指す漢字なので、「とがめる」と訓読みすることはない。

なお、《咎》は現在ではあまり使われない漢字だし、《科》を「とが」と読むのは、やや特殊な訓読み。どちらの場合も、振りがなを付けるなどの配慮をしておく方が親切。また、《科》は「分類」を指す漢字なので、「とがめる」と訓読みすることはない。

ちなみに、「とが／とがめる」と訓読みする漢字には、もう一つ、《尤》もある。この漢字は、成り立ちに諸説があり、本来の意味がはっきりしないので、《咎》との違いもよくわからない。現在では《咎》を書く方がふつうなので、《尤》は用いない方がよいと思われる。

とく／とける／とかす

釈融鎔熔溶梳説解

結び目がほどけていく…

基本1 ほどく場合、緊張をゆるめる場合、疑問を明らかにする場合は、《解》を用いる。

基本2 わかりやすく伝える場合は、《説》を使う。

基本3 液体に吸収される場合、固体の温度が上がって液体になる場合は、《溶》を用いる。

発展1 毛をほぐす場合は、《梳》を書いてもよい。

発展2 金属や石の温度が上がって液体になる場合には、《熔》《鎔》を使ってもよいが、やや古風。

発展3 温度が上がって液体になる場合には、《融》を書くこともできるが、やや古風。

発展4 「とけ」合って一つになる場合には、《融》を使うと効果的。

発展5 自由にする場合、気分を晴れやかにする場合、疑問をすっきりさせる場合、刺激物を液体で薄める場合には、《釈》を用いることもできる。

日本語「とく／とける／とかす」は、基本的には、"かたまりがかたまりでなくなる／かたまりをかたまりでなくすこと"を意味することば。大きく分けると、"かたまりがどろどろになる"場合と、"かたまりがばらばらになる"場合とがある。

《解》は、部首「角〈つのへん〉」に、"刃物"を表す「刀」と、「牛」

[とく／とける／とかす] ● 352

を組み合わせた漢字。刃物で牛の体や角を切り分けるところから、"かたまりを細かく分ける"ことを表す。「解体」「解剖」「分解」などがその例。基本的には"かたまりをばらばらにする"ことを指す漢字である。

ただ、「とく／とける」と訓読するのは、特に細長いものが組み合わさってできた"かたまり"について言う場合。"ほどく／ほどける"という意味だと考えると、わかりやすい。例を挙げれば、「風呂敷の結び目を解く」「靴のひもが解ける」「着物の帯が解ける」といった具合となる。転じて、「解放」「解除」「解禁」のように、"緊張した状態をゆるめる／緊張した状態がゆるまる"という意味にもなる。この場合も、訓読みでは「とく／とける」と読み、「緊張を解く」「外出禁止令を解く」「警戒態勢を解く」「魔法が解ける」「上司の怒りが解ける」「親子関係のわだかまりが解ける」のように用いられる。

この"緊張した状態"を、"仕事をしている状態"に限定すると、"仕事を辞めさせる"という意味になる。音読みでは、「解任」「解雇」がその例。訓読みの例としては、「定年により職を解く」「不祥事を起こして大臣の任を解かれる」など。現在ではめったに使われないが、「この三月で委員長の任が解ける」のように、"仕事が終わりとなる"という意味で、「とける」と訓読することもある。

また、"かたまりをかたまりを細かく分ける"ところから変化して、"疑問を明らかにする／疑問を明らかにする"ことをも表す。「解明」「解読」「理解」などが、音読みの例。訓読みの例を挙げれば、「数学の問題を解く」「事件の謎が解ける」などとなる。

たとえ相手がいなくても！

この"疑問点を明らかにする"意味で「とく」と訓読みする漢字に、《説》がある。この漢字は、「説明」「説得」「力説」のように、"わかりやすく伝える"という意味。「仏の教えを説く」「自分の考えを筋道を立てて説く」「ばかなことはするな、と友人に説いて聞かせる」「スポンサーを説き伏せて融資を引き出す」などがその例となる。

「解説」という熟語があるように、《説》と《解》は意味がよく似ている。異なるのは、《説》は"伝える"ことを含むので、必ず相手が存在する点。そこで、「宇宙の真理を解く」のように《解》を用いて"伝える"というニュアンスがはっきりする。一方、《解》を用いて「宇宙の真理を説く」とすると、"疑問点を明らかにする"ことに重点を置いた表現となるので、自分だけが納得している可能性も含まれる。

また、《解》と似た意味で「とく／とかす」と訓読みする漢字に、《梳》がある。この漢字は、成り立ちとしては「流」と

353 ◉ [とく／とける／とかす]

解説 わかりやすく伝える

毛をほぐす → 梳
- 糸などをほどく
- 緊張をゆるめる
- 仕事を辞めさせる
- 疑問を明らかにする

解 細かく分ける

関係が深く、毛がうまく流れるようにするところから、"毛を広く"液体に吸収され、元の姿が見えなくなる"ことを指して用いられる。

「すく」（p253）とも訓読みするが、「櫛で髪を梳く」と訓読みすることもできる。

「とく／とかす」は、《解》を使って「髪の毛を解く」と書き表すこともできる。ただ、そうするとやや大げさに見えることもあり、「髪の毛をとく」「毛をとかす」のようにかな書きにしてしまうことも多い。

"毛をほぐす"ことは、"ほどく"ことの一種。そこで、この意味の「とく／とかす」は、《解》を使って「毛を解かす」と書き表すこともできる。ただ、そうするとやや大げさに見えることもあり、「髪の毛をとく」「毛をとかす」のようにかな書きにしてしまうことも多い。

以上の《解》《説》《梳》は、根本に"かたまりをばらばらにする"という意味がある「とく／とける／とかす」を書き表すのに用いられる漢字。

結果的には液体になります

それに対して、基本的には"かたまりがどろどろになる"ことを指す「とく／とける／とかす」は、まずは《溶》が挙げられる。

《溶》は、"水"を表す部首「氵（さんずい）」の漢字で、本来の意味は"固体が水に吸収され、形が見えなくなる"こと。

「かたくり粉を水で溶く」「洗剤をお湯に溶かす」「この接着剤はアルコールに溶け込んだ」「彼女の後ろ姿は夕暮れの町に溶けていった」など、比喩的に使われることもある。

また、《溶》は、"温度が上がって固体が液体になる"という意味でも用いられる。例としては、「冷凍庫から出した氷が溶ける」「チョコレートが口の中で溶ける」「溶かした鉄を型に流し込む」「バターを室温で溶かす」など。ただ、この意味で《溶》を使うのは、明治時代に日本で生まれた、比較的新しい用法。もともとは、"温度が上がって固体が液体になる"ことは、《熔》《鎔》《融》を使って書き表されていた。

ちょっと古めの書き方ですが…

このうち、《熔》と《鎔》は、読み方も意味も同じ漢字。「熔鉱炉／鎔鉱炉」「熔岩／鎔岩」「熔岩／鎔岩」「熔鉱炉／鎔鉱炉」「熔岩／鎔岩」などが、"固体だった金属や石が、温度が上がって液体になる"ことを表す。そこで、金属や石の場合には、《溶》の代わりに《熔》《鎔》を使うことができる。

「山火事の熱で岩が熔ける／銅を熔かして型に流し込む／山火事の熱で岩が鎔ける／銅を鎔かして型に流し込む」などが、

その例。現在ではあまり使われない漢字だが、《溶》と形が似ているので、振りがななしでも読んでもらえそう。ただ、やや古めかしい雰囲気になることは争えない。

《熔》と《鎔》は、どちらを使っても意味は同じだが、《熔》は部首が「火(ひへん)」なので、いかにも〝熱い〟感じがする。一方の《鎔》を用いると、部首「金(かねへん)」が付いているので、金属的な重々しい雰囲気となる。

残りの《融》は、理科で出て来る「融点」が代表的な熟語。この漢字に含まれる「鬲」は、〝ものを熱するのに使う容器〟を指すので《融》は、金属に限定されず、広く〝温度が上がって固体が液体になる〟ことを表す。

そこで、先に《溶》の例として挙げたものは、「冷凍庫から出した氷が融ける」「チョコレートが口の中で融ける」「バターを室温で融かす」「融かした鉄を型に流し込む」のように、すべて《融》を使って書き表すこともできるし、その方がむしろ由緒は正しい。とはいえ、現在では《溶》を書く方が一般的。《融》を用いると、やや古風な雰囲気となる。

ただ、《融》には、「融

合」「融和」のように、〝別々だったものが一緒になって、一つの新しいものになる〟という意味合いもある。そこで、「何種類ものスパイスが融け合って、独特の風味を生み出す」「みんなの気持ちが融け合って一つになる」のように用いると、漢字の持つニュアンスを生かすことができる。

	溶	熔	鎔	融
「とけ合って」一つになる	◎			◎
固体が液体になる	◎	○	○	○
金属や石が液体になる	○	◎	◎	○
液体に吸収される	◎			

以上のように、日本語「とく/とける/とかす」を書き表す漢字はたくさんあるが、よく使われるものは《解》と《溶》。この二つについては、液体になる場合は《溶》を書くという点を押さえておけば、使い分けにはあまり悩まずに済む。

それでも判断がまぎらわしくなる例としては、雪が「とける」場合がある。雪は「とける」と水になるわけだから、一般的には、《溶》を使って「雪が溶ける」と書く。

ただし、「春になって雪が解ける」「そろそろ雪解けの季節だ」のように、《解》を使うこともある。これは、〝寒さ〟を〝緊張した状態〟だと考えたもの。「解凍」はその例の熟語で、本来は、〝冬の凍りついた状態が、春になってゆるむ〟ことを表す。

この熟語があるので、電子レンジで「とかす」ような場合にも、「解」を使いたくなる。しかし、「電子レンジで解凍する」のようにこのことばを用いるのは、伝統的な意味から変化したもの。「冷凍食品を電子レンジで溶かす」のように、

雪と卵にご注意ください!

もやもやを吹き飛ばそう！

《溶》を書いておいた方が、漢字的には穏当である。もちろん、雪が「とける」場合に、《溶》の代わりに《融》を用いるのは、古風で由緒正しい書き方。さらには、比喩的に「両国の対立も、そろそろ雪融けを迎えようとしている」のように使うと、《融》の持つ"一つになる"というイメージを生かすことができる。

もう一つ、卵を「とく」も、注意が必要なケース。"卵をほぐす"と考えれば、"ほどく"ことの一種だから《解》を使うこともできる。しかし、《解》の基本の意味は"ばらばらにする"ことなので、この場面にはそぐわない。"どろどろにする"というニュアンスで、「卵を溶く」のように《溶》を用いる方が落ち着く。

《解》と《溶》の使い分けがまぎらわしいのはこれくらい。ところが、両方の意味にまたがって「とく／とける／とかす」と訓読みする《釈》という漢字があるので、話はまだまだややこしくなる。

この漢字には、「釈放」「保釈」のように、"緊張した状態をゆるめる"という意味がある。また、「注釈」「語釈」のように、"疑問を明らかにする／緊張した状態がゆるまる／気持ちが晴れやかになる"という意味で用いられる。

"捕虜をしばっていた縄を釈く」「政治犯の軟禁を釈く」「四年ぶりに故郷に帰り、旅の装いを釈く」などが、"自由になる"の例。"気持ちを晴れやかにする／気持ちが晴れやかになる"の例としては、「警戒心を釈く」「積年の恨みが釈ける」「新しいクラスメートと打ち釈ける」など。これらの場合、現在では《解》を使う方が自然だが、《釈》を書くと"自由"、"晴れやか"というニュアンスが強調される。

また、"疑問を明らかにする／疑問点が明らかになる"という意味では、「古いことばの意味を釈く／疑問点を釈く」「彼女の行動に隠された謎を釈く」などがその例。これらも、現在では《解》を用いる方が自然。あえて《釈》を使うならば、"すっきりしないものがすっきりする"という意味合いを表現したい場面がふさわしい。たとえば、「謎かけを鮮やかに釈く」「収賄疑惑につい

	釈		
解	ほどく		
	緊張をゆるめる	→	自由になる
	疑問を明らかにする	→	すっきりする
溶	液体に吸収される	→	刺激物を薄める
	温度が上がって液体になる		

というイメージがあるのが、《釈》の特徴。そこで、"緊張した状態をゆるめる／緊張した状態がゆるまる"、"自由にする／自由になる"、"気持ちを晴れやかにする／気持ちが晴れやかになる"という意味もあって、《解》ととてもよく似ている。ただ、「釈然とする／釈然とする」のように、"すっきりとして落ち着く"

[とく／とける／とかす] [ところ] ● 356

てきちんと釈き明かす」といった具合である。

このほか、「釈」には、「希釈」のように、《溶》の表す"液体を使って薄める"という意味がある。これは、《溶》の表す"液体に吸収される"という意味とよく似ている。

ただ、この場合も、"すっきりとして落ち着く"という意味合いがあるので、"刺激を薄めて落ち着かせる"というニュアンスで使うのが、漢字の意味の上ではふさわしい。「塩酸を水で釈く」が、わかりやすい例。《溶》では表せない"刺激物を薄める"という意味が表現できる。

ところ
処所

安らぎを提供します！

基本1 一般的には《所》を用いる。

基本2 抽象的な「ところ」の場合は、かな書きにすることも多い。

発展 落ち着くという意味合いを表現したい場合には、《処》を使うこともできる。

《所》は、「場所」「急所」「製鉄所」など、具体的に指差すことのできる"ある場"や"ある点"を指す漢字。「ところ」と訓読みして、「この道をまっすぐ行った所に学校がある」「明日は所によりにわか雨が降る予報だ」「膝のすぐ下の所をぶつけて、あざができた」のように用いられる。

転じて、「長所」「短所」のように、目には見えない抽象的な"ある点"を指しても使われる。そこで、抽象的な"ある点"に対して《所》を用いても、間違いではない。ただ、漢字《所》は、「休憩所」「発電所」「出張所」のようによく用いられるところから、具体的な"ある場"の印象が強いので、抽象的な"ある点"を表す場合は、かな書きにすることも多い。たとえば、「検査の結果、悪いところはここにもなかった」「あなたのそういうところが好きなんです」「今日のところは勘弁してやろう」といった具合である。

また、《所》には、ほかの漢字の前に置かれて"○○する"や、"○○される"という、抽象的な内容を指す用法もある。「所持」とは"持っている"こと。「所定」とは"定められている"こと。ここから、「あなたの見た所を述べてください」「彼女の批判する所となる」のような場合でも、《所》を用いても おかしくはない。とはいえ、これも具体的な"ある場"ではないので、「あなたの見たところを述べてください」「彼女の批判するところとなる」のようにかな書きにすることが多い。

一方、《処》は、"足"を表す「夂」に、"台"の絵から生まれた「几」を組み合わせた漢字。"台に腰を下ろす"ところから、「処理」「処遇」「対処」のよう

所
具体的な
ある場・点

（かな書き）
抽象的な
ある点
○○する
ということ

処
落ち着く場

[ところ][とし]

に、"落ち着く状態にする"という意味になった。転じて、"落ち着く場"をも指し、「ところ」と訓読みして使われる。

現在の日本語では、その意味がさらにはっきりして、「甘味処」「飲み食い処」「お休み処」のように、飲食店や休憩施設を指して使われることが多い。これらの場合に《所》を書いてももちろんかまわないが、《処》を使った方が、"落ち着く"という雰囲気がよく表現できる。

とし

歳　年

行ってしまって返らない…

[基本] 一般的には《年》を用いる。

[発展] 過ぎ去ることや移り変わることを強調したい場合には、《歳》を使うと雰囲気が出る。

《年》は、古代文字では「〻」と書く。この形の下半分の解釈にはいくつかの説があるが、上半分は、"穀物"を意味する"禾"の古代文字。そこで、穀物の実る時期を基準とした"暦のひとめぐり"を表すようになったと考えられている。訓読みでは「とし」と読み、「年の始め」「成績を年ごとにまとめる」「この年に世界を揺るがす大事件が起こった」「これまでの年月を思い出す」などと用いられる。

転じて、「年齢」のように、"生まれてからの暦がめぐった回数"をも指す。「年を取る」「年上の女性に憧れる」「彼が結婚したのは二十六の年のことだ」などが、その例となる。

これらの意味を表す日本語「とし」を漢字で書き表す場合には、《年》を使っておけば問題はない。とはいえ、同じ意味で「とし」と訓読みする漢字には《歳》もあるので、使い分けが問題となる。

《歳》も、"暦のひとめぐり"や"生まれてからの暦がめぐった回数"を表す漢字。ただ、成り立てははっきりしないものの、「歩」を上下に分解し、間に「戌」を挟み込んだところから生まれた漢字なので、「歩」の持つ"進んで行く"というイメージがある。そこで、《年》に比べると、"過ぎて行く"とか"移り変わる"とかいうイメージが強い。「歳時記」とは、"季節の移り変わりを記した書物"。「歳暮」とは、"暦のひとめぐりが終わっていくころ"。

ここから、"生まれてからの暦がめぐった回数"を指す場合に《歳》を用いると、"過ぎ去っていく"とか、"積み重なっていく"という雰囲気が出る。「歳を重ねる」「私ももう歳だ」「いい歳をしてみっともない」などがその例。これらの場合に《年》を使ってももちろんかまわないが、《歳》の方が好まれることも多い。

また、"暦のひとめぐり"を表す場

年
暦のひとめぐり
暦のめぐった回数

過ぎて行く
移り変わる　歳

とじる

閉 綴

基本1 出入り口をふさぐ場合、業務や活動を終了する場合は、《閉》を使う。

基本2 糸などでつなぎ合わせる場合は、《綴》を使う。

本と袋ではちょっと問題?

《閉》は、部首「門(もんがまえ)」の漢字で、門などの"出入り口をふさぐ"という意味。「しめる」(p240)とも訓読みするが「とじる」とも読み、「入り口を閉じる」「雨戸を閉じる」「カーテンを閉じる」「目を閉じる」などと用いられる。

「家に閉じこもる」「牢屋に閉じこめる」では、"出入りしなくなる／できなくする"という意味合いが強い。ここから変化して、「ノートを閉じる」のように、"読んだり書いたりできなくする"ことを表す場合もある。

また、"業務や活動を終了する"という意味にもなる。「窓口を閉じる」「会期を閉じる」「生涯を閉じる」などが、その例となる。

一方、《綴(てつ)》は、部首「糸(いとへん)」の漢字で、"糸などを使ってつなぎ合わせる"という意味。日本語ではこれも「とじる」と表現するので、「とじる」と訓読みして用いられる。例としては、「糸で綴じたノート」「洋服のほころびを縫い綴じる」「資料をホッチキスで綴じる」「メモをクリップで綴じる」「契約書をファイルに綴じ込む」「袋綴じの雑誌」など。「とんかつを卵で綴じる」のように、比喩的に用いられて"具材をまとめ合わせる"ことを指すこともある。

このように、《閉》と《綴》はかなり意味が異なるので、使い分けに悩まされることは少ない。ややまぎらわしいのが、本を「とじる」場合。《閉》を読めない状態にする"という意味。「本を綴じる」のように《綴》を使うと、"紙をつなぎ合わせて製本する"という意味になる。

もう一つ、「口を閉じる」は、《閉》を用いているので"口をふさぐ"という意味。これを《綴》を使って「口を綴じる」にすると、"紙や布などの袋の口を、糸などを使って縫い合わせる"という意味になる。

閉 ←

綴

ととのえる／ととのう

調 整

基本1 乱れを直す場合は、《整》を用いる。
基本2 必要なものをそろえる場合は、《調》を使う。

乱れと過不足の違い

日本語「ととのえる／ととのう」は、"きちんとした状態にする／なる"という意味を表す漢字としては、《整》と《調》が代表的なもの。「調整」という熟語があるように、この二つは意味がとてもよく似ているので、使い分けに悩まされることが多い。

《整》は、「整理」「整備」「整列」のように、"秩序だった状態にする／なる"ことを表す。そこで、"乱れが直る"場合に用いるのがふさわしい。例としては、「鏡を見て服装を整える」「深呼吸をして息を整える」「胃腸の調子を整える」「彼の部屋は、意外と整っている」「彼女は、よく見ると整った顔立ちをしている」などが挙げられる。

一方、漢字《調》にはさまざまな意味があるが、「調和」「調合」「協調」などでは、"バランスの取れた状態にする／とる"ことを表す。「ととのえる／ととのう」と訓読みするのは、この意味の場合。「文化祭の舞台衣装を調える」「留学に必要な資金を調える」「塩コショウで味を調える」など。足りないものを手に入れたりして、"必要なものをそろえる／必要なものがそろう"ことを指して使われることが多い。

転じて、"満足できる状態にする／満足できる状態になる"という意味にもなる。「辞表を出すのは、この案件を調えてからにしたい」「条件が調い次第、出発する」「長男の縁談が調う」などが、その例となる。

このように、《整》と《調》の基本的な違いは、もとが"乱れている"状態なのか、"過不足がある"状態なのかにある。そこで、「髪の毛を整える」ならば、《整》を使っているから"乱れた髪の毛を直す"こと。「髪の毛を調える」ならば、《調》だから"余分な髪の毛をカットする"ことになる。

たしかに違うことだけど…

「バスが出発する準備を整える」のように《整》を書くと、たとえば"乗客をきちんと着席させる"といったような雰囲気。《調》を用いて「バスが出発する準備を調える」とすれば、たとえば"ガソリンを満タンにする"というふうな意味合いとなる。

整 ◯◯◯◯ ➡ ◯◯◯◯
◯◯◯◯   ◯◯◯◯

調 □□□□ ➡ □□□□

「組織の陣容を整える」も同じで、《整》を使うと、"構成員をきちんと持ち場につかせる"というニュアンス。《調》を用いて「組織の陣容を調える」とすると、たとえば"欠けていた役員を補充する"といった意味合いになる。

「会議の資料を整える」ならば、《整》だから"資料をわかりやすい状態にする"こと。「会議の資料を調える」であれば、《調》なので"必要な資料をそろえる"こと。ただ、こういった例では、結局のところは、どちらを書いてもたいした違いはないことが多い。

「敬語の使い方を直して、手紙としての体裁を整える」と「時候のあいさつを書き加えて、手紙としての体裁を調える」のように、文脈の上で"乱れを直す"のか"必要なものをそろえるのか"がはっきりしていれば、もちろん、それに従って《整》と《調》を使い分ければよい。しかし、実際には、どちらを使えばよいか、はっきりとしないことも多い。そんな場合には、あまりこだわらないで、どちらか好きな方を書いておくのがおすすめである。

なお、「ととのえる」と訓読みする漢字には、《斉(せい)》もある。これは、本来は"長さをきちんとそろえる"という意味の漢字。「ひとしい」とも訓読みする。《整》よりもさらに画一的なイメージを持つが、かなり特殊な訓読みなので、現在では用いない方がよい。

とどまる／とどめる

停止留

放っておけば流れていく…

基本1 ほとんどの場合は《留(りゅう)》を用いる。
基本2 特に、あるところで終わりになる場合は、《停(てい)》を使う。
発展 途中で一時的に移動や活動、変化などをしなくなる場合は、《止(し)》を書くと効果的。

日本語「とどまる／とどめる」は、"ほかの場所に変化しなくなる／させなくする"ことや、"ほかの状態に変化しなくなる／させなくする"ことを表す。似たことばとして「とまる／とめる」(p 365)があるが、こちらは基本的には"移動や変化をしなくなる／させなくする"という意味。微妙な違いだが、「とどまる／とどめる」は"ほかの場所や状態に"という意識に重点があるところが、「とまる／とめる」とは異なる。

このことばを書き表す漢字としてよく用いられるのは、《留(りゅう)》と《止(し)》。ただ、どちらも「とまる／とめる」とも訓読みするので、読み方がまぎらわしくなりがち。「とどまる／とどめる」の方がよく使われる読み方なので、「とどまる／とどめる」は、かな書きにされることも多い。漢字を使う場合には、振りがなを付けるなどの配慮をしておく方が、親切である。

《留》は、"耕作地"を表す部首「田(た)」の漢字。"流れて

くる水を耕作地に引き入れてためる"ところから、ほかの場所に移動しなくなる/させなくする"ことを表す。音読みでは、「留置」「拘留」「遺留品」などがその例となる。

訓読みでは「とどまる/とどめる」と読むが、水は流れていく性質を持つものなので、"ふつうなら移動する可能性が高い"場合や、"そうしないと移動してしまう可能性が高い"場合などに使われるのが特徴。「事務所に留まって、明日の会議の準備をする」「台風で危険なので、生徒を校内に留める」などと用いられる。

転じて、"ほかの状態に変化しなくなる/させなくする"ことをも表す。音読みの例としては、「留年」「留保」「一部リーグに残留する」など。この場合も、"いずれ変化する可能性が高い"とか"そうしないと変化してしまう可能性が高い"といった場合に用いられる。

たとえば、「不祥事が発覚したが、社長の職に留まる」では、"辞任を求められているけれど"というニュアンス。「事故車両は、後ろ半分だけが原形を留めていた」だと、"つぶれてもおかしくなかったのに"という意味合い。「この情景を記憶に留めておこう」の場合は、"忘れてしまわないように"という意識を含む。

| ここから先には進まない |

以上のように、日本語「とどまる/とどめる」を漢字で書き表す場合には、基本的には《留》を用いることができる。ただし、日本語「とどまる/とどめる」には、"あるところで終わりになる/ことを表さないことから転じて、"あるところで終わりになる"ことを表す用法もある。その場合は、"移動や変化の可能性が高い"ことを背景にして使われるそぐわない。そこで登場するのが、《止》である。

《止》は、古代文字では「止」と書き、"足あと"の絵から生まれた漢字。ある場所を踏みしめてしっかりと足あとを残すところから、"移動しなくなる/させなくする"という意味になった。転じて、"変化しなくなる/させなくする"ことをも表す。「静止」「中止」「休止」「防止」などが、その例となる。

さらには、「廃止」「終止符」のように、"それまで続いてきたことを、あるところで終わりにする"という意味にもなるのが、《留》との違い。この意味の場合、「とどまる/とどめる」と訓読みすることも多いが、「やむ/やめる」と訓読みすることもできる。そこで、"あるところで終わりになる/する"というニュアンスの強い「とどまる/とどめる」は、《止》を書けば、"辞表を

たとえば、「辞表を出すのを思い止まる」「部屋に入って来ようとする母親を押し止める」のように《止》を書けば、"辞表を

[とどまる／とどめる］［となえる］◉ 362

留 ⇒ そうしなければ移動や変化をする

止 ⇒ そこで終わりになる

出さないことにした"部屋に入れないようにした"という意味合い。「彼女の恋は、いつも片思いに止まっている」「ミスを最小限に止める」では、"それ以上には進展しない／進展させない"ということ。これらの場合に《留》を用いて"今のところは"というニュアンスを出すこともできるが、《止》を使った方が、"その時点では終わっている"ことがはっきりする。

また、「とどまらない」のように打ち消しの形を伴って、"そこでは終わらない"という意味を表す場合もある。これは、"終わりになる"ことの否定だと考えた方が意味がはっきりするから、《止》を用いるのが適切。たとえば、「彼の年収は、四、五千万には止まらない」「あいつの毒舌は止まるところを知らない」などといった具合である。

ちょっと待ってください！

《留》《止》のほか、《停》も、「とどまる／とどめる」と訓読みすることができる。「停車」「停電」「停職」など、"途中で一時的に"させなくする"というニュアンスを表すこの漢字は、"途中で一時的に移動や活動、変化などをしなくなる／させなくする"という意味。そこで、"途中で一時的に"というニュアンスを表したい場合に、「とどまる／とどめる」と訓読みして使うことができる。

例としては、「南海上に停まっていた台風が、北上を始める」「今日のところは、話はこのへんで停めておこう」など。ただし、この漢字も「とまる／とめる」とも訓読みできるので、振りがなを付けるなどの配慮をしておく方が、親切である。

なお、船について"移動しなくなる／させなくする"ことを表す《泊》や、船以外の乗りものについて"移動しなくなる／させなくする"ことを意味する《駐》も、「とどまる／とどめる」と訓読みできないわけではない。とはいえ、現在では「とまる／とめる」と訓読みして使う方が、はるかに自然である。

となえる

称 唱

ナムアミダブツのおかげかな？

基本1 声に出す場合、はっきりと主張する場合は、《唱》を用いる。
基本2 呼び名や肩書きを使って呼ぶ場合は、《称》を書く。

《唱》は、「新しい説を提唱する」「人々を唱導する」のように、"先頭に立って主張する"という意味。転じて、"はっきりと声に出す"という意味。訓読みでは「となえる」と読み、「お経を唱える」「平ムアミダブツを唱える」「異論を唱える」「地動説を唱える」

363 ◉ [となえる] [とぶ/とばす]

	声に出す	文字に書く
ことば・文章	唱	唱
考え・主張	唱	唱
呼び名・肩書き	称	称

和主義を唱える」などと用いられる。

一方、《称》はさまざまな意味を持つ漢字だが、「呼称」「通称」「称号」のように、"呼び名や肩書きを使って呼ぶ"という意味がある。ここから、"呼び名や肩書きなどを持つ"ことをも表す。音読みでは、「自称、ウェブデザイナー」芸能プロデューサーと称する男」などがその例。日本語では、この意味も「となえる」で表すことがあるので、《称》も、「となえる」と訓読みすることができる。

例としては、やや古めかしい表現だが、「彼は自らを救世主と称え、布教を始めた」「正岡子規の亡くなった日は糸瓜忌と称えられている」など。ただ、《称》は「たたえる」とも訓読みするので、読み方がまぎらわしくなりやすい。振りがなを付けるなどの配慮をしておくのが望ましい。

ところで、念仏のときに口にする「南無阿弥陀仏」は、"阿弥陀仏を信じて救いを求める"という意味の文章なので、「念仏を唱える」のように、《唱》を使うのが本来の形。その一方で、「南無阿弥陀仏」は「六字の名号」ともいって、阿弥陀仏の"呼び名"の一種にもなっている。そこで、「念仏を称える」のように《称》を書くこともできる。

昔の日本人は、日常的に念仏を「となえる」ことが多かったので、ここから、「となえる」の漢字の使い分けに混乱が生じることになった。現在では、本来は《唱》を書くべき「となえる」でも、《称》を使って書き表すことも多い。

とぶ/とばす

翔 跳 飛

舞い上がれば世界は広がる

基本 《飛》は、古代文字では「飛」と書き、"翼を広げた鳥"の絵から生まれた漢字だと いう。広く"空中を移動する/させる"ことを表し、「とぶ/とばす」と訓読みする。

「鳥が空を飛ぶ」「プロペラ機が飛んでいく」「ジェット風船を飛ばす」「海に飛び込む」「ほこりが飛び散る」などがその例。「沿道から声援が飛ぶ」「冗談を飛ばす」「ひまな部署に飛ばされる」のように、比喩的に用いられることもある。

転じて、"とても速く移動する/させる"という意味にもなる。「飛馬」とは、"とても速く走る馬"。「飛報」とは、"急な知らせ"。訓読みの例としては、「事件の知らせを聞いて、

発展1 勢いよく短時間「とぶ」ことを強調したい場合は、《跳》を使うと効果的。

発展2 ゆったりと力強く「とぶ」場合、自由で活動的な場合は《翔》を書くとその雰囲気が出る。

[とぶ/とばす] ● 364

現場へと飛ぶ」「電話をしたら、母が急いで飛んで来た」「車を飛ばして駆けつける」「電話をしたら、母が急いで飛んで来た」「車を飛ばして駆けつける」などが挙げられる。

また、「流言飛語」のように、"根拠がないまま広く伝わる/伝える"ことをも表す。「うわさが飛ぶ」「デマを飛ばす」などだが、訓読みの例である。

以上は、漢字《飛》が本来的に持っている意味だが、日本語「とぶ」には、さらにさまざまな用法がある。

たとえば、"順番に並んでいるものの間を抜いて先に進む"という意味。これは、"空中を移動する"ことを表す「とぶ」が比喩的に使われたものとして、「話があちらこちらへと飛んで、わかりにくい」「一つ飛ばして先に進む」「飛び石連休」のように、《飛》を使って書き表すことができる。

「飲み過ぎて記憶が飛ぶ」も、似たような意味合い。ここから、"ある部分やある要素がなくなる"という意味にもなる。たとえば、「ポスターが日に焼けて、色が飛ぶ」「ひと煮立ちさせて、アルコールを飛ばす」といった具合である。

このほか、「とび○○」や「○○とばす」の形で、"勢いよく○○する"ことを指す用法もある。これもまた、"とても速く移動する"ことから変化したものだと考えて、《飛》を使って書き表すことができる。例としては、「喧嘩をして家を飛び出す」「彼女はクラスの中で飛び抜けて運動ができる」「い

らない家具を売り飛ばす」「落書きをした子どもを叱り飛ばす」などが挙げられる。とはいえ、"空中を移動する"というイメージはないので、かな書きにされることも多い。

このように、日本語「とぶ/とばす」を漢字で書き表す場合には、《飛》さえ使っておけば、たいていは間違いにはならない。ただ、「とぶ/とばす」と訓読みする漢字には、ほかにも《跳》《翔》などがあり、それぞれのニュアンスを生かして使い分けることもできる。

《跳》は、部首「足(あしへん)」が付いているように、足の力を使って、"勢いをつけて、短時間、空中を移動する"という意味。《飛》の基本的な意味が英語の"フライ"で表せるとすれば、《跳》は"ジャンプ"に相当する。「跳躍」のように使われるほか、「はねる」とも訓読みする。

「とぶ」と訓読みした場合も、意味は同じ。「水たまりの向こうまで跳んで渡る」「ガードレールを跳び越える」「崖の上から跳び降りる」「びっくりして跳び上がる」などなどと用いられる。これらを《飛》を使って書き表してもかまわないが、《跳》を使うと、"勢いよく跳びはねる"というニュアンスが表現できる。

なお、スポーツの競技や、練習として行われる"ジャンプ"を指す場合には、《飛》は使わず《跳》を用いることが多い。

> 体育の時間はこれを使って!

[とぶ/とばす] [とまる/とめる]

「三段跳び」「走り高跳び」「棒高跳び」「背面跳び」「うさぎ跳び」「垂直跳び」などの例。「飛び箱」「縄飛び」などでは《飛》を使うこともあるが、これらも《跳》を使って「跳び箱」「縄跳び」としておいた方が、漢字の使い分けという観点からは、わかりやすい。

つぎに、《翔》は、音読みでは「飛翔」のように使われる漢字。《飛》と意味が似ているが、部首「羽(はね)」にも現れているように、"鳥が翼を広げたまま、空中を移動する"ことを表す。

「天翔(あまが)る白鳥」のように、「かける」と訓読みするのが、伝統的な使い方。"翼を広げたまま"というところから、"ゆったりしている"とか"力強い"という雰囲気を感じさせる。

そこで、「とぶ」と訓読みして用いる場合も、《飛》に比べて、"ゆったりと"とか"力強く"といった意味合いが強くなる。「鷲が大空を翔ぶ」がその例だが、比喩的に用いると、このニュアンスがよく生き

飛 — 高速で移動する／根拠なく広まる／間を抜かす／なくなる／勢いよく何かをする

空中を移動する

跳 ジャンプする

翔 ゆったり力強く

る。たとえば、「夢に向かって翔び立つ」「未来へと翔び続ける」「時代を翔ぶように駆け抜ける」といった具合である。なお、《翔》は、転じて、"常識外れなほど自由で活動的な"ことを指して使われることもある。「今年の新人には、いわゆる『翔んだ若者』が多いね」「あいつはかなりぶっ翔んだヤツだ」などが、その例である。

とまる／とめる

駐泊停留止

大地をしっかり踏みしめる

基本1 移動や活動、変化などをしなくなる場合は、《止》を用いる。

基本2 特に、ほかの場所に移動しない場合は、ほかの状態に変化しない場合は、《止》を用いる。

基本3 特に、《停》を使うと、意味合いがはっきりする。

発展1 途中で一時的に移動や変化をしなくなる場合は、《停》を使う。

発展2 船以外の乗りものが移動しなくなる場合は、《駐》を用いることもできる。

特に、船が移動しなくなる場合、ある場所で一夜を過ごす場合は、《泊(はく)》を書く。

日本語「とまる／とめる」の基本的な意味は、"移動したり変化したりしなくなる／させなくする"こと。このことばを書き表すのによく使われる漢字としては、《止》と《留》がある。

《止》は、古代文字では「𣥂」と書き、"足あと"の絵から

[とまる／とめる] ● 366

生まれた漢字。しっかりと足あとが残るところから、"移動しなくなる／させなくする"という意味を表す。音読みでは「止血」「静止」などがその例。訓読みでは「とまる／とめる」「とどまる／とどめる」とも訓読みできる。

例としては、「赤い羽根をえりに留める」「写真を壁にピンで留める」「留め金を外す」など、「とめる」と訓読みすることが多いが、「ボタンがきちんと留まらない」のように、「とまる」と訓読みすることもある。

この意味の場合、"移動しなくなる／させなくする"を表す《止》との違いがわかりにくい。ただ、《留》は、"ほかの場所に移動しなくなる／させなくする"という意味合いを含む。そこで、"いずれほかに移動してしまう可能性が高いものや、そうしないとほかに移動してしまう可能性が高い"ものなどに対して用いるのが、漢字本来の意味からすれば、ふさわしい。

たとえば、「スズメが電線に止まっている」のように《止》を用いると、"飛んできてそこにいる"ことを単純に表す表現これを、《留》を使って「スズメが電線に留まっている」とすると、"やがて飛び去るだろうが、今はそこにいる"というニュアンスになる。

「髪の毛をカチューシャで止める」「出て行こうとする相手を引き止める」も同じで、《止》を使うと単純な事実を表す。そ

め」と読み、「バスが止まる」「歩みを止める」「タクシーを止める」「お店の前でふと立ち止まる」「この電車は次の駅止まりです」などと用いられる。

転じて、「中止」「休止」「阻止」のように、広く"活動や変化をしなくする／させなくする"という意味にもなる。「エンジンが止まる」「仕事が止まる」「涙が止まらない」「工場の操業を止める」「料金滞納でガスを止められる」「喧嘩を止める」などが、その例となる。

また、「廃止」「終止符」のように、"それまで続いてきたことが、あるところで終わりになる／それまで続いてきたことを、あるところで終わりにさせる"ことをも表す。この意味の場合には「やむ／やめる」(p569)と訓読みすることが多いが、「とまる／とめる」とも訓読みできる。たとえば、「出世をしても、せいぜい課長止まりだ」「火を消し止める」「真相を突き止める」「息の根を止める」といった具合である。

よそへ行くつもりなの？

　　一方、《留》は、"耕作地"を表す部首「田(た)」の漢字。"流れてくる水を耕作地に引き入れてためる"ところから、"ほかの場所に移動しなく

れに対して、「髪の毛をカチューシャで留める」「出て行こうとする相手を引き留める」のように《留》を使うと、"いずれ移動したり変化したりする可能性が高い"とか、"放っておくと出て行ってしまうと垂れ下がってしまう"、"放っておくと出て行ってしまう"といった意味合いとなる。

終わらないかも？終わります！

"ほかの状態に変化しなくなる／させなくする"ところをも表す。音読みでは、「留年」「留任」「保留」などがその例である。

この意味の場合、「とめる」と訓読みすることが多く、やはり"そうしないと変化してしまう可能性が高い"といったものに対して用いられるのが特徴。「この件は、重役会議内に留め置いてもらいたい」ならば、"外部に漏れないように"という意味合い。「一命を取り留める」ならば、"危うく死ぬところを"というニュアンス。「獲物を仕留める」では"もう逃がさない"ことを、「話の要点を書き留める」では"忘れないように"という意味を表す。

ただし、特に"関心や注意がほかのものへ移動させない／関心や注意をほかのものへ移動させない"という意味で使われる場合には、「とまる／とめる」の両方で訓読みする。たとえば、「彼女の仕事ぶりが上司の心に留まる」「目にも留まらぬスピードで通り過ぎる」「隣のカップルの会話に、ふと耳を

留める」「小さな失敗など気に留めるな」といった具合である。

このように、《留》には、"いずれ移動したり変化したりする可能性が高い"とか、"放っておくと移動したり変化したりする可能性が高い"というニュアンスが含まれる。これは、"あるところで終わりになる"ということを表す《止》とは異なる点。そこで、"これで終わり／させる"の場合には「今日の販売はこれで打ち止めです」のように《止》を使うが、"そうしないとまだ続いてしまう"という意味合いの場合には「今日の販売はこれで打ち留めです」のように《留》を使うことになる。

とはいえ、《止》と《留》は、どちらを使っても結局は同じような内容にはなる。あまり神経質にならずに、《留》を使うとやや大げさな表現になる、という程度に考えておくが、おすすめである。

以上のように、日本語「とまる／とめる」を漢字で書き表す場合には、《止》か《留》のどちらかを使えば、たいていの場合は事が足りる。ただ、「停止」「停留」という熟語があるように、《停》も、《止》《留》と似た意味を持っていて、「とまる／とめる」と訓読みされることがある。

《停》に含まれる「亭」は、"旅人が食事や休憩、宿泊などをするための建物"を指す漢字。現在でも、「料亭」などに

［とまる／とめる］◎ 368

その意味合いが残る。

そこから、《停》は、本来は"途中で一時的に移動しなくなる／させなくする"ことを表す。「停車」「停船」などがその例。「停車」「停船」にも現れているように、船に関係する漢字。本来は"いかりを下ろしたり岸につないだりして、船がほかの場所に移動しなくなる／船をほかの場所に移動させなくする"ことを持つのが、この漢字の特徴。《留》では、"いずれ移動する"ことが前提となっているのに対して、《停》では、最初から予定や前提となっていないのが異なる。訓読みでは、「列車が駅で停まる」「検問のため、トラックを停める」「呼びかけられて、ふと立ち停まる」などと使われる。

転じて、「停滞」「停電」「停学」など、広く"途中で一時的に活動、変化などをしなくなる／させなくする"という意味にもなる。「びっくりして心臓が停まりそうになった」「点検のために電気が停まる」などが訓読みの例。これらの場合に《止》を使ってももちろん大丈夫だが、《停》を書く方が、"途中で一時的に"というニュアンスが強調される。

ただし、《停》を「とまる／とめる」と訓読みするのは、現在ではやや特殊。振りがなを付けるなどの配慮をしておく

止　移動しなくなる
留　そうしなければ移動する
停　移動を続けるのが前提

方が、親切である。

《止》《留》《停》のほか、「とまる／とめる」と訓読みする漢字としては、《泊》《駐》もある。このうち、《泊》は、"水"を表す部首「氵（さんずい）」にも現れているように、船に関係する漢字。本来は"いかりを下ろしたり岸につないだりして、船をほかの場所に移動させなくする"ことを表す。音読みでは、「港に停泊する」がその例となる。

訓読みでは、「沖合にタンカーが泊まっている」「波止場にヨットを泊める」のように使われる。この場合、《止》を使って「沖合にタンカーを止める」「波止場にヨットを止める」とすると、単に"移動しなくなる／移動させなくする"というニュアンスになる。"いかりを下ろしたり岸につないだり"というふうにしっかりと意図的にそこから移動しない場合には、《泊》を使わないと、その意味合いは表せない。

転じて、船旅をする人が、船をある場所から動かないようにしてその中で夜を過ごすところから、「宿泊」「外泊」「連泊」のように、"ある場所で一夜を過ごす／過ごさせる"という意味になった。例としては、「ホテルに泊まる」「友人を家に泊める」などが挙げられる。

最後に、《駐》は、部首「馬（うまへん）」にも現れているように、"乗りものがほかの場所に移動しなくなる／乗りも

369 ◉［とまる／とめる］［とめる］［とも］

のをほかの場所に移動させなくする"という意味。音読みでは、「駐車」「駐輪」「駐機場」のように使われる。

そこで、「リムジンが玄関の前に駐まる」「裏の空き地に車を駐める」のように用いると、"乗りもの"であることがはっきりする効果がある。ただし、船の場合は先に述べたように《泊》を使うので、《駐》を書くのは、船以外の乗りもの"に対して、ということになる。

なお、《駐》の訓読み「とまる／とめる」は、現在ではあまり一般的ではない。振りがなを付けるなどの配慮をしておく方が、親切である。

とめる

駐泊停留止

→とまる／とめる（前項）

とも

伴供友

[基本1] 親しい仲間を指す場合は、《友》を用いる。
[基本2] だれかの下に付き従う人を指す場合は、《供》を使う。
[発展] 相談役や引き立て役を指す場合は、《伴》を書くと効果的。

"仲間"を意味する日本語「とも」を書き表す漢字には、《友》《供》のほか、《伴》もある。このうち、最もよく使われるのは、もちろん《友》である。

仲間の中でも上下はある

《友》は、古代文字では「𠂇𠂇」と書き、"並べた手"の絵から生まれた漢字。手助けするところから、「友人」「友情」「親友」など、"助け合う親しい仲間"を指す。「とも」と訓読みして、「将来の夢を友と語らう」「彼女は古くからの友だちだ」「動物を友として少年時代を過ごす」などと使われる。

次に、《供》の本来の意味は、「供給」「提供」のように、"だれかに何かを差し出す"こと。ただ、「死者を供養する」「供物を捧げる」のように、"敬意を込めて差し出す"という意味合いがあり、"地位が下の者から上の者へ"という意識を含んでいる。

ここから、日本語では「とも」と訓読みして、"だれかに付き従う人"を指して用いられる。「イヌとサルとキジを供として、鬼退治に行く」「社長のお供をするのは、けっこうたいへんだ」などが、その例となる。《供》と《友》の違いは、上下意識があるかないか。上下意識がある場合に《友》を書くと、落ち着かない感じになる。

三つ目の《伴》は、「彼氏同伴でパーティーに出席する」「夕食をご相伴にあ

あなたのお役に立ちますよ！

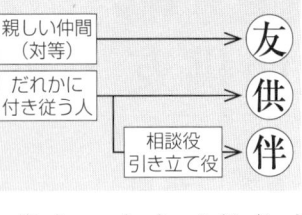

友 → 親しい仲間（対等）
供 → だれかに付き従う人
伴 → 相談役 引き立て役

ずかる」のように使われ、"だれかに付き従う"ことを表す漢字。《供》と似ているが、「伴奏」「伴走」のように、"だれかに付き従って、助けたり引き立てたりする"というニュアンスをも持つところが異なる。

そこで、だれかの"相談役"や"引き立て役"を指す場合には、《伴》を使うとその雰囲気がよく出る。たとえば、「殿様のお供として江戸へ赴く」とすると、いかにも"殿様に仕える者"という雰囲気。これを、《伴》を用いて「殿様のお伴として江戸へ赴く」とすると、殿様に仕える身ではありながら、"信頼されている"というイメージになる。

また、「一人では心細いので、お伴をしてください」でも、"頼りにしている"という雰囲気が出る。なお、《供》は"地位が下の者"という意味合いが強いので、お願いをする場合に用いるのは、避けた方がよい。

なお、「柿の種をビールのお伴にする」は、"引き立て役"という意味が比喩的に使われた例。この場合に《伴》を書くと《友》を使っても比喩だから間違いとは言えないが、《伴》を書くと、主役がビールであることがはっきりする。

以上のほか、《朋》も、「とも」と訓読みして使われることがある。この漢字は、『論語』の冒頭で「朋有り、遠方より来たる」と使われているのが有名で、"考え方や生き方を同じくする仲間"という意味合いを持つ。そのイメージが好まれて、名づけではよく用いられる。が、ふつうの文章で「とも」と読んで使われることは、ほとんどない。

とらえる／とらわれる

囚捉捕

生きているか、生きていないか？

日本語「とらえる」の基本的な意味は、"自分のものにして、逃がさない"こと。漢字で書き表す場合には、《捕》と《捉》がよく使われる。

基本1 動物や人間の肉体そのものを「とらえる」場合は、《捕》を用いる。

基本2 動物や人間の肉体そのもの以外のものを「とらえる」場合は、《捉》を使う。

発展 「とらわれる」では、《囚》を書くと、自由を奪われている雰囲気が出る。

《捕》は、「捕獲」「捕虜」「逮捕」など、"動物や人間などを、押さえ付けて逃がさない"ことを表す漢字。「とる」（次項）とも訓読みするが、"逃がさない"という意味合いを含むので、「とらえる」と訓読みして使うこともできる。例としては、「森で野獣を捕らえる」「押し込み強盗を捕らえ

る」「逃亡犯が警察に捕らえられる」など。ほぼ同じ意味で「つかまえる」と訓読みすることもある。

このように、漢字《捕》は、動物や人間の肉体そのものを対象として使われるのが基本。「捕球」のように物体に対して用いるのは、スポーツで使われる比較的新しい用法。ところが、日本語「とらえる」は、肉体そのもの以外について用いられることもある。その場合に使う漢字が、《捉》である。

《捉》は、「捕捉」という熟語があるように、《捕》とよく似た意味を持つ。音読みで使われる例が少ないので本来の意味は理解しにくいが、漢文では、髪の毛や着物のえり、刀など、さまざまなものを"しっかりと握って離さない"という意味合いで使われた例が見られる。

肉体に対して用いている例もあるので、「泥棒を捉える」「猫がネズミを捉える」のように使っても、間違いではない。

ただ、《捉》の意味の中心は、動物や人間そのもの以外を「とらえる」場合に用いる方が、ふさわしい。

例としては、「レーダーが敵の飛行機を捉える」「カメラが衝撃の瞬間を捉える」「犬の鼻が犯人の臭いを捉える」「ことば尻を捉えて言いがかりを付ける」など。これらの場合は、"感じ取れる範囲の中に入れて、はずれないようにする"といった

意味合いになる。

また、"理解する""感じ取れる範囲の中に入れる"ところから変化して、"理解する"ことをも表す。「物語の筋をチャンスと捉える」「あの人の話には、捉えどころがない」などが、その例となる。「夏目漱石を思想家として捉え直す」「ピンチをチャンスだと捉える」"はずさない"ところから転じると、「バットの芯でボールを捉える」のように、"狙いをはずさずきちんと当てる"という意味にもなる。「パンチが顔面を捉える」は、「顔面」を単なる物体として扱っている例。また、"逃がさない"という意味で、「彼の主張は国民の心を捉えた」「観客の心を深い感動が捉えた」「あまりの苦しさに、絶望感に捉えられる」のようにも使われる。

ところで、「とらえる」とよく似たことばに、「とらわれる」がある。これは、"閉じこめられている""自由を奪われている"という意味。つまり、「とらえられている」ことなので、《捕》《捉》を使って書き表すことができる。ただし、「とらわれる」を漢字で書き表す場合には、《囚》を用いることが多い。

この漢字は、部首「囗（くにがまえ）」の中に「人」を書き、"人や動物などを、建物や部屋などに入れて閉じこめる"ことを表す。そこで、「とらえる」と訓読みして、「家族を囚えて人質にする」「ライオンを檻に入れて囚えておく」などと用いる

外に出してください！

[とらえる／とらわれる] [とる] ● 372

	とらえる		とらわれる
	動物や人間の肉体そのもの	体の一部、物体、映像、意味など	気持ちや考え
捕	◎		
捉	△	◎	△
囚	△		○	○

ことができる。が、現在では、《捕》を使って「家族を捕らえて人質にする」「ライオンを檻に入れて捕らえておく」と書く方が、一般的である。

《囚》は、音読みの熟語では、「囚人」「模範囚」「脱獄囚」など、"閉じこめられている人"を指すことが圧倒的に多い。ここから、"閉じこめられている"、"自由を奪われている"というイメージが強くなり、主に「とらわれる」と訓読みして使われるようになった。

例としては、「無実の罪で監獄に囚われの身となる」「地下牢に囚われる」など。これらの場合に、《捕》を使って、「無実の罪で監獄に捕らわれる」「地下牢に捕らわれの身となる」と書いてもかまわない。が、《囚》を使う方が、"自由を奪われている"というイメージが、よく表現できる。

転じて、"気持ちや考えをそこから離すことができない"という意味でも用いられる。「迷信に囚われる」「固定観念に囚われる」「恋に囚われて現実が見えない」などがその例。これらも、《捉》を使って書き表すこともできないではないが、

"自由を奪われている"というニュアンスが強いので、《囚》を使う方が、しっくりくる。

とる

盗録撮把執摂穫獲捕採取

基本1 ほとんどの場合は《取》を用いる。

基本2 特に、必要に応じて手に入れる場合は、《採》を使う。

基本3 特に、押さえ付けて逃がさない場合は、《捕》を書く。

発展1 食糧などとして動物を「とる」場合、何かを手に入れて欲を満たす場合には、《獲》も使える。

発展2 農作物の「とりいれ」の場合は、《穫》を用いることもできる。

発展3 食事をきちんと「とる」場合には、《摂》を書くと、その意味合いがはっきりする。

発展4 特にある仕事を実際に行う場合は、《執》。しっかり握る場合には、《把》を書いてもよいが、かなり特殊。

発展5 特に、カメラで「とる」場合は、《撮》を用いる。

発展6 音声や画像を「とる」場合には、《録》を使うこともできる。

法律に反して他人のものを「とる」場合には、《盗》を書くと、意味合いがよく出る。

ありがたき万能の存在

日本語「とる」の基本的な意味は、"手に持つ"ことや"手に入れる"こと、そこから発展して、"自分のものにする"こと。とはいえ、そこから"自分のものにする"ことを表すようにとても広い意味で使われる。さらに、「とる」と訓読みする漢字は非常に多いので、使い分けでも苦労しがち。その中で、困った時に使える漢字として、《取》の存在は大きい。

《取》は、「耳」に、"手"を表す部首「又（また）」を組み合わせた漢字。大昔の中国では、兵士が敵の耳を切り取って持ち帰り、手柄の証拠としたことから、"手に持つ"や"自分のものにする"ことを表すようになった。音読みでは「取得」「奪取」などがその例。訓読みでは「とる」と読み、「本棚に差してあるファイルを取る」「郵便物を受け取る」「ご当地グルメを取り寄せる」「夏休みを取る」「一等賞を取る」「あやしい雰囲気を感じ取る」など、目には見えない抽象的なものに対しても、使われる。

漢字《取》の基本的な意味は、日本語「とる」の基本的な意味とほぼ一致する。そこで、《取》は、「とる」を書き表す漢字として広く用いられる。例を挙げれば、「記録を取る」「連絡を取る」「バランスが取れる」「宅配便を取り扱う」「交通違反を取り締まる」「事故現場を野次馬が取り巻く」「相手の気持ちを汲み取る」「クッションを縁取るように刺繡をする」「市長と面会できるように段取りを付ける」「汚れを取る」「疲れを取る」「おむつが取れる」「不良品を取り除く」などでは、"自分のところに持って来る"ところから"自分のところから除去する"という意味。「機嫌を取る」「年を取る」「大事を取る」のように、比喩的に使われることも多い。

このように、日本語「とる」を漢字で書き表す際には、基本的には《取》を使えばよい。ただ、「とる」と訓読みできる漢字はほかにもたくさんあり、それぞれの持つニュアンスを生かして用いることもできる。それらの中には、《取》を使うよりも定着しているものもあり、現在ではあまり用いられない、特殊な訓読みもあり、どのように使い分けるかは、非常にややこしい。

必要なものと、逃がしたくないもの

まず、《採（さい）》は、「採集（さいしゅう）」「採取（さいしゅ）」「採用（さいよう）」など、"必要に応じて手に入れる"という意味。訓読みでは、「山で薬草を採る」「検査のため血液を採る」「新入社員を採る」「関係者の指紋を採る」のように用いられる。

また、日本語独自の「採決（さいけつ）」という熟語があるので、「多数決を採る」のような場合も、《採》を使う。

これらの場合に《取》を使っても、間違いではない。ただ、

取・採・捕

- 取：必要に応じてあとで使う
- 捕：逃がさない「とる」瞬間

《採》を書いた方が、"必要に応じて"という意味合いがはっきりすわる。特に「採集」「採取」「採用」「採決」「採血」といった熟語に置き換えられる場合には、《採》を使う方が落ち着く。

次に、《捕》は、「捕虜」「逮捕」「捕虫網」のように、"逃げる人間や動物を押さえ付けて、逃がさないようにする"という意味。転じて、「捕球」のようなスポーツのボールなども含めて、"押さえ付けて逃がさない"ことを表す。「つかまえる」とか「とらえる」（前項）とも訓読みする。

「とる」と訓読みした場合も、意味は同じ。「敵の大将を生け捕りにする」「ネコがネズミを捕る」「飛んできたボールを捕る」のように使われる。これらの場合に《取》を書いてもよいが、"逃がさない"という意味合いをはっきりさせるため、《捕》を用いるのがふつうである。

《捕》は、"押さえ付けて逃がさない"という意味なので、「とる」瞬間に焦点が当たる。それに対して、"必要に応じて"というニュアンスを持つ《採》は、「とった」あとのことまで意識がある。

そこで、「夏休みに山でカブトムシを捕る」のように《捕》を用いると、カブトムシを"手に入れた"瞬間が生き生きと伝わる。逆に、《採》を使って「夏休みに山でカブトムシを採る」とすると、いわゆる「昆虫採集」のイメージで、たとえば標本を作る作業までが想像されることになる。

肉食系と草食系

動物を相手に使われる漢字としては、"動物"を表す部首「犭（けものへん）」の《獲》もある。「捕獲」という熟語があるように、この漢字は《捕》と意味がよく似ている。ただ、《捕》では何の目的で動物を手に入れないのに対して、《獲》は"食糧や売りものを手に入れる"という意味合いを持つのが、異なる点。「乱獲」「漁獲量」といった熟語にも、そのことが現れている。

《獲》は、"手に入れる"という意味なので「える」とも訓読みするが、「とる」と訓読みすることが多い。例としては、「ふるさとの山でウサギを獲る」「鉄砲で撃ってカモを獲る」「川底に仕掛けを沈めてウナギを獲る」などを使って書き表してもよいが、《獲》を用いると、"食糧や売りものとして"という意味合いが強くなる。そういったニュアンスにこだわらないのであれば、もちろん、《取》を用いてもかまわない。

なお、《獲》は"食糧や売りものとして"という意味合いを持つので、趣味や研究のために"野生の動物を手に入れる"

[とる]

場合には使わない。必要性がはっきりしているように、「クワガタを採って標本を作る」のように、《採》を用いるのが普通である。

また、「獲得」という熟語があるように、《獲》は、動物以外のものに対しても使うことができる。ただ、"手に入れて欲を満たす"というニュアンスがあるところから、「オリンピックでメダルを獲る」「選挙に勝って政権を獲る」「他社と競合した末に契約を獲る」のように用いると、その意味合いを生かすことができる。

ところで、《獲》の部首「犭」を「禾（のぎへん）」に換えると、「収穫」の《穫》になる。この部首は"穀物"を表し、《穫》は"食糧や売りものとして農作物を手に入れる"ことを指す。こ␌から、「とる」と訓読みできることになる。

目的＼対象	野生の植物	農作物	動物
食糧や売りもの	採	穫	獲
研究や趣味	採	採	採
その他	取	取	捕

例としては、「畑でキュウリを穫る」「そろそろ果樹園のブドウが穫れる時期だ」「田んぼの稲を穫り入れる」など。"農作物"とは手間をかけて育てるものなので、自然に生えているものに対して《穫》を使うのは、ふさわしくない。あとで食べるという意味合

いを生かして、「里山で野生のキノコを採る」のように、《採》を書く。もちろん、これらの場合に《取》を使うことも、可能である。

ちなみに、いわゆる肉食系の《獲》とは違い、農作物を対象とした《穫》は草食系。"欲を満たす"というニュアンスはない。

《獲》と《穫》は、主に食糧を"手に入れる"ことを表す漢字だが、食糧を食事として体内に入れる場合に使う漢字としては、《摂》がある。この漢字の本来の意味は、"ものをきちんとそろえて手に持つこと。きちんとそろえる"ところから、"コントロールする"という意味になった。"君主に代わって政治をコントロールする"ことを指す「摂政」という熟語もある。

「不摂生」とは、"体調をコントロールしていない"こと。"きちんとそろえて手に持つ"ところから転じて、"食事をきちんと体内に入れる"という意味にもなる。音読みでは、「摂食障害」がその例。「とる」と訓読するのはこの意味の場合で、「食事を摂る」「栄養を摂る」「カルシウムを摂る」などと用いられる。

朝昼晩を
しっかりと！

また、"きちんとそろえて手に持つ"ところから、"コントロールする"という意味になった。"君主に代わって政治をコントロールする"ことを指す「摂政」という熟語もある。

ただし、この意味の「とる」は、「食事を取る」「栄養を取る」のように、比喩的に使われることもある。「カルシウムを取る」「新しい知識を取り入れる」のように、《取》

[とる] ● 376

を使って書き表す方が一般的。《摂》を使うと"きちんと体内に入れる"というニュアンスが強調される。とはいえ、やや特殊な訓読みなので、振りがなを付けるなどの配慮をしておくのが望ましい。

なお、"君主に代わって政治をコントロールする"という意味で、「大臣が政治を摂る」のように《摂》を用いることもできるが、現在ではまれである。

初心に返って持ってみる

ここまでの《採》《捕》《獲》《穫》《摂》は、「とる"自分のものにする"ことを表す漢字。一方、もう一つの"手に持つ"ことを意味する漢字としては、「執筆」「手術の執刀医」のように用いられる《執》がある。

《執》は、"仕事の道具を手に持って使う"ところから、"ある仕事を実際に行う"という意味で使われる。音読みでは、「執務」「執行」「執事」などがその例となる。

訓読みの例としては、「新聞社でコラムのペンを執る」「小学校で教鞭を執る」「建設工事の指揮を執る」「証券会社で事務を執る」「結婚式を執り行う」など。これらの場合に《取》を使っても間違いにはならないが、"仕事を行う"という意味合いをはっきりさせるために、《執》を書く方が一般的。その一方で、「ペンを取って筆立てに戻す」のように、単に"手に持つ"だけであれば、もちろん《取》を使う。

"手に持つ"ことを表す漢字としては、「把握」の《把》もある。この漢字は、"手でしっかりと握る"という意味。「ネギ一把」とは、"ひとつかみの分量のネギ"を指す。

これも、「剣を手に把る」と訓読みして使うことができるが、現在では《取》を用いる方がはるかに自然。あえて《把》を使うと"しっかり握る"というニュアンスが強調されるが、振りがなを付けるなどの配慮は必須となる。

取 手に持つ
執 手に持って使う
把 しっかり握る

以上のほか、映像や音に対して用いる漢字として、《撮》と《録》がある。

見るたのしみと、聴くたのしみ

《撮》は、本来は"ちょっとだけつまむ"という意味の漢字。"一瞬の情景をつまむ"というイメージから、「撮影」のように"写真に収める"ことを指して使われるようになった。現在では、静止画だけではなく動画も含めて、"カメラを使って映像に収める"ことを表す。

訓読みでは、「日常の風景をスマートフォンで撮る」「集合写真を撮る」「成長する子どもの姿をビデオカメラで撮る」「大作映

[とる]

「画を撮る」などがその例。カメラは文明開化によってもたらされた新しい技術であったため、一般的な《取》は使わないで特別な漢字を用いる意識があった。そのため、《撮》を書くことが定着していて、《取》は用いない。

同じように、「レントゲンを撮る」も《撮》を使うことが多いが、さらに新しい技術になると、微妙なところ。「病院で腹部エコーを取る」「脳のCTスキャンを取る」などと合わせて《取》を使ってもよいが、「心電図を取る」などと、かな書きされることも多い。

一方、《録》は、部首「金(かねへん)」が付いているように、本来は"金属に文字を刻み、後世に残す"という意味。「記録」「実録」「備忘録」など、広く"文字にして残す"という意味で使われる。ここから、科学技術が発達した現代になると、「録音」「録画」のように、"音声や動画を、あとで再生できるように残す"ことをも表すようになった。

そこで、「鳥の鳴き声をカセットテープに録る」「テレビ番組をビデオに録る」のように、「とる」と訓読みして用

撮 カメラを使う

録 再生できる機械を使う

いることができる。ただ、《録》は"あとで再生できるように"という意味合いを含むので、テープレコーダー、ビデオデッキからハードディスクレコーダーまで、再生機能も持っている機械を使う場合に用いるのが適している。カメラを使う場合に《撮》を書くのは、従来のフィルムのカメラには、再生機能はなかったからである。

なお、《録》を「とる」と読むのは、現時点ではまだ定着していない訓読みなので、振りがなを付けるなどの配慮をしておいた方が親切。もちろん、《取》を使って書き表してもかまわない。

最後に、《盗》も、「とる」と訓読みすることがある。この漢字は、もちろん"法律に反して、他人のものを自分のものにする"ことなので、「とる」と訓読みできることになる。ふつうは「ぬすむ」と訓読みするが、これも"自分のものにする"意味。

「空き巣が貴重品を盗って逃げた」などが、その例。ただし、「空き巣が貴重品を取って逃げた」「すりに遭って、財布を取られた」のように、《取》を使って書き表す方が一般的。《盗》を用いると「盗まれた」という意味合いをはっきりと表すことができるが、やや特殊な訓読みなので、振りがなを付けるなどの配慮をしておく方が、丁寧である。

> そんなことしちゃ、いけません！

「空き巣が貴重品を盗って、財布を盗られた」などが、その例。

な

ない

亡 無

基本1 ほとんどの場合は《無》を用いる。

基本2 特に、死ぬ場合は、《亡》を使う。

> もう戻っては来ないのね…

日本語「ない」は、大きく分けると、「○○がない」のように存在を打ち消すはたらきと、「○○しない」のように、動作を打ち消すはたらきがある。

漢字《無》は、「無料」「無限」「無心」「皆無」など、基本的には、何かの存在を打ち消すはたらきをする漢字。

そこで、「小銭が無い」「時間が無い」「やる気が無くなる」「ミスを無くす」「異常は無かった」など、「ない」と訓読みして広く用いられる。

ただ、「無視」のように、《無》が何かの動作を打ち消すはたらきをすることもある。ここから、「見無い」「こだわら無い」「協力し無い」のように使っても、間違いではない。

しかし、《無》は複雑な形をしているので、「無い」と書くと、"ない"ことが大げさに見えてしまう傾向がある。そこで、現在の日本語では、動作を打ち消す「ない」は、「見ない」「こだわらない」「協力しない」のように、かな書きにする方が自然。さらには、存在を打ち消す「ない」「小銭がない」「時間がない」「やる気がなくなる」「ミスをなくす」「異常はなかった」のように、かな書きにする人も多い。

逆に、"ない"ことを強調するために《無》を使うこともある。たとえば、「時間の有る無しにかかわらず、必ずやってください」のように、「ある」と対比して用いられている場合。

また、「いくら探したって、無いものは無い」「ぼくに色気を求めるなんて、無いものねだりだ」など、"ない"ことを強調する慣用的表現でも、《無》を書くことが多い。

日本語「ない」を書き表す場合に、漢字《無》を使うかかな書きにするかは、習慣による部分が大きい。つまり、自分の好みで決めてかまわない。ただ、「ない」と訓読みする漢字にはほかにも《亡》があり、文脈によってはこちらの方がふさわしい場合がある。

《亡》は、「滅亡」「存亡の危機」「国家の興亡」など、"この世界から存在を消す"ことを表す漢字。「ほろびる」(p504)とも訓読みする。「逃亡」とは、"ある世界から姿を消す"こと。

[ない][なお]

「この世から姿を消す」という意味で、「死亡」「亡霊」「亡魂」のように、"死ぬ"ことを指しても使われる。

「ない」と訓読みするのは、この意味の場合。「母は先年、亡くなりました」「彼女は戦争で子を亡くした」「今は亡き友をしのぶ」など、「なき」の形で用いられる。これらの場合に《無》を使っても意味は通じるが、"この世から姿を消して、帰って来ない"というニュアンスがはっきりする。現在では、"死ぬ"ことを表す「ない」は、《亡》を使って書き表すのが一般的となっている。

	死ぬ	動作を打ち消す	存在を打ち消す	かな書き
無		○	△	○
亡	◎			○

なお
猶 尚

基本 一般的には、かな書きにするか、《尚》を用いる。

発展 ある状態がそのまま続いている場合には、《猶》を使ってもよいが、やや難読。

| 進んだり、付け加えたり… |

日本語「なお」は、基本的には、ある状態が続いていることを表すために使われることば。現在ではかな書きにするのがふつうだが、漢字で書き表したい場合には、《尚》を用いるのが一般的である。

《尚》は、何かが"高まる"ことを表す漢字。「高尚な趣味」では、"レベルが高い"という意味。転じて、"ある状態がさらに進行する"ことを表現したい場合に使われることがある。この場合に「なお」と訓読みして、「寄付をしてくれるだけでも助かるが、手を貸してくれれば、尚、ありがたい」「なまじっかお目にかかると、尚更、別れがつらくなる」のように用いられる。"前よりも"という意味だと考えると、わかりやすい。

また、《尚》は、"ある状態に別の状態が付け加わる"こと、つまり"その上に"という意味を表す場合もある。「遅刻をして、尚且つ忘れものまでするとは、言語道断だ」のように使われるのが、その例。ここから、「お早めにお買い求めください。尚、在庫がなくなり次第、販売終了とさせていただきます」のように、"前に述べた内容に何かを付け加える"場合にも用いられる。

また、「時期尚早」では、"ある状態がさらに進行していない"ことを指す。わかりやすく言えば、"それでもまだ"という意味。訓読みの例としては、「卒業まで尚、三か月ある」「検討の余地がまだ尚、残されている」などが挙げられる。

以上のどの用法であれ、漢字《尚》の基本的なイメージは、"高まる"ところにある。

| 相変わらずでございますよ |

ところが、日本語「なお」は、「彼女の活躍は、十年経った今でもなお、語りぐさになっている」「あれだけ食べたのに、なおも食欲が落ちない」など、"以前の通り"という意味合いで使われることもある。

この場合の「なお」には、以前よりも"高まる"という意識はない。が、"衰えてはいない"という意味だから、"高まる"ことの変形だと考えることはできる。そこで、「彼女の活躍は、十年経った今でも尚、語りぐさになっている」「あれだけ食べたのに、尚も食欲が落ちない」のように、"以前の通り"と《尚》を使って書き表しても、間違いとは言えない。ただ、"以前の通り"というニュアンスをより適切に表す漢字として、《猶》を用いることもできる。

《猶》は、「猶予」という熟語に代表されるように、"ある状態がそのまま続く"ことを表す漢字。また、『論語』に"過ぎたるは猶及ばざるがごとし"とあるように、漢文では"ちょうど同じである"という意味で使われることもある。

つまり、《猶》は、基本的には"同じ状態である"というイメージを持つ漢字なので、"以前の通り"であることを表す日本語「なお」を書き表すのに、いかにもふさわしい。そこで、「彼女の活躍は、十年経った今でも猶、語りぐさになっている」「あれだけ食べたのに、猶も食欲が落ちない」のように用いることができる。

とはいえ、《猶》はややむずかしい漢字だし、「なお」と訓読みするのも現在ではやや特殊。日本語「なお」を漢字で書き表したい場合には、基本的には《尚》を使うことにして、"以前の通り"であることを強調したい場合には、振りがなを付けるなどの配慮をした上で《猶》を用いてもよい、という程度に考えておくのが、適切だろう。

もっとも、"以前の通り"であるか"前よりも"なのかの判断は、実際にはなかなかつきにくい。その結果、《尚》と《猶》の使い分けは理屈通りにはなっていないのが現状。結局は、かな書きにしてしまった方が、簡単である。

程度／それでもまだ（達しない）／前よりもその上に　尚／以前の通り（衰えない）　猶／時間

なおる／なおす

治 直

問題は単純だ！

基本1 ほとんどの場合は《直》を用いる。
基本2 健康な状態に戻る場合は、《治》を使う。

《直》は、「直線」「垂直」「真っ直ぐ」など、"曲がりや傾きがない"という意味。

転じて、「正直」「実直」「率直」のように、"うそがない"ことをも表す。さらに、"曲がりや傾きがなくなる／うそをなくす"ところから、"あるべき状態に戻る／戻す"という意味にもなる。この意味の場合に、「なおる／なおす」と訓読みして用いられる。

「故障したパソコンが、直って返ってきた」「さっきまで怒っていたのに、もうご機嫌が直った」「壊れた洗濯機を直す」「原稿の間違いを直す」などが、その例。「喧嘩した二人が仲直りする」「その猫は、こちらに向き直って鳴き始めた」「家を建て直す」「もう一度、最初からやり直せ！」のように、ほかのことばと結びついて使われることも多い。

「不正を指摘されたのに、『何がいけないんだ？』と開き直る」は、"その人の本当の態度に戻る"という意味。「日本語をイタリア語に直す」「傍線部のカタカナを漢字に直しなさい」では、イタリア語や漢字をその場面で求められている"あるべき状態"だと考えて、使われている。

このように、日本語「なおる／なおす」を漢字で書き表す場合には、基本的には《直》を用いることができる。ただし、《直》は部首「目（め）」の漢字で、もともとは"間に何もはさまず、きちんと見る"という意味。また、「直接」「直結」「直後」のようにも使われ、二つのものの単純な位置関係

を指すのが基本となる。つまり、あまり複雑なものに対して用いるのは、この漢字の持つイメージに合わないことになる。

このため、漢字の世界では、非常に複雑なしくみを持つ体や心の健康状態に対しては《直》は用いられない。ところが、日本語では"健康な状態になる／する"ことも「なおる／なおす」と訓読みする。そこで必要となるのが、《治》である。

漢字《治》は、「政治」「治安」「治水」など、"社会を管理して、安定した状態に戻る／戻す"ことを表す漢字。この意味の場合は、「おさまる／おさめる」（p106）と訓読みする。転じて、体や心は社会と同じように非常に複雑なしくみを持つところから、"健康な状態に戻る／戻す"ことをも表すようになった。

音読みでは、「治療」「治癒」「全治二週間」などが、その例。「なおる／なおす」と訓読みするのは、こちらの意味の場合で、「怪我が治る」「腹痛が治る」「アルコール依存症が治る」「病

人間とは小宇宙である

治 健康に戻る／戻す 安定した社会に戻る／戻す　おさまる／おさめる

直 あるべき状態に戻る／戻す　なおる／なおす

[なおる／なおす][なか] ● 382

なか

仲 中

基本1 ほとんどの場合は《中》を用いる。

基本2 特に、人と人との関係を指す場合は、《仲》を使う。

場所と関係の違い

《中》は、「中央」「中間」「中立」など、"上下や左右、前後などに片寄らない部分"を指す漢字。転じて、「宮中」「胸中」「中略」のように、"あるものの内部"や"ある範囲の内部""あるものとあるものとの間"をも指し、さらには「夢中」「食事中」など、"ある状態や動作が進行している間"という意味にもなる。訓読みでは「なか」と読み、「部屋の中に入る」「心の中では彼女も含まれている」「ほかの泣きそうだった」「次期社長候補の中には彼女も含まれている」「心の中では「雪の降る中をわざわざ出かける」などと用いられる。

気を治す」「虫歯を治す」「ノイローゼを治す」などと用いられる。健康に関しては《治》を使う、と考えておけば、使い分けがまぎらわしくなることは少ない。

ただ、ちょっと悩むのは、性癖や好みなどの場合。精神的な病気の一種だと考えて《治》を使ってもよいが、いわゆる医学的な病気ではない場合は、《直》を書いておく方が無難。たとえば、「髪の毛をいじる癖が、おとなになって直る」「野菜嫌いを直す」といった具合である。

ことばと結びつくことも多く、「道路の真ん中に車を止める」「昼日中から酒を飲む」「財布の中身を確認する」「長い会議なので中休みを入れる」「駅から学校までの道のりの中ほどに、郵便局がある」などが、その例となる。

一方、《仲》は、本来は"兄弟のうち、一番年上でも一番年下でもない者"のこと。特に"次男"を指すこともある。「伯仲」とは、"長男と次男"というところから、"力に大きな差がない"ことを表す。

この漢字を、日本語では、"人"を表す部首「イ（にんべん）」が付いているところから、「なか」と訓読みして"人と人との関係"という意味で用いている。例としては、「先輩と後輩の仲が悪い」「二人の仲を取り持つ」「仲直りの握手をしよう」「この学校の子どもたちはみんな仲良しでしか使わないので、《中》との使い分けはわかりやすい。悩むとすれば、「喧嘩をしている二人の中に入る」「利害が反する両者の中に立って、話をまとめる」などの場合。

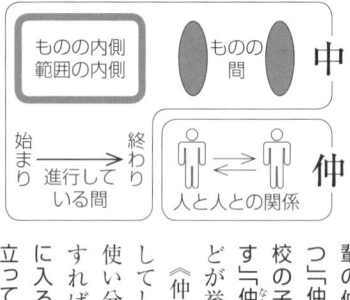

中
- ものの内側
- 範囲の内側
- ものの間
- 始まり → 進行している間 → 終わり

仲
- 人と人との関係

ながい

永 長

基本 一般的には《長》を用いる。

発展 終わりがない場合、とても「ながい」ことを強調したい場合には、《永》を使ってもよい。

《長》は、古代文字では「𠂊」のように書き、"髪の毛が伸びた人"の絵から生まれた漢字。髪の毛が伸びているところから、"ある地点からある地点まで、かなり距離がある"ことを表す。「長髪」「万里の長城」「長蛇の列」などがその例。転じて、「長期」「長考」「長時間」のように、"ある時点からある時点まで、かなり時間がある"という意味でも使われる。

訓読みでは「ながい」と読む。

どちらの意味の場合でも、
「脚が長い」「長い距離を走る」「トイレに長く入っている」「長い間、お疲れさまでした」「長ズボンをはく」「縦長の四角形を書く」「長話にうんざりする」「長旅に出かける」などなどが、その例。
「気長に待つ」「完成までに何年もかかる、息の長い仕事に取り組む」のように、"かなりの期間、気持ちが途切れない"ことを指す場合もある。

どこまで流れていくのかなぁ…

日本語「ながい」を漢字で書き表すときには、基本的には《長》を用いる。ただ、「ながい」と訓読みする漢字には《永》もあり、文脈によってはこちらを使う方がふさわしい場合もある。

《永》は、古代文字では「𣱵」のように書き、"川が遠くまで流れていく"ようすを表した絵から生まれた漢字。"距離がある"ことも表すが、川が流れていくイメージから、"時間がかかる"というニュアンスを含み、"これから先、いつまでも"という意味で用いられるようになった。音読みでは、「永遠」「永久」「永続」「永眠」などがその例となる。

川とは、上流に立って河口まで見通せるようなものではない。そこで、《永》も、"終わりがわからないほど時間がかかる"という意味で使われることが多い。

訓読みの例としては、「これらの話は永く語り伝えられるだろう」「末永くお幸せに」などがある。これらの場合に《長》を使ってもかまわないが、《永》を書いた方が、"いつまでも"という意味合いがはっきりする。そこで、"死ぬ"ことを意味する慣用句「永い眠りにつく」「永の別

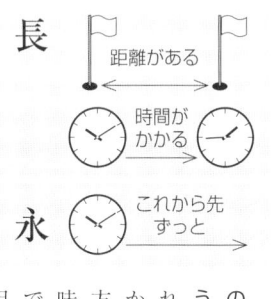

| 長 | 距離がある |
| 永 | 時間がかかる／これから先ずっと |

[ながい] [なく] ● 384

れを告げる」では、《長》は使わないのがふつうである。

このように、《永》は、終わりがない場合に用いるのが基本。ただ、終わりがある場合でも、《長》の代わりに《永》を使うと、"ものすごく時間がかかる"ことを強調することができる。たとえば、「彼は永い間、町内会の会長を務めた」「永らくお待たせして、申し訳ありません」「つまらない話が永々と続く」といった具合である。

なお、「春の日永」もこの例だが、「秋の夜長」の場合には、なぜか《永》は使わないのが習慣である。

なく
啼哭鳴泣

動物は涙を流さない?

基本1 人間が「なく」場合には、《泣》を用いる。

基本2 動物が「なく」場合には、《鳴》を使う。

発展1 悲しみの深さを強調したい場合には、《哭》を書いてもよい。

発展2 動物が「なく」ことを情感を込めて表現したい場合には、《啼》を使うこともできる。

《泣》は、"水"を表す部首「氵(さんずい)」の漢字で、"感情が高ぶって、涙を流す"という意味。転じて、広く"感情が高ぶって涙を流したり声を上げたりする"ことを指して使われる。

訓読みでは「なく」と読み、「失恋して声を上げて泣く」「感動のあまりむせび泣く」「合格通知を手にうれし泣きする」のように用いられる。

「赤ちゃんがおっぱいを求めて泣く」「親を泣かせるようなことはするな」「顔で笑って心で泣く」などは、必ずしも"涙を流したり声を上げたり"はしていないが、やや比喩的に使われた例。さらに比喩的になると、「試合の後半に追い上げたが、あと一点に泣いた」「こんなこともできないんじゃ、名門校出身の名が泣くぞ」「全員の希望は叶えられないから、彼に泣いてもらうしかない」のようにも用いられる。

また、やはり比喩的に使われて、"なりふりかまわず助けを求める"という意味になることもある。「取引先を怒らせて、上司に泣きつく」「泣き落として契約を勝ち取る」「泣きの一手で押し通す」などが、その例である。

どのように用いられるにせよ、《泣》は人間の行動を表すのが基本。ところが、日本語「なく」は、"動物が声を出す"ことを指しても使われる。そこで、その場合には、漢字では《鳴》を使って書き表すことになる。

《鳴》は、部首「鳥(とり)」に「口」を組み合わせた漢字。本来は"鳥が口から声を出す"という意味で、広く"動物が声を出す"ことを表すようになった。「鶏鳴」とは"ニワトリが声を出す"こと。「鹿鳴」とは"シカが声を出す"ことだが、音読みの熟語は少ないが、「号泣」「泣訴」などがその例。

385 ●［なく］

古代の中国で来客を歓迎する宴会の詩にうたわれたことから、"歓迎の宴"を指すようになった。

訓読みでは「なく」と読み、「スズメが鳴く」「猫が鳴く」「カエルの鳴き声がする」「秋になって、スズムシが鳴き始めた」などと使われる。「あの人もいまだに鳴かず飛ばずだな」は、人間が"目立った活躍をしない"ことを鳥にたとえた比喩。一方、「今、泣いたカラスがもう笑った」も同様の比喩だが、こちらは人間の行為である「笑う」と対になっているので、《泣》を書く。

深い悲しみ、深い情感

以上のように、《泣》と《鳴》の使い分けについては、人間と動物の違いを基本に考えれば、迷うことは少ない。ただ、似た意味で「なく」と訓読みする漢字には《哭》や《啼》もあり、それぞれのニュアンスを生かして用いることもできる。ただし、どちらもやむずかしい漢字なので、振りがなを付けるなどの配慮をしておく方が、丁寧である。

まず、《哭》は、"大声を上げ、涙を流して悲しむ"という意味。字の形に「犬」が含まれているが動物の声とは関係がなく、この"イヌ"は、葬儀の際に犠牲として捧げられたものだという。「慟哭」とは、"感情をあらわに、大声を上げて涙を流して悲しむ"ことをいう。

そこで、「なく」と訓読みして《泣》の代わりに用いると、悲しみの深さを強調することができる。例としては、「悔しくてわあわあ哭く」「恋人の死を聞いて、声をしのばせて突っ伏してベッドに突っ伏して哭く」など。「彼女は失恋の悲しみに、声をしのばせてあえて"大声を上げて"はいない場面で使うこともできる。

もう一つの《啼》は、もともとは"人間が声を上げて悲しむ"ことや、"動物が声を出す"ことを表す漢字。ただ、漢詩では鳥や猿について使われることが圧倒的に多く、日本語でも、「なく」と訓読みして、主に"動物が声を出す"場合に用いられてきた。

となると、《鳴》との違いが気になるところだが、意味の上ではほぼ同じ。ただ、《鳴》は、「雷鳴」「共鳴」「笛が鳴る」「鐘を鳴らす」など、広く"ものが音を立てる/ものを使って音を立てる"ことを指す場合もあるのに対して、《啼》は、ものに対しては用いない。ここから、単なる"音"では なく、何らかの思い入れを込めて"動物の声"を表現したい場合には、《啼》を好んで使うことがある。

たとえば、「さわやかな朝の浜辺に千鳥が啼く」「夕焼け空にカラスの啼く声が響く」といった具合。これらの場合に

鳴	泣
動物が「なく」	人間が「なく」
情感	悲しみ
啼	哭

《鳴》を使うとふつうの表現だが、《啼》を用いることで、情感が深まる効果がある。

なぐる

撲殴

基本 一般的には《殴》を用いる。

発展 強く"なぐる"場合には、《撲》を使うこともできる。

《殴》は、"長い棒のような武器"を表す部首「殳（ほこづくり）」の漢字で、"棒や手などで強くたたく"ことを表す。音読みの熟語は少ないが、「殴打」がその例。「なぐる」と訓読みして、「怒りに我を忘れて相手を殴る」「殴る蹴るの暴行を受ける」「殴られて目にあざができた」などと用いられる。

日本語「なぐる」を漢字で書き表すときには、《殴》さえ使っておけば、十分に用は足りる。しかし、「なぐる」と訓読みする漢字には、ほかに《撲》もあるので、こちらを用いることもできる。

《撲》は、本来は、"軽くたたく"ことから"強くたたく"ことまで、幅広く表す漢字。漢詩では、"鞭でたたく"ことを表す例もあれば、"花びらが散って何かに当たる"という意味で使われた例もある。

ただ、現在の日本語では、「撲滅」「撲殺」などの印象が強

> そんなつもりじゃなかったのに…

い。また、「ボク」という響きの重さも加わって、"強くたたく"ことをイメージさせやすい傾向がある。

そこで、"強さ"に重点を置いて表現したい場合には、《殴》の代わりに《撲》を用いることもできる。例としては「殺意を抱いて撲りかかる」「顔の形がゆがむほど撲られる」といった具合だが、《殴》との違いはとても微妙である。

なお、「なぐる」と訓読みする漢字には、《擲》もある。この漢字は、「やり投げの投擲」のように使われて、"投げ飛ばす"ことを表す漢字。転じて、"投げてぶつける"ことや、"放り出す"という意味にもなり、ふつうは「なげうつ」と訓読みする。

「なぐる」と訓読みするのは、ここからさらに変化したものだと思われるが、《擲》は基本的には"投げる"ことを表す漢字。つまり、投げないで"たたく"だけの場合に用いるのは、本来の意味からは外れている。むずかしい漢字でもあるので、「なげる」と訓読みして用いるのは、おすすめできない。

なす

生 為 成

→なる/なす（p 392）

なぞらえる

準 擬

基本1 似せる場合、似たものだとみなす場合は、《擬》を用いる。

基本2 参考にする場合は、《準》を使う。

参考にはしましたが…

日本語「なぞらえる」は、基本的には、"似せる"とか、"似たものだとみなす"といった意味。このことばを漢字で書き表す場合には、《擬》を用いるのがふつうである。

《擬》は、「擬人法」「擬音語」「模擬試験」など、"似せる"ことや、"似たものだとみなす"ことを表す漢字。訓読みでは「なぞらえる」と読み、「人生を旅に擬える」「子どもを天使に擬える」「万葉集に擬えて歌集を作る」などと用いられる。

このように、漢字《擬》の根本には、"似ている"という感覚がある。一方、日本語「なぞらえる」には、"似ている"とは限らない"判断の参考にする"ことを表す用法もあり、これは必ずしも"似ている"とは限らない。そこで、この意味の場合に《擬》を用いると、少し落ち着かないことになる。

擬 — 準
似せる／参考にする
似たものだとみなす／参考にした結果、似る

そんな場面で登場するのが、《準》。これは、「基準」「水準」「標準」など、"判断する際の参考になるもの"を指す漢字。転じて、「センター試験に準拠した問題集」「勤務時間は正社員に準じる」のように、"判断の参考にする"ことをも表すので、「なぞらえる」と訓読みして使うことができる。

たとえば、「去年の実績に準えて、今年の成績を予想する」「想定外の事態でも、規則に準えて判断してください」などがその例。「お城に擬えた家を建てる」のように《擬》を用いると、"お城に似せた家を建てる"ということ。これを、《準》を使って「お城に準えた家を建てる」とすると、"お城を参考にして家を建てる"ことになり、必ずしも"似ている"とは限らないことになる。

ただし、《擬》も《準》も、「なぞらえる」と訓読みするのはやや特殊なので、振りがなを付けるなどの配慮が必要。また、"参考にする"と結果として"似せる"ことになるケースが多いから、この使い分けは、実際には判断がむずかしくなることも多い。そこで、かな書きにしてしまう方が簡単だ、ということになる。

なみだ

泪 涙

基本 一般的には《涙》を用いる。

発展 目をイメージさせたい場合には、《泪》を使うのも効果的。

《涙》は、「涙腺」「落涙」「感涙にむせぶ」など、"目から流れ出る液体"を指す漢字。「なみだ」と訓読みして、"目から流れ出る液体"を表すのは、比喩的に使われたもの。これは日本語独自の用法ではあるが、比喩なので、漢字《涙》を使って書き表して、問題ない。これらも含め、日本語「なみだ」を漢字で書き表す場合には、《涙》だけ使っておけば事は足りる。

とはいえ、「なみだ」と訓読みする漢字には《泪》もある。これは、漢字としては《涙》と読み方も意味も同じもの。ただ、字の形に「目」を含むので、"目"を直接的にイメージさせる効果がある。そこで、特に"目"そのものと合わせて「なみだ」を表現したい場合には、「彼女の瞳から大粒の泪が

どこから流れてくるかといえば…

「なみだ」と訓読みして、思わず涙ぐむ」「彼の成功は、涙ぐましい努力の結果だ」「子どもの命が助かったと聞いて、うれし涙があふれる」などと用いられる。

「涙雨が降る」「涙金程度の退職金をもらう」など、"ほんのわずかな"という意味を表すのは、比喩的に使われたもの。

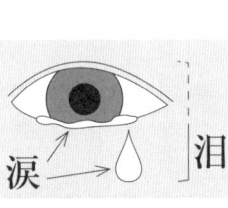

こぼれた」「泪をぬぐって立ち上がる」のように、《泪》を用いるのも、一つの方法である。

なお、「なみだ」と訓読みできる漢字には、ほかにも《涕》がある。実は、紀元前数世紀という古い時代には、"目から流れ出る水"はこの漢字を使って書き表されていた。《涙》や《泪》という漢字は、後になって生まれたものである。

そこで、《涕》を用いると、由緒正しい雰囲気にはなる。しかし、現在ではほとんど用いられない漢字なので、使わない方が無難である。

涙　泪

なめる

嘗 舐

基本 一般的にはかな書きにする。

発展1 舌でものに触れる場合、舌で味わう場合は、《舐》を使ってもよい。

発展2 舌で味わう場合、苦しみを経験する場合は、《嘗》を用いてもよい。

味見をするとは限らない？

日本語「なめる」を書き表す漢字には、《舐》と《嘗》がある。しかし、どちらもずかしい漢字なので、現在ではかな書きにするのがふつう。あえて用いる場合には、振りがなを付けるなどの配慮をし

《舐》は、部首「舌(したへん)」が付いているように、"舌でものに触れる"ことを表す漢字。音読みで使われる例は少ないが、「舐犢の愛」とは、母牛が舌で子牛(＝犢)の毛づくろいをするところから、"親の子への溺愛"をいう。「なめる」と訓読みして、「鉛筆の先を舐める」「猫が自分の体を舐める」「舌舐めずりをする」のように用いられる。

「炎が天井を舐める」「テレビカメラが観客を舐めながら撮影する」などは、比喩的に用いられた例。もちろん、「アイスクリームを舐める」「合わせ調味料を舐めて味見をする」「お酒をちびりちびりと舐める」のように、特に"舌で味わう"という意味になることも多い。

一方、《嘗》は、「うまい」と訓読みする「旨」に、読み方を示す「尚」を組み合わせた漢字。本来は、うまいかどうか"味を見る"ことを表す。「嘗胆」とは、中国古代のある王が、動物の胆嚢の苦味をいつも味わうことによって、かつて受けた屈辱を忘れないようにした話から、"屈辱を晴らそうと努力する"ことをいう。

そこで、"舌で味わう"場合には、《舐》の代わりに《嘗》を用いることもできる。先に挙げた例でいけば、「アイスクリームを嘗める」「合わせ調味料を嘗めて味見をする」「お酒をちびりちびりと嘗める」といった具合。とはいえ、《嘗》は現在では

ておく方が、親切である。

あまり使われない漢字なので、こちらを使ったからといって、"味わう"という意味合いがはっきりするほどの効果は、期待できない。むしろ、部首「舌」を含む《舐》の方が、"舌"を直接的にイメージさせて、効果的だともいえる。

ただ、《嘗》は、"舌で味わう"ところから転じて、"苦しみを経験する"という意味にもなる。例としては、「人生の辛酸を嘗める」「一回戦で敗れ、苦杯を嘗めた」など。この場合には、舌を使うわけではないので、《舐》よりも《嘗》を用いる方が、漢字の持つ意味の上では適切。とはいえ、これも比喩的な表現として《舐》を使っても、おかしくはない。

なお、「中小企業だと思ってなめるんじゃねえ！」のように、"馬鹿にする"ことを表す日本語「なめる」は、語源としては"舌でものに触れる"ことを表す日本語「なめる」とは別のことらしい。そこで、漢字は使わないのが適切。だが、現在ではこのことばにも"相手の顔に舌で触れる"かのように バカにする、というようなイメージが生じている。《舐》を使っても、間違いとはいえない。

	舐	嘗	かな書き
馬鹿にする			◎
苦しみを経験する	△	◎	○
舌で味わう	○	◎	○
舌で触れる	◎	○	○

ならう

倣 習

基本1 教えてもらう場合は、《習》を用いる。
基本2 まねをする場合は、《倣》を使う。

まねも学びのうち

日本語「ならう」には、"教えてもらう"という意味と、"まねをする"という意味がある。この二つの意味は、漢字ではそれぞれ《習》と《倣》に対応するので、「ならう」を漢字で書き表す場合には、この二つの漢字を使い分けることになる。

まず、《習》は、部首「羽(はね)」の漢字で、もともとは、鳥のひなが飛び方を身に付けようとするように、"何かを身に付けようとして、何度もくり返す"という意味。「練習」「復習」「習熟」などの熟語が、その例となる。

ひなが飛び方を身に付けるのは、親に教えてもらった結果。ここから、《習》は、「教習」「講習」「実習」のように"教えてもらう"ことをも表し、「ならう」と訓読みして用いられる。たとえば、「英会話を習う」「ブラスバンド部でフルートを習う」「その漢字は、まだ学校

習
←教えてもらう
まねをする→
倣

で習っていません」といった具合である。

次に、《倣》は、音読みでは「模倣」以外で使われることはほとんどないが、音読みして、"まねをする"という意味。こちらも「ならう」と訓読みして、「お手本に倣って書き初めをする」「しきたりに倣って儀式を行う」「他社に倣って値下げする」のように用いられる。

《習》と《倣》の使い分けに悩む例としては、「みならう」がある。「先輩を見習って、仕事を覚える」は、よく見て"教えてもらう"ということだから、《習》を用いる。一方、単にその場で"まねをする"だけだという意味合いが強い場合には、「お焼香の上げ方がわからないなら、先輩を見倣っておけばいい」のように《倣》を書く。そこで、仕事を"教えてもらっている「見習い社員」は、必ず《習》を書くことになる。

「先生に習って踊りを覚える」も同じで、"教えてもらって覚える"という意味。これを《習》を書くと、"教えてもらって覚える"。「隣の人に倣って踊りを覚える」のようにして《倣》にすると、"まねをして自分で覚える"というニュアンスになる。

ならす

熟 狎 馴 慣

→なれる/ならす(p394)

ならぶ／ならべる

双 列 並

基本 一般的には《並》を用いる。

発展1 多くのものがずらりと続く場合には、《列》を使うと、ニュアンスがはっきりする。

発展2 二つはないことを強調したい場合には、《双》を書くと、効果が高い。

二つとそれ以上で大違い？

《並》は、以前は「竝」と書くのが正式。これは、"二人が隣り合って立っている"ことを意味する「立」を二つ書いて、"二つのものが隣り合う／二つ以上のものを隣り合わせにする"という意味になる。

音読みでは、「並行」「並走」「並立」などがその例。ふつうは二つのものに対して用いるが、"二つ以上のものを線のように続かせる"ことを表す場合もある。

訓読みでは「ならぶ／ならべる」と読み、「窓口の前にお客さんが並ぶ」「国道沿いにレストランが並んでいる」「机の上に辞書を並べる」などと用いられる。

転じて、ことばに対して比喩的にも使われる。例を挙げれば、「神戸は、横浜と並ぶくらいだ」などとなる。

日本語「ならぶ／ならべる」を漢字で書き表す場合には、《並》を使っておけば、十分に用は足りる。しかし、「ならぶ／ならべる」と訓読みする漢字には《列》や《双》もあり、それぞれ、ニュアンスを生かして使い分けることもできる。ただし、どちらもやや特殊な訓読みになるので、振りがなを付けるなどの配慮をしておくのが、望ましい。

《列》は、「列車」「行列」「隊列」など、"線のように続く"ことを表す漢字。《並》の代わりに用いると、"線のように"というイメージを強調することができる。先の例でいけば、「窓口の前にお客さんが列ぶ」「国道沿いにレストランが列んでいる」「机の上に辞書を列べる」のように《列》を用いると、人やレストランや辞書がずらりと続いているようすを、的確に表現することができる。

このように、《列》は"線のように"という意味合いに重点がある。そのため、比較的多くのものが"隣り合っている"場合を指して使うのが、ふさわしい。特に、「リンゴが二つ並んでいる」のように、二つのものが"隣り合っている"場合は、《列》は使わない方が無難である。

逆に、《双》は、"二つで一組のもの"を指す漢字なので、二つのものが"隣り合っている一組の場合"にしか使うことができない。特に、打ち消しの表現と一緒にして"二つは存在しない"という意味合いで使っているのように、トップ選手と並ぶくらいだ」などとなる。

「彼女の実力は、トップ選手と並ぶくらいだ」などとなる。

[ならぶ/ならべる] [なる/なす] ● 392

なる/なす

生 為 成

初めて登場いたします！

基本 ほとんどの場合はかな書きにする。

発展1 できあがる場合、作り上げる場合には、《成》を使ってもよい。

発展2 変化する場合、評価や判断をする場合には、《為》を書くこともできるが、かなり古風。

発展3 子どもができる場合、植物が実を付ける場合には、《生》を使ってもよい。

列
並
双

三つ以上が線のように続く
二つが隣り合う
二つは存在しない

つしかない”というニュアンスが強調される。

用いると、その意味をよく生かすことができる。例としては、「一つの国に二人の王が双び立つことはできない」「彼は世に双ぶ者のない天才だ」など。これらの場合に《並》を使うとふつうの表現になるが、《双》を用いると、“一

日本語「なる/なす」の基本的な意味は、“何かが何かへと変化する/何かを何かへと変化させる”こと。このことばを書き表す漢字として、比較的よく用いられるのは、《成》である。

《成》は、「成立」「完成」「達成」など、“何かができあがる/何かを作り上げる”という意味なので、これは「なる/なす」と訓読する/変化させる”ことの一種なので、「なる/なす」と訓読みする。「アカデミー賞監督の最新作がついに成るものだ」「株式に投資して、一夜は、間違いなく彼女の手に成るものだ」「株式に投資して、一夜のうちに財を成す」などが、その例となる。

ほかのことばと結びついて、「なり○○」「なし○○」の形になることも多い。たとえば、「アリバイさえなければ、彼が犯人だという説も成り立つ」「貧しい境遇から社長にまで成り上がる」「若いころの志を失い、ありふれた政治家に成り果てる」「犯人は関係者に成りすまして館内に入った」「ノーベル賞級の偉業を成し遂げる」といった具合である。

また、「構成」「編成」「成分」のように、“組み合わさって何かができあがる/組み合わせて何かを作り上げる”ことをも表す。訓読みの例としては、「この小説は三つの章から成る」「魚が群れを成して泳いでくる」「砂浜の白と松林の緑が、美しい対照を成している」「紅葉が織り成す美しい秋の風景」などが挙げられる。

なお、「この地方の中核を成す都市」では、中核となる部分を“作り上げている”という意味合いを表す。

このように、漢字《成》の根底には、“できあがる/作り上げる”という、“完了”

もう終わりましたか？

成 為

や"結果"の意識がある。しかし、日本語「なる」は、そういったニュアンスをそれほど強くは含まないことも多い。そういう「なる」は、《成》を使って書き表すわけにはいかない。そこで、「なる」は、かな書きにされることも多い。たとえば、「夏が終わって秋になる」「卒業して小学校の先生になる」「恥ずかしくて顔が赤くなる」「卒業して小学校の先生になる」「先輩にはお世話になりました」「この悔しさも、やがていい思い出になるだろう」などといった具合である。

"完了"や"結果"のニュアンスを含むかどうか、判断が微妙になるケースもある。「アルバイトから身を起こして実業家になる」「あたりは一面、焼け野原になっていた」などは、現在ではふつうはかな書きにするところ。しかし、《成》を使って、"ついにそうなった"そうなってしまったという意味合いを表現することも、できないわけではない。

「息子に成り代わってお詫びする」「その場の成り行きで、引き受けることになってしまった」などは、さらに微妙なところ。《成》を使ってもよいが、「息子になり代わってお詫びする」「その場のなりゆきで、引き受けることになってしまった」のように、かな書きにすることも

A →(変化) B 完了 / 結果
A →(変化) B ---> 継続?

ちょっとおじさん臭いかな?

多い。

ところで、"完了"や"結果"の意識抜きに、単に"何かへと変化する"/変化させる"ことを意味する漢字も存在する。それは《為》で、古代文字では「𤓯」のように書き、動物の"ゾウ"の絵の鼻先に、人間の"手"を書き加えた形。本来は"野生のゾウを手なづけて、人間の言うことを聞くようにする"という意味だったという。ここから、"別の状態に変わる／変える"ことを表し、「なる／なす」と訓読みして用いられる。

そこで、先に挙げた、かな書きにする「なる」の例も、「夏が終わって秋に為る」「卒業して小学校の先生に為る」などといった具合に、《為》を使って書き表すことができる。が、《為》は現在の日本語では「ため」と訓読みするのが定着していて、訓読み「なる／なす」は影がはらかに自然である。形が複雑な漢字でもあるので、かな書きにする方がはるかに自然である。

一方、日本語「なす」は、ちょっと古めかしい表現で、"何かへと変化させる"という意味で使われることがある。たとえば、「禍を転じて福と為す」「荒野を開墾して田畑と為す」など。また、"意義づけを変化させる"評価する"判断する"という意味をも表す。これらも、現在ではかな書きする判断する方が自然だが、多くは漢文に由来する表現なので、そのことを尊重

[なる／なす][なれる／ならす] ● 394

して漢字で書くのも、一つの立場である。

このほか、《為》は、"野生のゾウを手なずける"ところから、広く"人間が意図して何かを行う"という意味でも用いられる。音読みでは、「行為」「作為」「人為的」などがその例。この意味の場合も「なす」と訓読みするが、この「なす」は「する」のやや古風な言い方であり、"何かへと変える"という意味の「なす」とは少し異なる。

例としては、「やること為すこと、うまく行く」「相手の為すがままにしておく」「もう手遅れで、為す術がない」「これはふつうの人間の為せる業ではない」など。ただし、これらの「なす」もまた、現在ではかな書きにする方が自然で、あえて漢字で書く場合には、振りがなを付けるなどの配慮をする方が、丁寧である。

> 長いものには
> 巻かれよう…

以上のように、日本語「なる／なす」を書き表す際には、"何かができあがる／何かを作り上げる"という"完了"や"結果"の意識が強い場合には《成》を使えるが、そうでない場合はかな書きにするのが基本。そうすると、実際には、かな書きされることが多くなるので、"完了"や"結果"の意識が強い「なる／なす」も、かな書きにしてしまうことも多い。

なお、似た意味で「なる／なす」と訓読みする漢字には、言うまでもなく、「生誕」「出生」「子どもを生む」など、"命を与える／与えられる"という意味がある。

そこで、"子どもを作る"ことを意味する場合に「なす」と読むことがある。「二人は子を生した仲だ」といえば、"二人の間には子どもがいる"ということ。「生さぬ仲」とは、"義理の親子関係"。また、"植物が実を付ける"ことを表す場合には「なる」と読み、「庭の柿の木に実が生る」のように用いられる。

ただし、《生》を「なる／なす」と訓読みするのは、現在ではやや特殊。振りがなを付けるなどの配慮をしておくのが、望ましい。

なれる／ならす

熟狎馴慣

> 別に何とも
> 感じませんね

基本1 ほとんどの場合は《慣》を用いる。

発展1 気安く感じるようになる場合は、《馴》を使うと、意味合いがはっきりする。

発展2 度を過ぎた気安さを感じる場合には、《狎》を書くこともできるが、かなり難解。

基本2 特に、味がまろやかになる場合には、《熟》を用いるか、かな書きにする。

《慣》の左側の「忄（りっしんべん）」は、"心"を表す部首。右側の「貫（かん）」には、「初志貫徹」「終始一貫」のように、"同じことをし続ける"という意

味がある。この二つを組み合わせた《慣》は、"ある動作や状態を続けた結果、違和感を感じなくなる／感じなくさせる"という意味。「なれる／ならす」と訓読みして、広く用いることができる。

例としては、「新しいクラスに慣れる」「慣れた手つきで包丁を扱う」「慣れないお酒を飲む」「暗闇に目を慣らす」「肩慣らしにキャッチボールをする」「事前に本番の会場に行って、気持ちを慣らしておく」「慣れからくる油断が恐い」など。特に「なれる」の場合は、「住み慣れた我が家を離れる」「今日は見慣れない服を着ているね」「いかにも手慣れた感じで仕事を進める」「旅慣れた人と旅行をすると、安心する」など、ほかのことばに結びついて、「○○なれる」の形で用いられることも多い。

日本語「なれる／ならす」を漢字で書き表す場合には、《慣》さえ使っておけば、たいていの場合は間違いにはならない。とはいえ、似た意味で「なれる／ならす」と訓読みする漢字には、ほかにも《馴》《狎》などがあり、場面によっては、そちらややむずかしい漢字なので、振りがなを付けるなどの配慮が欲しい。

まず、右側の「川」は、「順」に含まれる「川」の漢字。《馴》は、部首「馬(うまへん)」の漢字。馴じで、"流れに従う"という意味合い。そこで、《馴》は、馬

が人間の言うことに従うところから、"動物が従順になる"という意味。「なれる／ならす」と訓読みして、「のら猫が人に馴れる」「ライオンを飼い馴らす」のように使われる。

転じて、"人間がおだやかになる"という意味にもなる。「雅馴(がじゅん)」とは、"あか抜けていておだやかである"こと。このように、《慣》が単に"違和感を感じなくなる"という意味だったのに対して、《馴》は、一歩進んで"落ち着きを感じる"という印象が強い。ここから、日本語では、特に「なれる」と訓読みして、"気安く感じるようになる"という意味でも用いられるようになった。

たとえば、「この土地での暮らしにも慣れてきた」のように《慣》を使うと、"違和感がなくなってきた"という意味合い。これを、《馴》を用いて「この土地での暮らしにも馴れてきた」とすると、"落ち着きを感じられるようになってきた"という雰囲気になる。

「新しい同僚にももう慣れた」と「新しい同僚にももう馴れた」も同様。"気安さ"という意味合いがあるので、特に、「お二人の馴れ初めはいつですか」「役員同士の馴れ合いで人事が決まる」「馴れ馴れしい態度をとる」などでは、《慣》はあまり使われず、主に《馴》が用いられる。

ちなみに、「馴染みのお客さん」「和風の建築が田園風景

いい感じになってきた…

[なれる／ならす] ● 396

に馴染む」「新しいスーツが体に馴染む」のように使う「なじみ／なじむ」も、もとはといえば、"気安く感じるようになる"、"ところから生まれた表現。現在では《なれる》との関係はほとんど感じられなくなっているので、《慣》を使うことはない。

ここまで行くと困ります！

次に、《狎》は、"動物"を表す部首「犭（けものへん）」の漢字で、本来の意味は《馴》に近い。ただ、この漢字には"度を過ぎた気安さを感じる"という意味合いがある。「狎侮」とは、"気安く接して馬鹿にする"こと。そこで、「なれる」と訓読みする《馴》にマイナスのイメージをはっきりと付け加えたいときには、代わりに《狎》を使うことができる。

例としては、「店主の親切にすっかり狎れて、我が物顔に振る舞う」「ぜいたくに狎れた身には、貧乏暮らしはつらい」など。特に、「なれなれしい」の場合に、《馴》の代わりに使ってマイナスの意味を強めることが多い。たとえば、「あいつの狎れ狎れしいことば遣いが気に障る」「監督と選手の狎れ合いはよくない」といった具合である。

以上のほか、「なれる」と訓読みする漢字には、《熟》がある。この

慣

違和感を感じない
気安く感じる
馴　狎
度が過ぎる

漢字は、"火"を表す部首「灬（れっか、れんが）」が付いているように、本来は"火で温めてやわらかくする"という意味。転じて、「柿の実が熟する」「完熟トマト」のように、"味がまろやかになって食べごろになる"という意味でも使われる。

「なれる」と訓読みするのは、この意味の場合。「味噌が熟れる」「熟れ鮨」などが、その例。ただし、《熟》は「うれる」とも訓読みするので、振りがなを付けないと読み方がまぎらわしくなる。そのため、かな書きにされることも多い。

に

におい／におう

臭 匂

基本1 よい「におい」の場合には、《匂》を用いる。
基本2 悪い「におい」の場合、よいとも悪いとも決められない場合には、《臭》を使う。

困ったときは犬に頼もう！

《匂》は、"美しく整っている"という意味を持つ「勻」をもとに、日本で独自に作られた漢字。「におい／におう」と訓読みするが、"よい香りがする"ことを指して用いられる。「リンゴの匂いがする」「おいしそうなカレーの匂いが漂う」「ドレスを着て、甘い香水を匂わせる」などが、その例となる。転じて、"色合いや雰囲気などが魅力的である"ことをも表す。例としては、「匂い立つような美しさ」「優雅さの匂うたたずまい」といった具合である。

一方、《臭》は、以前は、「犬」の部分が「犬」になった「臭」

と書くのが正式。「自」は"鼻"を表すので、"犬が鼻で何かをかぐ"ことが、《臭》の本来の意味となる。転じて、"嗅覚に刺激を感じる"ことを指すが、「くさい」とも訓読みするように、主に"嗅覚に気持ちの悪い刺激を感じる"場合に用いられる。

たとえば、「ガス漏れの臭いがする」「しばらく風呂に入っていないので、体が臭う」といった具合。「あいつは臭うね、何か隠しているんじゃないか」「社長は大量解雇の可能性を臭わせた」のように、比喩的に使われることもある。

このように、《匂》は"気持ちがよい"場合に、《臭》は"気持ちが悪い"場合に用いるのが、この使い分けの基本。とはいえ、世の中はそう単純に"よい"か"悪い"かに分けられるものでもない。

気持ちが悪い	どちらとも言えない	気持ちがよい
臭		匂

たとえば、「男の汗の臭いがする」「新聞からインクの臭いがする」などは、人によって好みが分かれるし、「彼女は、会話の端々に、彼氏がいると臭わせた」のように、どちらとも決められない例もある。そのような場合には、"嗅覚に刺激を感じる"ことを広く指すことのできる《臭》を用いておく方が、穏当だろう。

にくむ／にくい

難悪憎

基本1 ほとんどの場合は《憎》を用いる。
発展1 消極的なニュアンスの場合には、《悪》を使ってもよいが、かなり特殊。
基本2 「○○しにくい」の場合には、《難》を書くこともできるが、かな書きが自然。

人間の心の不思議

日本語「にくむ／にくい」を漢字で書き表す場合には、ふつうは《憎》を用いる。

この漢字の部首は、"心"を表す「忄（りっしんべん）」。「曾」は、「層」や「増」にも含まれているように、"積み重なる"という意味を持つ。そこで、《憎》は、感情が積み重なるところから、"許しがたく思う"ことや、"傷つけたいと感じるほどに嫌う"ことを表す。

そこで、「にくむ／にくい」を漢字で書き表す場合には、《憎》を用いる。「自分を認めてくれない上司を憎む」「クレーマーに憎まれないよう、上手に対応する」「金があるだけで女にもてるあいつが憎い」などと使われる。相手に対するかなり強い負の感情を表すのが、《憎》の特徴である。

ところが、人間の感情とは不思議なもので、マイナスがあまりに強くなると、プラスに転じる。その結果、日本語「にくい」は、相手に対する称讃の気持ちをも含むようになった。たとえば、「ご主人の憎い気配りには、頭が下がる」「今夜のコンサートの選曲は、心憎いばかりに気が利いている」「今の横綱は憎らしいほど強い」といった具合である。

これらの場合でも、漢字では《憎》を使って書き表すのが、日本語独自の習慣。ただ、この漢字の持つ強い負のイメージを避けて、ひらがなで書いたり、時にはわざとカタカナ書きにしたりもする。

こういった用法も含めて、日本語「にくむ／にくい」を漢字で書き表す場合には、《憎》を使っておけば、たいていの場合は用が足りる。しかし、「にくむ／にくい」と訓読みする漢字には《悪》もあり、こちらを用いることもできる。

《悪》は、ふつうは音読みで「アク」、訓読みでは「わるい」と読む漢字。しかし、「嫌悪」「好悪」「悪寒」のように「オ」と音読みする場合、「にくむ」と訓読みするのは、この意味の場合。ただし、「憎悪」という熟語があるように、《憎》と《悪》は意味がとてもよく似ていて、使い分けるのはむずかしい。

《憎》は、「愛憎」のように「愛」の反対というイメージを持つが、《悪》は、「好悪」のように「好」と対になる。「愛」と「好」を比較すると、「愛」の方が感情としては深い。また、《悪》は、漢文では"遠ざけたい""そうなるのを避けたい"といった意味で使われることも多い。これらからすると、「にくむ」

> 使い勝手がよくないなあ…

"嫌だと感じる"という意味を表す。「にくむ」と訓読みする

と訓読みする場合の《悪》は、《憎》ほど強い負の感情を表す漢字ではないと思われる。

そこで、あえて《悪》を使って「にくむ」を書き表すならば、"自分の方が逃げ出したい""勘弁して欲しい"というような、ある意味で消極的な負の感情を表現したい場合が、その候補となる。たとえば、「都会の喧噪を悪んで、田舎へ引っ越す」「彼女の才能が悪くて、できるだけ顔を合わせないようにする」といった具合である。

とはいえ、漢字《悪》には「わるい」というイメージがこびりついているので、こういう使い方も、必ずしもしっくりとは来ない。また、《悪》を「にくむ／にくい」と読むのは特殊な訓読みなので、振りがなを付けるなどの配慮が必要。そういったことを考えると、結局のところ、「にくむ／にくい」を書き表す漢字として《悪》を用いるのは、避けておくのがおすすめである。

憎 傷つけたい／許しがたい
積極的
消極的
悪 逃げ出したい／勘弁して欲しい

《憎》《悪》のほか、「にくい」と訓読みできる漢字として、《難》がある。この漢字は、ふつうはもちろん「むずかしい」と訓読みする。そこで、"○○するのはむずかしい"ことを意味する「○○し難い」を、「○○し難い」と書き表すこと

例としては、「この道は石ころが多くて、とても歩き難い」「彼の経済学の理論は、門外漢には理解し難い」「この壁は崩れ難い素材でできている」など。ただし、《難》には「かたい」という訓読みもあり、「○○しがたい」という表現も「○○し難い」と書き表されるので、読み方がまぎらわしくなりやすい。

この「にくい」も、かな書きしておく方がおすすめである。

にせ

贋 偽

基本 一般的には《偽》を用いる。

発展 価値が高いように見せかける場合には、《贋》を用いることもできる。

《偽》は、「偽名」「偽造」「虚偽」など、"本物のように見せかけたものを指す場合には、「にせ」と訓読みして用いられる。

例としては、「偽のブランド物を買わされる」「偽札を造った疑いで逮捕される」「この指輪のダイヤモンドは、実は偽物です」「あの男はよく校内をうろついているが、実は偽学生だ」「犯人から偽のメールが届いた」など。日本語「にせ」を漢字で書き表す場合には、《偽》を「にせ」と漢字で書いておけば、間違いにはならない。

ただし、「にせ」と訓読みする漢字には、《贋》もある。こ

価値観は人それぞれ

偽

本物のように見せかける

価値が高い → 贋 💎

こちらは、"金品"を表す部首「貝（かい）」が付いていて、"経済的な価値が高いように見せかける"という意味。広く、"価値が高いように見せかける"ことを表す。音読みでは、「フェルメールの贋作（がんさく）」

「一万円札を贋造する」などと使われる。

そこで、「にせ」と訓読みした場合でも、"価値が高い"ところに重点がある場合に用いると、その意味合いをよりよく表現することができる。先の例でいけば、「贋のブランド物を買わされる」「贋札を造った疑いで逮捕される」「この指輪のダイヤモンドは、実は贋物です」といった具合。それ以外の「偽学生」「偽のメール」になると、多くの人にとって"価値が高い"とは言えないので、《贋》は用いない方が、無難だろう。

ただし、《贋》は、ややむずかしい漢字。振りがなを付けるなどの配慮をしておく方が、親切である。

ぬ

ぬける

脱 抜

基本 一般的には《抜》を用いる。

発展 束縛から自由になる場合には、《脱》を使うと、意味合いがはっきりする。

《抜（ばつ）》は、「抜糸（ばっし）」「抜刀（ばっとう）」など、細長くはずす／細長く入り込んでいたものを、本体からはずす／細長く入り込んでいたものが、本体からはずれる"という意味。訓読みでは「ぬく／ぬける」と読み、「ぬける」の例としては、「釘が抜ける」「髪の毛が抜ける」「歯が抜ける」「木が根っこから抜ける」などが挙げられる。

転じて、「抜群（ばつぐん）」「抜粋（ばっすい）」「選抜（せんばつ）」のように、"全体の中から、あるものだけを外に出す／あるものだけが外に出る"ことをも表す。この場合も「ぬく／ぬける」と訓読みし、「ぬける」の例を挙げると、「宴会を抜けて仕事に戻る」「先頭集団から抜

[ぬける]

け出す」などとなる。

"細長く入り込んでいたものがはずれる"ときには、はずれた部分は、ふつうは小さな点になる。また、"あるものだけが外に出る"場合には、その"あるもの"は小さな点として捉えることができる。つまり、漢字《抜》は、"本体となるものから、ある点がなくなる"とか"本体となるものから、ある点を通って外に出る"といったイメージを持っている。

ここから、日本語独自の《抜》の使い方が生まれる。まずは、"あるものの中を移動して、ある点から向こう側に出る"という意味。「トンネルを抜ける」「足踏みしたら床が抜けた」「商店街を駆け抜ける」などが、その例。「長年の不況から抜ける」「ピンチを切り抜ける」のように、比喩的に用いられることもある。

また、「タイヤの空気が抜ける」「お風呂のお湯が抜けてしまった」のように、"ある点から中身が出る"ことをも表す。さらには、"全体の中からある点がなくなる"という意味で、「彼の話は、肝心な部分が抜けている」「あの子はいまだに子供っぽさが抜けない」「昨夜の酔いがやっと抜けた」「このデータからは、去年の売り上げが抜け落ちている」などと使われる。

このように、日本語「ぬける」と漢字《抜》は、"点"のイメージで結びついている。そこで、日本語「ぬける」を漢字で書き表す場合には、《抜》を広く使うことができる。とはいえ、「ぬける」と訓読みする漢字には《脱》もあり、場面によっては、こちらを書く方がふさわしい場合もある。

《脱》の本来の意味は、「脱皮」「脱衣」「上着を脱ぐ」のように、"まわりをおおっているものを取り外す"こと。《抜》が点のイメージだったのに対して、こちらは"面"のイメージを持っている。

そこで、「けがをした部分の毛が抜ける」のように《抜》を使うと、いわゆる「脱毛」で、"体をおおう毛がまとまってなくなる"という意味合いになる。それに対して、一本一本の毛に着目する場合には、「毛が数本、抜ける」のように《抜》を使う方が、漢字が持つイメージには合う。

同様に、「力が脱ける」「水分が脱ける」「臭みが脱ける」のように《脱》を使うと、"面"のイメージになるので、力や水分や臭みが"全体からまんべんなく失われる"という雰囲気になる。そうではなく、"全体の中からあるものだけをなくす"という意味合いにしたい場合には、「力が抜ける」「水分

表面がはずれていく…

抜 → ある点が外に出る／ある点から外に出る

脱 → まわりの面を取り外す／束縛から自由になる

[ぬける] [ぬすむ] ● 402

が抜ける」「臭みが抜ける」などのように、《抜》を使う。とはいえ、表す内容としてはどちらでもたいした違いはないことが多い。

《脱》は、転じて、「脱出」「脱走」「離脱」「危機を脱する」など、"束縛から自由になる"という意味でも使われる。「縄から脱ける」「組織から脱ける」などが、その例。特に「脱け出す」の形で、「敵の包囲網から脱け出す」「つまらない集会を脱け出して、デートに行く」「借金まみれの状態を脱け出す」のように用いられる。

これらも、《抜》を使って、「縄から抜ける」「組織から抜ける」「敵の包囲網から抜け出す」「つまらない集会を抜け出す」「借金まみれの状態を抜け出す」のように書いても、間違いではない。しかし、《脱》を使うと、"束縛から自由になる"という意味合いを、はっきりと表現することができる。

ぬすむ

偸 窃 盗

基本 一般的には《盗》を用いる。

発展1 こっそりとした雰囲気を強調したい場合には、《窃》を使ってもよいが、やや特殊。

発展2 していないふりをしつつ何かをする場合、「暇をぬすむ」場合には、《偸》を書くこともできるが、かなり難解。

用心深さの程度の問題

日本語「ぬすむ」を漢字で書き表す場合には、《盗》を用いるのがふつう。この漢字は、「強盗」「盗賊」など、"他人のものを奪う"ことを表す。「ぬすむ」と訓読みして、「店のレジから金を盗む」「新製品のアイデアを盗まれる」「インターネットで個人情報を盗み出す」「美術館から絵画を盗み出す」などと用いられる。

比喩的に使われて、"相手から隠れて行動する"ことを表す場合もある。例としては、「他人の電話を盗み聞きする」「談合の現場を盗み撮りする」「カーテンの間から、外のようすを盗み見る」「娘の日記を盗み読む」「親の目を盗んで、夜遊びをする」「足音を盗みながら階段を降りる」などが、挙げられる。

《盗》は、日本語「ぬすむ」を書き表す漢字として、広く用いることができる。ただし、「ぬすむ」と訓読みする漢字には、ほかに《窃》《偸》もあり、それぞれのニュアンスを生かして使い分けることもできる。

《窃》は、「窃盗」という熟語があるように、《盗》とほぼ同じで、"相手から隠れて他人のものを奪う"ことを表す。ただ、「ひそか」（p474）と訓読みすることもあり、意味の重みは"相手から隠れて"することにある。そこで、《盗》の代わりに用いると、より"こっそりと"した雰囲気になる。

例を挙げれば、「合い鍵を使って事務所に入り、金庫のお金を音も立てずに窃む」「上司の顔を恐る恐る窃み見る」といった

具合。ただし、ややむずかしい漢字なので、現在ではあまり用いられない。あえて使う際には、振りがなを付けるなどの配慮をしておく方が、親切である。

真面目なのはうわべだけ？

もう一つの《偸》は、"人"を表す部首「亻(にんべん)」に、"中身を抜き取る"という意味を持つ「俞」を組み合わせた漢字。"外側はもとのままにして、中身だけを手に入れる"ところから、"うわべは取ってはいないように見せかけて、実際には奪い取る"ことを表す。

そこで、"見せかけ"のニュアンスを表現したいときには、《偸》を用いるのがふさわしい。たとえば、「楽しそうに会話しながら、後ろ手で小銭を偸む」「あらぬ方を向きつつ、目の端で彼女のようすを偸み見る」などが、その例となる。

「人目を偸んで密会する」のような場合でも、《偸》を使うと、"会っていないと見せかけて"という意味合いが強くなる。ただし、かなりむずかしい漢字なので、難解な印象になることは避けられない。振りがなを付けるなどの配慮は、必須となる。

また、《偸》は、"得ていないように見せかけて、実際には得ている"ところから逆転して、"一見、何かを得ているようだが、本当には得ていない"という意味にもなる。漢文でいう「生を偸む」とは、"生きてはいるが、意味もなく生きながらえている"こと。「安きを偸む」とは、"とりあえず安定した暮らしをしているだけで、先々まで安定しているわけではない"ことをいう。

現在の日本語でも、「暇を偸んで、読書を楽しむ」のように、「暇を偸む」の形で使われる。これは、"一瞬だけは暇だが、全体としては忙しい"という意味で、"忙しい状況の中で、暇を見つけて楽しむ"ことを指す。

なお、「暇をぬすむ」は、本来は《偸》を使って書き表すべきもの。しかし、現在では、比喩的な表現と考えて、《盗》を用いて「仕事の合間に暇を盗んで、英語の勉強をする」のように書くことも多い。

```
        盗
            他人のものを
  窃〈こっそり〉  〈見せかけ〉偸
            奪う
```

ぬるい

緩　温

基本 一般的にはかな書きにするか、《温》を用いる。

発展 厳しさが足りない場合には、《緩》を書くと、意味合いがはっきりする。

批判がましくて恐縮です…

日本語「ぬるい」は、現在ではかな書きにするのがふつう。あえて漢字で書き表すならば、《温》か《緩》を使うことができる。とはいえ、どち

らもやや特殊な訓読みなので、振りがなを付けるなどの配慮をしておく方が、丁寧である。

《温》は、「温泉」「温暖」「温風」など、主に液体や気体について、"心地よいくらいに熱い"ことを表す漢字。ふつうは「あたたかい」(p29)と訓読みする。

"心地よいくらいに熱い"ことを批判的に捉えると、"十分に熱くはない／十分に冷たくはない"という意味となる。「お茶が温い」「温いお風呂に入る」「温くなったビールは、おいしくない」などと用いられる。

「ぬるい」と訓読みするのは、この意味の場合。

一方、《緩》は、部首「糸(いとへん)」の漢字で、本来の意味は、"糸の結び具合や張り具合にゆとりがある"こと。広く"ゆとりがある"ことを表し、ふつうは「ゆるい」とか「ゆるむ／ゆるめる」(p575)と訓読みする。

これを批判的に捉えると、"厳しさが足りない"という意味になる。この意味の場合に「ぬるい」と訓読みし、「チームがこんな緩い雰囲気では、試合に勝てない」「警察の取り締まりの手緩さに、批判が集まる」などと用いられる。

これらの場合に、《温》を用いて「温い雰囲気」「取り締まりの手温さ」などと書いても、比喩的な用法として間違いではない。ただ、《緩》を使った方が、"厳しさが足りない"という意味合いがはっきりする。

	温	緩
厳しさが足りない		◎
十分に冷たくはない	◎	
十分に熱くはない	◎	比喩

ね

ねがう

希願

基本 一般的には《願》を用いる。

発展 理想や夢想を語る場合には、《希》を使うと効果的だが、やや特殊。

《願》は、「願望」「志願」「念願」など、"思っていることが実現するように求める"ことを表す漢字。「ねがう」と訓読みし、「全国大会に出たいと願う」「恋人が欲しいと願う」「子どもたちの幸せを願う」「詳しい調査をお願いする」「願いがついに聞き届けられた」などなどと用いられる。日本語「ねがう」を漢字で書き表す場合には、《願》さえ使っておけば、十分に用は足りる。

ただ、「ねがう」と訓読みする漢字には《希》もある。この漢字には、「希望」「希求」など、"思っていることが実現するように求める"という意味がある。と同時に、「希少」「希薄」のように、"とても少ない"という意味もある。そこで、「ねがう」と訓読みする場合も、"実現する可能性が少ない"ところから、実現の可能性をとやかく言わない、理想を述べたり夢想を語ったりしている場面で使うのが、漢字全体のイメージにはよく似合う。

例としては、「恒久の平和を希う」「若者たちの前途に幸多かれと希う」「希わくば、宝くじが当たりますように」など。逆に言えば、欲望の実現に執着している場合には、《希》を使うのはそぐわない。

なお、《希》を「ねがう」と訓読みするのは、現在ではやや特殊な読み方。振りがなを付けるなどの配慮をしておく方が、親切である。

> ぼくが使ってもいいのかなあ…

```
       理想  ↑
希  ←  夢想
       実現  ↓
願  ←  現実
```
実現の可能性

ねたむ

嫉妬

基本 一般的にはかな書きにする。

発展1 本人の心情を中心に表現したい場合には、《妬》を用いてもよい。

発展2 相手に対する行動に重点を置いて表現したい場合には、《嫉》を使うこともできる。

日本語「ねたむ」は、"他人のことをうらやんで、憎らしい気持ちになる"という

> じっとしていられますか?

[ねたむ] [ねむる／ねむい／ねむたい] ◉ 406

意味。このことばを書き表す漢字には、《妬》と《嫉》がある。

ただし、どちらの場合も現在ではあまり使われない訓読みになるので、振りがなを付けるなどの配慮をしておく方が、丁寧である。

この二つは、現在では「嫉妬」という熟語以外ではあまり用いられない。また、どちらも"感情"を表す訓読なのへん）」の漢字なので、意味を区別するのがむずかしい。

ただ、《妬》の右半分は「石」だから、落ち着いて動かない" というイメージがある。一方、《嫉》の右半分の「疾」は、「疾風」「疾病」のように、"素速く鋭い"という意味を持つ。

そこで、あえて違いを探すとすれば、本人の心から離れないようなしつこい気持ちを表すには《妬》がふさわしく、相手に対する攻撃的な感情を表現するには《嫉》が適している、ということになる。

たとえば、《妬》を使って、「友だちに彼氏ができたのを妬む」「他人の幸運を妬んでもしかたがない」「あの人の音楽の才能が妬ましい」などと書くと、本人の胸の内に重点を置いた表現になる。それに対して、「友だちに彼氏ができたのを嫉む」「他人の幸運を嫉んでもしかたがない」「あの人の音楽の才能が嫉ましい」

妬　心から離れない
嫉　相手を傷つける

のように《嫉》を用いると、時には相手を傷つけるような行動に出かねないところに、意味の中心が移ることになる。

なお、《嫉》と《妬》は、どちらも「そねむ」(p 284)とも訓読みできる。「そねむ」と「ねたむ」を比較すると、「ねたむ」の方が広く使われ、「そねむ」は相手を"憎む"気持ちがやや強い傾向がある。そこで、「ねたむ」を漢字で書き表す場合には《妬》を用い、「そねむ」の場合は《嫉》を書く、と考えることもできる。

とはいえ、以上はあえて使い分ける場合の話。《妬》と《嫉》の違いも、「ねたむ」と「そねむ」の差も、どちらもとても微妙なので、こだわらずに好きな方を使ってもかまわない。また、振りがななしでは読み方の区別ができないという問題もあるので、「ねたむ」も「そねむ」もかな書きにしてしまうのも、一つの見識である。

ねむる／ねむい／ねむたい

睡眠

基本的には
まっただ中！

基本 一般的には《眠》を用いる。

発展 「ねむりに落ちる」場合には、《睡》を使うこともできる。

日本語「ねむる／ねむい／ねむたい」を書き表す漢字には、《眠》と《睡》がある。

「睡眠」という熟語があるように、この二つの漢字は意味がよく似ている。ただ、一般的によく用いられるのは、《眠》である。

《眠》は、「安眠」「仮眠」「不眠症」など、"目を閉じて休む"という意味。ただ、「民」は、もともとは"目が見えない"という状態を表す漢字。これに部首「目(めへん)」を組み合わせた《眠》は、"目を閉じて休んでいる"という状態を表す漢字となる。

訓読みでは「ねむる」と読み、「横になって眠る」「疲れてぐっすり眠る」「ストレスのせいか、眠りが浅い」などと用いられる。「亡き友よ、安らかに眠ってくれ」「この墓地には数多くの著名人が眠っている」のように、比喩的に"死んでいる"ことを表す場合もある。

転じて、「休眠状態」のように、"活動を休止している"ことをも表す。例としては、「眠っている資源を活用する」「せっかくの貯金を眠らせておくのはもったいない」ことなどが挙げられる。

一方、《睡》は、部首「目」と「垂」を組み合わせた漢字。"まぶたが垂れてくる"という意味になるところから、"目を閉じて休んでいる状態になる"という状態を表す。《眠》の意味の中心は「ねむっている」ことの入り口ではあるのに対して、《睡》は、「ねむりに落ちる」というイメージ

落ちる瞬間に興味があります

だと考えると、わかりやすい。

そこで、《睡》は、"眼を閉じて休みたくなる"ことや"うつらうつらする"ことを指して使われる場合が多い。音読みでは、「睡魔」「一睡もできない」などがその例。また、「午睡」は"昼寝"のこと。「微睡」は"まどろむ"ことをいう。

訓読みでは、「ねむい」「ねむたい」を書き表す漢字として用いると、効果的。たとえば、「お腹がいっぱいになると、すぐに眠くなる」「彼女はいつも睡そうな眼差しをしている」「睡たいのを我慢して、深夜番組を見る」など。また、「ねむる」と訓読みして、「会議中に睡るなんて、けしからん」「不安でほとんど睡れなかった」のように、"うつらうつらする"場合に用いることもできる。

もっとも、「熟睡」のように、《睡》が"深く「ねむりに落ちる"ことを表す例もある。「しっかり睡って疲れを取る」のように使っても、間違いではない。

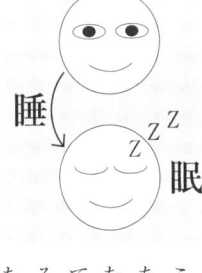

ただ、"うつらうつらする"ことも「ねむっている」ことであるのは間違いないし、「ねむい」「ねむたい」も、「ねむっている」ことの入り口ではあるる。そこで、現在では、「ねむる/ねむい/ねむたい」

ねる　煉錬練

は、「お腹がいっぱいになると、すぐに眠くなる」「彼女はいつも眠そうな眼差しをしている」「眠たいのを我慢して、深夜番組を見る」「会議中に眠るなんて、けしからん」「不安でほとんど眠れなかった」のように、《眠》を用いて書き表すことが多い。

結局のところ、《眠》と《睡》の使い分けについては、一般的には《眠》を使い、特に「ねむりに落ちる」という意味合いを込めたい場合には《睡》を使ってもよい、という程度に考えておくのが、適当。なお、《睡》は"目を閉じて休んでいる状態になる"という変化を表す漢字なので、"死んでいる状態や"活動を休止している"状態そのものを表すのには適さない。

基本　一般的には《練》を用いる。

発展1　金属の強度を高くする場合、体や心を強くする場合には、《錬》を使うと、意味合いがはっきりする。

発展2　特に、薬を「ねる」ことを強調したい場合には、《煉》を書いてもよい。

もとはシルクの作り方

日本語では、"くり返し手を加えて、質のよいものにする"ことを、「ねる」と表現することがある。具体的には、"材料を混ぜ合わせ、くり返し行うことねこね、全体を均一にする"ことや、"くり返し行う

て、技術や能力などを身に付ける"ことを指す場合が多い。が、"金属を溶かしてくり返し不純物を取り除き、純度や強度を高める"とか、"生糸をくり返し熱湯で洗い、白くやわらかくする"といった意味になることもある。

このことばを漢字で書き表す場合には、《練》を使うのが最も一般的。ただし、「ねる」と訓読みする漢字には《錬》《煉》もあり、独特のニュアンスを生かして使い分けることもできる。なお、《錬》《煉》を「ねる」と訓読みするのは、現在ではやや特殊なので、振りがなを付けるなどの配慮をしておく方が親切である。

まず、《練》は、部首「糸（いとへん）」が付いているように、本来は"生糸をくり返し熱湯で洗い、白くてやわらかいことを表す漢字。そうしてできあがる"白くてやわらかい生糸"を「練糸」という。

日本語では、この作業を「ねる」と表現するので、《練》は「ねる」と訓読みして使われるようになった。現在でも「生糸を練る」「絹を練る」のように用いられる。

転じて、広く"くり返し行って、技術や能力などを身に付ける"ことをも指す。音読みでは、「練習」「訓練」「洗練」「熟練」などがその例。訓読みの例としては、「計画を練る」「作戦を練る」「スピーチの文案を練り上げる」「ポスターのデザインを練り直す」などが挙げられる。

[ねる]

金属を作り、火で焼き固める

次に、《錬》は、部首「金(かねへん)」の漢字で、"金属をくり返し熱して溶かした土を、焼いて固めたもの"。「煉丹」とは、"薬の材料を混ぜ合わせてこねて焼き、不老不死の薬を作る"ことをいう。「錬鉄」「錬金術」「精錬」などと用いられる。訓読みでは「ねる」と読み、「鉄を錬る」「日本刀を錬り上げる」のように使われる。

この場合に《練》を使っても、生糸を金属に置き換えた一種の比喩的な表現だと考えれば、間違いではない。しかし、《錬》を用いる方が、金属に関する意味を持つことを、より適切に表現することができる。

《錬》は、転じて、「鍛錬」「修錬」のように、"体や心を鍛えて、強くする"ことをも表す。「ジムに通って肉体を錬り鍛える」「座禅を組んで心を錬る」などが、訓読みの例となる。

この「ねる」は、"くり返し行って、技術や能力などを身に付ける"ことの一種であると考えられるので、《練》を使って書き表してもかまわない。

ただ、"強くする"という意味合いが強い場合には、《錬》を書くと、そのニュアンスがよく表現できる。逆に、日本語「ねる」を漢字で書き表す場合、《練》は、《錬》よりも幅広く使うことができるということになる。

最後の《煉》は、部首「火(ひへん)」の漢字で、"材料を混ぜ合わせ、くり返しこねて全体を均一にしたものを、火で焼いて固める"ことを指す。「煉瓦(れんが)」とは、"混ぜ合わせてこねた土を、焼いて固めたもの"。「煉丹」とは、"薬の材料を混ぜ合わせてこねて焼き、不老不死の薬を作る"ことをいう。《煉》は、ここからやや変化して、"材料を混ぜ合わせ、くり返しこねて、全体を均一にする"という意味で、「ねる」と訓読みして使われる。

例を挙げれば、「小麦粉に水を混ぜて煉る」「よく煉った粒あんでお汁粉を作る」「煉り羊羹」「煉り味噌」「煉り歯磨き」といった具合となる。

不老不死はみんなの願い!

しかし、昔は仙人が作る不老不死の「煉丹」の存在感が大きく、《煉》も"薬"と深く結びついていた。その結果、薬品以外の"材料を混ぜ合わせ、くり返しこねて、全体を均一にする"ことを意味する「ねる」は、《煉》を避けて、守備範囲の広い《練》を転用して書き表される習慣が生じることになった。

現在では、それが定着して、薬品の場合も含め、"材料を混ぜ合わせ、くり返しこねて、全体を均一にする"ことを意味する「ねる」は、広く《練》を使うのが一般的。先に挙げた例も、「小麦粉に水を混ぜて練る」「よく練った粒あんでお汁粉を作る」「練り羊羹」「練り味噌」「練り歯磨き」のように書く方が、ふつうである。

とはいえ、特に"材料を混ぜ合わせて薬品を作る"ことを

	練	錬	煉	かな書き
左右に揺れながら進む	○			
材料を混ぜて薬品を作る	◎			
こねたものを焼いて固める	○			
体や心を強くする	◎			
金属の強度を上げる	△	◎		
技術や能力を身に付ける	◎	○		
生糸を白くやわらかくする	◎		○	
こねて全体を均一にする	◎		○	

強調したい場合には、《煉》を用いることもできる。「漢方薬を煉る」「水飴と薬を煉り合わせる」「魔女が毒薬を煉り上げる」などが、その例となる。

以上のほか、日本語「ねる」には、「おみこしが商店街をねり歩く」のように、"行列が左右にくり返し揺れながら進む"という意味もある。この「ねる」を漢字で書き表すとすれば《邌》を用いるが、現在ではまず用いられない、むずかしい漢字。かな書きしておくのが自然だが、これまた、万能選手的に使える《練》を用いて、「おみこしが商店街を練り歩く」のように書くことも、少なくない。

の

のこす／のこる

遺 残

もう終わったんですけど…

基本 一般的には《残》を用いる。《残》は、「残留」「残量」「残飯」など、"あることをしたあとに、何かが元のままになっている"という意味。「のこす／のこる」と訓読みして、「ご飯のおかずを残す」「妻子を残して単身赴任する」「将来のために、貯金は使わずに残しておく」「残り時間はあと三分だ」「優勝の可能性はまだ残っている」「会社に戻って、残った仕事を片付ける」「あの人のことばが耳に残って離れない」などと用いられる。

動作や状態を表すほかのことばと結びついて、「○○のこす」「○○のこる」という形になることも多い。たとえば、

発展 本人がいなくなっても「のこる」場合には、《遺》を使うと、効果的。

「トラックに積み残したものがないか、チェックする」「火山活動を観察して、詳細な記録を書き残す」「すべてやりきったので、思い残すことはない」「戦火をくぐって生き残る」「売れ残った野菜を持って帰る」「放課後に居残りで補習を受ける」といった具合である。

日本語「のこす／のこる」を漢字で書き表す場合には、《残》さえ使っておけば、十分に用は足りる。しかし、「のこす／のこる」と訓読みする漢字には《遺》もあるので、場面によっては、こちらのニュアンスを生かして使うこともできる。

《遺》の部首「辶(しんにょう、しんにゅう)」は、"移動"を表す。そこで、《遺》も、本来は"立ち去ったあとまで、そのままにしてある／そのままになっている"ことを意味する。「遺留品」「遺失物」などがその例。転じて、「遺産」「遺品」「遺体」のように、"本人が死んだあとまで、そのままにしてある／そのままになっている"ことを指しても用いられる。

そこで、《残》の代わりに《遺》を「のこす／のこる」と訓読みして用いると、"本人がいなくなっても"という意識が強調される。たとえば、「父の遺したわずかな財産を相続する」「犯人は一つだけ手がかりを遺した」「この大自然を未来にまで遺したい」「我々がきちんと解決しておかないと、後輩たちに禍根を

将来のことを考える

遺す」「彼の業績は後世にまで遺るだろう」といった具合である。

また、《遺》は、"本人が立ち去ったあとまで、そのままになっている"ところから、"忘れられてそのままになっている"という意味にもなる。音読みでは、「前世紀の遺物」「遺漏がないように」などがその例。ここから、「道端に車の残骸がいつまでも遺っている」「村の古老たちを訪ねて、遺された伝説を掘り起こす」のように用いると、"忘れられてそのまま"という意味合いが、はっきりする。

なお、「死ぬ間際に言い遺す」「置き手紙を書き遺す」のように、「○○のこす」が"本人がいなくなっても"という意味合いを含む場合には、《遺》を使っても、間違いではない。しかし、現在では、「○○のこす」「○○のこる」の形では、習慣として《残》を用いることが多い。

残

本人がいなくなる → 遺
あとまでそのままになっている
そのものが忘れられる → 遺

のせる

騎 載 乗

→のる／のせる(p.422)

のぞむ

希 臨 望

基本1 遠くを眺める場合、実現を願う場合には、《望》を用いる。

基本2 その場に身を置いて対処する場合、すぐ隣にある場合には、《臨》を使う。

発展 理想や夢想を述べる場合には、《希》を使ってもよいが、やや特殊。

はるかなる山、近き潮騒

日本語「のぞむ」を書き表す漢字としては、《望》と《臨》が代表的。この二つは、意味が重なる部分が大きいので、使い分けには注意が必要である。

《望》は、「望遠鏡」「展望台」「眺望」など、"遠くのものを眺める"という意味。「のぞむ」と訓読みして、「窓からはるか太平洋を望む」「山頂からは遠く八ヶ岳を望むことができる」などと用いられる。

遠くのものをあこがれを抱いて見るところから、《望》は、「願望」「熱望」「欲望」のように、"実現するように願う"ことをも表す。「鉄道路線の存続を望む」「彼はもっと賃金の高い仕事を望んでいる」「静かな暮らし以外には何も望まない」「生きる望みを捨てるな!」などが、その例となる。

一方、《臨》は、本来は"ある場所を見下ろす"ことを表す漢字。「神が降臨する」「王として君臨する」などが、その例。

転じて、「臨席」「臨場感」のように"その場に身を置く"という意味になったり、「臨時」「臨機応変」など、"その時の状況に対応する"ことをも表したりもする。

そこで、「のぞむ」と訓読みした場合も、"ある場面に実際に身を置いて対処する"ことを指して、用いられる。たとえば、「この場に臨んで、一言ご挨拶申し上げます」「しっかり準備をして試験に臨む」「緊張した表情で授賞式に臨む」「部下の不注意には厳しい態度で臨む」といった具合である。

《臨》は"その場に"という意識が強いので、変化して"すぐ隣にある"という意味にもなる。音読みでは、「臨海地域」が代表的な例。ほかにも、「臨港」は"港のすぐ隣"、「臨空」は"空港のすぐ隣"。日本語では、この意味も「のぞむ」で表すので、「海に臨む別荘地」「湖に臨む静かな旅館」のように使われる。

どれくらい距離がある?

このように、《望》と《臨》の使い分けがややこしくなるのは、どちらも位置関係を指して使われることがあるから。「港を望む高台に家を建てる」のように《望》を使うと、その高台は港からは離れることになる。一方、《臨》を用いて「港に臨む高台に家を建てる」と書くと、港のすぐそばに高台があることになる。

悩むのは、どれくらい離れていれば《臨》になるかということだが、"すぐ隣"でなければ《望》を使うと考えた方がよ

413 ◉ [のぞむ] [のびる／のばす／のべる]

望 遠く眺める（○○を望む）
臨 すぐ隣（○○に臨む）

さそう。また、簡単な使い分けとして、位置関係を表す「のぞむ」は、「○○をのぞむ」場合は《望》を使い、「○○にのぞむ」場合は《臨》を用いると考えることもできる。

以上のほか、「のぞむ」と訓読みする漢字には、《希》もある。この漢字には、「希求」のように、"実現するように願う"という意味があり、「ねがう」（p.405）と訓読みすることもある。ただ、「希少」「希薄」のように"とても少ない"という意味もあるので、"実現の可能性が少ない"というところから、理想を述べたり夢想を語ったりする場面で使うのが、漢字全体が持つイメージにはよく似合う。

例としては、「自由を希む」「世界の平和を希む」「私の希みはごろ寝して暮らすことだ」といった具合。ただし、これらの場合でも、《望》を書く方がはるかに自然。あえて《希》を使う場合には、振りがなを付けるなどの配慮をしておく方が、丁寧である。

のびる／のばす／のべる

陳述展延伸

基本1 あるものが長くなる場合、体の一部に関する場合は、《伸》を用いる。

基本2 あるものの端が先へ移動する場合、広げる場合、時間に関する場合は、《延》を使う。

発展1 折りたたまれたものを広げる場合の「のべる」では、《展》を書くと効果的。

基本3 ことばで表すことをいう「のべる」の場合は、《述》を使う。

発展2 長々と話す場合、筋道を立てて話す場合の「のべる」は、《陳》を用いることもできる。

天上から大地に向かって

日本語「のびる／のばす／のべる」を書き表す漢字には、代表的なものとして《伸》《延》《述》がある。このうち、《伸》と《延》は、「延伸」という熟語があるように、意味がとてもよく似ていて、使い分けがむずかしい。

《伸》の右側の「申」は、古代文字では「⚡」のように書かれ、"いなびかり"の絵から生まれた漢字。「電」の下半分は、その名残。そこで、「申」は本来、"いなびかり"が地上に届くように、"あるものが長くなる／あるものを長くする"ことを表す。後に、"あることばを相手に届ける"ところから、訓読み「もうす」のように、"ことばで伝える"という意味で

[のびる／のばす／のべる] ◉ 414

も使われるようになった。

その結果、「申」が本来、意味していた〝長くなる／長くする〟ことを表す漢字としては、部首「亻(にんべん)」を付け加えた《伸》が、改めて作られた。「伸縮」「屈伸」などが、音読みの例となる。

この二つの熟語によく現れているように、〝縮んだり折れ曲がったり〟とは反対のイメージを持つのが《伸》の特徴。訓読みでは、「**髪の毛が伸びる**」「**背が伸びる**」「**ラーメンが伸びる**」「**腰を伸ばす**」「**折りたたみ式のアンテナを伸ばす**」などと用いられる。「のびる／のばす」と読むことが多いが、「**転んだ人に手を差し伸べる**」のように、「のべる」と読むこともある。

一般的に言って、縮んだり折れ曲がったりしているよりも長くなっている方が、ゆとりがあって〝よい状態〟だと感じられる。そこで、《伸》は、〝よい状態になる／よい状態にする〟ことをも表す。「**成績が伸びる**」「**記録が伸びる**」「**売り上げを伸ばす**」「**個性を伸ばす**」「**子どもたちが伸び伸びと育つ**」などが、その例である。

> 端っこが動いていく！

一方、《延》は、成り立ちがはっきりせず、本来の意味がつかみにくい漢字。ただ、漢文では〝招き入れる〟という意味で使われることも多いので、基本的には〝ある人やものをある方向へ移動させる〟こ

とを表す漢字だと思われる。

〝長くなる／長くする〟という意味で使われるのは、〝あるものの端がその先へ移動する／あるものの端をその先へ移動させる〟ところからだと考えると、《伸》との違いがとらえやすい。

そこで、訓読み「のびる／のばす」でも、〝端がある方向へ向かっている〟という意識がある場合に用いると、落ち着きがよい。「**並木道が公園に向かって延びている**」「**地下鉄の路線を郊外まで延ばす**」などがその例。「**秋雨前線が東西に延びる**」「**遊歩道が川沿いに延びている**」のように、〝両方の端の方向〟を意識して使うこともできる。

また、〝端がその先へ移動する〟ところから、〝ある時間が先へと変更になる／ある時間を先へと変更させる〟という意味にもなる。音読みでは、「延長戦」「延滞料金」が、〝終わる時間を先にする〟例。「雨天順延」は、〝実施する時間を先にする〟例である。

訓読みの例としては、「**終了時間が延びる**」「**締め切りを延ばす**」「**予定が延び延びになる**」「**戦災を生き延びる**」「**逃げ延びる**」「**落ち延びる**」でも、〝つかまればその時点で終わりになるところを、その先まで続ける〟という意味合いを表している。

なお、《延》も「のびる／のばす」と訓読みするのがふつう

の

415 ◉ ［のびる／のばす／のべる］

だが、「首脳会談は繰り延べになった」のように、「のべる」と訓読みすることもある。

点と線では割り切れない！

このように、《延》は、基本的には"端が移動する"という"点の移動"のイメージを持つ。それに対して、《伸》は"長さ"に関心があるところが異なる。ただ、この二つは、結果的にはよく似たことを表すので、実際には、混乱しているケースも多い。

たとえば、「本棚の辞書に手を伸ばす」や、先に挙げた「転んだ人に手を差し伸べる」などがその例。"手の先が届くようにする"という"点の移動"の意識が強い表現だから、《延》を使うのが、漢字本来の意味には合う。

しかし、実際には「背が伸びる」「腰を伸ばす」などとの関係で、《伸》を用いることが多い。体に関する「のびる／のばす」は《伸》を用いると、楽である。

また、「寿命が延びる」「営業時間を延ばす」など、"時間が長くなる"場合も、原則通りにはいかない。"長さ"の問題だから《伸》を使いたくなるところだが、現実には、"寿命が尽きる時が先にな

伸 ———— 長さが長くなる

延 ———○ 端の点が移動する
　　　　　○

る"営業が終わる時を先にする"という意味合いで、《延》を書く。

これは、"時間"とは常に"点が移動している"ものだから、《延》の方がなじみやすいからか。これまた、時間に関する「のびる／のばす」は《延》を使う、と割り切っておくと、気が楽である。

なお、《延》は、"ある面の端が先へ移動する"ところから、"広くなる／広くする"という意味にもなる。「山火事は延焼を続けている」「不穏な雰囲気が蔓延する」などが、音読みの例。この意味の場合には、「のべる」と訓読みする。古風な表現になるが、「床を延べる」「布団を延べる」「習字をしようと半紙を延べる」などが、その例。「金の延べ棒」「延べ金」「延べ板」のように使われることもある。

面の世界でも使えます！

これが変化したのが、「延べ一万人が参加する」のように、"重複も含めてすべての数を数える"ことを表す、日本語独自の用法。ただし、現在では、「のべ一万人が参加するイベント」のように、かな書きにする方が自然である。

"広くなる／広くする"という意味合いで「のべる」と訓読みする漢字には、《展》もある。この漢字は、"広い範囲を見られるようにする"という意味。「ひらく」(p480)や「ひろが

の

[のびる／のばす／のべる] ● 416

延 → 面の端が移動する
展 隠れていた部分が見えるようになる

る／ひろげる」（p.482）と訓読みすることもある。

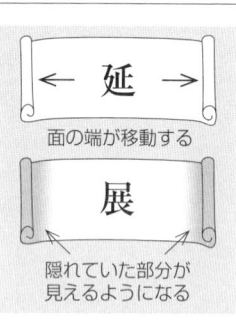

転じて、"丸めたり折りたたんだりしてあるものを広げる"ことをも表す。「のべる」と訓読するのは、この意味の場合。そこで、先に《延》のところで挙げた例も、「床を展べる」「布団を展べる」「習字をしようと半紙を展べる」のように、《展》を使って書き表すことができる。

どちらを使ってもかまわないが、《展》を用いると、"隠れていた部分が見える状態になる"というニュアンスが含まれる。ただし、やや特殊な訓読みなので、振りがなを付けるなどの配慮をしておく方が、親切である。

ところで、日本語「のべる」には、"ことばで表す"という意味もある。これは、

心が相手に届くように…

自分の考えていることを心の外まで「のばす」ということであり、語源としては「のびる／のばす／伸」のように、《伸》でこの意味を表すこともある。しかし、この意味の「のべる」を漢字で書き表す場合には、現在では《述》を使うのがふつうである。

《述》は、"移動"を表す部首「辶（しんにょう、しんにゅう）」の

漢字で、本来は、"前の人と同じコースを移動する"という意味。転じて、"先人の考えを伝える"ことを表し、さらには、"ことばで表す"ことを意味するようになった。音読みでは、「論述」「記述」「著述」などがその例。「のべる」と訓読みして、「結論を述べる」「お祝いのことばを述べる」「当社を志望した動機を、四百字以内で述べよ」のように使われる。

"ことばで表す"ことを意味する「のべる」を漢字で書き表す場合には、《述》さえ使っておけば、十分に用は足りる。しかし、似た意味で「のべる」と訓読みする漢字には《陳》もあるので、こちらを用いることもできる。

《陳》は、「陳列」に代表されるように、"並べる"という意味。特に"ことばを並べる"ところから、"長々とことばで表す"とか"筋道を立ててことばで表す"という意味にもなる。音読みでは、「陳述」「陳謝」「自説を開陳する」などが、その例である。

そこで、"長々と"とか"筋道を立てて"という意味合いを強調したい場合には、《述》の代わりに《陳》を使うのも、一つの方法。たとえば、「その手紙には、彼の考えが細々と陳べてあった」「プレゼンテーションで、自社製品のすぐれている点をしっかりと陳べる」といった具合。ただし、現在ではあまり使われない訓読みなので、振りがなを付けるなどの配慮

417 ◉ [のびる／のばす／のべる] [のべる] [のぼる]

のべる

陳述展延伸

→のびる／のばす／のべる（p413）

のぼる

騰昇登上

基本1 ほとんどの場合は《上》を用いる。

基本2 山や木などに「のぼる」場合は、《登》を使う。

発展1 空中を「のぼる」場合、垂直に「のぼる」場合、地位が高くなる場合には、《昇》を書くと効果的。

発展2 水蒸気や煙が勢いよく「のぼる」場合には、《騰》を書いてもよいが、やや特殊。

移動の仕方はどうでもよい！

日本語「のぼる」は、"高い方へ移動する"という意味。「あがる」（p19）と似ているが、「あがる」は、主に移動した先に意味の中心があるのに対して、「のぼる」は、移動の過程を含めて指す傾向がある点が異なる。このことばを漢字で書き表す場合、最も基本となるのは、《上》である。

《上》は、横線を引いてその高い側に印を付け、何かの"高い方"を表す漢字。転じて、"高い方へ移動する"という意味にもなり、「のぼる」と訓読みして用いられる。「階段を上る」「舟が川を上っていく」「展望台に上って街を見下ろす」「大阪へ向かう上り電車が到着する」「あの人は出世して、重役の地位にまで上った」「集まった義援金は一億円に上った」などが、その例となる。

「今年も柿が食卓に上る季節になった」「二人の仲は、たびたび、うわさに上っている」「その瞬間、子どもたちのことが意識に上った」などでは、"ある場面に現れる"こと。日本語「のぼる」を漢字で書き表す場合には、たいていの場合は、《上》を使うことができる。

ただし、《上》は、「あがる」とも訓読みされるように、日本語「のぼる」の特色である"移動の過程"に対する意識は薄い。そのぶん、広く使えるのがメリットではあるが、"移動の過程"にも着目して「のぼる」を表現したい場合には、《登》《昇》を用いる方が、効果的である。

一足飛びにはいかないねえ！

《登》は、"両足を踏ん張る"ことを表す部首"癶（はつがしら）"の漢字。「登山」「登頂」のように、"一歩ずつ力を入れて高い場所へと進む"ことを表す。「のぼる」と訓読みして「山に登る」「木に登る」「一歩ずつ進む」という地道なイメージから、《登》は、昔

"一歩ずつ進む"という地道なイメージから、《登》は、昔

から、"山"と深く結びついて使われてきた。その結果、現在では、"一歩ずつ"進むわけではない場合でも、"山"に「のぼる」のであれば、《登》を書く。たとえば、「富士山の五合目までバスで登る」「この山は山頂近くまでロープウェーで登れる」といった具合。これらの例では、《上》は使わないのが習慣である。

また、"一歩ずつ力を入れて"というところからは、意志を持って「のぼる」というニュアンスが生まれる。「登壇」「登場」のように、"行動を見せるために目立つ場所に出る"場合にも使われるのは、そこから発展したもの。訓読みの例としては、「演壇に登ってあいさつをする」「力士が土俵に登る」「先発投手がマウンドに登る」など。この意味合いは《登》独特のものなので、《上》では表現できない。

このように、《登》は、"少しずつ地道に"と、"意志を持って"という二つのイメージを含んでいる。そこで、ふつうは《上》を使う場合でも、《登》を用いると、これらの意味合いを表現することができる。

たとえば、「階段を上る」「坂道を上る」は、ふつうは《上》を使うが、「階段を登る」「坂道を登る」と書くと、"少しずつ地道に"とか"上を目指して"といったイメージになる。そこで、「急な石段を登る」「険しい山道を登る」のように傾斜がきつい場合には、《登》の方が雰囲気には合う。

はいえ、「急な石段を上る」「険しい山道を上る」のように《上》を書いても、もちろん間違いではない。

もう一つの《昇》は、部首「日（ひ、にち）」によく現れているように、本来は"太陽が高い方へと移動する"という意味。「上昇」「昇天」「昇竜」など、広く"空中を高い方へと移動する"ことを表す。

訓読みでは、「太陽が昇る」「月が昇る」「風船が空高く昇っていく」「煙が立ち昇る」「天にも昇るような気持ち」などが、その例。これらの場合に、「煙が立ち上る」「太陽が上る」「月が上る」「天にも上るような気持ち」「風船が空高く上っていく」と《上》を書いても、かまわない。ただし、《昇》を使うと、"空中を"という意味合いがはっきりする。

また、《昇》は、"太陽を見上げる"ことをイメージさせるところから、「はしごを昇る」「エレベーターで四階まで昇る」のように、"垂直に高い方へ"という意味合いで使うこともできる。これらの場合も、《上》を使って「はしごを上る」「エレベーターで四階まで上る」と書いてもよいが、《昇》を使うと、"垂直に"というイメージが強調される。

つまり、《昇》は、"空中を""垂直方向に"という意味合いを持つところに、特徴がある。と同時に、もともとが太陽に関する漢字なので、《登》のように人間的な"意志の強さ"は感じさせない。そこで、はしごの場合は、"一段ずつ"と

［空に向かって真っ直ぐに…］

419 ● [のぼる]

登 一歩ずつ力を込めて／地道に意志を持って
昇 空中を垂直方向に／見上げるほど高く

か"我慢強く"という意味合いで、「はしごを登る」のように《登》を使うこともできる。が、エレベーターになると、"一段ずつ"ではないし"我慢強さ"も必要ないので、ふつう《登》は用いない。

このほか、《昇》は、比喩的に用いられて、"地位が高くなる"ことをも表す。「昇級」「昇進」「昇格」などが、音読みの例。訓読みでは、「階級を一つ昇って次長になる」「チャンピオンの座に昇る」「総理大臣にまで昇り詰める」といった具合となる。

これらでも、「階級を一つ上って次長になる」「チャンピオンの座に上る」「総理大臣にまで上り詰める」などと、《上》を使ってもかまわない。が、"垂直に"という意味合いを含む《昇》には"見上げる"というイメージがあるので、"地位が高くなる"ことを強調したい場合には、《昇》を使う方が効果的である。

また、"地位が高くなる"ことを意味する「のぼる」は、《登》を使って書き表すこともできる。その場合は、"意志を持って"というところから、"努力して"という

ニュアンスになる。「業績が評価されて、階級を一つ登って次長になる」「試合に勝って、チャンピオンの座に登る」「かつての田舎の少年が、ついに総理大臣にまで登り詰めた」といった具合である。

勢いがいいのが取り柄です！

音読みの例としては、「株価が高騰する」「物価の騰貴」「沸騰」など。このうち、「高騰」「騰貴」のように、"値段が高くなる"場合には、「あがる」と訓読みする。一方、「沸騰」のように、"水蒸気や煙などが立つ"場合には、"高い方への移動の仕方"に重点を置いて、「のぼる」と訓読みされる。

例としては、「鍋のふたを取ると、一気に湯気が騰ってきた」「火口から煙が盛んに立ち騰る」など。ただし、やや特殊な訓読みなので、振りがなを付けるなどの配慮をしておく方が親切である。

これらの場合に、《上》を使って「鍋のふたを取ると、一気に湯気が上ってきた」「火口から煙が盛んに立ち上る」と書いて

《上》《登》《昇》のほか、「のぼる」と訓読みして使われることがある漢字に、「騰」がある。これは、部首「馬(うま)」の漢字で、本来は"馬が力強く跳ねる"という意味。転じて、"高い方へ勢いよく進む"ことを表す。そこで、"勢いのよさ"を表現したい場合に用いるのが、適している。

のむ

嚥喫呑飲

基本1 液体を「のむ」場合は、《飲》を用いる。

基本2 固形物を「のむ」場合、口から外に出さない場合には、《呑》を使うか、かな書きにする。

発展1 好んでお酒を「のむ」場合には、《呑》を使うこともできる。

発展2 たばこやお茶などを味わう場合には、《喫》を用いることもできるが、やや特殊。

発展3 しっかり「のむ」場合、「のみにくい」場合には、《嚥》を書いてもよいが、かなり難解。

液体か固形物か？

日本語「のむ」の基本的な意味は、"液体を口から体の中に入れる"こと。転じて、"固形物をかみ砕かないで、口から体の中に入れる"ことをも表す。このことばを書き表す漢字としては、《飲》と《呑》が、よく用いられる。

《飲》は、「飲料水」「飲酒」など、"液体を口から体内に入れる"ことを表す漢字。「のむ」と訓読みして、「ジュースを飲む」「お酒を飲む」「飲まず食わずで仕事をする」「飲み薬を処方してもらう」のように使われる。「コーンスープを飲む」「生卵を飲む」などの、どろどろしたものに対して使っても、問題はない。

一方、《呑》は、"固形物をかみ砕かないで、口から体の中に入れる"ことを表す漢字。音読みで使われることは少ないが、「呑舟の魚」とは、"舟をまるごと胃の中に入れることができる魚"という意味で、"スケールが大きい"ことのたとえとして使われる。

訓読みでは、「ゆで卵をまるごと呑む」「のどにつかえた肉を呑み下す」「スイカの種を呑み込む」などが、その例。「相手が提案した条件を呑む」「彼女は仕事の呑み込みが早い」「雰囲気に呑まれる」「濁流に呑み込まれる」のように、比喩的に用いられて、"まるごと取り入れる""まるごと胃の中に入る"ことを表す場合もある。

転じて、やはり比喩的に使われて、"口から出そうなものを外に出さないようにする"という意味にもなる。「意外な展開に、はっとして声を呑む」「壮大な風景を目にして、息を呑んで見とれる」「大観衆が、勝負の行方を固唾を呑んで見守っている」などが、その例となる。

ちなみに、《呑》は、上半分を「夭」にした《呑》の形で書かれることも多い。《呑》の方が由緒正しい形だが、《呑》と書

●［のむ］

いても、意味の上では違いはない。

> グレーな部分は必ずあります…

このように、この二つの漢字の使い分けは、原則としては《飲》は液体の場合に、《呑》は固体の場合にという具合に考えるのが、わかりやすい。ただ、どんなものにも微妙な場合はある。

たとえば、固形物を「のむ」場合でも、水と一緒に流し込むのであれば、《飲》を使うのはそう違えておけばよい、と考えておけばよい。

また、《呑》は比喩的な使われ方が多い漢字で、"まるごと"というイメージから、特に"好んでお酒を「のむ」"場合にも使われることがある。例としては、「お酒をぐいっと呑む」「あいつは呑ん兵衛だから困る」といった具合。これらの場合に《飲》を使ってももちろん問題はないが、《呑》を用いると、いかにも"お酒が好きだ"という雰囲気になる。

さらに、"悔しい思いをする"ことを表す慣用句「涙をのむ」も、両方が使われる例。涙は液体だから、《飲》を用いてもよい。が、"涙を外に見せられないほど悔しい思いをする"というニュアンスで、《呑》を用いて「準決勝で敗れて、涙を呑んだ」と書くことも多い。

なお、《呑》は、音読みの例があまりないので、全体的には、用いられる機会はあまり多くはない。そのためもあって、《呑》は使わずかな書きにしてしまうことも多い。ところで、日本語「のむ」には、特に"たばこを吸う"ことを指す用法もある。これは気体を対象にしているので、《飲》や《呑》を使うのはそぐわない。そこで、かな書きにすることになるが、漢字で書き表すとすれば、《喫》を使う。

味わう場合と、無理する場合

《喫》は、部首「口（くちへん）」が付いているように、本来は"口に入れて味わう"という意味。「青春の喜びを満喫する」「大敗を喫する」のように、広く"感じ取る"ことを指して使われる。また、「喫煙」「喫茶」など、特に"味わって楽しむ"という意味で用いられることもある。

その結果、「たばこを喫む」「お茶を喫む」のような使い方がされることになった。特にお茶の場合には、《飲》を書くこともできるわけだが、《喫》を用いると、やや特殊な訓読みなので、振りがなを付けるなどの配慮をしておく方が、丁寧である。

以上のほか、「のむ」と訓読みして用いられる漢字には、《嚥（えん）》もある。これも部首「口」の漢字で、意味としては"意識してのどを通して体内に入れる"こと。医療の分野でい

[のむ][のる／のせる] ● 422

う「薬を嚥下（えんげ）する」「子どもがビー玉を誤嚥（ごえん）する」などが、その例となる。

ここから、"しっかりと「のむ」"場合や、「のみにくい」という意識がある場合に、《飲》や《呑》の代わりに使うと、"意識してのどを通す"というニュアンスを生かすことができる。固形物に対して用いるのがふつうだが、

			飲	呑	喫	嚥
口から出そうなものを出さない			○			○
たばこを味わう			△	○		○
固体	きちんと「のむ」		△	○		◎
	無理して「のむ」		△	○		◎
	その他		○			
液体	きちんと「のむ」		○			
	無理して「のむ」		○			
	お茶などを味わう		○		◎	
	好んで酒を「のむ」		○	◎		
	その他		○			

液体に対して使えないわけではない。

例としては、「錠剤をそのまま嚥（の）む」「食べ物をきちんと嚥み下（くだ）す」「きつい酒を嚥（の）む」「生唾（なまつば）を嚥み込む」など。「彼の話は複雑で、よく嚥み込めなかった」のように、比喩的に"理解する"という意味で使われることもある。ただ、むずかしい漢字なので、振りがなを付けるなどの配慮をしておくことが、望ましい。

のる／のせる

騎 載 乗

基本1 ほとんどの場合は《乗》を用いる。

基本2 物体を上に置く場合、刊行物などに収録する場合には、《載》を使う。

発展 馬などの動物にまたがって移動する場合には、《騎》を使うと、雰囲気が出る。

上へ行く、遠くまで行く

《乗》は、古代文字では「🐾」と書き、"木の上に登っている人"の絵だという。"何かの上に体を移動させる"ことが本来の意味。「のる／のせる」と訓読みして、「表彰台に乗る」「体重計に乗る」「このカーペットに土足で乗らないでください」「軸足に体重を乗せる」などと用いられる。

また、比喩的に用いられて"数があるレベルを超える"ことをも表す。例としては、「観客動員が百万人台に乗る」「年収を二千万円の大台に乗せる」などが挙げられる。

ただ、《乗》の意味ではるかに一般的なのは、"交通手段を利用して移動する"こと。これは、馬車や輿（こし）などの上に"体を移動させる"ところから変化したものかと思われる。「乗車」「乗船（じょうせん）」「搭乗（とうじょう）」などが、音読みの例。訓読みでは、「人力車に乗る」「四人乗りの自動車に乗る」「電車に乗る」「飛行機に乗る」「彼女を助手席に乗せる」「エスカレーターに乗る」「友だちを駅まで乗せる」「三十人の乗客を乗せたフェリーが出港する」な

どなどと使われる。

この意味の場合には、「のり○○」の形になることも多い。例としては、「地下鉄を乗り換える」「遠洋漁船に乗り込む」「バイクを乗り回す」「飛行機を乗り継ぐ」などが挙げられる。

このように、《乗》は、人間に対して用いられるのが基本。

ただし、「ヤシの実が潮の流れに乗って運ばれる」「ジェット風船を風に乗せて飛ばす」のように、比喩的に使われて、物体について"何かの力を借りて移動する／させる"ことを表す場合もある。

いつだって活動的！

ここから、"何かを利用して行動する"場合にも、《乗》を用いる。「便乗」「相乗効果」「ミスに乗じる」などが、音読みの例。訓読みでは、「勢いに乗る」「流行に乗って売り上げを伸ばす」「不用意な発言で、相手を調子に乗せる」といった具合。「リズムに乗って踊る」「あの人は乗りがいい」のように、"何かにうまく合わせて行動する"ことを指す場合もある。

また、「先方からの提案に乗る」「セールストークに乗せられる」「旅行に行こうという話に乗り気になる」では、"はたらきかけに積極的に応じる"ことをも表す。「相談に乗る」も、その例の一つである。

そのほか、「肌がきめ細かくて、化粧がよく乗る」「この紙はインクの乗りが悪い」では、"何かによくなじむ"という意味。

これは、"うまく合わせる"ところから転じたものか。「脂が乗った肉」も、この一種だと思われる。

以上のように、《乗》は、"移動する""利用して行動する""うまく合わせる""積極的に応じる"といった具合に、活動的なニュアンスを含んでいる。そこで、自分の意志で活動できる動物に対しても、「猫が本棚の上に乗る」「小鳥を手のひらに乗せる」のように《乗》が用いられる。

ただし、《乗》は、現在では「乗りもの」の印象が強い。「乗りもの」に関係しない場合には、かな書きにしてしまうことも多い。

自分からは動かない…

活動的な《乗》に対して、自分の意志では活動しない単なる物体を"何かの上に置く"ことを表す漢字として、《載》がある。この字は、部首「車（くるま）」が付いているように、本来は"車に荷物を積む"という意味。「車載カメラ」「トラックの積載量」などがその例。転じて、広く"何かの上に置く"ことを表し、「のせる」と訓読みして、「テーブルの上に花束を載せる」「お菓子をお盆に載せる」などとも使われる。

また、「何かの上に置くことができる」"何かの上に置いてある"といった意味で、「のる」と訓読みすることもある。例を挙げれば、「このお皿にはケーキが三つまでなら載る」「この棚には載らない」「網棚の上に載っている」の辞書は大きくて、この棚には載らない

[のる／のせる] ● 424

```
載              乗
何かの上に       何かの上に
ものを置く       体を移動させる
   ↓              ↓
刊行物などに     交通手段で
収録される       移動する
               ↓
               何かに
               うまく合わせる
               ↓
               積極的に
               応じる
[非活動的]     [活動的]
```

るかばんを取ってください」といった具合である。

転じて、"紙面の上に置く"というニュアンスで、「掲載」「連載」「記載」のように、"刊行物やホームページなどに収録される／する"という意味にもなる。「新聞に記事が載る」「雑誌に広告を載せる」「ブログに写真を載せる」「名簿に名前が載る」などが、その例である。

このように、《載》は、自分で動き回ることがないものを対象とするのが、《乗》とは異なる点。そこで、交通手段を使ってはいても、それが物体である場合には、「荷物をフェリーに載せる」のように《載》を使う。

また、「ソファにふんぞりかえって、テーブルに足を乗せる」のように《載》を用いると、足を単なる物体として捉えている感じ。一方、「このテーブルに足を乗せれば、天井にまで手が届く」のように、体全体が移動する場合には、《乗》を用いる。

《乗》《載》のほか、「のる」と訓読みして使う漢字に、《騎》がある。この字は、部首「馬（うまへん）」が付いているように、"馬にまたがって移動する"という意味。音読みでは、「騎馬」「騎士」などがその例。訓読みでは、たとえば、「兵士が馬に騎って見回りをする」「サラブレッドに騎って走り去る」といった具合。これらの場合に《乗》を用いても何の問題もないが、《騎》を使った方が、いかにも"馬にまたがっている"という雰囲気が出る。

また、「騎虎の勢い」とは、"途中で止まれないような激しい勢い"を指す比喩的表現。こういうことばがあるわけだから、《騎》を、虎や牛、イルカなどといった馬以外の動物に「のる」場合に用いても、間違いではない。

なお、《騎》を「のる」と訓読みするのは、現在ではやや特殊。振りがなを付けるなどの配慮をしておく方が、親切である。

は

はえ／はえる

生 栄 映

基本1 美しく見える場合には、《映》を用いる。

基本2 立派に感じられる場合には、《栄》を使う。

基本3 植物や毛、歯などが「はえる」場合には、《生》を書く。

> 美しいが、立派ではない？

《映》は、部首「日（ひへん、にちへん）」にも現れているように、"光が当たってものが見える"という意味。「映像」「映画」「上映」などが、音読みの例。訓読みでは、ふつうは「うつる／うつす」（p80）と読むが、特に"光が当たって美しく見える"場合に、「はえる」と読んで使われる。

「朝日に映える山並み」「夕映えの美しい海岸を歩く」「シャンデリアの下で宝石が映える」などが、その例。転じて、「黒いドレスに金のアクセサリーが映える」「白い壁に新緑が照り映える」のように、"色の違いによって美しく見える"ことを表す場合もある。

一方、《栄》は、以前は「榮」と書くのが正式。部首「木（き）」の漢字で、字の形に「火」が二つ含まれているように、本来は"木に燃えるような花がたくさん咲く"という意味。転じて、「栄華」「栄養」「繁栄」など、"活力に満ちている"ことを表し、「さかえる」と訓読みして使われる。

また、「栄誉」「栄冠」「光栄」のように、"まわりから立派だと認められる"ことを指す場合もある。「はえる」と訓読みするのは、この意味合いの場合。現在では「はえ」「はえない」の形で用いるのがほとんどで、「栄える第一位は？」「彼は支店長だというが、その割りには風采があまり栄えない」などが、その例となる。

このように、《映》は"光"や"色"が関係する場合に使われるのに対して、《栄》は"立派さ"を表現したい場合に用いられるのが基本。そこで、「今度の作品のでき栄えはどうですか？」「そんなよれよれのコートを着ていては、見栄えが悪い」「一〇年ぶりに会ったけれど、ちっとも変わり栄えがしないねえ」のように《栄》を使うと、"立派かどうか"という観点からの表現になる。

一方、《映》が表すのは"光"や"色"だから、"美しさに重点がある。そこで、"美しいかどうか"に関心がある場合に

[はえ／はえる]

は、「今度の作品のでき映えはどうですか?」「そんなよれよれのコートを着ていては、見映えが悪い」「一〇年ぶりに会ったけれど、ちっとも変わり映えがしないねえ」のように、《映》を使う方がふさわしい。

もちろん、"美しくて立派だ"という場合も往々にしてあるわけで、要は、どちらに重点を置いて表現したいか、という問題。迷うようであれば、立派なものはたいていは美しく見えるから、《栄》を書いておくのをおすすめする。

なお「できばえ」「みばえ」「かわりばえ」などで《栄》を書いておいた方が、「さかえ」と読み間違えられる可能性がなくなって、親切である。

《映》《栄》のほか、「はえる」と訓読みする場合は、振りがなを付けておきたい。

《生》もある。これはもちろん、「生存」『生育』「野生」など、"植物や動物が活動する"ことを表す漢字。特に、"植物の芽や枝などが成長を始める""動物の毛や歯などが成長を始める"場合に、「はえる」と訓読みして使われる。

例としては、「草木が生える」「髪の毛が生える」「赤ん坊の歯が生える」など。《映》《栄》が表す「はえる」とは関係が薄いので、使い分けに悩む必要はない。

映 → 栄
美しく見える
立派に感じられる

はかる

諮 謀 図 計 量 測

あなたと私は次元がちがう!

日本語「はかる」は、大きく分けると、"あるものの程度を数として知る"ことと、"何かをしようと考える"ことという、二つの意味を持つ。

このうち、"あるものの程度を数として知る"という意味の「はかる」を表す漢字としては、《測》《量》《計》がある。この三つは、意味が重なる部分が多く、きちんと使い分け

- **基本1** 長さや広さ、角度、ものの性質については、《測》を用いる。
- **基本2** 体積や重さについては、《量》を使う。
- **発展1** 《測》とも《量》とも決めがたい場合は《測》を優先する。
- **基本3** 時間については、《計》を書く。
- **発展2** 時間以外でも、正確さを強調したい場合には、《計》を使ってもよい。
- **基本4** 何かをしようと考える場合は《図》を書く。
- **発展3** 何かをしようと具体的に考えて実行に移す場合には、《謀》を使う。
- **発展4** 悪いことをしようと考えていることもできる。
- **基本5** 何かをしようとしてだれかに相談する場合は、《諮》を使う。

まず、《測》は、"水"を表す部首「氵(さんずい)」の漢字。本来は"水の深さを数として知る"という意味なので、深さや高さなども含めて"長さを数として知る"場合に使われるのが基本。「身長を測る」「家から駅までの距離を測る」「植木の間隔を測る」「箱の奥行きを測る」「ビルの高さを測る」「海の深さを測る」などが基本。転じて、「土地の面積を測る」「坂道の傾きを測る」のように、"広さや角度などを数として知る"ことをも表す。

このように、《測》は"長さや広さ、角度"といった一次元や二次元の世界のものを「はかる」場合に使われる。これに対して、"体積や重さ"といった三次元のものを《量》である。

《量》は、字の形が「重」と似ていて、成り立ちとしても「重量」と関係が深い。そこで、「重量」のように、"重さ"を表すのが、"体積や重さ"と関係が深いところから、合に用いられる漢字が、《量》である。また、"重さ"とは"体積"を指しても使われる。ここから、「容量」のように、"体積"を"重さ"を表す。「金塊の重きを量る」「カップで水を量ってやかんに入れる」のように、"重さや体積"を数として知る"という意味になった。"重さや体積"を相手にする《量》は、対象となるものの全体を、総合的に捉えようとする傾向を持つ。一方、《測》が表す"長さや広さ、角度"などは、三次元のものの一部分で

あることが多い。ここから、《測》は、対象のある部分や性質に着目して、分析的に把握しようとする特色を持つことになった。

その結果、《測》は、温度や湿度、速度、明るさ、強さなどなど、分析的に調べて得られる"ものの性質を数として知る"場合にも、用いられるようになった。音読みの熟語では、「天体観測」「測候所」「体力測定」などがその例。訓読みでは、「気温を測る」「風速を測る」「照明の明るさを測る」「鉄骨の強さを測る」「スポーツ選手の身体能力を測る」といった具合となる。

「熱量(ねつりょう)」「音量(おんりょう)」「電力量(でんりょくりょう)」などといった熟語に、「熱さを測る」「騒音の大きさを測る」「消費電力を測る」などでも《測》を用いるのは、ちょっと不思議。しかし、これらもすべて抽象的な性質なので、一律に《測》を用いる、と割り切るしかない。

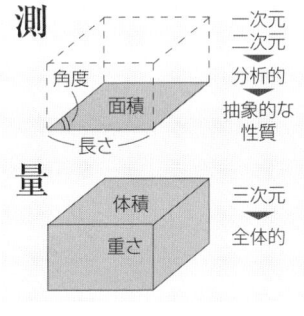

なお、「身長と体重を測る」のように、一次元と三次元的なものが同時に対象となっている場合

測

角度
面積
長さ

一次元
二次元
分析的
抽象的な
性質

量

体積
重さ

三次元
全体的

は、判断がむずかしい。両方合わせて"ものの性質"だと考えて、《測》を優先するのが、穏当なところだろう。

ようこそ！四次元の世界へ

ここまでをまとめると、一次元、二次元の世界と抽象的な性質に対しては《測》を使い、三次元の世界では《量》を用いる、ということになる。

となると、四つめの次元、つまり"時間"を"はかる"場合にはどんな漢字を使えばいいか、気になるところ。そこで登場するのが、《計》である。

《計》は、「計算」「合計」「統計」など、広く"数を求める"ことを表す漢字。「万歩計」「体重計」「雨量計」「温度計」「圧力計」「電力計」といったことばがあるように、あらゆるものについて"程度を数として知る"場合に、用いることができる。

ただし、一次元や二次元と抽象的な性質については《測》があり、三次元については《量》がある。そこで、《計》は、主に四次元の"時間を数として知る"場合に使われるようになった。「家から会社までの所要時間を計る」などがその例。「タイミングを計る」「百メートル走のタイムを計る」「頃合いを見計らう」なども、"時間"の一種なので《計》を使って書き表す。

とはいえ、一次元、二次元や三次元、抽象的な性質に関して《計》を使うのがいけないわけではない。《計》は"数"の

イメージが強いので、特に"正確な数を知る"場合に用いると、効果的。たとえば、「ウェストのサイズをメジャーで計る」「お米をきっちり三合だけ計る」「電流計でアンペア数を計る」といった具合である。

以上のように考えると、《測》《量》《計》の三つの漢字については、比較的はっきりと使い分けができる。ただ、「推しはかる」「はかりかねる」「はかり知れない」などの形で、"わかっていないことを、頭をはたらかせて知ろうとする"ことを表す場合は、使い分けがかなり悩ましくなる。

《測》は分析的なニュアンスを持つので、「サンプル調査をもとに、実状を推し測る」「事故が起こった場合、その被害は測り知れない」「彼の真意は測りかねる」のように《測》を用いると、"分析して考える"という雰囲気になる。一般的には、こう書き表しておくのがおすすめである。

これを、「サンプル調査をもとに、実状を推し量る」「事故が起こった場合、その被害は量り知れない」「彼の真意は量りかねる」のように《量》を使うと、"全体像を考える"という趣のほかに及ぼす影響だとか、その重大性なども視野に入ってくることになる。

《計》については、「事故が起こった場合、その被害は計り知れない」「彼の真意は計りかねる」のように使うと、《計》の持つ"正確さ"のイメージが生かされて、"正確には予想でき

429 ●[はかる]

ない"という意味合いになる。

なお、「推計」という熟語は、「推測」や「推量」とはかなり意味が異なる。そのため、「推しはかる」の場合には、ふつうは《計》は用いられない。

このように、「推しはかる」「はかりかねる」については、微妙なニュアンスの違いはあるものの、どれを用いても、表す内容そのものには大きな違いはない。あまり気にせず、好きなものを使ってもかまわない。

気持ちと行動の問題

ところで、《計》は、"さまざまな数を把握する"ところから変化して、"どう行動するか、具体的に考える"という意味にもなる。「計画」「計略」「設計」などが、音読みの例。これは、日本語「はかる」のもう一つの意味、"何かをしようと考える"ことの一種。

ただ、こちらの意味の「はかる」を書き表す漢字としては、《図》の方が、より一般的に用いられる。

《図》は、「図面」「地図」「絵図」のように、"平面に線を引くなどして、何かを書き表したもの"を指すのが、本来の意味。「図」に書き表しながら考えを練るところから、"何かをしようと考える"という意味になった。

音読みの熟語では、「意図」「企図」がその例。訓読みの例としては、「業績の回復を図る」「イメージの統一を図る」「もっと意志の疎通を図らなくてはだめだ」などが挙げられる。

一方、《計》は、"正確さ"のイメージを持つので、《図》よりも実践的な意味合いが強い。そこで、ふつうは《図》を用いるところを《計》にすると、"何かをしようと具体的に考え、実行する"というニュアンスになる。たとえば、「業績の回復を計って、新製品の開発に力を注ぐ」といった具合。「大臣に面会できるように取り計らう」「先生の計らいで、大学に残ることができた」「よきに計らえ」などの「はからう」も、この意味の一種である。

わるだくみと相談ごと

似たような意味で「はかる」と訓読みする漢字には、《謀》もある。この漢字は、もともとは"何かをしようと考えをめぐらす"という意味。「参謀」「深謀遠慮」などが音読みの例で、《図》に比べると、頭のはたらかせ方が、より複雑。そこで、"ふつうとは違ったやり方を考える"という意味合いが強く、「陰謀」「謀略」「謀議」のように、主に"悪いことをしようと考えをめぐらす"場合に用いられる。

「会社の乗っ取りを謀る」「捜査の攪乱を謀る」「詐欺を

計	数を把握する	→	時間を数として知る
			具体的に考えて実行する
			実践的
図	形に書き表す	→	何をするか具体的に考える
			複雑に
謀	複雑に頭を使う	→	悪事をしようと考えをめぐらす

はく

吐刷掃

基本1 ほうきやブラシなどでごみや汚れを取り除く場合は、《掃》を用いる。

基本2 ブラシなどで軽く色を付ける場合には、《刷》を書く。

基本3 口から外に出す場合は、《吐》を使う。

謀って逮捕される」などが、その例。「犯人が逃亡を謀る」も同じだが、《謀》は"複雑に頭をはたらかせる"というイメージを持つので、"衝動的に悪いことをしようとする"場合にはそぐわない。

そこで、その場合には、「犯人はその場で逃亡を図ったが、すぐに捕まった」のように、《図》を用いておく方が、落ち着く。また、「犯人は、ずいぶん前から逃亡を計っていた」のように《計》を書くと、善悪はともかくとして、"今にも実行しそうだ"というニュアンスになる。

以上のほか、「はかる」と訓読みする漢字には、《諮》もある。これは、「大臣が有識者会議に諮問する」のように使われ、"何かをしようとして、だれかに相談する"意味。「この件は、来週の役員会に諮ってみよう」「夏休みの予定は、家族に諮らないと決められない」のように用いられる。ただし、一般にはあまり用いられない漢字なので、振りがなを付けるなどの配慮をしておく方が、親切である。

捨てるものと美しいもの

《掃》の右半分は、古代文字では「ヨ巾」という形をしていて、"ほうき"の絵から生まれた漢字。これに部首「扌(てへん)」を組み合わせた《掃》は、"ほうきなどでごみを部屋から取り除く"ことをを表す。音読みの熟語では、「清掃」「掃除」などがその例。訓読みでは「はく」と読み、"庭の落ち葉を掃く」「部屋の隅々まで掃き清める」などと使われる。

一方、《刷》は、"刃物"を表す部首「刂(りっとう)」の漢字で、本来は"ナイフなどで表面の汚れを削り落とす"という意味。転じて、"ブラシなどで汚れを払ったり、軽く色を付けたりする"ことをも表す。

「はく」と訓読みするのは、主に"ブラシなどを使って、軽く色を付ける"場合。「おしろいを刷く」「ほおべにを刷く」「山の上に刷いたような雲が一筋、かかっている」のように用いられる。

漢字の意味の上では、"ブラシなどで汚れを払う"場合に《刷》を使っても、間違いとは言えない。一方で、"眉を描く"ことを表す「掃黛」という熟語もあるので、《掃》にも"ブラシなどを使って、軽く色を付ける"という意味がある。つまり、どちらの意味の場合も《掃》《刷》の両方が使えるということになる。

しかし、《掃》は、「掃除」の印象が強い。そこで、"汚れ

[はく(掃・刷・吐)]

	ほうきなどで ごみを取り除く	ブラシなどで 汚れを払う	ブラシなどで 軽く色を付ける
掃	◎	◎	△
刷		△	◎

を払う"場合には《掃》を用い、"軽く色を付ける"場合には《刷》を使って書き表すのが、一般的である。

ただ、《刷》を「はく」と読むのはやや特殊な訓読みなので、振りがなを付けるなどの配慮をしておく方が、親切である。そのため、この意味の「はく」はかな書きにされることも多い。

なお、「はく」と訓読みする漢字には、《吐》もある。この漢字は、部首「口(くちへん)」が付いている通り、"口から息や食べ物、ことばなどを外に出す"という意味。《掃》や《刷》とはかなり意味が異なるので、使い分けに迷うことはあまりない。

あるとすれば、「はき捨てる」などの場合。《吐》を使う例としては、「飲み込んだものをはき出す」「はき捨てる」「たまった思いを吐き出す」「道端に唾を吐き捨てる」「別れのことばを吐き捨てて立ち去る」など。一方、《掃》は、「玄関から外へごみを掃き出す」「泥を水路に掃き捨てる」のように使われる。

ちなみに、「掃き溜めに鶴」とは、"つまらない場所にすばらしい人物がいる"ことのたとえ。"ごみを溜めてあるところに、鶴が降り立つ"ということなので、《掃》を書く。

[はく(履・穿・佩)]

はく

佩 穿 履

基本1 靴やつっかけなどを「はく」場合は、《履》を用いる。

基本2 それ以外の場合は、かな書きにする。

発展1 ズボンや袴(はかま)などを「はく」場合には、《穿》を使ってもよい。

発展2 刀を腰に差す場合は、《佩(はい)》を書くこともできるが、やや古風。

《履》は、本来は"足をある場所に置く"、

上から踏むか、中に入るか

転じて、いつも"上に足が置いてあるもの"、つまり、"靴やつっかけなど"をも指す。「草履(ぞうり)」「木履(ぼくり)」などが、その例。

ここから、"靴やつっかけなどを足に装着する"という意味にもなり、「はく」と訓読みして、「スニーカーを履く」「サンダルを履く」「ブーツを履く」などと用いられる。

ところで、日本語では、"ズボンや袴などを下半身に装着する"ことも「はく」という。しかし、これは"足が置いてあるもの"ではないので、かな書きにするのがふつうだが、どうしても漢字を使って書き表すわけにはいかない。かな書きにする。

「履歴(れき)」とは、"これまで歩いてきた経路"を指すところから、"これまでの経験"をいう。

「履氷(りひょう)」とは、"氷の上に足を置く"こと。「履」を「ふむ」と訓読みすることもある。「踏(ふむ)」(p492)

[はく(履・穿・佩)] [はげしい] ● 432

字で書き表したいならば、《穿(せん)》を使うことができる。

《穿》は、部首「穴(あなかんむり)」の漢字で、"穴を空ける"という意味。「穿鑿(せんさく)」とは、"鑿などを用いて穴を空ける"ところから転じて、"いろいろなことを聞き出そうとすること"をいう。また、「穴を穿つ」のように、「うがつ」と訓読みすることもある。

中国語では、袖に手を通したり、ズボンや袴などに下半身を通したり、靴の中に足を入れたりすることを、"穴の中に体を入れる"ことだと捉え、《穿》を使って表現する。

そこで、"ズボンや袴などを下半身に装着する"ことを意味する「はく」を漢字で書き表したい場合には、《穿》を用いることができる。ただし、やや特殊な訓読みになるので、振りがなを付けるなどの配慮があると、親切である。

例としては、「ジーンズを穿く」「短パンを穿く」「袴を穿いて卒業式に出る」など。「靴下を穿く」も、"穴に入れる"というイメージが強いので、《穿》の方が落ち着く。

なお、靴を「はく」場合に《履》を使っても、漢字の意味の上では問題ないが、現在では《履》を用いる方が一般的。つっかけになると、"穴"の感覚は薄れるので、《穿》は使わない方が妥当だろう。

このほか、似た意味で「はく」と訓読みする漢字には、《佩(はい)》もある。この漢字は、"腰から下げる"という意味。

履 足にかぶせる
佩 腰にに差す
穿 穴の中に入れる

「佩玉(はいぎょく)」とは、中国古代の貴族が、腰から吊したアクセサリー。「佩刀(はいとう)」とは、"腰に差した刀"をいう。

訓読みでは、「宝石を腰に佩びる」「腰に佩びた刀」のように、「おびる」と読むことが多い。が、主に"刀を腰に差す"場合に、「はく」と訓読みすることがある。たとえば、「立派な太刀を佩いた侍」「剣を腰に佩いて城へ向かう」といった具合。ただこれまた振りがなを付けるなどの配慮が、必要である。

し、むずかしい漢字なので、これまた振りがなを付けるなどの配慮が、必要である。

はげしい

劇烈激

けんかだけがドラマではない!

基本 一般的には《激(げき)》を用いる。

発展1 攻撃的であることを強調したい場合は、《烈(れつ)》を使うと効果的。

発展2 ドラマチックな場面では、《劇(げき)》を用いるのもおもしろい。

《激(げき)》は、"水"を表す部首「氵(さんずい)」の漢字で、本来は"水が勢いよく流れ

433 ◉ [はげしい]

日本語「はげしい」を漢字で書き表す場合には、《激》さえ使っておけば、用は足りる。とはいえ、「はげしい」と訓読みする漢字には《烈》《劇》もあり、それぞれのニュアンスを生かして使い分けることもできる。ただし、どちらもやや特殊な訓読みなので、振りがなを付けるなどの配慮をしておく方が、丁寧である。

まず、《烈》は、本来は"火が勢いよく燃える"という意味。《激》を使うよりも、「烈しい嫉妬心が燃え上がる」のように用いると、《激》には攻撃的なイメージがある。そこで、「烈しい嫉妬心が燃え上がる」のように用いると、本来は"火が勢いよく燃える"という意味。「猛烈」「強烈」「烈風」など、広く"非常に勢いが強い"ことを指して用いられる。

"火"はものを焼き尽くすので、《烈》には攻撃的なイメージがある。そこで、「烈しい嫉妬心が燃え上がる」のように用いると、《激》を使うよりも、嫉妬の相手を傷つけたい、という気持ちが表に出る。

「先代の社長は、烈しい気性の持ち主だった」も同様で、時には人を"傷つける"こともあった、というニュアンス。また、「烈しい苦痛にさいなまれる」のように、受けている"苦

る"という意味。「激動」「激痛」「衝撃」など、広く"非常に勢いが強い"ことを表し、「はげしい」と訓読みする。「激しい風が吹く」「激しい痛みに襲われる」「激しい恋に落ちる」「審判の判定に激しく抗議する」「先生の怒りの激しさに驚く」などが、その例となる。

しみ"を強調するために《烈》を使うこともできる。

もう一つの《劇》は、"刃物"を表す部首「刂（りっとう）」の漢字で、"刃物を持って勢いよく戦う"ところから、"非常に勢いが強い"ことを表すのが、本来の意味。音読みの熟語では、「劇薬」がその例である。

《激》と《劇》とは、音読みが同じであるところから、もともとは同じことばを書き表す漢字だと考えられて、「はげしい」と訓読みした場合でも、本来ならば同じように使うことができる。

しかし、《劇》は、昔の中国語で"お芝居"を指すことばと発音が似ていたことから、"お芝居"を指す漢字としても転用された。現在の日本語でも、ほとんどの場合がこの意味。その結果、《劇》にはドラマチックなイメージが深くしみついている。

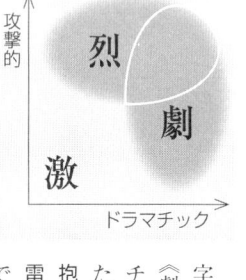

このため、「はげしい」を漢字で書き表す際に、あえて《劇》を用いるならば、ドラマチックな効果をねらいたい。たとえば、「彼は彼女を劇しく抱き締めた」「その瞬間、劇しい雷が鳴り響いた」といった具合である。

攻撃的
烈
劇
激
ドラマチック

はげる

禿 剝

基本1 表面が薄く取れる場合には、《剝》を用いる。

基本2 毛や植物が少なくなって地肌が見えるようになる場合は、《禿》を使うか、かな書きにする。

面が取れるか、線が抜けるか

《剝》の部首「刂（りっとう）」は、"刃物"を表す。そこで、《剝》も、本来は"刃物を使って、表面だけを薄く切り取る"という意味。音読みでは「剝製（はくせい）」がその例。訓読みでは、「はぐ」「はがす」「むく」などと読んで使われる。

転じて、「剝離（はくり）」「剝落（はくらく）」など、"表面だけが薄く取れて、下の層が見える"ことをも表す。この意味の場合、訓読みでは「はげる」「はがれる」「むける」などと読む。「はげる」の例としては、「車の塗装が剝げる」「メッキが剝げる」「金箔が剝げる」「マニキュアが剝げる」などが挙げられる。

一方、《禿》の下半分に含まれる「儿（ひとあし）」は、「兄」や「児」などの部首としても見られるように、"人"を表す形。上半分の「禾（か）」の意味するところははっきりしないものの、《禿》は、"人の頭の毛が少なくなって、地肌が見える"ことを表す。

「禿頭（とくとう）」とは、"毛が少なくなって、地肌が見える"ようになった頭"。「禿筆（とくひつ）」のように、人間の頭以外のものに対して比喩的に用いられる場合もある。日本語では、"毛が少なくなって、地肌が見える"ことも「はげる」というので、《禿》も、「はげる」と訓読みして使われる。例としては、「年を取って頭が禿げる」「犬がけんかをして、傷のまわりの毛が禿げた」「痛んだカーペットの毛が禿げる」「樹木が伐採されて禿げ山になる」のように、"植物が少なくなって、地面が見える"場合に使われることもある。

つまり、《剝》と《禿》の違いは、"表面が薄く取れる"のか、"表面の毛や植物が少なくなる"のかにある。その点さえ踏まえておけば、使い分けに悩むことは少ない。

ただし、《禿》は現在ではあまり使われない漢字で、かな書きされることも多い。あえて用いる際には、振りがなを付けるなどの配慮をしておく方が、親切である。

なお、《剝》は、左上の「彐」の部分が変形して、《剥》と書かれることもある。どちらを使っても、意味に違いはない。

剝 表面が薄く取れて下の層が見える

禿 毛が抜けて地肌が見える

はこ

匣筥筐函箱

中身よりも大切なもの?

基本 一般的には《箱》を用いる。

発展1 しっかり作られた「はこ」の場合には、《箱》を使うと、その雰囲気が出る。

発展2 大切なものをしまっておく「はこ」の場合には、《函》を書いてもよいが、かなり古風。

発展3 おしゃれな雰囲気を出したい場合には、《筐》を使うこともできるが、難読。

発展4 しっかりと閉まる大きくない「はこ」の場合には、《匣》を用いてもよいが、難読。

"木や竹、紙、金属などで作られた容器"を意味する日本語「はこ」を書き表す漢字は、たくさんある。その中で、比較的よく用いられるものとしては、《箱》と《函》が挙げられる。

《箱》は、現在の日本語では音読みで使われることがほとんどなく、成り立ちもはっきりしないが、本来は、"荷車や馬車などの荷物を積む部分"を指す漢字。部首「⺮(たけかんむり)」が付いているのは、もともとは竹で作ったからかと思われる。

転じて、広く"木や竹、紙、金属などで作られた容器"という意味で使われる。「はこ」と訓読みして、「段ボールの箱」「空の箱」「重箱」「薬箱」「下駄箱」「賽銭箱」「荷物が入った箱」「箱詰め」「箱買い」「箱庭」「箱入り娘」などなどと用いられる。

元来は、比較的大きく、四角い形をしたものを指すが、現在では、「マッチ箱」「丸い帽子箱」「豚の形をした貯金箱」のように、大きくないものや、四角くないものにしても用いられる。日本語「はこ」を漢字で書き表す場合には、《箱》さえ使っておけば、困ることはない。

一方、《函》は、古代文字では「⽏」と書き、中に上下が逆さまになった「矢」の古代文字「⟰」を含む。本来は"矢を折れないように入れておく容器"を指す漢字。転じて、広く"木や竹、紙、金属などでしっかりと作られた容器"を表すようになった。

「投函」の「函」は、もともとは"手紙をきちんと運ぶための丈夫な容器"のこと。また、"きちんとした容れものを作ること"を「製函」という。

そこで、特に"木や竹、紙、金属などでしっかりと作られた容器"を指す場合には、《函》を用いると、その雰囲気が出る。例としては、「漆塗りの函」「函入りの豪華本」といった具合。特に、"しっかりと作られた"結果、「はこ」そのものに工芸品的な価値があるような場合に使うのが、ふさわしい。

そのぶん、「千両箱」「みかん箱」「本箱」など、"中身"の方に

[はこ] ● 436

強い関心がある場合には、《函》はあまり似合わない。《箱》を書く方が自然である。

いろんなタイプがありますが…

まず、《箱》は、《箱》と同じく部首「竹」の漢字で、本来は"竹を細かく編んで作った容器"を指す漢字。細かく編んであるところから、広く"木や竹、紙、金属などで作った、大切なものをしまっておく容器"を指す。

「筐体」とは、"コンピュータなど精密機器の外まわり"。「筐底に秘める」とは、"大切なものを「はこ」の奥に隠しておく"ことをいう。

そこで、"大切なものをしまっておく"ものを指す場合に用いると、漢字の持つ意味を生かすことができる。雰囲気は《函》と似ているが、"中身"の方が重要である点が異なる。

たとえば、「思い出の品が詰まった筐」「たんすの奥にあった古い筐の中から、宝石が出て来た」といった具合である。

なお、《筐》は、「王」を「玉」にした《筐》と書かれる場合もある。どちらを使っても、意味に変わりはない。

《箱》と《函》以外にも「はこ」と訓読みする漢字は多いが、それらは、現在ではたまに使われる漢字としては、《筐》《筥》《匣》が挙げられる。ただし、いずれの場合も、振りがなを付けるなどの配慮をしておくのが、必須となる。

次に、《筥》に含まれる「呂」は、古代文字では「呂」と書き、"丸くて平たいものが積み重なっている"ことを表す漢字。これに部首「竹」を組み合わせた《筥》は、本来は"竹で編んで作った、丸くて重ねて使う容器"を指す。「はこ」と訓読みして、柳の枝で編んだ「柳筥」や、手紙などを入れる「文筥」などを指す場合に使われることがある。

このように、《筥》は、四角いものが多い「はこ」の中で、どこかおしゃれな雰囲気があるところが特徴。そこで、「お気に入りの筥に小物を入れて飾る」「観葉植物を筥に入れて飾る」などと用いると、その雰囲気を生かすことができる。

最後に、《匣》は、"木や竹、紙、金属などで作った小さな容器"を指す漢字。ただ、漢文では、人や動物を閉じこめておく"おり"を指すこともあり、"ふたがしっかりと閉まる"というイメージがある。ギリシャ神話で、ありとあらゆる禍が詰まっていたという「パンドラの匣」を指すとき、この漢字が使われることがあるのは、そのイメージが生かされた例である。

そこで、密閉度が高くてあまり大きくない「はこ」を表す場合には、《匣》

箱		
函	工芸品的	
筐	中身が大切	
筥	おしゃれ	
匣	密閉感	

はさむ

挿 挟

わざわざご苦労さまです…

基本 一般的には《挟》を用いる。

発展 すきまに入れる場合、特に、すきまを見つけてそこに入れる場合には、《挿》を使うと効果的。

《挟(きょう)》は、以前は「挾」と書くのが正式。右半分の「夾(きょう)」は、「大」の両側に「人」を書いた漢字で、"両側から押しつける"ことを表す。《挟》は、それに部首「扌(てへん)」を付け加えて、意味をはっきりさせたもの。「はさむ」と訓読みして、「二本の指で鉛筆を挟む」「クリップで書類を挟む」「引き出しを閉めようとして、指を挟まれる」などと用いられる。

「耳に挟む」「小耳に挟む」は、"ちらっと聞く"ことを意味する慣用句。また、「ビルに挟まれた小さな家」「相手を挟み撃ちにして捕まえる」のように、やや比喩的に用いられて"両側から迫る"ことを表す場合もある。

転じて、"間に入れる"という意味にもなる。例としては、「ページの間にしおりを挟む」「通りを挟んだ向こう側にコンビニがある」「休憩を挟んで第二幕を上演する」「新聞に広告を挟み込む」といった具合。日本語「はさむ」を漢字で書き表す場合には、《挟》を使っておけば、十分に用は足りる。

ただし、「はさむ」と訓読みする漢字には、「挿(そう)」もある。この漢字は、成り立ちははっきりしないが、「挿入(そうにゅう)」という熟語があるように、"細長いものをすきまに入れる"という意味。「さす」(p217)とも訓読みする。

そこで、「はさむ」と訓読みして用いると、"すきまに入れる"ことをはっきりと表現することができる。先に挙げた例でも、「ページの間にしおりを挿む」「新聞に広告を挿み込む」のように《挿》を使うと、"紙と紙とのすきまに"という意味合いがはっきりする。

さらには、わざわざ"すきまに入れる"ところから、"すきまを見つけてそこに入れる"というニュアンスも持つ。

たとえば、「政府の見解に異論を挿む余地がある」「彼女の証言には、疑いを挿む余地がある」「家族の問題に口を挿むな」といった具合。これらの場合、《挟》を使って「政府の見解に異論を挟む余地がある」「彼女の証言には疑いを挟む余地がある」「家族の問題に口を挟むな」と書いても、間違いではない。ただ、《挿》を使うと、"わざわざそうする"という意味合いが強調される。

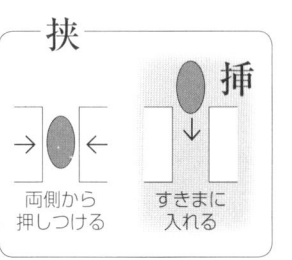

挿 すきまに入れる

挟 両側から押しつける

[はさむ] [はじまる／はじめる／はじめ] ◉ 438

なお、《挿》を「はさむ」と読むのは、現在ではやや特殊な訓読み。振りがなを付けるなどの配慮をしておく方が、親切である。

ちなみに、「さしはさむ」は、「はさむ」とほぼ同じ意味のことば。漢字の意味の上では《挿》を使ってもかまわないが、《挿》には「さす」という訓読みがあるので、ややこしくなるのを避けて、「差し挟む」と書き表すのがふつうである。

はじまる／はじめる／はじめ

初 創 始

いろんなものがスタートする！

基本1 「はじまる／はじめる」は、一般的には《始》を用いる。

発展 新しさに重点を置いて「はじまる／はじめる」を表現したい場合には、《創》を使うと効果的。

基本2 ある状態になって間もないころや、一回目を指す「はじめ／はじめて」は、《初》を用いる。

《始》は、本来の意味にはいろいろな説があるが、「始動」「始業」「開始」など、"ものごとを動き出させる"ことを表す漢字。「はじまる／ものごとが動き出す／ものごとを動き出させる」ことを「始動」「始業」「開始」など、"ものごとを動き出させる"ことを表す漢字。「はじまる／はじめる」と訓読みして、「番組が始まる」「ゲームを始める」「まずは友だちから始めましょう」などと用いられる。

ある動作や状態について、時間的な観点から表現することが多いが、空間的に並んでいるものに対して使われる場合もある。「山陽本線は神戸駅から始まる」「この辞書は『あう』という項目で始まっている」などが、その例となる。

一方、《創》は、「創造」「創立」「独創的」のように、"新しいものを生み出す"という意味で、「つくる」(p336)とも訓読みする。そこで、"新しいものごとが動き出す／新しいものごとを動き出させる"という意味合いを含む場合には、「はじまる／はじめる」と訓読みして用いることもできる。

例としては、「新しい雑誌を創める」「結婚生活を創める」「鎌倉幕府は源頼朝から創まる」などが挙げられる。

もちろん、これらの場合に《始》を使っても、まったく問題はない。ただ、"新しいもの"というイメージを強調したい場合には、《創》を用いる方が効果的である。

「はじまる／はじめる」の使い分けについては、ふつうは《始》を使い、新しさを表現したいときだけ《創》を書く、と考えておけばよい。ところが、ここに《初》が関係してくるので、話がややこしくなる。

時間軸の上のある部分

《初》は、「当初」「初期」「初夏」など、"ある状態になって間もないころ"を指すのが、基本の意味。「初歩」とは、文字通りには"歩き出して間もないころ"。「初心」とは、"何かをし出して間もないころの気持ち"。また、転じて、「初回」「初演」「初版本」のように、"一回目"をも指す。

439 ◉ ［はじまる／はじめる／はじめ］

このように、時間の上でのある時期やある時点を指すのが特徴。《初》のような〝動き出す／動き出させる〟という変化を表す用法は、《初》にはない。《初》を「はじまる／はじめる」と訓読みして使っている例も見かけるが、漢字本来の意味からすれば、ふさわしくない。

訓読みとしては、「はじめて」と読んで、〝一回目〟であることを表すのが、比較的わかりやすい用法。例を挙げれば、「新しい職場に初めて出勤する」「そんなことを言われたのは初めてです」「初めてのことなので、どう対応すればよいかわからない」といった具合である。

ただし、この場合に、「はじめる」から変化した「はじめて」と、区別がまぎらわしくなることがある。考え方としては、「働き始めて一年が過ぎた」「ジョギングを始めてから、体が軽く感じられる」など、「はじめる」に置き換えると「働き始める」「ジョギングを始める」のようにそこで文がきちんと終わりになる「はじめて」は、《始》を用いる。「一人暮らしを始めて、初めて親のありがたさがわかる」のような例を考えると、わかりやすい。

問題は、「て」が付かない「はじめ」の場合。《始》を使うと、「はじまる／はじめる」から変化した「はじめ」になるから、〝動き出すこと／動き出させること〟というできごとを表すことになる。一方、《初》を用いると、〝ある状態になって

間もないころ〟や〝一回目〟という、時期や時点を指す。そこで、「明治の初めは激動の時代だった」のように〝時期や時点を指す場合は、《初》を用いる。一方、「平家の落ち武者が隠れ住んだのが、この村の始めである」では、「隠れ住む」という〝できごと〟のことだから、《始》を使う。

いちおう違いはあるものの…

この二つの使い分けは、実際には区別が付けにくいことも多い。一般に、「はじまり」に置き換えられる「はじめ」は《始》を書く。「仕事始め」は、「仕事の始まり」という意味で、《始》を使うのが習慣。「手始め」も同様に、《始》を書く。

その一方で、「この小説の初めに、主人公の父親が出て来る」の場合には、読んでいる時間の流れを意識して、《初》を使う方が自然。とすれば、「名簿の初めに載っている名前は何ですか？」のように《初》を用いても、おかしくはない。

「名簿の始めに載っている名前は何ですか？」は、判断に困る例。名簿とは名前が空間的に並んでいるものだと考えれば、《始》を書く。

それが「店長を始め、従業員一同、

	基本の意味	訓読み	特徴
始	スタートする	はじまる はじめる はじめ はじめて	できごとに重点 空間的な 並びにも用いる
初	スタート時点	はじめ はじめて	時間に重点

[はじまる／はじめる／はじめ] [はしる] ● 440

お待ちしております」になると、店長はお店の序列としてトップなのであって、時間的に一番早くから待っているわけではない。漢字で書くとすれば《始》だが、「店長をはじめ、従業員一同」のようにかなにすることも多い。

このように、《始》と《初》との間にはそれなりの意味の違いがある。しかし、「て」が付かない「はじめ」を書き表す場合には、結局のところ、どちらを使っても同じような意味になることが多い。

たとえば、「始めからやり直そう」のように《始》を書くと、"動き出したときのできごとから"という意味合い。一方、《初》を使って「初めからやり直そう」とすると、"動き出した時点から"というイメージになる。

「何ごとも始めが肝心だ」と「何ごとも初めが肝心だ」も同様。《始》を使えば、"どんなことをするか"に焦点があたり、《初》を用いると、"動き出す時点"を指すことになる。

「年の初めにあいさつをする」では、《初》なので"年明けの時期"という意味。《始》を書くと"年明けにすること"という意味合いになるので、この場合は「年の始めのあいさつをする」という意味合いになる。《始》を書くと「年明けにすること」という意味合いになるので、この場合は「年の始めのあいさつをする」という意味合いで、《初》を用いて「年の初めのあいさつをする」とすることもできる。

このように、《始》と《初》の使い分けは、厳密に考えようとすればするほど、頭が混乱してしまう。あまり深く考えないで、その場その場で適当だと感じられる方を使っておくのが、おすすめである。

はしる

駛趨奔走

理由はさまざまありますが…

基本 一般的には《走》を用いる。

発展1 スピードを強調したい場合、逃げ出すことをはっきりさせたい場合には、《駛》を用いてもよいが、かなり難解。

発展2 勢いである行動を取る場合には、《奔》を使ってもよい。

発展3 乗りものが高速で移動する場合には、《駛》を書くこともできる。

《走》は、古代文字では「𧺆」と書き、"足"を前後に開き、両手を前後に振っている人"の絵の下に、"足"を表す形を組み合わせた漢字。本来は"駆け足で進む"ことを表し、広く"急いで移動する"という意味で用いられる。「競走」「疾走」「走破」などが、音読みの例となる。

訓読みでは「はしる」と読み、「運動会で子どもたちが走る」「稲妻が暗闇を走る」「自転車を走らせる」「バスが商店街を走り抜ける」などがその例。「鉄道が南北に走る」「背中を痛みが走る」「政界に激震が走る」「画用紙の上にペンを走らせる」のように、比喩的に用いられることも多い。

転じて、「逃走」「脱走」「敗走」のように、"逃げ出す"という意味になることもある。訓読みの例としては、「家族を捨てて、恋人のもとに走る」「警察に追われて、外国へと走る」など。また、「親に反発して、非行に走る」「自分がかわいくて、ついつい保身に走る」「すぐに私利私欲に走るのが、あいつの悪い癖だ」のように、"勢いによってある行動を取る"ことを表す場合もある。

日本語「はしる」を漢字で書き表す場合には、《走》さえ使っておけば用は足りる。しかし、「はしる」と訓読みする漢字はほかにもあり、それぞれ、ニュアンスに応じて使い分けることもできる。

まず、《奔》は、「奔流」という熟語に代表されるように、"猛スピードで移動する"という意味。そこで、《走》の代わりに「はしる」と訓読みして用いると、"スピード"を強調することができる。たとえば、「ゴールを目指してものすごい勢いで奔る」「レーシングカーが奔り去る」などがその例となる。

> 恐くなった、やってしまった…

また、《奔》は、「自由奔放な生き方」「故郷を出奔して行方をくらます」など、"ある枠を越える"という意味合いで使われることもある。ここから、"逃げ出す"ことをも表す。先の例でいけば、「家族を捨てて、恋人のもとに奔る」「警察に追われて、外国へと奔る」のように《奔》を用いると、《走》を

用いるよりも、"逃げ出す"という意味合いがはっきりする。ただし、特殊な訓読みなので、振りがなを付けるなどの配慮を忘れないようにしたい。

次に、《趨》は、本来は"早足で進む"という意味の漢字。現在の日本語では、「時代の趨勢」のように使われ、"ものごとの勢いとして、ある方向へと進む"ことを意味する印象が強い。

そこで、"勢いによってある行動を取る"場合に用いると、そのニュアンスを強調することができる。これまた先の例を、《趨》を使って「親に反発して、非行に趨る」「自分がかわいくて、ついつい保身に趨る」「すぐに私利私欲に趨るのが、あいつの悪い癖だ」とすると、その場の"勢い"に流されている雰囲気がより強く表現される。

速いスピードで移動する　→強調→　奔
逃げ出す　→強調→
勢いによって行動する　→強調→　趨
走

ただし、これも現在ではあまり使われない訓読み。振りがなを付けるなどの配慮をしておくのが望ましい。

以上のほか、かなりむずかしい漢字になるが、《駛》も、「はしる」と訓読みすることがある。この漢字は、部首「馬（うまへん）」が付いているように、本来は"馬

はじる／はずかしい

愧慚羞辱恥

心が耳に現れる！

《恥》は、部首「心（こころ）」に「耳」を組み合わせた漢字。成り立ちとしては、"耳が赤くなる"ところに由来するという説が、わかりやすい。"劣っている点を自覚して、自分を責めたり、他人を避けたくなったりする"ことを表し、「はじる／はずかしい」と訓読みする。

例としては、「仕事で失敗したことを恥じる」「先祖の名に恥じない活躍をする」「みすぼらしい服しかなくて恥ずかしい」「勘違いを指摘されて、恥をかいた」など。「君のような生徒は本校の恥だ」「彼の浮ついたセリフを聞いていると、こちらが恥ずかしくなる」のように、他人の"劣っている点"を自分のことのように感じる場合も、含まれる。

「人前で罵倒して、相手を恥ずかしめる」では、"劣っている点を自覚させる"という意味。また、「先生にほめられて、恥じらいを感じる」のように、"劣っている点"とはあまり関係なく、"他人を避けたくなる"ことに重点を置いて使われることもある。

「はじる／はずかしい」を漢字で書き表す場合には、《恥》さえ使っておけば、間違いにはならない。しかし、《恥》と似た意味を持つ漢字はほかにもあり、それぞれのニュアンスに応じて使い分けることもできる。ただし、どれもむずかしい漢字なので、振りがなを付けるなどの配慮をしておくのが望ましい。

を駆け足で移動させる"という意味。この意味の場合には、ふつうは「はせる」と訓読みする。

「はしる」と訓読みするのは、転じて、"乗りものが速く移動する"ことを指す場合。例としては、「列車が北に向かって駛る」「ボートが波を切って駛る」「車で高速道路を駛る」といった具合。とはいえ、難解な雰囲気になるのは否めない。振りがなを付けるなどの配慮は、必須である。

基本 一般的には《恥》を用いる。

発展1 わざわざ「はずかしい」思いをさせる場合には、《辱》を使ってもよい。

発展2 他人を避けたくなる場合には、《羞》を書くこともできる。

発展3 自分を責める気持ちが強い場合には、《慚（ざん）》を用いてもよいが、やや難解。

発展4 自分で自分が許せない場合には、《愧（き）》を使ってもよいが、やや難解。

日本語「はじる／はずかしい」の基本的な意味は、"劣っている点を自覚して、自分を責めたり、他人を避けたくなったりする"こと。このことばを書き表す漢字として最もよく使われるのは、《恥》である。

[はじる／はずかしい]

させられるのもするのうち

まず、《辱》は、「侮辱」「屈辱」「雪辱」のように、"劣っている点を自覚させる／自覚させられる"という意味。そこで「はずかしめる」と訓読みして、よく用いられる。

先に挙げた例でも、「人前で罵倒して、相手を辱める」のように《辱》を用いると、《恥》を使うよりも"わざわざ自覚させる"という意識がはっきりと出る。「父の名を辱められて、黙っているわけにはいかない」「誤認逮捕という辱めを受ける」などでも同じ。これらの場合に《恥》を使ってもちろんかまわないが、「はずかしめる」は、《辱》を用いて書き表すことが多い。

なお、"劣っている点を自覚させること／自覚させられること"という意味で、《辱》を「はじ」と訓読みすることもできる。例としては、"劣っている点を自覚させることを平気で言うなんて、辱を知れ」「王室の今回のスキャンダルは、国の辱だ」などが挙げられる。

ただし、これらは、他人によって"劣っている点を自覚すること"だから、《恥》を使って「そんな失礼なことを平気で言うなんて、恥を知れ」「王室の今

回のスキャンダルは、国の恥だ」と書いても、結局は意味は同じ。とはいえ、《辱》を用いると意識が加わるので、ニュアンスが強まる効果がある。

次に、《羞》は、「羞恥心」ということばがあるように、《恥》とよく似た意味の漢字。ただ、"他人を避けたくなる"ところに重点がある。「含羞」とは、"人前にいるのが落ち着かない気分になる"ことをいう。

そこで、《恥》の代わりに、「人前でぶざまな格好を見せたことを羞じる」のように用いると、漢字の持つ"他人を避けたい"というニュアンスを生かすことができる。特に、このニュアンスが強い日本語「はじらう」となじみやすく、先に挙げた例でも「先生にほめられて、羞じらいを感じる」のように《羞》を使うと効果的。"花の方が避けるほどに美しい"ことを表す慣用句「花も羞じらう」でも、《羞》を用いるとその雰囲気がよく出る。

このように、「はじる／はずかしい」が表す"劣っている点を自覚した結果、自分

いけないのは自分だ！

を責めたり、他人を避けたくなったりする"ことのうち、《羞》は、"他人を避けたくなる"ところに意味の中心がある。

一方、"自分を責める"ところに焦点を当てるのが、《慚》と《愧》である。

「慚愧の念」という表現があるように、この二つの漢字は

劣っている点を自覚する
劣っている点を自覚させられる

辱
恥

本人 ← 劣っている点を自覚させる 他人

[はじる／はずかしい] [はずかしい] [はた] ● 444

意味がよく似ている。どちらも「はじる／はずかしい」と訓読することができるが、むずかしい漢字なので、振りがなを付けるなどの配慮が必要となる。

このうち、《慚》は、"劣っている点を自覚した結果、自分を責める"という意味。「慚死」とは、"自分の過ちを責めて死ぬ"こと。「無慚」とは、"悪いことをしても、自分を責めようとしない"ことをいう。

そこで、《慚》は、過ちを改めたいとか、謝罪するといった場面で用いるのがふさわしい。例としては、「不明を慚じて、おわびする」「こんな慚ずべき行いは、二度としない」「慚ずかしさに身が震える」といった具合である。

なお、《慚》の部首「忄（りっしんべん）」は、"心"を表す。そこで、《慙》と書いても、読み方も意味も同じ。どちらを使ってもかまわない。

もう一つの《愧》は、《慚》とほぼ同じ意味。ただ、漢文では、「天に愧じる」「心に愧じる」「自ら愧じる」など、他人との比較ではなく、自分が抱いている絶対的な基準に対して"劣っている"と感じる場合に、用いられることが多い。

ここから、《愧》は、"自分で自分が許せない"場合に使うのが、よく

羞 慚 愧
恥
他人を避けたい
自分を責める
自分が許せない

心に愧じない生き方をしたい」「良心に愧じる。「彼女を見捨てたことを、彼は今でも愧じている」「良なじむ。

はずかしい

愧慚羞辱恥

→はじる／はずかしい（前項）

はた

傍 端

近くにいるけど無関係

"すぐ近くのあたり"を意味する日本語「はた」には、細かく考えると二つの意味がある。一つは"あるものの周辺"、もう一つは"ある人の近くにいる他人"。このことばを漢字で書き表す場合には、意味に従って《端》と《傍》を使い分ける。

基本1 あるものの周辺を指す場合は、《端》を用いる。

基本2 ある人の近くにいる他人を指す場合は、《傍》を使う。

《端》は、「先端」「末端」「突端」など、"中心となる部分から最も離れたところ"を指す漢字。この意味の場合には、ふつうは「はし」と訓読みする。日本語では、この漢字を、やや転じて"あるものの周辺"

445 ◉ [はた][はだ]

端

あるもの周辺

傍

ある人　他人

を指して、「はた」と訓読みして使う。「池の端」「道端」「川端」「炉端」「井戸端」「囲炉裏端」などが、その例。「船端」のように、"船そのもののへりの部分"を指すこともあるが、池や川や井戸などと"一体になっていると感じられる、まわりの部分"を指すことが多い。

一方、《傍》は、"すぐ近く"という意味の漢字で、「そば」（p286）とも訓読みする。ただ、"すぐ近く"ではあるが、"一体にはなっていない"ところに特色がある。「傍観」とは、"直接、関わらないで見ている"こと。「傍証」とは、"直接の証明にはならない証拠"をいう。

そこで、"ある人の近くにいるが、直接の関係はない別の人"という意味で、「はた」と訓読みして用いられる。「傍から口を出すのはやめてくれ」「教師という仕事は、傍で見ているほど楽ではない」「君が勝手な行動を取ると、傍が迷惑する」「傍目を気にして、派手なお祝いは控えておく」などが、その例。このように、人間に関係して使われるのがふつうなので、《端》との使い分けに悩むことは少ない。

なお、《傍》は、送りがながない場合、「そば」と読むことが多く、「はた」と読

むのはやや特殊。振りがなを付けるなどの配慮をしておく方が、親切である。

このほか、《側》も、《傍》と同じ意味で「はた」と訓読みすることがある。これは、《側》には、"ある人のすぐ近く"という意味があることに由来するもの。「側近」とは、"ある人のすぐ近くで仕えている人"。「君側」とは、"君主のすぐ近くにいる他人"のことを表す「はた」を《側》を用いて書き表すのは、避けておいた方が無難である。

しかし、《側》が使われるのは"その人と密接な関係がある"場合なので、日本語「はた」の意味とは異なる。"ある人の近くにいる他人"のことを表す「はた」を《側》を用いて書き表すのは、避けておいた方が無難である。

はだ

日本の繊細なこころ

膚　肌

基本　一般的には《肌》を用いる。
発展　《膚》を使っても意味は同じだが、古風な雰囲気になる。

《肌》は、もともとは"人の筋肉"を指していた漢字。後に"人間の表皮"をも意味するようになったが、現在でも、中国語では"筋肉"を表すのが主流。中国語に由来する音読みの熟語で使う例も少ないので、この漢字を「はだ」と訓読みして"人間の表皮"を指して用いるのは、日本語的な用法だといえる。

肌　膚

日本語的	中国語的
繊細な	硬質な
	古風な

一方、《膚》は、「皮膚」に代表されるように、もともと〝人間の表皮〟を表す漢字。「身体髪膚」とは、〝体のあらゆる部分〟のこと。「雪膚花貌」とは、〝女性の美しい容姿〟のたとえ。「完膚なきまでに」とは、〝表皮に完全な部分が残らないほどに〟という意味で、〝徹底的にやっつける〟こと。この三つはどれも漢詩文に基づく表現であり、《膚》には硬質で中国的な雰囲気がある。

日本語「はだ」を漢字で書き表す場合には、この二つのどちらを使ってもかまわない。ただ、「はだ」は非常にナイーブな意味合いを持つことばなので、日本語的で繊細な雰囲気を持つ《肌》を用いる方が、しっくりくる。

例としては、「肌のぬくもりを感じる」「恋人の写真を肌身離さず持つ」「清潔な肌着を身に付ける」「素肌が水をはじく」「診察を受けるために諸肌脱ぎになる」「人肌が恋しい」などなど。「木の肌に触れる」「岩肌をよじのぼる」「土砂崩れで山肌が露出する」「なめらかな肌の陶器」のように、比喩的に〝ものの表面〟を指す場合も、《肌》を用いる。

また、日本語では、「あの人とは肌が合わない」「彼は昔から親分肌だ」のように、「はだ」を〝人の気質〟という意味で使うことがある。これは、完全に日本語的な表現なので、《肌》を使って書き表すのがふさわしい。

漢詩文の素養を持つ人が多かった昔の文章では、《膚》を「はだ」と訓読みして使っている例も多く見かける。しかし、現在では、《肌》を用いる方がふつうである。

ただ、あえて古風な雰囲気にしたい場合には、《膚》を使うのも効果的。たとえば、「凛烈たる寒気が膚にしみる」「玉の如く美しき膚」といった具合だが、振りがなを付けるなどの配慮が必要だろう。

はたけ／はた　畠　畑

基本　一般的には《畑》を用いる。

発展　《畠》を使っても意味は同じだが、やや古風な雰囲気になる。

理由ははっきりしませんが…

日本語「はたけ／はた」は、主に稲を育てるために水をひたした耕作地「たんぼ」に対して、〝水を張っていない耕作地〟を指すことば。このことばを書き表す漢字には、《畑》と《畠》がある。

《畑》は、部首「田（た）」に「火」を組み合わせて、日本で作られた漢字。本来は、〝草木を焼き払って作った耕作地〟のこと。転じて、広く〝水を張っていない耕作地〟を表し、「はたけ／はた」と訓読みして、「畑を耕す」「麦畑」「花畑」「トウモロコシ畑」「段々畑」「焼き畑農業」などと用いられる。

はな
華 花

「はたけ」は、比喩的に用いられて、"専門分野"を指すこともある。その場合も、「科学畑の人間だから」「畑違いの仕事には口を出さない」などと、《畑》を使って書き表す。

一方、《畠》も日本で作られた漢字で、部首「田」に「白」を組み合わせたもの。本来は、"水を張っていないため、白く見える耕作地"を指す。この漢字も、「はたけ」と訓読みして広く用いられていたが、大正のころから《畑》の方が優勢となり、《畠》はあまり使われないようになった。その理由ははっきりしないが、《畠》は「鼻」と形がまぎらわしいからかもしれない。

現在では、「はたけ/はた」を書き表す場合には、《畑》を使うのがふつう。「畠を耕す」「麦畠」「花畠」のように《畠》を使っても間違いではないが、やや古めかしい雰囲気になる。

田 耕作地
+ 火 草木を焼き払う = 畑
+ 白 水がなく白く見える = 畠

基本1 植物の「はな」や、美しいもの、すばらしいもののたとえの場合は、《花》を用いる。

基本2 「はなやか」「はなやぐ」「はなばなしい」の場合、注目を集めるものの場合は、《華》を使う。

みんながそっちを見たくなる！

《花》は、説明するまでもなく、植物が咲かせる「はな」を表す漢字。「花が咲く」「バラの花を育てる」「花びらが散る」のように用いられる。

転じて、"美しいもの"や"すばらしいもの"のたとえとしても使われる。「花嫁」「花火」「花の都」などがその例。「両手に花」とは、"すばらしいものを二つ同時に手にする"ことをいう。

一方、《華》は、古代文字では《华》と書き、"小さな"はな"がたくさん集まって垂れ下がった「はなぶさ」の絵から生まれた漢字。"目立って美しい"ところから、"きらびやかで注目を集める"ことを表す。「華麗」「華美」「豪華」などが、音読みの例。訓読みでは、「はなやか」「はなやぐ」「はなばなしい」などの形で、「芸能界という華やかな世界に入る」「彼女が登場するだけで、雰囲気が華やぐ」「試合で華々しい活躍を見せる」のように用いられる。

"きらびやかさ"とは"美しさ"の延長線上にあるから、「はなやか」「はなやぐ」「はなばなしい」などを《花》を使って書き表しても、間違いとは言い切れない。しかし、"注目を集める"という意味合いをはっきりと持つ《華》を使う方が、これらのことばにはふさわしい。

また、《華》は、"注目を集めるきらびやかなもの"を指し

[はな(花・華)] [はな(端・鼻・洟)] ● 448

はな

洟 鼻 端

花 植物の「はな」 美しい すぐれた → 華 きらびやか 注目を集める

基本1 突き出た部分の場合、ものごとの始まりの場合は、《端》を用いるか、かな書きにする。

基本2 体の器官の「はな」の場合は、一般的には《鼻》を使う。

発展 体の器官の「はな」から流れる液体を指す場合は、《洟》を使ってもよいが、難読。

て用いられることもある。「火事と喧嘩は江戸の華」「姫路城は日本建築の華だ」などが、その例。「あの人の演技には華がある」でも、"注目を集めるようなきらびやかな雰囲気"を指す。

そうなると、「勝ちを譲って、相手に花を持たせる」「新記録を作って優勝に花を添える」「退職前にもう一花咲かせる」などと、植物の「はな」を直接イメージさせる比喩になっていることになる。

しかし、「持たせる」「添える」「咲かせる」などと、"注目を集める"ことではあるので、《華》を使ってもよさそうなところ。

《端》は、「突端」「最北端」「端末」など、"中心となる部分から最も離れたところ"という意味。この場合には、ふつうは「はし」と訓読みする。

ほんとにそこが始まりかなあ…

いう意味。

転じて、"突き出た部分"をも表す。この意味の場合には「はな」と訓読みし、「山の端に立って眼下を眺める」「岬の端で釣り糸を垂れる」のように用いられる。また、"ものごとの始まり"という意味で、「端から相手にしない」「寝入り端を襲われる」「出端をくじく」のように使われることもある。

ただ、「はし」と読み間違いしやすいので、振りがなを付けるなどの配慮をしておく方が親切。「はなから相手にしない」「寝入りばなを襲われる」「出ばなをくじく」などは、かな書きにすることも多い。

一方、《鼻》は、「鼻炎」「鼻孔」など、"呼吸をしたり臭いを嗅いだりするための器官"を指す漢字。「はな」と訓読みして、「鼻から息を吸う」「臭いが鼻につく」「鼻の頭がかゆい」「鼻を鳴らす」のように使われる。「鼻を明かす」「鼻に掛ける」「鼻持ちならない」「目鼻を付ける」のような慣用句も多い。

「はな」は顔から突き出ていることから、"突き出た部分"をも表す。「山の鼻」「岬の鼻」などがその例だが、この意味で漢字《鼻》を使うのは日本語独自の用法。そこを気にするならば、《端》を使っておく方がおすすめである。

ただ、これとは別に、漢字《鼻》には、本来の意味として"ものごとの始まり"を表す用法がある。「鼻祖」とは、"あるものごとを始めた人"。これは、動物の体は「はな」からでき始めると考えられたことに由来するという。

[はな(端・鼻・洟)][はなす/はなし]

そこで、先に《端》の例として挙げたものも、「鼻から相手にしない」「寝入り鼻を襲われる」「出鼻をくじく」のように《鼻》を使っても、間違いではない。ただ、《鼻》は体の器官の「はな」の印象が強いので、《端》を使って書き表しておく方が、落ち着きがよい。

《端》と《鼻》の使い分けが気になるのは、"突き出た部分"や"ものごとの始まり"を指す場合くらい。ただ、《鼻》と使い分けがややこしくなる漢字としては、《洟》がある。《洟》は、"水"を表す部首「氵(さんずい)」の漢字で、"体の器官の「はな」から流れる液体"つまりは「はなみず」を指す。日本語では、「はなみず」のことを単に「はな」とも呼ぶので、「はな」と訓読みして「洟を垂らす」「洟をすする」「洟をかむ」などと用いられる。

とはいえ、「はなみず」は体の器官の「はな」と関係が深いところから、日本語では、「はなみず」を意味する「はな」のことも、《鼻》を使って書き表すことがある。たとえば、「鼻を垂らす」「鼻をすする」「鼻をかむ」といった具合。《洟》を用いる方が漢字本来の意味には忠実だが、むずかしい漢字な

	端	鼻	洟
「はなみず」		△	◎
体の器官の「はな」		◎	○
突き出た部分	◎	○	
ものごとの始まり	◎	○	

ので、振りがなを付けるなどの配慮が必要となる。

はなす/はなし

噺 咄 話

ことばにしないと伝わらない!

基本 日本語「はなす」は、"あるまとまった内容を、ことばで伝える"という意味。

発展1 語りものの芸に関して《咄》を使うと、語り口のうまさをイメージさせる効果がある。

発展2 語りものの芸に関して《噺》を書くと、内容のおもしろさが強調される。

基本的には音声によるものだが、最近では、インターネットのチャットのように、文字によるものに対しても使われる。また、「はなし」とは、"あるまとまった内容"を表す漢字。日本語「はなす/はなし」を書き表す漢字には、《話》のほか、《咄》や《噺》もある。

《話》は、「話題」「会話」「談話」「神話」など、"あるまとまった内容を、ことばに出して伝える"ことや、"あるまとまった内容を、ことばで表現したもの"を表す漢字。日本語「はなす/はなし」を書き表すのに適している。

例としては、「学校へ行って友だちと話す」「デートに遅刻したわけを話す」「気になる相手に話しかける」「二人のこれからについて話し合う」「隣の部屋から女性の話し声が聞こえる」「あたしの話をきちんと聞いて欲しい」「むかしむかしのお話です」「ひ

そひそ話はやめてください」などなど、日本語「はなす／はなし」を漢字で書き表す場合には、《話》を広く用いることができる。

これに対して、《咄》と《噺》は、それぞれ、独特の意味合いを表現したい場合に、使われる。ただし、どちらも現在では特殊な漢字になるので、振りがなを付けるなどの配慮をしておく方が、親切である。

《咄》は、本来は"舌打ちする"という意味の漢字。「咄嗟」とは、舌打ちをしたり、ため息をついたりする程度の"ほんの短い時間"のことだ。日本語でのこの漢字は、「口」と「出」に分けられるところから、"ことばを口に出す"という意味で、「はなす／はなし」と訓読みしても用いられている。

一方、《噺》は、部首「口（くちへん）」に「新」を組み合わせて、日本で独自に作られた漢字。「新」は"耳新しく聞こえる"という意味合いで、《噺》は、"人の興味を引く"ところに重点を置いた「はなし」を指す。

現在では、《咄》と《噺》は、どちらも、落語や講談、漫才などといった"語りもの"の芸に対して用いるのが主流。たとえば、「寄席に咄を聞きに行く」「あの落語家は人情咄が得意だ」などが、《咄》の例。これを、《噺》を使って「寄席に噺を聞きに行く」「噺家が高座に上がる」「よくできた小噺」「あの落語家は人情噺が得意だ」としても、意味の上で大きな違いはない。

ただ、《咄》は"口に出す"ことをイメージさせるので、語り手の語り方に重点がある。それに対して、《噺》は、"人の興味を引く"わけだから、聞き手の反応を重視した漢字だと言える。

そこで、「落語家が咄にオチを付ける」「講談師が巧みに咄を語る」など、語り口に焦点を当てたい場合には、《咄》を用いる方が、漢字のイメージにはよく合う。一方、《噺》は、「新作落語を噺す」のようにはまれに「はなす」と訓読みして用いることもできるが、現在ではまず《噺》を「はなす」と訓読みして使うことは、まずない。

なお、《咄》は、「新作落語を咄す」のように「はなす」と訓読みして使うこともできるが、現在ではまれ。一方、《噺》を「はなす」と訓読みして使うことは、まずない。

語り手と聞き手の関係

咄　語り口が　うまい　語り手
噺　聞き手　興味深く聞こえる

はなす／はなれる

放　離

基本1 遠ざける／遠ざかる場合は、《離》を用いる。
基本2 自由にする／自由になる場合は、《放》を使う。

[はなす／はなれる]

一緒にいるのは束縛だ！

《離》は、「離脱」「離陸」「隔離」「別離」など、"遠ざける／遠ざかる"ことを表す漢字。「はなす／はなれる」と訓読みして、「植木鉢を窓辺から離して置く」「机と机の間をもう少し離す」「呼び出しを受けてその場を離れる」「新館は本館からすこし離れたところにある」「親元から離れて独り暮らしをする」のように用いられる。

「一番後ろの車両を切り離す」「二位を引き離してトップに立つ」は、ほかのことばと結びついて「〇〇はなす」の形になった例。「観衆の度肝を抜く離れ業を演じる」「彼女の気持ちはすでに彼を離れてしまった」のように、行動や心情などに対してやや比喩的に使われることも多い。

一方、《放》は、"追い払う""勢いよく発する""どこかへやってしまう"など、さまざまな意味を持つ漢字。その中で、「解放」「釈放」「無罪放免」のように、"束縛を解いて自由にする／束縛から逃れて自由になる"という意味の場合に、「はなす／はなれる」と訓読みする。

例としては、「鳥をかごから放す」「釣った魚を川に放す」「犬が鎖から放たれて逃げ回る」「頼りにしていた先生に見放される」「羊を放し飼いにする」「罪人を野放しにする」「貴重な蔵書を手放す」のように、"こちらの意志が及ばない状態にする"ことを表す場合もある。

このように、《離》は基本的に"その場やすぐ近くから遠くへ"という意味合いであるのに対して、《放》は、"束縛から自由へ"というイメージを持つ。区別は容易なように思われるが、"束縛"の多くは、"その場やすぐ近く"にいることによって生じるもの。どちらでも使えるケースも、少なくない。

自由って意外と限られてる？

そういう場合には、まずは"自由にする／自由になる"という意識をはっきりさせたければ《放》を使う、と考える。たとえば、「岸辺から船を離す」のように《離》を使えば、単に"遠ざける"こと。一方、「岸辺から船を放して川を下る」のように《放》を用いると、"自由に動き出す"という意味合いが表現される。

「岸辺から船が離れる」も同様で、《離》ならば単に"遠ざかる"こと。《放》を使って「岸辺から船が放れて流される」とすると、"こちらの意志が及ばない状態になる"、つまり"勝手に動く"というニュアンスになる。

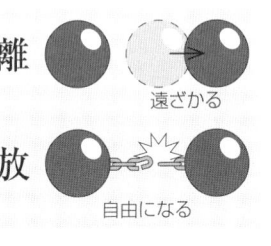

ただし、《放》を使う場合には、何が"自由になる"のかに、注意する必要がある。「ハンドルから手を放す」「ハンドルから手が放れる」では、"自由になる"のは"手"。自転車の曲乗りのような限られた場面

離
遠ざかる

放
自由になる

[はなす／はなれる][はね] ● 452

でないと、なさそうな状況である。

むしろ、多いのは、"ハンドル"が"勝手に動くようになる"状況。そこで、「ハンドルを手から放す」「ハンドルが手から放れる」のように表現すればよさそうだが、日本語としてはやや落ち着かない。結局は、"自由に"という意識を漢字に頼って表現するのはあきらめて、「ハンドルから手を離す」「ハンドルから手が離れる」のように《離》を使っておくのが、適切なところだろう。

「子どもから目を離す」「子どもから目が離れる」も同様。《放》を使うと、"目"が"自由になる"ことになるが、この表現がふつう意味するのは、"子ども"の方が"勝手に動き回る"こと。かといって、「目から子どもを放す」というような言い方はしない。というわけで、「目を離す」「目が離れる」の場合は、《離》を使うしかない。

以上のように、《離》と《放》では、《離》の方が使える範囲が広い。迷った場合には《離》を書くようにするのが、おすすめである。

なお、《放》を「はなれる」と訓読みして、「ロケットが発射台を放れる」「弓矢が弦から放れる」のように用いる例も見かけられる。しかし、「はなれる」と訓読みした場合の《放》は、"自由になる""勝手に動く"というニュアンスを持つ。ロケットや弓矢は、基本的には目指すところが決まっているもので、"自由"や"勝手"とは異なる。そこで、《離》を使って、「ロケットが発射台を離れる」「弓矢が弦から離れる」としておく方が穏当。ただし、「ロケットが発射台から放たれる」「弓矢が弦から放たれる」のように「はなたれる」という日本語を使う場合には、"勢いよく発せられる"という意味で、《放》を使うことになる。

はね

翅 羽

きっと白衣が
お似合いですよ！

基本 《羽》は、古代文字では「㕚」と書き、鳥が羽をはばたかせる「カブトムシが羽を広げる」「羽で風を切りながら飛行機が飛ぶ」「竹とんぼの羽」「扇風機の羽」「ヘリコプターの羽が回転する」のように用いられる。「羽付きの餃子」のような、比喩的な例もある。

ただし、《羽》は、「は」と訓読みすることもあるので、振りがなしでは「は」と読むのか「はね」と読むのか、区別がしにくい。そこで、「はね」ときちんと読んで欲しい場合に

そこで、《離》を使って、「ロケットが発射台を離れる」「弓矢が弦から離れる」としておく方が穏当。ただし、「ロケットが発射台から放たれる」「弓矢が弦から放たれる」のように「はなたれる」という日本語を使う場合には、"勢いよく発せられる"という意味で、《放》を使うことになる。

発展 昆虫の「はね」を指す場合には、《翅》を使うと学者風になるが、やや難解。

《羽》は、古代文字では「㕚」と書いた方が、読み間違いの恐れが少ない。「羽根」と書いた方が、読み間違いの恐れが少ない。

から生まれた飛行機などの「はね」までも表すようになった。転じて、昆虫などの「はね」をも指し、さらには飛行機などの「はね」までも表すようになった。

「はね」と訓読みして、「鳥が羽をはばたかせる」「カブトムシが羽を広げる」「羽で風を切りながら飛行機が飛ぶ」「竹とんぼの羽」「扇風機の羽」「ヘリコプターの羽が回転する」のように用いられる。「羽付きの餃子」のような、比喩的な例もある。

ただし、《羽》は、「は」と訓読みすることもあるので、振りがなしでは「は」と読むのか「はね」と読むのか、区別がしにくい。そこで、「はね」ときちんと読んで欲しい場合に

はね

羽 鳥・昆虫・飛行機 etc.
翅 昆虫（学者風）

は、「羽根」と書く方がおすすめ。「鳥が羽根をはばたかせる」「カブトムシが羽根を広げる」「羽根で風を切りながら飛行機が飛ぶ」「ヘリコプターの羽根が回転する」「扇風機の羽根」「竹とんぼの羽根」「羽根付きの餃子」といった具合である。

動物や飛行機などの「はね」を漢字で書き表す場合は、《羽》を使うか「羽根」と書いておけば、基本的には問題ない。ただ、「はね」と訓読みする漢字には、《翅》もあり、時にはこちらが使われることもある。

《翅》の部首「羽（はね）」は、《羽》の以前の正式な書き方。「支」は、「枝」に含まれる「支」と同じで、"本体から分かれて伸びているもの"を指す。この二つを組み合わせた《翅》は、"胴から分かれて伸びた「はね」"という意味になる。

この漢字は、昔から、鳥や昆虫などの"動物の「はね」"を指して用いられてきた。ただ、近代になって、ヨーロッパで考え出された昆虫の分類法を翻訳する際に「鞘翅目」「双翅目」などといった用語が使われたため、特に"昆虫の「はね」"というイメージが強くなった。

そこで、"昆虫の「はね」"を指して用いると、学者風の雰囲気が出る。たとえば、「蝶の標本の翅をピンセットで広げる」「トンボの翅の模様を観察する」といった具合。ただし、むずかしい漢字なので、振りがなを付けるなどの配慮をしておく方が、丁寧である。

はねる

刎 撥 跳

自分でするのか、されるのか？

基本1 体の力、弾力、熱の力などによって、はずみをつけて空中に上がる場合は、《跳》を使う。

基本2 はずみをつけて何かを飛ばす場合は、《撥》を用いるか、かな書きにする。

基本3 首を切り落とす場合は、《刎》を書くか、かな書きにする。

《跳》は、部首「足（あしへん）」が付いているように、本来は"足の力によって、はずみをつけて空中に上がる"という意味。「跳躍」に代表されるように、広く"人間や動物がはずみをつけて空中に上がる"ことを表す。

「とぶ」（p 363）と訓読みすることもあるが、「はねる」とも読み、「子どもがぴょんぴょん跳ねる」「馬がびっくりして跳ね上がる」「サイレンを聴いて、ベッドから跳ね起きる」などと用いられる。

"はずみをつける"ところから、"弾力ではずむ"という意味にもなる。「ボールが地面で跳ねる」がその例。さらに、「フライパンの油が跳ねる」のように、"熱による膨張力で空中に上がる"ことを指しても使われる。体の力であれ、弾力

一方、《撥》の右半分の「發」は、「発」の以前の正式な書き方。「発」は、「発射」「発砲」のように、もともとは"矢や弾丸などをはずみをつけて飛ばす"という意味。また、部首「扌（てへん）」には、何かを対象とする動作であることをはっきりと表すはたらきがある。そこで、《撥》も、"何かにはずみをつけて飛ばす／何かによってはずみをされる"という意味となる。

　訓読みでは「はねる」と読み、「自転車が泥を撥ねて走る」「トラックに人が撥ねられる」「肩に置かれた手を撥ねのける」「つかみかかってきた相手を撥ね飛ばす」のように使われる。「乙」という漢字の最後は、きちんと撥ねる」は、筆や鉛筆などの使い方に対して使われた例。ことばの発音の仕方については、「ン」の音を「撥ねる音」とか「撥音」と呼ぶことがある。

　このほか、《撥》は、"はずみをつけてどこかへと飛ばす"ところから、"排除する"という意味にもなる。「出荷前にチェックをして、不良品を撥ねる」「実技試験で撥ねられる」「相手側の要求を突っ撥ねる」などが、その例。また、別にするところから、「売り上げの上前を撥ねる」のように、"一部を横取りする"ことを比喩的に指すこともある。

　《跳》と《撥》が異なるのは、《跳》は自然に、"飛んでいく"ことを表すのに対して、《撥》の場合は、"飛んでいく"もの自身はエネルギーを持たず、何かに"飛ばされている"点。とはいえ、《跳》と《撥》については、使い分けがむずかしくなる例も多い。

　たとえば、「ボールが壁に当たって跳ね返る」は、ボール自身の弾力で「はねかえる」のだから、《跳》を書く。一方、「雨粒がコートに当たって撥ね返る」の場合は、雨粒の弾力というよりは、コートの「撥水加工」によって「はねかえされる」ので、《撥》を使う方がふさわしい。

　「敵の攻撃を撥ね返す」も、守る力で押し戻されるわけだから、理屈の上では《撥》を用いる方が適切。ただ、守る方がびくともしない場合には、"壁に当たったボールのように逃げ帰る"という意味合いで、「敵の攻撃を跳ね返す」のように《跳》を使うことも、可能である。

　このように、《跳》は弾力のイメージが強いので、弾力で「はねる」場合は、実際には「はねかえされ」ていても、例外的に《跳》を使う方がよくなじむ。「トランポリンで高く跳ねる」「よく跳ねるスプリング」などが、その例である。

　また、「はねる」を使うと、「株価が急に跳ね上がる」のように《跳》を使うと、株価自体のエネルギーを感じさせる表現になる。これを、《撥》を用いて「株価が急に撥ね上がる」にすると、外部に要

弾力的に運用してね！

[はねる][はやい]

因が存在することを想像させる。同じように考えると、「毛先をピンと撥ね上げる」は、毛先自身には力はないわけだから、《撥》を用いるのがふつう。「毛先がピンと撥ね上げる」場合も同様。しかし、「毛先がピンと跳ね上がる」のように《跳》を使って、毛先が持つ"勢いのよさ"を表現することもできる。

以上のように、《跳》と《撥》の使い分けは、なにかとややこしい。さらに、《撥》は現在ではあまり使われない漢字なので、振りがなを付けるなどの配慮が必要。そのため、《跳》を使うことがはっきりしている「はねる」以外は、かなで書きにしてしまうことも多い。

なお、「はねる」と訓読みする漢字には、《刎》もある。これは、"刃物"を表す部首「刂（りっとう）」の漢字で、"刃物で首を切り落とす"という意味。日本語では、「はねる」と訓読みする。「首を飛ばす"という意味合いで、「はねる」とも。"刃物で首を切り落とす"場合以外には用いないので、使い分けがまぎらわしくなる心配はない。

ただし、むずかしい漢字なので、振りがなを付けるなど

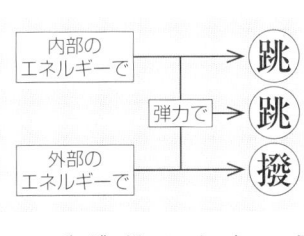

内部のエネルギーで → 跳
弾力で → 跳
外部のエネルギーで → 撥

の配慮は必須。そこで、これまた、「首をはねる」のようにかな書きにしてしまうことも多い。

はやい

迅疾速早

タイミングとスピードの問題

日本語「はやい」を書き表す漢字には、代表的なものに《早》と《速》がある。この二つの漢字は意味の重なる部分があって、厳密な使い分けはむずかしい。

《早》の基本的な意味は、"時間的に前である"こと。「はやい」と訓読みして、「早朝」「早熟」「時期尚早」など、"時間的に前である"こと。「今年は春が来るのが早い」「朝早く起きる」「結論を出すにはまだ早い」「早くお礼を申し上げなければ……」「仕事を早く終わらせて飲みに行く」「会議の開始時刻を早める」「早まったことはするな」などなどと用いられる。

基本1 時間的に前である場合は、《早》を用いる。

基本2 スピードが「はやい」場合は、《速》を使う。

発展1 勢いの激しさを強調したい場合には、《疾》を書いてもよい。

発展2 スピード感を強調したい場合には、《迅》を使うこともできる。

「気が早い」「けんかっ早い」などでは、"すぐに手を出す"こと。「耳」という意味合い。「手が早い」とは、"すぐに○○する"と

早
速

- 時間的に「はやい」 ▶ 動作が終わるのが「はやい」
- 移動や変化のスピードが「はやい」

　「早い」とは、"すぐに聞きつける"ことをたとえていう。

　一方、《速》は、"移動"を表す部首「⻌（しんにょう、しんにゅう）」の漢字。「高速」「音速」「時速」などとよく使われるように、"スピード"について「はやい」ことを表す。「ウサギはカメより速く走る」「モーターの回転が速い」「脈拍が速い」「音楽のテンポを速める」「雨が降って川の流れが速まる」「世の中の変化の速さについて行けない」などが、その例となる。

　このように、《早》が時間について用いられるのに対して、《速》は、スピードについて使われるのが特徴。そこで、「決断が早い」「借りた本を早く読む」「今日は電車を使って早く学校へ行く」のように《早》を書くと、そのタイミングが「はやい」ということになる。一方、《速》を使って「決断が速い」「借りた本を速く読む」「今日は電車を使って速く学校へ行く」とすると、そのスピードが「はやい」ことになる。

　これらの例では、《早》と《速》で、意味がそれなりに異なる。だが、何かをするスピードが「はやい」と、それが終わるのは、想定されているよりも"時間的に前"になる。そこで、《早》と《速》は、どちらを使っても結局は意味に差がないことも多い。たとえば、「火の回りが早い」と「火の回りが速い」、「お客さんの出足が早い」と「お客さんの出足が速い」、「怪我の回復が早い」と「怪我の回復が速い」といった具合。こういった場合には、意味が違うといえば違うが、違わないといえば違わない。自分なりに結論が出せるならばもちろんそれに従って使い分けるべきだが、悩むようであれば、適当に好きな方を書いておくのがおすすめである。

　ただ、昔の日本語では、「はやい」ことを表現するときに、スピードよりも時間の観念を優先して、《早》を用いる習慣があったらしい。そこで、慣用的な表現では、現在の感覚ではスピードを指していても、《早》を使う例が多い。

　たとえば、「手早く料理をする」は、料理のスピードが「はやい」とも取れるが、料理ができあがるのが「はやい」という意味合いで、《早》を書く。「目にもとまらぬ早業」「早口でしゃべり立てる」「早食いは健康によくない」「お芝居で役者さんが早変わりを演じる」なども、同じ。「足早に立ち去る」は明らかにスピードに関する表現だと思われるが、これも、いなくなるのが思ったより「はやくなる」という意味で、《早》を使うのが習慣である。

　これらと同じようなシチュエーションでも、「包丁を持つ

昔からの表現なので…

[はやい][はら]

手を速く動かす」「しゃべりが速くて聞き取れない」「猛烈な速さで衣装を着替える」「逃げ足が速い」など、慣用句ではなく《速》を使う一般的な表現として「はやい」が使われる場合には、《速》を使うのがふつう。このあたりは、割り切って受け入れるしかないようである。

> **そこのけそこのけお馬が通る!**

《早》《速》のほかにも、「はやい」と訓読みできる漢字はたくさんある。その中で、現在でも用いられるものとしては、《疾》と《迅》が挙げられる。ただ、どちらもやや特殊な読み方なので、振りがなを付けるなどの配慮をしておく方が、丁寧である。

《疾》は、部首「疒(やまいだれ)」が付いているように、本来は"病気"を表す漢字。「疾病」「疾患」がその例。"急に病気にかかる"ところから、「疾走」「疾風」のように、"移動の勢いが激しい"という意味になった。

この意味の場合、訓読みでは「はやい」と読むが、"病気"のイメージがあるので、まわりを圧倒するような"勢い"の激しさ"を強調したい場面に用いるのがふさわしい。たとえば、「パトカーがサイレンを鳴らしながら、疾く走る」「彼の対応は、驚くほど疾い」といった具合である。

もう一つの《迅》は、"移動"を表す部首「辶」に、読み方を示す「卂」を組み合わせた漢字。「卂」は、形が似た「飛」と関係が深い漢字で、《迅》も"飛ぶように移動する"という意味

を表す。

そこで、「はやい」と訓読みして用いる場面には、その"スピード感"を強調したい場合に使うのが、漢字の持つ本来の意味によく合う。「舟は矢のように迅く湖面をすべっていく」「あいつは鉄砲玉よりも迅く走る」などが、その例である。

はら

肚腹

> **胃袋の中身は見えません**

基本 一般的には《腹》を用いる。

発展 外見からは窺い知れない考えや、強い決意を表す場合には、《肚》を使うこともできる。

《腹》は、「腹筋」「腹痛」「開腹手術」など、"胃腸を中心とした、胴の前面の下半分"を指す漢字。「はら」と訓読みして、「食べ過ぎて腹が出る」「腹をかかえて笑う」「腹が減って力が出ない」「腹が下る」などと用いられる。

「腹が立つ」「腹が黒い」「腹を割って話す」などは、転じて"気持ちや考え"を指す例。ほかにも、「自腹を切る」「腹違いの兄弟」など、「はら」を含む慣用表現はたくさんあるが、いずれの場合も、漢字では《腹》を使って問題ない。

また、「このパイプは蛇腹になっていて、伸び縮みが可能です」「指の腹でボタンを押さえる」「舟の土手っ腹に穴が空く」のように、"胴の前面の下半分"以外のものを比喩的に表現してい

[はら][はらう] ● 458

腹

胴体の前面下部

気持ち 考え｜秘めた強さ → 肚

る場合でも、漢字では《腹》を用いて書き表す。

ただ、似た意味で「はら」と訓読みする漢字には、《肚》がある。この字の右半分の「土」は、「吐」と関係が深く、"胃袋の中に収まっているもの"を指すらしい。そこで、《肚》も、中に何かを収めた"胃袋"のことを表す。実際には、「肚裏」「肚中」などの形で、比喩的に"外見からは窺い知れない考えや決意"を指すことが多い。

ここから、《腹》の代わりに《肚》を用いて「はら」を書き表すと、"外には出さない考え"というニュアンスや、そこからかもし出される"気持ちの強さ"を表現する効果がある。例としては、「あいつがどういう肚でいるのか、見当もつかない」「お互いに肚の探り合いをする」「彼は肚に一物を秘めている」「最後までやってしまおう、と肚を決める」「どうにでもなれ、と肚がすわる」「肚をくくって交渉に臨む」など。もっとも、これらの場合に《腹》を用いても、大きな問題はない。

なお、《肚》は現在ではあまり用いられない漢字。振りがなを付けるなどの配慮をしておく方が、親切である。

はらう

祓 掃 払

基本　一般的には《払》を用いる。

発展1　ほうきやブラシなどでごみを取り除く場合は、《掃》を使ってもよい。

発展2　神や仏の力で「おはらい」をする場合には、《祓》を書くと、意味合いがはっきりする。

どっかへ行け！
あそこへ向かえ！

《払》は、以前は「拂」と書くのが正式。「拂」は、"かき回す"という意味があるらしく、「沸騰」の「沸」は、"水がかき回されたように動く"こと。その「弗」に部首「扌（てへん）」を組み合わせた「拂」は、"手などを勢いよく動かして、何かを取り除く"ことを表す。訓読みでは「はらう」と読み、「ほこりを払う」「火の粉を払う」「雑草を切り払う」「部屋のふすまを取り払う」などに使われる。

音読みでは、「払拭」がその例。

日本語「はらう」は、ここから転じてさまざまな意味で用いられる。「骨董品を売り払う」「事務員が出払う」「人払いをして内密に話す」「ビールを飲んで暑気払いをする」などでは、"どこかへやってしまう"こと。「敬意を払う」「注意を払う」「関心を払う」などでは、"何かに気持ちを向ける"こと。さらに、「犠牲を払う」「お金を払う」「代金を支払う」のように、"何かと引き換えに何かを失う"という意味にもなる。

[はらう] [はらす] [はり]

払
勢いよく動かして何かを取り除く

祓「おはらい」　掃 ほうきやブラシで

ほかにもさまざまな「はらう」の使い方があるが、どんな場合であれ、漢字では《払》を用いて書き表す。しかし、「はらう」と訓読みする漢字には《掃》や《祓》もあり、それぞれのニュアンスを生かして使い分けることもできる。ただし、《掃》を「はらう」と読むのはやや特殊な読み方だし、《祓》はややむずかしい漢字。振りがなを付けるなどの配慮をしておく方が、親切である。

まず、《掃》は、部首「扌」に、「ほうき」と訓読みする「帚」を組み合わせて生まれた漢字。「清掃」「掃除」のように、"ほうきやブラシなどでごみを取り除く"ことを表す。

訓読みでは、ふつうは「はく」（p430）と読むが、「はらう」と訓読みすることもできる。例としては、「庭の落ち葉をほうきで掃う」「ブラシで服についた塵を掃う」「お墓の苔をへらで掃う」など。

次に、《祓》は、"神や仏"を表す部首「示（しめすへん）」の漢字。右側の「犮」は、「ぬく」と訓読みする「抜」以前の正式な書き方「拔」にも含まれていて、"取り除く"ことを表す。

そこで、《祓》は、"神や仏などの力で、けがれや禍などを取り除く"という意味となる。いわゆる「おはらい」のことで、このニュアンスをはっきりと示したい場合には、《祓》を使うと、効果が高い。

例としては、「お坊さんにお祓いをしてもらう」「節分には豆をまいて邪気を祓う」「神社にお参りして、厄祓いをしてもらう」「教会で悪魔祓いの儀式が行われる」など。ただ、これらも"取り除く"ことの一種だから、「お坊さんにお払いをしてもらう」「節分には豆をまいて邪気を払う」「神社にお参りして、厄払いをする」「教会で悪魔払いの儀式が行われる」のように、《払》を書いても問題ない。

はらす

霽 腫 晴

→はれる／はらす（p462）

はり

鍼 針

基本　一般的には《針》を用いる。

発展　中国医学で用いる「はり」は、《鍼》を使うことが多い。

《針》の右半分の「十」は、古代文字では「♦」と書き、"先のとがった棒"を示していて、それに部首「金（か

痛みに耐えてくださいね！

ら生まれた漢字だと考えられている。

[はり][はる] ● 460

「はり」と訓読みして、「針と糸で布を縫う」「時計の針が五時を示す」「注射器の針を血管に刺す」「蜂が鋭い針で人を刺す」などと用いられる。"先のとがった棒"を意味する日本語「はり」を漢字で書き表す場合には、《針》さえ使っておけば、間違いにはならない。

ただし、中国医術で使う「はり」については、《鍼》を用いることも多い。この漢字は、もともとは読み方も意味も《針》と同じ。裁縫などで用いる「はり」も表していたが、昔からの習慣として、特に中国医術で使う「はり」を指してよく使われる。「つぼに鍼を刺す」「腰痛の治療で鍼を打ってもらった」などが、その例である。「針灸術」という書き方もあるように、《針》にも中国医術で使う用法がある。そこで、これらを「つぼに針を刺す」「腰痛の治療で針を打ってもらった」のように《針》を用いて書き表しても、間違いではない。とはいえ、《鍼》を使った方が、中国医術で使う「はり」であることがはっきりする。

なお、特に"魚を釣るときに使う"の意味で、《鉤》を「はり」と訓読みすることがある。この漢字は、"先が曲がった金属の棒"という意味で、ふつうは「かぎ」(p133)と訓読みする。読み方がまぎらわしくなりやすいので、「はり」と読んで用いるのは、おすすめできない。

	その他	裁縫の「はり」	魚釣りの「はり」	中国医術の「はり」
針	◎	◎	○	◎
鍼				○
鉤			△	

はる

貼張

どんどん広げて、意味も広がる

基本1 ほとんどの場合は《張》を用いる。
基本2 特に、平たいものをある面に密着させる場合には、《貼》を使う。

《張》は、部首「弓(ゆみへん)」が付いているように、本来は"弓の両端に弦を掛けて固定して、矢を射ることができる状態にする"という意味。広く"線状のものをたるまないように固定する"ことを表し、「はる」と訓読みして「柱から柱へロープを張る」「お風呂場に洗濯干し用のひもを張る」「バレーのコートにネットを張る」などは、線状のものが複雑に編んである例。ここから、「川に網を張って魚を捕まえる」「捜査員が容疑者宅の近くに張りめぐらす」のような、比喩的な表現が生まれている。

網やネットを「はる」ところから変化すると、"ある面をたるまないように固定する"という意味にもなる。「式場の

まわりに幕を張る」「祝宴を張る」「テントを張る」「キャンプを張る」などがその例。ここから派生して、「祝宴を張る」のようにも用いられる。

紙や布などを"たるまないように固定する"ときには、その面の紙や布を"広げる"必要がある。そこで、《張》は、"ある面を広げる／ある面が広がる"ことをも表す。音読みでは「拡張」がその例。訓読みでは、「松の木が枝を張る」「家の屋根が道路にまで張り出す」などがその例。「湖に氷が張る」「お風呂に水を張る」でも、"氷や水の面が広がる"ことを表す。

また、「膨張」のように、"ふくらんで表面のたるみがなくなる"という意味になることもある。訓読みの例としては、「食べ過ぎてお腹が張る」「お肌に張りがある」もこの意味で、「筋肉に張りを感じる」「お肌に張りがある」もこの意味で、それが比喩的に使われたものである。

なお、「驚いて目をみはる」の「みはる」は、漢字を使うなら「見張る」と書き表すことば。文字通りには"目の面積を大きくする"ことで、"しっかりと見る"ことのたとえとして使われるところから、「容疑者の動きを見張る」のようにも使われるようになった。

このほか、《張》は、「緊張」のように"心のたるみがなくなる"という意味にもなる。そこで、訓読み「はる」も同じように、「気持ちを張りつめる」「張り切って仕事をする」「何を

やっても張り合いがない」「落ち込んでないで、前を向いて頑張ろう」などと用いられる。

また、"ある面を広げる"ところから、「主張」のように"ある考えを押し出す"ことを指しても使われる。訓読みの例としては、「私は潔白だと言い張る」「意地を張って引き下がらない」「見栄を張って高級レストランに入る」「形式張った話は抜きにしましょう」などが挙げられる。

以上のほか、「ビンタを張る」「横綱を張る」「山を張る」「体を張る」「値段が張る」「欲張る」「踏ん張る」などなど、「はる」にはさまざまな用法がある。それらも全て、元をたどれば「拡張」「膨張」「緊張」「主張」といった《張》の意味に行き着くので、《張》を使って書けば、問題ない。

ところが、日本語「はる」には、"平たいものをある面に密着させる"ことを表す用法もある。この場合、《張》は、もともとは"弓の両端に弦を掛ける"ことで、"空中を渡っている"というイメージが強いので、"密着"という意味合いを含む「はる」に対して用いるのは、ふさわしくない。

そこで登場するのが《貼》。この漢字は、成り立ちははっきりしないが、「同じ」「占」を含む「粘」と関係が深いと思われ、「粘り着く」ように、"平たいものをある面にぴったりと密着させる"ことを表す。ここから、「はる」と訓読みして、「切

密着感がありますか?

[はる][はれる／はらす] ● 462

手を貼る」「傷口に絆創膏を貼る」「台紙に写真を貼り付ける」な
どと用いることができる。比喩的に、「あの男は彼女の傍に
貼り付いて離れない」のように使われることもある。
《貼》は、接着剤などで全面的に固定することを指すのが
本来の用法。しかし、「押しピンで壁にポスターを貼る」のよ
うに、何らかの面にほぼ密着していれば、使うことができ
る。「壁の穴に紙を貼ってふさぐ」の場合も、穴のまわりの面
に密着していることを重視して、《貼》を書く。

一方、「床に板を張る」「天井にガラスを張る」などは、床下
や天井裏の空間が意識されて"密着していない"という印象
が強いので、《張》を用いる。「障子に紙を張る」も、空間を
仕切るものだから同様だが、桟の部分にのりを付けて「は
る」ところに注目すれば、"密着している"というイメージ
もある。《貼》を使って「障子に紙を貼る」としても、間違いではない。

さらに悩ましいのは、ふすまの場合。表裏の紙が中の下地に密着しているものもあれば、中が空洞に近いものもある。かといって、いちいち下地を確認するわけにもいかない。「ふすまを貼り替える」でも「ふすまを張り替える」でも、晴れ晴れした気分だ」など。この意味の場合には「はらす」とも訓読みし、「おやつを横取りされた恨みを晴

張　空中を渡す
貼　密着させる

かろう。
なお、タイルを「はる」場合に、ふつうは下塗りのイメージを用いることも多い。しかし、ふつうは下塗りの上に密着させるわけだから、「浴室にタイルを貼る」のように《貼》を使う方が、適切だろう。

はれる／はらす

霽 腫 晴

基本1 ほとんどの場合は《晴》を書く。
基本2 特に、怪我や病気などで体の一部がふくれる場合は、《腫》を用いる。
発展 雨上がりの雰囲気や爽快さを表現したいときは、《霽》を書いてもよいが、難解。

《晴》は、"太陽"を表す部首「日(ひへん、にちへん)」に、「青」を組み合わせた漢字。音読みでは「せい」と読み、「晴天」「快晴」「天気晴朗」などがその例。訓読みでは「はれ」でしょう」「雨が上がって晴れてきた」「明日は晴れの天気になる」「美しい秋晴れの空」のように用いられる。

日本語では、比喩的に用いられて"不安や疑いがなくなる"ことをも表す。例としては、「落ち込んでいた気分が晴れる」「盗みの疑いが晴れて、晴れ晴れした気分だ」など。この意味の場合には「はらす」とも訓読みし、「おやつを横取りされた恨みを晴

> お天道さまは怪我はしない!

[はれる/はらす]

らす」「裏切り者だという汚名を晴らす」のように使われる。また、"表立っていて立派な"という意味にもなる。「今日は晴れの結婚式だ」「晴れ舞台に立つ」「息子の晴れ姿を目に焼き付ける」などが、その例である。

日本語「はれる」を漢字で書き表す場合には、たいていの場合は《晴》を使っておけばよい。ただ、「はれ」と訓読みする漢字には《腫》もある。《晴》と《腫》は意味が大きく違うので、時には《腫》を使わないと間違いになることもある。《腫》は、「腫瘍(しゅよう)」「浮腫(ふしゅ)」「嚢腫(のうしゅ)」などと使われる漢字で、"怪我や病気などで体の一部がふくれる"という意味。日本語では、これも「はれる/はらす」と表現するので、「はれる/はらす」と訓読される。

例としては、「転んでぶつけた膝が腫(は)れる」「風邪を引いてのどが腫れる」「泣きすぎて目が腫れる」など。ただし、ややむずかしい漢字なので、振りがなを付けるなどの配慮をしておく方が丁寧。そのため、特に「泣き腫(は)らす」の場合には、「泣きはらす」とかな書きにすることも多い。

なお、《晴》と似た意味で「はれる/はらす」と訓読みする漢字に、《霽》がある。これは、部首「雨(あめかんむり)」

晴
空が「はれる」
雨上がり
爽快さ
霽

腫
体が「はれる」

が付いているように、"雨が上がる"という意味。《晴》が"太陽"に着目していたのに対して、"雨"を中心にしている点が異なる。

そこで、特に、雨上がりの雰囲気や気分の爽快さなどを表現したいときに、用いることができる。例としては、「台風一過、今朝はカラリと霽(は)れている」「ついに恨みを霽らして、今は満足です」など。ただし、いかにもむずかしい漢字なので、振りがなを付けるなどの配慮が必須である。

ひ

日　陽

基本 太陽や太陽の光、昼間の時間、暦の上の「ひ」の場合は、《日》を用いる。

発展 太陽や太陽の光を、明るさや暖かさのイメージで表現したい場合には、《陽》を使うと効果的。

> 時間だけは
> あきらめて！

《日》は、古代文字では〈☉〉のように書かれ、"太陽"の絵から生まれた漢字。

訓読みでは「ひ」と読み、「日が昇る」「日が高い」などと用いられる。

「日没」「日蝕」「落日」のように、"太陽"を表す。

転じて、「日が差す」「日当たりがいい」「日に焼ける」のように、"太陽の光"という意味でも使われる。

また、「日中」「日夜」などでは、太陽が地平線から出ている"昼間の時間"のこと。この場合も「ひ」と訓読みして、「日が暮れる」「日が長い」のように使われる。さらに、"暦の上での「ひ」"をも指し、「日時」「昨日」「平日」などが、音読みの例。訓読みの例としては、「休みの日に映画を見に行く」「今日という日は二度と来ない」「締め切りの日が近い」「日替わり定食を頼む」などが挙げられる。

"太陽"や"太陽の光"、"昼間の時間"、"暦の上での「ひ」"などを漢字で書き表す場合には、すべて《日》を使っておいて、問題はない。しかし、似た意味で「ひ」と訓読みする日本語には、「太陽」の《陽》もある。こちらを用いて、独特のニュアンスを表現することもできる。

《陽》は、"盛り上がった土"を表す部首「阝（こざとへん）」の漢字で、もともとは、"山や丘などの太陽の光が当たっている側"を指す漢字。"太陽が当たっている"ところから、「陽春」「陽気」のように、"明るくて暖かい"という意味も持つ。

ここから、《陽》を「ひ」と訓読みして使うと、"明るさや暖かさ"が強調される。「はるかな地平線から陽が昇る」「やわらかな陽差しを浴びる」「陽当たりがいい縁側で昼寝をする」などが、その例となる。

日本語「ひ」が、"太陽"や"太陽の光"を指す場合は、すべて、《日》

日

太陽
太陽の光

陽

明るさ
暖かさ

昼間の時間
暦の上の「ひ」

ひ

火 灯

基本1 ものが燃えていることを表す場合は、《火》を書く。

基本2 人工的な照明器具を指す場合は、《灯》を書く。

　《火》は、古代文字では〖𤆄〗のように書かれた漢字。「ひ」と訓読みして、"燃え上がるほのお"の絵から生まれた漢字。「火災」「出火」「噴火」のように、"ものが燃えていること"を表す。「ひ」と訓読みして「枯れ枝に火を付ける」「やかんを火にかける」「ふとんに燃え移った火を消し止める」などと用いられる。

　「お尻に火が付く」「火に油を注ぐ」「財政が火の車だ」「与党は不祥事の火消しに躍起になった」などは、"緊急事態"のたとえ。ほかにも、「火が消えたようなさみしさ」「顔から火が出る」のように、慣用句で使われることが多い。

　一方、《灯》は、「灯台」「灯明」「門灯」「安全灯」など、人工的な"照明器具"を指す。訓読みでは「あかり」(p19)とも

> 直接じゃない方が好みらしい…

読むが、単に「ひ」と読むことも多い。例としては、「ランプに灯をともす」「闇の向こうに街の灯が見える」「年末のイルミネーションに灯がともる」など。「江戸時代から続く伝統の灯を守れ！」のように、比喩的に使われることもある。

　ただ、《灯》は"照明器具"を指す漢字なので、"燃えているもの"がむき出しになっている"照明"には、あまりなじまない。「かがり火」「いざり火」「お盆の送り火」などは、"照明"の一種ではあるが、"燃えているもの"がそのまま見えているから、《火》を用いる。

　微妙なのはろうそくで、「ろうそくに火を付ける」のような場合は"燃えているもの"そのものというイメージで《火》を書くことが多い。しかし、「ろうそくの灯をかかげる」になると、むき出しではあるものの"照明器具"としての印象が強まって、《灯》がよく使われるようである。とはいえ、《火》を用いて「ろうそくの火をかかげる」と書いても、間違いとは

火（燃えているもの）
灯（照明器具）

の代わりに《陽》を書いてもかまわない。ただし、《陽》はもともと、"太陽の光が当たっている部分"という場所を指す漢字なので、"昼間の時間"や"暦の上の「ひ」"などの時間は表さない。これらの「ひ」では《陽》を使うことはできないので、注意が必要である。

ひく

碾 轢 弾 退 抽 魅 惹 挽 曳 牽 引

基本1 ほとんどの場合は《引》を用いる。

基本2 こちらが目指す通りの方向へ移動させる場合は、《牽》を使うと、意味合いがはっきりする。

発展1 後ろに長く伸ばしたまま移動する場合は、《曳》を書いてもよい。

発展2 力を込めて「ひく」場合には、《挽》を用いることもできる。

発展3 何かの中から抜き出す場合は、《抽》を用いてもよい。

発展4 自然と心を向けさせる場合には、《魅》を書くと効果的。

発展5 わざと心を向けさせる場合には、《惹》を使ってもよい。

発展6 後ろに下がる場合、現場から離れる場合には、《退》を使ってもよい。

基本3 特に、楽器を「ひく」場合は、《弾》を使う。

基本4 特に、車輪で押しつぶしながら通り過ぎる場合は、《轢》を書くが、かな書きも多い。

発展7 特に、のこぎりやかんなを「ひく」場合、道具で粉にする場合は、《挽》を使う。

発展8 臼を使って粉にする場合には、《碾》を用いると、意味合いがはっきりする。

一つでいろいろ使えますよ

日本語「ひく」にはさまざまな意味があるが、基本となるのは、"何かに力を加えて、自分に近づくような方向に移動させる"こと。このことばを書き表すのに使われる漢字はとても多いので、使い分けは非常に複雑。しかし、そんな中でも《引》は、ほとんどの場合に用いることができて、たいへん便利である。

《引》は、部首「弓(ゆみへん)」が付いているように、本来は"矢を射るときに、弓の弦を手前に移動させる"という意味。「引力」「吸引」など、広く"何かに力を加えて、自分の方に移動させる"ことを表す。訓読みでは「ひく」と読み、「ひもを引いてベルを鳴らす」「レバーを引くとブレーキがかかる」「トナカイがそりを引く」「椅子を少し前に引いてください」「畑で大根を引き抜く」などが、その例となる。

「小屋まで電気を引く」「田んぼに水を引き込む」では、形のない抽象的なものに対して用いられて、"必要なところまで到達させる"という意味。「彼は戦国大名の血を引いている」は、これが比喩的に使われたものである。

漢字《引》は、ここから転じてさまざまな意味となる。日本語では、それらもすべて「ひく」で表すことができるので、《引》の訓読み「ひく」はさまざまに使われることになる。たとえば、「引率」での「引」は、"人を導く"という意味。「キャプテンとしてチームを引っ張る」「部

[ひく]

下を引き連れて出張に行く」「商店街で客引きをする」などと用いられる。「引用」では"適切なものを探して持ってくる"という意味で、訓読みの例としては「実例を引いて説明する」「辞書を引いて意味を調べる」などが挙げられる。

「引火」では"ある事態が生じるようにする"ことを表し、「火の不始末が火災を引き起こす」「彼女の発言は大きな反響を引き起こした」が訓読みの例。「引責辞任」のような"自分のものとして受け入れる"という意味に対しては、「先輩の結婚式の司会を引き受ける」「迷い猫を引き取る」が、訓読みの例となる。

現在の日本語ではあまり使われない熟語だが、「引伸」では"長くする" "広くする"という意味。訓読みでは、「写真を引き伸ばす」「フライパンに油を引く」などがその例として挙げられる。やはりマイナーな熟語だが、「誘引」では"気持ちをこちらへ向けさせる"ことを表す。これに対しては「大声を上げてまわりの注意を引く」「涙を見せて同情を引く」などが、訓読みの例となる。

その意識だけは持ってます！　このほか、適切な音読みの熟語はないが、「右足を引いて構える」「伸ばしていた手を引っ込める」「洪水が引く」のような"後ろに下がる／下げる"という意味も、漢字《引》がもともと持っているもの。「血の気が引く」「彼があんまりはしゃぐので、まわりの人が引いて

しまう」は、この意味が比喩的に使われたもの。ここから、"ある活動に積極的に関わるのをやめる"ことをも指すようになり、「政治の場から身を引く」などと用いられる。

日本語「ひく」には、ほかにもまだまださまざまな意味がある。たとえば、「おみくじを引く」「コーチが選手の才能を引き出す」のような、"中からあるものを取り出す"という意味。ある いは、「引き算」「売り上げから経費を引く」では、"中から何かを取り去る"ことを表す。

また、「鉛筆で線を引く」「建築の図面を引く」では、筆記用具をある方向に移動させて"線や図を描く"こと。さらには、「風邪を引く」「試合に引き分ける」「少量の塩が甘みを引き立てる」などといった表現もある。

これらの中には、日本語独自のものかと思われる用法もあるが、どこまでが漢字《引》がもともと持っていた意味で、どこからが日本語「ひく」のオリジナルの意味なのか、見極めるのはむずかしい。

ただ、漢字《引》は基本的に"自分の意図する方向へ"という意識を含んでいる。これらの「ひく」にもその意識が見られるから、《引》を使って書き表しても、違和感はない。

とはいえ、中には、《引》以外にも、「ひく」と訓読みする漢字はたくさんある。中には、《引》と似た意味を持っていて、ニュアンスに応じて使い分けるものもある。そういう漢字とし

ては、まずは《牽》と《曳》が挙げられる。この二つの漢字は、意味がとてもよく似ていて、使い分けはむずかしい。

《牽》は、部首「牛(うし)」の漢字で、本来「地曳き網」は、《曳》を使っておけばよい。の意味は、"牛に縄などを付けて、ある方向へ連れて行く"こと。音読みで「相手を牽制する」と使われるように、"勝手には行動させない"という意味を含んでいる。そこで、「ひく」と訓読みした場合には、"あるものに縄などを付けて、こちらが目指す方向へと移動させる"という意味で用いられる。

【ねらい通りか、後ろに続くか】

一方、《曳》は、「タグボートがタンカーを曳航する」のように用いられる漢字で、"伸ばした縄などの先に何かを付けて、自分が移動する後ろから付いて来させる"という意味。《牽》は"こちらが目指す方向へ"という意識が強いのに対して、《曳》は、"後ろへ伸ばす"ところに重点があるのが、特徴となる。

そこで、「馬を牽いて歩く」「荷車を牽く」「レッカー車を牽く」のように《牽》を使うと、"別の方向へ進みかねないものを、目指す方向へ"とか、"放っておいても動かないものを、目指す方向へ"というニュアンスになる。一方、《曳》を用いて「馬を曳いて歩く」「荷車を曳く」「レッカー車を曳く」と書くと、馬や荷車や事故車が"後ろにつながっている"情景が想像されることになる。もちろん、そういっ

た意味合いを含まない一般的な表現にしたい場合は、「馬を引いて歩く」「荷車を引く」「レッカー車が事故車を引く」のように、《引》を使っておけばよい。

うは《引》や《牽》は用いない。「ドレスの裾を引いて歩く」「ジェット機が飛行機雲を引いて飛んでいく」「サイレンの音が尾を引いて止まない」などを、《曳》を使って「ドレスの裾を曳いて歩く」「ジェット機が飛行機雲を曳いて飛んでいく」「サイレンの音が尾を曳いて止まない」とすると、いかにも"後ろに長く伸びる""あとまで長く残る"という雰囲気になる。

なお、裾や雲やサイレンは、ある方向を目指して移動させようとしてもできないもの。これらの場合に《牽》を使うのはふさわしくない。

《牽》が持ち味を発揮するのは、"強制的に移動させる"場合。たとえば、ふつうに《引》を使った「嫌がる子どもの手を引いて、学校へ連れて行く」に対して、《牽》を用いて「嫌がる子どもの手を牽いて、学校へ連れて行く」と書くと、"強制的に"というニュアンスが強まる。これを、《曳》を使って「嫌がる子どもの手を曳いて、学校へ連れて行く」とすると、子どもが"後ろから付いて来る"ようすが目に浮かぶ表現となる。

【悲しみを乗り越えて…】

ところで、《牽》と似た意味で「ひく」と訓読みする漢字には、《挽》もある。この漢

字は、本来は"力を入れてある方向へ動かす"という意味。「挽回（ばんかい）」とは、"力を入れて元に戻す"こと。ただ、右半分の「免」は、「分娩（ぶんべん）」の「娩」や、「つとめる」（p339）と訓読みする「勉（べん）」にも含まれているように、"限界を超えるほどがんばる"という意味も持つ。

そこで、《挽》も、"力を振り絞って"という意味合いが強い。"弔いの歌"を指す「挽歌（ばんか）」とは、本来は"棺を運びながらうたう歌"のことで、"悲しみをこらえて力を振り絞る"というニュアンスを含んでいる。

ここから、「重たいリヤカーを挽いて坂道を登る」のように、"力を振り絞って"という意味合いが強くなる。

ちなみに、のこぎりやかんなは基本的には同じ場所で使い続けるものなので、《牽》を使うことはない。

牽 目指す方向へ連れて行く
曳 後ろから付いて来させる
挽 力を振り絞り手前へ動かす

《引》の代わりに《挽》を使うと、"力を振り絞る"というニュアンスが表現できる。この場合に、「重たいリヤカーを牽いて坂道を登る」のように《牽》を使うと、"放っておくと下っていってしまうリヤカーを"というイメージになる。

また、日本語では、《挽》を使うと、"のこぎりを挽く"「かんなを挽く」のように"道具を使って木材などを切ったり削ったりする"ことを指しても用いる。この場合も、「のこぎりを引く」「かんなを引く」のように《引》を書くこともできるが、《挽》を用いると、"力を込めて"という意味合いが強くなる。

やかんなを左右に動かすところから、「のこぎりを挽く」「か

わざとなの？天然なの？

ところで、"気持ちを向けさせる"ことを意味する「ひく」についても、《牽》を使うと、"こちらが意図する方へ"とか"強制的に"という意味合いを表現することができる。「人々の注意を玄関に牽いておいて、裏口から抜け出す」「世間の関心を否応なしに牽く」などが、その例。もちろん、これらの場合にも《引》を使っても、ふつうの表現としては問題がない。

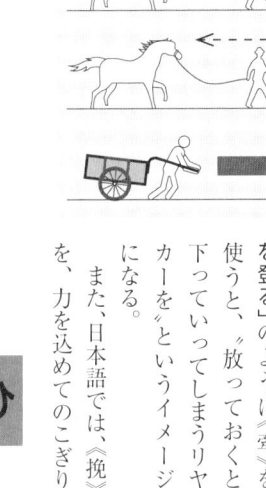

ただ、"気持ちを向けさせる"場合に使われる漢字としては、《惹》の方がよく用いられる。この漢字は、部首「心（こころ）」が付いているように、"感情を刺激する"という意味。「惹句（じゃっく）」とは、"購買意欲を刺激するためのキャッチコピー"をいう。

ここから、"相手の感情を刺激して、気持ちをある方向に向けさせる"という意味で、「ひく」と訓読みして使われ

例としては、「好きな子の気を惹きたくて、いたずらをする」「デザインに惹かれて、多くの若い女性がこのバッグを買い求める」などが挙げられる。

また、《惹》は、だれかの気持ちを刺激して行動に駆り立てるところから、"事件を起こす"という意味にもなる。「重大事件を惹起する」のように使うのが、音読みの例。訓読みでは、主に「惹き起こす」の形で用いられる。

この場合でも、基本的には"感情"に関する漢字なので、「恋愛沙汰を惹き起こす」「増税が国民の反発を惹き起こす」のように、"感情"が重要な役割を果たす場面で使うのがふさわしい。「地震が津波を引き起こす」のような純粋な自然現象については、《惹》は使わない方が無難である。

このように、《惹》には、"特別なことをして、わざと気持ちを向けさせる"という意味合いがある。それに対して、"特別なことはしないのに、自然と気持ちが向くようになる"場合には、《魅》を使うと、その雰囲気が出る。

この漢字は、部首「鬼(きにょう)」にも現れているように、本来は、魔物が人間の心を奪う"という意味。人間には理解できない不思議な力を思わせるところから、"自然と気持ちを向けさせる"ことを表すのに適している。

例としては、「彼は、彼女の純粋さに魅かれた」「この家の落ち着いた雰囲気に魅かれる」「この街の活力が、才能のある多くの芸術家を魅きつける」など。"自然に"というその意味合いから、「ひかれる」の形で用いられることが多い。

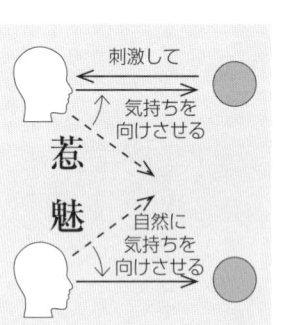

このように、《惹》と《魅》の間には、"わざと"なのか"自然と"なのかという違いがある。そこで、「彼はいつも人目を惹くような行動をする」のように《惹》を使うと、それは"わざと"だということになる。一方、《魅》を用いて「彼はいつも人目を魅くような行動をする」とすると、"自然と"そうなるというニュアンスになる。

ただ、現実的には、この二つの間に境界線は引きにくい。判断が付きにくい場合には、《惹》を使うことが多い。もっとも、《引》を使って「彼はいつも人目を引くような行動をする」と書いておけば、そういう問題にはわずらわされずに済む。

以上のほか、《引》と同じような意味で「ひく」と訓読みする漢字には、《抽》と《退》がある。

中から取り出す、後ろへ下がる

《抽》は、「健康によい成分だけを抽出する」のように使われる漢字で、"何かの中からあるものだけを抜き出す"と

刺激して
気持ちを
向けさせる

惹

魅

自然に
気持ちを
向けさせる

いう意味。「抽象」とは、目に見える具体的なものから"目に見えない本質だけを取り出したもの"をいう。

訓読みでは「ひく」と読み、「当たりくじを抽く」「トランプでジョーカーを抽く」「人間の能力を最大限に抽き出す」「集めたデータから結論を抽き出す」のように用いられる。《引》のところでも例を挙げたように、これらの場合に《引》を使っても、一般的な表現としては何の問題もない。ただ、《抽》を書くと、"何かの中から"というニュアンスがはっきりする。

一方、《退》は、"移動"を表す部首「辶（しんにょう、しんにゅう）」の漢字で、基本的には「後退」のように、"後ろへ下げる"という意味。訓読みでは、ふつうは「しりぞく／しりぞける」[p247]と読むが、「ひく」と読むこともできる。「波が退く」「椅子を後ろに退く」「一歩退いて全体を見渡す」などが、その例である。

転じて、「辞退」「撃退」「退職」など、"ある活動の現場から離れる"ことを指しても使われることも多い。訓読みでは、たとえば「会社の経営から身を退く」「この企画からは手を退こう」「ものごとは退き際が大切だ」といった具合である。

抽　中から抜き出す
退　後ろへ下がる

これまた《引》のところでも例を挙げたように、これらの場合に《引》を用いても、一般的な表現としては何の問題もない。ただ、《退》を用いると、《引》を書くよりも"後ろへ"というイメージがはっきりするので、消極的な雰囲気が強くなる。そこで、《退》のところでも例を挙げたように、《引》を使うのが効果的である。

なお、ここまでに挙げた《牽》《曳》《挽》《惹》《魅》《抽》《退》を「ひく」と訓読するのは、現在ではやや特殊。振りがなを付けるなどの配慮をしておく方が、親切である。

ところで、日本語「ひく」の中には、《引》が基本とする"自分の意図する方向へ"という意識とは関係の薄い用法もある。それらの「ひく」を《引》を使って書き表すのは、漢字の意味からするとそぐわない。"弦楽器や鍵盤楽器を演奏する"のがその代表で、この場合の「ひく」は、《弾》を用いて書き表す。

《弾》は、《引》と同じく部首「弓」の漢字。本来は、「はじき弓」という、"弓に似た構造をしていて、弦の力でものを飛ばす武器"を指す。転じて、弦をはじいて音を鳴らすことから、"弦楽器を演奏する"という意味で使われる。

日本語では、弓の弦を手前に動かして放すと、震えて音が鳴るところから、"弦楽器を演奏する"ことも「ひく」と表

あの震え方がたまらない！

[ひく] ● 472

現する。そこで、《弾》も、「三味線を弾く」「バイオリンを弾く」「ギターの弾き語りをする」のように、「ひく」と訓読みされることになった。

ピアノも、楽器の構造としては弦を震動させて音を出すので、「ピアノを弾く」のようにも使うことができる。ここから意味が広がって、「オルガンを弾く」「アコーディオンを弾く」のように、"鍵盤楽器を演奏する"ことも「ひく」で表し、《弾》を用いて書き表される。

これらの「ひく」は、一応、"弦をある方向に動かす"ことに由来しているので、《引》を使って書き表しても、間違いだとは言い切れない。ただ、実際の弦楽器の演奏では、弦を手前に動かしているイメージはあまりないし、鍵盤楽器ならば、なおさらこと。そこで、"弦楽器や鍵盤楽器を演奏する"ことを漢字で書き表す場合には、《引》は用いないのが習慣である。

力を加えて細かくする！

"ある方向へ移動させる"という意識が薄い「ひく」としては、もう一つ、"押しつぶす"ことを表す用法もある。こちらの場合には、細かい意味合いに応じて《轢》《挽》《碾》を使い分ける。ただ、どれもむずかしい漢字なので、振りがなを付けるなどの配慮をしておくことが望ましい。

まず、《轢》は、部首「車（くるまへん）」が付いているように、

本来は"車輪で押しつぶす"という意味。「軋轢（あつれき）」とは、文字通りには"車輪がぶつかる"ことをいう。転じて、《轢》は"車輪で上から押しつぶす"ながら過ぎる"という意味をも表し、「ひく」と訓読みして用いられる。「乗用車が動物を轢く」「子どもがトラックに轢かれそうになる」などがその例。ただし、かなりむずかしい漢字なので「乗用車が動物をひく」「子どもがトラックにひかれそうになる」のようにかな書きにされることも多い。

次に、《挽》は、先に説明したように、本来は"力を振り絞って手前へ移動させる"ことを表すが、日本語では、"道具を使って木材などを切ったり削ったりする"という意味でもやかんなどといった、移動させられる道具が入る。

ところが、これが変化して、「のこぎりを使って丸太を挽く」「かんなを使って床板を挽く」のように、○○に丸太や床板など、"切られたり削られたりするもの"を入れて使われることもある。ちなみに、この場合は、丸太や床板などは移動しないから、《引》は使わない方がよい。

《挽》は、さらには、"のこぎりやかんなを使うと細かいずが出るところから、"道具を使って粉にする"という意味でも用いられる。「コーヒー豆を挽いて粉にする」「肉を粗挽き（あらびき）にしてハンバーグを作る」などがその例である。

ひげ

髯鬚髭

基本1 一般的には《髭》を用いる。

基本2 動物の「ひげ」の場合は、《鬚》を使ってもよいが、かな書きの方がはるかに自然。

発展1 「あごひげ」を指す場合には、《鬚》を使うこともできる。

発展2 「ほおひげ」を指す場合には、《髯》を書いてもよい。

口やあご、頬など"顔の下半分から生える毛"のことを、日本語では「ひげ」と呼ぶ。このことばを書き表す漢字としては、《髭》《鬚》《髯》の三つがある。

まず、《髭》は、"頭部に生える毛"を表す部首「髟（かみがしら）」に、「此」を組み合わせた漢字。「此」は"口"を指すことがある「嘴」にも含まれていて、"口"を指すことができる「くちばし」と訓読みする「觜」にも含まれている。そこで、《髭》も、本来は、口のすぐ上に生える「くちひげ」を指す。訓読みでは単に「ひげ」と読み、「鼻の下にちょび髭を生やす」「八の字髭」のように使われる。

次に、《鬚》に含まれる「須」は、もともとは、"頭部"を指す部首「頁（おおがい）」に、"毛"の絵から生まれた「彡」を組み合わせた漢字。《髭》とは反対に、"頭部の下の方から生えている毛"を指す。後に「須」が「必須」「必要である」という意味に転用されたので、改めて部首「髟」を付け加えて、《鬚》が作られた。

この漢字は、人間に対して用いられた場合には、特に"頭部の下の先の方から生えている毛"つまり「あごひげ」を指す。ただ、訓読みではやはり単に「ひげ」と読み、「頭鬚」「あごから生えた鬚をしごく」のように使われる。

三つ目の《髯》は、成り立ちから言えば《髯》と書き方が適切。下半分の「冄」は、古代文字では「𠕋」と書き、《髯》は、両側に垂れた毛"の絵から生まれた漢字。ここから、訓読みでは単に「ひげ」とだけ読み、「頰髯（ほおひげ）」を指す。これまた訓読みでは単に「ひげ」とだけ読み、「頰髯」もみあげから続いて、美しい髯が

挽 道具で粉にする

碾 臼で粉にする

轢 車輪で押しつぶす

最後の《碾》は、部首「石（いしへん）」にも現れているように、石臼などの"臼を使って粉にする"という意味。「石臼でソバの実を碾いて抹茶にする」「茶臼でお茶の葉を碾いて抹茶にする」のように用いられる。「ソバの実を挽く」「お茶の葉を挽く」のように《挽》を書いても同じ意味にはなるが、"臼を使う"場合には、《碾》を用いる方が、その意味合いがはっきりする。が、かなりむずかしい漢字なので、《挽》が使われることも多い。

一度では剃りきれない?

ぶ。このことばを書き表す漢字としては、《髭》《鬚》《髯》の

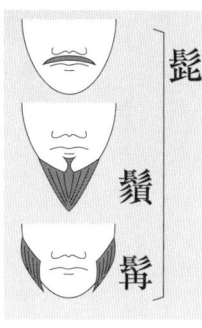

「生えている」のように用いられる。

以上のように、「ひげ」を漢字で書き表す場合には、生えている場所によって《髭》《鬚》《髯》を使い分ける。ただし、現実的に考えると、この三つをすべて生やしている人が「ひげ」を剃る場合など、困ってしまう場面も少なくない。

そこで、一番よく見かけるのは「くちひげ」なので、一般的には《髭》を用いるのが習慣。あえて《鬚》《髯》を書く場合には、振りがなを付けるなどの配慮が欲しい。

なお、本来は"頭部の下の方から生えている毛"を指す《鬚》は、漢文では、「虎鬚」のように、動物の「ひげ」に対しても使われる。そこで、訓読みでも、「猫の鬚」「ナマズの鬚」などのように用いることができる。さらには、「竜の鬚」はもちろん、「バッタの鬚」のように昆虫の"触角"を指して使うことも可能である。

ただし、現在では、「猫のひげ」「ネズミのひげ」「ナマズのひげ」「竜のひげ」「バッタのひげ」のように、かな書きする方がはるかに自然。植物の場合も、「もやしのひげを取る」のように、かな書きにするのが、妥当なところだろう。

髭
鬚
髯

ひそか

私窃密秘

神々は山奥に住む

基本	日本語「ひそか」は、"他人に知られないように"という意味。このことばを書き表す漢字はいくつかあるが、現在の日本語で比較的よく用いられるのは、《秘》と《密》。ただ、「秘密」という熟語があるように、この二つは意味がよく似ていて、使い分けるのはとてもむずかしい。
発展1	本人にとって大切なものを知られないようにする場合には、《秘》を用いてもよい。
発展2	知られては困ることを知られないようにする場合には、《秘》を使うこともできる。
発展3	知られると罪になる場合には、《密》を書くとニュアンスがはっきりするが、やや特殊。
発展4	無理に隠すわけではないが知られたくもない場合には、《私》を使うこともできる。

《秘》は、以前は「祕」と書くのが正式。"神や仏"を表す部首「示(しめすへん)」の漢字で、本来は、宗教の上で重要なことについて、"外部に知らせない／外部からは知ることのできない"ことを表す。転じて、「秘策」「秘蔵」「秘訣」「秘宝」のように、"非常に価値があるが知られていない"場合に使われることが多い。

このため、「ひそか」と訓読みした場合でも、本人にとって大切なもの、満足がいくことについて用いるのがふさわしい。たとえば、「彼女は若いころに国体に出たことに、秘かなプライドを持っている」「会社の帰りにこの店に立ち寄るのが、彼の秘かな楽しみだ」「部活の先輩に秘かにあこがれを抱く」などが、その例となる。

また、「同僚の失敗を目の当たりにして、秘かに溜飲を下げる」のように、悪いイメージで使うこともできる。総じて、《秘》は、"知られないようにすることで、価値がよけいに高まる"といった趣を持つことが多い。

一方、《密》は、字の形に「山」を含んでいるように、本来は"山が険しくて出入りができない"という意味。「密閉」「密室」「密封」など、"出入りする隙間をふさぐ"という意味で使われる。"隙間をふさぐ"のは隙間があるとだから困るから、転じて"知られると困るようにする"ことをも表すようになった。

音読みでは、「密会」「密航」「密談」「密造」などがその例。訓読みでは、「会社のお金を密かに使い込む」「ライバル社の動向を密かにスパイする」「あいつはいい人のように見えるが、密かな野望を抱いている」などと用いられる。

《秘》と《密》の違いは、おおむね、以上のように考えることができる。ただ、"本人にとって大切なもの"は、往々

して"他人に知られると困ったことになる"ものでもある。この二つの漢字の使い分けは、結局のところ、どちらに重点を置くかという違いでしかない。

たとえば、「二人は秘かにデートを重ねた」のように《秘》を使うと、"他人に知られないように"という注意深さが強調される。一方、《密》を用いて「二人は密かにデートを重ねた」とすると、背後に"知られると困る"という状況があることが想像される。

「内部情報を秘かに洩らす」と「内部情報を密かに洩らす」でも同様。《秘》を使うと、その情報が大きな価値を持つという雰囲気になるが、《密》を書いた場合は、意味の中心は"洩らしたことがばれるといかに問題になるか"に置かれる。

ただ、実際の区別はむずかしい。悩むようであれば、どちらか好きな方を適当に書くか、かな書きしておくのがおすすめである。

> やばくない？
> やばくはないよ

《秘》《密》のほか、「ひそか」と訓読みする漢字には、《窃》と《私》がある。それぞれややや特殊な訓読みなので、振りがなを付けるなどの配慮をしておく方が、親切である。

まず、《窃》は、「窃盗」「他人の論文を剽窃する」など、"相手に知られないように他人のものを奪う"という意味。"ば

[ひそか] [ひたる／ひたす] ● 476

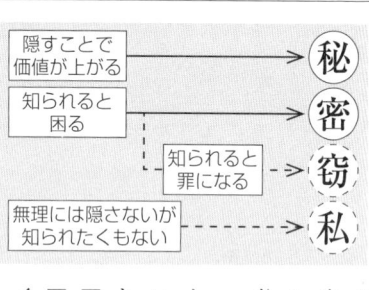

```
秘 ← 隠すことで価値が上がる
密 ← 知られると困る
窃 ⇠ 知られると罪になる
私 ← 無理には隠さないが知られたくもない
```

れたら罪になる」ようなことを表すのが特徴で、《密》のニュアンスをさらに強くしたものだと考えると、わかりやすい。

そこで、《密》の例として取り上げたものも、いかにも"悪いことをしている"という雰囲気になる。たとえば、「会社のお金を窃かに使い込む」「ライバル社の動向を窃かにスパイする」「あいつはいい人のように見えるが、窃かな野望を抱いている」といった具合である。

次に、《私》は、「公私」という熟語があるように、"公である"ことの反対で、"個人的である"ことを表す。そこで、"公には知られないように"という意味で、「ひそか」と訓読みすることがある。

《私》は、《秘》のような"大切なもの"というニュアンスもないし、《密》や《窃》のように"ばれたら罪になる"といった意味合いも含まないのが特徴。"ばれたら罪になる"といった意味合いも含まないのが特徴。そこで、「粉飾決算を疑って、私かに調査を開始する」であれば、"公にはならない範囲で"という意味。「彼女は先生

に対して私かな尊敬を抱いている」ならば、"おおっぴらに口にはしないが、知られたくもない"といった意味合い。"無理に隠すわけではないが知られたくもない"場合に使うのが、有効である。

ひたる／ひたす

漬 浸

押し寄せて来るか、飛び込むか？

基本 一般的には《浸》を用いる。

発展 色や味、香りなどを染みこませる場合、心がある状態に入り込む場合には、《漬》を使うこともできるが、やや特殊。

《浸》は、音読みでは「浸水」「海水が岸辺を浸蝕する」のように使われたり、訓読みでは「しみる」(p243) とも読むなど、"ある場所に液体が次第に入り込む"ことを表す漢字。そこで、「ひたる／ひたす」と訓読みして、「洪水で床まで水に浸る」「波が足元を浸している」のように用いられる。

"次第に"という意味合いを含む《浸》は、時間の経過を伴う場面で用いられることが多い。とはいえ、「アルコールで脱脂綿を浸す」のように、時間の経過とはあまり関係なく"あるものを液体が含まれた状態にする"という意味で使われることもある。

また、日本語「ひたる／ひたす」は、"あるものが液体の中に入る／あるものを液体の中に入れる"ことを表もしても、「じゃがいもが漬るくらいに、使われる。そこで、漢字《浸》も、「じゃがいもが漬るくらいに、

「酒浸りの生活を送る」「なじみのお店に入り浸る」「筆を墨汁に浸す」「足をお湯に浸して温める」「ぜいたくな気分に浸る」のように、《浸》を書くこともできる。

しかし、"ある場所に液体が入り込む"という意味の場合には《漬》は使わない方が無難。つまり、「ひたる／ひたす」を書き表す漢字としては、《浸》の方が、広く使えて勝手がよい。そのため、現在では、《漬》はあまり用いられなくなっている。あえて使う場合でも、振りがなを付けるなどの配慮を忘れないようにしたい。

なお、《浸》と《漬》は、どちらも「つかる／つける」（p 320）とも訓読みできる。「ひたる／ひたす」は、"ある場所に液体が入り込む"という"液体"に視点を置いた意味もあるが、「つかる／つける」の視点は"あるもの"にあり、"あるものが液体の中に入る"ことを表す。

その点、《漬》の方が、「つかる／つける」の意味にはよくなじむ。その結果、現在では、「つかる／つける」は《漬》を使って書き表すのが、主流となっている。

鍋に水を入れる」「筆を墨汁に浸す」「足をお湯に浸して温める」のにも用いられる。

「酒浸りの生活を送る」「なじみのお店に入り浸る」は、比喩的に使われた例。こういった表現では、時間の経過を伴う《浸》のイメージが、よく生かされている。

ここから、「ひたる」は、"心がある状態に入り込む"という意味にもなる。この場合も、《浸》を用いて書き表してかまわない。たとえば、「退職の日を迎えて、感慨に浸る」「高級レストランに行って、ぜいたくな気分に浸る」といった具合である。

日本語「ひたる／ひたす」を漢字で書き表す場合には、《浸》を用いておけば、十分に用は足りる。ただし、「ひたる／ひたす」と訓読みする漢字には、《漬》もある。

《漬》は、音読みの熟語が少なく、本来の意味をつかみにくいが、"あるものを液体の中に入れる"ことを表す漢字。特に、"色や味、香りなどを染みこませる"場合に使われることが多い。

そこで、「小松菜が漬るように、お鍋に出汁を入れる」「タオルを染料に漬して、草木染めにする」のように用いると、漢字の持つ意味合いとなじみやすい。また、"心がある状態に入り込む"、"色や味、香りなどを染みこませる"ことを指す「ひたる」も、"色や味、香りなどを染みこませる"ところから変化したものだと考えて、「感慨

液体が入り込む

浸

液体の中に入れる

漬
色・味・香りが染みこむ

ひとしい

斉 均 等

どういう意味で"同じ"なの?

基本 一般的には《等》を用いる。

発展1 同じ状態にする場合、同じだと判断する場合には、《均》を使ってもよいが、やや特殊。

発展2 すべてが同時に同じようにする場合には、《斉》を書くこともできるが、やや特殊。

《等》は、「等分」「等価」「平等」のように、"数量や程度などが同じである"という意味。「ひとしい」と訓読みして、「三つの辺の長さが等しければ、二つの三角形は合同である」「ケーキを六つに等しく切り分ける」「彼はどんな仕事でも等しく熱意を注ぐ」「彼の今の発言は、罪を認めたに等しい」のように用いられる。

日本語「ひとしい」を漢字で書き表す場合には、《等》を使っておけば、特に問題は生じない。ただ、現在ではあまり用いられないが、《均》や《斉》も、「ひとしい」と訓読みすることがある。

このうち、《均》は、「均等」という熟語があるように、《等》とよく似た意味を持つ。とはいえ、現在の日本語では、「平均」「均一」のような"完全に同じ状態にする"という意味や、「均衡」「均整が取れる」などでの"バランスを取る"ことを指す印象が強い。

そこで、《等》の代わりに「ひとしい」と訓読みして用いるならば、"同じ状態にする""同じであると判断する"という場合に使うとなじみやすい。例としては、「来年度の予算の支出額を、今年度の支出額に均しくする」「部下の失敗には、上司も均しく責任がある」などが挙げられる。

もう一つの《斉》は、古代文字では「斊」のように書かれ、本来は"穀物の穂が出そろっている"ことを表す漢字。古代文字の形を見てもわかるように、長さがそろっているというよりは、時期的に"出そろっている"というニュアンスが強い。

そこで、「一斉に走り出す」「国歌斉唱」など、"すべてが同時に同じように"という意味で使われる。「ひとしい」と訓読みした場合も、この意味で用いると、漢字の持つイメージをよく生かすことができる。

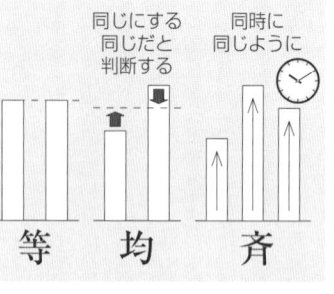

たとえば、「平和は全世界の人々が斉しく願うところだ」「公園の桜は斉しく満開になった」といった具合。ただ、この"同時に"や"同じように"は、個人の置かれた条件に応じて異なる広い

等 — 同じにする／同じだと判断する
均 — 同時に同じように
斉

ひま

閑 暇

基本 一般的には《暇》を用いる。

発展 《閑》を使うこともできる。

意味での"同じように"や"同じように"であり、「罪を犯せばだれでも斉しく罰せられる」のような使われ方も可能となる。"すべてが同時に同じように"という意味なので、「ひとしく○○する」の形で使われることが多い。

なお、《均》も《斉》も、「ひとしい」と訓読みするのはやや特殊。振りがなを付けるなどの配慮をしておく方が、丁寧である。

時間はあっても気持ちが…?

《暇》は、"太陽"を意味する部首「日（ひへん、にちへん）」の漢字。昇っては沈む太陽は"時間"の象徴であることから、部首としての「日」には、"時間"を表すはたらきがある。そこから、《暇》は、「休わしい。

《閑》は、「閑静な住宅街」『深夜の大通りは閑散としている」のように使われる漢字。「しずか」(p233)と訓読みすることもあり、"のんびりして落ち着いた"という心の状態を表す。そこで、「ひま」と訓読みする場合にも、時間的なゆとりよりも、精神的なゆとりに重点を置いて用いるのがふさわしい。

例を挙げれば、「閑な週末には庭いじりを楽しむ」「試験が終わったので、今週は閑だ」といった具合に。これらの場合に《暇》を書いても問題はないが、《閑》を使う方が、心に余裕がある雰囲気がよく表現できる。

訓読みでは「ひま」と読み、「定年退職してから、暇があります」「暇をいただく」「暇を出す」は、やや比喩的に"仕事を辞める／辞めさせる"ことを表すようになった。

"時間"を表すはたらきがある。そこから、《暇》は、「休暇」「余暇」のように、"することが特にない時間"を指すようになった。

あましている」「この週末は暇なのに給料はいい」のように使われる。「暇をいただく」「暇を出す」は、やや比喩的に"仕事を辞める／辞めさせる"ことを表す

暇
することが特にない時間

閑
心の余裕

慣用句。また、「遊んでいる暇はない」「暇を見つけて読書をする」「手間暇を掛けて料理を作る」のように、"ほかのことはしない"ところから変化して、"何かをするための特別な時間"を指すこともある。

日本語「ひま」を漢字で書き表す場合には、《暇》さえ使っておけば、十分には足りる。しかし、「ひま」と訓読みする漢字には《閑》もあり、独特のニュアンスを生かして使い分けることもできる。

[ひらく] ● 480

ひらく

展披啓拓開

シャッターを上げて、仕事が始まる

基本　一般的には《開》を用いる。

発展1　自然に対して手を加える場合、新しい分野を「ひらく」場合には、《拓》を使うと効果的。

発展2　わからないことを教える場合には、《啓》を書くと意味合いがはっきりする。

発展3　包みを取り外す場合には、《披》を使うこともできるが、やや古風。

発展4　広い範囲を見られるようにする場合には、《展》を書くと効果的だが、やや特殊。

《開（かい）》は、部首「門（もんがまえ）」の漢字で、本来は"門が通れる状態になる"という意味。広く"出入りや出し入れができるようにする／なる"ことや、"中が見えるようにする／なる"という意味で使われる。訓読みでは「あく／あける」(p23)とも読むが、「ひらく」と読むことも多い。

例としては、「ドアを開く」「カーテンが開かれる」「本を開く」「宝石箱を開く」「重い口を開く」「心を開く」「メールを開く」「春になって花が開く」「市民にも開かれた大学」のように、やや比喩的に使われることも多い。人が"出入りできる"ところから、「開催」のように、"人に来てもらうイベントを行う／イベントが行われる"という意味にもなる。訓読みでは、「コンサートを開く」「個展を開く」「送別会が開かれる」などが、その例。さらには、「開業」「開演」のように、"活動を始める／活動が始められる"ことも表し、訓読みでは「お店を開く」「銀行口座を開く」「国交が開かれる」などと使われる。

「地下鉄の駅ができて、このあたりもずいぶん開けた」では、"活動が活発になる"という意味。音読みでは「開発」「開運」などがこの例。「先頭との差が開く」のように"間に距離ができる"ことを表す場合もある。

このように、日本語「ひらく」を漢字で書き表す場合には、いつでも《開》を使っておいて、問題はない。ただ、「ひらく」と訓読みする漢字はほかにもあり、それぞれ、独特のニュアンスを生かして使い分けることもできる。とはいえ、どれも現在ではやや特殊な訓読みになるので、振りがなを付けるなどの配慮をしておく方が、丁寧である。

自然と闘い、知識を伝える

中でも、比較的よく用いられるのは《拓》。これは「湿地帯を干拓する」のように使われる漢字で、"自然のままの土地に努力して手を加え、人間が住めるようにする"という意味。ここから、「ひらく」と訓読みして、「ジャングルを切り拓く」「沼地を拓いて田畑にする」「峠を越える道が拓かれた」などと用いられる。

481 ◉［ひらく］

比喩的に使われて、"努力して新しい世界への道筋を付ける"という意味にもなる。「自らの運命を切り拓く」「長年の研究の末、物理学の新たな分野を拓く」などが、その例である。「開拓」という熟語もあるように、これらの場合に《開》を使うことも可能。しかし、《拓》を書いた方が、"努力して"という意味合いをより強く表現できる。

次に、《啓》は、部首「口（くち）」が付いていて、本来は"申し上げる"という意味。手紙で用いる「拝啓」や「二筆啓上」がその例。転じて、「啓発」「神の啓示」「人々を啓蒙する」など、"わからないことを教える"ことをも表す。

訓読み「ひらく」でも、「民衆の蒙を啓く」「この本は、無知な私の眼を啓いてくれた」など、"わからないことを教える"という意味で使われることが多い。これらの場合に《開》を使ってももちろんかまわないが、《啓》を用いた方が、"わからないことを教える"という意味がはっきりする。

なお、《啓》は"教える"ことを表す漢字だから、"自分の力だけで理解する"場合には、使うべきではない。「和尚さんに一喝されて、彼は悟りを啓いた」のように用いるのは可能だが、「苦行の果てに、彼はついに悟りを開いた」の場合は、《開》を書いておくのが妥当である。

「ひらく」と訓読みする漢字としては、《披》も、現在でもたまに使われること

> みなさん、どうぞ
> ご覧下さい！

がある。この漢字は、字の形に「皮（かわ）」が含まれていて、"包んでいるものを取り外す"という意味。「披露」とは、文字通りには"カバーを取って中のものを見せる"こと。「披見」とは、"封筒などを外して手紙を読む"ことをいう。

訓読みの例としては、「封筒を披いて手紙を読む」ことと、"包んでいるものを外す"という意味合いがはっきりする一方、やや古風な雰囲気になる。

比喩的に"思っていることを打ち明ける"という意味になることもあり、「胸襟を披く」という慣用句でよく用いられる。これらの場合でも、《開》を使っても大丈夫。《披》を書くと、"包んでいるものを外す"という意味合いがはっきりする一方、やや古風な雰囲気になる。

最後に、現在ではあまり使われないが、《展》も、「ひらく」と訓読みすることができる。この漢字は、「展望」「展示」「展覧会」のように、"広い範囲が見られるようになる／広い範囲を見られるようにする"という意味。転じて、「箱の展開図」のように、

拓	自然のままの土地 → 人間が住める土地
	未知の分野 → 新しい分野
啓	理解できないこと → 理解できること
披	包まれたもの → 包まれていないもの
展	狭い範囲しか見えない → 広い範囲が見える

[ひらく][ひろがる／ひろげる] ● 482

ひろがる／ひろげる
展拡広

訓読みでは、「のべる」(p413)や「ひろがる／ひろげる」(次項)とも読むが、「ひらく」と読むこともできる。特に"広い範囲が見られるようになる／広い範囲を見られるようにする"ことを表したい場合に、《開》の代わりに用いると、"広々とした"雰囲気をよく表すことができる。

たとえば、「湖に向けて展いた窓」「坂道を登り切ると、急に目の前が展けた」「階段を昇るにつれて、だんだん眺望が展かれてくる」「いいアドバイスをもらって、視野が展けた」といった具合。このように、《展》の訓読み「ひらく」は、「ひらける」「ひらかれる」の形で用いられることが多い。

なお、《展》を、"折りたたんであるものを広げる"という意味で「手紙を展いて読む」のように使っても、漢字の意味の上では問題ない。ただし、現在では、この場合には《開》を用いて「手紙を開いて読む」と書いておく方が、はるかに自然である。

基本 一般的には《広》を用いる。
発展1 積極的なニュアンスを出したいときには、《拡》を使うこともできる。
発展2 開放感を表現したい場合には、《展》を書くのも効果的。

大きくするのが専門です
《広》の基本的な意味は、「広域」「広大」「広告」など、"面積や幅、範囲などが大きい"こと。この意味の場合は、「ひろい」と訓読みする。

転じて、"面積や幅、範囲などが大きくなる／面積や幅、範囲などを大きくする"ことをも表す。例としては、「ひろがる／ひろげる」と訓読みする。「エレガントな香りが部屋いっぱいに広がる」「頭上には満天の星空が広がっている」「株安の影響は世界中に広がった」「芝生の上にレジャーシートを広げる」「改修工事をして道幅を広げる」「専門外の勉強もして、視野を広げよう」「友情の輪を広げる」などなどが、挙げられる。

「熱戦をくり広げる」「あいつは開けっ広げな性格だ」などは、比喩的に使われた例。そのほか、「大風呂敷を広げる」「商売の手を広げる」といった慣用句も含めて、日本語「ひろがる／ひろげる」を漢字で書き表す場合はすべて、《広》を用いることができる。

ただし、「ひろがる／ひろげる」と訓読みする漢字には、《拡》もある。この漢字は、「拡大」「拡張」「拡充」など、"面積や幅、範囲などを大きくする"という意味。《広》は、"面積や幅、範囲などが大きい"という状態を指すこともあるが、《拡》にはその用法はなく、"面積や幅、範囲などを大きくする"という動作だけを指す点が、異なる。

[ひろがる／ひろげる][ひろまる／ひろめる]

```
     ┌─ 積極的 ─→ 拡
 広 ─┤
     └─ 開放感 ─→ 展
面積や幅、範囲などが大きくなる
```

そこで、「ひろげる」と訓読みして用いると、《広》よりも意味がはっきりして、"積極的に大きくする"というニュアンスになる。たとえば、「駅前の駐車場を拡げる」のように《広》を使うのはふつうの表現だが、《拡》を用いて「駅前の駐車場を拡げる」と書くと、"手間とお金をかけて"という意味合いが強くなる。

「我が社としては、何としても販路を拡げたい」「この運動への支持を拡げて、政府に再考を迫る」なども、積極的なイメージを含む《拡》がぴったりする例。逆に、「新聞を広げて読む」「松の木が枝を広げる」のように積極的なニュアンスが薄い場合は、《拡》を使うのはそぐわない。

なお、《拡》は、"面積や幅、範囲などが大きくなる"ことを積極的にとらえた場合に、「ひろがる」と訓読みすることもできる。たとえば、「営業マンの努力のおかげで、顧客の層が拡がった」といった具合である。

《広》《拡》のほか、「ひろがる／ひろげる」と訓読みする漢字としては、《展》もある。この漢字は、「展望」「展示」「展覧会」のように、"大きな範囲が見られるようになる"する"という意味。また、「箱の展開図」の

ように、"丸めたり折りたたんであるものを伸ばす"ことも表す。「のべる」(P413)「ひらく」(前項)と訓読みすることもある。

「ひろがる／ひろげる」と訓読みした場合には、"それまでは小さくまとめられていたものが、大きくなる"というイメージになり、独特の開放感を表現することができる。「窓の外には南アルプスのパノラマが展がる」「新人賞を受賞したことで、下積みが長かった彼女の可能性は、大きく展がった」「大きく展げた紙の上に、思う存分に絵を描く」などが、その例となる。

なお、《展》を「ひろがる／ひろげる」と訓読みして用いるのは、現在ではやや特殊。振りがなを付けるなどの配慮をしておく方が、丁寧である。

ひろまる／ひろめる

弘 拡 広

基本 一般的には《広》を用いる。

発展1 積極的なニュアンスを強調したい場合には、《拡》を使うこともできる。

発展2 役に立つことを多くの人に知らせる場合には、《弘》を書いてもよいが、やや古風。

> 知っておいてくださいね！

日本語「ひろまる／ひろめる」は、基本的には"範囲が大きくなる／範囲を大きくする"という意味。漢字で書き表す場合には、《広》を使う

《広》は、「広域」「広大」「広告」など、"面積や幅、範囲などが大きい"という意味。この意味の場合は、「ひろい」と訓読みする。

また、転じて、"面積や幅、範囲などを大きくする"ことをも表し、この場合には、「ひろがる／ひろげる」(前項)と訓読みする。さらに、"範囲を大きくなる／範囲を大きくする"ことを対象として、"範囲が大きくなる／範囲を大きくする"場合には、「ひろまる／ひろめる」と訓読みすることになる。

例としては、「東京暮らしの間に、交遊の範囲が広まった」「根拠のないうわさ話が広まる」「旅をして見聞を広める」「大学院に進学して知識を広める」「新しい派閥が党内で勢力を広めている」「キリストの教えを広める」「新商品の長所を広める」といった具合。このように、特に"知られている範囲"を対象として、"より多くの人に知られるようになる／知られるようにする"という意味で使われることが多い。

日本語「ひろまる／ひろめる」を漢字で書き表す場合には、《広》だけを使っておいても、特に不自由は感じない。

しかし、「ひろまる／ひろめる」と訓読みする漢字には《拡》《弘》もあり、それぞれのニュアンスに応じて使い分けることもできる。

質より量、量より質

まず、《拡》は、「拡大」「拡張」「拡充」など、"面積や幅、範囲などを大きくする"ことを表す漢字。《広》とは違い、"面積や幅、範囲などが大きい"という状態を指すことがなく、"面積や幅、範囲などを大きくする"という動作だけを表す。

そこで、ふつうは「ひろげる」(前項)と訓読みして用いるが、《広》と同様に、「ひろめる」と訓読みして使うこともできる。《広》よりも意味が強く、"積極的に範囲を大きくする"という意味合いになるのが、特徴である。

先に《広》の例として挙げたものも、積極的なニュアンスが強くなる。特に、他人に対して積極的にはたらきかけるケースと相性がいい。「新しい派閥が党内で勢力を拡めている」「新商品の長所を拡める」「キリストの教えを拡める」といった具合である。

また、"積極的に範囲を大きくしようとした結果、範囲が大きくなる"という意味合いで、「ひろまる」と訓読みすることもできる。これまた先の例でいけば、「東京暮らしの間に、交遊の範囲が拡まった」のように《拡》を用いるより積極的なニュアンスになる。「根拠のないうわさ話が拡まる」でも、《拡》を使うと、"だれかが積極的にうわさ話をしている"という雰囲気になる。

もう一つの《弘》は、現在では人名以外で用いる機会は少

ないが、"人々の役に立つことを、多くの人に知らせる"という意味の漢字。「弘報」とは、簡単に言えば"宣伝"のことで、現在では「広報」と書くことが多い。「弘法大師」の「弘法」とは、"多くの人に仏法を説く"ことをいう。

そこで、「ひろめる」と訓読みして、「宗教を弘める」「正しい知識を弘める」「新しい商品を世に弘める」のように用いることができる。また、"役に立つことを多くの人に知らせた結果、受け入れられる"という意味で、「ひろまる」と訓読みすることも可能。「信仰が世界に弘まる」「科学的な知識が庶民にも弘まる」などが、その例となる。

これらの場合に《広》を用いてももちろんかまわないが、《弘》を使う方が、"人々の役に立つことを"という意味合いが強く出る。その一方で、現在ではあまり使われない漢字なので、古風な雰囲気になることは否めない。

拡　積極的にはたらきかける
広　多くの人に知らせる
弘　役に立つものを知らせる

ふ

ふえる／ふやす

増 殖

基本 一般的には《増》を用いる。

発展 増えたものが元になってまた増える場合には、《殖》を使うこともできるが、やや難解。

いいことばかりでもないようで…

《増》は、「増加」「増産」「倍増」など、"数や量が多くなる／数や量を多くする"ことを表す漢字。「ふえる／ふやす」と訓読みして、「人口が増える」「仕事が増える」「年を取って白髪が増える」「売り上げを増やす」「これ以上、彼女の負担を増やすわけにはいかない」などと用いられる。

日本語「ふえる／ふやす」を漢字で書き表す場合には、《増》さえ使っておけば、十分に用は足りる。しかし、「ふえる／ふやす」と訓読みする漢字には《殖》もある。この漢字は、「増殖」という熟語があるように《増》と意味がよく

似ているが、使い分けは比較的わかりやすい。

《殖》は、「繁殖」「養殖」のように"生き物が子や孫を生むなどして数が多くなる/生き物に子や孫を生ませるなどして数を多くする"ことを表す漢字。"増えたものが元になってまた増える"というイメージを持ち、「利殖」「殖財」など、"元手をうまく活用するなどして、財産が多くなる/財産を多くする"という意味でも使われる。

そこで、"増えたものが元になってまた増える"場合には、《殖》を「ふえる/ふやす」と訓読みして使うことができる。例を挙げれば、「公園に住み着いた猫の数が殖える」「家畜に子どもを生ませて数を殖やす」「事業がうまくいって資産が殖える」「庭に雑草が殖える」「一生懸命に働いて貯金を殖やす」「仕事が次から次へと殖えていく」といった具合になる。

これらのどの場合でも、《増》を書いても問題はないが、《殖》を使うと、"増えたものが元になってまた増える"という意味合いがはっきりする。

ただし、やや特殊な訓読みなので、振りがなを付けるなどの配慮をしておく方が、親切である。

増 ○○→○○○
殖 ○→○○○→○○○…

ふく

葺拭噴吹

自慢話も気体の一種?

基本1 気体が流れる場合、点状のものが表面に現れる場合は、《吹》を用いる。

基本2 穴から勢いよく飛び散る場合には、《噴》を使う。

基本3 ものの表面をなでるようにして汚れを取り去る場合は、《拭》を書く。

基本4 屋根の表面を覆う場合は、《葺》を使う。

《吹》の右半分の「欠」は、成り立ちとしては「欠席」の「欠」とは異なり、古代文字では「♂♀」と書き、"口を開けた人"の絵から生まれた漢字。これに部首「口(くちへん)」を組み合わせた《吹》は、本来は"口から息を吐き出す"ことを表す。

音読みの熟語には適切な例がないが、訓読みでは「ふく」と読み、「ろうそくを吹き消す」「熱々のラーメンを冷まそうと息を吹きかける」などと用いられる。「息を吹き返す」では、少し変化して"呼吸をする"ことをも表す。

転じて、"空気などの気体が流れる"という意味にもなる。これも音読みには適切な例がないが、「そよ風が吹く」「嵐が吹き荒れる」「爆発で吹き飛ばされる」などに、訓読みの例。「不安を吹き払う」のように、比喩的に使われることもある。

また、"息を吐き出して管楽器を鳴らす"ことをも表す。

この場合は、「吹奏楽」が音読みの例。訓読みでは、「笛を吹く」「ラッパを吹き鳴らす」などと使われる。「法螺を吹く」は、大きな音を出すところから、"大げさに言う"ことのたとえ。ここから、「自分の功績を吹いて回る」のように、単に「ふく」だけで"大げさに言う"場合もある。
さらには、比喩的に使われて"声や音楽を録音する"ことをも表す。「音声を吹き込む」「外国映画の吹き替えをする」などが、その例となる。

このようにさまざまな意味に発展はするものの、漢字《吹》の基本には、"息や気体が流れる"ことがある。ところが、日本語「ふく」には、"点状のものが表面に出て来る"という意味もある。

しかし、この場合も、漢字では《吹》を使って書き表してしまうのが、日本語の習慣。たとえば、「春になって木々が芽吹く」「ゆでたお芋が粉を吹く」「頬に吹き出物ができる」などといった具合である。

すぐ散らかすのが悪い癖　一方、《噴》も部首「口」分の「賁」は、「古墳」の「墳」にも使われていて、"丸くふくれる"という意味を持つ。ここから、"頬を丸くふくらませて、口から中のものを勢いよく飛び散らせる"ことを表す。転じて、「噴水」「噴火」「噴煙」「噴石」など、広く"圧力によって小さな穴から勢いよく飛び散る"という意味で使われる。

訓読みでは「ふく」と読み、「びっくりして、ごはんを口から噴いてしまう」「あまりにおかしくて思わず噴き出す」「沸騰したやかんから蒸気が噴き出す」「蛇口から水が噴き出す」「スプレーを噴き付ける」「ロケットが火を噴く」のように、"勢いよく飛び散る"ことを表すのが、《噴》の特徴だと言える。

その点、《吹》は、固体や液体については"点状のものが表面に出て来る"場合にしか使わない。そこで、気体が勢いよく外に出る"場合だけ、《吹》と《噴》の使い分けが問題になることになる。

この場合、《吹》は広く使えるが、《噴》は"勢いよく飛び散る"場合にしか用いることができない。そこで、「ガスが吹き出す」のように《吹》を書くと、一般的な表現になるが、《噴》を用いて「ガスが噴き出す」とすると、霧のように"勢いよく飛び散っている"状態がイメージされることになる。

ちなみに、「吹き矢」で《吹》を使うのは、矢は飛び散らないから。「霧吹き」「クジラの潮吹き」では、《噴》を使ってもよさそうだが、「霧」や「潮」などと結びついて一つのことばになっている場合には、意味が広い《吹》を書くのが習慣。同じような内容でも、「レバーを下げると霧が噴き出す」「クジラが潮を噴く」のように、一つのことばにはなっていない場合

には、"勢いよく飛び散る"ことをはっきりさせるために《噴》を用いることもできる。もっとも、これらの場合に《吹》を使っても、問題はない。

このほか、《噴》を比喩的に使う場合にも、《吹》との使い分けがややこしくなることがある。たとえば、「汗が吹き出る」「不満が吹き出す」のように《吹》を用いると、"点状のものが表面に出て来る"ことを表す。これを、《噴》を書いて「汗が噴き出る」「不満が噴き出す」とすると、比喩的に"飛び散るように勢いよく現れる"という意味を表すことができる。これは読者に与える印象の違いなので、表現したい内容に従って、合う方を使っておけばよい。

なお、"ものの表面"に関連して「ふく」と訓読みする漢字には、《拭》や《葺》もある。

共通点はあるものの…

《拭》は、「ぬぐう」とも訓読みして、"汚れを取り去る"という意味。「ふく」と訓読みして、「机の上を拭く」「ハンカチで汗を拭く」などと

使われる。

一方の《葺》は、"屋根の表面をおおう"という意味。日本語ではこれも「ふく」と表現するので、「瓦で屋根を葺く」「わら葺きの家」などと用いられる。ただし、現在ではあまり使われない漢字なので、振りがなを付けるなどの配慮をしておく方が、親切である。

《拭》《葺》で書き表される日本語「ふく」が、《吹》で書き表される"点状のものが表面に出て来る"という意味の「ふく」と関係があるのかどうかは、よくわからない。とはいえ、この三つの「ふく」はかなり意味が異なるので、使い分けで悩む必要はない。

ふける

耽老更

時は静かに降り積もる…

基本1 夜遅くになる場合、秋が深まる場合は、《更》を用いる。

基本2 年を取る場合は、《老》を使う。

基本3 のめり込む場合は《耽》を用いるが、かなで書きにすることも多い。

《更》は、「変更」「更新」「大臣を更迭する」など、"新しいものに替える"という意味。

転じて、"入れ替わりながら担当する"ことをも表す。

また、古代の中国では、夜間を五つに分け、それぞれに入れ替わりの担当者を置いて時間を告げさせた。その五つ

489 ● [ふける][ふさぐ]

の時間を、「初更」「二更」「三更」「四更」「五更」と呼んだ。

ここから、日本語では《更》を「ふける」と訓読みして、"夜遅くになる"という意味でも用いるようになった。「夜が更ける」がその例。「夜更かしをする」のように、「ふかす」と訓読みすることもある。また、比喩的に四季のめぐりに対して用いて、「秋が更ける」のようにも使われる。

なお、"夜遅くなる"ことを意味する「ふける」を、"夜が「深く」なる"という意味合いで、《深》を使って「夜が深ける」のように書き表すことがある。「深夜」という熟語もあるのでこのように《深》を用いるのは間違いではないが、現在では、《更》を用いる方が一般的である。

一方、《老》は、古代文字では「𦒳」と書き、"髪を長く伸ばした人"の絵から生まれた漢字。漢字が生まれたころの中国では、長髪は年を取っていることの象徴だったらしく、この漢字は"年を取る"ことを表す。「ふける」と訓読みして、「あの人はまだ若いのに老けて見える」「胃の手術をしてから一気に老け込んだ」などと使われる。

このように、《更》と《老》は、どちらも"時間が経つ"という意味合いを持つが、用いる対象が違うので、使い分けに悩むことはない。とはいえ、「更年期」という熟語もあることを考えると、"年を取る"という意味の「ふける」を《老》を用いて書き表しても、間違いとは言い切れない。が、《老》を《更》で

る方がわかりやすいし、自然である。

以上のほか、「ふける」と訓読みする漢字には、《耽》もある。これは「色恋に耽溺する」「ミステリ小説を耽読する」のように使われる漢字で、"ものごとにのめり込む"という意味。訓読みでは「ふける」と読み、「もの思いに耽る」「お酒に耽って仕事を顧みない」「恋愛マンガを読み耽る」などが、その例となる。

訓読みでは「ふける」と読み、《耽》は、ややむずかしい漢字なので、振りがなを付けるなどの配慮をしておく方が丁寧。かな書きにされることも多い。

耽	のめり込む
更	夜遅くになる／秋が深まる
老	年を取る／時間が経つ

ふさぐ

鬱 塞

似ているようで、ちょっと違う

基本 一般的には《塞》を用いる。

発展 気分が晴れない場合には、かな書きにするが、《鬱》を使うこともできる。

漢字《塞》には、大きく分けて二つの意味がある。一つは、「要塞」のような、敵の攻撃を防ぐための基地"とりで"。もう一つは、「閉塞感」

「血管が梗塞を起こす」のような、"通り抜けできなくする"という意味。こちらの意味の場合は、「ふさぐ」と訓読みすることができる。

例としては、「粘土を詰めて穴を塞ぐ」「バリケードを築いて人通りを塞ぐ」「怪しい男に、いきなり手で口を塞がれる」など。

"通り抜けできなくなる"という意味で「ふさがる」と訓読みし、「崩れた土砂で道が塞がっている」のように使われることもある。

「彼の仕事部屋は本棚で塞がっている」での「ふさがる」は、"空いたスペースがない"という意味。ここから、「ふさがる」は、"何かでいっぱいで、空いていない"ことをも表す。「悲しみで胸が塞がる」とは、"悲しみで胸がいっぱいになる"ことをいう。

この「胸が塞がる」と似た表現として、"気持ちが晴れない"ことを「ふさぐ」と表すことがある。たとえば、「仕事でミスをして気がふさぐ」「成績が悪くてふさぎ込む」「ふさいでいないで、飲みに行こうよ」といった具合。これらの「ふさぐ」は、「○○をふさぐ」の形にはならないところが、「○○を塞ぐ」とは異なる。そこで、《塞》は使わず、かな書きにしておく方が無難である。

ただし、"気持ちが晴れない"ことを表す漢字としては、「憂鬱」「鬱屈」「鬱憤」のように使われる《鬱》がある。そこで、

先に挙げた例も、「仕事でミスをして気が鬱ぐ」「成績が悪くて鬱ぎ込む」「鬱いでいないで、飲みに行こうよ」のように、《鬱》を用いて書き表すこともできる。

《鬱》は、見た目のインパクトが強いので、"気持ちが晴れない"ことを強調して表す効果もある。とはいえ、やや特殊な訓読みになるので、振りがなを付けるなどの配慮を忘れないようにしたい。

	パターン	意味
塞	「○○をふさぐ」の形になる	通り抜けできなくする
鬱	「○○をふさぐ」の形にはならない	気持ちが晴れない

ふせる／ふす

臥伏

基本 一般的には《伏》を用いる。

発展 横になって休む場合には、《臥》を使うこともある。

《伏》は、"人"を表す部首「イ（にんべん）」に、「犬」を組み合わせた漢字。犬が頭を垂れて人の言うことに従うところから、"下を向く"ことを表す。「起伏」とは、"上向きになったり下向きになったりする"こと。訓読みでは「ふせる」と読み、「目を伏せる」「顔を伏せる」などと使われる。

疲れがはっきり出てますね

意味がはっきりする。

転じて、広く"ある面が下向きになる／ある面を下向きにする"という意味にもなる。「机にうつ伏せになって眠る」「読みさしの本を伏せて置く」「グラスを伏せて並べる」などが、その例。また、顔のある面を下向きにするところから、腹ばいになる"ことをも表す。例としては、「雷が恐くてその場に伏せた、伏せろ！」などが挙げられる。

ここから、「伏線」「伏兵」「潜伏」のように、"隠す"ことをも指すようになった。訓読みでは、「事実を伏せて公表しない」「敵を待ち伏せする」などの"差し障りのある部分を伏せ字にする"が、その例となる。

一方、《臥》は、"横になって休む"という意味の漢字。「仰臥」とは、"あお向けになって休んでいる"こと。「酔臥」とは、"酔っ払って横になっている"ことをいう。「病臥」とは、"病気で寝ている"こと。

訓読みでは「ふせる」と読む。例としては、「疲れてベッドにごろりと臥せる」「母は病気で臥せっております」など。「ふせる」の代わりに、やや古風な「ふす」を使うことも多い。たとえば、「彼女は長い間、病床に臥していた」「体力が回復して、一人で起き臥しできるようになる」といった具合である。

"横になって休む"ことは、"下を向く"ことや"腹ばいになる"こととは、厳密には異なる。しかし、現在では少し アバウトに考えて、"横になって休む"場合に《伏》を使うことも多い。そこで、「疲れてベッドに伏せっている」「病気で伏せっている」「一人で起き伏しできる」のように書き表しても、間違いではない。

とはいえ、《臥》を使うと、"横になって休む"という意味合いがはっきりし、"体が弱っている"ことを強調する効果がある。ただし、現在ではやや見慣れない漢字なので、振りがなを付けるなどの配慮をしておく方が、丁寧である。

	隠す	横になって休む	腹ばいになる	下を向く
伏	◎	△	◎	◎
臥		◎		

ふね

舟 船

ギリシャ人ならどうするか？

基本 一般的には《船》を用いる。

発展 特に、小型で素朴な「ふね」を指したい場合には、《舟》を使うとイメージに合う。

《船》と《舟》は、どちらも、"水の上を移動するための乗りもの"を指し、「ふね」と訓読みする。成り立ちとしては形が単純な《舟》の方が古いが、意味に大きな違いがあるわけではない。紀元一世紀の初めごろに書かれた中国のある辞書によれば、東の方では《舟》を用い、西の方では《船》を使っていたという。

[ふね][ふむ] ● 492

ただ、字の形がよりシンプルであることから、《舟》には小型で素朴なイメージがある。そこで、一般的には《船》を用い、小型で素朴な雰囲気を出したいときだけ《舟》を使うと考えるのがよさそうである。

《船》を用いる一般的な例としては、「大きな船が港に入る」「船のデッキから身を乗り出す」「ヨーロッパから船便で取り寄せる」「世界一周の船旅に出る」「私の祖父は船乗りだった」「彼は船酔いしやすい体質だ」など。一方、「小舟に乗って湖を渡る」「丸木舟で河を下る」「舟遊びをする」「舟を漕いで橋をくぐる」など、小型であることや素朴な雰囲気をはっきりさせたい場合には、《舟》を使う。

特に、手漕ぎの「ふね」では《舟》を書くことが多い。が、古代ギリシャの「ガレー船(せん)」のように、大きくて立派だけれど手で漕ぐ「ふね」もあるので、一概には言えない。

「釣り船」「屋形船」「渡し船」などは、イメージによって「釣り舟」「屋形舟」「渡し舟」などと書いてもかまわない。とはいえ、《船》は一般的に使える漢字なので、どんな場合であれ、《船》を使っておけば、間違いになるということはない。

"困っている人を助けようとする"ことを意味する「助け舟を出す」では、とっさに出される「ふね」なので、小回りの利く《舟》を使うのがふつう。一方、"困っているときに助けとなるもの"を指す「渡りに船」や、"途中でやめるわけにはいかないこと"をいう「乗りかかった船」では、どんな「ふね」でも表せる《船》を使うことが多い。とはいえ、昔ながらの「ふね」のイメージで、《舟》を用いて「渡りに舟」「乗りかかった舟」とすることも多い。

船

比較的大型のもの
エンジンの付いたもの
etc.

舟

比較的小型のもの
素朴なもの

ふむ

履 践 踏

やらないといけないからね…

基本　一般的には《踏(とう)》を用いる。

発展1　何かを実行することを強調したい場合には、《践(せん)》を使ってもよいが、やや古風。

発展2　するべきことを実行する場合には、《履(り)》を書くこともできる。

《踏(とう)》は、部首「足(あしへん)」にも現れているように、"足で上から押さえ付ける"という意味。「ふむ」と訓読みして、「落ち葉を踏んで歩く」「靴で空き缶を踏みつぶす」「自転車のペダルを踏む」「数十年ぶりに故国の土を踏む」などと用いられる。

転じて、「前人未踏(ぜんじんみとう)」「北極圏を踏破(とうは)する」のように、"実際にある場所へ行く"という意味にもなる。ここから、「初舞台を踏む」「場数を踏む」のように、"実際に経験する"こと

また、「踏襲」では、"すでに行われたことを受け継いで行う"という意味。これが変化したのが、「手続きを踏む」「この段階を踏む」「この歌詞は韻を踏んでいる」のように、"決められた通りにする"ことを表す例。さらには、"すでに行われたことから、先のことを推測する"という意味で、「この仕事は長くかかると踏む」などと使われることもある。

このように、日本語「ふむ」を漢字で書き表す場合には、《踏》を使うだけでも、特に不自由することはない。ただ、「ふむ」と訓読みする漢字には《踐》《履》もあり、場合によってはこれらを用いることもできる。とはいえ、現在では特殊な訓読みになるので、振りがなを付けるなどの配慮が必要である。

まず、《踐》は、《踏》と同じく部首「足」の漢字で、意味もほとんど変わらない。しかし、現在では「実践」という熟語で使われるのがほとんどなので、"考えていたことを実行する"というイメージが強い。

そこで、「ふむ」と訓読みして《踐》の代わりに用いると、"実際に行う"ことが強調される。たとえば「強制執行の手続きを踐む」がその例で、"本当にやるぞ"というリアルさが増す効果がある。その一方で、現在ではあまり使われない訓読みなので、古風な感じがするのは否めない。

次に、《履》は、"足をある場所に置く"という意味。「ふむ」と訓読みして、昔は「池に張った氷を履む」のように、《踏》と同じように用いられた。

しかし、「草履」「木履」のように、《履》には"靴やつっかけなど"を指す用法もある。ここから考えると、この漢字には"足を置くべき場所に足を置く"というニュアンスがあるらしい。そこで、「約束を履行する」「カリキュラムを履修する」のように、"するべきことを実行する"という意味でも使われるようになった。「履歴」も、本来は、"するべき仕事を行ってきた経歴"をいう。

現在、《履》の訓読み「ふむ」が用いられるのは、主にこの意味の場合。「助成金を申請するために、所定の手続きを履む」「伝統にのっとり、きちんとした形式を履んで結婚を申し込む」「政治家は正義を履み行うべきだ」などが、その例である。

これらの場合に《踏》を使っても、問題はない。ただ、《履》を用いる方が、"するべきことを"という意味合いがはっきりするという効果がある。

踏
足で押さえる

実際に行く
実際に経験する
→ 考えを実行する　踐

決められた通りにする
推測する
→ するべきことを実行する　履

[ふやす][ふるう] ● 494

ふやす

殖 増

→ふえる／ふやす（p485）

ふるう

篩 揮 奮 振

それは気持ちの問題だ！

基本1 ほとんどの場合は《振》を用いる。

基本2 特に、気持ちを高める場合には、《奮》を使う。

発展1 自由に動かす場合、能力を自由にはたらかせる場合には、《揮》を書くこともできる。

発展2 「ふるい」を使ってものをより分ける場合には、《篩》を用いるが、かな書きも多い。

ふつうは「ふる」と訓読みするが、特に、"大きく動かす"場合には、「ふるう」と訓読みする。「着物のすそを振るって塵を落とす」「鍬を振るって土地を耕す」「けんかになってこぶしを振るう」などがその例。「組織の改革に大なたを振るう」のように、比喩的に使われることもある。

ここから、「○○をふるう」の形で、"ある能力を十分にはたらかせる"という意味にもなる。例としては、「腕を振るって料理を作る」「彼女は社長として権力を振るった」「インフルエンザが猛威を振るう」「聴衆に向かって熱弁を振るう」など。

「○○」の部分には何らかの意味での"能力"が入るのが、特徴である。

また、能力が十分にはたらくところから、"あるものが盛んになる"という意味にもなる。「農業の振興を図る」「成績不振」などが、音読みの例。訓読みでは「国力が振るう」のようにも用いるが、「○○がふるわない」「○○がふるわず」のように打ち消しの形で"盛んにならない"という意味で使われることが多い。たとえば、「まともな練習場もないのでは、チームの士気が振るわない」「業績が振るわず倒産のピンチに立つ」といった具合である。

日本語「ふるう」は、"盛んな"ところからさらに転じて、"奇抜な"という意味でも使われる。「UFOに見とれていて遅刻したなんて、彼の言い訳はふるっている」がその例。この場合も、漢字で書くとすれば《振》を使うことになるが、かな書きの方が多い。

一方、《奮》は、「興奮」「発奮」「奮闘」など、"気持ちが高まる／気持ちを高める"という意味。"気持ちを高める"場合に「ふるう」と訓読みし、「勇気を奮ってデートに誘う」「みなさん、奮ってご応募ください」「隊長のことばは、みんなを奮い立たせた」「気力を奮い起こして仕事を続ける」のように使われる。

《振》と《奮》の使い分けがまぎらわしくなるのは、《振》が

表す "あるものの能力を十分にはたらかせる"という意味や "あるものが盛んになる"という意味を持っている場合に用い 基本的に "能力"に関して使うのに対して、《奮》は "気持ちに対してしか用いない。また、「○○がふるわない」「○○がふるわず」の形では、《振》を書く。この二点を基準に使い分けるのがおすすめである。

《振》と似た意味で「ふるう」と訓読みする漢字には、《揮》もある。《振》が基本的に "何度も往復するように大きく動かす"ことを表すのに対して、《揮》には、往復ではなく "さまざまな方向に大きく動かす"というイメージがある。

「指揮」とは、本来は "合図の旗を動かして軍隊に指示を出す"こと。つまり、《揮》は、《振》に比べて動きの自由度が高いところに特色がある。そこで、より自由で活発なイメージを表現したい場合に用いるのが、ふさわしい。

たとえば、「剣を揮って敵陣に躍り込む」「建築工事で縦横無尽に采配を揮う」「新聞社の主筆として、大いに健筆を揮う」といった具合。これらの場合に《振》を書いてももちろん問題はないが、《揮》を使うと、より生き生きとした雰囲気を表現できる。

違う方向へも行きますよ！

このように、《揮》は、"あるものを自由に大きく動かす"場合や、"ある能力を自由に十分にはたらかせる"場合に用いることができる。ただし、自由さや活発さを特徴とするので、「○○がふるわない」「○○がふるわず」の形で "盛んにならない"ことを表すのには適さない。《振》を書いておく方が無難である。

《振》《奮》《揮》のほか、「ふるう」と訓読みする漢字には、《篩》もある。これは、ふつうは「ふるい」と訓読みし、"網の目が張ってあって、粒状のものをより分けるのに使う道具"を指す。ここから、"ふるい"を往復するように動かして、ものをより分ける"という意味で「ふるう」と訓読みすることがある。

その例。「砂を篩って小石を取り除く」が「砂を篩い分ける」「体格によって、志願者を篩い落とす」「最終検査で不良品を篩い落とす」のように、比喩的に使われることもある。ただし、むずかしい漢字なので、振りがなを付けるなどの配慮は必須。「砂をふるう」「ふるい分ける」「ふるい落とす」のように、かな書きにすることも多い。

振

往復するように動かす

揮

自由に

能力を十分にはたらかせる
→ 盛んになる

篩
「ふるい」でより分ける

奮
気持ちを高める

[ふるう][ふるえる／ふるわす] ● 496

なお、《震》も「ふるう」と訓読することがあるが、現在では、「ふるえる／ふるわす」(次項)の形で使う方が自然である。

ふるえる／ふるわす

顫慄震

原因はさまざまですが…

基本 一般的には《震》を用いる。

発展1 おそろしくて「ふるえる」場合には、《慄》を使うと効果的。

発展2 体の「ふるえ」をリアルに表現したい場合には、《顫》を書いてもよいが、難解。

《震》は、部首「雨(あめかんむり)」の漢字。この場合の「雨」は、"雷"のことで、《震》は、本来は"雷が落ちてものが揺れ動く／細かく揺れ動く"ことをも表す。広く"細かく揺れ動く"ことを表す。

音読みでは「震動」「激震」「地震」などがその例。訓読みでは「ふるえる／ふるわす」と読んで、「爆音で窓がビリビリ震える」「寒さで体が震える」「緊張のあまり手が震える」「火山活動が大地を震わす」「怒りに声を震わす」「泣くまいとして肩を震わせる」「いよいよ決勝戦だと思って、身震いする」などと用いられる。

日本語"ふるえる／ふるわす"は、《震》さえ使っておけば、十分に用は足りる。しかし、「ふるえる／ふるわす」と訓読みする漢字には《慄》や《顫》もあり、それぞれのニュアンスを生かして用いることもできる。

まず、《慄》は、「戦慄」「慄然」のように使われ、"とてもおそろしく感じる"という意味。転じて"おそろしくて体が細かく揺れ動く感じる"という意味をも表し、「ふるえる／ふるわす」と訓読みして用いられる。

そこで、体が"ふるえる"原因が"おそろしさ"であることをはっきりさせたい場合には、この漢字を使うのが有効。《震》を使って「お化けが出るんじゃないかと震える」「監督に怒られて震え上がる」「彼は恐怖に身を震わせた」とするとふつうの表現だが、《慄》を用いて「お化けが出るんじゃないかと慄える」「監督に怒られて慄え上がる」「彼は恐怖に身を慄わせた」と書くと、"おそろしさ"を強調することができる。ただし、ややむずかしい漢字なので、振りがなを付けるなどの配慮をしておく方が、親切である。

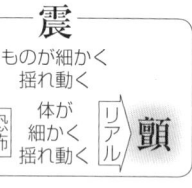

もう一つの《顫》は、「筋肉が顫動する」のように使われる漢字で、"体が細かく揺れ動く"という意味。特に"体"の「ふるえ」に焦点を当てて表現するのに適している。たとえば、「こわくて膝がガクガクと顫える」「怒りのあまりこめかみがピクピクと顫えている」「今にも泣き出しそうに、唇を顫わせている」といっ

震
ものが細かく揺れ動く

慄〈恐怖〉　顫〈リアル〉
体が細かく揺れ動く

ふ

た具合である。

ただし、いかにもむずかしい漢字なので、振りがなを付けるなどの配慮は必須。また、難解な雰囲気になってしまう点にも、注意が必要である。

へ

へる

歴経

基本 一般的には《経》を用いる。

発展 いくつかの場所や段階を次々に通過する場合には、《歴》を使うこともできる。

いろいろやってますなあ…

日本語では、"ある場所やある段階を通過する"ことを「へる」と表現することがある。また、"ある時間が過ぎる"ことをも「へる」という。このことばを漢字で書き表す場合には、《経》を使うのがふつうである。

《経》の右半分の形は、「茎」にも含まれていて、"真っ直ぐに伸びる"という意味がある。それに部首「糸（いとへん）」を組み合わせた《経》は、本来は、織物を作るときに、縦方向に真っ直ぐに伸びる"縦糸"を指す漢字。真っ直ぐに進ん

「経由」「経路」「経口薬」などが、音読みの例。訓読みでは「へる」と読み、「青森から新潟を経て金沢へ向かう」「ふもとのお寺から、遊歩道を経て山頂まで歩く」のように用いられる。《経》は、転じて、「経験」「これまでの経過」のように、"ある段階を通過する"という意味にもなる。訓読みの例としては、「二年間の交際を経て結婚する」「役員会の承認を経て、正式契約の運びとなる」「計画の実現までには、さらなる試練を経ることだろう」などが挙げられる。

ここからやや変化したのが、"ある時間が過ぎる"という意味。音読みでは「経年変化」がその例。この意味の場合、訓読みでは「時間が経つ」のように「たつ」と読むことが多いが、「へる」と読むこともある。たとえば、「彼の音楽は、四半世紀を経てもなお古びない」といった具合である。

以上のように、日本語「へる」を漢字で書き表す場合には、《経》さえ使っておけば、特に問題は生じない。ただし、似た意味で「へる」と訓読みする漢字には《歴》もあり、独特のニュアンスを生かしてこちらを用いることもできる。

《歴》の部首「止（とまる）」は、古代文字では「𡳿」のように書かれ、"足跡"の絵から生まれた漢字。部首としては、"移動する"ことを表す。

そこで、《歴》も"移動"に関する意味を持つ。「諸国を歴訪する」がその例で、"いくつかの場所に次々に立ち寄る"という意味。転じて、「履歴書」「遍歴」「歴戦の勇者」など、"いくつかの段階を次々に通過する"という意味にもなる。「歴史」のように"ものの移り変わり"を指すのは、ここから変化したものである。

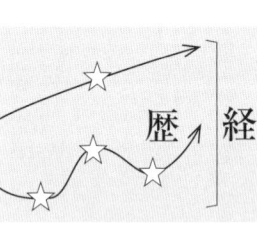

そこで、「へる」と訓読みして《経》の代わりに用いると、"いくつかの場所や段階を次々に"という意味合いを表現することができる。「青森から、山形、新潟、長野を歴て金沢に向かう」「部長の決裁のあと、管理職会議と役員会の承認を歴て、正式契約の運びとなる」「いくつもの職を歴て、ついに天職にめぐりあった」などがその例。逆に言えば、一つの場所や段階しか通過していない場合には、《歴》は使わない方が妥当である。

ただし、《歴》を「へる」と訓読みするのは、現在ではやや特殊な読み方。振りがなを付けるなどの配慮をしておくと、親切である。

ほえる

咆 吼 吠

基本 一般的には《吠》を用いる。

発展1 力強さを強調したい場合には、《吼》を使ってもよいが、やや難解。

発展2 威圧感を強調したい場合には、《咆》を書くこともできるが、これもやや難解。

大きさで迫力も変わる?

《吠》は、部首「口（くちへん）」に「犬」を組み合わせて、"犬が強い調子で鳴く"ことを表す漢字。広く"犬や狼、虎などが、強い調子で鳴く"という意味で、「ほえる」と訓読みして使われる。

「泥棒に向かって犬が吠える」「虎が怒って吠える」「狼の遠吠え」のように用いられて、「彼は記者会見でマスコミに対して吠えた」などがその例。比喩的に用いられて、「彼は記者会見でマスコミに対して吠えた」のように"大声で攻撃的に話す"ことを表したり、「荒れた海が吠える」のように"自然が、危険を感じさせるほどの大きな音を立てる"という意味になったりもする。

日本語「ほえる」を漢字で書き表す場合には、《吠》を使っておけば、特に不自由を感じることはない。しかし、「ほえる」と訓読みする漢字には《吼》と《咆》もあり、それぞれ、意味合いを生かして使い分けることもできる。

このうち、《吼》は、牛や虎など体の大きな動物が"太く力強い声で鳴く"という意味で、"力強い演説"の特徴がある。そこで、「ライオンが天に向かって吼える」「国民の自由を守るために、彼は議会で吼えた」「谷間を吹き抜ける烈風が吼える」のように用いると、力強い雰囲気を強調することができる。

《吼》は、転じて犬や狼などに対しても使われるが、もともとが"犬"である《吠》に比べると、太く力強いイメージがあって力強い声で鳴くたとえとして使われる。

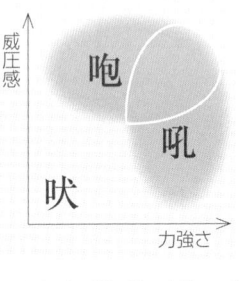

もう一つの《咆》は、「虎が咆哮する」のように使われる漢字で、虎をはじめとして、"猛獣が威圧するような声で鳴く"という意味。《吼》とほぼ同じ意味合いだが、こちらは"威圧感"に重点を置いて用い

（威圧感／咆／吼／吠／力強さ）

[ほえる][ほか] ● 500

るのが、漢字がもともと持っている雰囲気には合う。例としては、「熊が人間を威嚇して咆える」「彼は今後、取材は一切お断りだ！」と吼えた」「波が咆えながら岸壁に襲いかかる」といった具合。ただし、《吼》も《咆》も現在ではあまり使われない漢字なので、振りがなを付けるなどの配慮が必要である。

ほか

外 他

どうしたってまぎらわしい！

基本 一般的には、かな書きにするのが楽。

発展1 あるものとは別のものを指す場合は、《他》を用いると、意味合いがはっきりする。

発展2 ある範囲に含まれないものを漠然と表す場合は、《外》を使うのもよい。

日本語「ほか」を書き表す漢字としては、《他》と《外》がある。この二つは、指し示す内容がよく似ていて、厳密に使い分けるのはとてもむずかしい。

《他》は、「他人」「他社」「他力本願」など、"別のもの"という意味。一方、《外》は、「外国」「屋外」"場外"など、"ある範囲に含まれない場所"を表すのが基本。転じて、「番外」「案外」「部外者」のように、"ある範囲に含まれないもの"を意味することもある。

このように、《他》は具体的な"別のもの"を端的に指す。

それに対して、《外》は"ある範囲に含まれない"ことに重点があるので、ものごとの広がりを持って漠然と示す。

そこで、「他の方法も検討してみよう」「その他に食べたいものはありませんか」「他の人には言わないで」など、"別のものごと"が具体的にイメージされる場合には、《他》を使う方がしっくりくる。

一方、《外》を用いるのは、まずは、"ある範囲に含まれない"場合。「やってみると思いの外むずかしい」「借りた本を返さないなんて、もっての外だ」「社長が殊の外お喜びです」などがその例で、いずれも、"考えていた範囲を超えている"ことを漠然と表す。

また、具体的に何を指しているのかが思い浮かべにくい場合には、《外》を用いる方がなじみやすい。たとえば、「あの人の演技のうまさには、驚く外はない」は、「驚く」ではないあらゆることを否定しているわけで、ある具体的な感情を指してはいない。「彼にとって仕事をすることは、喜びに外ならない」も同様。「外ならぬ君の言うことだから、信じよう」でも、"君"ではない人"ならだれでもよく、漠然とだれかを指しているわけだから、《外》を書く方が落ち着く。

このように、《他》と《外》の使い分けでは、漠然と指し示す場合には《外》を使う、というのが、一つの判断基準になる。しかし、たとえば「ほかならぬ君の」でも、"彼や彼女

501 ◉ [ほか] [ほめる]

ほか

他
あるもの　別のもの（具体的）

外
ある範囲　含まれない範囲（漠然と）

ではなく君の"というふうに具体的な人物が念頭にある場合もありうる。その場合には、「他ならぬ君の言うことだから、信じよう」のように《他》を書いても、筋は通る。こことを突き詰めて考え始めると、"漠然と指している"のかそうでないのかの判断は、意外とむずかしい。

また、この使い分けの判断基準としては、単純に、「以外(がい)」に置き換えられる「ほか」は《外》を使う、とする方法も考えられる。たとえば、「我が社の外に、この製品を開発できる会社はない」は、「我が社以外に」ということだから《外》を使う、といった具合。しかし、これは要するに「他社」を指すわけだから、《他》を用いて「我が社の他に、この製品を開発できる会社はない」と書いても、何の不都合もない。

結局のところ、《他》と《外》の表す内容は、重なり合う部分が大きく、頼りにできる判断基準は見出しがたい。無理に使い分けようとせず、迷った場合にはどちらか好きな方を書いておくしかない。

なおかつ、「他の」「その他」などは「たの」「そのた」のように音読みしても意味が通る。《外》も、「そと」と訓読みしても意味が通ることも多い。どちらも振りがななしでは読みがまぎらわしくなりやすいわけで、そこで、「ほか」はすべてかな書きにしてしまうのが、最も楽な方法だということになる。

ほめる

讃賞誉褒

何にでも使えるんだけど…

日本語「ほめる」は、"何かに対する高い評価を、はっきりと表明する"という意味。このことばを書き表す漢字はいくつかあるが、最も一般的に使うことができるのは《褒(ほう)》。ただ、ややむずかしい漢字なので、振りがなを付けるなどの配慮が欲しい。そのためもあって、かな書きにすることも多い。

基本 一般的には《褒(ほう)》を用いるが、かな書きにする方がなじみやすい。

発展1 公の場で「ほめる」場合には、《誉(よ)》を使うと、雰囲気がよく表現できる。

発展2 しっかりと見極めた上で「ほめる」場合には、《賞(しょう)》を書いてもよい。

発展3 崇拝に近いニュアンスを含む場合には、《讃(さん)》を使ってもよいが、やや難解。

《褒》は、「衣」が上下に分かれた部首「衣(ころも)」の漢字で、本来は"ゆったりした着物"を指す。古代の中国語で

[ほめる] ● 502

は、"よい行いに対する高い評価を、はっきりと表明する"という意味のことばと発音が似ていたことから、当て字的に転用して使われるようになった。「ほめる」その例。「ほめる」と訓読みして、「あのコーチは選手を褒めて伸ばす主義だ」「試験の成績がよくて褒められた」「緊急時の適切な対応に、お客さまからお褒めのことばをいただいた」などと用いられる。

日本語「ほめる」も、広い意味での"よい行い"に対して使われることばなので、このことばを漢字で書き表す場合には、どんな場面でも《褒》を書いてかまわない。とはいえ、「ほめる」と訓読みする漢字には、ほかに《誉》《賞》《讃》もあり、ニュアンスに応じて使い分けることもできる。

まず、《誉》は、「名誉」「栄誉」「郷土の誉れ」など、"世間から受ける高い評価"を指す漢字。転じて、"高い評価をはっきりと表明する"という意味にもなり、「ほめる」と訓読みして使われる。ただ、もともと"世間から"という意味合いを含んでいるので、公の場で「ほめる」場合に用いるのがふさわしい。

具体的には、大勢の前で「ほめる」とか、不特定多数の人が「ほめる」といった場合。例としては、「全校集会で先生が卓球部の活躍を誉める」「犯人逮捕に協力したので、警察から誉められた」「みんなが口々に、彼の人柄を誉めそやす」などが挙げられる。

次に、《賞》は、"金品"を表す部首「貝（かい）」の漢字。「賞品」「賞金」「賞状」など、"高い評価の印として、価値の高いものを与える"ことを表す。ただ、「映画を鑑賞する」「料理を賞味する」のように、"あるものの価値をしっかりと見極める"という意味にもなるので、"価値をしっかりと見極めた上で、高く評価する"というニュアンスを持つと考えられる。

そこで、「ほめる」と訓読みする場合も、"しっかりと見極めた上で"という意味合いを踏まえて用いるのが、漢字が全体として持つニュアンスにはよくなじむ。たとえば、「いつもは厳しい先生が、今回ばかりは弟子を賞めた」「私のことをよく知ってくれているあの人に賞められるのが、一番うれしい」といった具合である。

最後に、《讃》も、基本的には"高い評価をはっきりと表明する"という意味。ただ、昔から、仏教で"仏に対する崇拝の気持ちをことばに表す"ことを指す漢字として用いられてきた。「仏を礼讃する」「讃美歌を

> これをあげても、大丈夫かな？

「ご褒美をあげる」「国から褒章を授けられる」などが、

讃 — 崇拝
賞 — 見極め — 高い評価を表明する
誉 — 公的
褒

503 ◉ [ほめる][ほり]

うたう」「大自然への讃歌」など、個人を超えた大きな存在に対して使われる熟語は、このことがよく現れている。
そこで、「ほめる」と用いるのが落ち着く。「彼女は先輩の演技を手放しで讃めた」「あの人は現代最高の陸上選手だ」と讃めちぎる」などがその例。ただし、ややむずかしい漢字なので、振りがなを付けるなどの配慮を忘れないようにしたい。

ほり

濠 堀

> 近づいたら痛い目に合うぜ！

基本 一般的には《堀》を用いる。

発展 お城などの「ほり」を指す場合には、《濠》を使ってもよい。

《堀》は、部首「土（つちへん）」の漢字。本来は、「まてへん」の「掘」と同じように、"土をかき出す"という意味。ただ、日本語ではこの漢字を、「ほり」と訓読みして、特に"土をかき出して作った大きな溝"を指して用いている。

「堀川を小舟が行き交う」「道沿いの堀割には鯉が泳いでいる」「釣り堀で魚を釣る」「お城の外堀を埋め立てる」「その砦は水のない空堀で囲まれている」などがその例。敵の侵入を防ぐための水を溜めておくものだけでなく、水路として使われるものや、水を溜めておくものなども指すのが特徴。"土をかき出して作っ

た大きな溝"を指す日本語「ほり」を漢字で書き表す場合に、広く用いることができる。

一方、《濠》の右半分の「豪」は、本来は動物の"ヤマアラシ"を指す漢字。太い毛を逆立てて敵を威嚇するところから、「豪快」「強豪」のように使われるようになった。ここから、「豪」には"戦い"のイメージがあり、それに"水"を表す部首「氵（さんずい）」を組み合わせた《濠》は、"敵の侵入を防ぐため、お城のまわりにめぐらして水を張った溝"を指す。

そこで、特に"お城などにめぐらした「ほり」"を指す場合には、《濠》を使うとその意味合いがはっきりする。ただし、ややむずかしい漢字なので、振りがなを付けるなどの配慮をしておく方が、丁寧である。

「幅広い濠にさえぎられて近づけない」「お城の濠が青空を映している」などがその例。本来の意味からすれば水を張ったものを指すが、用法が広がって、「空濠を掘る」のように、水を張らないものに対して使うこともある。

なお、防御用の水を張らない「ほり」を指す場合には、部首「土（つちへん）」の漢字《壕》を「ほり」と訓読みして用いる

	防御用 水を張ったもの	防御用 水を張らないもの	水路・貯水用	その他
堀	○	○	○	○
濠	○	○		
壕		△		

[ほり] [ほる] [ほろびる／ほろぼす] ● 504

ほる
彫掘

こともできる。ただ、この漢字は、現在では「地下壕」「防空壕」のように、"土をかき出して作った避難用の穴"を指す印象が強い。実際、「空襲警報が鳴ったので壕へ逃げ込む」のように、《壕》を一文字だけ書いた場合には、「ごう」と音読するのが一般的。混乱を避けるため、訓読み「ほり」は使わない方がベターである。

基本1 土をかき出す場合は、《掘》を用いる。

基本2 形や模様などを刻みつける場合は、《彫》を使う。

地上絵以外は大丈夫？

《掘》は、「掘削」「採掘」「発掘」のように、"土をかき出す"という意味。「ほる」と訓読みして、「土を掘る」「井戸を掘る」「トンネルを掘る」「芋を掘り下げる」「石炭を掘る」などと用いられる。比喩的に、「問題を掘り起こす」「忘れられた名作を掘り下げる」「フリーマーケットで掘り出しものを見つける」のように使われることもある。

一方、《彫》の右半分の「彡（さんづくり）」は、「形」や、「色彩」の「彩」などにも含まれているように、《彡》も、"外見や模様、色合い"などを表す部首。そこで、《彫》も、"形や模様などを刻みつける"という意味となる。音読みでは、「彫刻」「彫金」「彫像」などがその例。訓読みでは「ほる」と読み、「仏像を彫る」「岩壁に文字を彫り込む」「十円玉には宇治の平等院が彫られている」「北海道旅行のお土産に、木彫りの熊を買う」などと使われる。

「彼は彫りの深い顔立ちだ」は、顔の凹凸を"刻みつけた模様"にたとえた表現。「いれずみを彫る」も、針を使って模様を刻むところから、《彫》を用いて書き表す。

このように、《掘》はざっくりと"土をかき出す"のに対して、《彫》は細かく"形や模様を付けるところに重点がある。使い分けに悩むとすれば、「大地を掘って地上絵を描く」のような場合くらいか。《掘》を使うと"土をかき出す"という労力に焦点が当たるのに対して、《彫》を書くと、できあがる地上絵の形や模様に意味の中心があることになる。

```
彫                    掘
形や模様を  ←大まか｜細かく→  土を
付ける                かき出す
```

ほろびる／ほろぼす
亡滅

明るい過去と暗い未来

基本 一般的には《滅》を用いる。

発展 その後の喪失感を表現したい場合には、《亡》を使うこともできる。

《滅》は、"水"を表す部首「氵（さんずい）」の漢字。右半分には「火」も含まれていて、

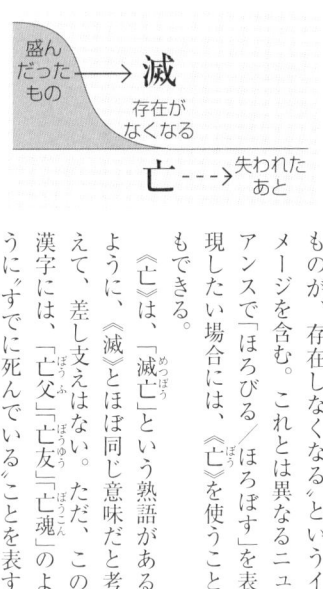

[ほろびる／ほろぼす]

本来は"水をかけて火を消す"ことを表す。「ランプの点滅」から、《亡》は、《滅》のような"もともとは活発だったものが"灯りが明滅している」などが、その名残。転じて、"存在そのものがなくなる"という意味になり、「ほろびる／ほろぼす」と訓読みして用いられる。

「ローマ帝国が滅びる」「このままでは伝統芸能が滅びてしまう」「核戦争は人類を滅ぼす」などが、その例。「遊びにうつつを抜かして、身を滅ぼす」では、"社会的にまったく価値のない人間になる"ことをいう。

日本語「ほろびる／ほろぼす」を漢字で書き表す場合には、《滅》さえ使っておけば大丈夫。しかし、《滅》は、本来は"火を消す"という意味なので、"もともとは活発だったものが、存在しなくなる"というイメージを含む。これとは異なるニュアンスで「ほろびる／ほろぼす」を表現したい場合には、《亡》を使うこともできる。

《亡》は、「滅亡」という熟語があるように、《滅》とほぼ同じ意味だと考えて、差し支えはない。ただ、この漢字には、「亡父」「亡友」「亡魂」のように"すでに死んでいる"ことを表す用法もあり、「ない」(p.378)と訓読みすることもある。ここというイメージは持たず、むしろ"存在しなくなった"のことを視野に入れた漢字だということができる。

そこで、存在しなくなったあとの喪失感を表現したい場合には、《滅》の代わりに《亡》を用いるのがふさわしい。たとえば、「ローマ帝国が亡びて、高度な建築技術が失われた」「伝統芸能はいったん亡びると、取り返しがつかない」「核戦争は、人類が築き上げたすべてのものを亡ぼしてしまう」といった具合である。

盛んだったもの → 滅 存在がなくなる

亡 ----→ 失われたあと

まいる

詣 参

基本 一般的には《参》を用いる。

発展 《詣(けい)》を使ってもよい。

神様、ごきげんはいかがですか？

漢字《参(さん)》にはいくつかの意味があるが、「参上(さんじょう)」「参拝(さんぱい)」「授業参観(じゅぎょうさんかん)」などでは、"敬意を払って相手のところまで出向く"ことを表す。日本語では、この意味を「まいる」と訓読みすることができる。

《参》は「まいる」と訓読みすることができる。

「必要であれば、今からそちらに参りましょうか？」「校長先生から呼び出されたので、ちょっと行って参ります」などがその例。「神社にお参りをする」「お地蔵さまにお参りをする」「亡き母の墓参りをする」のように、"神社やお寺などに出かけて拝む"ことを表すのも、その一種である。

日本語「まいる」は、自分の行動をへりくだって表現することにより、相手に対する敬意を表す。そこから、「あなたの粘り強さには参りました」のように、"自分の負けを認める"という意味にもなる。この場合も、漢字で書き表すならば《参》を使う。しかしこれは日本語独自の用法なので、「あなたの粘り強さにはまいりました」のように、かな書きにすることも多い。

「まいる」は、さらに変化して"困り果てる"という意味にもなる。「今年の夏は、暑さが厳しくて参った」「彼女は追い詰められて、精神的にかなり参っている」などがその例。この場合も、「今年の夏は、暑さが厳しくてまいった」「彼女は追い詰められて、精神的にかなりまいっている」のように、かな書きにすることも多い。

このように、日本語「まいる」を漢字で書き表す場合には、《参》を使っておけば、基本的には用は足りる。ただし、「まいる」と訓読みする漢字には《詣》もあり、場合によってはこちらを用いることもできる。

《詣》は、"ことば"を表す部首「言(ごんべん)」の漢字で、もとは"あいさつのためにある

参

相手のところへ出向く	自分の負けを認める
詣 出かけて神や仏などを拝む	困り果てる

まいる

場所へ出向く"という意味。「造詣」とは、本来は"ある場所まで行き着く"ことを表し、転じて、"学問や知識などが深い境地に到達する"ことを指して使われる。

日本語では、この漢字を、特に"神社やお寺などに出かけて拝む"という意味で用いている。この場合、「初詣で」のように、ふつうは「もうでる」と訓読みするが、「まいる」と訓読みして使うこともできる。

そこで、先に《参》の例として挙げたものも、「神社にお詣りをする」「お地蔵さまにお詣りする」「亡き母の墓詣りをする」のように《詣》を書くと、"出かけて拝む"という意味合いがはっきりする。ただし、現在ではあまり用いられない訓読みなので、振りがなを付けるなどの配慮をしておくと、親切である。

まかせる

委任

基本 一般的には《任》を用いる。

発展 相手への依存度が高い場合には、《委》を使ってもよいが、やや特殊。

おんぶにだっこでお願いします！

せる」「彼は現場の指揮を任せられている」「子どもの教育を学校任せにはできない」などが、その例となる。

転じて、「任意」「一任」「放任」のように、"相手の自由にさせる"という意味にもなる。例としては、「試合での細かいプレーは、選手の自主性に任せてある」「後はご想像にお任せします」など。また、"力に任せて放り投げる"「庭を荒れるに任せる」「風任せの旅に出る」「運を天に任せる」など、"ある勢いのままにする"という意味合いで使われることも多い。

日本語「まかせる」を漢字で書き表す場合には、どんな場合でも、《任》を使っておけばよい。しかし、現在ではあまり用いられないが、《委》も「まかせる」と訓読できるので、場合によってはこちらを用いることもできる。

《委》は、「委任」という熟語があるように、《任》とよく似た意味を持つ。ただ、成り立ちとしては、"垂れ下がった穀物の穂"を表す「禾」と、部首「女（おんな）」を組み合わせて、"やわらかくて曲がりやすい"ことを表す漢字。"真っ直ぐ立たずに何かにもたれかかる"というイメージを持っている。

そこで、「まかせる」と訓読みする際も、最終的な決定権までも相手へ渡してしまうような、相手へ依存する度合いが高い場面で用いると、漢字がもともと持っているニュアンスを生かすことができる。たとえば、「彼女を説得するのとを表す漢字。「まかせる」と訓読みするのは、"ある仕事を受け持たせる"という意味の場合。「会場の手配は君に任せる仕事を受け持つ／受け持たせる」

《任》は、「任命」「担任」「信任」など、"ある

[まかせる][まがる／まげる] ● 508

は、幼なじみの彼に委せるほかはない」「政治献金の取り扱いはすべて秘書に委せてあり、私は何も知らない」「結果がどうなるかは成り行きに委せよう」といった具合である。

これらの場合に《任》を書いてもちろん問題はないし、現在ではその方が自然。また、《委》の訓読みとしては「ゆだねる」の方が定着していて、「まかせる」は、現在ではあまり使われない。あえて用いる際には、振りがなを付けるなどの配慮をしておくのが望ましい。

まがる／まげる

枉 曲

いかにも意地が悪そうですねえ…

基本 一般的には《曲》を用いる。

発展 わざと本来の筋道からはずれる場合には、《枉》を書いてもよいが、難解。

《曲》は、古代文字では「㠶」と書き、"竹ひごなどを編んで作った容れもの"の絵から生まれた漢字。竹ひごなどを折ったりカーブしたりする／折ったりカーブさせたりする"ことを表す。音読みの例。「まがる／まげる」と訓読みして、「川が南に曲がって流れる」「交差点を右に折れ曲がる」「針金を曲げる」「力を込めて鉄パイプをねじ曲げる」などと使われる。転じて、「ネクタイが曲がってるよ」「切手を貼ろうとして曲がってしまった」のように、"傾いている"という意味にもなる。

また、比喩的に使われて、"本来の筋道から外れること"をも表す。音読みでは、「曲解」「事実を歪曲する」などがその例。訓読みの例としては、「借りたお金を返さないなんて、性根の曲がった人間のすることだ」「自分の主張を簡単に曲げるのは、よくない」などが挙げられる。

日本語「まがる／まげる」を漢字で書き表す場合には、《曲》さえ使っておけば、十分に用は足りる。しかし、「まがる／まげる」と訓読みする漢字には《枉》もあり、場面によってはこちらを使うこともできる。

《枉》は、現在ではほとんど使われることがないが、"意図的に向きを変える"という意味の漢字。「枉駕」とは、"駕籠の通り道をわざわざ変えて、ある場所に立ち寄る"という意味で、"地

曲
折れる／カーブする ▶ 傾いている
↓
筋道を外れる ▶ 意識的 枉

509 ●［まがる／まげる］［まく（巻・捲）］

まく

捲 巻

ぐるぐる回る
その迫力に…

"意図的"というニュアンスを持つ《枉》は、"わざと本来の筋道から外れる"という意味で使われることがある。たとえば、「法を枉げて、罪を見逃す」「事実をねじ枉げて、勝手な解釈をする」「許されることではないとは存じますが、どうか枉げてお許しください」といった具合。"わざと"というニュアンスを含むので「まげる」の形で用いられることが多いが、「祖父は枉がったことが大嫌いな性格だ」のように「まがる」の形で使うこともできる。

これらを《曲》を使って書き表しても、もちろん問題はない。ただ、《枉》を用いると、"わざと"という意味合いが生きる効果がある。とはいえ、一般にはほとんど使われない漢字なので、振りがなを付けるなどの配慮は忘れないようにしたい。

基本 一般的には《巻》を用いる。

発展 勢いを強調したい場合には、《捲》を使ってもよい。

《巻・捲》は、本来の意味にはいくつかの説があるが、基本的には"うず状にまるめる"ことを表す漢字。音読みでは「席巻」がその例で、文字通りには"むしろを端からまるめていく"という意味。"ある区域のすべてを奪い取る"ことのたとえとして用いられる。訓読みでは「まく」と読み、「表彰状を巻いて筒に入れる」「巻いてあるポスターを広げる」「テープを巻き取る」のように使われる。

転じて、"うずのように動かす／動く"ことをも表す。音読みでは「巻土重来」がその例で、一度敗れた軍隊などが"土ぼこりをうずを描くように上げながら、再び押し寄せる"こと。訓読みでは、「水がうずを巻いて流れる」「ゴミが風に巻かれて舞う」のように使われる。

さらには、"うずを描くようにして包み込む"という意味にもなる。「足首に包帯を巻く」「金具にロープを巻き付ける」「煙に巻かれる」などがその例。このほか、「反響を巻き起こす」「上司の不祥事の巻き添えになる」「交通事故に巻き込まれる」「劣勢からの巻き返しを図る」など、比喩的に使われることも多い。

このように、"うず状にまるめる"ことを基本の意味とする日本語「まく」を漢字で書き表す場合には、《巻》さえ使っておけば、悩むことはない。しかし、似た意味で「まく」と訓読みする漢字には《捲》もある。

この漢字の右半分の「巻」は、《巻》の以前の正式な書

[まく(巻・捲)][まく(撒・播・蒔)] ● 510

方。部首「扌(てへん)」には、"何かを対象として行われる動作"であることをはっきりさせるはたらきがある。そこで、《捲》は、"何かをうず状にまるめる"という動作を表す。

つまり、《巻》と《捲》には、本質的な意味の違いはない。

実際、「席巻」も「巻土重来(ちょうらい)」も、《捲》を使って「席捲」「捲土重来」と書かれることがある。ただ、《捲》は動作であることをはっきりと示すので、"うず状にまるめる""うずのように動かす""うずを描くようにして包み込む"という動作について《捲》を書くと、その勢いを表現することができる。

例としては、「釣り糸を大急ぎで捲(ま)き取る」「つむじ風がほこりを捲き上げる」「テープでしっかりと捲いて固定する」など。

「すさまじい反響を捲き起こす」「苛酷な運命に捲き込まれる」のような比喩的な表現でも、《捲》を用いると、勢いを感じさせる表現となる。

```
巻
うず状に
まるめる
うずのように ─→ 捲
動かす       勢い
うずのように
取り囲む
```

ただし、《捲》は、現在では一般にはなじみの薄い漢字。振りがなを付けるなどの配慮をしておく方が、親切である。

なお、日本語「まく」には、「犯人は刑事をまいて逃走した」のように、"自分の居場所をわからないようにする"という意味もある。この場合、

漢字では、「煙(けむ)に巻く」の連想から《巻》を使ってもよいし、"相手の注意を散らす"という意味で《撒》(次項)を書いてもよい。とはいえ、どちらも完全にしっくりとは来ないので、かな書きにしておくのがおすすめである。

まく

蒔播撒

つぶつぶが
降り注ぐ

基本1 ほとんどの場合は《撒(さっ)》を用いるが、かな書きにすることも多い。

基本2 特に、種を「まく」場合には、《播(は)》を使うが、かな書きにすることも多い。

発展 種を「まく」場所が限定されている場合には、《蒔》を書くと、イメージには合う。

日本語では、"細かいものを散らす"ことを「まく」と表現される。このことばを書き表す漢字には《撒》《播》《蒔》などがあるが、どれも一般にはややなじみの薄い漢字。かな書きされることも多い。以下、あえて漢字を使うとすれば、という前提で説明する。

《撒》の部首「扌(てへん)」には、"何かを対象にして行う動作"であることをはっきり示すはたらきがある。これに水滴や砂粒など"細かいものを散らす"という意味となる「散」を組み合わせた《撒》は、音読みでは、「撒水車(さっすいしゃ)」「農薬の撒布(さっぷ)」(それぞれ「さんすいしゃ」「さんぷ」とも読む)などがその例。訓読みでは「まく」と読み、

[まく(撒・播・蒔)]

「水を撒く」「砂を撒く」「チラシを撒く」「ごみを撒き散らす」「節分に豆撒きをする」などと使われる。

「人気取りにお金をばら撒く」「ありもしないデマを撒き散らす」は、やや比喩的に使われた例。「愛嬌を振りまく」の「まく」も、漢字で書くとすれば《撒》を使うことになるが、かな書きの方がはるかに自然。これらのように、《撒》は、"あたりかまわず"というニュアンスでよく用いられる。

なお、日本語「まく」には、「追っ手をまいて逃げ続ける」のように、"自分の居場所をわからないようにする"という意味もある。この場合、漢字では、"相手の注意を散らす"という意味で《撒》を使うこともできるし、「煙に巻く」の連想から《巻》〈前項〉を用いることもできる。とはいえ、どちらもどこか落ち着きが悪いので、かな書きにすることが多い。

ところで、日本語では、"植物を育てるために、種を埋める"ことも「まく」という。この場合、漢字では、"あたりかまわず"というニュアンスが強い《撒》を使うのは、あまりふさわしくない。そこで、《播》や《蒔》の出番となる。

まず、《播》は、「播種」のように使われる漢字で、"植物を育てるために、種を埋める"という意味。「まく」と訓読みして、「畑に麦を播く」「ニンジンの種を播く」「去年の秋に播いたパンジーが咲いた」などと使われる。

細かいものを散らす →	撒
育てるために種を埋める →	播
場所を限定して →	蒔
漆に金銀の粉を付ける →	蒔

どこへ行くか、決まってる？

もう一つの《蒔》は、本来は"植物を移し植える"という意味。これを、日本語では、《播》と同じく、「まく」と訓読みして用いている。そこで、《播》と同じように、「ニンジンの種を蒔く」「去年の秋に蒔いたパンジーが咲いた」のように使うことができる。ただ、これは、あくまで日本語独自の用法なので、《播》を使う方が、由緒は正しい。

その一方で、《播》と《蒔》の間に、微妙な意味合いの違いがないわけではない。《播》は、《撒》ほどではないが、"範囲をきちんと定めずに"というニュアンスも含む。「伝播」とは、文化や技術などが"範囲を定めずに広がっていく"こと。漢文では、"もといた土地を離れてさまよう"ことを意味する「播遷」「播奔」といった熟語もある。

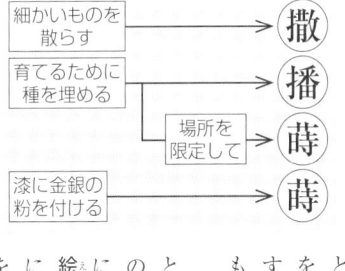

これに対して、《蒔》はもともと"移し植える"という意味なので、"あらかじめ決めた場所に"という意味合いを持つ。「蒔絵」の"蒔"は、"漆の上に金や銀などの粉を付着させて模様を描く"こと。絵を施した漆塗りの茶碗」のように、"漆の上に金や銀などの粉を付着させて模様を描く"こと

[まく(撒・播・蒔)][まける] ● 512

を付着させる場所があらかじめ決まっているからだと思われる。

そこで、種を「まく」場合でも、場所がかなり限定されているケースでは、《蒔》を用いる方が、漢字の持つイメージからすればふさわしい。たとえば、「植木鉢にアサガオの種を蒔く」「畝に棒で筋を付けて、そこに豆を蒔いていく」といった具合である。

もっとも、これらの場合に《播》を書いたからといって、間違いになるというものではない。また、種を「まく」とは、場所をある程度、限定して行うのがふつうだから、よほど特殊な場合でない限り、《蒔》を用いると大間違いになるということもない。細かいニュアンスにこだわらないのであれば、どちらを使っても、意味は同じである。

まける

敗　負

暴力はよくないなぁ…

基本1 ほとんどの場合は《負》を用いる。
基本2 特に、値段を安くして売る場合は、かな書きにする。
発展 相手の力に「まける」ことをはっきりさせたい場合には、《敗》を使ってもよいが、古風。

《負（ふ）》は、"金品"を表す部首「貝（かい）」の漢字で、もともとは"金品を背中に載せ

を言う「まく」を、漢字では《蒔》を使って書き表すのも、粉のように、広く"背中に載せる"ことを指して使われる。「背負う（せお）う」のように、"背中にものを載せられる"ところから、「負担（ふたん）」「負債（ふさい）」「負荷（ふか）」など、"自分の意志とは関係なく、何かをしなければならなくなる"という意味にもなる。ここからさらに変化して、「勝負（しょうぶ）」のように、"争いごとで相手に屈する"という意味でも用いられるようになった。

「まける」と訓読みするのは、この意味の場合。「試合に負ける」「戦争に負ける」「裁判で負ける」「選挙で負ける」「どこにも負けないサービスを提供する」などが、その例となる。

「体力では若者に負けるが、我々には経験がある」では、やや転じて"比較すると相手より劣っている"という意味。「誘惑に負ける」「逆境に負ける」「寒さに負けない体を作る」では、"抵抗できなくなる"ことを表す。これらの「まける」は、漢字《負》の持つ"争いごと"のイメージが比喩的に使われたものだと考えられるので、《負》を使って書き表して、問題はない。

このほか、日本語「まける」には、「五〇〇円の品物を四五〇円にまける」「一〇個買うと、おまけに一個付いてくる」のように、"値段を安くして売る"という意味もある。これは、"比較すると相手より劣っている"や"抵抗できなくなる"といった意味合いから転じたものだと思われるが、"争

513 ◉ [まける] [まげる] [まこと]

いごと"のイメージからはかなり離れている。《負》は使わず、かな書きにする方が落ち着く。

以上のように、日本語「まける」を漢字で書き表す場合には、"値段を安くして売る"場合を除いて、《負》を用いることができる。しかし、《負》と似た意味を持つ漢字に《敗》があり、こちらを「まける」と訓読みすることもできる。《敗》は、「敗戦」「敗北」「勝敗」のように、"争いごとで相手に屈する"ことを表す漢字。ふつうは「やぶれる」(p.568)と訓読みするが、意味の上からは「まける」と訓読みすることもできる。

ただ、《敗》の部首「攵(のぶん)」は、「攻める」と訓読みする「攻」や、「敵」などにも含まれていて、"武器などを使ってたたく"ことを表す。ここから、《敗》は、《負》よりも"力"のイメージが強い。そこで、「試合に敗ける」「戦争に敗ける」「裁判で敗ける」「選挙で敗ける」「どこにも敗けないサービスを提供する」のように《負》の代わりに使うと、"打ちのめされる"とか"たたきつぶされる"といった意味合いになる。

とはいえ、現在では、《敗》を「まける」と訓読みすることはまれ。

負

相手より劣っている	相手に屈する
打ちのめされる たたきつぶされる	抵抗できなくなる

敗

まげる

枉曲

→まがる/まげる(p.508)

まこと

誠 真

気持ちがあれば事実になる!

「まこと」と訓読みする漢字はたくさんあるが、そのほとんどは、現在では名づけだけで使われる読み方。ふつうの文章でも比較的よく使われるものとしては、《真》と《誠》が挙げられる。

基本1 ほとんどの場合は《真》を用いるが、かな書きにすることも多い。

基本2 特に、うそやいつわりがない気持ちを指す場合には、《誠》を使う。

発展 うそやいつわりがなくそう思う気持ちに は、《誠》を書くと、意味合いがはっきりする。

《真》は、成り立ちにはいくつかの説があるが、「真理」「真相」「真偽を確かめる」など、"事実として本当であること"を指す漢字。「まこと」と訓読みして、「うそから出た真」「彼こそ真の天才だ!」「息子が金メダルを取ったなんて、真とは思えない」のように使われる。

ただし、特に「真の」の形になる場合など、「シン」と音読

みしても意味が通じることも少なくない。振りがなを付けるなどの配慮をするのも一つの方法だが、「うそから出たまこと」「まことは思えない」「まことの天才」のように、かな書きにしてしまうことも多い。

一方、《誠》は、"ことば"を表す部首「言（ごんべん）」の漢字。ことばに心がこもっているところから、「誠意（せいい）」「忠誠（ちゅうせい）」など、"うそやいつわりがない気持ち"を指す。訓読みでは「まこと」と読み、「誠の心を大切にする」「こんな私を助けてくれるなんて、彼女の誠には頭が下がる」などと用いられる。

このように「まこと」とだけ読む場合については、"事実"か"気持ち"かという点に注目すれば、この二つの漢字の使い分けを判断できる。しかし、「まことに」の形になると急にまぎらわしくなるのが、困ったところである。

《誠》は、"うそやいつわりがない気持ち"から転じて、"うそやいつわりがなくそう思う"ことをも表す。「まことに」の形になるのは、この場合。例としては、「誠に申し訳ありません」「彼が採用された」「誠にすばらしいことだ」など。

このように、「申し訳ない」「すばらしい」といった感情や判断を表すことばと一緒に使われる「まことに」は、気持ちを表す《誠》を使って書き表すのがよく似合う。

一方、事実を述べる「まことに」は、《真》を用いる方がふさわしい。たとえば、「辞書作りとは、真に手間がかかる仕事だ」「彼の遺した財産は、真に膨大なものだった」といった具合。となると、感情や判断を表す場合でも、"そう思っているのは事実である"というニュアンスで、《真》を用いて「真に申し訳ありません」「彼が採用されたのは、真にうれしいことだった」と書いてもおかしくはないことになる。

つまり、「まことに」の形は、《真》さえ書いておけば、間違いにはならない。ただ、先にも述べたような理由から、「まことに手間がかかる」「まことにすばらしい」「まことに申し訳ありません」「まことにうれしい」のように、かな書きにしてしまうことも多い。とはいえ、"うそやいつわりがなくそう思う"という気持ちをはっきりと表現したい場合には、《誠》を使うと、ニュアンスがはっきりする。

なお、《実》も「まこと」と訓読みして使われることがある。「真実（しんじつ）」「誠実（せいじつ）」という熟語があるように、《真》《誠》両方に通じる意味を持つ。ただ、「実の」「実に」の形では「ジツ」と音読みしてしまたいていは意味が通じてしまう。「まこと」を書き表すのにわざわざ《実》を用いるメリットは、あまりない。

	「まこと」	「まことに」
	事実として本当のこと	うそいつわりのない気持ち	事実として本当に	うそいつわりなくそう思う
真	◎		◎	◎
誠		◎		◎

まさる

優勝

基本 一般的には《勝(しょう)》を用いる。

発展 品位や格調が上である場合には、《優》を使うと、対比して使われる場合には、《優》を使うと、雰囲気に合う。

日本語「まさる」は、"相手よりも程度が高い"という意味。漢字で書き表す場合には、《勝》を使うのがふつうである。

《勝》は、部首「力(ちから)」の漢字。「かつ」(p154)とも訓読みするように、"相手より力が上である"ことを表し、転じて、広く"相手よりも程度が高い"ことをも指す。

「まさる」と訓読みした場合には、「地力に勝るチームが、最終的には栄光をつかむ」「テクニックで比べれば、彼女の方が勝っている」「彼の定年退職後の生活は、さびしさより も解放感が勝ったものだった」「あいつは聞きしに勝る鉄道マニアだね」では、"聞いていたよりも程度が高い"ことをいう。

日本語「まさる」を漢字で書き表す場合には、《勝》さえ使っておけば、十分に用は足りる。しかし、「まさる」と訓読する漢字には、《優》もある。《勝》と《優》は、どちらも「すぐれる」(p257)と訓読みすることもでき、意味がよく似ていて、厳密な使い分けはむずかしい。

そんなに力を込めなくても…

《優》は、"人"を表す部首「イ(にんべん)」の漢字で、「俳優(はいゆう)」のように、"役者"を指すのが本来の意味。役者が自分の動作を磨き上げるところから、「優雅(ゆうが)」「優美(ゆうび)」のように、"洗練されている"ことを表すようになった。

転じて、「優秀(ゆうしゅう)」「優良(ゆうりょう)」など、"ある基準より程度が高い"という意味にもなる。また、「優等生(ゆうとうせい)」「優越感(ゆうえつかん)」のように、"ほかのものより程度が高い"ことを指しても使われる。

ここからさらに変化すると、"相手よりも程度が高い"という意味になる。「まさる」と訓読みするのは、この場合。ただ、《優》はもとが"力"なので"争い"のイメージを含んでいるのに対して、《勝》は、"洗練されている"という意味から発展してきているだけに、落ち着いた雰囲気を持つ。

そこで、"品位や格調が相手よりも上である"場合には、《優》を使うとなじみやすい。たとえば、「利益ばかりを追い求めるよりも、他人の役に立つ仕事をする方が、人間として優っている」「絵に漂う高貴さという点では、彼女は、ほかの画家にはるかに優る」といった具合。もっとも、これらの場合に《勝》を使っても、間違

勝 力が上である／程度が高い

優 洗練されている／品位や格調が高い

[まさる][まざる／まじる／まぜる]● 516

いになるわけではない。ただ、《優》を使う方が、"品位や格調"のイメージがはっきりする効果がある。

なお、「優るとも劣らない」のように、「まさる」は、「優劣」という熟語との関係で、《優》を書く方が落ち着く。

まざる／まじる／まぜる

雑 交 混

一緒になるとはいうものの…

基本 一般的には《混》を用いる。

発展1 元の姿に焦点を当てたい場合には、《交》を使うと効果的。

発展2 質が下がる場合には、《雑》を書くこともできる。

《混》は、「混合」「混入」「混在」など、"複数のものが合わさって一体になる／複数のものを合わせて一体にする"という意味。「まざる／まじる／まぜる」と訓読みして、「本物に偽物が混ざる」「雑音が混ざって聞き取れない」「二つの文化が混ざり合う」「みぞれ混じりの雪が降る」「期待と不安の入り混じった気持ちがする」「麦とお米を混ぜ合わせる」「紅茶に砂糖を入れてかき混ぜる」などなどと使われる。「もう済んだ話を混ぜ返す」では、済んだ話と現在の話を"一緒くたにする"ことをいう。

日本語「まざる／まじる／まぜる」を漢字で書き表す場合には、《混》を使っておけば、間違いにはならない。しかし、

「まざる／まじる／まぜる」と訓読みする漢字には《交》もある。場面によっては、独特のニュアンスを生かしてこちらを用いることもできる。

《交》は、古代文字では「𠀅」のように書かれ、"足を組んでいる人"の絵から生まれた漢字。左右の足を組むところから、「交差」「交錯」のように、"二つ以上のものがある点でぶつかり合う"ことを表す。転じて、広く"二つ以上のものがある関係を持つ"という意味になり、「交易」「交信」「交際」「友交」などと使われる。

これらの意味の場合には、「鉄道と国道が交わる」「両国の首脳がことばを交える」「人々が行き交う」「あいさつを交わす」のように、「まじわる／まじえる」「かう／かわす」と訓読みする。ただ、「まじわる／まじえる」には、「弁護士を交えて話をする」のように、"何かの中に別のものを加える"という意味もある。ここから、日本語では、《交》を"二つ以上のものが一緒になる"という意味でも用いるようになった。

「まざる／まじる／まぜる」と訓読みするのは、この意味の場合。ただ、《交》は"左右の足を組む"ところから発展しているので、二つ以上のものが一緒になっても、それぞれの元の姿がわからなくなるわけではないところに特徴がある。そこで、特に元の姿が残っていることをはっきりさせ

517 [まざる／まじる／まぜる] [まじる／まぜる]

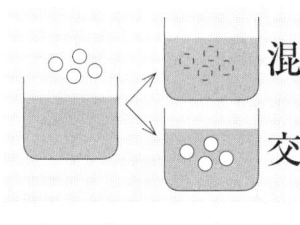

混 交

たい場合には、《混》の代わりに《交》を使うと効果的である。

例としては、「この布には、ところどころに金色の糸が交ざっている」「丼の中に髪の毛が交じっている」「イギリス出身の彼女は、日本語にときどき英語を交ぜて話す」といった具合。逆に、「いくつものスパイスの香りが混ざり合う」「赤い絵の具に青い絵の具を混ぜると、紫色になる」など、元の姿が完全に失われる場合には、《交》を使うのは避けておいた方が無難である。

その存在が気になります？

ただし、元の姿が残っているときには必ず《交》を用いるのかというと、そうでもない。たとえば、「大人が一人、子どもたちに交じって遊ぶ」は、ふつうはだれが大人か見分けが付くから《交》を使う。しかし、それだと大人がちょっと浮いた感じ。《混》を使って「大人が一人、子どもたちに混じって遊ぶ」とすると、一体感を表現することができる。

「最近、髪に白いものが交ざってきた」も同様。《交》を用いると「最近、髪に白いものが混ざってきた」と白髪が目立つところに焦点があたり、《混》を書くと、白いものがちらほら

してきた髪全体をイメージさせる。

ちなみに、「トランプを混ぜる」「この中に当たりくじが混じっています」は、一つ一つの元の姿が失われるわけではないが、ふつうは、どれがどれだかわからない状況になる。《混》を使う方がふさわしい。

なお、《交》《混》のほか、《雑》も、「まざる／まじる／まぜる」と訓読みすることができる。「混雑」という熟語があるように、この漢字は《混》と意味がよく似ている。ただ、「乱雑」「雑多」「雑草」など、"整っていない"というニュアンスが強い。

そこで、"異物が入って質が下がる"場合には、《雑》を使ってその意味合いを表現することもできる。例を挙げれば、「届いた商品には不良品が雑じっていた」「砂利の雑ざったご飯なんて、食べられない」「お酒に水を雑ぜて、分量をごまかす」といった具合。ただし、やや特殊な訓読みなので、振りがなを付けるなどの配慮をしておく方が、親切である。

まじる／まぜる

雑 交 混

→まざる／まじる／まぜる（前項）

まち

街　町

基本　一般的には《町(ちょう)》を使うと効果的。

発展　都会的な雰囲気を出したいときには《街(がい)》を用いる。

```
    街       町
田舎風 ◀ ふつう ▶ 都会的
```

あっちはちょっとしゃれてるね！

"住宅や商店が集まった区域"を意味する日本語「まち」を書き表す漢字としては、《町》と《街》がある。このうち、広く使えるのは《町》である。

《町》は、部首「田(たへん)」が付いているように、本来は"田畑の間のあぜ道"を指す漢字。日本では、田畑と住宅が一緒になって"人々が集まって住む区域"を作り上げているところから、「まち」と訓読みして用いるようになった。

「港町」「下町」「城下町」「門前町」「移民たちが新しい町を作る」などが、その例。「町役場」「二つの町が合併して市になった」「この町出身の選手をみんなで応援しよう」のように、行政区画としての「まち」を指す場合も、この漢字を用いる。日本語「まち」を漢字で書き表す場合には、《町》を使っておけば、間違いにはならない。

一方、《街》は、"道"を表す部首「行(ぎょうがまえ)」の漢字。「圭(けい)」は、もともとは"形を整えた宝石"を指す。合わせて、「街路(がいろ)」「街灯(がいとう)」のように、"きちんと整えられた道路"を表すのが、《街》の本来の意味となる。転じて、「商店街」「繁華街」「住宅街」のように、道沿いの"住宅や商店が集まった区域"をも指す。

"整っている"というイメージを持つ《街》は、都会的な雰囲気を出したいときに使うのが、ぴったりする。例としては「街角のカフェで一休みする」「年末の街は、買い物客であふれている」「山小屋で暮らすと、ときには街の灯りがなつかしくなる」「街に出て、サラリーマンの意見を取材する」といった具合である。

「街並み」「街おこし」「街へ野菜を売りに行く」なども同様に《街》を書くと、都会的な雰囲気がする。そのぶん、《町》を用いて「町並み」「町おこし」「町へ野菜を売りに行く」などとすると、のんびりした田舎風のイメージを出すことができる。

まつ

俟　待

基本　一般的には《待(たい)》を用いる。

発展　なりゆきに任せて「まつ」場合には、《俟(し)》を使ってもよいが、難解。

両手をポケットに入れたまま

《待》は、"移動"を表す部首「彳(ぎょうにんべん)」の漢字で、「待機」「待避」の

待 / 俟

待 何かが起こるのに備えて過ごす
俟 なりゆきに任せて望む

ように、"ある場所にとどまって何かに備える"という意味。「待望」「期待」のように、広く"何かが起こるのに備えながら時間を過ごす"という意味でも使われる。

日本語ではこの意味を「まつ」で表すので、《待》は、訓読みでは「まつ」と読む。「列車を待つ」「電話が掛かってくるのを待つ」「春が来るのを待ち望む」「北海道へ行く日が待ち遠しい」「敵の待ち伏せに遭う」「危険な運命が待ち受ける」「計画の実現を待ち望む」などなどが、その例となる。

"何かが起こるのに備えながら時間を過ごす"ことを表す日本語「まつ」を漢字で書き表す場合には、《待》を使うだけで、十分に用は足りる。しかし、「まつ」と訓読みする漢字には《俟》もあり、現在ではあまり用いられないものの、時にはこちらを使うこともできる。

《俟》は、音読みの熟語で用いられることがほとんどなく、成り立ちもはっきりしないが、"何もしないままで、あることが生じるのを望む"という意味。漢文に由来する故事成語「百年、河清を俟（ま）つ」とは、"黄色く濁った黄河の水がきれいになるのを、一〇〇年もの間、何もしないで望み続ける"という意味。"実現不可能なことを望む"ことのたとえとして使われる。

そこで、"なりゆきに任せて、あることが生じるのを望む"ことを表す場合には、《待》の代わりに《俟》が使われることがある。「○○をまつ」「○○にまつ」の形で、そのむずかしそうな雰囲気を生かして、かなり堅い文章で使われることが多い。ただ、一般にはなじみの薄い漢字なので、振りがなを付けるなどの配慮が必要となる。

例としては、「この点は私にはわからないので、識者のご教示を俟（ま）つ」「抜本的な解決策は、今後の研究に俟（ま）つ」といった具合。「国民の良識に俟（ま）つ」とは、"あとは国民が良識を持って判断してくれることを望む"という意味。また、「論を俟たない」とは、"無駄な議論を望みはしない"というところから、"議論するまでもなく、結論ははっきりしている"ことをいう。

祀 / 祭

にぎやかなのは落ち着かない？

基本 一般的には《祭》を用いる。
発展 「まつる」では、《祀》を用いる方が、神や仏などに対する敬意が強く出る。

日本語「まつる」の基本的な意味は、"ある場所に神や仏などを安置して、敬意を表すために儀式を行う"こと。「まつり」は、"神や仏などに敬意を表すための儀式"を指す。「まつる／まつり」を書き

表す漢字としてまず挙げられるのは、《祭(さい)》である。《祭》は、"神や仏"を意味する部首「又」を表すに持った肉を神に捧げる"ことを表すのが、本来の意味となる。「祭壇」「祭礼」「祭神」など、広く"ある場所に神や仏などを安置して、敬意を表すために儀式を行う"という意味で用いられる。

訓読みでは「まつる」と読み、「おじいさんの位牌を仏壇に祭る」「この神殿には古代の神が祭られている」「建国の英雄を神として祭る」などと使われる。

転じて、「冠婚葬祭」「鎮魂祭」「神社の例大祭」のように、"神や仏などに敬意を表すための儀式"を指しても使われる。この場合には「まつり」と訓読みし、「神社でお祭りが開かれる」「今年も祇園祭の時期になった」などのように、固有名詞的な「○○まつり」の場合には、送りがなを付けない例もよく見かける。

ただ、現在の日本語では、「まつり」は意味が広がり、「港まつり」「古本まつり」「パンまつり」「まんがまつり」"にぎやかに行われる特別なイベント"を指すことも多など、「にぎやかに行われる特別なイベント」を指すことも多い。ここから、漢字《祭》も「学園祭」「映画祭」「前夜祭」のように使われて、"にぎやかに行われる特別なイベント"という印象が強くなっている。

その一方で、"にぎやかで特別なイベントを行う"場合には、「まつりをする」「まつりを開く」などという言い方をするのがふつうで、「まつる」とは表現しない。つまり、日本語「まつる」は、相変わらず"神や仏に対して敬意を表す"ことだけを指したままなので、漢字《祭》との間に意味合いの差が生じるようになった。この差が気になる場合には、「まつる」を書き表す漢字として、《祭》の代わりに《祀(し)》を用いることもできる。

《祀》は、"神や仏"を表す部首「示(しめすへん)」に、読み方を示す「巳(し)」を組み合わせた漢字。もともとは《祭》とは別の種類の儀式に関する漢字だったとも言われるが、「祭祀」という熟語があるように、ほぼ同じ意味だと考えて差し支えない。

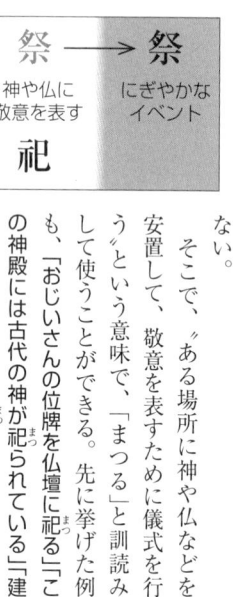

そこで、"ある場所に神や仏などを安置して、敬意を表すために儀式を行う"という意味で、「まつる」と訓読みして使うことができる。先に挙げた例も、「おじいさんの位牌を仏壇に祀る」「この神殿には古代の神が祀られている」「建国の英雄を神として祀る」のように《祀》

祭 → 祭
神や仏に   にぎやかな
敬意を表す イベント
祀

まもる

衛 護 守

愛する者のそばにいる！

を書くと、日本語「まつる」の持つ敬いの雰囲気となじみやすい。

ただし、《祀》は、一般にはやや見慣れない漢字。振りがなを付けるなどの配慮をしておく方が、親切である。

基本 一般的には《守》を用いる。

発展1 大切なものを「まもる」ことを強調したい場合には、《護》を使うと、ニュアンスが出る。

発展2 離れないで「まもる」場合には、《衛》を書くこともできる。

《守》は、"建物"を表す部首「宀（うかんむり）」の漢字。もともとは"異変が起きないように建物を見張る"ことを表し、広く、異変が起きないように気を付ける"という意味で使われる。

「守備」「攻守」「保守点検」などが、音読みの例。訓読みでは「まもる」と読み、「市民の安全を守るのが警察の仕事だ」「自然環境を守ろう」「子供の成長を見守る」「言論の自由は守られなければならない」「守りを固めて、相手チームに得点を与えない」「神社でもらったお守りを身に付ける」などなどと用いられる。

やや変化して、"ある状態を保ち続ける"という意味にもなる。訓読みの例としては、「秘密は必ず守ります」「彼は約束を守る男だ」「彼女はまだに独身を守っている」「主義主張を守り抜く」など。このように、日本語「まもる」を漢字で書き表す場合には、《守》さえ使っておけば、十分に用は足りる。

ただし、「まもる」と訓読みする漢字には、《守》のほかに《護》《衛》もある。「守護」「守衛」「護衛」という熟語があるように、この三つの漢字は意味がよく似ているが、それぞれのニュアンスを生かして使い分けることもできる。ただ、《護》《衛》を「まもる」と訓読みするのは、現在ではあまり見られない読み方。振りがなを付けておく方が、丁寧である。

まず、《護》は、「愛護」「保護」「護身術」など、"大切なものに危険が及ばないようにする"という意味。「まもる」と訓読みして用いると、対象となるものが"とても大切である"というニュアンスを強調できる。たとえば、「子供たちをドラッグから護る」「基本的人権を護るために闘う」「首相をお護りするのが、我々の任務だ」といった具合である。

もう一つの《衛》は、"移動"を表す部首「行（ぎょうがまえ）」の漢字。真ん中の「口」は"町を取り巻く城壁"だと言われ、本来は、"町を取り巻く城壁のまわりを動き回って、敵の攻撃を防ぐ"ことを表す。

「衛兵」「門衛」のように、"出入り口で敵の侵入を防ぐ"こと

[まもる] [まるい／まる] ● 522

守

異変に気を付ける

護 衛
大切な きまった
ものを 位置で

ある状態を保ち続ける

を表すのが、本来の用法に比較的忠実な例。スポーツの「前衛」「後衛」の例。「生地を丸めてお団子を作る」「階段が磨り減って角が丸まる」のように、「まるめる／まるまる」の形になることもある。

このように、《衛》は、"定位置から離れないで「まもる」"ところに、特色がある。「自衛」でも、自分がいる場所という"決まった場所"から離れることはありえない。そこで、「国境地帯に駐屯して、祖国を衛る」「ボディガードとして映画スターを衛る」「自分の身は自分で衛る」のように用いると、そのニュアンスを生かすことができる。

日本語では、「まるい」は、立体的なものに対してだけではなく、平面的な"輪のような形"についても使われる。そこで、《丸》も、"輪のような形をしている"という意味でも用いられる。

例としては、「空に丸いお月様が浮かんでいる」「椅子を丸く並べる」など。「丸いパイプに水を流す」は、断面が"輪のような形"をしている例。また、「まる」と訓読みして、"輪のような形"そのものを指し、「よくできた答えに二重丸を付ける」「文章の終わりには丸を打つ」といった具合にも使われる。

さらに、日本語「まるい」はさまざまな意味を持つので、漢字《丸》も広い意味で使われることになった。たとえば、「年を取って人間が丸くなる」「争いはやめて、丸く収める」などでは、人の性格や人間関係などが"角張っていない"つまり"だれかを傷つけたりはしない"こと。また、「まるめる」の形では、「端数を丸める」のように、"きりのいい数字にする"という意味にもなる。

さらには、"かたまり全体"というところから、"あるもの全体"をも指す。例を挙げれば、「レモンを丸ごと絞る」「仕

まるい／まる

円 丸

コンパスを使いましたか?

[基本] 一般的には《丸》を用いる。

[発展] 整った「まる」の場合、成熟している場合や不満がない場合には、《円》を使うと効果的。

《丸》は、本来は「丸薬」「弾丸」のように使われ、手の上で転がせるくらいの"比較的小さな、角張っていないかたまり"を指す漢字。それを、日本語では古くから「まるい」と訓読みして、大きさに関係なく、立体が"角張っていない"ことを指して用いている。

[まるい／まる][まわり]

事を部下に丸投げする」「あの人と別れてから丸一年が過ぎた」など。ただし、この場合の「まる」は"角張っていない"というイメージからは離れているので、かな書きにすることも多い。

以上のように、日本語「まるい／まる」を漢字で書き表す場合には、《丸》さえ使っておけば、間違いにはならない。しかし、「まるい／まる」と訓読みする漢字には《円》もあり、場面によってはこちらを用いることもできる。

《円》は、「円陣を組む」「円筒形」「半円」など、"整った輪のような形"を指す。そこで、平面的な"輪のような形"に対して《円》を用いると、"形が整っている"というイメージになる。

例としては、「船室の円い窓から海を眺める」「中華料理のお店で円いテーブルを囲んで座る」「太くて円い柱が屋根を支える」「びっくりして目を円くする」など。これらの場合に《丸》を使ってももちろんかまわないが、《円》を書くと、より具体的に"整った輪の形"をイメージさせる効果がある。

なお、"坊主頭"のことを「円頂」と言うように、漢字《円》にも、立体的なものを指す用法もある。そのため、「お坊さんの円い頭」「円い天井のプラネタリウム」のように、《円》を"整った球のような形"というイメージで用いても、間違いではない。

また、《円》には、「円熟」「円満」のように、"充実して満ち足りている"という意味もある。そこで、先に《丸》のところで"だれかを傷つけたりはしない"ことを表す場合の例として挙げたものでも、「年を取って人間が円くなる」「争いはやめて、円く収める」のように《円》を用いると、"成熟している"とか"不満がない"という意味合いを表現することができる。

	円	丸
平面・立体	整った輪や球	角張っていない
性格・人間関係	成熟した不満がない	だれも傷つけない

まわり

周 回

動作と部分の違い

基本1 動いて向きを変えることや、あるものの外側のラインを指す場合には、《回》を用いる。

基本2 あるものの外側に広がる部分を指す場合には、《周》を使う。

《回》は、古代文字では「⊆」と書き、"うずを描く"ことを表す漢字。転じて、「回転」のように、"同じ場所で動いて向きを変える"や、「旋回」「巡回」「迂回」など、"方向を変えながら進む"ことを広く表す。

訓読みでは「まわる」と読むのが基本だが、「まわる」こ

と"という意味で「まわり」と読むこともできる。「油を差して車輪の回りをよくする」「乾燥している時期だから火の回りが早い」などがその例である。

《回》の訓読み「まわり」は、ほかのことばと結びついて「○○まわり」の形になることが多い。「町内を一回りする」「外回りの仕事に出かける」「警備員さんが見回りをする」「時計回りの順序で自己紹介をしましょう」などなどが、その例。「掃除当番は二回り目に入った」のように、やや比喩的に使われて"一巡すること"を指す場合もある。

一方、《周》は、「周囲」「周辺」「周縁部」など、"何かを取り巻く部分"を表す漢字で、「まわり」と訓読みする。つまり、「まわり」の使い分けでは、"ある場所で動いて向きを変える"とか、"まわりを変えながら進む"といった動作から転じたものは《回》を使い、部分を指す場合には《周》を用いる、ということになる。

ただ、《周》には、「用意周到」「関係者に周知する」「周密な調査」のように、"全体にくまなく行き渡る"という意味もあり、《周》には、平面的な"広がり"のイメージがある。そこで、《周》は、本来はある程度の広がりを持って"何かを取り巻く部分"を指す漢字だ、と考えられる。

「まわり」と訓読みした場合も同じで、たとえば、「周りの人に相談する」ならば、自分を"取り巻く"すぐそばの人だけではなく、少し離れた関係の人に相談してもかまわない。「駅の周りでは再開発が進んでいる」も同じで、駅を"取り巻く"すぐそばだけでなく、少し離れた場所も含まれる。

このように、《周》は"広がり"という面のイメージを持つので、"何かの外側のライン"だけを指す場合に用いるのは、あまりふさわしくない。そこで、その場合の「まわり」は、"方向を変えながら進む"という線のイメージを持つ《回》を使って書き表す。たとえば、「最近、太ったので、胴回りを測るのが恐い」「この木の幹の回りは八メートルもある」といった具合である。

ぴったり付けて測ってね！

この伝でいくと、「湖の周りに遊歩道を作る」ならば多少の広がりがあるから《周》を使うことになる。「この湖の回りは三キロある」ならば《回》を書くが、"体にぴったり付けるもの"を指す場合には、「身の回りの品《回》では、「体にぴったり付けるもの"という意味合いで《回》を書くが、「いつ辞めてもいいように、身の周りを整理しておく」ならば、《周》を用いる方がふさわしい。

とはいえ、現在では漢字《周》が持っていた"広がり"のイメージは薄れていることもあり、実際にはそこまで厳密な使い分けはなされていないのが実

回 方向を変えながら進む
外側のライン
周 外側の広がり

525 ◉［まわり］［みがく］

状。文脈にかかわらず、「湖の周り」のような土地に関する場合は《周》を、「身の回り」のように体にまつわる場合は《回》を使うことが多い。

なお、《回》とよく似た漢字に《廻》がある。これは、《回》に"移動"を意味する部首「廴(えんにょう)」を付け加えて、動作を表すことを強調した漢字。「まわる／まわり」と訓読みして、《回》と同じように使ってかまわない。ただし、現在ではあまり用いられない漢字なので、古風な雰囲気になる。

み

みがく

研磨

基本 一般的には《磨(ま)》を用いる。

発展 細かさや鋭さを表現したい場合には、《研(けん)》を使うこともできる。

そこまでやるか!?

《磨》は、部首「石(いし)」の漢字で、本来は"石でこすって表面をなめらかにする"という意味。「磨製石器(ませいせっき)」とは、"表面をなめらかに仕上げた石器"。広く"表面をなめらかで美しくする"という意味で、「みがく」と訓読みして使われる。「歯を磨く」「窓ガラスを磨く」「木の床をピカピカになるまで磨き上げる」「ワックスを塗って靴磨きをする」などが、その例である。

また、比喩的に用いられて、"訓練して技術や能力を上げる"という意味にもなる。音読みでは「百戦錬磨(ひゃくせんれんま)」がその例。訓読みの例としては、「料理の腕を磨く」「原稿を読み直

[みがく][みたす][みだら] ● 526

磨

美しくなめらかにする

研

細かさ・鋭さ

して、文章に磨きをかける」「磨き上げられた技を披露する」などが挙げられる。

日本語「みがく」を漢字で書き表す場合には、《磨》を使うだけで、十分に用は足りる。しかし、「みがく」と訓読みする漢字には《研》もあり、場合によってはこちらを使うこともできる。

《研》は、部首は《磨》と同じ「石」で、また「研磨」という熟語もあるので、《磨》と意味を区別するのはむずかしい。ただ、音読みでは「研究」の形でよく使われ、"細かいところまではっきりさせる"というイメージを持つ。

そこで、"細かい"というイメージを表現したい場合には《研》を書くと、その雰囲気が出る。たとえば、「剣の技を研いて奥義を会得する」「彼女は年を取ってもなお、音楽の表現を研ぎ続けた」といった具合。また、日本語では、"細い刃先を鋭くする"ところから、「包丁を研いで切れ味をよくする」のように、"鋭さ"に重点を置いて使われることもある。

もっとも、これらの場合に《磨》を書いても、大きな問題はない。

なお、《研》を「みがく」と読むのは、現在ではあまり使わない訓読み。振りがなを付けるなどの配慮をしておくと、丁寧である。

みたす

充満

→みちる/みたす(p530)

みだら

猥淫

下心がむき出しですね

基本 一般的には《淫》を用いる。

発展 露骨な性欲を表現したい場合には、《猥》を使ってもよい。

日本語「みだら」は、"性的に乱れている"という意味。このことばを書き表す漢字としては、《淫》と《猥》が挙げられる。

《淫》は、成り立ちにはいくつかの説があるが、本来は"度を過ごす"という意味。現在では、「淫乱」「淫行」「姦淫」など、"性的な欲望が抑えきれない"「未成年と淫らな行為をする」のように用いられる。日本語「みだら」を漢字で書き表す場合には、《淫》を使っておけば、十分に用は足りる。

一方、《猥》は、"動物"を表す部首「犭(けものへん)」の漢字。"人間的ではなく野蛮な"というところから、この意味の場合は「猥雑」のように"秩序がない"ことを表し、「みだり」(次項)と訓読みする。

また、"人間性に欠ける"ところから、"性欲がむき出し

みだり

猥濫漫妄

淫
性的に乱れている
露骨さ
猥

基本 一般的にはかな書きにする。

発展1 きちんとした根拠がない場合は、《妄》を用いてもよい。

発展2 きちんとした目的がない場合は、《漫》を使うこともできる。

発展3 きまりをきちんと守らない場合は、《濫》を書くと、意味合いがはっきりする。

発展4 きまりを簡単に破ってしまう場合は、《猥》を使ってもよい。

日本語「みだら」「みだり」の基本的な意味は、"行動がきちんとしていない"こと。このことばを表す漢字には《妄》《漫》《濫》《猥》があるが、互いに意味が似通っていて、厳密に使い分けるのはむずかしい。また、どれもややむずかしい漢字だったりやや特殊な訓読みだったりするので、振りがなを付けるなどの配慮をしておくのが望ましい。

そのような事情があるので、「みだり」は、実際にはかな書きにすることが多い。以下、あえて漢字を使うならば、という前提で説明する。

まず、《妄》は、「妄想」「妄言」「迷妄」のように、"きちんとした根拠もなしに"という意味。「みだりに他人を批判するのはよくない」「ネットの情報を妄りに信じて、ひどい目に遭った」「怪しい男が、『この世の終わりが近い』と妄りに説いている」などと使われる。

次に、《漫》は、「散漫」「冗漫」「漫談」「漫談」など、"きちんとした目的もなしに"という意味を表す。訓読みの例としては、「漫りに勉強しても、真の学力は身につかない」「流行に漫りに飛び付くな」などが挙げられる。

《妄》と《漫》は、"根拠を付けることができる"と"目的もなしに"という点で、いちおうの区別を付けることができる。しかし、実際には、根拠と目的はどちらも行動の理由となるものなので、互いに見えても問題はないが、《猥》を書くと、いかにも性欲が目に見えて現れているような雰囲気になる。ただし、やや

ずかしい漢字なので、振りがなを付けるなどの配慮をしておく方が、親切である。

たとえば、「猥らな目つきで異性を見つめる」「人前もはばからず猥らな声を出す」といった具合。これらの場合に《淫》を

《猥》「猥褻」などは、音読みの例。「みだら」と訓読みするのは、この場合。そこで、特に性欲を露骨に感じさせるような場面では、《猥》を用いて「みだら」を書き表すと、効果が高い。

どうして？間違ってない？

である"という意味にもなる。"卑猥"「猥褻」などは、音読みの例。「みだら」と訓読みするのは、この場合。

とばを表す漢字には《妄》《漫》《濫》《猥》があるが、互いに意味が似通っていて、厳密に使い分けるのはむずかしい。また、どれもややむずかしい漢字だったりやや特殊な訓読みだったりするので、振りがなを付けるなどの配慮をしておくのが望ましい。

[みだり] [みち] ● 528

で、区別しにくい場合も多い。そんなときには、どちらか好きな方を書いておけばよい。

以上の二つは、行動の理由に関わる漢字。それに対して、《濫》《猥》は、行動とそれを縛る"きまり"との関係を問題にするところに、特色がある。

《濫》は、"水"を表す部首「氵(さんずい)」の漢字で、本来の意味は、「河川の氾濫」のように、"水があふれる"こと。転じて、「濫獲」「濫造」「濫用」など、"きまりをきちんと守らないで"という意味で使われる。訓読みでは、「薬を濫りに用いると、かえって害で使われる」「業務上で知り得たことは、濫りに口外してはならない」などが、その例となる。

これに対して、《猥》は、"動物"を表す部首「犭(けものへん)」の漢字。"人間性に欠ける"というところから、「卑猥」「猥褻」のように、"性欲がむき出しで下劣である"ことを表し、「みだら」(前項)と訓読みする。

また、"人間的ではなく野蛮な"というところから、"きまりが存在しない"という意味にもなる。「猥雑」とは、"秩序がない"こと。「みだり」と訓読みするのはこの場合で、《濫》よりもさらに簡単に"きまりを破ってしまう"という意味合いになる。例を挙げれば、「あの人はふだんから、異性の部屋に猥りに出入りしている」「館内禁煙なのに猥りにたばこを吸って、気にするようすもない」といった具合である。

なお、《濫》と《猥》は、「みだりがましい」の形で使われることもある。《濫》を書くと、"礼儀をきちんと守らないで"という意味。「濫りがましくも社長に意見を申し上げて、失礼いたしました」などと使う。

一方、《猥》を用いた場合には、「卑猥」や「猥褻」の場合と同じように、"露骨に性的な"という意味合いになる。「若い男たちが集まると、話題は猥りがましい内容になる」がその例。

なお、「みだりがわしい」も、「みだりがましい」と意味は同じである。

妄 漫 濫 猥

根拠 →行動→ 目的
根拠 →行動→ 目的
→行動→
きまりから外れる
→行動→
きまりが存在しない

みち

径 途 路 道

基本 一般的には《道》を用いる。

発展1 実際にそこを通ること自体に意味がある場合には、《路》を使ってもよい。

発展2 そこを書くこともできるが、やや特殊。《途》を書くこともできるが、やや特殊。

発展3 「ぬけみち」や「散歩みち」の場合には、《径》を用いることもできる。

歩いて行くと世界が広がる

《道》は、「歩道」「街道」「道中」など、"移動するときに通過するように作られた、帯状に続く場所"を指す漢字。「みち」と訓読みして、「川沿いの道を歩く」「市役所へ行く道を尋ねる」「学校の帰り道で友人に会う」「道端でお財布を拾った」「手をつないで野道を行く」などと用いられる。

転じて、「道徳」「道義」「人道にもとる行い」のように、"従うべき行動の規範"をも指す。訓読みでは、「困っている人を見たら助けるのが、人の道だ」「道ならぬ恋に落ちる」などがその例。また、「常道」「邪道」「正道」などでは、"あることを実現する方法"を指し、例としては「勝利への道は険しい」「このピンチを逃れる道はない」などが挙げられる。

さらには、「武道」「仏道」「茶道」のように、"専門的に追究されるある分野"をも指す。訓読みでは、「商売の道に進む」「医学の道を志す」などがその例となる。

ほかにも日本語「みち」にはさまざまな用法があるが、漢字ではすべて《道》を使って書き表してかまわない。ただし、「みち」と訓読みする漢字には、《路》《途》もある。それぞれ、独特のニュアンスを生かして用いることもできる。

まず、《路》は、「道路」という熟語があるように、《道》の意味の違いがわかりにくい。ただ、「海路」「空路」「航路」などでは、実際に「みち」が存在しているわけではない。ま

た、「一路、北へ向かう」「活路を開く」「退路を断つ」のように"ある場所に向かって移動する"というニュアンスを含むこともある。これらからすると、《路》は、"そこを進むとある場所に着く"ことに重点を置いて「みち」を表現する漢字だ、と考えられる。

そこで、実際に"そこを通る"こと自体に意味がある文脈では、《路》を使ってみるのも一つの方法。たとえば、「駅に出るには、この路をまっすぐ行けばいい」「春の景色を眺めながら、湖畔の路を歩く」「松尾芭蕉が旅した路をたどる」といった具合。「ゆくえも知らぬ恋の路」のように、比喩的に用いることもできる。

次に、《途》は、「途中」「途上」「前途」「帰国の途につく」などと用いられる漢字。"まだ目的地に着いていない"ことを背景として、「みち」を表す。「ここへ来る途で彼女に会ったよ」「現場へ向かう途で、事情を詳しく聞く」などがその例となる。

とはいえ、やや特殊な訓読みなので、振りがなを付けるなどの配慮が必要。また、現在では、これらの場合も《道》を用い

道　帯状の場所そのもの

路　実際に通る

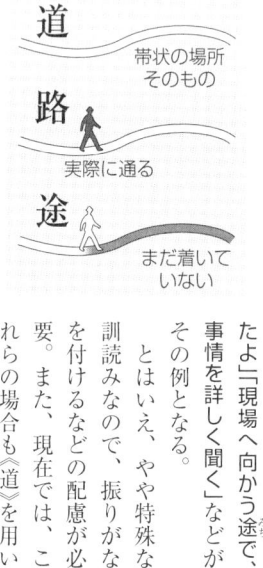

途　まだ着いていない

[みち] [みちる／みたす] ● 530

る方が自然である。

なお、《途》は、「使途」「別途」「方途」という意味でも用いられる。そこで、訓読みでも、「お金の使い途を明らかにする」「解決の途を見つけ出す」などと使われることもある。しかし、これは、日本語「みち」に〝目的や方法〟という意味があることから生まれた、日本語独自の用法。漢字本来の意味という観点からは、《道》を使って書き表す方がふさわしい。

大通りから少しそれると…

以上のほか、《路》や《途》とは異なった角度から、「みち」と訓読みして《道》の代わりに使われる漢字として、《径》がある。この漢字は、「直径」「半径」のように、何かのまわりをたどらないで〝真っ直ぐに突っ切って進む移動ルート〟をいう。

ここから、「みち」と訓読みして用いると、〝正規のルートではなく、距離が短くて済む「みち」〟という意味合いになる。たとえば、「商店街に出るより、裏の細い径を通った方が、駅には近い」「藪の中の薄暗い径をたどって逃げる」といった具合である。

ただし、現在では、森や公園の中を抜けるルートというたイメージから、〝散歩に適した「みち」〟という雰囲気を持たせて使われる方が多い。「その径は、松林を抜けて展望台へと続いている」「春の花咲く野の径を散策する」などが、その

例。こちらの場合、たとえば「バラの小径」「せせらぎの小径」のように「こみち」の形で使われることも多い。さらには、《径》一文字で「こみち」と読ませてしまうこともある。

なお、「みち」と読むにせよ「こみち」と読ませるにせよ、現在では、《径》の読み方としてはやや特殊。振りがなを付けるなどの配慮をしておく方が、親切である。

みちる／みたす

充満

空きができたらよろしくね！

基本 一般的には《満》を用いる。
発展 足りないものを足す場合は、《充》を使ってもよい。

《満》は、〝水〟を表す部首「氵(さんずい)」の漢字で、本来は〝川や池などが水でいっぱいになる〟という意味。「満水」「満載」「満開」「満足」など、広く〝いっぱいになる／いっぱいにする〟ことを表す。訓読みでは「みちる／みたす」と読み、「月が満ちる」「彼女は自信に満ちている」「ジョッキをビールで満たす」「いい映画を見たいという欲望を満たす」「彼は人格といい実績といい、必要な条件をすべて満たした候補者だ」などと使われる。

日本語「みちる／みたす」を漢字で書き表す場合には、《満》さえ使っておけば、困ることはない。ただ、「みちる

[みちる／みたす]

《充》は、「補充」「充塡」「充電」「エネルギーを充塡する」などと、"足りないものを足して、いっぱいにする"という意味。その意味合いから「みたす」と訓読みすることが多く、「欠員を充たす」「顧客のニーズを充たす商品を提案する」などと使われる。もっとも、「在庫が切れていたが、追加製造した結果、現在では倉庫は製品で充ちている」のように「みちる」と訓読みすることも、できないわけではない。

"足りないものを足す"というところから、《充》には、"いっぱいであるのがふつうの状態"という意識が含まれる。そこで、「空腹を満たす」「好奇心を満たす」「会場を観客で満たす」のように《満》を使うとふつうの表現だが、《充》を用いて「空腹を充たす」「会場を観客で充心を充たす」とすると、"当然のように「みたす」「みたし」て通常の状態に戻る"というニュアンスが生じることになる。

みたすと訓読みする漢字には《充》もあり、場面によってはこちらを用いることもできる。

満 ↑
足りない ↑ 充

みどり

翠 碧 緑

基本 色の一つを指す日本語「みどり」を漢字で書き表す場合には、《緑》を使うのがふつう。

発展1 宝石の輝き、命の輝きい場合には、《碧》を使ってもよい。

発展2 みずみずしいイメージを出したい場合には、《翠》を用いることもできる。

《緑》は、部首「糸(いとへん)」が付いていることから、本来は糸を染めるときの色合いの一つを指していたと思われる。広く"みどり色"を表す漢字として用いられる。音読みでは、「緑地」「緑茶」「新緑」「濃緑」などが、その例。訓読みの例としては、「緑の芝生が広がる」「緑色のライトが灯る」「彼には深緑のセーターが似合う」「黄緑色の車が走り去る」などが挙げられる。

日本語「みどり」を漢字で書き表す場合には、《緑》さえ使っておけば、十分に用は足りる。しかし、いつも同じ漢字ではつまらないという場合には、《碧》や《翠》を用いることもできる。ただし、やや見慣れない漢字なので、振りがなを付けるなどの配慮をしておくと、丁寧である。

《碧》は、部首「石(いし)」にも現れているように、本来は宝石の一種を指す漢字で、「碧玉」のように用いられる。

[みどり][みなと] ● 532

その色合いから、"あおみどり色"を表す漢字として使われるようになった。「紺碧の海」「金髪碧眼の西洋人」などが、その例である。

訓読みでは、「あお」(p15)を読んだり「みどり」と訓読みする。本来が"あおみどり色"を指す漢字なので、「みどり」と読んだために用いるのが、厳密には正しい。しかし、実際には、"みどり色"全般を指して使われる。

とはいえ、宝石のイメージを持つので、冷たく硬い色合いや透明感などを強調したい場合に使うのが、よく似合う。「闇の中で猫の目が碧に光った」「その海岸には碧の珊瑚礁が広がっている」「碧色のグラスに冷たいお酒を注ぐ」などが、その例となる。

一方、《翠》は、部首「羽（はね）」の漢字で、本来が"カワセミ"という鳥を指す。「翡翠」は、音読みでは「ひすい」と読むが、二文字まとめて「かわせみ」と読むこともある。その毛の色から、鮮やかな"みどり色"を指すようになった。

そこで、明るく生き生きとした"みどり"を表現したい場合に用いると、そのイメージを生かすことができ

```
       緑
    ┌─────────┐
    │  碧     │
    │冷たさ   │  翠
    │硬さ    ┌──┤
    │透明感  │みずみずしさ
    └────────┴──┘
```

る。もともとは鳥を指す漢字だが、植物のみずみずしい"みどり色"を表すために使われることが多い。たとえば、「初夏の山々の翠が美しい」「松が翠の枝を広げている」「朝霧の中に柳の翠が見え隠れする」といった具合である。

みなと

湊 港

和服姿がよく似合う?

基本 一般的には《港》を用いる。

発展 昔風の素朴な雰囲気を出したい場合には、《湊》を使ってもよいが、やや特殊。

《港》は、「港湾」「漁港」「軍港」など、"船が発着する場所"を指す漢字。「みなと」と訓読みして、「船が港を出る」「港で朝市が開かれる」「港に寄って貨物を積む」のように用いられる。

ただ、《港》は、もともとは"水路"を表す漢字で、"船が発着する場所"という意味で使われるようになったのは、せいぜい一〇〇〇年くらい前のこと。"船が発着する場所"を表す漢字としては、もともと《湊》があり、昔はこちらが使われていた。日本でも、古くからある地名では、「新湊」「大湊」「湊川」といったように、《湊》を書くものが目立つ。

	意味の変遷	イメージ
港	もとは「水路」を指す	一般的
湊	もともと「みなと」を指す	昔風 素朴

み

そこで、「湊から渡し舟に乗る」「この町は、かつては北前船の湊町として賑わった」のように《湊》を用いると、昔風の素朴な雰囲気を出すことができる。とはいえ、これらの場合に《港》を用いても何の問題もないし、現在ではその方がはるかに自然である。

みね

嶺 峰

基本 一般的には《峰》を用いる。

発展 さえぎるようにそびえ立つことを表現したい場合には、《嶺》を使うこともできる。

《峰》は、部首「山(やまへん)」に、読み方を示す「夆」を組み合わせた漢字。「夆」には"とがった先"という意味があるらしく、これに部首「金(かねへん)」を組み合わせた「鋒」は、"刀のとがった先"という意味で、「きっさき」と訓読みする。

そこで、《峰》も、"山のとがった先"つまり"山頂"を示し、「最高峰」「末路峰」のように使われる。ただし、日本語では「みね」と訓読みして、"山頂"という点だけではなく、長く伸びた"尾根"をも指して用いている。

例としては、「東山の峰の向こうから月が出た」「もう峰は越えたから、あとは下り道だ」「ここから峰伝いに降りていくと、古いお寺に出る」など。「雲の峰」「刀の峰の部分」のように、比喩的に使われることもある。

日本語「みね」を漢字で書き表す場合には、《峰》を用いておけば、困ることはない。ただ、「みね」と訓読みする漢字には《嶺》もあるので、使い分けが気になることとなる。

《嶺》は、本来は、山を越える"峠道"や、"山脈"などを表す漢字。転じて"山頂"をも指すが、"あちら側とこちら側を分け隔てるもの"というイメージをも持つ。"降った雨水が流れ込む先が別々の川になる、その境界線になっている尾根"のことを「分水嶺」というのは、その例である。

そこで、特に"さえぎるようにそびえ立つ"という雰囲気を表現したい場合には、《嶺》を使うのがなじみやすい。例としては、「高くそびえる富士の嶺」「あの嶺を越えて旅に出た息子を、いつまでも待つ」といった具合。これらの場合に《峰》を書いても、もちろん問題はない。

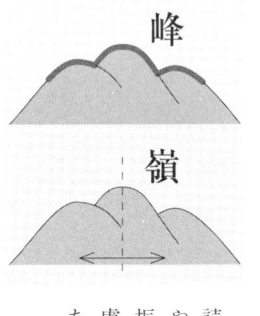

なお、《嶺》を「みね」と訓読するのは、現在では、ややなじみが薄い読み方。振りがなを付けるなどの配慮をしておく方が、親切である。

あの山の
向こうには…

峰

嶺

みのる

稔 実

基本 一般的には《実》を用いる。

発展 ゆたかさを強調したい場合には、《稔》を使うこともできる。

> 見るだけで幸せになる…

《実(じつ)》は、以前は「實」と書くのが正式。「實」は、"金品"を表す部首「貝(かい)」の漢字で、もともとは"建物の中に金品がたくさんある"ことを表す。"中身が詰まっている"ところから、転じて、植物の"みが付く"ことのように植物の"み"を指し、「果実」「トマトの実」のように植物の"み"を表すようになった。この意味の場合に、「みのる」と訓読みする。

例としては、「柿が実る」「稲が実る」「大地の実りをいただく」など。植物の"み"は長い時間をかけて付くものであるところから、転じて、"手間や時間をかけてよい結果を手に入れる"という意味にもなる。「長年の努力が実って、弁護士になった」「遠距離恋愛を実らせて、二人は結婚することになった」などが、その例である。

日本語「みのる」を漢字で書き表す場合には、《実》を使っておけば、不自由を感じることはない。ただ、「みのる」と訓読みする漢字には《稔(ねん/じん)》もある。現在では例は少ないが、時にはこちらの漢字を用いることもできる。

```
      実
植物の"み"が付く   豊かさ → 稔
苦労して成果を手に入れる
```

《稔》は、"穀物"を表す部首「禾(のぎへん)」の漢字で、本来は、"穀物が種を付ける"という意味。広く、"植物が種を付ける"ことを指して用いられる。「不稔性(ふねんせい)」とは、"種ができないという性質"をいう。

ただ、漢文では、"穀物がたくさん種を付ける"という意味合いで使われることが多い。「稔歳(じんさい)」とは、"豊作の年"、「稔熟(じんじゅく)」とは、"豊かさ"を強調したい場合に、《実》の代わりに《稔》を使うと、そのイメージを生かすことができる。

たとえば、「畑いっぱいに麦が稔(みの)る」といった具合。「私の学生生活は、実りの少ないものでした」のように《実》を使うとふつうの表現だが、《稔》を用いて「私の学生生活は、稔りの少ないものでした」とすると、"豊かな成果は上がらなかった"という雰囲気になる。

ただし、《稔》を「みのる」と訓読みするのは、現在では名づけ以外ではあまり見かけない読み方。振りがなを付けるなどの配慮をしておく方が、親切である。

みる

覧視診看観見

基本 一般的には《見》を用いる。

発展1 「みる」ことで感動したり興奮したり考えたりする場合には、《観》を使うと、効果的。

発展2 健康を損ねた人の世話をする場合には、《看》を書くと、ニュアンスがよく出る。

発展3 医師が病状を調べる場合には、《診》を使うと、意味合いが明確になる。

発展4 はっきりと意識を向けて「みる」場合には、《視》を書いてもよいが、やや特殊。

発展5 全体を把握するために「みる」場合には、《覧》を用いてもよいが、かなり特殊。

《見》は、古代文字では「𦣻」と書き、"人間"を表す「儿」の上に、「目」を載せた形。人間の目のはたらきをするところから、"目をはたらかせる"ことや"目で感じ取る"ことを表す。訓読みでは「みる」と読み、音読みの例。訓読みでは「みる」と読み、「見聞」「見学」「必見」などが、音読みの例。「立ち止まって上を見る」「鏡を見て化粧をする」「二人でいるところを、あの人に見られた」「契約書の案を上司に見てもらう」「公園で花見をする」「脇見をしないで運転しなさい」「彼はぱっと見ただけならイケメンだ」などなどと使われる。目のはたらきとは、五感の中でも最も情報量が多いもの。

目は心の窓である

そこから、《見》は、「見解」「見識」「意見」のように、"頭や心をはたらかせる"ことをも表す。訓読みの例としては、「相手の出方を見る」「エンジンの調子を見ながら、車を走らせる」「この仕事を甘く見てはいけない」「景気回復の兆しが見られる」「彼女は男を見る目がない」などが挙げられる。

「子どもの面倒を見る」「彼女はまれに見る才能の持ち主だ」「そんなことをしても、結局、馬鹿を見るのはあいつ自身だ」「長きに及んだ裁判も、ようやく終結を見た」「カレーの味見をする」などなど、日本語「みる」にはほかにもさまざまな使い方がある。しかし、これらも広い意味では"目をはたらかせる"ことか"頭や心をはたらかせる"ことなので、《見》を使って書き表して問題はない。

しかし、「みる」と訓読みする漢字はほかにもたくさんある。それらのうち、現在でも比較的よく用いられる《観》《看》《診》は、主にどのように"頭や心をはたらかせる"かによって、使い分けることになる。

頭や心に刺激を受ける

まず、《観》は、音読みでは「観測」「観察」「観賞」「観光」「景観」のように使われ、"何かを考えたり感じたりしながら「みる」"という意味。《見》は、"目をはたらかせる"だけの場合にも用いられるが、《観》は、"頭や心をはたらかせる"ことに重点があるのが特徴である。

[みる] ● 536

そこで、美術や演劇、映画、スポーツなど、"目"を通じて感動や興奮を引き起こしたり、考えさせたりするものを「みる」場合に用いると、落ち着きがよい。「美術館で展覧会を観る」「鎌倉で古いお寺を観る」「明日は彼女とお芝居を観に行く」「彼は映画を観るのが好きだ」などが、その例となる。

「子どものころはテレビばかり見ていた」のように《見》を使うと、ただ漫然と「みて」いた感じ。これを、《観》を使って「子どものころはテレビばかり観ていた」とすると、いろいろ考えたり感じたりしながら「みて」いたというニュアンスが漂う。「南十字星を見る」「バラの花を見る」「サッカーの試合を見る」と「南十字星を観る」「バラの花を観る」「サッカーの試合を観る」なども同様。《観》を書くと、"考えたり感じたりする"ことが強調される効果がある。

また、《観》は、比喩的に使われて、「観点」「主観」「人生観」などのように、"ある立場からものごとを考える"という意味にもなる。訓読みでは、たとえば、「子どもの学力低下を社会問題として観る」「君から観ればつまらないことかもしれないが、ぼくにとってはたいへんなショックだ」といった具合である。

大丈夫？
病気じゃない？

このように、《観》は、"何かを考えたり感じたりしながら「みる」"ところに焦点を当てる。これに対して、"どうなっているのか""何が起こるのか"といった、"疑問を感じながら注意して「みる」"ことを表すのが、《看》である。

《看》は、部首「目(め)」に"手"を組み合わせた漢字。"手"をかざしてよく「みる」"ところから、"注意してよく「みる」"ことを表す。音読みでは、「監獄の看守」「真相を看破する」「不正を看過できない」のように使われる。

ここからすれば、《看》の訓読み「みる」は、さまざまな場面で使えることになる。ただ、現在の日本語では、「看護」「看病」の印象が強いので、特に"健康を損なっている人の世話をする"という意味で用いられるのがふつう。「熱を出した赤ん坊を看る」「親の老後を看る」「病人の最期を看取る」などが、その例となる。

これらを《見》を使って書き表しても、間違いではない。ただ、《看》を使う方が、"健康を損なっている人の世話をする"という意味合いがはっきりする。特に、「最期を看取る」の場合は、《看》を用いることが多い。

もう一つの《診》は、《看》を用いるが、"ことば"を表す部首「言(ごんべん)」

見

目だけをはたらかせる

観

感動
考察

看

疑問
注意

病人の世話をする

537 ◉ [みる]

の漢字。「みる」と訓読みするほかの漢字とは異なり、成り立ちの上では"目"とは関係がない。「診察」「診療」「問診」のように、"病状を調べる"ことを表す。日本語では、これも「みる」と表現するので、「みる」と訓読みされる。

例としては、「医者が患者を診る」「傷口を先生に診せる」「専門医に診てもらう」など。これらの場合に《見》を使っても間違いではないが、"病状を調べる"のはとても重要なことなので、その意味合いをはっきりさせるために《診》を使うのが、一般的となっている。

なお、"病状の判断"は医師だけができることだから、《診》は、基本的には医師専用の漢字。ただ、「脈を診る」の場合は、看護師や介護士であっても使ってもよいと思われる。

一点に集中するか、全体を気にするか

以上のほか、「みる」と訓読みできる漢字としては《視》と《覧》もある。この二つは、"目をはたらかせる"ときの気の持ちようを表す漢字。「みる」と訓読みするのはどちらもやや特殊なので、振りがなを付けるなどの配慮をしておく方が、親切である。

《視》は、以前は「視」と書くのが正式。「示」は"ある方向を示す"という意味。そこで、《視》は、「注視」「直視」「監視」など、"あるものにはっきりと意識を向けて「みる」"ことを指して用いられる。

訓読みの例としては、「相手の動きをじっと視る」的をよく視てから矢を放つ」「我々は現実をしっかり視る必要がある」「彼は驚いて彼女の顔を視つめた」など。もっとも、現在では、これらも《見》を使って「じっと見る」「よく見る」「しっかりと見る」「見つめる」のように書き表す方が自然。"はっきりと意識を向ける"というニュアンスを特別に強く表現したいときだけ《視》を使う、と考えるとよい。

もう一つの《覧》は、《視》とはある意味では逆の漢字。ある部分に意識を向けるのではなく、"全体を把握するために「みる」"ことを表す。「展覧」「観覧」「一覧」などが、音読みの例。訓読みでは、「彼女はいつも、朝食後に新聞を覧る」「カタログを覧れば、商品のラインナップがわかる」「将軍が司令塔に登り、戦況を覧る」などが、その例となる。

とはいえ、これまた、「新聞を見る」「カタログを見る」のように《見》を使う方が、現在の日本語でははるかに自然。"全体を把握する"という意味合いを特別に強調したいときだけ《覧》を用いるのが、穏当なところである。

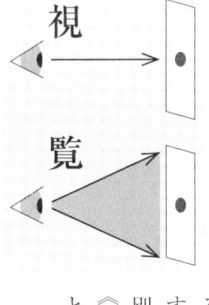

視

覧

[むくいる] ● 538

む

むくいる

酬 報

基本 一般的には《報》を用いる。

発展 よいことをしてくれた相手にお礼をする場合には、《酬》を使うと、意味合いがはっきりする。

相手の立場に気を付けて！

日本語「むくいる」の基本的な意味は、"行いに応じた結果を与える"こと。悪い行いの場合には、"罰を与える"ことになり、よい行いの場合には、"お礼をする"ことになる。このことばを書き表す漢字として、よく用いられるのは《報》である。

《報》の左半分の「幸」は、古代文字では「￥」のような形。「幸福」のように使われるようになった経緯ははっきりしないが、罪人にはめる"手かせ"の絵から生まれたと考えられている。

そこで、《報》の本来の意味は、「報復」のように"悪い行いを罰する"ことだったと思われる。しかし、紀元前の昔から、"よいことをしてくれた相手にお礼をする"という意味でも使われて来た。「報恩」「報償金」などが、その例。さらには、「因果応報」のように、善悪かかわらず"行いに応じた結果を与える"ことをも表す。

そこで、《報》は、「むくいる」と訓読みして広く用いることができる。例としては、「親の恩に報いるために、一生懸命に働く」「いつも支えてくれた部下の尽力に報いたい」「どんな悪事も、必ず報いを受けるものだ」「長年の我慢が報われて、ついに活躍のチャンスが訪れた」「報われない恋はもう終わりにしよう」などが挙げられる。

日本語「むくいる」を漢字で書き表す場合には、《報》を使っておけば、間違いにはならない。しかし、「むくいる」と訓読みする漢字には、《酬》もある。

《酬》は、「報酬」という熟語があるように、《報》と意味がよく似ている。ただ、部首は、お酒を表す「酉(とりへん)」で、本来の意味は、"お祝いの席などで、お酒を勧められた主役が、勧め返す"こと。転じて、"よいことをしてくれた相手にお礼をする"ことを表すようになった。現在

	その他	仕返し	同等・目下へのお礼	目上へのお礼
報	◎	◎	◎	◎
酬			○	

むごい
酷惨

基本1 かわいそうに感じさせる場合は、《惨》を用いる。
基本2 相手の苦しみを何とも思わない場合は、《酷》を使う。

では「非難の応酬」のように使われることもあるが、この「応酬」も、本来は、"勧められたお酒に応える"ところから、"きちんとした交際をする"ことをいう。

このように、《酬》は、"よいことをしてくれた相手にお礼をする"ことだけしか表さない。そこで、この意味を特にはっきりと表現したい場合に用いるのが、漢字が本来持っている意味にはよくなじむ。

ただ、《酬》は、もともとは"お祝いの主役からまわりへ"という"上から下へ"の関係を背景に持っているので、親や先生、上司など、目上の人に対して用いるのは、避けておいた方が無難。また、神や仏、運命などが"よい行いに応じた結果を与える"場合も、《酬》が持つ"お礼"のニュアンスからはちょっと外れることになる。

というわけで、先の例でいけば、「いつも支えてくれた部下の尽力に酬いたい」だけが、《酬》を書けける場面は、意外と少ないので、注意が必要である。

まわりの気持ちと本人の態度

《惨》は、"心"を表す部首「忄（りっしん べん）」の漢字。「惨劇」「惨敗」「悲惨」「凄惨」のように、"非常にかわいそうだと感じさせる"という意味を表す。

日本語では、この意味を「むごい」と表現するので、《惨》は「むごい」と訓読みすることができる。「事故現場は惨いありさまだった」「一家の行く手には惨い運命が待ち構えていた」などが、その例となる。

一方、《酷》は、「残酷」「冷酷」「酷使」など、"相手の苦しみを何とも思わない"という意味。日本語では、この意味も「むごい」と表現するので、この漢字も「むごい」と訓読みして使われる。たとえば、「貧しい人たちからお金を搾り取るなんて、酷い仕打ちだ」「彼女は酷いことばを口にして、多くの人を傷つけた」「子どもに酷く当たるなんて、親のすることではない」といった具合である。

このように、《惨》は、ある状況が、それを見たり聞いたりしている人が"非常にかわいそうだ"と感じるほどひどい、ということを表す。それに対して、《酷》は、ある人が"何とも思わずに"そういうひどいことをする、ということを指す。一見、方向性が逆のようだが、この二つは区別がしにくくなることも多い。

たとえば、「彼は秘密組織から惨い拷問を受けた」「あの会社

[むごい] [むなしい] ● 540

の労働環境の惨さといったら、大問題だ」のように《惨》を使うと、その拷問や労働環境が"かわいそうで見ていられない"という雰囲気。

一方、《酷》を用いて「彼は秘密組織から酷い拷問を受けた」「あの会社の労働環境の酷さといったら、ひどいものだ」と書くと、その拷問をしている人や会社の経営者が"人を人とも思わない"という側面に重点を置いた表現となる。

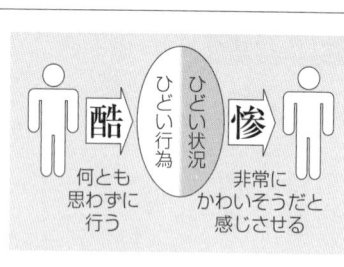

両者は、拷問や労働環境がひどいことを表している点では同じこと。自分がどちらにポイントを置きたい表現をしているかによって使い分ければよい。

なお、《惨》も《酷》も、「むごい」と訓読みするのは現在はやや特殊な読み方なので、振りがなを付けるなどの配慮をしておく方が丁寧。特に《酷》は「ひどい」と訓読みすることもあるので、振りがなかなしでは読み方がはっきりしなくなる。その関係もあって、「むごい」はかな書きされることも多い。

```
   酷         惨
何とも    ひどい状況  非常に
思わずに   ひどい行為  かわいそうだと
行う              感じさせる
```

むなしい

虚空

基本 一般的には《空》を用いる。

発展 《虚》を使うと、そのニュアンスが出る。

そう見えるかもしれないけどねえ

《空》は、部首「穴（あなかんむり）」の漢字。いろいろな意味を持つが、「空室」「空洞」「中空」などでは、穴のように"中身がない"ことを表す。また、"中身がなくなる／中身をなくす"という意味で、「あく／あける」(p23)「すく」(p253)と訓読みすることもある。転じて「架空」「空転」「空費」など、"内容や実質が乏しい"ことをも表す。この意味の場合には、「むなしい」と訓読みする。

例としては、「拾っては捨てるという、空しい作業をくり返す」「期待をしても空しいだけだ」「何の成果も挙げられず、空しく引き返した」など。日本語「むなしい」を漢字で書き表す場合には、《空》を使っておけば、十分に用は足りる。

しかし、「むなしい」と訓読みする漢字には、《虚》もある。これは、「空虚」という熟語があるように、《空》とほぼ同じ意味で、"内容や実質が乏しい"ことを表す。ただ、「虚勢を張る」「虚栄心が強い」「虚飾に満ちた生活

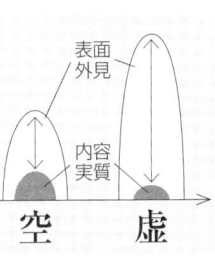

のように、"うわべは立派だが、大切な本質が乏しい"というニュアンスで使われることが多い。そこで、《空》の代わりに「むなしい」と訓読みして用いると、"見た目"と"中身"の落差を引き立たせる効果がある。

たとえば、「毎日が空しく過ぎていく」のように《空》を使うと、ふつうの表現。これが、「人もうらやむような境遇なのに、毎日が虚しく感じる」になると、《虚》を用いる方が、"見た目"と"中身"の落差をよりよく表現できる。

「彼のことばが空しく響く」と「彼のことばが虚しく響く」も同様で、《空》を使うよりも《虚》を書く方が、"ことばだけが力強い"というニュアンスが強調される。逆に、「友だちも恋人もいない空しい青春を送る」のような場合には、"見た目"と"中身"の落差がないので、《虚》を用いる必要はない。《空》を使う方が落ち着く。

表面／外見
内容／実質

空　虚

め

め
眼 目

見ること
見えること

基本 一般的には《目》を用いる。

発展 視覚器官そのものや、評価する力を強調して指したい場合には、《眼》を使うと効果的。

《目》は、古代文字では「⺫」と書き、視覚器官の「め」の絵から生まれた漢字。「め」と訓読みして、「片目をつぶる」「目にごみが入る」「飼い猫がかわいい目で見つめてくる」などと用いられる。

漢字《目》は、視覚器官の「め」から変化して、さまざまな意味を表す。たとえば、「彼は次の首相候補だと目されている」のように、"評価する"という意味。そこで、「彼には人を見る目がある」「この料理は、プロの目で見てもすばらしい」「彼女は映画の目利きだ」のような、"評価する力がすばらしい"という意味の日本語「め」も、漢字では《目》を使って書き表すことが

できる。

また、「優勝が目前に迫る」「目下のところは問題ありません」のように、比喩的に用いられて"ある瞬間のある状態"を指すこともある。ここから、「あの人を信用してひどい目に遭った」「落ち目のスターには世間は冷たい」など"ある状態"を指す「め」や、「季節の変わり目は体調を崩しやすい」「この薬は効き目がある」など"状態の変化"を意味する「め」も、漢字で書き表す場合には、《目》を用いる。

さらに、《目》には、細かい部分を見えやすくするところから、"全体を細かく分けた一つ一つ"を指す用法もある。音読みでは、「品目」「種目」「科目」などがその例。ここから、「網の目」「のこぎりの目」「目盛り」「目が粗い」など"細かく並んだもの"を指したり、「三番目」「六回目」「七年目」のように、"全体の中での順番"を表すことばとして使われたりする「め」も、漢字では《目》を使って書き表す。

ほかにも、「台風の目」「ひもの結び目」「岩の割れ目」「足の裏に魚の目ができる」などなど、日本語「め」は、視覚器官の"め"から発展してさまざまなものを指す。これらを漢字で書き表す場合には、すべて《目》を使うことができる。

ただし、似た意味で「め」と訓読みする漢字には《眼》もある。そこで、独特のニュアンスを生かして、こちらを用いることもある。

《眼》の右半分の「艮」は、古代文字では𥉌のような形をしていて、これはもともとは「め」を指す漢字だったと考えられている。つまり、《眼》は、「め」を強調する漢字を二つ組み合わせているので、視覚器官の"め"を強調して指し示すはたらきを持つ。音読みでは、「眼球」「眼帯」「肉眼」などがその例となる。

そこで、《目》の代わりに《眼》を「め」と訓読みして用いると、視覚器官としての"め"そのもの、といったニュアンスになる。たとえば、ふつうは《目》を使って「目の色を変えて探す」などと書くところを、「眼の色を変えて探す」のように《眼》を使うと、視覚器官としての"め"をリアルにイメージさせる効果がある。

また、《眼》には、「鑑賞眼」「観察眼」「眼光鋭く真実を見抜く」のように、"評価する力"を指す用法もある。ここから、先に《目》の例として挙げたものでも、「彼には人を見る眼がある」「この料理は、プロの眼で見てもすばらしい」のように《眼》を用いると、"評

どうも見られているような…

目
視覚器官としての"め"、
評価する力
→ 強調 → 眼

ある状態や状態の変化　細かく並んだもの
細かく分けた一つ一つ　全体の中での順番
形が"め"に似たもの　etc.

めぐる／めぐらす

繞 回 巡

顔が広いので何でもOK！

基本1 ほとんどの場合は《巡》を用いる。

基本2 特に、移動しないで向きだけを変える場合は、《回》を使う。

発展 取り巻くことをはっきりさせたい場合は、《繞》を使ってもよいが、難解。

日本語「めぐる／めぐらす」の基本的な意味は、"いろいろな場所を次々と移動する"こと。このことばを書き表す漢字として最も広く使うことができるのは《巡》である。

《巡》は、"移動"を表す部首「辶（しんにょう、しんにゅう）」の漢字で、「巡礼」「巡業」「巡視船」など、"いろいろな場所を次々に移動する／移動させる"という意味。「めぐる」と訓読みして、「観光名所をバスで巡る」「パイプに水を巡らせる」「町中に監視網を張り巡らせる」のように、比喩的に使われることもある。「郵便配達は、毎日、お昼過ぎに巡って来る」「いい先生に巡り会う」「馬に乗って野山を駆け巡る」のように使われる。

価する力"をより強調して表現することができる。

ただし、慣用句の「目利き」では、《眼》は用いないのが習慣。また、"ある状態"や"状態の変化"、"細かく並んだもの"、"全体の中での順番"などを表す「め」は、視覚器官としての「め」そのものからはかなり意味が離れているので、《眼》を使って書き表すことはできない。

「胸の中をさまざまな思いが巡る」「この本を売る方法について、考えを巡らす」のように、比喩的に、いろいろなことを次々に考える"ことを表す場合もある。また、やはり比喩的に使われて、"状況や運命などが次々に変化する"という意味にもなる。例を挙げれば、「私にもついにチャンスが巡って来た」「二人が同じアパートに住んでいたのは、不思議な巡り合わせだった」といった具合である。

《巡》が表す"いろいろな場所"は、あらかじめ決まっていることも多い。その場合には、《巡》は、最後まで終えると最初に戻ることになる。そこから、《巡》は、"全体を一通り終えて、元のところに戻る"という意味でも使われる。音読みでは「一巡」「二巡目」などがその例。訓読みの例としては、「今年も桜の季節が巡って来た」「掃除当番が一巡りする」などが挙げられる。

また、"あるものの周辺を移動して元のところに戻る"ところから、《巡》は、"あるものを取り巻く／あるものを取り巻くように何かを配置する"という意味になる。「池を巡る散歩道」「庭のまわりに生け垣を巡らす」「お屋敷には高い塀が巡らされている」などがその例。「シェイクスピアを巡る人間模様」「町中に監視網を張り巡らせる」のように、比喩的に使われることもある。

以上のように、日本語「めぐる／めぐらす」には、さまざ

[めぐる／めぐらす] ● 544

まな意味がある。とはいえ、そのほとんどは"いろいろな場所を次々に移動する"ところから発展したものなので、《巡》を用いて書き表して、問題はない。

これだけは対象外

しかし、「めぐらす」には、「首をめぐらす」のように、移動しないで"同じ場所で向きだけを変える"用法もある。この場合には、"次々に移動する"という意味合いの強い《巡》を使うのは、ふさわしくない。そこで、代わりに《回》を用いることになる。

《回》は、古代文字では「◎」のように書かれ、"うずを描く"という意味。転じて、「回転」のように、"同じ場所で向きだけを変える"ことを表す。訓読みでは「まわる」とか「まわす」と読むのがふつうだが、「めぐる／めぐらす」と読んでこの意味を表すこともできる。

例としては、「首をめぐらして後ろを見る」「驚いて、踵をめぐらせて走り去る」など。「部屋に入って視線をめぐらす」のように《巡》を書くと、"視線の先が次々に移動して行く"という意味合い。これを、《回》を用いて「部屋に入って視線をめぐらす」とすると、"体は動かず視線の方向だけが変わる"という雰囲気になる。

なお、《回》には、「旋回」「迂回」のように、"方向を変えながら進む"という意味もある。"方向を変えながら進む"

と、結果的に"いろいろな場所を次々に移動する"ことにもなる。そこで、先に《巡》のところで挙げた例を《回》を用いて書き表しても、間違いとは言えない。

ただ、「回る」と書くのか、送りがなしでは「まわる」と読むのか「めぐる」と読むのか区別がつきにくい。「めぐる／めぐらす」を漢字で書き表す場合には、できるだけ《巡》を使うようにする方が、おすすめである。

はっきりしてるがむずかしい

これは、「山に囲続された小さな温泉町」のように使われる漢字で、"あるものを取り巻く／あるものを取り巻くように何かを配置する"という意味を表す。

この意味はもちろん《巡》《回》でも表現できるが、《巡》は意味の範囲が広いので、代わりに《続》を用いると、"取り巻く"というニュアンスがはっきりする。先の例でいけば、「池を続る散歩道」「庭のまわりに生け垣を続らす」「お屋敷には高い塀が続ら

	巡	回	続
同じ場所で向きを変える	○	◎	
取り巻く	◎	△	◎
一通り終えて元に戻る	◎	△	
状況が次々に変化する	◎	△	
次々に考える	◎	△	
場所を次々に変える	◎	△	

545 ◉ [めぐる／めぐらす][もうける]

されている」「シェイクスピアを繞る人間模様」「町中に監視網を張り続らせる」といった具合である。

ただ、《繞》は、音読みでは「囲繞」以外にあまり用いる機会がない、いかにもむずかしい漢字。あえて使う場合には、振りがなを付けるなどの配慮は必須となる。

そのためもあって、この意味の「めぐる／めぐらす」は、「池をめぐる散歩道」「庭のまわりに生け垣をめぐらす」「お屋敷には高い塀がめぐらされている」「シェイクスピアをめぐる人間模様」「町中に監視網を張りめぐらせる」のように、かな書きにしてしまうことも多い。

なお、《回》とよく似た漢字に《廻》がある。これは、《回》に"移動"を意味する部首「廴（えんにょう）」を付け加えて、移動を表すことを強調した漢字。「まわる／まわり」と訓読みして、《回》と同じように使ってかまわない。ただし、現在ではあまり用いられない漢字なので、古風な雰囲気になる。

もうける

儲設

必要なのは何のため？

基本1 何かをするための場所や建物、備品、時間や機会、根拠などを作り出す場合は、《設》を用いる。

基本2 利益を得る場合、子どもを授かる場合は、《儲》を使う。

日本語「もうける」の基本的な意味は、"何かをするために必要なものを作り出すこと"。このことばを書き表すために使われる漢字としては、《設》と《儲》がある。

《設》は、「設置」「設定」「開設」など、"何かをするのに必要な環境を作り出す"という意味。訓読みでは「もうける」と読む。この場合の"必要な環境"が指すものは幅広く、「相談を受け付けるための窓口を設ける」「特売品コーナーを設ける」「松山に営業所が設けられた」などでは、場所や建物、備

設 何かをするために必要な環境を作り出す

儲 利益を得る／子どもを授かる

品など。「休憩時間を設ける」「今度、一席設けてゆっくり話そう」などでは、時間や機会。「法律を設けて規制する」「口実を設けて会議を欠席する」「育児休業の制度が設けられる」のように、理由や根拠となるものに関しても使われる。

一方、《儲》は、現在の日本語では音読みで使われることはほとんどないが、《儲》は、"必要なときに使えるように、金品を取っておく"という意味。「儲蔵」とは「貯蔵」とほぼ同じで、"大切に取っておく"ことをいう。

これは、経済的な意味で"何かをするために必要なものを作り出す"こと。そこで、日本語では、《儲》を「もうける」と訓読みする。

ただ、現在の日本語では、経済的な場面での「もうける」は、"利益を得る"という意味になる。その結果、《儲》も、"利益を得る"という意味で使われている。「株式に投資して一〇〇〇万円儲けた」「このお店はインテリアが立派だから、ずいぶん儲かってそうだなあ」「この商品は原価が高いので、儲けは少ない」などが、その例である。

また、《儲》は、"家を継がせるために必要な後継ぎを授かる"という意味にもなる。「儲君」とは、"君主の後継ぎ"のこと。日本語では、これも"何かをするために必要なものを作り出す"ことの一種だというわけで、「もうける」と訓読みする。ただし、後継ぎに限らず、広く"子どもを授かる"ことを指して、「彼ら夫婦は三人の子を儲けた」のように使っている。

なお、《儲》は、"利益が自然と手に入る"という意味合いで「もうかる」と訓読みすることもある。が、"子どもを授かる"ことに関連して「もうかる」と訓読みすることはない。

また、《設》を「もうかる」と訓読みすることもない。

もえる

萌 燃

熱血系と草食系

基本1 《燃》は、部首「火（ひへん）」の漢字で、「燃焼」「燃料」「可燃性」のように、"炎が出る"ことを表す。「もえる」と訓読みして、「火が燃える」「油が燃える」「枯れ枝が燃え上がる」「真っ赤に燃える太陽」などと使われる。

また、比喩的に用いられて、"気持ちが非常に高まる"という意味にもなる。例としては、「気持ちが非常に高まる」「理想に燃える」「復讐に燃える」「彼の闘争心もついに燃える」「彼女の瞳は向上心に燃えている」などと

基本2 植物の芽が出る場合、やや偏った愛着を持つ場合は、《萌》を用いる。

[もえる][もっとも]

燃 炎を出す ▶ 気持ちが非常に高まる

萌 芽を出す ▶ やや偏った愛着を持つ

え尽きた」などが挙げられる。

一方、《萌》は、"植物"を表す部首「艹（くさかんむり）」の漢字で、「萌芽」のように使われて、"植物の芽が出る"ことを表す。日本語では、これも「もえる」と訓読みして、「若草が萌える」「新緑が萌える」「緑が萌え立つ山々」のように用いられる。

また、最近では、《萌》を比喩的に使って、"何かに対して、一般常識から見るとやや偏った愛着を持つ"ことを表す場合がある。「アニメのキャラクターに萌える」「メイド姿の女性に萌える」などが、その例である。

以上のように、《燃》と《萌》は指す内容がかなり異なるので、使い分けに悩むことはあまりない。

もっとも

尤 最

あいつがあんまり目立つから…

基本1 一番である場合には、《最》を用いる。

基本2 いかにもその通りである場合には、《尤》を使ってもよいが、かな書きの方が自然。

日本語「もっとも」は、"一番である"と"いかにもその通りである"という意味。また、"一番説得力がある"

という意味合いで、"いかにもその通りである"ことも表す。さらに転じると、"いかにもその通りだが"という意味にもなる。このことばを書き表す漢字としては、《最》と《尤》が挙げられる。

《最》は、「最大」「最悪」「最南端」など、"一番である"という意味。「もっとも」と訓読みして、「彼女はクラスの中で最も走るのが速い」「最もおもしろい話をした人に、ごほうびをあげよう」「ダイヤモンドは、天然の鉱物の中では最も硬い」のように使われる。

《最》は、音読みの熟語で非常によく使われるので、"一番である"という印象が強い。そこで、"いかにもその通りである"とか"いかにもその通りだが"という意味を表す「もっとも」を書き表すのには、そぐわない。これらの「もっとも」は、漢字を用いるならば、《尤》を書くことになる。

《尤》は、本来の意味ははっきりしないが、これまた、"一番である"ことを表す漢字。「尤物」とは、"飛び抜けてすぐれたもの"をいう。

つまり、《尤》は《最》と同じように使ってかまわないはず。ところが、《最》は"一番である"というイメージが強いので、《尤》の方は、それを避けたい場合の「もっとも」を書き表す漢字として、用いられるようになった。

"いかにもその通りである"という意味を表す例として

[もっとも][もてあそぶ] ● 548

	いかにもその通りだ	いかにもその通りだが…	一番である
最			◎
尤	△	△	
かな書き	○	○	

は、「彼女が怒るのも尤もだ」「彼の言っていることは、尤もな意見だ」「尤もらしい理屈を並べる」のように使われる。

"いかにもその通りだが…"という意味では、「学費の援助をしてもいい。尤も、君がまじめに勉強するならば、という話だ」のように使われる。

ただし、現在の日本語では、《尤》はあまり使われない漢字なので、振りがなを付けるなどの配慮が必要。実際には、これらの「もっとも」は、かな書きする方がはるかに自然。「彼女が怒るのももっともだ」「彼の言っていることは、もっともな意見だ」「もっともらしい理屈を並べる」「学費の援助をしてもいい。もっとも、君がまじめに勉強するならば、という話だ」といった具合である。

もてあそぶ
弄玩

基本1 気晴らしをする場合、ほのぼのとしたイメージを出したい場合は、《玩》を用いる。

基本2 自分勝手に取り扱う場合、悪意を表現したい場合は、《弄》を使う。

基本3 単に手でいじるだけの場合は、かな書きにする方が落ち着いてもよいが、《弄》を書く。

癒やしの世界と心の闇

日本語「もてあそぶ」は、"持って遊ぶ"ということで、"手で何かをいじる"ことや、"自分勝手に取り扱う"ことをも指す。転じて、"気晴らしとして楽しむ"ことをも指す。

このことばを書き表す漢字としては、《玩》と《弄》が挙げられる。ただ、どちらの場合も、訓読み「もてあそぶ」は現在ではやや見慣れない読み方になるので、振りがなを付けるなどの配慮をしておく方が、親切である。

《玩》は、「玩具」「玩味」「愛玩動物」など、"気晴らしとして楽しむ"という意味。仕事や義務などと反対のイメージとして捉えると、わかりやすい。「もてあそぶ」と訓読みして、「週末には絵筆を玩ぶ」「仕事の合間にバイオリンを玩ぶ」のように、趣味を謙遜して表現する際に使われることが多い。

一方、《弄》は、"自分勝手に取り扱う"ことを表す。「翻弄」とは、"自分の都合次第で、相手を振り回す"こと。「愚弄」とは、"自分の立場だけから、一方的にばかにする"ことをいう。ここから、「権力を弄ぶ」「女心を弄ぶ」「猫がネズミを弄ぶ」など、他人の都合や気持ちを顧みない場合によく用いられる。

このように、《玩》は"気晴らし"、《弄》は"自分勝手"と、いちおうの区別をすることができる。しかし、実際には、

弄　玩

かな書き	玩	弄
無意識に	気晴らし	自分勝手
	悪意なし ←	悪意あり

本人にとっての"気晴らし"が他人から見れば"自分勝手"だったり、"自分勝手"が実は"気晴らし"になったりすることが多いもの。そこで、比較的ほのぼのした雰囲気を出したい場合は《玩》を書き、悪意のあるダークなイメージにしたい場合には《弄》を書く、と考えておくのが、よさそうである。

ところで、日本語「もてあそぶ」の本来の意味である"手でいじる"ことは、《玩》《弄》どちらの意味にもぴったりとは一致しない。ただ、少なくともダークなイメージではないので、漢字を使うならば、「指先で髪の毛を玩ぶ」「ビー玉を手のひらに載せて玩ぶ」のように、《玩》を用いて書き表す方が適切である。

とはいえ、無意識に"手でいじる"など、"気晴らし"とすら呼べないような場合は、《玩》も使いにくい。「指先で髪の毛をもてあそぶ」「ビー玉を手のひらに載せてもてあそぶ」のように、かな書きしておくのが、おすすめである。

なお、「もてあそぶ」と訓読みする漢字には、もう一つ、「翫」もある。この漢字は、《玩》と音読みが同じで、意味もほとんど違わない。かつては《玩》と同じように使われたが、字画の込み入ったむずかしい漢字でもある。現在では、わざわざ使うほどの理由はない。

もと

許下素基本元

ものごとが生まれる
時は流れ、

基本1 ものごとの始まりや以前の状態、何かを生み出すものや引き起こすもの、あるものが存在するあたりを指す場合は、《元》を用いる。

基本2 あるもののうち、それを生み出している重要な部分を指す場合は、《本》を使う。

発展1 何かを作り上げる材料や原料の場合には、《基》を書くと、意味合いがはっきりする。

発展2 何かを支える土台や根拠の場合には、《素》を用いることもできる。

発展3 何かがかぶさっている場所や、あるものの影響力の範囲、何かが地面や床などに接しているあたりを指す場合は、《下》を使う。

あるものが存在するあたりを指す場合には、《許》を使ってもよいが、古風。

日本語「もと」を書き表すのに使われる漢字はとても多く、使い分けはややこしい。その中でも中心的な漢字として、比較的、幅広く用いることができるのは、《元》である。

《元》は、古代文字では「𠑹」のように書かれ、"人"を

[もと] ● 550

意味する部首「儿(ひとあし)」の頭の部分に横線を引いて、"頭"を強調した形。"頭"を指すところから変化して、「元首」「元老」「元帥」のように、"組織のトップ"という意味で使われる。

"頭"を時間的な変化に当てはめると、"ものごとの始まり"という意味になる。音読みでは、「元祖」「元日」「紀元」などがその例。この場合に「もと」と訓読みして、「巨大なローマ帝国も、元はと言えば小さな都市国家だった」「漢字の元々の意味を考えると」「あの人の実家は、日本舞踊の家元だ」のように使われる。

転じて、「元来」「復元」「還元」のように、"以前の状態"をも表す。例としては、「使ったものは元に戻そう」「あの俳優は、元はサラリーマンだった」「実は、元からあなたが好きだったんです」のように、"始まり"なのか"以前"なのか、区別が付けにくいことも多いが、漢字の使い分けという点では、この区別は気にする必要はない。

時間の流れを背景にして使われる《元》は、時間とともに生じるさまざまなものごとに対しても用いられる。その場合は、"始まり"から転じて、"何かを生み出すもの"という意味になる。「元金」とは、"利子を生み出すもの"。「元気」とは、"活動力を生み出すもの"。訓読みでは、

「ヒット商品の製造元を取材する」「ガスの元栓を確認する」「ある実業家の生涯を元にして、ドラマを作る」などのように、"何かを引き起こすもの"を指すこともある。

なお、日本語では、《元》を、"あるものが存在するあたり"という意味で「もと」と訓読みして使うことがある。これは、空間の広がりや移動が"始まるところ"という意味合い。「親元を離れる」「財布を手元に置いておく」「枕元で目覚まし時計が鳴る」「国元の両親から手紙が届く」などが、その例となる。「身元」では、やや比喩的に"その人の出身や経歴、現在の状況"を指す。

［一体感を大切に！］

以上のように、《元》の表す意味の範囲は、かなり広い。そのうえ、《元》とよく似た意味で「もと」と訓読みする漢字として《本》《基》《素》があるので、「もと」の使い分けはかなり複雑になる。

まず、《本》は、「木」の下の方に短い横線を付けて、本来は"植物のうち、根に最も近い部分"を指す漢字。「本体」「抜本的」のように、広く"あるもののうち、全体を成り立たせる重要な部分"という意味で使われる。訓読みの例を挙げれば、"植木が本から枯れる"「教育は国家の本である」「生活を本から正す」といった具合になる。

《本》の特徴は、常に"全体の中の一部分"を指している点。

たとえば、「よい商品を作るのが本で、それが売れるかどうかは末の問題だ」では、製造と販売を大きな問題の部分として考えているから、《本》を用いる。

そこで、「臭いを本から絶つ」のように《本》を書くと、臭いとその発生源とは一体のものだという認識になる。一方、両者はいちおう別ものだ、という立場に立つならば、《元》を使って「臭いを元から絶つ」とする方がベターである。

とはいえ、《本》は、結局のところは《元》とほぼ同じ内容を表すことが多い。迷った場合には、守備範囲の広い《元》を書いておくのが、おすすめである。

> 縁の下から支えています！

次に、《基》は、部首「土（つち）」の漢字で、本来は"建物を支える土台や根拠"を指して使われる。「基礎」「基盤」「基地」などが、音読みの例となる。

訓読みでは「もとい」と読むこともあるが、現在では「もと」と読む方がふつう。「データを基に計算する」「裁判で得た巨額の賠償金が、後の事業の発展の基になった」「彼女の考え方の基には、幼いころの経験がある」などと用いられる。

"土台や根拠"とは、"何かを成り立たせるもの"だから、《基》は《本》と意味がよく似ている。しかし、データと計算結果や、賠償金と事業の発展は、いちおう別のものだと考えられるので、《本》を使うのはなじみにくい。その点、「彼

女の考え方の本には、幼いころの経験がある」の場合は、"全体を成り立たせる重要な一部分"という意味合いで《本》を書くこともできる。

また、"土台や根拠"は、広い意味では"何かを生み出すもの"の一種。そこで、これらの場合に《元》を使うこともできる。しかし、《基》を使うと、"土台や根拠"という意味合いになるので、"下からしっかり支える"という雰囲気が強調される。

なお、「もとづく」は"土台や根拠にする"という意味なので、必ず《基》を使う。「この資料の数値は、独自の調査に基づく」「実話に基づいて映画を作る」などが、その例である。

三つ目の《素》は、「素材」「要素」「色素」など、"何かを作り上げる材料や原料"を表す漢字。訓読みの例を挙げれば、「このスープの素を使うと、おいしいスープができる」「紙はパルプを素に作られる」と

いった具合となる。

本
全体を生み出す
最も重要な部分

基
下から支える
土台・根拠

素
何かを作り上げる
材料・原料

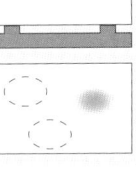

[もと]● 552

《素》の特色は、"手を加えたり、ほかのものを組み合わせたりする"というイメージを持つ点。そこで、「取材を素に小説を書く」のように《素》を使うと、できあがった小説は取材内容をかなり膨らませている感じになる。これを、《基》を用いて「取材を基に小説を書く」とすると、ノンフィクションに近い内容が想像される。

よりどりみどりも困ったものだ…

以上のように、《元》を中心とする《本》《基》《素》の四つは、意味の重なり合う部分が大きい。特に、比喩的に使われた場合には、用いる漢字によってニュアンスが微妙に変化することになる。

たとえば、「適度な運動は健康の元だ」のようなふつうの表現。「適度な運動は健康の本だ」のように《本》を使えば、「健康を生み出すもの」というイメージ。《基》を用いて「適度な運動は健康の基だ」と書くと、運動と健康は一体のもので、運動こそが健康を生むのだ、といったニュアンス。《基》を用いて「適度な運動は健康の基だ」とすると、運動が健康を"下からしっかり支える"というイメージ。《素》を使って「適度な運動は健康の素だ」と書くと、運動が食事や睡眠などと組み合わさって健康を"作り上げる"という意味合いとなる。

なお、《本》《基》《素》以外にも、《元》とよく似た意味を持つ漢字がある。たとえば、「原因」の《因》を、"何かを引き起こすもの"という意味で「もと」と訓読みすることもでき

る。また、「旧友」の《旧》を、"以前の状態"という意味で「もと」と訓読みすることもできる。とはいえ、どちらも現在ではめったに使われない特殊な訓読み。あえて用いると、かなり古風な雰囲気となる。

見上げれば何かがある！

以上、《元》を中心として似た意味を持つ漢字について説明してきたが、これらとは別に、「もと」と訓読みして比較的よく使われる漢字に、《下》がある。これは、ふつうは「した」と訓読みして、"あるものより低いところ"を指す漢字。転じて、"あるものが上からかぶさっている場所"という意味にもなり、この場合に「もと」と訓読みする。

例を挙げれば、「青空の下で運動会が開かれる」「花の下で俳句を詠む」「電灯の下で読書をする」といった具合。「自由の旗の下に集う」「真実を白日の下にさらす」などもその例だが、これらを比喩的な表現として用いるところから、"あるものの影響を受ける範囲"という意味が生まれてくる。

《下》の訓読み「もと」が、"あるものの影響を受ける範囲"を指す例は多い。たとえば、「専門家の指導の下で実験を行う」「彼の行動はわれわれの監視の下にある」「同じ条件の下で比較する」「正義の名の下に罪を犯す」「一撃の下に倒す」「一望の下に見渡せる」のように「一」と組み合わせて使われると、やや変化して"ある行動をしたその

瞬間に"という意味合いになる。

ただ、これらの《下》は、「した」と読み間違えられる危険性が高い。それを避けるためには、適宜、振りがなを付けておくなどの配慮が必要となるが、「青空のもと」「旗のもと」「指導のもと」「一望のもと」などのように、かな書きにしてしまうことも少なくない。

そのあたりはアバウトに…

「足下にお気を付けください」「江戸は徳川将軍のお膝下だ」などがその例。とはいえ、現在では"何かが存在するあたり"を意味する《元》の方が広く使えるので、「した」と読み間違えられやすいのが欠点。さらに、"耳元でささやく」「口元に笑みを浮かべる」などでは、"地面に接している"わけではないので、《下》は使えない。

なお、《下》は、"あるものより低いところ"という意味から転じて、"あるものが地面や床などに接しているあたり"を指すこともある。この場合にも「もと」と訓読みするが、この意味で確実に《下》を用いるケースは、現在では少ない。ことわざとして習慣となっている「灯台下暗し」が挙げられるくらいである。

このように、《下》を「もと」と訓読みして使う場面は少ない。とはいえ、「彼女は優しい祖父母の下で育てられた」になると、"影響を受ける範囲"という意味合いを帯びてくるので、《下》を書くと雰囲気が出る。もっとも、この場合も、《元》を用いて「彼女は優しい祖父母の元で育てられた」としても、十分に意味は通るし、読み間違えも生じにくい。

《元》と《下》の使い分けも悩ましいが、《許》も、"何かが存在するあたり"を指して「もと」と訓読みして使われることがあるので、話はさらにややこしくなる。この漢字は、ふつうは「ゆるす」と訓読みする。それがどうして"何かが存在するあたり"をも表すようになったのかははっきりしない。ただ、漢文では、「何許」と書いて「いずこ」と読むこともあり、《許》にもともと,何かが存在する場所"という意味があるのは、間違いない。

ここから、「もと」と訓読みして、「手許」「足許」「膝許」「耳許」「口許」「枕許」「国許」「身許」などと用いられる。ただ、《許》は「ゆるす」と訓読みする印象が強いので、「もと」と読んで使うのはかなり特殊

下
あるものより
低いところ
おおわれて
いるところ
影響を受ける
範囲

元
地面や床に
接する
あたり

存在する
あたり

古風▷許

[もと][もの] ● 554

振りがなを付けるなどの配慮が必要となる。特別な思い入れがない限り、すなおに《元》を使っておくのが、おすすめである。

以上、長々と説明してきたように、「もと」を書き表す漢字の使い分けは、非常に複雑。悩むような場合には、かな書きしておくのも、一つの方法である。

もの

者 物

基本1 ほとんどの場合は《物》を用いる。

発展 目に見えないことがらを指す場合は、かな書きにする方が落ち着く。

基本2 特に、人を指す場合は、《者》を使う。

形がなくても受け入れますが…

《物》は、「物体」「物品」「実物」「動物」「毒物」「建築物」「郵便物」などなど、"目に見える存在"を広く表す漢字。部首「牛(うしへん)」が付いているので、本来は動物の"ウシ"に関する漢字だったかと思われるが、はっきりしたことはわからない。

訓読みでは「もの」と読み、"目に見える存在"を指して、さまざまに使われる。「親から預かった物を先生に渡す」「物の値段が上がる」「食べる物を買ってくる」「必要な物はそろっていますか」「戦時中は物不足に悩まされた」「二階の部屋から物音が聞こえる」「夏物の洋服を着る」「年代物の焼き物を買う」などなどが、その例となる。

ただ、《物》には、「油断は禁物だ」「物議を醸す」「物情騒然」のように、"目に見えないことがら"を指す用法もある。

そこで、《物》には、「彼は物をよく知っている」「物には順序がある」「貯金が減る一方だ」「近ごろは物入りが多くて、貯金が減る一方だ」「歴史物の小説を読む」「彼の話は噴飯物だ」「何でもすぐにネットに頼るというのも、困った物だ」「新しい技を物にする」などなどのように、"形のないことがら"を指して《物》を用いることもできる。

とはいえ、漢字《物》は、音読みでは"目に見える存在"を指して使われることが圧倒的に多い。そのイメージを避けるため、"目に見えないことがら"を指す日本語「もの」は、かな書きにする方が落ち着く。たとえば、「ものをよく知っている」「ものには順序がある」「ものの言い方」「ものの入りが多い」「続きもの」「歴史もの」「噴飯もの」「困ったものだ」「ものにする」といった具合である。

人間だって安心はできない!

一方、《者》は、「前者」「後者」「二者択一」のように、本来は、見える見えないに関わらず、"ある特定の存在やことがら"を指す漢字。ただ、「勇者」「信者」「学者」「縁者」「筆者」「演奏者」「歩行者」「労働者」のように、性格や行動、仕事といった、"ある具体的な特徴を持つ人"を指して使われることが非常に多い。

そこで、日本語では、"ある具体的な特徴を持つ人"を指

[もの][もも]

「もの」は、漢字では《者》を使って書き表すのが、習慣として定着している。例を挙げると、「賛成する者は挙手してください」「一八歳未満の者は入場できません」「私のような者でも大丈夫ですか」「彼は愚か者だ」「彼女は働き者だ」「駅前で若者がたむろしている」といった具合となる。

ただ、"人"を指す場合でも、比喩的な表現としては、《物》を使うことがある。たとえば、「子どもは天からの授かり物だ」「あいつは仕事が遅くて、使い物にならない」「夢みる未成年たちを食い物にして金もうけをする」などが、その例となる。

「彼は同業者からすっかり邪魔者にされている」は、ふつうは《者》を書くが、"人ではないような扱い"というニュアンスで、「彼は同業者からすっかり邪魔物にされている」のように《物》を書くこともできる。

逆に、「みんなが彼女を笑い物にする」では、相手を軽んじる気持ちがはっきりしているので、《物》を使うことが多い。

とはいえ、《者》を用いて「みんなが彼女を笑い者にする」としても、間違いとは言い切れない。

このほか、「政界の大物に陳情に行く」「あいつのような小物は相手にしない」のように用いる「大物」「小物」は、"人"ではあるが、必ず《物》を用いる。これらは「沖へ出て大物を釣り上げる」「身の回りの小物を整理する」のように、"人"以外に対して使うのが本来の用法で、"人"を指すのは比喩的な表現かと思われる。

以上のように、《物》と《者》の使い分けは、簡単そうで、意外とめんどくさい面がある。さらに、日本語「もの」には、「昔はよく山に登ったものだ」「そんな妙な話があるものか」といった使い方もあり、これらはかな書きするのがふつうで、《物》や《者》を使ってみて落ち着かないような気がするようであれば、すかさずかな書きにしてしまうのが、賢明である。

	形のある存在		形のないことがら	その他
	人間	人間以外		
物		◎	△	
者	◎			
かな書き	○	○	○	○

もも

腿 股

あちらが立てば、こちらが立たず…

基本 一般的には、かな書きにするのがおすすめ。

発展1 漢字本来の意味を重視するならば《股》を用いるのがよいが、「また」とまぎらわしくなる。

発展2 《腿》を使うと読み方はわかりやすくなるが、日本語独自の用法になる。

"足の付け根からひざの上まで"を意味する日本語「もも」を書き表す漢字としては、《股》と《腿》の二つがある。ただ、どちらを使っても、漢字の用法としては問題が残るので、かな書きにするのが

[もも] [もらす] [もり] ● 556

股 腿

《股》は、"足の付け根からひざの上まで"を指す漢字。「股慄」とは、"足の付け根からひざの上までが、ガクガクとふるえる"こと。「もも」と訓読みして、「股の筋肉を痛める」「太股をピシャリとたたく」などと用いられる。

ただし、《股》には「両足が胴体から別れている部分」を指す用法もある。この場合には「また」と訓読みするので、振りがなががなしだと、「もも」なのか「また」なのか、わからなくなってしまうおそれがある。

そこで、"足の付け根からひざの上まで"を意味する「もも」を漢字で書き表す場合には、「太腿をピシャリとたたく」「腿の筋肉を痛める」のように、《腿》を使うこともできる。

ただし、この漢字は、本来は"足の付け根からくるぶしまで"という意味。"足の付け根からひざの上まで"を指して用いるのは、日本語独自の用法。

「大腿骨」の「大腿」は"足の付け根からひざの上まで"をいうが、文字通りには"足の付け根からくるぶしまでの上半分"のこと。下半分は「小腿」と呼ぶ。

つまり、読みやすさを考えれば《腿》を使った方がよいが、漢字本来の意味を重視すれば《股》を用いる方がよい、ということになる。どちらを選ぶかは好み次第だが、かな書きにしてしまえば、よけいなことは考えずに済む。

なお、ズボンの一種の「股引」は、《腿》は用いない方がベター である。

股　「もも」「また」←日本語独自／本来の用法

腿　「もも」←日本語独自

もらす　洩 漏

→もれる／もらす（p557）

もり　杜 森

基本 一般的には《森》を用いる。

発展 神秘的な雰囲気、世間を離れた落ち着きを表現したい場合には、《杜》を使ってもよい。

よく勘違いするんですねえ

《森》は、「木」を三つ組み合わせて、本来は"樹木がたくさん生えているようす"を指す漢字。"場所"という意味合いは含んでいない。"樹木がたくさん生えている場所"を指したい場合、漢文では「林」を使う。

しかし、日本語では、この漢字を"樹木がたくさん生えている場所"を指すものとして、「もり」と訓読みして用いてきた。「町の北側には森が広がる」「この森の中を散歩する」「

森

樹木がたくさん生えている場所

神秘的　落ち着き

杜

公園は、市民の憩いの森となっている」などがその例となる。これは、漢字本来の意味からは少しずれているが、日本語古来の用法として完全に定着しているので、気にせず用いてよい。

ただし、「もり」と訓読みする漢字には、《杜》もある。これまた、本来は〝ヤマナシ〟という植物を指す漢字。ところが、これは日本語では、「社」と形が似ているところから、神社のまわりに広がる〝樹木がたくさん生えている場所〟、いわゆる〝鎮守の「もり」〟を指して使われるようになった。

そこで、神秘的な雰囲気や、世間を離れた落ち着いたイメージを表現したい場合には《杜》を使うのも一つの方法。例としては、「鎮守の杜にはみだりに立ち入ってはならない」「杜に囲まれた静かな別荘地」など。ただし、一般的にはやや馴染みの薄い漢字なので、振りがなを付けるなどの配慮をしておく方が、親切である。

もれる／もらす

洩漏

[基本] 一般的には《漏》を用いる。

[発展] 「もれた」ものが達する先にまで意識がある場合には、《洩》を使うこともできる。

その水はどこまで流れる?

「漏」は、〝建物〟を表す部首「尸（しかばね）」に「雨」を組み合わせて、〝屋根のすきまから雨水が滴る〟ことを表す漢字。《漏》は、これに〝水〟を表す部首「氵（さんずい）」を付け加えて、広く〝何かのすきまから液体が滴る／液体を滴らせる〟ことを表す。音読みでは、「漏水」がわかりやすい例。「漏斗」は、植木の水やりなどに使う〝じょうご〟のこと。「漏刻」とは〝水時計〟をいう。

この意味の場合、訓読みでは、「屋根が漏る」「この家は雨漏りがひどい」のように、「もる」と読むこともあるが、「もれる／もらす」と読むことが多い。「バケツから水が漏れる」「おしっこを漏らす」「水道管の継ぎ目から水漏れがする」などが、その例となる。

転じて、「漏電」「歯槽膿漏」「情報の漏出」のように、広く〝閉じこめられたものが少しずつ外に出る〟という意味にもなる。訓読みでは「もれる／もらす」と読み、「カーテンのすきまから光が漏れる」「ため息が漏れる」「失笑を漏らす」「秘密を漏らす」「有害物質が漏れ出る」「隣の部屋の話が漏れ聞こえる」「爆発の原因はガス漏れだった」などと使われる。

このほか、《漏》は、〝すべてを閉じこめようとしたものの、少し外に残ったままになる〟ところから、〝きちんと取り上げることがらを、取り残す〟という意味でも使われる。

音読みでは、「この報告書にはデータの脱漏がある」「招待者名簿に遺漏がないか、確認する」などが、その例。訓読みでは、「リストから重要な項目が漏れている」「犯人たちを一人も漏らさず捕まえろ」「うっかりして、大事なことを聞き漏らした」「この書類には記入漏れがある」のように用いられる。

このように、日本語「もれる／もらす」を漢字で書き表す場合には、《漏》を使っておけば、十分に用は足りる。しかし、「もれる／もらす」と訓読みする漢字には、ほかに《洩》もある。

《洩》は、音読みでは「漏洩」以外で使われることがほとんどなく、《漏》との意味の違いははっきりしない。ただ、「曳」（p466）には"長く伸びる"という意味があるので、本来は、"すきまから滴る水が、遠くまで流れる"ことを表す漢字かと思われる。《漏》が"すきまから滴る"ことそのものに焦点を当てているとすれば、《洩》は、滴ったものが"遠くまで達する"ところまで表現する漢字だといえる。

そこで、あえて《漏》と《洩》を使い分けるならば、《漏》は、"閉じこめられていたものが少しずつ外に出て、どこかに達する"というニュアンスで用いることが考えられる。たとえば、「驚きの声が漏れる」のように《漏》を使うと、声が出ていることそのものに着目した表現だが、「驚きの声が洩れる」とすると、だれかの耳に届くところまで含めたイメージになる。

「木洩れ日が差す」も、《洩》を使うと、その光が届く先を含めて見ている雰囲気。また、「情報をマスコミに洩らす」のように、どこへ「もらす」のかがはっきり示されている場合も、《洩》を使うのがなじみやすい。

とはいえ、《漏》と《洩》の違いは、非常に微妙。《漏》の方が幅広く使えるので、一般的には《漏》を書いておくのが、穏当なところだろう。

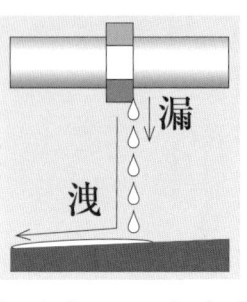

や

屋家舎

基本1 ほとんどの場合は《屋》を用いる。

基本2 特に、生活の場を指す場合には、《家》を使う。

発展 「まなびや」の場合には、《舎》を書くこともある。

日本語には、「○○や」の形でさまざまな"建物"を指すことばや、「や○○」の形で"建物"に関連することがらを表すことばがある。これらの「や」を漢字で書く場合には、《屋》か《家》を使う。

このうち、意味の範囲が広いのは、《屋》である。

《屋》は、「屋外」「社屋」「廃屋」など、"建築物としての建物"を表す漢字。「や」と訓読みして、「小屋を建てる」「長屋に住む」「掃除道具を裏の納屋にしまう」「屋根の上にアンテナを付ける」「広大な貴族の屋敷に招かれる」のように用いられる。

靴下が落ちてたりするかな？

一方、《家》は、「人家」「民家」「家宅捜索」など、"生活の場としての建物"を指す漢字。"建物"という意識を抜きにして、「家族」「家庭」「家計」「家訓」など、"主に血縁関係にある人々が、生活を共にする場"をいうことも多い。

そこで、「や」と訓読みした場合にも、"生活の場"というニュアンスに重心を置いて用いられる。「我が家に帰って子どもの顔を見る」「人口が減って、空き家が増える」「毎月の家賃を払う」「その男のアパートを家捜ししたが、怪しいものは出て来なかった」などが、その例である。

このように、《屋》は"建築物"として建物を見るのに対して、《家》は"生活の場"として捉える点が異なる。そこで、《屋》を使って「村はずれに一軒屋がある」とすれば、それが何のための建物なのかは、問題にならない。一方、「村はずれに一軒家がある」のように《家》を使うと、現に人が住んでいるかどうかはともかくとして、生活のために建てられた建物であることになる。

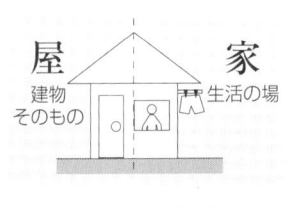

「母屋」も同様の例で、《屋》を使うと、たとえば「離れ」に対して、"建築物としての中心となる建物"のこと。一方、ご隠居さんが住む「離れ」があって、それに対して旦那さんが住む「母家」があ

屋
建物そのもの

家
生活の場

るような場合には、「家」を使うことができる。ただし、実際には、「一軒家」では《家》を、「母屋」では《屋》を使うことが多い。

親しみがないと使えない！

ところで、《屋》には、商売を表すことばのあとに付いて、「○○や」の形で〝ある商売を営む建物〟を指す用法もある。例としては、「踏切の向こうに薬屋がある」「床屋さんの角を右に曲がる」などが挙げられる。

ここからさらに変化して、〝ある商売〟そのものや、〝ある商売をする人〟を指すことも多い。例を挙げれば、「彼女の実家は造り酒屋だ」「父は写真屋を営んで、もう三〇年になる」「野菜のことは八百屋に聞くのがいい」「ラーメン屋さんが出前を持って来た」といった具合となる。

また、〝商売〟という意味を比喩的に用いて、〝ある人の人柄〟をいうこともある。たとえば、「うちの社長は気分屋だから、怒られても気にするな」「彼は恥ずかしがり屋で、人前に出たがらない」「あの子はがんばり屋さんだから、応援したくなる」など。これらの《屋》は、日本語独自の用法。この場合の「や」には、やや低く見たり、親しみを込めたりというニュアンスが含まれている。

こういった用法は、漢字《家》にもないわけではない。「小説家」「政治家」「冒険家」などでは〝ある職業の人〟を指

すし、「自信家」「倹約家」「親日家」などでは、〝ある人柄の人〟を表す。

ただ、漢字《家》には、「研究を重ねて、学者として一家を成す」のように、〝知識や技術などをきちんと身に付けた人〟という意味があり、そこから転じたもの。日本語「や」が持つ、やや低く見たり親しみを込めるニュアンスとは合わないので、これらの意味で《家》を「や」と訓読みすることはない。

このほか、「松屋」「高島屋」「越後屋」「大黒屋」「紀伊國屋」「音羽屋」「成駒屋」などのように、商売や芸能などで、〝ある特定の店や人を指す呼び名〟でも、《屋》を用いることがある。これは、建築物の名称を雅号として使う習慣から生じたものだから、《屋》を書く方が一般的。「吉野家」「林家」のように、中には《家》を用いるものもあるが、これらは例外的なものと考えるのがよさそうである。

なお、《家》《屋》のほか、《舎》も、〝建物〟という意味で「や」と訓読みすることができる。この漢字は、本来は「宿舎」のように〝寝泊まりする建物〟を指したようだが、現在では、「校舎」「駅舎」「庁舎」「鶏舎」などなど、〝特定の目的に使われる建物〟を指すことが多い。

そこで、このニュアンスを生かして、「や」と訓読みして用いることができる。が、現在では、「学び舎」以外ではほ

[や][やから][やく/やける]

とんど使われなくなっている。

やから

族輩

基本1 同類の人々を指す場合は、《輩》を用いる。

基本2 遺伝的につながった集団を指す場合は、《族》を使う。

身内までは敵に回すな！

日本語「やから」は、"ある特徴を共有する集団"を指すことば。現在では、相手を見下げるようなニュアンスで使われることが多い。

このことばを漢字で書き表す場合には、《輩》か《族》を用いる。ただし、どちらも現在ではあまり使われない訓読みなので、振りがなを付けるなどの配慮をしておく方が丁寧。

《輩》は、「先輩」「後輩」「同輩」のように、"年齢や経験、地位などによって分類された人々"を表す漢字。「やから」と訓読みして、「近ごろは礼儀を知らぬ輩が多い」「夜の街で無頼の輩にからまれる」のように用いられる。

一方、《族》は、「家族」「民族」「種族」など、"遺伝的な共通点を持つ生物の集団"を表す。そこで、「彼女は幼いころに両親を失い、頼りになる族は一人もいない」のように使うことができる。

とはいえ、現在の日本語では、「やから」には見下げるようなニュアンスが含まれることが多い。そこで、《族》を「やから」と訓読みして人間に対して用いると、その血縁全てを見下げることになってしまいかねない。

現在、《族》を「やから」と訓読みしてあまり気にしないで用いることができるのは、"人間ではない"という意味合いを表す場合。たとえば、「こんなひどいことは悪魔の族のすることだ」「サルがいくら賢いといっても、所詮は畜生の族だ」といった具合である。

	人間	その他の生物
遺伝的なつながり	(族)	族
その他のつながり	輩	族

やく/やける

嫉妬灼焼

比喩の炎が飲み尽くす！

基本 一般的には《焼》を用いる。

発展1 特に、激しく「やく/やける」場合には、《灼》を使うと効果的。

発展2 他人をうらやんで憎らしく感じる場合には、《妬》を使うと、意味合いがはっきりする。

発展3 他人をうらやんで激しく憎む場合には、《嫉》を用いることもできる。

《焼》は、部首「火（ひへん）」が示している通り、"火を付けて燃やす/火が付いて燃える"ことを表す漢字。「やく」と訓読みして、「古いラブレターを焼く」「山火事で森が焼ける」のように使われる。「魚

[やく／やける] ● 562

をオーブンで焼く」「パンケーキがこんがり焼けた」など、"熱を加えて変質させる／熱が加わって変質する"ことを指す場合もある。

転じて、"日光を当てて変色させる／日光が当たって変色する"という意味にもなる。「夏の海辺で肌を焼く」「貼ってあったポスターが焼けて、色落ちする」などがその例。さらには、「放射線を当ててがん細胞を焼く」「写真を印画紙に焼き付ける」「硫酸が手について皮膚が焼けた」のように、広く"化学的に変質させる／変質する"という意味でも使われる。

ほかにも、「ウィスキーを飲んで胸が焼ける」「身を焼くような恋がしたい」「この問題の後始末には、ほとほと手を焼いている」「あいつは世話の焼ける男だ」など、日本語「やく／やける」にはさまざまな用法がある。とはいえ、これらは比喩的な用法だと解釈できるので、《焼》を使って書き表して、問題はない。

このように、日本語「やく／やける」を漢字で書き表す場合には、《焼》を広く用いることができる。ただし、「やく／やける」と訓読みする漢字はほかに《灼》《妬》《嫉》もあり、それぞれのニュアンスを生かして使い分けることもできる。ただし、どの漢字の場合も、現在ではややなじみの薄い読み方になるので、振りがなを付けるなどの配慮をしておくと、親切である。

わかっちゃいるけどとめられない！

まず、《灼》は、「灼熱」の形で使われることが多く、非常に高温になって光を放つ"という意味。そこで、《焼》のニュアンスをさらに強めたい場合に、「やく／やける」と訓読みして用いると、効果が高い。例を挙げれば、「炎が町を灼き尽くす」「地獄の劫火に灼かれる」「灼けつくように暑い」「真っ黒に日に灼ける」「この光景をしっかりと眼に灼きつけておけ」「激しい苦しみに胸を灼く」などとなる。

次に、《妬》と《嫉》は、音読みでは「嫉妬」以外で用いられることは少ない漢字で、"他人をうらやんで、憎らしい気持ちになる"という意味。日本語では、この意味も「やく」と表現するので、どちらも、「やく」と訓読みすることができる。

この二つは、どちらも、"感情"を表す部首「女（おんなへん）」の漢字で、意味の違いは捉えにくい。ただ、《妬》の右半分は「石」で、"落ち着いて動かない"というイメージを持つ。一方、《嫉》の右半分の「疾」は、「疾風」「疾病」のように"素速く鋭い"という意味合いを持つ。

つまり、《嫉》は《妬》よりも、字の形が与えるニュアンスがきつい。そこで、あえてこの二つの漢字を使い分けるならば、《妬》を用いるのを基本として、より激しい感情を表したい場合に《嫉》を使う、と考えるのがわかりやすい。

や

やける

嫉妬灼焼

→やく／やける（前項）

```
         妬
     ┌───────┐
     │うらやんで│
比喩的│憎らしく │
     │なる    │
     └───────┘
        強調
         嫉

         焼
  燃やす    熱で
          変質させる
  日光で   化学的に
  変色させる 変質させる
        強調
         灼
```

《妬》の例としては、「彼女の成功が気に入らないなんて、あなた、妬いているんでしょう?」「あれだけのろけ話を聞かされると、さすがに妬けるなあ」など。それに対して、《嫉》は、「彼女は嫉くあまりに、包丁を持って夫を追い回した」のように、憎らしさから何らかの行動に出る場合などに使うと、そのイメージを生かすことができる。

これらを、《焼》を使って「あなた、焼いているんでしょう?」「さすがに焼けるなあ」「焼くあまりに、追い回した」としても、比喩的な表現だと解釈できるので、問題はない。さらに、それを強調するために《灼》を使うこともできないわけではないが、《妬》や《嫉》の方が、"うらやんで、憎らしい"ことをはっきり表現できるので、よく用いられる。

やさしい

易優

基本1 思いやりがある場合は、刺激が少なく害を与えない場合は、《優》を用いるが、かな書きも多い。

基本2 困難や抵抗がない場合は、《易》を使うが、かな書きの方がふつう。

日本語「やさしい」を書き表す漢字には、《優》と《易》がある。ただ、このことばは、ひらがなだと見た目がやわらかで、いかにも「やさしい」印象を与えるので、かな書きにすることも多い。以下、あえて漢字を用いるならば、という前提で説明する。

《優》は、"人"を表す部首「イ(にんべん)」の漢字で、「俳優」のように"役者"を指すところが本来の意味。役者が自分の動作を磨き上げるところから、「優雅」「優美」のように、"洗練されている"ことを表すようになった。ここから、"程度が高い"という意味にもなり、「すぐれる」(p257)「まさる」(p515)とも訓読みする。

他人に対して"洗練された"態度を取ることは、"思いやりがある"ことにつながる。そこで、日本語では、《優》を、"思いやりがある"という意味で「やさしい」と訓読みして使っている。例としては、「彼女は、他人の気持ちがわかる優しい人だ」「彼の優しい気遣いに、思わず涙が出た」「落ち込んでいる友人に優しく接する」などが挙げられる。

どっちつかずになることも?

また、さらに変化して"刺激が少なく、害を与えない"ことを指しても使われる。「このスープはとても優しい味がする」「子猫に優しくブラシをかける」「肌に優しい洗剤を使う」「地球に優しい車を開発する」「これは楽器ですから、優しく取り扱ってください」などが、その例となる。

一方、《易》は、"簡易""安易""平易"など、"困難や抵抗がない"という意味。日本語「やさしい」にはこの意味もあるので、《易》も「やさしい」と訓読みすることができる。「今回の試験問題は易しかった」「日常会話程度の易しい英語なら、私にもわかる」「他人のミスを指摘するのは易しいが、自分のミスをなくすのはむずかしい」などが、その例となる。

このように、「やさしい」の使い分けでは、《優》は"思いやりがある"場合や"害を与えない"場合に、《易》は"困難や抵抗がない"場合と、一応は区別できる。ところが、たとえば他人に教えたり説明したりする場合には、どちらとも取れることもある。

この場合、ふつうは、"相手が困難や抵抗がなく理解できるように"という意味合いで、《易》を使って「道に迷っている人に、駅への行き方を易しく教える」「パソコンの使い方を、易

しいことば遣いで説明する」と書く。しかし、「道に迷っている人に、駅への行き方を優しく教える」「パソコンの使い方を、優しいことば遣いで説明する」のように《優》を用いて、"思いやりを持って""傷つけないように"というニュアンスを出すこともできる。

こういうケースも考えると、「やさしい」はかな書きしておく方が、たしかに何かと都合がよさそうである。

優	易
思いやりがある	困難や抵抗がない
刺激や害がない	相手にとって困難や抵抗がない

やすい

廉 易 安

お金以外はみな過去のもの

基本1 心が落ち着いている場合は、《安》を用いる。

基本2 困難や抵抗がない場合は、《易》を使うが、かな書きの方が自然。

発展 ふつうよりも価格が低いことをはっきりさせたい場合は、《廉》を書くこともできるが、やや古風。

《安》は、"建物"を表す部首「宀」(うかんむり)に、「女」を組み合わせた漢字で、本来は"女性が家の中で落ち着いている"ことを表すという。「安定」「安全」「治安」のように広く"落ち着いている"という意味で使われるが、「安心」「安穏」「平安」など、特に"心が落ち着いている"という意味になることも多い。訓読みでは「やすい」と

読む。とはいえ、現在の日本語では、そのまま使うと、やや古めかしい表現となる。たとえば、「心を安くお持ちください」「夫の告白を聞く妻の心中には、安からぬものがあった」といった具合である。

また、「二人で映画を観に行ったなんて、お安くないね」では、"二人の仲が良すぎて、こちらの心が落ち着かない"というニュアンス。「気安くものを頼む」「彼女とは心安く話ができる間柄だ」のように、やや転じて"気を遣わないで済む"という意味になることもある。

これらとは別に、現在の日本語「やすい」を"価格が低い"ことを表す場合によく使う。これは、"落ち着いて"買い物ができる、というところから生じた、日本語独自の用法。例を挙げれば、「近ごろは野菜の値段が安い」「安売りのお肉がおいしくなくて、後悔した」「株価が安値を付ける」「まとめ買いすると割安になる」「格安の物件を手に入れる」といった具合となる。

ところで、日本語「やすい」には、"困難や抵抗がない"という意味もある。この意味の「やすい」は、漢字では《易》を使って書き表す。

《易》は、「簡易」「平易」「難易度」のように、"困難や抵抗がない"という意味。「やさしい」（前項）と訓読みすることもある。

「やすい」と訓読みしても、意味は同じ。ただ、現在では、このことばが単独で用いられることはまずない。あるとすれば、古語「やすし」の形。「案ずるより産むが易し」「言うは易し、行うは難し」「世間とは、ともすれば難きを避け、易きにつくものだ」などが、その例となる。

"困難や抵抗がない"ことを意味する「やすい」が活躍するのは、「○○するのに困難や抵抗がない"ことや、やや意味が変わって"○○しがちである"ことを表す。

簡単だから
慌てない！

この場合にも、「わかり易い説明」「飲み易い薬」「傷つき易い年ごろ」のように、漢字では《易》を使って書き表す。が、字面としてやや堅苦しく見えてしまうので、現在では、「わかりやすい説明」「飲みやすい薬」「傷つきやすい年ごろ」のようにかな書きにする方が、一般的となっている。

なお、《安》が表す"心が落ち着いている"ことと、《易》が意味する"困難や抵抗がない"こととは、まぎらわしくなることもある。たとえば、ものごとを気軽に引き受ける際に使う「それくらいはお安いことですよ」「お安い御用だ」では、《安》を用い"落ち着いて引き受けられる"という意味合いで、使うことが多い。その一方で、"困難や抵抗がない"というニュアンスだと考えれば、《易》を使って「それくらいはお易いことですよ」「お易い御用だ」という意味。「やさしい」（前項）と訓読みすることもある。

いことですよ」「お易い御用だ」としても、筋は通る。どちらでも好きな方を使って、OKである。

《安》《易》のほか、「やすい」と訓読みする漢字としては、《廉》もある。この漢字は、成り立ちには諸説があるが、「廉潔な政治家」「清廉な生き方」のように"欲が少ない"ことを表す。転じて、「廉価」「廉売」「低廉な商品」など、"価格が低い"という意味でも使われる。

ただ、《廉》は、もとは"欲が少ない"という意味なので、"価格が高いことを望まない"こと、つまりは"価格を低く抑える"というニュアンスを持つ。そこで、「やすい」と訓読みして用いる場合でも、"ふつうの価格よりも低い"という意味合いで使うのが、ふさわしい。

```
心が落ち
着いている    →  安
価格が低い    →  安
              →  廉
ふつうより
価格が低い
困難や
抵抗がない    →  易
```

例としては、「お得意様ですから、お廉くしておきましょう」「徹底したコストダウンにより、廉い価格を実現する」「この古本は廉い！ 掘り出し物だ」など。ただし、現在ではあまり使われない訓読みなので、やや古風な雰囲気になることは注意。振りがなを付けるなどの配慮も、必要となる。

やせる

瘠 痩

基本 一般的には《痩》を用いる。
発展 よりリアルに表現したい場合には、《瘠(せき)》を使うこともできる。

でこぼこが痛々しい…

《痩(そう)》は、"病気"を表す部首「疒(やまいだれ)」の漢字。音読みでは「痩身(そうしん)」のように使われ、"体の肉づきが悪くなる"ことを表す。「やせる」と訓読みして、「体調を崩して、少し痩せた」「痩せたいのでダイエットする」「痩せ馬に鞭打って荷車を引かせる」などと用いられる。

転じて、"土地の栄養分が少なくなる"ことをも表す。音読みの熟語には適切な例はないが、訓読みでは「きちんと肥料をやらないと、畑が痩せてしまう」「このあたりは痩せ地だから、畑を作っても作物が育たない」などが、その例となる。

日本語「やせる」を漢字で書き表す場合には、《痩》さえ使っておけば、困ることはない。しかし、「やせる」と訓読みする漢字には《瘠》もあり、独特のニュアンスを生かしてこちらを用いることもできる。ただし、現在ではあまり使われない漢字なので、振りがなを付けるなどの配慮をしておく方が、丁寧である。

《瘠》に含まれる「脊(せき)」は、「脊髄」という熟語があるように、

[やせる]

```
── 瘦 ──
体の肉づきが
悪くなる
土地の栄養が
少なくなる
 リアル
 瘠
```

"背骨"を指す漢字。これに部首「疒」を組み合わせた《瘠》は、本来は"体調を崩して体の肉が落ち、背骨が浮き出て見える"という意味。「彼の瘠せた顔を見ていると、健康状態が心配になる」いると、健康状態が心配になる」

「病人は日に日に瘠せ衰えていった」「捨てられた犬の瘠せた体が、哀れを誘う」など、肉づきの悪くなった体をリアルに想像させたい場合に用いると、効果が高い。

また、「瘠地(せきち)」「瘠土(せきど)」という熟語もあるので、《瘠》を"土地の栄養分が少なくなる"という意味で使うこともできる。この場合も、「その山陰には、石ころばかりの瘠せた土地が広がっている」のように用いると、ひからびてゴツゴツした土地を想像させる。

やとう

傭雇

基本 一般的には《雇》を用いる。
発展 仕事をする側に重点がある場合には、《傭(よう)》を使ってもよい。

どちらの立場になるのかなあ…
は「やとう」と読み、「警備員を雇う」「ハイヤーを雇って観光す

```
── 雇 ──
お金を払って
仕事をさせる

  傭
お金をもらって
仕事をする
```

る」「私は店長とは言っても、オーナーに雇われている身分だ」「景気が悪くて、日雇いの仕事しか見つからない」などと用いられる。

日本語「やとう」を漢字で書き表す場合には、《雇》を使っておけば十分。とはいえ、「やとう」と訓読みする漢字には《傭》もあるので、使い分けが気になることになる。

《傭》は、「雇用」を昔は「傭傭」と書いたように、《雇》と似た場面で使われる。ただ、「傭兵」をはじめ「傭人(ようにん)」「傭耕(ようこう)」などでは、"お金をもらって仕事をする"ことを表す場合が多い。《雇》には、そういった意味の熟語はないので、《傭》は、賃金労働を"仕事をする側"に重点を置いて表現する漢字だといえる。

日本語にはこの意味をそのまま表せることばはないので、「やとう」と訓読みすることになる。ただ、「やとう」は"仕事をさせる"側からの表現だから、「やとわれる」の形で用いる方が、《傭》が本来的に持っている意味からすれば、ふさわしい。

たとえば、「警備員として傭われている身分だ」といった具合。「店長とは言っても、オーナーに傭われている身分だ」「景気が悪くて、日傭いの仕事しか見つからない」も、意味として

[やとう][やぶる／やぶれる] ● 568

は「やとわれる」ことなのだが、《傭》がなじみやすい。とはいえ、《傭》は現在ではあまり用いられない漢字。振りがなを付けるなどの配慮を忘れないようにしたい。

やぶる／やぶれる

敗 破

これ以上は無理ですね…

基本1 引き裂く場合、ある一定の状態を続かなくする場合、打ち負かす場合は、《破》を用いる。

基本2 勝負に負ける場合は、《敗》を使う。

《破》は、"引き裂く""破棄""爆破"など、"こわす／こわれる"という意味。特に、"薄いものが引き裂かれる"場合に、「やぶる／やぶれる」と訓読みする。

「紙を破る」「布を破る」を訓読みする。「約束を破る」「静けさを破ってラッパが響く」「軍事力のバランスが破れる」「他社との合併話が破れる」「夢破れて故郷に帰る」のように、比喩的に"ある一定の状態を続かなくする／ある一定の状態を続かなくなる"ことを表す場合もある。

一方、《敗》は、「敗戦」「敗北」「惜敗」のように、"勝負に負ける"ことを表す漢字。「やぶれる」と訓読みして、「三回戦で優勝候補が敗れる」「選挙で現職が新人候補に敗れた」「健闘空しく敗れ去る」などと使われる。

漢字《敗》には、"相手を勝負に負けさせる"つまり"打ち負かす"という意味がないわけではない。実際に、漢文では「敵軍を大いに敗る」のような使われ方も見られる。しかし、現在の日本語では、《敗》は"負ける"というイメージがとても強く、「やぶる」とは訓読みせず、「やぶれる」の形でしか使わないのが習慣となっている。

そこで、"打ち負かす"ことを表す「やぶる」は、"相手が守っている状態を、続かなくする"という意味合いで、《破》を使って書き表す。つまり、「やぶる」の場合は常に《破》を使えばいいので、使い分けに悩む必要はない。「三回戦で優勝候補を破る」「選挙で新人候補が現職を破った」などがその例。

「やぶる」「やぶれる」の使い分けがまぎらわしくなるのは、「やぶれる」の場合。「恋が破れる」「生活が破れる」ことだから、《破》を使う。「ある一定の状態が続かなくなる"ことだから、《破》を使う。「恋に敗れる」「生活に敗れる」のように「○○に敗れる」の形になると、"勝負に負ける"ことにたとえた表現として《敗》を使う方が、なじみやすい。

ただ、実際には、《破》を使って「恋に破れる」「生活に破れる」と書くことも多い。

破

引き裂く → 状態を続かなくする → 打ち負かす

引き裂かれる → 状態が続かなくなる

敗
打ち負かされる

やぶる｜やぶれる

や

やむ／やめる

罷已辞止

これくらいにしておこう…

基本1 ほとんどの場合は、《止》を用いるか、かな書きにする。

基本2 特に、仕事や地位から退く場合は、《辞》を使う。

発展1 完全に終わりにすることを表す「やむ」は、《已》を書いてもよいが、かなり古風。

発展2 一方的に「やめる／やめさせる」場合には、《罷》を使うこともできるが、難解。

日本語「やむ／やめる」の基本的な意味は、"それまで続いていたことが、あるところで終わる／それまで続いていたことを、あるところで終わりにする"こと。このことばを書き表す漢字として代表的なものは、《止》と《辞》である。

《止》は、古代文字では「止」と書き、"足あと"の絵から生まれた漢字。ある場所を踏みしめてしっかりと足あとを残すところから、"移動しなくなる／移動させなくする"ことを表す。この場合には「とまる／とめる」(p365)と訓読みする。

これは、恋や生活などの"ある一定した状態が、続かなくなる"という意味合い。"一定しなくなる"というイメージを含むもので、気持ちや暮らしが"乱れる"ことを想像させたい場合には、効果的である。

転じて、「静止」「中止」「休止」「防止」のように、"変化しなくなる／変化させなくする"という意味にもなる。さらには、「廃止」「終止符」のように、"それまで続いていたことが、あるところで終わる／それまで続けてきたことを、あるところで終わりにする"ことをも表す。

この意味の場合、「やむ／やめる」と訓読みすることも多いが、「とどまる／とどめる」(p360)と訓読みすることもできる。たとえば、「雨が止む」「子どもが泣き止む」「彼を左遷しようという動きが止んだ」「機械の音が止む」「拍手が鳴り止まない」「お酒を飲むのを止める」「息子への仕送りを止める」「文句を言うのは止めろ」などといった具合となる。

また、訓読み「やめる」では、やや変化して、"するつもりでいたことを、しないことにする"ことをも表す。「風邪を引いたので、旅行に行くのを止める」「うなぎを食べたかったが、今回は止めておこう」などが、その例である。

日本語「やむ／やめる」を漢字で書き表す場合には、広く《止》を用いることができる。ただし、「止める」と書くと、読み方が「やめる」なのか「とめる」なのか、はたまた「とどめる」なのか、まぎらわしい。そのためもあって、現在では、「やむ／やめる」はかな書きにされることが多い。

[やむ／やめる] ● 570

きちんとことばで表しましょう！

一方、《辞》の部首「辛(からい)」は、もともとは"罪人に入れ墨するときに使う針"を指す漢字で、部首としては"罪人"や"裁判"を表す。

そこで、《辞》も、本来は"裁判で罪を論じることば"を意味していた、と考えられている。転じて、「辞書」「祝辞」「歓迎の辞」など広く"ことば"を指すが、オフィシャルな場での"ことば"という雰囲気が色濃い。

たとえば、「辞去」とは、"きちんと別れのあいさつをして立ち去る"こと。「辞退」とは、先方からの提案を"きちんとことばで断る"ことをいう。

ここから、《辞》は、勤め先に対して"きちんとことばで自分の意志を告げて、仕事から退く"という意味にもなる。音読みでは、「辞職」「辞任」「辞表」などがその例。「やめる」と訓読みして、広く"それまで勤めていた仕事や、務めていた地位から退く／退かせる"という意味で使われる。

「会社を辞めて家業を継ぐ」「任期満了で理事長を辞める」「サラリーマンを辞めさせる、弁護士を目指す」「不祥事を起こした大臣を辞めさせる」などが、その例。"それまで勤めていた仕事や地位"を指す「やめる」は、人生において特別な意味合いを持つので、《辞》を使って書き表すのが習慣である。

以上のように、《止》と《辞》の使い分けはわりと単純だが、

まぎらわしい場面がないわけではない。たとえば、「内定はもらったけれど、あの会社に入るのは止めておこう」では、"それまで勤めていたわけではないので、《止》を使う。「学生を辞めてミュージシャンになる」「開業医を辞めて引退する」であれば、学生や開業医は"勤め"ではないが、"地位"の一種だから、《辞》を使っておいて問題はなかろう。気になるようであれば、かな書きにすることをおすすめする。

終わらないとは続くこと

《止》《辞》のほか、「やむ／やめる」と訓読みする漢字には、《已》もある。この漢字は、"完全に終わりになる／完全に終わりにする"という意味。"もう終わっている"という意味で「すでに」と訓読みすることもある。

そこで、"完全に"という意味合いを強調して使いたい場合に、《止》の代わりに「やむ／やめる」と訓読みして使うことができる。ただ、現在では、「やむ」の形で、特定の慣用句的な表現でしか使わないのがふつうである。

たとえば、「死して後、已む」とは、"死んだあとで完全に終わりになる"ことから、"死ぬまで完全には終わりにならない"つまりは"死ぬまでがんばり続ける"こと。「あの人の幸せを願って已まない」は、"完全に終わることはない"ところから、"いつまでも続ける"という意味を表す。

「已に已まれず、裁判に訴える」の「已むに已まれず」は、"完全に終わりにしようとしてもできないで"ということ。「已むを得ず」『已むを得ない」も似たような表現で、"しかたなく"という意味で、「承服しがたいが、已むを得ず受け入れる」「失敗しても已むを得ない」のように使われる。

これらの場合に、「死して後、止む」「願って止まない」に止まれず」「止むを得ず」「止むを得ない」のように《止》を使っても、問題はない。《已》を使った方が"完全に"というニュアンスをはっきりと表現はできるが、一般には見慣れない漢字なので、振りがなを表現を付けるなどの配慮が必要。あえて使うとかなり古めかしい雰囲気になる。

以上のほかに、《辞》と似た意味で「やめる」と訓読みできる漢字として、《罷》がある。この漢字は、"続けるべき仕事を続けないことにする／続けさせないことにする"という意味。「罷業」とは、"やるべき仕事を放棄する"ことで、いわゆる「スト

	仕事や地位から退く			それ以外	
	意志を告げて「やめる」	一方的に「やめる」	合意の上で「やめさせる」	完全に終わりにする	その他
止				○	◎
辞	◎	○		○	
已				△	
罷		△		△	

ライキ」の古い呼び方。「罷免(ひめん)」とは、"ある人を担当の仕事から外す"ことをいう。

"続けるべきなのに"というニュアンスを含むため、一方的に「やめる／やめさせる」ことになるのが、《罷》の特徴。仕事をする側がきちんと意志をことばにして「やめる」ことを基本とする《辞》とは、その点が異なる。

《罷》を「やめる」と訓読みして使う例としては、「会社に来なくなり、そのまま罷(や)める」「あんな男は、事務局長を罷(や)めさせてしまえ」など。ただし、かなり特殊な読み方なので、振りがなを付けるなどの配慮は、必須である。

やめる

罷已辞止

→やむ／やめる（前項）

やわらかい

軟柔

基本1 弾力がある場合は、《柔》を用いる。
基本2 崩れやすい場合、受け入れられやすい場合、客観的な「やわらかさ」の場合は、《軟》を使う。

日本語「やわらかい」を書き表す漢字には、《柔(じゅう/にゅう)》と《軟(なん)》がある。しかし、

ぶつかってもつぶれない！

[やわらかい] ● 572

「柔軟」という熟語もあるように、この二つの漢字は意味の違いが捉えにくく、厳密に使い分けるのはむずかしい。

《柔》は、部首「木(き)」の漢字で、本来は"曲げても折れないで、元に戻ろうとする木の枝"のこと。広く"弾力がある"という意味を表す。音読みでは、「柔よく剛を制す」が、わかりやすい例。「やわらかい」と訓読みして、「春になって草木の柔らかい芽が伸びる」「小麦粉を水で練って柔らかくする」「クッションの柔らかさを確かめる」「飛んできたボールを、柔らかな身のこなしでキャッチする」のように使われる。

「柔らかい毛布」では、"触れると心地よい"というイメージ。「春の柔らかな陽射しを浴びる」「クラリネットの柔らかみのある音色に聞き惚れる」のように、見た感じや聞いた感じについて、比喩的に用いられる場合もある。

"弾力がある"ものは、ほかのものとぶつかっても相手を傷つけない。そこで、《柔》は、"他人をやさしく受け止める"という意味にもなる。「柔和な性格」「温柔な態度」などが、音読みの例。訓読みの例としては、「係員がもの柔らかな人でほっとする」「おかみさんが、柔らかい物腰で来客をもてなす」「彼女の柔らかみのある語り口が、視聴者に好評だ」などが挙げられる。

一方、《軟》は、"成り立ちのはっきりしない漢字だが、「軟骨」「軟膏」「軟体動物」など、"一定の形を持たない"ことを表す。ここから、"形が崩れやすい"という意味で使われる。

訓読みの例としては、「野菜を軟らかく煮込む」「ここの地盤は軟らかい」など。「軟らかい肉を食べる」のように《軟》を使うと、"崩れやすい"という意味だが、"弾力がある"場合には、《柔》を使って「柔らかい肉を食べる」と書く。「柔らかいお餅を食べる」「このグラウンドの芝生は柔らかい」になると、"弾力"のイメージが強いので、《柔》を書く方がしっくりくる。

また、《軟》は、"一定の形を持たない"ところから、"どんな形にでもなる"という意味合いをも含む。ここから、文章や話について、"だれにでも受け入れられやすい"ことを指しても使われる。「中学生でも読める軟らかい内容の本」「一般の人向けの講演だから、軟らかい話をしましょう」などが、その例となる。

なお、「頭が柔らかい」は、《柔》を使うと、"何でもきちんと受け止める"というイメージ。《軟》を用いて「頭が軟らかい」と書くと、"だれにでも合わせられる"という意味合い。たいした差はな

押す　弾力がある　柔
押す　形が崩れる　軟

お望み通りの姿になります

[やわらかい][ゆく][ゆるす]

いので、どちらを使ってもかまわない。

このほか、《軟》はそのもの自体の"崩れやすさ"を表すので、客観的に比較できる「やわらかさ」を指す場合にも使われる。音読みでは、「軟質」「軟球」「軟材」などがその例で、それぞれ「硬質」「硬球」「硬材」に対応する。そこで、「軟らかい鉛筆を使う」のように《軟》を用いると、2Bとか4Bなどと客観的に示された「やわらかさ」のこと。これを、《柔》を使って「柔らかい鉛筆を使う」とすると、使い心地に"弾力がある"という比喩的な表現となる。

以上のように、基本的には《柔》は"弾力がある"というイメージで、《軟》は"一定の形を持たない"というニュアンスで使い分けることができる。ただ、「優柔不断」のように《柔》にも"一定の形を持たない"という意味合いがあるし、「軟球」に"弾力がある"ことも間違いない。

つまり、結局のところ、どちらを使っても完全な間違いとなることはない。悩むだけ時間の損なので、迷ったら、どちらか好きな方を書くか、かな書きにしておくのが、おすすめである。

ゆ

ゆく

往 逝 行

→いく／ゆく（p55）

ゆるす

許 赦 恕

基本 一般的には《許》を用いる。

発展1 罪悪を「ゆるす」場合には、《赦》を使うと、意味合いがはっきりする。

発展2 相手を思いやって「ゆるす」場合には、《恕》を用いることもできるが、古風。

本当はダメなんだけれど… 《許》は、"ことば"を表す部首「言（ごんべん）」の漢字。「許可」「許容」「免許」など、"願いや申し出を受け入れる"ことを表す。訓読みでは「ゆるす」と読み、「学生がグラウンドを利用するのを許す」「上司に許してもらって早退する」「特別に許されて保管庫に入る」の

[ゆるす] ● 574

ように用いられる。

転じて、"自分にとってよくない行動を受け入れる"という意味にもなる。例としては、「約束を破った彼女を許す」「この忙しい時期に遅刻するなんて、許されない」など。「相手チームに先取点を許す」では、やや転じて、"自分にとってよくない行動を、相手にさせてしまう"という意味。「心を許す」「気を許す」では、"警戒しない"ことを表す。

また、さらに変化して、"受け入れる余地がある"ことをも表す。「時間が許せば、食事に行きませんか?」「彼の病状は予断を許さない」「宇宙飛行士のミッションでは、わずかなミスも許されない」などが、その例となる。

日本語「ゆるす」を漢字で書き表す場合には、《許》さえ使っておけば、十分に用は足りる。しかし、「ゆるす」と訓読みする漢字には《赦》や《恕》もあり、それぞれのニュアンスを生かして使い分けることもできる。ただし、どちらも現在ではあまり使われない訓読みなので、振りがなを付けるなどの配慮が必要となる。

まず、《赦》は、「赦免」「恩赦」「特赦」など、"刑罰を免除する"という意味。そこで、「ゆるす」対象が"罪"である場合に、《許》の代わりに「ゆるす」と訓読みして用いることができる。

「殿様がお触れを出して、みなの罪を赦す」「模範囚として、

赦されて釈放される」がその例。「ゆるす」対象が法律上の"罪"ではなく、道徳上の"罪"であってもかまわない。「彼氏の浮気を赦す」「仲間の裏切りを赦す」「あいつは赦されない失敗を犯した」などと《赦》を用いると、浮気なり裏切りなり失敗なりが"罪悪"であるという気持ちを、はっきりさせることができる。

もう一つの《恕》は、「どうかご寛恕ください」のように使われる漢字で、特に、"相手のことを思いやって、罪を責めない"という意味。《許》の代わりに「ゆるす」と訓読みして用いたい場合に、《赦》が"責める"気持ちをはっきりさせた上で「ゆるす」のに対して、《恕》は和らげるはたらきをする漢字だと言える。

例を挙げれば、「やむを得ずしたことだろうから、今回は恕してやろう」「情状が酌量されて、実刑判決だけは恕された」といった具合。ただ、現在ではあまり使われない漢字なので、古めかしい印象になる点には注意したい。

許 ─ 願いを受け入れる / よくないことを受け入れる
受け入れる余地がある
恕 [思いやり]
赦 [強調] 罪悪の責任を問わない

ゆ

ゆるむ／ゆるめる

弛 緩

基本 一般的には《緩》を用いる。

発展 役に立たなくなる場合には、《弛》を使うこともできるが、やや難解。

《緩》は、部首「糸（いとへん）」と訓読みして、引き締められていた糸が、余裕のある状態になることを表すが、本来の意味。「ゆるむ／ゆるめる」の漢字で、"引き締められていた糸が、余裕のある状態になる"ことを表すが、本来の意味。「ゆるむ／ゆるめる」と訓読みして、"引き締められていた糸が、余裕のある状態になる"ことを表すが、本来の意味。「靴ひもが緩んでほどけてしまった」「食べ過ぎたので、ズボンのベルトを緩める」のように用いられる。「棚がぐらついていたので、緩んだねじを締め直した」のように、ねじや釘などについて使うこともある。

転じて、広く"余裕のある状態になる／する"ことをも表す。「緊張緩和」「緩衝地帯」などが、音読みの例。訓読みでは、「場の空気が緩んで、なごやかな雰囲気になる」「こんなミスをするのは、気持ちが緩んでいるからだ」「経済を活性化させるために、規制を緩める」「先日の大雨の影響で、地盤が緩んでいるところがある」「駅が近づいて、列車は速度を緩めた」「三月に入って、気候がだいぶ緩んできた」などが、その例となる。

「子猫のかわいい姿に、思わず頬が緩む」「ボーナスが入って財布のひもが緩む」「勝利は目前だが、手を緩めずに戦おう」な

ゆとりって、いけないこと？

どは、比喩的に使われた例。日本語「ゆるむ／ゆるめる」を漢字で書き表す場合には、《緩》さえ使っておけば、困ることはない。

しかし、「ゆるむ」と訓読みする漢字には、《弛》もある。この漢字は、「筋肉が弛緩する」のように用いられ、《緩》と意味が似ている。

ただ、部首「弓（ゆみへん）」にも現れているように、本来は"弓の弦をたるませる"という意味。その状態では矢を射ることはできないところから、"役に立たない状態になる"というニュアンスがある。「弛まない努力を続ける」のように、「たゆむ」と訓読みする例には、その意味合いがよく現れている。

そこで、あえて《緩》と使い分けようとするならば、"役に立たない状態になる"場合に用いるのが、ふさわしい。先の例でいけば、「靴ひもが弛んでほどけてしまった」「棚がぐらついていたので、弛んだねじを締め直した」「こんなミスをするのは、気持ちが弛んでいるからだ」「先日の大雨の影響で、地盤が弛んでいるところがある」「勝利は目前だが、手を弛めずに戦おう」などでは、《弛》を用いるとしっくりくる。

緩
余裕のある
状態になる

役に
立たない

弛

とはいえ、現在ではあまり使われない漢字なので、あえて使うと、やや難解な雰囲気になる。振りがなを付けるなどの配慮を、忘れないようにしたい。

よ

代 世

基本1 ほとんどの場合は《世(せい)》を用いる。
基本2 特に、王朝や君主ごとに区分された歴史上の時期を指す場合は、《代(だい)》を使う。

実力者でも使えないの？

日本語では、"ある人々が暮らしているその時期やその社会"のことを「よ」と呼ぶことがある。このことばを書き表す漢字としては、《世(せい)》と《代(だい)》が挙げられる。

《世》は、「世間(せけん)」「世相(せそう)」「乱世(らんせい)」など、"ある人々が暮らしているその時期やその社会"を幅広く指す漢字。「よ」と訓読みして、さまざまに使うことができる。

例としては、「この世」「あの世」「世に出る」「人の世のならい」「我が世の春」「世のため人のため」「世の中」「世渡り」などなど。"ある人々が暮らしているその時期やその社会"を指す

[よ][よい／いい]

日本語「よ」は、すべて《世》を使って書き表す、と考えても差し支えはない。

一方、《代》では、"歴史上のある時期"を指すが、「時代」「現代」「年代」などの、《世》には、"歴史上のある時期"を指すが、「時代」「現代」「年代」などの、《世》には、"歴史上のある時期"を指すが、ここから、"王朝や君主ごとに区分された、歴史の上のある時期"をも表す。たとえば、「唐代」とは、"唐という王朝が中国を支配していた時期"をいう。

「よ」と訓読みするのは、この意味の場合。「明治の代」といえば、"明治天皇が君主であった時期"。「神代」とは、伝説上の"神々が支配していた時期"をいう。同様に、「君が代」とは、"天皇が君主である時期"。「桓武天皇の御代」「明王朝の代」「ヴィクトリア女王の代」などと用いられる。ただし、音読みで「だい」と読んでも意味は通じるので、振りがなを付けるなどの配慮をしておく方が、親切である。

これを「明治の世」のように《世》を用いると、"明治天皇が支配していた時期やその社会"を指す。よく似ているが、"社会"という意味が加わる。

なお、日本の歴史では、"君主"とは天皇のこと。摂政や関白、将軍などは、実質的な支配者ではあっても、"君主"ではない。そこで、「藤原道長の世」「足利将軍の世」「徳川二六〇年の世」のような場合には、《代》は使わず、《世》を使っておく方が、無難である。

	その時期とその社会	その時期のみ
君主によって区分された時期	代	世
その他の時期	世	世

よい／いい

佳好善良

ご希望ならば、とりあえず私を！

日本語「よい／いい」は、"すぐれている"ことを広く表すことば。「よい」は主として書きことば的に、「いい」は主として話しことば的に使われる。

基本 一般的にはかな書きにするが、漢字で書くならば《良》を用いる。

発展1 人間的に立派である場合には《善》を使ってもよい。

発展2 興味や愛着、満足、喜びなどを感じる場合には、《好》を書くと、意味合いがはっきりする。

発展3 まとまりがある場合、落ち着きがある場合には、《佳》を使うこともできる。

このことばを書き表す漢字はたくさんあるが、どれを使っても、振りがななしでは、「よい」と読むのか「いい」と読むのか、判断できない。それを避けるためには振りがなを付けることになるが、「よい／いい」は、使われる頻度が高いので、一つ一つ振りがなを付けるのも煩わしい。そこで、現在ではかな書きにすることが多い。以下、あえて漢

[よい／いい] ● 578

字を使うとすればという前提で、説明する。なお、例文ではあえて振りがなは付けないが、「よい／いい」のどちらで読んでもかまわない。ただ「よい」は、「よかろう」「よかった」「よければ」などの形でも使われるが、「いい」は、ふつうは「いい」以外の形では用いられない。

まず、《良》は、「良心」「良薬」「良家」「良夜」「改良」「優良」などなど、さまざまな意味合いで"すぐれている"ことを表す漢字。「よい／いい」と訓読みして、広く用いることができる。「この品物は素材が良い」「彼女は成績が良い」「もっと給料の良い仕事がしたい」「先輩から良いアドバイスをもらう」「この仕事は彼に任せるのが良かろう」「あなたに会えて良かった」「タイミング良く、タクシーが通りかかった」「ご都合が良ければ、今夜、食事でもしましょう」などなど、例を挙げ出せばきりがない。

"すぐれている"ことを表す日本語「よい／いい」を漢字で書き表す場合には、《良》を使っておけば、間違いになることはない。ただ、「よい／いい」と訓読みして用いられる漢字としては、《善》《好》も、比較的多く用いられる。そこで、場面によっては、それぞれのニュアンスを生かして使うこともできる。

被告のいる裁判に関係する意味を持っていたからだ、と考えられている。ここから、《善》には"公"のイメージがあり、"まわりから見て立派だと感じられる"という意味を表す。「善意」「親善」「慈善」「偽善」などでは、特に"人間的に立派である"ことを指す。

そこで、「よい／いい」を漢字で書き表す際も、"人間的に立派である"場合には、《善》を用いると意味合いがはっきりする。特に、「善い行いをすれば、必ず報われる」「困っているときに助けてくれるなんて、あなたは本当に善い人だ」など、"人間的に立派である"ことがはっきりしている文脈では、《良》よりも《善》を用いる方が落ち着く。

また、「どちらの意見にも善し悪しがある」「なんとか善い方法がないものか」のように《善》を用いて「どちらの意見にも良し悪しがある」「なんとか良い方法がないものか」とすると、道徳や倫理といった内容が話題になっていることが、はっきりする。一方、《善》を用いて《良》を使うと、一般的な表現となる。

さらに、《善》は、「善戦」「善処」「善後策」など、"上手に"という意味にもなる。ここから、「よく」と訓読みして、"上手である"という意味で用いられることもある。

たとえば、「あの人はイギリス生まれだが、日本語が善くできる」「この小説では、昭和初期の暮らしが善く描かれている」といった具合。しかし、現在の日本語では、これらの「よ

| みんなで拍手をしましょう！ | 《善》は、大昔は「譱」と書かれた漢字で、二つの「言」が含まれているのは、原告と |

よ

[よい／いい]

く◯◯する」の形は、"十分に◯◯する"という意味を表すことが多い。となると、《善》の持つ意味からは離れてしまうので、「あの人はイギリス生まれだが、日本語がよくできる」「この小説では、昭和初期の暮らしがよく描かれている」のように、かな書きにする方がふつうである。

なお、「日本語が能くできる」「暮らしが能く描かれている」のように、《能》を「よく」と訓読みして用いることもある。これは、漢文では、「能く◯◯す」の形で、"◯◯することができる"という意味を表すところから生じたもの。ただ、日本語の"十分に◯◯する"という意味とは異なるので、《能》を「よく」と訓読みして使うのは、避けておく方がベターである。

ちなみに、「会社の帰りによく映画を観に行く」のように、"◯◯する頻度が高い"ことを意味する「よく◯◯する」の形も、かな書きするのが一般的である。

プラスの気持ちをはっきりと！

それはともかく、"まわりから見て立派に感じられる"ことを基本とするのが《善》は、"人間的"だとか"上手"だとか"上品"だといったニュアンスを含んでいる。それに対して、対象にもう少し距離を置き、客観的な評価を下すようなニュアンスを持つ漢字。ここから、《佳作》『佳品』『佳味』などがその例で、"まとまりがある""落ち着いている"というニュアンスを

良

善 _{客観的} 人間的に立派だ

好 _{主観的} 興味・愛着・満足・喜び

_{すぐれている}

どことなく品があるなぁ…

い出来だった」とすると、本人の"興味や愛着、満足、喜びなど"といった感情がはっきりする。

たとえば、「あの店員さんはとても感じが良い」「今日は良い天気だ」「今回の試験は、良い出来だった」などは、《良》を使うと、ふつうの表現になる。これらを、《好》を用いて、「あの店員さんはとても感じが好い」「今日は好い天気だ」「今回の試験は、好い出来だった」とすると、本人の"興味や愛着、満足、喜びなど"を表現したい場合に用いると、効果が高い。

《良》《善》《好》のほかにも、「よい／いい」と訓読みして使われる漢字はたくさんあるが、現在では用いられることは少ない。その中で、多少なりとも使う機会があるものとしては、《佳》を挙げることができる。

《佳》の右半分の「圭」は、もともとは"形を整えた宝石"を指す漢字。ここから、《佳》も、"整っている"という意味合いを持つ。音読みでは『佳作』『佳品』『佳味』などがその例で、"まとまりがある""落ち着いている"というニュアンスを

「よい／いい」と訓読みした場合も同じで、たとえば、「今日は佳いお洋服をお召しですね」「彼女はとても趣味が佳いね」「ジャスミン茶の佳い香りが漂うね」といった具合。「この部屋は眺望がとても佳い」でも、迫力のある眺めというよりは、落ち着いた風景が似つかわしい。

これらの場合に《良》を書いても、もちろんかまわない。しかし、"まとまり"や"落ち着き"をイメージさせたい場合には、《佳》を使うと、効果が高い。

最後にあえて触れておけば、《吉》《宜》《可》も、「よい／いい」と訓読みして使われることがある。おみくじでおなじみの《吉》は、"幸運"を表す漢字なので、「茶柱が立ったから、なにか吉いことがありそうだ」のように、"めでたい"雰囲気を出すために使われる。

《宜》は、「よろしい」と訓読みすることもあり、"ぴったりしている"という意味。「寒くもなく暑くもない、宜い気候になる」のように、"ちょうど"という意味合いで用いることができる。《可》は、「許可」のように、"○○してもかまわない"という意味があるので、「遊びに行っても可いですか?」のように使うことができる。

とはいえ、どれも、現在ではまず使われない訓読みなので、振りがなを付けるなどの配慮は必須。さらに、かなり特殊な雰囲気になるので、用いるのは避けておいた方が無難である。

よける

除避

動くの?それとも動かすの?

基本 一般的にはかな書きにする。

発展1 本人が移動する場合には、《避》を使ってもよい。

発展2 ものを移動させる場合、害悪や災難などを防ぐ場合には、《除》を書くこともできる。

《避》は、"移動"を表す部首「辶」(しんにょう、しんにゅう)の漢字。「避難」「回避」「退避」など、"何かの影響を受けないように、別の場所に移動する"ことを表す。

訓読みではふつうは「さける」と読むが、「よける」と訓読みすることもできる。「水溜まりを避けて進む」「身をかわして相手のパンチを避ける」などが、その例となる。

一方、《除》は、「除去」「除外」「切除」など、"何かを取り去る"という意味。日本語「よける」にはこの意味もあるので、「よける」と訓読みすることができる。例としては、「通路から荷物を除ける」「当たった宝くじは、こちらへ除けておこう」など。「雨を除けるためにフードを付ける」「害となるものや災難などを祓いをして厄を除ける」のように、"害となるものや災難などをお祓いをして防ぐ"こ

よそおう
粧装

基本 一般的には《装（そう）》を用いる。
発展 人やものを美しく飾る場合には、《粧（しょう）》を使ってもよい。

除 → 相手を移動させる（本人が相手を移動させる）
避 ← 本人が移動する

とを表す場合もある。

このように、《除》は相手をどこかに移動させる場合に用いるのが、この使い分けのポイント。ただし、振りがななしで「避ける」と書くと、「さける」と読むのか「よける」と読むのか、はっきりしない。また、「除ける」も、意味の上から「のける」「どける」と読むこともできる。

そこで、「水溜まりをよけて進む」「身をかわして相手のパンチをよける」「通路から荷物をよける」「当たった宝くじは、こちらへよけておこう」「雨をよけるためにフードを付ける」「お祓いをして厄をよける」のように、「よける」はかな書きにしておく方がベター。ただし、「雨除け」「日除け」「魔除け」「厄除け」といった「○○よけ」の形になることばでは、読み違えのおそれが少ないので、《除》を書くことも多い。

いつわりでない美しさとは？

日本語「よそおう」の基本的な意味は、"衣服を身に着ける"こと。転じて、"身なりを美しくする"ことや"ものの見た目を整える"ことを表す場合もあれば、"実際とは違うように見せかける"という意味になることもある。

一方、漢字《装》は、部首「衣（ころも）」にも現れているように、本来は"衣服を身につける"意味。「よそおう」と訓読みして「礼装」「装身具」などが、音読みの例。「服装」「装飾」「装丁」「塗装」「包装」のように、さまざまな"ものの見た目を整える"という意味にもなる。訓読みでは、"あのベストセラーが、装いも新たに新登場！"「イルミネーションで飾られて、街はすっかりクリスマスの装いになった」などが、その例となる。

転じて、"美しくする"という意味になることが多い。「美しく装ってパーティに行く」「コートを脱いで、春の装いになる」「面接に備えて、装いを整える」などと使われる。特に、"身なりを美しくする"という意味になることが多い。

このように、《装》は、人間に対してもものに対しても使われる。さらに、"別の人間に見せかける"場合に用いられることもある。そこで、"実際とは違うように見せかける"ことを表す「よそおう」も、広く《装》を用いて書き表すことができる。例としては、「平静を装う」「知らぬふりを装う」「弁護士を装って人々をだます」

[よそおう][よぶ] ● 582

「パトカーを装って検問を突破する」などが挙げられる。日本語「よそおう」を漢字で書き表す場合には、すべて《装》を使っておけばよい。ただ、「よそおう」と訓読みする漢字には《粧》もあり、文脈によってはこちらを用いることもできる。

《粧》は、現在の日本語では、「化粧」以外ではほとんど使われない漢字。部首「米(こめへん)」が付いているのは、昔はおしろいとして米の粉を使ったからで、"人間の姿かたちを美しとして飾る"という意味を表す。

そこで、特に"人間の姿かたち"に関して、それを"美しく飾る"場合には、「よそおう」と訓読みして《粧》を用いることができる。たとえば、「恋人に会う前に、鏡を見て丹念に顔を粧う」「舞踏会には、粧いを凝らした男女が集まった」といった具合。

「初雪が降って、山はすっかり冬の粧いになった」のように、"人間の姿かたち"以外のものに対して比喩的に使うこともできる。

ただ、「彼女は内心では泣きたかったが、笑顔を装っていた」のように、"実際とは違うように見せかける"場合は、"美しく飾る"というニュアンスとは異なるので、《粧》は使わない方が無難である。

装
違うように見せかける
▲
衣服を身に着ける
▼
ものの外見を整える

粧
身なりを美しくする
▲
▼
ものを美しく飾る

よぶ

喚 呼

名前って大切ですね…

[基本] 一般的には《呼》を用いる。

[発展] 命令して来させる場合、頭のはたらきを引き出す場合には、《喚》を使うこともできる。

《呼》の本来の意味は、「呼吸」「呼気」のように、"息を吐き出す"こと。転じて「優勝して歓呼の叫びを上げる」のように、"大きな声を出す"という意味にもなる。

さらには、"相手の名前を声に出す"ところから、広く"名称を用いて何かを指し示す"ことをも表す。音読みでは、「点呼」「呼称」などがその例。この意味の場合、訓読みでは「よぶ」と読み、「出席を確認するため、名前を呼ぶ」「みんなが彼のことを『帝王』と呼んだ」「この事件を『三億円事件』と呼ぶ」などと用いられる。

日本語「よぶ」は、"相手の名前を声に出す"ところから転じて、"相手に声をかける"という意味にもなる。そこで、漢字《呼》も、この意味でも使われるようになった。たとえば、「名前を呼んだが返事がない」「道行く人を呼び止める」といった具合。ここから、特に"頼んで来てもらう"という意味にもなり、「救急車を呼ぶ」「著名な作家を講演に呼

583 ◉ [よぶ] [よみがえる]

ぶ」「上司に呼ばれて会議室へ行く」のようにも用いられる。

また、"ある行動や気持ちを引き出す"ことを表す「よぶ」を《呼》を使って書き表すのも、日本語独自の用法。「広く市民に呼びかけて、寄付を募る」「彼女の作品は、同年代の女性の共感を呼んだ」「政府のまずい対応が、市民の怒りを呼ぶ」などが、その例となる。

このように、日本語「よぶ」を漢字で書き表す場合には、《呼》を用いるだけで、十分に用は足りる。しかし、日本語独自の用法で《呼》を使うのを避けたいならば、《喚》を用いることもできる。ただし、《喚》を「よぶ」と訓読みするのは、現在ではやや特殊な読み方。振りがなを付けるなどの配慮をしておくと、丁寧である。

《喚》は、「群集が喚声を上げる」「地獄のような叫喚が聞こえる」のように、本来は"大声を出す"という意味の漢字。「わめく」と訓読みすることもある。

転じて、「証人喚問」「裁判所から召喚される」のように"頼んで来てもらう"ことを表す。また、「注意を喚起する」のように"ある行動や気持ちを引き出す"という意味でも使われる。

このように、《喚》は《呼》と意味がよく似ている。ただ、《喚》には"名前"にまつわる意味がなく、相手に対する親しみを感じさせる要素がない。実際、「喚問」「召喚」といった音読みの熟語は、現在では主に裁判などの堅苦しい場面でだけ使われる。

そのため、「よぶ」と訓読みした場合も、"命令して来させる"とか"ある頭のはたらきを引き出す"といった、堅めの文脈で使うと、落ち着きがよい。

例を挙げれば、「容疑者を警察署に喚んで話を聞く」「裁判に証人として喚び出される」「新製品の発表は大反響を喚んだ」「彼の主張は賛否両論を喚び起こした」といった具合である。

呼
名称で
指し示す
▼
相手に
声をかける
▼
頼んで
来てもらう
▼
行動や
気持ちを
引き出す

喚
命令して
来させる
頭の
はたらきを
引き出す
} 堅苦しさ

よみがえる

甦 蘇

たとえの方がポピュラーなので…

基本 一般的には《蘇》を用いる。

発展 比喩的な用法ではない場合は、《甦》を使ってもよい。

《蘇》は、"植物"を表す部首「艹」(くさかんむり)の漢字で、本来は、「紫蘇」のように、植物の一種を指す。それがどういう経緯で変化したのかははっきりしないが、「蘇生」のように、"生命力を取り戻す"ことをも表すようになった。

［よみがえる］

訓読みでは「よみがえる」と読み、「瀕死の病から蘇る」「久しぶりに雨が降り、山の木々が蘇った」「彼女の声援のおかげで、チームに活力が蘇った」のように使われる。実際には、「この曲を聴くと、なつかしい思い出が蘇る」「あいつののんきそうな顔を見たとたんに、怒りが蘇ってきた」「お寺の修復工事により、創建当時の姿が蘇った」など、比喩的に用いられることの方が多い。

日本語「よみがえる」を漢字で書き表す場合には、《蘇》さえ使っておけば、十分に用は足りる。ただ、《蘇》と読み方も意味もほぼ同じ漢字に《甦》があり、こちらも「よみがえる」と訓読みすることができる。

《甦》は、部首「生（いきる）」に、「更新」の「更」を組み合わせた漢字。"新しくする"という意味を持つ「更」を組み合わせた漢字。"生命を新しくする"ところから、「生命力を取り戻す」ことを表す。そこで、「よみがえる」と訓読みして、「瀕死の病から甦る」「久しぶりに雨が降り、山の木々が甦った」「彼女の応援のおかげで、チームに活力が甦った」のように、《蘇》と同じように用いることができる。

ただ、字の形に「生」を含むので、《蘇》よりも"生命力"のイメージが強い。そのため、"生命力"を離れた比喩的な用法では、《蘇》を使う方が落ち着く。というわけで、結果として、"生命力を取り戻す"という意味の場合でも、《蘇》を使う方が定番となっている。

	比喩的用法	生命力を取り戻す
蘇	◎	◎
甦	△	○

［よむ］

訓 詠 読

恥ずかしがらずに自分で作ろう！

基本1 ほとんどの場合は《読》を用いる。

基本2 特に、詩歌を作る場合には、《詠》を使う。

発展 漢字の意味を日本語に置き換えて表現する場合には、《訓》を使ってもよいが、難解。

《読》は、もともとは"書かれた文字を声に出す"ことを表す漢字。「教科書を音読する」「詩の朗読を聞きに行く」「読経の声が聞こえる」のように使うのが、音読みの例。訓読みでは「よむ」と読み、「声に出して手紙を読み上げる」「子どもに絵本を読み聞かせる」などと用いられる。

転じて、「読書」「熟読」「難読漢字」など、広く"書かれた文字の内容を理解する"という意味でも使われる。訓読みの例としては、「週刊誌を読む」「一冊の本をじっくりと読み込む」「文章を理解する」「読めない漢字を辞書で調べる」などが挙げられる。

ここから発展すると、"内容を理解する"という意味にも転じて、「解読」「読唇術」などが音読みの例。訓読みでは、「譜

面を読む」「芝目を読む」「統計から近年の変化を読み取る」のように使われる。

日本語では、さらに、"内容を推測する"ことをも「よむ」と表現する。この場合も、漢字では《読》を使って書き表す。「相手の気持ちを読む」「流行の先行きを読む」「読みが外れて、ゲームに負けた」「選挙を前に票読みをする」などが、その例となる。

一方、《詠》は、"ことば"を表す部首「言(ごんべん)」に、「ながい」と訓読みする「永」を組み合わせた漢字。"ことばを長く引き伸ばすようにして発音する"ところから、本来は、"書かれた文字を、ふしを付けて声に出す"ことを指す。

音読みでは、「朗詠(ろうえい)」「吟詠(ぎんえい)」「詠唱(えいしょう)」などがその例。昔の詩歌は"ふしを付けて声に出す"ものだったことから、自分で作った詩歌を"ふしを付けて声に出す"という意味合いで、"詩歌を作る"ことを指すようにもなった。「詠歌(えいか)」「花鳥諷詠(かちょうふうえい)」「題詠(だいえい)」などが、音読みの例である。

訓読みの例としては、「短歌を詠む」「俳句を詠む」「漢詩を詠む」「望

詠　詩歌を作る

ふるいけや

読　文字を声に出す
　　　書かれた内容を理解する
　　　表された内容を理解する
　　　内容を推測する

郷の思いを詠む」「生きる歓びを詠む」などなど。これらの場合に《詠》を使うと、自分で"詩歌を詠む"のではなく、"文字に書かれた詩歌の内容を理解する"ことになってしまうので、注意が必要である。

なお、「よむ」と訓読みする漢字には、ほかに《訓(くん)》もある。

この漢字は、もともとは"何かのやり方を教える"という意味で、「訓示(くんじ)」「教訓(きょうくん)」「人生訓(じんせいくん)」などがその例である。

転じて、漢字の意味を、わかりやすい日本語に置き換えての漢字の意味を指すようになった。「訓読み」とは、本来は、"漢字が中国語として持っている意味を、日本語に置き換えて表現する"ことを指すようになった。

"漢字を訓読みする"のは、この意味の場合。「花」という「よむ」と訓読みする漢字を『はな』と訓む「古い辞書では、『情』を『こころ』と訓む」のように使われる。

ただし、現在では、これらの場合でも、「『花』という漢字を『はな』と読む」「古い辞書では、『情』を『こころ』と読んでいる」「『運命』と書いて『さだめ』と読む」「『運命』と書いて『さだめ』と訓む」のように、《読》を使って書き表す方がはるかに自然。あえて《訓》を使うと、かなり古めかしい雰囲気になるので注意。振りがなを付けるなどの配慮は、必須である。

よる

由 依 拠 因

これがあるからあれがある

|基本| 一般的にはかな書きにする。

|発展1| あるものが何かを引き起こす場合には、《因》を使ってもよい。

|発展2| あるものが何かの土台となる場合には、《拠》を用いてもよい。

|発展3| あるものが何かに頼る場合には、《依》を書いてもよい。

|発展4| 「よってきたる」の場合、あるものの「理由」を示す場合には、《由》を用いてもよい。

日本語「よる」には、多くは「Aによる B」「AによってBする」の形で、あるものごとが別のものごとの存在や発生などに深く関係していることを示すはたらきがある。このことばを漢字で書き表す場合には、それがどういう関係を示しているかに従って、《因》《拠》《依》《由》を使い分ける。

しかし、この「よる／よって」は、前後の「A」や「B」に比べると意味が軽いので、現在では、かな書きにするのが一般的。あえて漢字を使うと、かなり古めかしい雰囲気になるし、振りがなを付けるなどの配慮をした方が親切。以下、それでも漢字を使いたい場合のために、という前提で説明する。

まず、《因》は、「原因」「要因」「因果応報」など、"何かを引き起こすもの"を指す漢字。そこで、"Aの結果、Bを引き起こす"という関係を示す場合に、「AによるB」「AによってBする」の形で用いることができる。「不注意に因る事故」「落雷に因る停電」「不摂生に因って病気になる」などがその例。「Aが原因となってBになる」と言い換えて意味が変わらない場合には《因》を使う、と考えると、わかりやすい。

次に、《拠》は、本来は「拠点」「占拠」「本拠地」のように、"ある場所を土台とする"ことを表す漢字。「よる」と訓読みして、「豊臣軍は大坂城に拠って戦った」「我々の主張が拠って立つのは、人はみな平等だという事実だ」「娘の笑顔が私の心の拠り所だ」のように使われる。

そこで、"Aを土台として、Bする"という関係を示す場合に、「AによるB」「AによってBする」の形で使うことができる。例を挙げれば、「アンケート調査に拠ると、反対が六割だ」「天気予報に拠ると、明日はくもりだ」「現地からの要請に拠って、救援隊が派遣された」といった具合。「Aを根拠にするとBになる」「Aを根拠にしてBする」と言い換えても意味が変わらない場合には《拠》を用いる、と考えるのが、手っ取り早い。

ただし、「原因」と「根拠」とは、実際には似たものを指す

こともある。たとえば、先の例でいえば、現地からの要請を「根拠」にするということは、現地からの要請が「原因」となることだ、とも取れる。とすれば、「現地からの要請に因って、救援隊が派遣された」のように《因》を書いても、間違いとは言えない。

関係を深くは考えない！

三つ目の《依》は、「依頼」「依存（＝いぞん／いそん）」とも読む」「憑依」とは、霊魂などが〝ほかの人物に取り付く〟こと。ここから、〝Aに頼って、Bする〟という関係を示す場合に、「AによるB」「AによってBする」の形で使うことができる。

たとえば、「親の力に依って出世する」「オーロラが見えるかどうかは、天気に依る」「暴力に依る解決では、平和は生まれない」などが、その例。「Aに依存してBする」「Aに依存するとBになる」と言い換えて意味が変わらない場合には《依》を用いる、と考えるのが、簡単な判別法となる。

〝ほかに頼る〟ことを意味する《依》は、ときに、〝土台とする〟ことを表す《拠》と、区別が付きにくくなる。見分けるポイントとしては、《依》では、〝頼る〟方の主体性がほとんどなくなるのが特徴。先に《拠》の例として挙げたものも、たとえば、「天気予報に依ると、明日はくもりだ」のように《依》を使うと、天気予報を鵜呑みにしている、というイ

メージになる。

最後の《由》は、「由来」「由縁」など、〝あるものを生み出すもと〟を指す漢字。日本語「よる」には確実にこの意味を表す例は少ないが、「節分の風習の由って来たるところを明らかにする」の「よってきたる」が、その例となる。

また、「理由」「事由」といった熟語もあるので、「Aを理由としてBになる」と言い換えて意味が変わらないときには《由》を使う、と考えることもできる。たとえば、「病気に由る欠勤」「スピード違反に由って逮捕される」といった具合。しかし、これは、「原因」の《因》や「根拠」の《拠》と区別が付けにくい。

以上のように、《因》《拠》《依》《由》を使って書き表す「よる」は、一応の区別はできるものの、実際に使い分けようとすると、まぎらわしくなることが多い。

さらには、「委員会による決定」「目撃者による証言」「この学校は地元の実業家によって創立された」など、あるものごとの主体を示す「よる」は、どの漢字とも

因 A→B 引き起こす

拠 B／A 土台となる

依 A／B 頼りにする

由 A→B 生み出す

[よる][よろこぶ] ● 588

なじみにくい。
というわけで、これらの日本語「よる」は、かな書きにしておく方がおすすめ。もっとも、「会社の帰りにコンビニに寄る」のように"目的地に向かう途中に、別の場所を訪れる"ことを意味する「よる」は、以上の「よる」とは意味合いが異なる。《寄》を使って書き表すのが、ふつうである。

よろこぶ

慶悦欣歓喜

文句の付けようがないね！

基本 一般的には《喜》を用いる。

発展1 大勢でにぎやかに「よろこぶ」場合には、《歓》を用いると、効果的。

発展2 個人が態度にはっきり表して「よろこぶ」場合には、《欣》を使うこともできる。

発展3 心の底から「よろこぶ」場合や、ことばにできないほどの「よろこび」を表す場合は、《悦》を使うこともできる。

発展4 お祝いのあいさつなどでは、《慶》を使うと、雰囲気に合う。

《喜》は、部首「口(くち)」に、「壴」を組み合わせた漢字。「壴」は、「太鼓」の「鼓」の左半分にもなっているように、"打楽器"を表す漢字。《喜》は、"楽器を打ち鳴らして歌う"ところから、"うれしさや楽しさを感じる"という意味となった。

音読みでは、「喜劇」「喜怒哀楽」「悲喜こもごも」などがその例。「よろこぶ」と訓読みして、「宝くじが当たって喜ぶ」「ケーキを買って帰ったら、子どもたちが喜んだ」「早く一人前になって、両親を喜ばせたい」「この喜びを、お世話になったみなさんに伝えたい」「喜んでご協力いたします」などなどと用いられる。

日本語「よろこぶ」を漢字で書き表す場合には、《喜》さえ使っておけば、十分に用は足りる。しかし、「よろこぶ」と訓読みする漢字には《歓》《欣》《悦》《慶》もあり、それぞれニュアンスを生かして使い分けることもできる。ただし、どの漢字の場合も、「よろこぶ」と訓読みするのは現在ではやや特殊。振りがなを付けるなどの配慮をしておく方が、丁寧である。

見ているだけでまるわかり！

この四つの漢字は、部首によって、《歓》《欣》と《悦》《慶》の二つに分けて考えることができる。

まず、《歓》と《欣》の部首「欠(あくび)」は、"口を大きく開ける"という意味。ここから、この二つは、"楽しくて大声を出す"というニュアンスを含み、表情や態度にはっきりと出る「よろこび」を表す際に使われる。

このうち、《歓》は「歓声」「歓迎」「歓談」「歓楽街」など、"大勢でにぎやかに楽しむ"という意味。そこで、訓読み「よろ

589 ◉［よろこぶ］

こぶ」も、"大勢でにぎやかに"という意味合いで用いると、漢字の持つイメージを生かすことができる。

「長男が大学に合格したので、家族を挙げて歓んだ」「地元チームの優勝に、町中が歓びに沸いた」「計画の成功を祝して、みんなで歓びの杯を上げよう」などが、その例。これらの場合に《喜》を使うことも可能だが、《歓》を用いると、いかにも"大勢でにぎやかに"という雰囲気になる。

それに対して、《欣》は、ある個人に着目して使われる。"うれしさや楽しさが態度に表れる"ことを指して使われる。「欣快」とは、"いかにもうれしそうな"という意味。「欣然」とは、"はっきりと態度に出るくらいうれしい"ことをいう。

訓読みの例としては、「息子が司法試験に合格したので、父はたいそう欣んだ」「あこがれの俳優さんに会えるとあって、彼女は欣びを隠せないでいる」など。これらの場合に《欣》を使ってももちろん問題はないが、"うれしそうなようす"が態度に出てしまう場合には、《欣》を用いると、漢字の持つイメージを生かすことができる。

残る二つの漢字のうち、《悦》の部首は
表現は控えめだけど…
「心」を表す「忄（りっしんべん）」。《慶》の部首は「心（こころ）」。どちらの漢字も、態度よりも心の内面に重点を置いて「よろこび」を表す。

そのことは、《悦》の場合によりはっきりと現れる。この漢字の右半分の形は、「脱」にも含まれていて、"すっかりなくなる"という意味合いを持つ。つまり、《悦》は、"心から不満がすっかりなくなる"という意味。「悦に入る」とは、"すっかり満足した状態になる"こと。「ご満悦」も、"とても満足している"ことを表す。

そこで、「よろこぶ」と訓読みした場合にも、"心の底からうれしさや楽しさを感じる"というニュアンスで用いるのがふさわしい。たとえば、「先生は、教え子たちの立派な姿を見て、目を細めて悦んだ」「戦争が終わったと聞いて、悦びをしみじみとこみ上げてきた」「あなたの役に立てるなら、悦んでお引き受けいたします」といった具合である。

また、《悦》は個人の内面の"よろこび"を指して使われることも多い。たとえば、「信仰の悦び」「性の悦び」などが、その例となる。

《悦》の場合も、代わりに《喜》を使って書き表しても、意味は通じる。とはいえ、"心の底から"、"ことばにはできない"といった意味合いが好まれて、《悦》が使われることも多い。

最後の《慶》は、"お祝いごと"を表す漢字。「大慶」とは、"大きなお祝いごと"をいう。

そこで、「よろこぶ」と訓読みする場合も、"お祝いの気

[よろこぶ][わ]● 590

持ち"に重点を置いて用いるのがふさわしい。"はしゃぎすぎない"という趣があるので、儀礼的な場面でよく用いられる。

例としては、「新春のお慶びを申し上げます」「このたびのご昇進、心よりお慶び致します」といった具合。

これらを《喜》を使って書き表しても、間違いではない。しかし、お祝いの手紙やあいさつ文などでは、《慶》を使った方が礼儀が整った雰囲気になる効果がある。

態度に出る ↑

欣 うれしさを隠せない　｜　歓 大勢でにぎやかに

個人的 ← → 対人的

悦 心の底から満足して　｜　慶 お祝いごと儀礼的

↓ 気持ちに重点

よ

わ

環 輪

基本 一般的には《輪》を用いる。

発展 飾りものを指す場合には、《環》を使うと、きらびやかな雰囲気が出る。

見せびらかしたくなるんだな…

《輪》は、部首「車（くるまへん）」の漢字。広く"円周のような形をしたもの"を表し、本来は"回転する車"を指す漢字。広く用いられる。「友だちの輪を広げる」「知恵の輪」「メビウスの輪」などなどと用いられる。「友だちの輪を広げる」は、"人と人とのつながり"を比喩的に指す例。慣用句の「話に輪をかける」とは、あるもののまわりを取り巻いて大きくするところから、"大げさにする"ことをいう。

訓読みでは「わ」と読み、「輪になって踊る」「輪ゴム」「浮き輪」「指輪」「腕輪」「花輪」、音読みでは「車輪」「年輪」「輪転機」のように使われる。

[わ] [わが] [わかつ] [わかる]

"円周のような形をしたもの"を意味する日本語「わ」を漢字で書き表す場合は、《輪》さえ使っておけば、十分に用は足りる。しかし、似た意味で「わ」と訓読みする漢字には《環》もあり、独特のニュアンスを生かしてこちらを用いることもできる。とはいえ、現在ではやや特殊な読み方になるので、振りがなを付けるなどの配慮をしておく方が、丁寧である。

《環》は、"宝石"を表す部首「王（たまへん）」の漢字で、本来は"削ってドーナツ型にした宝石"を指す。「円環」「金環蝕」「サンゴの環礁」のように、広く"円周のような形をしたもの"を意味するので、「わ」と訓読みして使われる。

ただし、もともとが宝石を指す漢字なので、きらびやかな雰囲気を表現したい場合に用いるのが、ふさわしい。先に《輪》の例として挙げたものでも、《環》を使うと、いかにも装飾品らしい雰囲気になる。「土星の輪」「天使の輪」などでも、《環》を用いて「土星の環」「天使の環」とすると、明るく輝くようなイメージになる。

「指環」「腕環」「花環」などは、《環》を使うと、いかにも装飾品らしい雰囲気になる。

また、元は"ドーナツ型"であることを意識して、「吊り環」「環の形をし

た蛍光灯」のように、これらの場合には、《環》を用いることが多い。ただし、現在では、「吊り輪」「輪の形をした蛍光灯」のように、《輪》を使うこともできる。

輪
環

わが

吾我

→われ／わが（p 604）

わかつ

頒別分

→わける／わかれる／わかつ（p 595）

わかる

判解分

これはほかとは違いますよ

基本 一般的には《分》を用いるが、かな書きにすることも多い。

発展1 むずかしいことがきちんと「わかる」場合には《解》を使うと、意味合いがはっきりする。

発展2 明確に答えられる場合には、《判》を書くこともできる。

《分》は、"刃物"を表す部首「刀（かたな）」に、"二つになる"という意味を持つ「八」を組み合わせた漢字。"刃物で二つにする"ところから、広く"二つ以上に切り離す／切り離される"ことを表す。この意味の場合には、「わ

「分離」「分散」「区分」「配分」など、

[わかる] ● 592

ける/わかれる/わかつ」(p595)と訓読みする。

転じて、さまざまなものごとの中から、あるものごとだけを切り離して取り出すところから、"はっきりと認識できるようになる""はっきりする"ことを表す「分明」という熟語がある。

「わかる」と訓読みするのは、この場合。「クイズの答えが分かる」「へそくりの隠し場所が分かる」「スペイン語が分かる人を捜しています」「血液検査の結果、肝機能に問題があることが分かった」「君は親の苦労が分からないのか?」「彼女は猫の気持ちが分かるそうだ」などが、その例となる。

日本語「わかる」を漢字で書き表す場合には、《分》さえ使っておけば、用は足りる。ただ、漢字《分》は、"切り離す/切り離される"というイメージが強いので、それを避けて「わかる」をかな書きにすることも多い。

また、「わかる」と訓読みする漢字には《解》《判》もあり、文脈によっては、それぞれのニュアンスを生かして使い分けることもできる。ただ、どちらも現在では使われる機会が減っている読み方なので、振りがなを付けるなどの配慮をしておくと、親切である。

まず、《解》は、部首「角(つのへん)」に「刀」と「牛」を組み合わせて、本来は"刃物を使って、牛の体や角を切り分ける"ことを表す漢字。「解

|複雑なことを|
|はっきりと!|

体」「解剖」「溶解」のように、広く"ばらばらになる/ばらばらにする"という意味を表す。この意味の場合には、「とく/とかす」(p351)と訓読みすることがある。

転じて、「解明」「解説」「理解」など、"複雑な内容をきちんと整理して認識する"という意味にもなる。ここから「わかる」と訓読みする場合も、"むずかしいことがらをきちんと整理して"という意味合いで使うのがふさわしい。たとえば、「これまで謎だった事故の原因が解る」「最先端の数学の理論が解るなんて、すごいね」「業界の裏事情については、ぼくはよく解らない」といった具合である。

一方、《判》は、"刃物"を表す部首「刂(りっとう)」に「半」を組み合わせた漢字で、もともとは"刃物を使ってものを真っ二つにする"という意味。正しいことと正しくないことをきちんと区別するところから、"きちんとした答えを出す"ことを表す。音読みでは、「判断」「判明」「裁判」などが、その例となる。

ここから、「わかる」と訓読みして用いる場合には、"明確に答えられる"場合に用いると、漢字が持つニュアンスを生かすことができる。例としては、「骨董品の良し悪しが判る」「姿は見えないけれど、足音であの人だと判る」「彼の年齢は、見た目ではよく判らない」などが、その例となる。

以上のように、《解》は「わかる」対象の"複雑さ"や、"むず

593 ●［わかる］［わかれる］［わき］

かしさ"に重点があるのに対して、《判》は「わかる」「本人が"明確に答えられる"かどうかに中心を置く。とはいえ、この違いは微妙なので、同じ表現でも、《分》《解》《判》のどれを書いても意味が通じることも多い。

たとえば、「彼女は現代の美術が分かる」「ぼくには彼女の気持ちが分からない」のように《分》を使うと、一般的な表現。これを、《解》を用いて「彼女は現代の美術が解る」「ぼくには彼女の気持ちが解らない」とすると、現代の美術や彼女の気持ちが"複雑だ"というニュアンスになる。

また、「彼女は現代の美術が判る」「ぼくには彼女の気持ちが判らない」のように、《判》を使うこともできる。その場合には、美術品の価値の高さや、彼女が何を感じているかについて、"明確に答えられる"かどうか、という観点からの表現になる。

難解複雑 → 解
明確な答え → 判

わかれる

頒 別 分

→ わける／わかれる／わかつ（p 595）

わき

腋 脇

基本 一般的には《脇》を用いる。
発展 「わきのした」を指す場合には、《腋》を使うこともできる。

指す範囲が異なります！

《脇》は、"体"を表す部首「月（にくづき）」の漢字。音読みの熟語には適切な例がないが、胴体のうち、腰から上の左右の側面"を指す。「わき」と訓読みして、「隣の席の人に脇をつつかれる」「赤ん坊の脇の下に手を入れて、抱き上げる」「脇腹をくすぐる」「ノートを小脇にかかえる」のように使われる。

転じて、"ある人の左右すぐ近く"をも指す。「脇士」とは、"本尊の左右に安置されている仏像"のことで、「わきじ」と読むこともある。

ここから、《脇》は、広く"正面に対する左右"や、"主となるものに対して、それに従うもの"、"主となるものに対して、それとは関係が薄いもの"などといった意味でも使われる。「正門の脇に通用門がある」「国道から脇道に入る」「運転中に脇見をするな！」「劇で脇役を演ずる」「話が脇にそれる」「脇から口を出すのはやめてくれ！」などが、その例となる。

このように、日本語「わき」を漢字で書き表す場合には、《脇》さえ使っておけば、用は足りる。しかし、「わき」と訓

読みする漢字には《腋》もあり、場合によってはこちらを使うこともできる。

《腋》は、やはり"体"を表す部首「月」の漢字で、"腕の付け根のすぐ下の部分"を意味するのに対して、《脇》は、いわゆる"体の側面"全体を意味するのに対して、《腋》は、いわゆる「わきのした」のこと。「腋臭」とは、"わきのした"から出る臭い。「腋窩」とは、"わきのした"のくぼみ"を指す。

訓読みでは「わき」と読むが、漢字の本来の意味からすれば、「わきのした」を指す場合にだけ使うのが適切。「体温計を腋に挟む」「腋の下」「腋から汗が出る」「腋の毛の手入れをする」などがその例。「腋の下」と書くと、厳密には「わきのした」のした"という意味になってしまうが、習慣としてこのように《腋》を用いることも少なくない。

もっとも、《脇》の方が指す範囲が広いので、「体温計を脇に挟む」「脇から汗が出る」「脇の毛の手入れをする」のように《脇》を使っても問題はない。

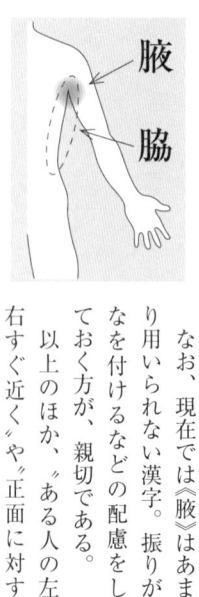

なお、現在では《腋》はあまり用いられない漢字。振りがなを付けるなどの配慮をしておく方が、親切である。

以上のほか、"ある人の左右すぐ近く"や"正面に対す

る左右"を表す「わき」は、《傍》や《側》を使って書き表すこともできる。ただし、これらは、現在では「そば」（p 286）と訓読みする方が自然。振りがなしでは読み方がまぎらわしくなるので、《傍》《側》の訓読み「わき」は使わないのがおすすめである。

わく

湧沸

理屈よりも気持ちが大切

基本1 《沸》は、"水"を表す部首「氵（さんずい）」に、「弗」を組み合わせた漢字。「弗」には"かき回す"という意味があるらしく、《沸》は、水がかき回されたように動くところから、"水が煮え立つ"ことを表す。

音読みでは、「沸騰」「煮沸」などが、その例となる。

訓読みでは「わく」と読み、「お湯が沸く」「お風呂が沸く」などと使われる。また、比喩的に用いられて、"非常に活気づく"という意味にもなる。たとえば、「ファインプレーに観客が沸く」「画期的な新製品の登場に、業界全体が沸いている」「相次ぐノーベル賞受賞によって、日本中が沸き返る」といった具合である。

一方、《湧》は、こちらも部首「氵」の漢字だが、「湧水」

基本2 水が地中から出て来る場合、それまでなかったものが生じる場合は、《湧》を使う。

「湧出」のように、"水が地中から出て来る"ことを表すのが本来の意味。「わく」と訓読みして、「崖の下から泉が湧く」のように使われる。

「降って湧いたような」とは、"空から降ってきたり、地中からあふれ出て来たりしたような"という意味で、思いがけないできごとを指す慣用句。また、「石油が湧く」「天然ガスが湧き出る」のように、広く液体や気体に対して用いることもできる。

「プラネタリウムを見て、宇宙に興味が湧く」「長年、使っている道具には、自然と愛着が湧いてくるものだ」のように、"それまでなかった感情が生じてくる"ことを表すのは、比喩的に用いられたもの。同じく比喩的に、「腐った肉に虫が湧く」「しばらく髪を洗わなかったので、ふけが湧いた」などと使われることもある。

沸
煮え立つ
▼
活気づく

湧
地中から出て来る
▼
感情などが生じる

以上のように、《沸》と《湧》の使い分けは、比較的わかりやすい。

ただし、どちらも比喩的な用法が多いので、時にはまぎらわしくなることもある。たとえば、「山の向こうから雲が湧き立つ」のように《湧》を使うと、"それまでなかった雲が生じる"ことに重点を置いた表現。これを、《沸》を用いて「山の向こうから雲が沸き立つ」と書いて、雲を湯気に見立てた比喩表現にすることもできる。

また、「怒りが湧く」は、"感情が生じてくる"ことなので、ふつうは《湧》を用いる。しかし、「怒りがふつふつと沸いてきた」となると、「水が煮えたぎるようす」を表すことばだから、《沸》を用いる方がふさわしい。概して、"熱さ"を感じさせる場合には、《沸》を書いてもおかしくはない。

なんにせよ、これらは比喩的な表現。自分がどんな状況をどんなふうにたとえたいのか、しっかり考えて、それに合う方を選ぶのが、一番である。

わける／わかれる／わかつ

分 別 頒

一つのものが複数に！

基本1 ほとんどの場合は《分》を用いる。
基本2 特に、人と人との関係が切り離されることを表す「わかれる」は、《別》を使う。
発展 一部分ずつをそれぞれに受け取らせる場合には、《頒》を書くこともできるが、やや難解。

《分》は、"刃物"を表す部首「刀（かたな）」に、"二つになる"という意味を持つ「八」

を組み合わせた漢字。"刃物で二つにする"ところから、「分離」「分割」「区分」「等分」など、広く"二つ以上に切り離す／切り離される"ことを表す。

訓読みでは「わける／わかれる」と読み、「一枚のピザを八つに分ける」「試合は前半と後半に分けて行われる」「五段階に分けて成績を付ける」「ここで道は三つに分けて行われる」「意見は大賛成と猛反対に分かれた」などと使われる。

ほかのことばと結びついて用いられることも多い。たとえば、「どの生徒にも分け隔てなく接する」「ジャングルをかき分けて前進する」「郵便物を宛名ごとに振り分ける」「もうけは山分けにしよう」といった具合である。

また、やや古めかしい表現になるが、「わける」と同じ意味で「わかつ」と訓読みすることもできる。例としては、「この本はページが多いので、上下二巻に分かつとよい」「彼の心の中では、愛と憎しみが分かちがたく渦巻いていた」などが、挙げられる。

「たもとを分かつ」は慣用句で、「たもと」とは和服の袖のこと。それまで袖を並べるように一緒に歩んでいた人々が、"そこから先は違う行動を取る"ことをいう。

ちなみに、《分》は、転じて"はっきりと認識できるようになる"という意味にもなる。その場合には、「わかる」（p

591）と訓読みする。

日本語「わける／わかれる／わかつ」を漢字で書き表す場合には、ほとんどの場合は、《分》を使うことができる。しかし、中には《別》を用いるのが習慣になっているケースもあるので、注意が必要となる。

ここから、《別》は、《分》と同じように、"切り離す"ことを表すが、「区別」「差別」「別料金」のように、"違うものとして扱う"という意味合いが強い点が異なる。

> 異なる道を
> 歩みましょう…

の漢字。《別》は、"人と人とが違う環境で生きるようになる"という意味合いで、特に"人と人との関係が切り離される"ことを指しても使われるようになった。「別離」「別送別」「告別」「訣別」などが、音読みの例である。

《別》には"切り離して、違うものとして扱う"という意味があるから、このニュアンスを生かして「わける／わかつ」と訓読みして用いることもできる。しかし、"人と人との関係が切り離される"という印象が強まった結果、現在では、人間関係に限定して「わかれる」とだけ訓読みして使うのが習慣となっている。

例としては、「空港で見送りの人と別れる」「三年間、付き合っていた彼女と別れた」「グループとは別れて一人で行動する」「別れのつらさをかみしめる」「生き別れになった兄と再会する」

[わける／わかれる／わかつ] [わざ]

「両国の首脳会談は物別れに終わった」「大阪の街に別れを告げる」「この船ともこれでお別れだ」のように、「"人と人とが「わかれる」》場合に《分》を用いても、漢字の意味の上からは、間違いとは言い切れない。しかし、現在では《別》を使うのが定着しているので、《分》は用いない方がベターである。

《分》《別》のほか、「わける／わかつ」と訓読みする漢字として、《頒》がある。この漢字は、「会議の資料を頒布する」のように使われ、"一部分ずつをある範囲全体に与える"という意味を表す。

そこで、"一部分ずつをそれぞれに受け取らせる"場合に用いると、落ち着きがよい。「カタログは、希望者には実費でお頒けいたします」「事業で得た利益を出資者で頒ける」「パーティで余った料理を、スタッフに頒つ」「みんなで苦労を頒ち合う」などが、その例となる。

これらの場合に《分》を使っても、もちろんかまわないが、《頒》

別
切り離す
人と人が「わかれる」

分 頒
一部分ずつを それぞれに

われることもある。

なお、"人と人とが「わかれる」"場合に《分》を用いても、漢字の意味の上からは、間違いとは言い切れない。しかし、

を用いると、"一部分ずつをそれぞれに"というニュアンスがはっきりする。ただし、現在ではあまり使われない読み方なので、振りがなを付けるなどの配慮が必要である。

わざ

業 技

表裏一体の関係です

基本1 能力やテクニックの場合は、《技》を用いる。
基本2 能力やテクニックを使って行った結果の場合は、《業》を使う。

《技》の右半分の「支」は、「分岐点」の「岐」や「枝」にも含まれていて、"分かれる"という意味を持つ。それに、"手"を表す部首「扌(てへん)」を組み合わせた《技》は、本来は"指先を使って器用にものを作る"ことを表す漢字。広く、訓練によって身に付ける能力を指して使われる。「技術」「技能」「技巧」「競技」などがその例。"テクニック"だと考えると、わかりやすい。

一方、《業》は、意外と意味のつかまえにくい漢字だが、"継続して行うものごと"を指すのが、基本的な意味。「学業」「営業」「従業員」「業務」などが、その例となる。

また、"継続して行った結果"という意味にもなる。「偉業」「覇業」などが、音読みの例。仏教でいう「業苦」「自業自得」のように、"自分の行いの報い"を指すのも、"結果"を表す例である。

[わざ][わざわい] ● 598

《技》と《業》は、どちらも「わざ」と訓読みして使われる。

その違いは微妙だが、《技》が"能力やテクニック"を指すのに対して、《業》は"継続して行った結果"という意味を持つところから、《技》を用いた結果が《業》であり、《業》を成し遂げるために必要な能力が《技》である、と考えることができる。つまり、《技》を用いてそれを成し遂げるための"テクニック"を指すことになり、《業》を使うと成し遂げた"結果"を表すことになる。

技 —用いた結果→ 業
技 ←必要な能力— 業

そこで、「寝技」「投げ技」「大技が決まる」「必殺技をくり出す」など、柔道をはじめとする武術の「わざ」は、勝つために必要な"テクニック"だから、《技》を使う。武術以外では、「かんなのかけ方に匠の技が光る」「一流シェフたちが技を競う」「猛練習をくり返して、ピアノの技を磨く」などが、《技》の例となる。

一方、「あの崖を登るのは至難の業だ」「短期間でこの仕事を仕上げるのは、容易な業ではない」「このミスは、不注意のなせる業だ」など、"結果"を指す場合には《業》を用いる。

とはいえ、この二つの違いはとても微妙。「モーツァルトの作品は、まさに天才のなせる業だ」では、「作品」とは"結果"だから、《業》を使う。これが、「モーツァルトのこのメロディの展開のしかたは、まさに天才の技だ」になると、「展開のしかた」とは方法で、"テクニック"だから、《技》を書く方がふさわしい。

「目にも留まらぬ早技」と「目にも留まらぬ早業」では、《技》を使うとそれを成し遂げるための"テクニック"を指すことになり、《業》を使うと成し遂げた"結果"を表すことになる。

「離れ技」と「離れ業」、「並の技」と「並の業」、「神技」と「神業」、「荒技」と「荒業」など、この種の例はとても多い。

これらの使い分けは、考え出すと深みにはまる可能性が大きい。ちょっとでも悩む場合には、あまりこだわらないで適当にどちらかを書いておくか、かな書きにしておくのがおすすめである。

わざわい

禍 災

原因が気になるなあ…

基本 一般的には《災》を用いる。

発展 不幸の原因やきっかけを強く意識している場合には、《禍》を用いてもよい。

日本語「わざわい」は、"不幸なできごと"という意味。このことばを書き表す漢字には《災》と《禍》があるが、「災禍」という熟語があるように、意味がとてもよく似ていて、厳密に使い分けるのはむずかしい。

《災》は、部首「火(ひ)」が示しているように、本来は"火

［わざわい］

がもたらす不幸なできごと"を表す漢字。転じて、「災害」「災難」「火災」「防災」など、広く"不幸なできごと"を指して使われる。

一方、《禍》は、"神や仏などがもたらす不幸なできごと"の漢字。もともとは"神や仏などがもたらす不幸なできごと"を指していたと考えられる。転じて、「禍福」「惨禍」「戦禍」など、広く"不幸なできごと"という意味で用いられるようになった。

ただ、《禍》には、「禍根を断つ」のように、防ごうとすれば防げる"不幸なできごと"を指す例もある。また、「禍心」とは、"他人を不幸にしてやろうという考え"。これらのように、《禍》は、原因やきっかけが具体的にははっきりしている"不幸なできごと"を指す傾向が強いのが、《災》との違いだと考えられる。

とはいえ、「震災」「戦災」のように、《災》にも原因やきっかけがはっきりした"不幸なできごと"を指す用法もある。

そこで、一般的には《災》を用い、特に原因やきっかけが強く意識されている場合には《禍》を使う、と考えるのが、よさそうである。

| はっきりしてても使わない… |

たとえば、「彼は生涯に三度、大きな災いを経験した」「思わぬ災いに巻き込まれ

る」「災いに備えて物資を貯蓄する」などは《災》を書く。それに対して、「彼女の美貌が、さまざまな 禍 を引き起こす」「家に現金を置いていたのが禍して、泥棒に入られた」では《禍》を使う、といった具合となる。

もっとも、《災》は一般的に広く使えるので、さまざまな災いを引き起こす」「家に現金を置いても、問題はない。「口は禍のもと」は、本来は、原因は「口」だとはっきりしているから《禍》だが、《災》を使って「口は災いのもと」とすることも多い。

また、「禍 を転じて福となす」は、漢文に由来することわざで、《禍》を書くのが原文に忠実な形。とはいえ、現在では「災いを転じて福となす」のように、より一般的な《災》が使われることもある。

なお、「災い」の場合は送りがな「い」を付けるのが定着しているが、「禍」では一文字で「わざわい」と読ませることが多い。そのためもあって、《禍》を使う場合には、振りがなを付けるなどの配慮をしておく方が、丁寧である。

災
不幸なできごと

原因やきっかけ → 禍

わずらう

患 煩

基本1 心が乱される場合には、《煩》を用いる。
基本2 病気にかかる場合には、《患》を使う。

特別だ！ 恋心だけは

日本語「わずらう」には、大きく分けると、"心が乱される"ことと、"病気になる"ことという二つの意味がある。このことばを漢字で書き表す場合には、この意味の区別に従って、《煩》と《患》を使い分ける。

《煩》は、「煩雑」「煩多」のように使われる漢字で、"手間がかかる"という意味。「煩瑣」とは、"細々としていて手間がかかる"ことをいう。

"手間がかかる"ところから、広く"心が乱される"という意味にもなる。「煩悶」「煩悩」などがその例。訓読みでは「わずらう」と読み、「借金の返済について思い煩う」「先生の手を煩わせてしまい、申し訳ありません」「政界を引退して、煩いのない生活を送る」「煩わしい手続きに悩まされる」などと用いられる。

《煩》は、基本に"手間がかかる"という意味合いを含んでいる。そこで、《煩》は、自分以外のものに"心が乱される"ところに特徴があるといえる。

一方、《患》は、部首「心(こころ)」にも現れているように、本来は"心配する"という意味。「内憂外患」とは、"内にも外にも心配ごとがある"こと。「患難」「患苦」といった熟語もある。

転じて、特に自分の健康について、"心配する"ところから、"病気にかかる"という意味にもなる。音読みでは、「疾患」「患者」「患部」などがその例となる。

《患》には、"心配する"という意味があるから、"心が乱される"ことを表す「わずらう」を、《患》を使って書き表しても、漢字の意味の上では問題がない。しかし、この意味は、《煩》を使って書き表すこともできる。

それに対して、《患》の持つ"病気にかかる"という意味は、自分に関すること。自分以外のものに"心が乱される"ことを特徴とする《煩》とはそぐわない。

そこで、《患》の訓読み「わずらう」は、もっぱら、病気にかかる"場合に使われるようになった。「大病を患う」「彼は心臓を患って手術を受けた」「彼女の母は長患いののちに亡くなった」などが、その例となる。

以上のように、《煩》と《患》の使

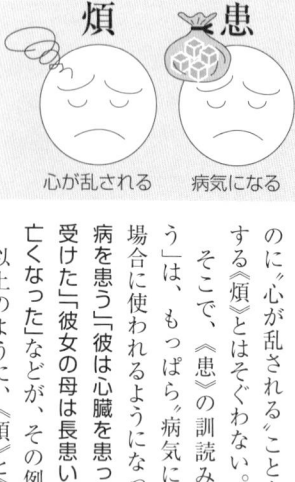

煩 — 心が乱される
患 — 病気になる

601 ◉ ［わずらう］［わたる］

い分けは、"心が乱される"と"病気にかかる"との違いなので、むずかしいことはあまりない。ただ、「恋煩い」と「恋患い」のように、特殊な例もある。《煩》を書けばふつうに"恋に心が乱される"という意味だが、《患》を使って、"まるで病気になったみたいに"という比喩的な表現にすることもできる。

わたる

渉亘渡

基本1 ほとんどの場合は《渡》を用いる。

基本2 広い範囲に及ぶ場合には、かな書きにする方が落ち着く。《亘》を使ってもよいが、難解。

発展 川などを歩いて越える場合、広い範囲に関係する場合は、《渉》を書くこともできる。

《渡》は、"水"を表す部首「氵（さんずい）」の漢字。本来は、"川や海などを越えて向こう側へ行く"ことを表す。音読みでは、「渡河」「渡海」「渡航」などがその例。訓読みでは「わたる」と読み、「川を渡る」「船で海を渡る」「谷川にかかる釣り橋を渡る」などと用いられる。

日本語では、この漢字を、広く"何かの向こう側へ行く"という意味でも用いる。たとえば、「道を渡る」「線路を渡る」「野原を風が渡っていく」といった具合。「先祖伝来の土地が、人手に渡る」は、比喩的に使われた例。「横断歩道を渡る」「踏

切を渡る」「綱渡り」「校舎と校舎が渡り廊下で結ばれている」など、"何かの上を通過して向こう側へ行く"という意味合いになることも多い。

ここから、"いろいろな経験をしながら生きていく"ことを意味する「わたる」も、比喩的な表現として、《渡》を使って書き表す。「いくつもの会社を渡り歩く」「彼は世渡りがうまい」などが、その例である。

また、日本語「わたる」には、「○○わたる」の形で、"ある範囲全体に行き渡るようにする"「夜空に月が澄み渡る」「頭リントが全員に行き渡るようにする」「夜空に月が澄み渡る」「頭が冴え渡る」といった具合。《渡》には、移動や拡大といった、"変化"のニュアンスがあるといえる。

ところで、日本語「わたる」には、時間や空間、分量などが"広い範囲に及ぶ"という意味もある。たとえば、「会議は五時間にわたって行われた」「大雨の被害は三つの県にわたる」「公私にわたる努力を惜しまない」「五回にわたって警告を読む」「二〇〇ページにわたる詳細な報告を読む」などなど。この場合に《渡》を用いることも可能だが、"変化"のニュアンスは薄いので、《渡》はそぐわないと感じる人が

[わたる] [わびる] ● 602

多い。かな書きにする方が落ち着く。

上の線から下の線まで！ ただし、この意味の「わたる」には、《亘》を用いて書き表すという方法もある。この漢字は、上下に二本の横棒が引いてあるように、"端から端まで連なる"ことを表す。そこで、「わたる」と訓読みして、"広い範囲に及ぶ"という意味を表すことができる。

「会議は五時間に亘って行われた」「大雨の被害は三つの県に亘る」「公私に亘る努力を惜しまない」「五回に亘って警告した」「無視された二〇〇ページに亘る詳細な報告を読む」などが、その例。ただし、現在ではあまり使われない漢字なので、振りがなを付けるなどの配慮は必須。古風で難解な印象を与えてしまう点にも、注意が必要である。

《渡》《亘》のほか、「わたる」と訓読みする漢字には、《渉》もある。これは、部首「氵」に「歩」を組み合わせて、本来は"川などを歩いて越える"ことを表す漢字。そこで、「登山靴をはいて谷川を渉る」のように、特に"歩いて"という意味合いを強調したい場合に、《渡》の代わりに用いることができる。とはいえ、現在ではすなおに《渡》を書く方が、自然である。

転じて、「交渉」「干渉」「渉外」のように、"境界を越えて関係する"という意味にもなる。ここから、特に"広い範囲に関係する"という意味合いで、「わたる」と訓読みして使うこともできる。例としては、「各方面に渉る折衝の結果、事業計画は承認された」「これは国民全体に渉る大きな問題だ」など。とはいえ、これらも、"広い範囲に及ぶ"という意味の一種なので、現在では、かな書きにするか、《亘》を用いることが多い。あえて《渉》を使う場合でも、振りがなを付けるなどの配慮をしておく方が、親切である。

	広い範囲に関係する	広い範囲に及ぶ	いろいろ経験して生きて行く	全体が○○になる全体を○○にする	向こう側へ行く 水を歩いて越える	その他
渡	△	△	○	◎	◎	◎
亘	○	◎				
渉	◎	○			○	
かな書き	◎	◎				

わびる

侘 詫

うまくいかなくてごめんなさい…
"ことばでだます""怪しんで尋ねる"など、"ことば"の表現

基本1 謝罪する場合は《詫》を用いる。
基本2 じっとしていられない場合、世間から離れて静かに過ごす場合は、《侘》を使う。

《詫》は、"ことば"を表す部首「言（ごんべん）」の漢字。本来は、"自慢して言う"

わ

[わびる] [わらう]

日本語では、音読みの熟語で使われることはなく、"謝罪する"という意味で「わびる」と訓読みして用いている。「すまなかった」と詫びた」「ご迷惑をおかけしたことをお詫びします」「お詫びの品をお送りする」「詫び状を書く」などが、その例となる。

一方、《侘》も、音読みの熟語になることはほとんどないが、"思い通りにならないで、落ち込む"という意味の漢字。日本語「わびる」には"思い通りにならないで困惑する"という意味もあるので、《侘》も、「わびる」と訓読みすることができる。

ただし、現在の日本語では、この意味の「わびる」を単独で用いることはまずない。「合格の通知を待ち侘びる」のように「まちわびる」の形で、"思い通りにならず、じっとしていられない"というニュアンスで使われるくらい。とはいえ、この場合でも、「わびる」は「合格の通知を待ちわびる」のようにかな書きされることが多い。

また、《侘》の訓読み「わびる」は、思い通りにならずに世間を避けるところから、"世間から離れて静かに過ごす"という意味になることもある。これも、現在の日本語ではそのままの形で使われることは少ない。「彼は田舎に引っ込んで侘びしい暮らしを送っている」のように「わびしい」の形になるか、「日本には侘びや寂びを大切にする文化がある」「独身者の侘び住まい」のように「わび」の形で使われるのがふつう。これらも、「わびしい暮らし」「わびとさび」「わび住まい」のように、かな書きにされることが多い。

なお、《詫》も《侘》も、《詫》《侘》と書かれることもあるが、漢字の成り立ちから見ると、《詫》《侘》の方が由緒正しい形である。

```
                      ┌謝罪する─────→ 詫
思い通りに ┬困惑する┬じっとして
にならない │         └いられない ──→ 侘
          └世間を ──┬世間を離れて
            避ける   └静かに過ごす ──→ 侘
```

わらう

嗤 笑

あんたなんて虫けら同然！

基本 一般的には《笑》を用いる。

発展 ばかにして「わらう」場合には、《嗤》を使うと効果的だが、やや難解。

《笑》は、成り立ちははっきりしないが、「談笑」「爆笑」「冷笑」など、"うれしさや楽しさを、声に出したり表情に出したりする"という意味。「わらう」と訓読みして、「コメディ映画を見て笑う」「母は子どもたちの話を笑いながら聞いていた」「お腹をかかえて笑

[わらう][われ／わが] ● 604

い転げる」「宝くじが当たって、笑いが止まらない」などと使われる。

「苦笑い」「照れ笑い」「高笑い」「思い出し笑い」「愛想笑い」「含み笑い」「泣き笑い」などと、《笑》は、さまざまに「わらう」ことを幅広く表現することができる。日本語「わらう」を漢字で書き表す場合には、《笑》さえ使っておけば、十分に用は足りる。

ただし、「わらう」と訓読みする漢字には、ほかに《嗤》もある。この漢字の右半分「蚩」は、もともとは虫の一種を指していたと思われるが、"愚かな"という意味がある。それに部首「口(くちへん)」を組み合わせた《嗤》は、"相手を愚かだと思っている気持ちを、ことばや表情に表す"という意味を持つ。

そこで、"ばかにして「わらう」"場合に、《笑》の代わりに「わらう」と訓読みして用いることができる。例としては、「運動神経が悪いからといって、嗤ってはいけない」「とんでもない勘違いをして、みんなに嗤われた」「あの人は、私のコートがださいと言って、せせら嗤った」などが挙げられる。

これらの場合に《笑》を使っても、もちろんかまわない。ただ、

笑
うれしさや
たのしさを
声や表情に表す
↓
ばかに
する
↓
嗤

《嗤》は字の形に「虫」を含んでいて、いかにも相手を人間扱いしていないような雰囲気を感じさせる。そのイメージを好んで、"ばかにして「わらう」"場合には、《嗤》が使われることも多い。

とはいえ、あまり使われない漢字なので、難解な印象を与えてしまう点には注意が必要。振りがなを付けるなどの配慮をしておく方が、親切である。

われ／わが

あらゆる人に
備わっているもの

吾 我

基本 一般的には《我》を用いる。

発展 「わたし／わたしの」に置き換えられる場合は、《吾》を使ってもよい。

日本語「われ／わが」は、「わたし／わたしの」の古い言い方。現在でも、古めかしい表現や、特定の慣用的な表現などで使われる。「われ／わが」を漢字で書き表すために使われた漢字。そこで、「われ」と訓読みして用いられる。

《我》は、漢文で、現代日本語の「わたし」に相当することばを書き表すために使われた漢字。そこで、「われ」と訓読みして用いられる。「我は海の子」「正義は我にあり」「我先にと逃げ出す」「我も我もと名乗り出る」「この旗は我らの誇りだ」「我々は地球人だ」などなどが、その例となる。

わ

また、「わが」と訓読みして、「我が国」「我が校」「我がもの顔」「我が青春に悔いなし」のようにも使われる。「我が輩」は、もともとは"わたしの仲間"という意味。転じて、「わたし」という意味で使われるようになった。

《我》は、転じて、"それぞれの人の人格"を指しても使われる。音読みでは、「自我」「無我」「我欲」「我を捨てる」などがその例。日本語「われ」にもこの意味があるので、「興奮して我を忘れる」「興奮状態から我に返る」「我への執着を断つ」のように使うことができる。

このように、日本語「われ／わが」を漢字で書き表す場合には、《我》を使っておけば、困ることはない。とはいえ、「われ／わが」と訓読みできる漢字には《吾》もある。

この漢字も、漢文で、現代日本語の「わたし」に相当することばを書き表すために使われた漢字。そこで、「吾は海の子」「正義は吾にあり」「吾先にと逃げ出す」「吾も吾もと名乗り出る」「この旗は吾らの誇りだ」「吾々は地球人だ」「吾が国」「吾が校」「吾がもの顔」「吾が青春に悔いなし」「吾がもの顔」「吾が輩」などなど、《我》と同じように用いることができる。

ただ、《吾》が《我》とは異なるのは、"それぞれの人の人格"を指すことはない点。「我を忘れる」「我に返る」「我への執着」などでは、《吾》は使わない。

日本語「わたし」は、"話し手や語り手自身"を指す一人称の代名詞なので、"それぞれの人の人格"を指すことはない。そこで、「わたし」に置き換えると意味が変わってしまう「われ」は必ず《我》を用いる、と考えるのが、《我》と《吾》の使い分けの一つの目安となる。

それぞれの人格	「わたし」(一人称)	
我	◎	◎
吾		○

《著者紹介》

円満字 二郎（えんまんじ じろう）

　1967年、兵庫県西宮市生まれ。大学卒業後、出版社で国語教科書や漢和辞典などの担当編集者として働く。2008年、退職してフリーに。

　著書に『漢字ときあかし辞典』『部首ときあかし辞典』『漢字の使い分けときあかし辞典』（以上、研究社）、『漢字なりたち図鑑　形から起源・由来を読み解く』（誠文堂新光社）、『漢和辞典的に申しますと。』（文春文庫）、『知るほどに深くなる漢字のツボ』（青春出版社）、『漢字の植物苑　花の名前をたずねてみれば』（岩波書店）、『雨かんむり漢字読本』（草思社文庫）などがある。

漢字の使い分けときあかし辞典

2016年 3月30日　初版発行
2022年 2月 4日　5刷発行

著　者　**円満字 二郎**（えんまんじ じろう）

発行者　吉田尚志

発行所　**株式会社 研究社**
　　　　〒102-8152 東京都千代田区富士見2-11-3
　　　　電話　営業 (03) 3288-7777 ㈹　編集 (03) 3288-7711 ㈹
　　　　振替　00150-9-26710
　　　　https://www.kenkyusha.co.jp/

印刷所　研究社印刷株式会社

組版　円満字 二郎

装丁　金子泰明

KENKYUSHA
〈検印省略〉

© Jiro Emmanji 2016
ISBN 978-4-7674-3478-0　C0581
Printed in Japan

定価はカバーに表示してあります。
本書の全部または一部を無断で複写（コピー）することは、著作権法上の例外を除き、禁じられています。
乱丁本・落丁本はお取り換えいたします。

研究社の出版案内

◆ 円満字 二郎 著

漢字ときあかし辞典

漢字の「個性」を徹底解明

常用漢字を含め、日常生活でよく使う漢字2320字を収録。漢字の意味や読み方、成り立ちなどを、ひとつながりの"読み物"として読めるように解説。

四六判 並製 688頁
ISBN 978-4-7674-3471-1 C0581

部首ときあかし辞典

"部首"が主役の、初の辞典

286の部首について、その意味や名前の成り立ちを、5000余りの漢字の例を示しながらくわしく解説。部首の表す意味と同時に、さまざまな漢字の基本的な意味も理解できます。

四六判 並製 416頁
ISBN 978-4-7674-3475-9 C0581

四字熟語ときあかし辞典

表現力がアップする!

実際の文章表現で使える1106語を精選。読み物としても愉しめる、ていねいな解説。類義の四字熟語との使い方の違いも説明。キーワードから検索できる便利な分類索引付き。

四六判 並製 520頁
ISBN 978-4-7674-5021-6 C0581